Springer-Lehrbuch

Vorwort zur fünften Auflage

Die fünfte Auflage meines Lehrbuchs des Sachenrechts berücksichtigt die seit 2001 eingetretenen Gesetzesänderungen und arbeitet insbesondere die Schuldrechtsreform von 2001 in den Text ein. In gleicher Weise sind die neuere Rechtsprechung und die seit dieser Zeit neu erschienene wissenschaftliche Literatur verarbeitet. Wie üblich hat die Neuauflage mir auch die Gelegenheit geboten, Mängel zu beseitigen, Lücken zu schließen sowie einige Darstellungen, die mir als zu knapp erschienen sind, im Sinne der besseren Verständlichkeit zu ergänzen. Danken möchte ich allen Lesern, die mich durch Hinweise und Vorschläge bei der Anfertigung der neuen Auflage unterstützt haben; auch weiterhin bin ich für Hinweise jeder Art, welche zur Verbesserung des Buches dienen können, dankbar.

Trier, November 2006   Hans Josef Wieling

Vorwort zur ersten Auflage

Lehrbücher gibt es der verschiedensten Art und mit den unterschiedlichsten Zielrichtungen, und alle haben ihre Berechtigung. Das vorliegende ist nicht als Paukbuch gedacht, das allein der Vermittlung des Stoffes dient, damit der Leser immer weiß, was herrschende Meinung ist. Das ist zwar wichtig, wird häufig sogar für das Wichtigste des juristischen Studiums überhaupt gehalten. Einem wissenschaftlichen Studium entspricht es jedoch, auch die Gründe der gesetzlichen Entscheidungen und Lehrsätze zu kennen und zu begreifen, um über die Probleme anhand der gelieferten Informationen selbst nachdenken und neu auftauchende Rechtsfragen selbst entscheiden zu können. Die Darstellung und das Auswendiglernen der jeweils herrschenden Meinungen vermitteln diese Fähigkeit nicht; nur die Darlegung des Problems und das Aufzeigen der relevanten Entscheidungskriterien – dazu gehören auch die oft vernachlässigten rechtsgeschichtlichen Gesichtspunkte – helfen weiter. Beides soll hier geboten werden, soweit es der zur Verfügung stehende Raum gestattet.

   Das Buch ist gedacht einmal für den ersten Einstieg in das Sachenrecht, soweit der Benutzer (Anfänger) bereit ist, nicht nur die Lehrsätze aufzunehmen, sondern sich auch über das „Warum" Gedanken zu machen. In dem Maße, in welchem die Materie den Ausbildungsstand des Benutzers übersteigt, können die entsprechenden Passagen für ein späteres Studium zurückgestellt werden. Der Anfänger etwa, der sich über den Eigentumserwerb an beweglichen Sachen in § 9 des Buches informieren will, muß sich nicht beim ersten Durchgang mit den heiklen Fragen der Vertretung beim Eigentumserwerb (§ 9 VII), mit Fragen des Geheißerwerbs (§ 9 VIII) oder mit der Übereignung von Wertpapieren (§ 9 IX) befassen.

Dem Fortgeschrittenen soll das Buch zur Information, zur Wiederholung und zum tieferen Verständnis dienen, wobei es die Absicht war, für den Studenten und Examenskandidaten die gesamte prüfungsrelevante Materie darzubieten. Das heißt freilich nicht, daß nicht auch Randgebiete zur Prüfung des Verständnisses herangezogen werden können; diese können nicht Gegenstand eines Lehrbuchs sein.

Auch den Praktiker dürfte das Buch interessieren, soweit es um einen Überblick und um eine erste Orientierung über die Grundprobleme eines bestimmten Gebietes geht. Für ein tieferes Eindringen in die Materie sei auf mein Handbuch „Sachenrecht" verwiesen (hiervon liegt bisher der erste Band in der Reihe „Enzyklopädie der Rechts- und Staatswissenschaften" vor). Ich habe mich bemüht, die Systematik beider Bücher möglichst ähnlich zu gestalten, so daß der Leser die ausführliche Darstellung im Handbuch leicht finden kann.

Trier, August 1992 Hans Josef Wieling

Inhaltsübersicht

Inhaltsverzeichnis

Teil 1: Einleitung und Grundsätze des Sachenrechts

Teil 2: Sachen

Teil 3: Besitz an Sachen

Teil 4: Eigentum an beweglichen Sachen

Teil 5: Beschränkte dingliche Rechte an beweglichen Sachen

Teil 6: Allgemeiner Teil des Grundstücksrechts

Teil 7: Grundeigentum

Teil 8: Grundeigentumsähnliche Rechte

Teil 9: Nutzungs- und Erwerbsrechte an Grundstücken

Teil 10: Grundpfandrechte

Abkürzungsverzeichnis

ABGB	Allgemeines Bürgerliches Gesetzbuch (Österreich)
AcP	Archiv für die civilistische Praxis
a.E.	am Ende
ALR	Allgemeines Landrecht für die preußischen Staaten
AlternK	Alternativkommentar zum BGB
AöR	Archiv für öffentliches Recht
BayObLG	Entscheidungen des Bayerischen Obersten Landesgerichts
BB	Der Betriebsberater
BBodSchG	Bundesbodenschutzgesetz
BGBl	Bundesgesetzblatt
BImSchG	Bundes-Immissionsschutzgesetz
C	Codex Iustinianus
D	Digesta Iustiniani
DB	Der Betrieb
DDRZ	Deutsch-Deutsche Rechts-Zeitschrift
DGVZ	Deutsche Gerichtsvollzieher-Zeitung
DJT	Verhandlungen des Deutschen Juristentages
DNotZ	Deutsche Notar-Zeitschrift
DRpfl	Der Deutsche Rechtspfleger
DStR	Deutsches Steuerrecht
DVBl	Deutsches Verwaltungsblatt
E 1, 2	Erster bzw. zweiter Entwurf des BGB
EGBGB	Einführungsgesetz zum BGB
ErbbRVO	Verordnung über das Erbbaurecht
EWiR	Entscheidungen zum Wirtschaftsrecht
FamRZ	Zeitschrift für das gesamte Familienrecht
FG	Festgabe
FGG	Gesetz über die Angelegenheiten der freiwilligen Gerichtsbarkeit
FGPrax	Praxis der Freiwilligen Gerichtsbarkeit
FS	Festschrift
GBO	Grundbuchordnung
GBVerf	Allgemeine Verfügung über die Einrichtung und Führung des Grundbuchs vom 8.8.1935 (Grundbuchverfügung, abgedruckt in den Kommentaren zur Grundbuchordnung)
GeschO	Allgemeine Verfügung über die geschäftliche Behandlung der Grundbuchsachen vom 25.2.1936 (abgedruckt in den Kommentaren zur Grundbuchordnung)
GG	Grundgesetz für die Bundesrepublik Deutschland
GS	Gedächtnisschrift
HRR	Höchstrichterliche Rechtsprechung
HKK	Historisch-kritischer Kommentar zum BGB

JA	Juristische Arbeitsblätter
JFG	Jahrbuch für Entscheidungen in Angelegenheiten der Freiwilligen Gerichtsbarkeit und des Grundbuchrechts
JherJahrb	Jahrbücher für Dogmatik des heutigen römischen und deutschen Privatrechts, begr. v. R. vJhering
JR	Juristische Rundschau
JZ	Juristenzeitung
KGJ	Jahrbuch für Entscheidungen des Kammergerichts
Jura	Juristische Ausbildung
JuS	Juristische Schulung
JW	Juristische Wochenschrift
KG	Kammergericht
KGJ	Jahrbuch für Entscheidungen des Kammergerichts
LM	Das Nachschlagewerk des Bundesgerichtshofes in Zivilsachen, hrsg. von Lindenmaier und Möhring
LMK	Kommentierte BGH-Rechtsprechung
LZ	Leipziger Zeitschrift für Deutsches Recht
MDR	Monatsschrift für Deutsches Recht
NF	Neue Folge
NJW	Neue Juristische Wochenschrift
NJW-RR	Neue Juristische Wochenschrift, Rechtsprechungs-Report Zivilrecht.
NVwZ	Neue Zeitschrift für Verwaltungsrecht
NWVBl	Nordrhein-westfälische Verwaltungsblätter
NZM	Neue Zeitschrift für Mietrecht
OLG	Die Rechtsprechung der Oberlandesgerichte
pr. (principio)	am Beginn eines Textes, vor der weiteren Unterteilung
Recht	Das Recht, Rundschau für den deutschen Juristenstand
RGBl	Reichsgesetzblatt
RpflG	Rechtspflegergesetz
SeuffA	Seufferts Archiv für Entscheidungen der obersten Gerichte in den deutschen Staaten
TE	Teilentwurf zum BGB
TPG	Transplantationsgesetz
UPR	Umwelt- und Planungsrecht
VersR	Versicherungsrecht
VIZ	Zeitschrift für Vermögens- und Investitionsrecht
WarnRspr	Die Rechtsprechung des Reichsgerichts (des BGH) in Zivilsachen, hrsg. v. Warneyer
WEG	Gesetz über das Wohnungseigentum
WM	Wertpapiermitteilungen
WuB	Wirtschafts- und Bankrecht
ZEuP	Zeitschrift für Europäisches Privatrecht
ZfIR	Zeitschrift für Immobilienrecht
ZfS	Zentralblatt für Sozialversicherung, Sozialhilfe und Versorgung
ZHR	Zeitschrift für das gesamte Handels- und Wirtschaftsrecht
ZIP	Zeitschrift für Wirtschaftsrecht
ZMR	Zeitschrift für Miet- und Raumrecht
ZNR	Zeitschrift für Neuere Rechtsgeschichte

Literaturverzeichnis

1. Materialien zum BGB

Jakobs-Schubert (Hrsg.), Die Beratung des Bürgerlichen Gesetzbuches, 1978 ff.

Johow, Reinhold, Entwurf eines bürgerlichen Gesetzbuches für das Deutsche Reich, Sachenrecht mit Begründung, 1880; auch in der Ausgabe von W. Schubert, Vorentwürfe der Redaktoren zum BGB, 1980 ff.

Motive zu dem Entwurfe eines bürgerlichen Gesetzbuches für das Deutsche Reich, 1888; auch abgedruckt bei Mugdan

Mugdan, Benno, Die gesamten Materialien zum Bürgerlichen Gesetzbuch für das Deutsche Reich, 1899

Protokolle der (ersten) Kommission über die Beratung eines bürgerlichen Gesetzbuches, metallographiert; auch bei Jakobs-Schubert

Protokolle der Kommission für die 2. Lesung des Entwurfs des Bürgerlichen Gesetzbuches für das Deutsche Reich, hrsg. im Auftrag des Reichs-Justizamtes, 1897-1899; auch abgedruckt bei Mugdan

2. Lehrbücher zum Sachenrecht

Baur-Stürner, Sachenrecht, 17. Aufl. 1999

Brehm-Berger, Sachenrecht, 2000

Eickmann, Dieter, Grundbuchverfahrensrecht, 3. Aufl. 1994

Eichler, Hermann, Institutionen des Sachenrechts, 1954 - 1960

Gerhardt, Walter, Immobiliarsachenrecht, 5. Aufl. 2001

Heck, Philipp, Grundriß des Sachenrechts, 1930

vGierke, Julius, Das Sachenrecht des bürgerlichen Rechts, 4. Aufl. 1959

vGierke, Otto, Deutsches Privatrecht II, 1905

Lange, Heinrich, Sachenrecht, 1967

Müller, Klaus, Sachenrecht, 4. Aufl. 1997

Schwab-Prütting, Sachenrecht, 32. Aufl. 2006

Weirich, Hans Armin, Grundstücksrecht, 3. Aufl. 2006

Westermann, Harm Peter, Sachenrecht (Schwerpunkte), 10. Aufl. 2002

Westermann, Harry, Sachenrecht, 5. Aufl. 1966

Westermann-Bearbeiter, Sachenrecht (Lehrbuch), 7. Aufl. 1998

Wieling, Hans Josef, Sachenrecht I (Handbuch), 2. Aufl. 2006

Wilhelm, Jan, Sachenrecht, 2. Auflage 2002

Wolf, Manfred, Sachenrecht, 18. Aufl. 2002
Wolf, Ernst, Lehrbuch des Sachenrechts, 2. Aufl. 1979
Wolff, Martin, Sachenrecht, 5. Bearbeitung 1923
Wolff-Raiser, Sachenrecht, 10. Bearbeitung 1957

3. Fallsammlungen und Repetitorien

Gottwald, Peter, BGB Sachenrecht (PdW), 13. Aufl. 2002
Gursky, Karl-Heinz, 20 Probleme aus dem BGB, Das Eigentümer-Besitzer-Verhältnis, 7. Aufl. 2005

4. Kommentare

Alternativkommentar zum BGB, 1979 ff.
Baumbach-Lauterbach-Hartmann, ZPO, 63. Aufl. 2005
Biermann, Das Sachenrecht, 3. Aufl. 1914
Boldt-Weller, Bundesberggesetz 1984
Das Bürgerliche Gesetzbuch, Kommentar, hrsg. von Reichsgerichtsräten und Bundesrichtern, zitiert: RGRK, 12. Aufl. 1974 ff.
Demharter, Grundbuchordnung, Kurzkommentar, 25. Aufl. 2005
Erman, Handkommentar zum BGB, 11. Aufl. 2004
Güthe-Triebel, Kommentar zur Grundbuchordnung, 6. Aufl. 1936 f.
Habscheid, Walther, Freiwillige Gerichtsbarkeit, 7. Aufl. 1983
Jäger-Lent, Konkursordnung, 8. Aufl. 1958
Jauernig, Bürgerliches Gesetzbuch, 11. Aufl. 2004
KEHE-Bearbeiter, Kuntze-Ertl-Herrmann-Eickmann, Kommentar zur Grundbuchordnung und Grundbuchverfügung, 6. Aufl. 2005
Münchener Kommentar zum Bürgerlichen Gesetzbuch, 4. Aufl. 2001 ff.
Oertmann, Kommentar zum Bürgerlichen Gesetzbuch, Allgemeiner Teil, 3. Aufl. 1927
Palandt, Bürgerliches Gesetzbuch, 64. Aufl. 2005
Planck's Kommentar zum Bürgerlichen Gesetzbuch, 5. Aufl. 1938
Rosenberg, Kommentar zum Sachenrecht, 1919
Soergel, Kommentar zum Bürgerlichen Gesetzbuch, 12./13. Aufl. 1987 ff.
Staudinger, Kommentar zum Bürgerlichen Gesetzbuch, 12./13. Aufl. 1978/1993 ff.
Schlegelberger-Vogels, Erläuterungswerk zum Bürgerlichen Gesetzbuch und zum neuen Volksrecht, 1939
Stein-Jonas-Münzberg, Kommentar zur Zivilprozeßordnung, 21. Aufl. 1995
Turnau-Förster, Das Liegenschaftsrecht I, 3. Aufl. 1906
Weitnauer, Hermann, Wohnungseigentumsgesetz, 9. Aufl. 2005

5. Sonstige Literatur

Assmann, Dorothea, Die Vormerkung, 1998

Brox, Hans, Besonderes Schuldrecht (Brox II), 30. Aufl. 2005

Brox, Hans, Handels- und Wertpapierrecht, 16. Aufl. 2003

Bülow, Peter, Recht der Kreditsicherheiten, 6. Aufl. 2003

Dehner, Walter, Nachbarrecht im Bundesgebiet, 7. Aufl. 1991

Dernburg, Heinrich, Das Bürgerliche Recht des Deutschen Reiches und Preußens (BürgR), 3. Band, 3. Aufl. 1904

Dernburg, Heinrich, Preußisches Privatrecht (PrR), 3. Aufl. 1881

Ehmann-Sutschet, Modernisiertes Schuldrecht, 2002

Eickmann, Dieter, Grundbuchverfahrensrecht, 3. Aufl. 1994

Enneccerus-Lehmann, Recht der Schuldverhältnisse, 15. Bearbeitung 1958

Enneccerus-Nipperdey, Allgemeiner Teil des Bürgerlichen Rechts, 15. Bearbeitung 1959

Esser-Weyers, Schuldrecht II, 8. Aufl. 1998/2000

Finkenauer, Thomas, Eigentum und Zeitablauf – das *dominium sine re* im Grundstücksrecht, 2000

Flume, Werner, Allgemeiner Teil des BGB II, 4. Aufl. 1992

Förster-Eccius, Preußisches Recht, 6. Aufl. 1892

vGierke, Otto, Deutsches Privatrecht II, 1905

Hager, Johannes, Verkehrsschutz durch redlichen Erwerb, 1990

Hübner, Heinz, Allgemeiner Teil des Bürgerlichen Gesetzbuches, 2. Aufl. 1996

Kindl, Johann, Rechtsscheinstatbestände und ihre rückwirkende Beseitigung, 1999

Kloepfer, Michael, Umweltrecht, 3. Aufl. 2004

Koch, Peter, § 1007, Neues Verständnis auf der Grundlage alten Rechts, 1986

Köhler, Helmut, BGB Schuldrecht II (PdW), 17. Aufl. 1998

Koppensteiner-Kramer, Ungerechtfertigte Bereicherung, 2. Aufl. 1988

Kreß, Hugo, Besitz und Recht, 1909

Krey, Volker, Strafrecht, Besonderer Teil, 12. Aufl. 1999

Lange-Kuchinke, Erbrecht, 5. Aufl. 2001

Larenz, Schuldrecht, Allgemeiner Teil (Larenz I), 14. Aufl. 1987

Larenz, Schuldrecht, Besonderer Teil I (Larenz II 1), 13. Aufl. 1986

Larenz-Canaris, Schuldrecht, Besonderer Teil II, 13. Aufl. 1994

Larenz-Wolf, Allgemeiner Teil des deutschen bürgerlichen Rechts, 9. Aufl. 2004

Maurer, Hartmut, Allgemeines Verwaltungsrecht, 16. Aufl. 2006

Medicus, Dieter, Bürgerliches Recht, 29. Aufl. 2004

Medicus, Schuldrecht II, 13. Aufl. 2006

Pieroth-Schlink, Grundrechte, 21. Aufl. 2005

Reinicke-Tiedtke, Kreditsicherung, 4. Aufl. 2000

Reuter-Martinek, Ungerechtfertigte Bereicherung, 1983

Rinke, Marion, Die Kausalabhängigkeit des Anwartschaftsrechts aus Eigentumsvorbehalt, 1998

Serick, Rolf, Eigentumsvorbehalt und Sicherungsübertragung, Band 1–6, 1965–1986

Tiedtke, Klaus Gutgläubiger Erwerb, 1985

vTuhr, Andreas, Der Allgemeine Teil des Deutschen Bürgerlichen Rechts, 1910 ff.

Wacke, Andreas, Das Besitzkonstitut als Übergabesurrogat in Rechtsgeschichte und Rechtsdogmatik, 1974

Wieling, Hans, Bereicherungsrecht, 4. Aufl. 2006

Wieling-Finkenauer, Fälle zum Besonderen Schuldrecht, 6. Aufl. 2007

Wolf-Horn-Lindacher, AGB-Gesetz, 4. Aufl. 1999

Teil 1

Einleitung und Grundsätze des Sachenrechts

§ 1. Einleitung und Grundsätze des Sachenrechts

I. Einleitung

1. System des Sachenrechts

a) Die geschlossene Darstellung des Sachenrechts als einer einheitlichen Materie geht auf den römischen Schuljuristen Gaius im 2. Jh. n. Chr. zurück, der sein Lehrbuch in drei Teile einteilte: Der erste Teil enthielt das Personen- und Familienrecht (personae), der zweite das Sachen- und Erbrecht (res), der dritte Teil das Schuldrecht (actiones). Seit dem Pandektenrecht des 19. Jh. unter der Führung der historischen Rechtsschule (Begründer: Friedrich Carl von Savigny, 1779–1861) setzte sich dieses System allgemein durch, zu welchem noch der „Allgemeine Teil" hinzukam.

b) Anders als das zweite Buch, Schuldrecht, enthält das dritte Buch keinen Allgemeinen Teil des Sachenrechts. Ursprünglich waren Regelungen über Sachen, Bestandteile und Zubehör als Allgemeiner Teil des Sachenrechts vorgesehen gewesen, die zweite Kommission versetzte sie jedoch in das erste Buch des BGB[1]. Die §§ 90–103 stellen damit nicht nur einen Allgemeinen Teil des Sachenrechts, sondern des gesamten Privatrechts dar. Der Antrag, einen Allgemeinen Teil auch für das Sachenrecht zu schaffen, wurde abgelehnt, weil die auf Grundstücke und Mobilien anzuwendenden Vorschriften zu unterschiedlich seien[2]. Immerhin kann der erste Abschnitt über den Besitz als Allgemeiner Teil des Sachenrechts gelten, weil er Regeln enthält, die auf Sachen aller Art anzuwenden sind. Ein Allgemeiner Teil wurde dann schließlich für Grundstücksrechte in den §§ 873–902 geschaffen.

c) Im dritten Buch des BGB finden sich nicht nur sachenrechtliche Regelungen; wegen des Sachzusammenhangs sind vielmehr auch schuldrechtliche Regeln aufgenommen, etwa das Eigentümer-Besitzer-Verhältnis (§§ 985–1003). Umgekehrt gibt es sachenrechtliche Regeln außerhalb des dritten Buches des BGB und auch außerhalb des BGB.

2. Anwendbarkeit des 1. und 2. Buches

Daß der Allgemeine Teil des BGB auch im Sachenrecht anwendbar ist, ist selbstverständlich. Denn es ist der Sinn des Allgemeinen Teils, daß seine Regeln überall im BGB Anwendung finden sollen. Ansprüche aus dinglichen Rechten,

---

[1] Protokolle der 2. Kommission 3277 (Mugdan 3, 486).
[2] Protokolle der 1. Kommission 3968 – 3974, Jakobs-Schubert, Sachenrecht I S. 416–419.

etwa der Anspruch aus § 985, unterliegen daher der Verjährung nach § 194 ff., vgl. auch §§ 197 I Nr. 1. Der Gesetzgeber kann freilich im konkreten Fall etwas anderes bestimmen, etwa daß ein Anspruch nicht verjährt, vgl. etwa §§ 758, 898.

Dagegen ist umstritten, ob der allgemeine Teil des Schuldrechts auch im Sachenrecht anwendbar ist. Die h.M. will zu Recht grundsätzlich die §§ 241–432 anwenden, wobei jedoch im Einzelfall die Anwendbarkeit zu prüfen ist[3]. Die Verzugsvorschriften (§§ 286 ff., 293 ff.) z.B. kann man grundsätzlich auch auf dingliche Ansprüche anwenden, doch enthält § 990 II für die Vindikation eine besondere Regelung: Nur der bösgläubige Besitzer kann in Verzug kommen. Die §§ 275 ff. sind auf § 985 nicht anwendbar, weil die §§ 987 ff. eine Sonderregelung enthalten. Aus diesem Grund ist auch § 285, der dem früheren § 281 entspricht, nicht auf dingliche Ansprüche anwendbar. Dingliche Ansprüche, die vom Fortbestand des Rechts abhängig sind, wie Ansprüche aus §§ 985, 1004, sind grundsätzlich nicht nach den §§ 398 ff. abtretbar, dingliches Recht und der Anspruch daraus können nicht getrennt werden[4].

Problematisch ist die Anwendung des § 242. Die Vorschrift ist nach h.M.[5] auf dingliche Ansprüche anwendbar, nicht aber auf das dingliche Recht selbst. Diese Unterscheidung ist nicht haltbar, das dingliche Recht kann nicht in einen Gegensatz zu den daraus entspringenden Ansprüchen gesetzt werden. Zwar ist mit der h.M. anzunehmen, daß in Zuordnungsfragen nicht mit § 242 eingegriffen werden soll, doch ist die Abgrenzung nicht formell, sondern materiell vorzunehmen. Die Zuordnung wird nicht nur geändert, wenn dem Eigentümer sein Recht entzogen wird; sie wird auch dann geändert, wenn ihm die Ansprüche aus § 985 oder § 894 entzogen werden, so daß sein Eigentum wertlos wird, wie etwa im Fall des § 241 a. § 242 ist also auf dingliche Ansprüche immer dann nicht anwendbar, wenn dadurch das dingliche Recht in seinem Kern betroffen würde, wenn eine dauernde Trennung von Eigentum und Besitz entstehen würde[6].

3. Objekte des Sachenrechts

Objekte des Sachenrechts sind grundsätzlich nur körperliche Sachen. Nur an körperlichen Sachen gibt es Eigentum, Pfandrecht, Nießbrauch usw. Das entspricht dem römischen Recht. Dagegen war der Sachbegriff des germanischen und mittelalterlichen und z.T. des gemeinen Rechts weiter, er umfaßte alle Rechtsobjekte[7]. Auch Rechte waren daher als Sachen anerkannt, an denen es Besitz und Eigentum gab[8]. Das BGB ist zum Standpunkt des römischen Rechts und des Pandektenrechts

---

[3] Westermann-Westermann § 2 III 2, 3; Wolff-Raiser § 1 III 1.
[4] Zu dinglichen Rechten und dinglichen Ansprüchen vgl. unten II 1 pr. und b.
[5] Vgl. nur etwa Palandt-Heinrichs § 242 Rn. 79.
[6] Vgl. zur Anwendbarkeit des § 242 im Sachenrecht, insbesondere auf die Ansprüche aus §§ 985, 894, Finkenauer S. 218–237.
[7] Vgl. O. vGierke II § 100 II 4.
[8] Vgl. z.B. ABGB § 353: „Alles, was jemandem zugehört, alle seine körperlichen und unkörperlichen Sachen, heißen sein Eigentum".

des 19. Jh. zurückgekehrt, wonach sich das Sachenrecht grundsätzlich nur mit körperlichen Sachen befaßt.

Die Beschränkung des Sachbegriffs auf körperliche Sachen ist häufig kritisiert worden. In der Tat ergeben sich erhebliche Schwierigkeiten etwa bei der Frage, wie ein Vermögen oder ein Unternehmen übertragen oder verpfändet werden kann. Auf der anderen Seite ist nicht zu verkennen, daß die Körperlichkeit der Sache diese zwangsläufig von anderen Gegenständen abgrenzt. Die Gefahr des Verlustes eines Gegenstandes durch Abhandenkommen gibt es nur bei Sachen, nicht bei Rechten, das gleiche gilt von der Möglichkeit der Übergabe und des Rechtsscheins durch Sachbesitz. Die Unterscheidung Sachen – unkörperliche Gegenstände ist sachgerecht. Mit einer einfachen Ausdehnung des Sachbegriffs auf unkörperliche Gegenstände wäre nichts zu erreichen.

II. Dingliche Rechte

1. Wesen des dinglichen Rechts

Dingliche Rechte sind eine Unterart der absoluten Rechte, zu denen weiter das Persönlichkeitsrecht, persönliche Familienrechte und die Immaterialgüterrechte gehören[9]. Das spezifische Merkmal dieser Rechte ist darin zu sehen, daß sie ein bestimmtes Gut einer Person zuweisen, so daß jeder andere dies zu respektieren und jede Beeinträchtigung des Rechtsguts zu unterlassen hat. Sie haben also eine *Abwehrfunktion* und eine *Zuordnungsfunktion*, wie dies exemplarisch in § 903, 1 ausgesprochen ist. Dingliche Rechte weisen eine körperliche Sache einer Person zu. Das Gesetz kennzeichnet diese dinglichen Rechte mit dem Ausdruck „Recht an einer Sache, an einem Grundstück", vgl. etwa §§ 95 I 2, 873, 973. Wenn also § 954 vom Fruchterwerb dessen spricht, der „ein Recht an einer fremden Sache" hat, so meint das nicht den Pächter eines Grundstücks, der nur ein obligatorisches Nutzungsrecht hat, wohl aber den Inhaber eines Nießbrauchs.

a) Das dingliche Recht ist am leichtesten zu begreifen in seiner Funktion als ein Zugriffsrecht auf die Sache selbst, während das obligatorische Recht einen Zugriff auf die Person des Schuldners, d.h. auf sein Vermögen ermöglicht. Vergleichen wir die Situation des Käufers, der gegen den Verkäufer einen Anspruch auf Übergabe und Übereignung hat, mit der Situation des Eigentümers, der einen Herausgabeanspruch gegen den Besitzer hat. Die Funktion der Ansprüche ist in beiden Fällen unterschiedlich. Der Käufer hat ein Zugriffsrecht auf das Vermögen des Verkäufers, er kann auf die Kaufsache zugreifen, solange sie im Vermögen des Verkäufers ist. Veräußert der Verkäufer die Sache an einen Dritten, so scheidet sie aus dem Vermögen des Verkäufers aus. Der Käufer kann die Sache nicht mehr erlangen, da sie sich nicht mehr im Vermögen seines Schuldners befindet und da er gegen den Dritten kein Zugriffsrecht hat. Dagegen hat der Eigentümer ein Zugriffsrecht auf die Sache

---

[9] Zur Entwicklung der dinglichen Rechte vgl. mein Handbuch des Sachenrechts I § 1 II 1.

selbst. Veräußert der Besitzer die Sache, so kann der Eigentümer sein Recht gegenüber dem Erwerber ausüben.

b) Das Zugriffsrecht zeigt aber nur die Abwehrseite des dinglichen Rechts. Diese Wirkung des dinglichen Rechts ist wichtig, aber nicht sein eigentlicher Zweck. Dieser liegt darin, eine Sache dem Vermögen des Rechtsinhabers zuzuordnen. Wer z.B. einen Nießbrauch an einer Sache hat (§§ 1030 ff.), in dessen Vermögen gehören die Nutzungen der Sache, die Sache gehört bezüglich der Nutzungen in sein Vermögen. Wer dagegen nur einen Anspruch aus einem Pachtvertrag hat (§§ 581 ff.), in dessen Vermögen ist nicht die Sache, sondern nur der Anspruch gegen den Vertragspartner.

c) Greift jemand störend in ein dingliches Recht ein, so entsteht das Zugriffsrecht des dinglich Berechtigten, vermittelt durch „dingliche Ansprüche"[10]. Solche dinglichen Ansprüche finden sich insbesondere in §§ 894, 985, 1004. „Dinglich" sind diese Ansprüche aus zwei Gründen: Einmal deshalb, weil sie aus der Verletzung eines dinglichen Rechts entstehen; sodann, weil sie dem Schutz des dinglichen Rechts dienen und daher von diesem nicht getrennt werden können: Inhaber des dinglichen Rechts und des dinglichen Anspruchs müssen identisch sein, der Eigentümer kann z.B. den Anspruch aus § 985 nicht übertragen, ohne auch das Eigentum zu übertragen[11].

2. Arten der dinglichen Rechte

a) Die Rechtsordnung stellt dem Eigentum die beschränkten dinglichen Rechte gegenüber. Das Eigentumsrecht ordnet eine Sache in vollem Umfang in das Vermögen des Rechtsinhabers ein, der Eigentümer darf mit der Sache nach Belieben verfahren, § 903, 1. Die beschränkten dinglichen Rechte ordnen die Sache nur in einer bestimmten Hinsicht dem Vermögen des Rechtsinhabers zu. Man kann sie wie folgt gruppieren:

– *Nutzungsrechte*: Sie berechtigen den Inhaber, die Sache in bestimmter Weise zu nutzen, wie etwa Nießbrauch (§§ 1030 ff.) und Dienstbarkeiten (§§ 1018 ff.), Erbbaurecht (§ 1 ErbbRVO), Wohnrecht (§ 1093 BGB) und Dauerwohnrecht (§ 31 WEG);
– *Verwertungsrechte*: Sie berechtigen zur Verwertung der Sache, regelmäßig durch Verkauf, z.B. Pfandrecht (§§ 1204 ff.), Grundpfandrechte (§§ 1113 ff.), Reallasten (§§ 1105 ff.);
– *Erwerbsrechte*: Vorkaufsrechte (§§ 1094 ff.), Aneignungsrechte (vgl. § 958 II), Vormerkung (§§ 883 ff.) und die im Gesetz nicht geregelten Anwartschaften.

---

[10] Der Ausdruck findet sich in § 198.
[11] Zu den dinglichen Ansprüchen in diesem engeren Sinne rechne ich daher solche Ansprüche nicht, welche zwar aus der Verletzung eines dinglichen Rechts entstehen, aber von dessen Fortbestand unabhängig sind, z.B. Ansprüche aus § 823 oder §§ 987, 989, 990. Diese Ansprüche können unabhängig vom Eigentum übertragen werden.

b) Die Römer hatten bei den Dienstbarkeiten den Grundsatz entwickelt: *Nulli res sua servit.* Wer das Vollrecht „Eigentum" hat, bedarf des beschränkten Rechtes nicht. Das ist zwar grundsätzlich richtig, doch gibt es Situationen, in welchen ein *Recht an der eigenen Sache* wirtschaftlich wünschenswert ist[12]. Die Verfasser des BGB sahen keine grundsätzlichen Bedenken gegen die Zulassung von Rechten an eigener Sache[13], doch wurde eine generelle Regelung nicht in das BGB aufgenommen. Grundsätzlich erlöschen beschränkte dingliche Rechte, wenn sie mit dem Eigentum in einer Hand zusammenfallen (Konsolidation). Dagegen bestimmt jedoch § 889, daß Grundstücksrechte nicht durch Konsolidation erlöschen[14]. Für das Pfandrecht gilt dasselbe, wenn der Eigentümer am Fortbestehen des Pfandrechts ein Interesse hat, oder wenn die gesicherte Forderung belastet ist, § 1256 I 2, II. Entsprechendes gilt für den Nießbrauch, § 1063 II. Der Inhaber des beschränkten dinglichen Rechts soll keinen Nachteil dadurch erleiden, daß er zusätzlich das Vollrecht „Eigentum" erwirbt[15]. Die Bestellung eines Rechts an eigener Sache ist vom Gesetz ausdrücklich nur für die Grundschuld und Rentenschuld zugelassen, §§ 1196, 1199.

Da bei der Bestellung von Eigentümerrechten keine Probleme auftreten, erscheint es unbedenklich und richtig, sie generell an Grundstücken zuzulassen; sie geschieht durch einseitige Erklärung des Eigentümers, entsprechend § 885. An Mobilien können Eigentümerrechte zwar bestehen, aber nicht vom Eigentümer bestellt werden, da dies ein rein interner Vorgang ohne jede Außenwirkung wäre.

c) Objekte der dinglichen Rechte sind grundsätzlich nur Sachen. Ein Pfandrecht oder Nießbrauch belastet die Sache, nicht das Eigentum an der Sache[16]. Ein Pfandrecht erlischt daher nicht, wenn die Sache dereliquiert wird, es gibt dingliche Rechte an herrenlosen Sachen. Der Gesetzgeber hat innerhalb des Sachenrechts aber auch *Rechte an Rechten* geregelt, und zwar den Nießbrauch (§§ 1068 ff.) und das Pfandrecht an Rechten (§§ 1273 ff.). Umstritten ist die Konstruktion solcher Rechte an Rechten[17]; was bedeutet es, ein „dingliches Recht", etwa ein Pfandrecht an einer Forderung zu haben?

Dingliche Rechte bewirken die Zuordnung einer Sache in ein Vermögen. Wer das Eigentum an einer Sache hat, hat die Sache in jeder Hinsicht in seinem Vermögen. An Rechten dagegen gibt es kein Eigentum, Rechte bedürfen – anders als Sachen – keiner Zuordnung; sie sind immer dem Rechtsinhaber zugeordnet. Beschränkte dingliche Rechte bewirken, daß die Sache in gewisser Hinsicht nicht dem

---

[12] Vgl. etwa unten § 33 III 1 a.

[13] Vgl. Johow, Begründung 7.

[14] Zur Konsolidation vgl. unten § 14 I 2 c; § 15 VI 2 b; § 20 I 5 b.

[15] Vgl. die Beispiele unten § 15 VI 2 Fn. 38; § 22 V c; ferner Motive 3, 842: „In diesem Falle die Rechtsvereinigung zum materiellen Nachteile derjenigen Person ausschlagen zu lassen, in welcher ein Überfluß von Recht stattfindet, würde eine Unbilligkeit sein". Eine solche Unbilligkeit findet sich in der Entscheidung BGH NJW 2000, 1033 f., in welcher der BGH mit begriffsjuristischer Argumentation einem vormerkungsgesicherten Käufer den Erwerb vorenthält, weil er später das Eigentum geerbt hat, und dafür die Erwerbsmöglichkeit dem Inhaber einer nachrangigen Vormerkung zuspricht; vgl. dazu unten § 22 V c.

[16] Auch das Gesetz spricht vom Recht an der Sache, vgl. etwa §§ 1018, 1030, 1105, 1113, 1204 usw.

[17] Vgl. die Literatur bei Wolff-Raiser § 120 Fn. 1; Westermann-Gursky § 136 I 2.

Eigentümer zugewiesen ist, sondern dem Inhaber des beschränkten Rechts. Spricht man von dinglichen Rechten an Rechten, so kann damit entsprechend nur gemeint sein, daß das Recht in bestimmter Hinsicht ausnahmsweise nicht dem Rechtsinhaber zugeordnet ist, sondern dem Inhaber des „Rechtes am Recht". Der Nießbrauch oder das Pfandrecht am Recht bedeuten eine Zuweisungsänderung, die man sich wie eine partielle Abtretung des Rechts vorstellen kann. Der Inhaber des beschränkten Rechts ist nunmehr berechtigt, das belastete Recht an Stelle des Rechtsinhabers auszuüben.

An grundeigentumsähnlichen Rechten[18] können die gleichen Rechte bestehen wie an Grundstücken. Ist etwa ein Erbbaurecht mit einer Hypothek belastet, so ergreift das belastende Recht nur das belastete Recht, nicht die Sache selbst. Nur mittelbar wird auch die Sache dem Rechtsinhaber zugeordnet. Die Hypothek am Erbbaurecht weist also nur das Erbbaurecht in das Vermögen des Hypothekengläubigers, nicht das Grundstück. Wird die gesicherte Forderung fällig, so kann der Hypothekengläubiger nur das Erbbaurecht verwerten, nicht das Grundstück.

3. Prinzipien der dinglichen Rechte

Dingliche Rechte zeichnen sich durch einige Prinzipien aus, welche bei anderen Rechten, etwa Forderungen, nicht gelten.

a) Im Sachenrecht gilt der Grundsatz der *Spezialität*, d.h. es gibt Sachenrechte nur an einzelnen, bestimmten Sachen. Es gibt Sachenrechte weder an Teilen von Sachen noch an Sach- oder Rechtsgesamtheiten[19].

b) Für Sachenrechte gilt der Grundsatz der *Absolutheit*, d.h. sie wirken nicht nur gegen einen bestimmten Schuldner, sondern absolut gegen jedermann.

c) Dingliche Rechte stehen zueinander in einem *Rangverhältnis*. Die beschränkten dinglichen Rechte gehen dem Eigentum vor, untereinander richtet sich ihre Rangfolge nach dem Zeitpunkt der Entstehung des Rechts (Prioritätsprinzip), vgl. §§ 879, 1209: *prior tempore, potior iure*. Dagegen stehen obligatorische Ansprüche gleichberechtigt nebeneinander, die Entstehungszeit spielt keine Rolle.

d) Dingliche Rechte wirken gegen jedermann, müssen also nach außen erkennbar sein: *Publizitätsprinzip*. Als äußeres Zeichen des dinglichen Rechts dient bei Mobilien dem Besitz, bei Grundstücken das Grundbuch.

Als äußeres Zeichen dinglicher Rechte an beweglichen Sachen dient aber nicht allgemein der Besitz. Dieser allein kann über die Stellung des Besitzers zur Sache nichts aussagen; der Besitzer kann Eigentümer, Dieb, Mieter, Pfandgläubiger usw. sein. Nur wenn der Besitzer behauptet, Eigentümer zu sein, wenn er also als Eigenbesitzer auftritt, kann der Besitz als äußeres Zeichen auf das Eigentum hindeuten. Eine solche Behauptung liegt insbesondere konkludent dann vor, wenn der Besitzer wie ein Eigentümer über die Sache verfügt.

---

[18] Vgl. dazu unten § 24 pr. a.
[19] Zu den letzteren vgl. unten § 2 I 2 c.

e) Nach fast einhelliger Meinung gibt es einen *numerus clausus* der dinglichen Rechte: Es könne nur diejenigen dinglichen Rechte geben, welche von der Rechtsordnung ausdrücklich zugelassen seien („Typenzwang"). Diese Auffassung ist für bewegliche Sachen nach dem BGB unhaltbar.

Das römische Recht kannte einen numerus clausus der Sachenrechte, dagegen gab es im germanischen Recht eine unbeschränkte Zahl dinglicher Rechte[20]. Dies wurde vom preußischen ALR übernommen, wonach jedes Recht zum Besitz (z.B. aus Miete) zu einem dinglichen Recht wurde, sobald der Inhaber des Rechts den Besitz der Sache erlangte[21]. Im preußischen Recht gab es daher keinen numerus clausus der dinglichen Rechte, jedes obligatorische Recht zum Besitz konnte verdinglicht werden.

Die erste BGB-Kommission[22] ging vom geschlossenen Kreis der dinglichen Rechte aus, doch wurde das von der zweiten Kommission abgeändert, indem sie in ausdrücklicher Anlehnung an das preußische Recht den § 1007 aufnahm, der jedem Inhaber eines Besitzrechts an einer beweglichen Sache eine dingliche Position verleiht, sobald er den Besitz erlangt[23]: Er kann die Sache von jedem herausverlangen, der sein Recht durch Besitzentzug beeinträchtigt; und gerade das ist das Kennzeichen dinglicher Rechte[24]. Dadurch wurde mit wenigen Sätzen das überkommene römische Prinzip des numerus clausus der dinglichen Rechte für bewegliche Sachen aufgegeben und das germanische Prinzip übernommen[25].

III. Dingliche Rechtsgeschäfte

1. Die Einigung als Rechtsgeschäft

Das Gesetz kennt den Ausdruck „dingliches Rechtsgeschäft" nicht, es spricht von „Einigung", § 873, oder „einig sein", §§ 929, 1032, 1205. Der erste Entwurf sprach noch von einem Vertrag. Dingliche Rechtsgeschäfte sind ein Unterfall der Verfügungen[26].

---

[20] Vgl. O. vGierke II § 120 II, IV 7.
[21] Vgl. ALR I 2 § 135: „Wenn demjenigen, der ein persönliches Recht zu einer Sache hat, der Besitz derselben auf den Grund dieses Rechtes eingeräumt wird, so entsteht dadurch ein dingliches Recht auf die Sache".
[22] Zur Entstehung des BGB vgl. etwa vTuhr I 1–8.
[23] Vgl. dazu unten § 13 I.
[24] Vgl. oben 1 a.
[25] Das wird in der Literatur häufig übersehen, vgl. etwa Wiegand, Numerus clausus der Sachenrechte, FS Kroeschell (1987) 623 ff. Zutreffend dagegen Dernburg III § 124; Finkenauer S. 148 Fn. 160; Rinke 94. Skeptisch zum angeblichen *numerus clausus* auch MünchenerK-Rinne, Einleitung zum Sachenrecht, Rn. 11 ff.
[26] Verfügungen sind Rechtsgeschäfte, welche ein Recht übertragen, seinen Inhalt ändern oder es aufheben. Dagegen ist die Begründung eines Rechts keine Verfügung; andernfalls wäre jeder Verpflichtungsvertrag eine Verfügung. Die Begründung eines dinglichen Rechts kann aber eine Verfügung über das Eigentum (Inhaltsänderung) darstellen. Zur Geschichte der dinglichen Rechtsgeschäfte vgl. mein Handbuch des Sachenrechts I § 1 III 1.

a) Auf die Einigung sind grundsätzlich die Regeln des Allgemeinen Teils über Rechtsgeschäfte anwendbar, soweit das Sachenrecht keine besonderen Regeln enthält. Im Einzelfall empfiehlt sich jedoch die Prüfung, ob eine Vorschrift des Allgemeinen Teils tatsächlich anwendbar ist oder ob nicht die Besonderheiten des dinglichen Rechtsgeschäfts die Anwendung ausschließen.

Wer ein Recht überträgt oder bestellt, muß geschäftsfähig sein. Die Einigung ist grundsätzlich formfrei, §§ 873, 929, 1032, 1205, eine Ausnahme gilt für die Auflassung, § 925. Für die Auslegung der Erklärungen gelten die §§ 133, 157. Die Einigungserklärung nach § 929 wird i.d.R. nicht ausdrücklich, sondern konkludent erfolgen. Wer eine verkaufte Sache übergibt, will sie regelmäßig übereignen. Es ist jedoch in jedem Fall zu prüfen, ob der Übereignungswille wirklich vorhanden ist. Der Erwerber hat das Recht, die angebotene Sache zunächst zu prüfen, z.B. ob sie frei von Mängeln ist. Es steht ihm frei, das Übereignungsangebot erst nach der positiv ausgefallenen Prüfung anzunehmen. Eine Konversion eines dinglichen Rechtsgeschäfts in ein anderes gemäß § 140 ist möglich; so kann etwa eine Übereignung in die Übertragung eines Anwartschaftsrechts umgedeutet werden oder die Bestellung eines Pfandrechts für eine Darlehensforderung in ein Pfandrecht zur Sicherung des Bereicherungsanspruchs. Selbstverständlich müssen die Voraussetzungen des § 140 vorliegen. Eine Vertretung bei der Einigung ist möglich.

Damit der Erfolg eines dinglichen Rechtsgeschäfts eintreten kann, ist neben einer wirksamen Einigung und der Übergabe bzw. Eintragung noch als dritte Voraussetzung die Verfügungsmacht erforderlich. Verfügungsmacht hat der Inhaber eines Rechts, aber auch der, dem der Berechtigte eine Einwilligung oder Genehmigung nach § 185 erteilt. Auch das Gesetz kann einem Dritten Verfügungsmacht verleihen; so ist etwa der Pfandgläubiger nach Pfandreife zur Verwertung des Pfandes berechtigt, § 1242. Die Verfügungsmacht kann durch den guten Glauben ersetzt werden, wenn die Voraussetzungen eines gutgläubigen Erwerbs vorliegen. Fehlt die Verfügungsmacht und auch liegt auch ein gutgläubiger Erwerb nicht vor, so kann das dingliche Rechtsgeschäft den bezweckten Erfolg nicht herbeiführen, mag auch die Einigung nach den Regeln der Rechtsgeschäftslehre wirksam sein; das dingliche Rechtsgeschäft war erfolglos. Genehmigt der Berechtigte das wirksame, aber erfolglose Geschäft des Nichtberechtigten, so wird es gemäß § 185 wirksam.

b) Ob die dingliche Einigung bereits vor der Übergabe die Parteien bindet, ist umstritten. Bei dinglichen Rechtsgeschäften über Grundstücke schreibt § 873 II vor, daß die Bindung nur in bestimmten Fällen eintritt. Hieraus und aus dem Wortlaut der §§ 929, 1032, 1205 („einig sind") schließt die h.M., daß die Einigung über eine bewegliche Sache bis zur Übergabe frei widerruflich ist und daß sie im Augenblick der Übergabe noch vorhanden sein muß[27].

§ 873 hat den Sinn, leichtsinnige Verträge über Grundstücksrechte zu verhindern. Von diesem Gesichtspunkt her müßte die Einigung bei beweglichen Sachen sofort bindend sein, da das Gesetz bei beweglichen Sachen einen entsprechenden Schutz gegen Übereilung nicht kennt. Es muß daher überraschen, daß die h.M. der

---

[27] Vgl. etwa Baur-Stürner § 5 Rn. 36; Brehm-Berger § 9 Rn. 3.

Einigung keinerlei Bindung zugestehen will; sie ist daher abzulehnen[28]. Es besteht kein Grund, den Parteien entgegen den anerkannten Grundsätzen des Rechts ein Abgehen vom geschlossenen Vertrag zu ermöglichen[29]. Sowohl die Einigung ist bindend als auch gemäß § 145 der Antrag auf Einigung. Der Ausdruck „einig sind" ergibt kein Argument für die gegenteilige Ansicht[30].

c) Heftig umstritten ist die Frage, ob eine *dingliche Einigung zugunsten eines Dritten* möglich ist. Eine direkte Anwendung des § 328 I scheidet gemäß seinem Wortlaut aus, da die dingliche Einigung kein Leistungsrecht begründet. Fraglich ist, ob § 328 entsprechend angewandt werden kann. Die wohl noch h.M. verneint dies[31]: Regeln des Schuldrechts seien auf das Sachenrecht nicht anwendbar. Eine andere Ansicht läßt dingliche Verträge zugunsten Dritter zu, wobei freilich der Vollziehungstatbestand in der Person des dritten Rechtserwerbers vorliegen muß, d.h. dieser muß im Grundbuch eingetragen werden bzw. ihm muß die Sache übergeben werden[32]. Dieser Ansicht gebührt der Vorzug[33], es besteht kein überzeugender Grund, die bürgerliche Handlungsfreiheit ohne zwingenden Anlaß einzuschränken.

2. Tradition und Eintragung

Das dingliche Rechtsgeschäft wird erst wirksam, wenn zur Einigung der Publizitätsakt, d.h. die Besitzübertragung bzw. Eintragung ins Grundbuch hinzukommt. Übergabe und Eintragung sind Teil des dinglichen Rechtsgeschäfts, sind aber selbst keine rechtsgeschäftlichen Handlungen. Daher müssen zwar Verfügungsbefugnis und – im Fall des gutgläubigen Erwerbs – der gute Glaube sowohl bei der Einigung als auch beim Publizitätsakt vorhanden sein[34]. Die Geschäftsfähigkeit dagegen muß zur Zeit der Übergabe bzw. Eintragung nicht mehr vorliegen, da der Publizitätsakt keine rechtsgeschäftliche Handlung darstellt. Eine Stellvertretung gemäß den §§ 164 ff. ist bei der Einigung möglich, bei der Übergabe können Besitzdiener und Besitzmittler den Besitz für den Veräußerer übertragen und für den Erwerber erwerben[35].

---

[28] Die h.M. mindert die unerwünschten Folgen ihrer Entscheidung dadurch, daß sie das Fortbestehen des Einigseins vermutet; ein Widerruf der Einigung muß für den anderen Vertragspartner erkennbar sein, wer sich auf einen Widerruf beruft, muß ihn beweisen; vgl. nur Palandt-Bassenge § 929 Rn. 6.

[29] So zutreffend etwa Westermann-Westermann § 38, 4; Schödermeier-Woopen, JA 1985, 622 ff.; Wank-Kamanabrou, Jura 2000, 154 ff.

[30] Der 1. Entwurf forderte in allen Fällen einen „Vertrag", die heutige Fassung ist eine rein redaktionelle Änderung, vgl. Protokolle der 2. Kommission 3675 ff., 3383 ff. (Mugdan 3, 623 f., 522 f.).

[31] So die ständige Rechtsprechung, vgl. etwa RG 124, 221; BGH 41, 95 f.; BGH JZ 1965, 36; BGH NJW 1993, 2617.

[32] Vgl. z.B. Staudinger-Wiegand § 929 Rn. 44; Larenz-Wolf § 23 Rn. 12; Baur-Stürner § 5 Rn. 28; MünchenerK-Wacke § 873 Rn. 28.

[33] Vgl. zur Begründung mein Handbuch des Sachenrechts I § 1 III 2 d.

[34] Ausnahmen gelten im Grundstücksrecht, vgl. etwa §§ 878, 892 II.

[35] Vgl. unten § 9 I 2 b.

3. Prinzipien des dinglichen Rechtsgeschäfts

a) Wie für das gesamte Sachenrecht, so gilt auch für das dingliche Rechtsgeschäft der Grundsatz der *Spezialität*: Jedes dingliche Rechtsgeschäft kann sich nur auf eine bestimmte Sache beziehen, nicht auf eine Mehrheit von Sachen oder auf unbestimmte Sachen. Man kann sich zwar verpflichten, Sachen zu liefern, die nur gattungsmäßig bestimmt sind (§ 243); spätestens bei der Übereignung muß die Sache aber konkretisiert sein.

b) Die Rechtsordnung ist bestrebt, dingliche Rechte nach Möglichkeit sichtbar zu machen, durch Publizitätstatbestände[36]. Das bedingt, daß auch die Rechtsänderung, d.h. das dingliche Rechtsgeschäft, nach außen möglichst in Erscheinung treten soll. Bei Grundstücken bewirkt die Eintragung – neben der Einigung – die Rechtsänderung und zeigt sie nach außen an. Bei beweglichen Sachen liegt der Publizitätsvorgang in der Besitzübertragung, der vom Erwerber erworbene Besitz zeigt sein Recht an. Dieses *Publizitätsprinzip* für dingliche Rechtsgeschäfte ist nur bei Grundstücken konsequent durchgeführt. Bei beweglichen Sachen gilt es zwar im Grundsatz auch, doch ist hier der Grundsatz durch Ausnahmen durchbrochen.

c) Für dingliche Rechtsgeschäfte gilt das *Abstraktionsprinzip*, d.h. die Gültigkeit des dinglichen Rechtsgeschäfts ist nicht davon abhängig, daß ein wirksames Kausalgeschäft oder daß überhaupt ein Kausalgeschäft (Kauf, Schenkung usw.) vorliegt. Aus der Fassung der §§ 873, 929, 1032, 1205 usw. ergibt sich, daß die dingliche Einigung und der Publizitätsakt zur Wirksamkeit der Verfügung ausreichen und eine schuldrechtliche causa bzw. ein *titulus* nicht erforderlich ist.

Das Abstraktionsprinzip ist eine Errungenschaft vSavignys, der mit seiner neuen Lehre die alte Lehre von der Übereignung durch „titulus und modus" überwand[37]. Nach der *titulus-modus*-Lehre geht das Eigentum über durch einen Erwerbstitel, etwa einen Kaufvertrag, und durch den *modus*, das ist die Übergabe, die kein Rechtsgeschäft ist, sondern ein tatsächlicher Vorgang[38]. vSavigny entwickelte aus Ansätzen im römischen Recht die Lehre, daß sowohl der *titulus*, der Verpflichtungsvertrag, wie auch der *modus*, die Übereignung, Rechtsgeschäfte seien, schuldrechtlicher und sachenrechtlicher Vertrag. Beide stehen unabhängig nebeneinander, und es besteht kein Anlaß, sie wieder künstlich wie in der *titulus-modus*-Lehre derart zu verschmelzen, daß man den *titulus* zur Voraussetzung der Übereignung macht (Kausalprinzip). Zu einer solchen Koppelung der Übereignung an den Kaufvertrag waren freilich diejenigen Rechtsordnungen gezwungen, welche gesetzlich die *titulus-modus*-Lehre festgeschrieben hatten und nun aufgrund der fortschrittlichen Lehre vSavignys den *modus* nicht mehr als bloße Übergabe, sondern als Übereignungsvertrag ansahen. Sie konnten aufgrund der gesetzlichen Vorgabe das Eigentum nicht ohne den *titulus*, nicht ohne den Kaufvertrag übergehen lassen, wie etwa das österreichische ABGB, und mußten deshalb den *titulus* als Voraussetzung der Übereignung beibehalten.

---

[36] Vgl. oben II 3 d.
[37] Vgl. dazu mein Handbuch des Sachenrechts I § 1 III 1 c, d.
[38] Und die deswegen auch keine Bedingung und damit keinen Eigentumsvorbehalt zuläßt.

Für uns besteht kein Grund, die Errungenschaft vSavignys wieder aufzugeben und rechtspolitisch in Anlehnung an die veraltete *titulus-modus*-Lehre wieder eine Bindung des Eigentumsübergangs an den *titulus* zu fordern, das Abstraktionsprinzip also gegen das Kausalprinzip auszutauschen. Das wird zwar bisweilen von ausländischen und auch von deutschen Rechtswissenschaftlern vorgeschlagen, doch ist bisher noch nicht in Erscheinung getreten, welche Vorteile das sekundär aufgetretene Kausalprinzip gegenüber dem primären Abstraktionsprinzip vSavignys haben soll. Die angeblich größere Volkstümlichkeit des Kausalprinzips kann es wohl kaum sein; denn abgesehen davon, daß die Volkstümlichkeit einer juristischen Konstruktion dem Juristen kein Kanon sein sollte und es auch nie war, wenn es darum ging, problemangemessene Ergebnisse zu erzielen, so ist auch dem Volk die Vorstellung einer kausalen Übereignung neben dem Kaufvertrag ebenso fremd wie die Vorstellung einer abstrakten Übereignung: Nach dem „Volksrecht" geht das Eigentum mit dem Kaufvertrag über. Dogmatisch kommen freilich Abstraktionsprinzip und Kausalprinzip oft zu gleichen Ergebnissen[39], aber das ist eher ein Grund, das Kausalprinzip aufzugeben als das Abstraktionsprinzip[40]. Warum sich – wie Wacke meint – das Abstraktionsprinzip rechtspolitisch nicht halten lasse[41], ist mir nicht klar; das Bessere dem Schlechteren zu opfern sollte keine europäische Bestrebung werden.

Abstraktion bedeutet Unabhängigkeit des dinglichen Rechtsgeschäfts vom Kausalgeschäft; es bedeutet aber keineswegs, daß ein dingliches Rechtsgeschäft nicht wegen Sittenwidrigkeit, Anfechtung usw. unwirksam sein könnte. Im Verhältnis zum Kausalgeschäft ist im Einzelfall jeweils zu prüfen, ob ein Mangel nur dieses

---

[39] Wenn V dem K eine Sache verkauft und übereignet, der Kaufvertrag aber unwirksam ist, so erwirbt nach dem Abstraktionsprinzip K Eigentum, nach dem Kausalprinzip nicht. Veräußert K die Sache weiter, so erwirbt der dritte Erwerber im ersten Fall (Abstraktionsprinzip) das Eigentum vom Berechtigten, im zweiten Fall erwirbt er eventuell gutgläubig vom Nichtberechtigten, eventuell aber auch nicht, wenn er grob fahrlässig die Nichtberechtigung des K nicht erkannte. Läßt ein Dritter die Sache bei K pfänden, so erwirbt er unter Anwendung des Abstraktionsprinzips ein Pfandrecht an der Sache, unter Anwendung des Kausalprinzips nicht, da K nicht Eigentümer ist. Das Abstraktionsprinzip bringt daher das so oft eingeforderte Publizitätsprinzip zur Geltung, wonach sich das Eigentum im Besitz manifestieren soll, das Kausalprinzip schwächt es weiter ab. Warum sollte also eine Rechtsordnung das vorzugswürdige Abstraktionsprinzip gegen das Kausalprinzip eintauschen?

[40] Zugunsten des Abstraktionsprinzips sprechen sich aus – neben den in meinem Handbuch des Sachenrechts I § 1 III 1 Fn. 60 Genannten – Stadler, Astrid, Gestaltungsfreiheit und Verkehrsschutz durch Abstraktion, 1996, 728 ff., 739; Stürner, Der hundertste Geburtstag des BGB – nationale Kodifikation im Greisenalter?, JZ 1996, 741 ff., 747; Grigoleit, AcP 199 (1999), 379 ff.; Aretz, JA 1998, 242 ff.; Arnd, Michael, Überschießende Rechtsmacht als Problem abstrakter und nicht-akzessorischer Konstruktionen (2000) 33 ff., 49 f.; Schindler freilich, der sich insbesondere gegen das französische Vertragsprinzip ausspricht, hält es für richtiger, zur titulus-modus-Lehre zurückkehren, vgl. FS Karl Kroeschell (1997) 1033, 1041.

[41] Wacke, Eigentumserwerb des Käufers durch schlichten Konsens oder erst mit der Übergabe?, ZEuP 2000, 254 ff.; vgl. dazu auch Wieling, Das Abstraktionsprinzip für Europa!, ZEuP 2001, 301 ff.

Kausalgeschäft betrifft, oder ob er sich auch auf die dingliche Einigung bezieht (sog. Fehleridentität).

aa) Nach einer früher weitverbreiteten Meinung kann ein dingliches Rechtsgeschäft niemals gemäß § 138 I sittenwidrig sein, weil sein Inhalt gesetzlich festgelegt sei und deswegen nicht sittenwidrig sein könne. Das trifft jedoch nicht zu. Zwar kann ein dingliches Rechtsgeschäft nach seinem Inhalt niemals sittenwidrig sein, doch ist es möglich, daß damit ein sittenwidriger Zweck verfolgt wird. In diesem Fall kann § 138 I eingreifen[42]. Voraussetzung ist, daß entweder die Parteien gemeinsam einen sittenwidrigen Zweck gegenüber Dritten oder gegenüber dem Gemeininteresse verfolgen, oder daß die eine Partei einen sittenwidrigen Zweck gegenüber der anderen verfolgt[43]. Daher sind im Falle des § 138 II auch die dinglichen Zuwendungen an den Wucherer nichtig.

Ob bei einer Anfechtung nur das Verpflichtungsgeschäft vernichtet wird oder auch das dingliche Rechtsgeschäft, hängt davon ab, für welche Rechtsgeschäfte ein Anfechtungsgrund vorliegt. Die Anfechtungserklärung bezieht sich im Zweifel auf beide Rechtsgeschäfte. Eine Anfechtung nach § 119 I (wegen Inhalts- oder Erklärungsirrtums) wird sich selten auf das dingliche Geschäft erstrecken, da der Inhalt beider Geschäfte verschieden ist. Es ist aber durchaus möglich, daß im Einzelfall auch ein dingliches Geschäft nach § 119 I anfechtbar ist, wenn etwa eine Sache irrtümlich einer falschen Person übereignet wird. Häufiger wird eine Anfechtung gemäß § 119 II (Irrtum über verkehrswesentliche Eigenschaften einer Person oder Sache) auch das dingliche Geschäft erfassen, z.B. beim Irrtum über die Kreditwürdigkeit eines Vertragspartners. Eine Anfechtung nach § 123 (wegen Drohung oder arglistiger Täuschung) wird regelmäßig auch das dingliche Rechtsgeschäft ergreifen. Im konkreten Fall ist immer zu prüfen, ob der Anfechtungsgrund nur das schuldrechtliche Geschäft erfaßt, ob er das dingliche Geschäft erfaßt oder beide.

Dagegen ist die Prüfung einer „Fehleridentität" ein ungeeignetes und irreführendes Hilfsmittel, um den Umfang der Anfechtbarkeit festzustellen. Einmal geht es nicht um einen Fehler, sondern um einen Irrtum, um eine Täuschung oder Drohung; sodann aber hängt nichts davon ab, ob sich der Irrtum sowohl im schuldrechtlichen wie dinglichen Vertrag ausgewirkt hat. Selbstverständlich ist eine Anfechtung auch dann möglich, wenn ein Irrtum nur im dinglichen Rechtsgeschäft aufgetreten ist, wenn etwa eine Sache an A verkauft wurde, irrtümlich aber an B übereignet wurde. Nicht eine „Fehleridentität" entscheidet über die Anfechtbarkeit, vielmehr sind bei jedem Rechtsgeschäft die Voraussetzungen der §§ 119 ff. zu prüfen.

bb) Ein dingliches Rechtsgeschäft kann bedingt abgeschlossen werden, mit Ausnahme der Auflassung (§ 925 II)[44]. Daher kann ein dingliches Rechtsgeschäft auch unter der Bedingung abgeschlossen werden, daß das Kausalgeschäft wirksam ist. Eine solche Bedingung kann auch stillschweigend vereinbart werden, doch darf sie nicht generell angenommen werden. Andernfalls würde das vom Gesetz angeord-

---

[42] So zutreffend etwa MünchenerK-Wacke § 873 Rn. 22; Baur-Stürner § 5 Rn. 51.
[43] Vgl. Flume II § 18, 8 mit Rechtsprechungsanalyse.
[44] Vgl. aber auch §§ 1 IV, 11 I 2 ErbbRVO und § 4 II 2 WEG.

nete Abstraktionsprinzip aufgehoben[45]. Eine Bedingung ist daher nur anzuerkennen, wenn ein besonderer Anlaß zu der Annahme besteht, die Parteien hätten einen entsprechenden (hypothetischen) Willen gehabt[46]. Zutreffend ist vom Prinzip auszugehen, daß eine stillschweigende Bedingung, das Kausalgeschäft sei wirksam, nicht vorhanden ist. Ausnahmen sind nur in solchen Fällen zuzulassen, in welchen die Parteien im Zweifel sind über das wirksame Zustandekommen des Kausalgeschäfts[47]. Das gilt etwa bei der Zusendung unbestellter Ware oder dann, wenn das dingliche Geschäft vor dem Kausalgeschäft abgeschlossen wird. Der Empfänger soll nicht berechtigt sein, die Übereignung anzunehmen, den Kaufvertrag aber abzulehnen. Eine solche Ausnahme kann dagegen nicht gelten, wenn der zukünftige Bestand eines gültigen Kausalgeschäfts zweifelhaft ist, etwa beim Rücktrittsvorbehalt.

cc) Abzulehnen ist der Versuch, das Abstraktionsprinzip über § 139 zu umgehen. Gemäß § 139 ist ein Rechtsgeschäft im Zweifel insgesamt nichtig, wenn ein Teil nichtig ist. Man kann daher auf den Gedanken kommen, Kausalgeschäft und dingliches Rechtsgeschäft zu einem „einheitlichen Rechtsgeschäft" i.S.v. § 139 zu verbinden. Die generelle Anwendung des § 139 würde jedoch das gesetzlich angeordnete Abstraktionsprinzip aufheben[48]. Vertretbar wäre die Anwendung des § 139 nur in dem Ausmaß, in welchem auch eine konkludente Bedingung angenommen werden darf. Insoweit ist aber die Anwendung des § 139 überflüssig.

4. Verfügungsverbote[49]

Dem Inhaber eines Rechts steht grundsätzlich die Befugnis zu, über dieses Recht zu verfügen. Durch ein Rechtsgeschäft kann die Verfügungsbefugnis nicht eingeschränkt werden, § 137[50]. Die Rechtsordnung kann aber bestimmen, daß unter bestimmten Voraussetzungen die Verfügung über ein an sich verfügbares Recht unwirksam ist: Sie kann Verfügungsverbote anordnen. Solche Verfügungsverbote können entweder den Schutz der Allgemeinheit bezwecken (absolute Verfügungsverbote) oder den Schutz einzelner Personen (relative Verfügungsverbote). Spezielle Regelungen gelten für den Kulturgüterschutz[51].

a) Bezweckt ein Verfügungsverbot den Schutz allgemeiner Interessen, so ist eine dagegen verstoßende Verfügung absolut unwirksam, § 134. Es ist auch denk-

---

[45] So zu Recht etwa MünchenerK-Wacke § 873 Rn. 23.

[46] Es genügt keineswegs, daß Grundgeschäft und dingliches Geschäft gleichzeitig abgeschlossen sind.

[47] Vgl. Westermann-Westermann § 4 IV 2; Baur-Stürner § 5 Rn. 55 ff.

[48] So zutreffend auch Baur-Stürner § 5 Rn. 56; Schwab-Prütting Rn. 25; Flume II § 12 III 4.

[49] Vgl. dazu Bülow, JuS 1994, 1 ff.

[50] § 137 kann aber umgangen werden: M übereignet ihrer Tochter den Familienschmuck mit der Abrede, daß sie ihn nicht veräußern dürfe. Wenn die T dagegen verstößt, soll ein Rückgabeanspruch der M entstehen und das Eigentum wieder an M zurückfallen (aufschiebend bedingte Rückübereignung). Bei Grundstücken kann der Rückgabeanspruch durch eine Vormerkung gesichert werden, vgl. unten § 22 II b. Solche Abreden sind nach h.M. gültig, vgl. Merrem, Sicherung vertraglicher Verfügungsverbote, JR 1993, 53 ff.; BGH JuS 1997, 564. Das ist als ein Verstoß gegen § 137, 1 jedoch nicht unbedenklich.

[51] Vgl. dazu Fuchs, Kulturgüterschutz im Kulturgutsicherungsgesetz, IPRax 2000, 281 ff.

bar, daß ein absolutes Verfügungsverbot die Belange einzelner Personen schützt, weil dies im öffentlichen Interesse liegt[52]. Da ein solches öffentliches Interesse am Schutz Einzelner in allen Fällen angenommen werden kann, ist es nicht möglich, absolute und relative Veräußerungsverbote vom Schutzzweck her zu unterscheiden. Eine Unterscheidung ist nur von der Rechtsfolge her möglich. Es ist davon auszugehen, daß immer ein absolutes Verfügungsverbot vorliegt, wenn sich nicht das Gegenteil aus der gesetzlichen Anordnung ergibt[53]. Sind durch das absolute Verfügungsverbot Einzelbelange geschützt, so ist eine verbotswidrige Verfügung absolut schwebend unwirksam; sie wird wirksam, wenn der Geschützte sie genehmigt[54]. Nicht zutreffend ist die Ansicht, daß es bei absoluten Verfügungsverboten keinen Schutz des guten Glaubens gebe, im Gegensatz zu den relativen Verfügungsverboten. Auch bei absoluten Verfügungsverboten kann das Gesetz im Einzelfall den guten Glauben an die Verfügungsmacht schützen, vgl. etwa §§ 161 III, 2113 III; § 81 I 2 InsO[55].

b) Ein relatives Verfügungsverbot ordnet das Gesetz an, wenn es nur die Belange einzelner, nicht ein öffentliches Interesse schützen will; ein solches Verbot macht eine Verfügung nicht unwirksam. Eine Verfügung, die gegen ein relatives Verfügungsverbot verstößt, ist vielmehr wirksam; lediglich gegenüber dem Geschützten wird die Verfügung als unwirksam behandelt, § 135 I. Relative Verfügungsverbote sind aber nur anzunehmen, wenn das Gesetz die Rechtsfolge der relativen Unwirksamkeit ausdrücklich anordnet. Solche Fälle sind nicht häufig, nach h.M. gibt es im BGB kein relatives Verfügungsverbot. Richtig dürfte es sein, in §§ 1124, 1126, 1128, 1130 relative Verfügungsverbote zu sehen[56]. Ein relatives Verfügungsverbot bewirkt auch die Vormerkung, § 883 II.

Seine Bedeutung hat § 135 durch die Verweisung in § 136: Gerichtliche und behördliche Verfügungsverbote sind relative Verfügungsverbote i.S.v. § 135, soweit lediglich der Schutz bestimmter Personen bezweckt ist. Hierzu zählen die durch einstweilige Verfügung angeordneten Verfügungsverbote[57], §§ 935, 938 ZPO, sowie die Verfügungsverbote, die durch Vollstreckungsmaßnahmen begründet werden: §§ 803, 829, 857 ZPO; §§ 23, 148 ZVG.

Verstößt eine Verfügung oder eine Vollstreckungsmaßnahme gegen ein relatives Verfügungsverbot, so ist sie dem Geschützten gegenüber unwirksam, ansonsten wirksam. Wie dies zu verstehen sei, ist streitig[58], die Konstruktion muß auf alle

---

[52] Vgl. etwa § 161 (Schutz des bedingt Berechtigten); §§ 1365, 1369, 1423–1425 (Schutz der Ehegatten); §§ 2113 f. (Schutz des Nacherben).

[53] Vgl. Flume II § 17, 6 b; Enneccerus-Nipperdey § 144 II 1 a.

[54] Vgl. Flume II § 17, 6 b.

[55] Allerdings ist die Terminologie durchaus uneinheitlich und verwirrend. Als „absolute" Verfügungsverbote bezeichnet man bisweilen auch solche, welche keinen gutgläubigen Erwerb gestatten, als „relative" solche, die ihn zulassen. „Absolut" sind danach etwa die Verfügungsbeschränkungen nach §§ 134, 1365, 1369, „relativ" solche nach §§ 135 f., 161, 2113, § 81 I 2 InsO.

[56] Vgl. Enneccerus-Nipperdey § 144 II 1 b Fn. 10; RG 95, 208; BGH 33, 86.

[57] Zur Problematik der einstweiligen Verfügung zugunsten eines von mehreren Käufern vgl. Wieling, JZ 1982, 839 ff.

[58] Vgl. zu den verschiedenen Lösungsvorschlägen zu § 883 Assmann 117 ff.

Fälle folgendes beachten: Dem Verpflichteten muß trotz der verbotswidrigen Verfügung gegenüber dem Geschützten die Verfügungsmacht verbleiben; der Geschützte erwirbt durch das Verfügungsverbot kein dingliches Recht an der Sache. Die Ansicht der h.M. wird diesen Erfordernissen am einfachsten gerecht: Bei einer verbotswidrigen Verfügung wird der Erwerber zwar Eigentümer, aber nicht gegenüber dem Geschützten; diesem gegenüber bleibt der Verfügende Eigentümer[59]. Der Sinn dieser Verdoppelung der Eigentümerstellung liegt darin, dem Verfügenden die Verfügungsmacht gegenüber dem Geschützten zu erhalten. Da der Verfügende trotz der Verfügung gegenüber dem Geschützten Eigentümer bleibt, kann der Geschützte mit ihm als Berechtigten die dingliche Einigung, etwa nach §§ 929, 873, vornehmen. Bei beweglichen Sachen kann die Übergabe der Sache an den Geschützten dadurch ersetzt werden, daß der Verfügende ihm seinen Anspruch aus § 985 gegen den Erwerber abtritt, §§ 929, 931[60]. Der Geschützte wird so absoluter Eigentümer der Sache, der Erwerber und der Verfügende verlieren ihr relatives Eigentum. Bei Grundstücken gibt § 888 II dem Geschützten einen Anspruch gegen den Erwerber auf Erteilung der gemäß § 19 GBO erforderlichen Bewilligung. Mit der Eintragung wird der Geschützte absoluter Eigentümer.

Die relative Unwirksamkeit greift von vornherein nicht ein, wenn der Erwerber gutgläubig war, § 135 II; es gelten die §§ 892 f., 932 ff., 1138 entsprechend, der gute Glaube muß sich auf die Nichtexistenz des Verfügungsverbotes beziehen. Voraussetzung ist allerdings, daß der Verfügungsgegenstand überhaupt gutgläubig erworben werden kann. Betrifft das Verfügungsverbot eine Forderung, so ist § 135 II also nicht anwendbar.

c) Neben dem Verfügungsverbot hat die Rechtsprechung[61] durch Rechtsfortbildung ein *Erwerbsverbot* entwickelt[62]. Es bezieht sich nur auf Grundstücke: Ist etwa der Kaufvertrag unwirksam, die Auflassung aber wirksam, so könnte der Erwerber sich gemäß § 873 das Eigentum verschaffen, indem er den Eintragungsantrag stellt. Dem Veräußerer können dadurch erhebliche Gefahren und Nachteile entstehen, da er das Eigentum verliert und auf eine Kondiktion angewiesen ist[63]. Um diesen Nachteilen zu entgehen, kann der Veräußerer gegen den Erwerber ein Erwerbsverbot durch einstweilige Verfügung erwirken. Dadurch wird dem Erwerber aufgege-

---

[59] Vgl. etwa Larenz-Wolf § 44 Rn. 61; Palandt-Heinrichs § 136 Rn. 6; Kohler, Jura 1991, 349 ff. Nach BGH NJW 1990, 2459 verliert der Verfügende sein Eigentum und behält nur eine „Rechtsmacht" zurück, kraft derer er das Eigentum auf den Geschützten übertragen kann. Das ist im Ergebnis dasselbe, doch ist die Erfindung einer „Rechtsmacht" überflüssig. Assmann 119 verweist auf die intellektuellen Schwierigkeiten, welche nach verschiedenen Autoren ein doppeltes Eigentum bereiten könne. Sie sollten aber nicht überschätzt werden, den Juristen des Mittelalters und der frühen Neuzeit bereitete das doppelte Eigentum jedenfalls keine Schwierigkeiten.

[60] Diesen Anspruch aus § 985 gegen den Erwerber hat der Verfügende aufgrund der relativen Unwirksamkeit nur im Verhältnis zum Geschützten, dem er den Anspruch abtreten muß.

[61] Vgl. RG 117, 291; 120, 118; OLG Hamm, DNotZ 1970, 662.

[62] Das BGB kennt keine Erwerbsverbote, wohl kommen sie in anderen Gesetzen vor, vgl. etwa Art. 86 EGBGB.

[63] Der Kaufvertrag wird durch die Auflassung und Eintragung nur dann geheilt, wenn ein Formmangel vorliegt, § 311 b I 2, nicht bei sonstigen Mängeln.

ben, keinen Eintragungsantrag zu stellen bzw. einen gestellten Antrag zurückzunehmen. Kommt der Erwerber dem nicht nach, so erwirbt er mit der Eintragung nur relatives Eigentum; im Verhältnis zum geschützten Veräußerer bleibt dieser selbst Eigentümer; § 135 ist entsprechend anwendbar[64]. Um gutgläubigen Erwerb des absoluten Eigentums eines Dritten gemäß § 892 auszuschließen, ist das Erwerbsverbot im Grundbuch eintragbar.

---

[64] H.M., vgl. etwa Baur-Stürner § 15 Rn. 32; Wolff-Raiser § 38 Fn. 36; Bamberger-Wendland § 136 Rn.7.

Teil 2

Sachen

§ 2. Sachen

I. Begriff der Sache

1. Körperlichkeit und Beherrschbarkeit

a) Das Sachenrecht befaßt sich nur mit körperlichen Dingen, nur an ihnen gibt es Besitz und dingliche Rechte. Das BGB bezeichnet die körperlichen Dinge mit dem terminus technicus „Sachen" und definiert in § 90 Sachen als „körperliche Gegenstände"[1]. Gegenstand ist also der Oberbegriff, er umfaßt alles, was Rechtsobjekt sein kann, z.B. auch Rechte.

b) Von Sachen im Rechtssinne kann man nur sprechen, wenn sie der menschlichen Herrschaft unterliegen. Sachen, an denen Besitz und dingliche Rechte nicht ausgeübt werden können, kommen für den Rechtsverkehr nicht in Betracht. Daher sind Sterne, Meteore, die Wolken usw. keine Sachen im Rechtssinne, ebensowenig das einzelne Staubkorn, die Schneeflocke, der Regentropfen.

c) Die Sachqualität verlangt weiter, daß es sich um abgegrenzte, für sich selbst bestehende Stücke der Natur handelt. Dieses Erfordernis schließt die Sacheigenschaft bei gasförmigen und flüssigen Körpern meist aus. Die Luft, die sich über einem Grundstück befindet, ist keine Sache, weil sie keine abgegrenzte Existenz hat. Das gleiche gilt vom Wasser der Meere und Wasserläufe. Dagegen ist das stehende Gewässer, z.B. ein Teich, eine (bewegliche) Sache. Allgemein sind ein Gas oder eine Flüssigkeit nur dann eine Sache, wenn sie in einem Behältnis beliebiger Art eingefangen sind[2].

2. Strukturen der Sachen

Die Rechtswissenschaft unterscheidet mehrere Arten von Sachen je nach ihrer Struktur.

a) *Einfache Sachen* sind solche Sachen, welche sich nicht aus individualisierbaren Bestandteilen zusammensetzen und keine abgegrenzten Teile erkennen lassen; dazu gehören folgende Gruppen:

---

[1] Untechnisch wird „Sache" in § 119 II BGB verwandt. Zur Anwendung des Sachbegriffs auf Computerprogramme vgl. Bormann-Bormann, Rechtsnatur und Rechtsschutz der Software, DB 1991, 2641 ff.; Redeker, Wer ist Eigentümer von Goethes Werther?, NJW 1992, 1739 ff.; Kort, Software – eine Sache, DB 1994, 1585 ff.; Bydlinski, Der Sachbegriff im elektronischen Zeitalter, AcP 198 (1998), 287 ff.; LG Konstanz NJW 1996, 2662.

[2] Behältnis und Inhalt sind zwei verschiedene Sachen.

aa) Die organischen Naturprodukte, wie Tiere[3], Pflanzen, Früchte. Bei den Tieren kann man zwar einzelne Glieder und Organe unterscheiden, doch ergibt sich die Einheitlichkeit hier aus der natürlichen Entstehung und (rechtlich) aus der Unmöglichkeit, an Teilen des Tieres Sonderrechte zuzulassen.

bb) Grundstücke.

cc) Individualsachen, welche kraft innerer Kohäsion zusammenhängen, seien sie natürlich entstanden (Stein, Balken, ein Klumpen Gold) oder künstlich hergestellt (Geldstück, Glasgefäß, Brotlaib).

dd) Mengensachen, deren Teile nicht kraft innerer Kohäsion zusammenhängen. Die Kohärenz wird ersetzt durch den räumlichen Zusammenhang[4]. Hierher gehören einmal die in Behältnissen eingeschlossenen Gase und Flüssigkeiten. Der Wein in einem Faß ist z.B. eine Sache. Löst man das körperliche Näheverhältnis, indem man den Wein auf Flaschen zieht, so zerstört man die ursprüngliche Sache und schafft neue Sachen: jeweils den Wein in einer Flasche.

Zu den Mengensachen zählen weiterhin die festen Sachen, welche aus einer räumlichen Anhäufung einzelner Teile bestehen und ein Kontinuum bilden. Dazu gehören z.B. der Haufen Sand, Kohle, der Sack Zement, die Tüte Mehl, ein Ballen Wolle usw. Die Verkehrsanschauung betrachtet solche Anhäufungen als eine Sache (natürliche Sacheinheit). Entscheidend ist auch hier der räumliche Zusammenhang. Teilt man einen Haufen Sand in zwei kleinere Haufen auf, so sind aus der einen Sache zwei geworden. Die Sache muß ein Kontinuum bilden, d.h. sie darf keine individuellen Bestandteile erkennen lassen. Daher ist wohl der Haufen Sand oder Kies, der Sack Mehl usw. eine Mengensache, nicht aber das Kartenspiel, das Paar Schuhe, das Kaffeeservice, die Briefmarkensammlung, das mehrbändige Lexikon; sie sind keine Sachen, sondern Sachgesamtheiten.

b) *Zusammengesetzte Sachen* sind Sachen, die künstlich aus mehreren zunächst selbständigen Sachen zusammengesetzt wurden. Beispiele dafür sind Gebäude, Möbel, Waschmaschinen, Kraftfahrzeuge, überhaupt alle technischen Geräte; bei allen ist erkennbar, daß sie aus einzelnen Bestandteilen zusammengesetzt sind. Faßt man eine Mehrheit ursprünglich selbständiger Sachen zu einer sinnvollen neuen Einheit zusammen, so entstehen dadurch neue Werte, welche größer sind als die Summe der Einzelwerte. Ein Kühlschrank ist mehr wert als die Summe seiner Einzelteile, aus denen er zusammengesetzt ist; und dieser Mehrwert würde wieder verloren gehen, wenn man die Teile wieder auseinanderbaute. Auch die Sammlung aller Gemälde eines Malers ist mehr wert als die Summe der Gemälde, die in der ganzen Welt verstreut sind.

---

[3] Gemäß § 90a sind Tiere keine Sachen, doch sind die Vorschriften für Sachen auf sie anzuwenden. § 90a ist ebenso inhaltsleer wie § 903, 2, der bestimmt, daß die gesetzlichen Bestimmungen zum Schutz der Tiere zu beachten sind; vgl. auch Mühe, NJW 1990, 2238 ff.; Braun, JuS 1992, 758 ff. Immerhin zeigen die Vorschriften ebenso wie § 251 II 2 und § 811 Nr. 3 ZPO den Willen des Gesetzgebers, Tiere in besonderem Maße zu schützen, vgl. auch Steding, JuS 1996, 962 ff. Das ist bei der Auslegung der Gesetze zu berücksichtigen.

[4] Vgl. Enneccerus-Nipperdey I § 121 II Fn. 27: „körperliches Näheverhältnis".

Für die Rechtsordnung ergibt sich daraus das Problem, ob und wie solche zusammengesetzten Sachen gegen eine Trennung zu schützen sind, wenn die zusammengesetzten Einzelsachen etwa verschiedenen Eigentümern gehörten. Der Schutz muß das Ziel verfolgen, daß die Sachen möglichst dasselbe rechtliche Schicksal haben sollen. Das heißt, daß sie demselben Eigentümer gehören sollten, damit ein Auseinandertrennen der Sachen möglichst vermieden wird und so der Wert der Sachansammlung erhalten bleibt.

Dieser Schutz kann in den verschiedenen Rechtsordnungen ganz verschieden ausfallen. Die Rechtsordnung kann 1. bestimmen, daß die Einzelsachen durch das Zusammenfügen zwingend ihre rechtliche Existenz verlieren, so daß eine neue, einheitliche Sache entsteht, die nur noch einem Eigentümer gehört. Ein dingliches Rechtsgeschäft, etwa Übereignung der neuen Sache, ergreift dann zwangsläufig auch alle früheren Einzelsachen. Die Rechtsordnung kann den Einzelsachen aber 2. auch ihre rechtliche Existenz lassen und neben den zusammengesetzten Einzelsachen rechtlich auch eine Gesamtsache anerkennen; ein dingliches Rechtsgeschäft über die Gesamtsache bezieht sich im Zweifel auch auf alle Einzelsachen. Schließlich kann die Rechtsordnung 3. den Einzelsachen auch vollständig ihre individuelle rechtliche Bedeutung belassen und keinen Zusammenhang zwischen den Einzelsachen anerkennen.

Das BGB unterscheidet entsprechend dieser Einteilung 1. wesentliche Bestandteile, 2. unwesentliche Bestandteile und Zubehör sowie 3. Sach- und Rechtsgesamtheiten. Am engsten erfolgt die rechtliche Verknüpfung der Sachen bei den wesentlichen Bestandteilen, weniger stark ist sie bei den unwesentlichen Bestandteilen und beim Zubehör. Überhaupt keine rechtliche Zusammenfassung gibt es bei den Sach- und Rechtsgesamtheiten.

Nach dem BGB folgen die Bestandteile, welche das Gesetz „wesentliche Bestandteile" nennt (vgl. §§ 93–95), zwangsläufig dem Recht der Hauptsache, vgl. unten III 2 ff. Die unwesentlichen Bestandteile dagegen sind in ihrer Rechtslage unabhängig von der Gesamtsache, vgl. unten III 7. Man muß bei einer Gesamtsache also das Eigentum an der ganzen Sache unterscheiden vom Eigentum an den einzelnen Bestandteilen. Das Eigentum an der Gesamtsache umfaßt zwangsläufig auch das Eigentum an den wesentlichen Bestandteilen, die unwesentlichen Bestandteile dagegen können einem anderen Eigentümer gehören als die Gesamtsache. Der Eigentümer eines PKW als einer Gesamtsache muß also nicht Eigentümer z.B. der vier Reifen sein. Dennoch ist er Eigentümer des ganzen PKW; verliert er den Besitz, so kann er den ganzen PKW vindizieren, einschließlich der fremden Reifen. Denn in ihrer Eigenschaft als unwesentliche Bestandteile der Gesamtsache gehören die Reifen dem Eigentümer der Gesamtsache. Daneben sind sie aber auch selbständige Sachen geblieben. Als solche kann ihr Eigentümer sie jederzeit vindizieren, auch vom Besitzer und Eigentümer der Gesamtsache[5].

c) Keine Sachen sind Sachgesamtheiten und Rechtsgesamtheiten. *Sachgesamtheiten* sind Mehrheiten einzelner selbständiger Sachen, die wegen ihrer gemeinsa-

---

[5] Zur Rechtslage an den unwesentlichen Bestandteilen vgl. unten III 7.

men Bestimmung als wirtschaftliche Einheit betrachtet werden, z.B. Viehherden, Warenlager, das Inventar, eine Bibliothek, eine Briefmarkensammlung, ein Kaffeeservice, ein Kartenspiel usw. Gemäß dem Spezialitätsprinzip[6] kann nicht über die Sachgesamtheit als solche, sondern nur über die Einzelsachen verfügt werden. *Rechtsgesamtheiten* sind Inbegriffe von körperlichen und unkörperlichen Gegenständen. Dazu zählen etwa das Vermögen einer Person, die Sondervermögen wie Erbschaft, Gesellschaftsvermögen, Gesamtgut, sowie das wirtschaftliche Unternehmen. Sie können schon deswegen keine Sachen i.S.v. § 90 sein, weil sie auch unkörperliche Gegenstände umfassen.

II. Arten der Sachen

1. Res extra commercium

a) Das römische Recht nannte die Sachen, welche nicht Gegenstand privater Rechte sein konnten, *res extra commercium*. Dazu gehörten einmal die *res divini iuris*, die den Göttern geweiht waren, wie z.B. Tempel, Altäre, Götterstandbilder; dann die *res publicae*, öffentliche Sachen, wie Straßen, Theater, Bäder. Das Privatrecht war auf diese Sachen nicht anwendbar. Die *res communes omnium* waren ebenfalls dem Privatrecht entzogen. Dazu gehörten die Luft, das fließende Wasser, das Meer. An ihnen besteht kein Eigentum, weil sie keine Sachen im Sinne des § 90 sind.

b) Das gemeine Recht betrachtete alle res extra commercium als öffentliche Sachen. Sie waren privatrechtsfähig, doch war ihre Verkehrsfähigkeit durch verschiedene Regelungen eingeschränkt. Auch heute gibt es keine Sachen, die dem Privatrecht völlig entzogen wären; gewisse Sachen sind aber in ihrer Verkehrsfähigkeit stark beschränkt: der menschliche Körper sowie öffentliche Sachen.

2. Menschliche Körper[7]

a) Der Körper des lebenden Menschen ist kein Objekt dinglicher Herrschaftsrechte. Der Mensch hat am eigenen Körper ein Persönlichkeitsrecht, welches ihm die Bestimmung über seinen Körper sichert[8] und dem Eigentum an Umfang und Schutz vergleichbar ist. Zum Körper gehören auch die fest eingebauten künstlichen Körperteile, wie Herzschrittmacher, künstliche Gelenke, Zahnplomben usw. Auch sie sind sachenrechtsunfähig. Mit der Abtrennung von natürlichen oder künstlichen Körperteilen werden sie verkehrsfähige Sachen, an ihnen setzt sich das Persönlichkeitsrecht des Trägers als Eigentum fort[9].

---

[6] Vgl. oben § 1 III 3 a.

[7] Englert, Nikolaus, Todesbegriff und Leichnam als Elemente des Totenrechts, Diss. München 1978; Kloth, Karsten, Todesbestimmung und postmortale Organentnahme, 1996.

[8] Vgl. Forkel JZ 1974, 594; Taupitz, JZ 1992, 1091 f.; Staudinger-Jickeli-Stieper § 90 Rn. 18 f.

[9] Vgl. Staudinger-Jickeli-Stieper § 90 Rn. 21 f.

b) Ob die Leiche eine Sache im Sinne des § 90 ist, ist umstritten[10]. Da man nicht umhinkommt, irgendein Recht der Erben oder Angehörigen an der Leiche anzunehmen, muß man sie als Rechtsobjekt qualifizieren. Sie als „Sache" zu bezeichnen, erscheint nicht angemessen, da der Gesetzgeber in § 90a sogar Tiere nicht mit diesem Ausdruck kennzeichnen will. Welcher Art das Recht an der Leiche ist, ist streitig. Am angemessensten erscheint es, ein absolutes Nichtvermögensrecht eigener Art anzunehmen, das Totensorgerecht. Es gibt den nächsten Angehörigen (nicht den Erben) keine freien Verfügungsrechte, wohl aber Abwehrmöglichkeiten sowie Verfügungsrechte zur Wahrung ihrer Pflichten: Sie haben für eine würdevolle Behandlung des Leichnams zu sorgen (Bestattung) und können unbefugte Eingriffe Dritter abwehren[11], gemäß §§ 823, 985, 1004 analog.

c) Erhebliche Rechtsunsicherheiten sind durch die medizinischen Fortschritte in neuerer Zeit bei der Frage der Organtransplantation aufgetreten. Problematisch ist insbesondere die Frage, welche Voraussetzungen bei einer Organentnahme gegeben sein müssen. Am weitesten geht die Ansicht, ein Arzt, der zur Rettung eines anderen ein Organ aus einer Leiche entnehme, handle in rechtfertigendem Notstand. Sie ist abzulehnen, sie verletzt in unerträglichem Maße das Selbstbestimmungsrecht des Toten[12]. Nicht haltbar ist aus diesem Grund auch die Widerspruchslösung, wonach eine Organentnahme bereits dann möglich ist, wenn der Verstorbene dem zu Lebzeiten nicht widersprochen hat[13]. Dem Selbstbestimmungsrecht des Toten entspricht nur die Zustimmungslösung, wonach eine Organentnahme dann zulässig ist, wenn der Tote – eventuell auch der Inhaber des Totensorgerechts[14] – ihr zugestimmt hatte (Zustimmungslösung)[15]. Dem folgt das Transplantationsgesetz vom 5. 11. 1997, das eine Organentnahme dann zuläßt, wenn der Verstorbene dem zugestimmt hatte oder wenn der nächste Angehörige die Zustimmung erteilt; hatte der Verstorbene der Organentnahme widersprochen, so ist sie auf jeden Fall unzulässig, vgl. §§ 3 I, 4 TPG. Der Organhandel ist unzulässig, § 17 TPG[16].

Problematisch ist in jedem Fall die Frage, wann der Tod eintritt und eine Organentnahme also überhaupt möglich wird[17].

---

[10] Vgl. MünchenerK-Holch § 90 Rn. 90.
[11] Vgl. Palandt-Sprau § 823 Rn. 90; Pluisch-Heifer, NJW 1994, 2377 ff.; vgl. auch § 168 StGB.
[12] Vgl. Soergel-Mühl § 90 Rn. 7; nach Kloth 151 ff. ist sie verfassungswidrig.
[13] Vgl. Kloth 162 ff.
[14] Vgl. RGRK-Kregel § 90 Rn. 5 mit Literatur; Soergel-Mühl § 90 Rn. 5.
[15] Zu Kompromißlösungen vgl. Kloth 205 ff.
[16] Wegen weiterer Einzelheiten vgl. die Gesetzgebungsberichte NJW 1998, 777 f. (Deutsch) und JuS 1998, 379 f. sowie 569 f. (Kudlich); Forkel, Jura 2001, 75 ff.
[17] Vgl. etwa Höfling, JZ 1995, 26 ff., JZ 1996, 615; Heun, JZ 1996, 213 ff., 618 f.; Gallwas, JZ 1996, 851 f.

3. Öffentliche Sachen[18]

a) Öffentliche Sachen sind Sachen, die einer öffentlichen Sachherrschaft unterliegen. Dazu gehören weder die tatsächlich öffentlichen Sachen (Privatmuseen, private Waldwege) noch das Finanzvermögen der öffentlichen Hand. Öffentliche Sachen sind einmal die Sachen im Verwaltungsgebrauch (Verwaltungsgebäude, Dienstwagen usw.), sodann die Sachen im Zivilgebrauch. Zu diesen gehören die Sachen in anstaltlicher Nutzung (Museen, Badeanstalten, Krankenhäuser), weiter die Sachen im Gemeingebrauch (Straßen, öffentliche Parks usw.).

b) Öffentliche Sachen stehen nicht in einem besonderen öffentlichen Eigentum, sondern wie alle anderen Sachen in privatem Eigentum, sei es des Trägers einer Verwaltung, sei es einer Privatperson. Die Lehre vom öffentlichen Eigentum, wie sie insbesondere in Frankreich besteht, hat sich in Deutschland nicht durchgesetzt. Die Bindung der öffentlichen Sachen ergibt sich aus einer öffentlich-rechtlichen Sachherrschaft (öffentlich-rechtliche Dienstbarkeit), welche das privatrechtliche Eigentum beschränkt; sie ist ein dingliches Recht. Der Inhalt dieser „Dienstbarkeit" ergibt sich aus dem Zwecke, dem die öffentliche Sache gewidmet ist. Im Rahmen dieser Zweckbestimmung wird das privatrechtliche Eigentum eingeschränkt; der Eigentümer und jeder sonstige Rechtsinhaber muß die Nutzung der Sache entsprechend der Zweckbestimmung dulden. Im übrigen ist der Eigentümer frei in der Verfügung über sein Recht. Auch ein gutgläubiger Erwerb des Eigentums an der öffentlichen Sache ist möglich, wenn die Voraussetzungen der §§ 932 ff., 892 f. vorliegen[19]; ebenso Ersitzung. Die öffentlich-rechtliche Dienstbarkeit kann dagegen durch gutgläubigen Erwerb gemäß §§ 936, 892 nicht untergehen[20].

Die öffentlich-rechtliche Sachherrschaft entsteht durch Widmung und Indienststellung der Sache[21]. Die widmende Behörde muß entweder das Eigentum an der Sache haben oder eine entsprechende Dienstbarkeit, oder aber der Eigentümer muß der Widmung zustimmen[22].

---

[18] Papier, Hans-Jürgen, Recht der öffentlichen Sachen, 3. Aufl. 1998; auch Häde, JuS 1993, 113 ff.

[19] Vgl. BGH NJW 1990, 899 ff. (Hamburger Stadtsiegel).

[20] Vgl. Papier 80 f.; VG Köln NJW 1991, 2584 ff.; Wernecke, AcP 195 (1995), 456 ff.; etwas anderes gilt bei der Ersitzung, vgl. unten § 11 I 2 b a.E.

[21] Die einigermaßen gefestigte Lehre von den öffentlichen Sachen ist durch die Entscheidung des OVG Münster im „Hamburger Stadtsiegelfall" in Unordnung geraten, Ehlers, NWVBl 1993, 327 ff. spricht von einem Trümmerhaufen. Die Entscheidungen zu diesem interessanten Fall sind BGH NJW 1990, 899 ff.; VG Köln NJW 1991, 2584 ff.; OVG Münster, NJW 1993, 2635 ff.; BVerwG NJW 1994, 144 f. Eine gute Beschreibung des Siegels und der Vorgänge gibt die Dokumentation von Hans Wilhelm Eckardt, Stationen eines Stempels, Anmerkungen zum IV. Hamburgischen Staatssiegel, 1995.

[22] Nach Ansicht des OVG Lüneburg (NJW 1970, 75 f.) ist die Zustimmung der Grundpfandgläubiger nie erforderlich, weil die Verwertungsbefugnis durch die Widmung nicht beeinträchtigt werde. Es ist aber leicht denkbar, daß der Wert der Sicherheit durch die Widmung beeinträchtigt wird. Dann müssen auch die Inhaber von Grundpfandrechten der Sicherung zustimmen.

4. Res sacrae

Eine besondere Gruppe der öffentlichen Sachen sind die res sacrae: Sachen, die dem gottesdienstlichen Gebrauch einer anerkannten Religionsgemeinschaft dienen. Die Rechtslage dieser res sacrae bestimmt sich nach den vor 1900 geltenden Landesrechten und Ortsstatuten, welche als öffentliches Recht weiter in Geltung sind[23].

Die Zweckbestimmung der res sacrae geschieht nach den Vorschriften der jeweiligen Religionsgemeinschaft. Der Staat ist bei dieser Widmung nicht beteiligt. Gehört die Sache nicht der widmenden Religionsgemeinschaft, so muß der Eigentümer der Sache der Widmung zustimmen. Die Widmung ändert an den privaten Rechten an der Sache nichts, doch werden diese Rechte gemäß dem Widmungszweck eingeschränkt. Der Gebrauch der Sache ist auf gottesdienstliche Zwecke beschränkt.

III. Bestandteile

1. Begriff des Bestandteils

a) Nicht immer, wenn einer Sache eine andere zugefügt wird, entsteht eine einheitliche Sache mit mehreren Bestandteilen. Denkbar ist auch, daß es sich weiterhin um zwei verschiedene Sachen handelt. Füge ich einem PKW-Rumpf vier Räder hinzu, so entsteht die einheitliche Sache „PKW"; die Räder sind dessen Bestandteile. Es besteht ein einheitliches Eigentum an dieser zusammengesetzten Sache[24]. Montiere ich dagegen auf den PKW einen Skihalter, so entsteht dadurch keine einheitliche Sache. PKW und Skihalter bleiben Sachen für sich und bilden keine sachenrechtliche Einheit. Der Skihalter ist kein Bestandteil des PKW, sondern Zubehör. Es gibt lediglich zwei Eigentumsrechte, eines am PKW, eines am Skihalter. Was ist Voraussetzung für das Entstehen einer einheitlichen Sache?

b) Das BGB definiert den Begriff des Bestandteils nicht, seine Verfasser gehen von der damals anerkannten Ansicht aus, ein Bestandteil liege immer dann vor, wenn eine Sache mit einer anderen zu deren Vollendung (perfectio) verbunden werde[25]. Was einer Sache zum Zweck ihrer Vollendung zugefügt wird, ist Bestandteil. Daher sind die dem PKW zugefügten Räder Bestandteile, nicht aber der Skihalter, denn ein PKW ist auch ohne Skihalter ein vollständiger PKW. Das Gesetz hat den Gedanken der perfectio ausdrücklich nur für Gebäudebestandteile erwähnt, § 94 II.

Die h.M. will dagegen die Frage, ob eine einheitliche Sache mit Bestandteilen vorliegt, nicht nach dem Gesichtspunkt der perfectio, sondern nach der Verkehrs-

---

[23] Vgl. BayObLG 17 NF (1967), 98; Forsthoff, Res sacrae, AöR 70 (1940), 217 f.; BayObLG JZ 1981, 190.
[24] Daneben besteht freilich auch ein spezielles Eigentum am PKW-Rumpf und an den Rädern, vgl. oben I 2 b und unten 7, da es sich um unwesentliche Bestandteile handelt.
[25] Vgl. Johow, Begründung 66 f.; Motive 3, 62.

anschauung entscheiden. Es scheint jedoch, daß die Verkehrsanschauung hier überfordert ist. Nach welchen Kriterien sollte sie zwischen Bestandteil und Zubehör unterscheiden? Die Hinweise auf die „natürliche Anschauung" und die Auffassung eines „verständigen und unbefangenen Beurteilers" sind kaum geeignet, Klarheit zu schaffen; sie fördern die Willkür des jeweiligen Beurteilers[26].

c) Damit eine Sache Bestandteil wird, muß sie auf jeden Fall mit der anderen Sache verbunden sein. Die Winterreifen eines PKW, die in der Garage auf die Benutzung warten, sind keine Bestandteile des PKW[27]. Ob die Verbindung fest oder lose ist, spielt keine Rolle; es reicht auch eine Verbindung allein durch die Schwerkraft (vgl. die Schubladen in der Kommode).

Bestandteile einer Sache können ihrerseits aus Bestandteilen zusammengesetzt sein. So ist das Gebäude meist gemäß § 94 I wesentlicher Bestandteil des Grundstücks, die Fenster sind gemäß § 94 II Bestandteile des Gebäudes und damit auch Bestandteile des Grundstücks.

d) Da nur Sachen Bestandteile sein können, greift das Gesetz in § 96 zu einer Fiktion, um Rechte zu Bestandteilen eines Grundstücks zu erklären. Diese Rechte sollen das rechtliche Schicksal des Grundstücks teilen. In Betracht kommen alle mit dem Eigentum am Grundstück verbunden Rechte, also die subjektiv-dinglichen Rechte: Grunddienstbarkeiten, Reallasten nach § 1105 II, Vorkaufsrechte nach § 1094 II, das Recht auf die Überbaurente nach §§ 912 ff. Wird das Eigentum am Grundstück übertragen, so geht auch das Recht mit über; eine Hypothek am Grundstück erstreckt sich auch auf das Recht usw.

2. Begriff des wesentlichen Bestandteils

a) Das BGB kennt sowohl wesentliche wie unwesentliche Bestandteile: Die unwesentlichen Bestandteile sind sonderrechtsfähig, die wesentlichen nicht. Geregelt sind allerdings nur die wesentlichen Bestandteile in den §§ 93–95.

b) An wesentlichen Bestandteilen sind besondere dingliche Rechte nicht möglich, § 93, sie folgen zwingend dem Rechtsschicksal der ganzen Sache. Das Eigentum oder beschränkte dingliche Rechte erstrecken sich zwangsläufig auch auf die wesentlichen Bestandteile. Ein Eigentumsvorbehalt wird also mit der Verbindung zu einem wesentlichen Bestandteil unwirksam, auch beschränkte dingliche Rechte erlöschen, vgl. § 949. Eine Verfügung über den wesentlichen Bestandteil allein ist nicht möglich, ebensowenig eine Pfändung eines wesentlichen Bestandteils. Dagegen erfaßt eine Verfügung über die ganze Sache oder eine Pfändung der Sache auch die wesentlichen Bestandteile, unabhängig vom Willen der Beteiligten. Wird der wesentliche Bestandteil abgetrennt, so wird der Eigentümer der Sache Eigentümer des abgetrennten Bestandteils, § 953.

---

[26] Vgl. RG 87, 47: Die „Verkehrsauffassung" ist nur die eigene Auffassung des Berufungsgerichts.

[27] Sachen, die der Fertigstellung der einer Hauptsache dienen sollen, aber noch nicht mit ihr verbunden sind, sind Zubehör nach § 97, vgl. BGH 58, 309 ff.

Ausgeschlossen an wesentlichen Bestandteilen sind nur besondere dingliche Rechte. Teilbesitz an einem wesentlichen Bestandteil ist gemäß § 865 möglich, ebenso können sich obligatorische Rechte auf einen wesentlichen Bestandteil beziehen. Auch eine Verpflichtung zur Abtrennung kann übernommen werden[28].

c) Nach h.M. besteht der Sinn der Regelung in §§ 93, 94 darin, das Zerstören wirtschaftlicher Werte zu verhindern. Geschützt ist aber offenbar nicht das allgemeine, volkswirtschaftliche Interesse an der Erhaltung wirtschaftlicher Werte; denn dem Eigentümer ist die Zerlegung einer zusammengesetzten Sache durchaus gestattet. Das volkswirtschaftliche Interesse müßte fordern, daß eine Abtrennung und Zerstörung überhaupt verhindert würden, auch durch den Eigentümer. Geschützt sein kann also nur das Interesse der Personen, die dingliche Rechte an der ganzen Sache haben. Zugunsten eines Hypothekengläubigers etwa hält insbesondere § 94 II die Sache zusammen, so daß nicht etwa die Lieferanten von Türen, Fenstern, Dachziegeln, Waschbecken usw. aufgrund eines Eigentumsvorbehalts das Haus wieder zerlegen und so die Hypothek gefährden können.

d) Für sonderrechtsunfähige Bestandteile hatte Johow in seinem Entwurf den terminus technicus „feste Bestandteile" vorgeschlagen. Die erste Kommission ersetzte das durch den Ausdruck „wesentliche Bestandteile". Der Ausdruck ist ungeschickt gewählt und hat schon Generationen von Studenten zu Fehlern verleitet. „Wesentlich" bedeutet nicht, daß der Bestandteil eine besondere Bedeutung hätte für den Wert oder die Verwendbarkeit der Sache. Wesentlich für die Funktion eines PKW sind z.B. Motor und Räder, doch sind gerade diese Sachen keine wesentlichen Bestandteile des PKW, sondern unwesentliche. Wesentliche Bestandteile sind nur solche, die nach §§ 93, 94 sonderrechtsunfähig sind.

3. Wesentliche Bestandteile nach § 93

a) § 93 schützt den Wert des Sachganzen gegen Verluste durch Trennung. Wesentlich sind also alle Bestandteile, bei deren Abtrennung erhebliche Werteinbußen eintreten. Entscheidend ist, ob der Wert der Sachteile nach der Trennung annähernd ebenso groß ist wie der Wert der ganzen Sache vor der Trennung. Der Wertverlust kann eintreten durch Zerstörung von Teilen bei der Abtrennung oder dadurch, daß die Teile nach der Trennung nicht weiter verwendbar sind (Wesensänderung); der Wertverlust kann schließlich darin liegen, daß die Kosten der Abtrennung oder Wiedereinfügung den Wert der abgetrennten Sache aufzehren.

Um den Wert des Sachganzen zu erhalten, stellt das Gesetz nicht darauf ab, ob das Ganze durch die Abtrennung zerstört oder unbrauchbar würde. Das wird oft übersehen. Auf die Unversehrtheit und Brauchbarkeit der Teile kommt es an.

---

[28] Geht es also beispielsweise um den Schadensersatzanspruch aus § 823 I wegen einer zerstörten Fensterscheibe, so ist kein Sachverständigengutachten erforderlich, wie hoch der Wert des Hausgrundstücks mit und ohne Fensterscheibe ist, nur weil die Scheibe ein wesentlicher Bestandteil des Hauses und damit auch des Grundstücks war und sein wird. Es reicht aus, den Preis für das Einsetzen der Scheibe zu ermitteln. Anders dagegen BGH NJW 2006, 1424 ff., wo es freilich um beschädigte Bäume geht.

Würde man auf das Sachganze abstellen, so wäre fast jeder Teil einer Sache wesentlicher Bestandteil; denn fast alle Teile tragen zur Funktionsfähigkeit einer Sache bei, welche durch die Abtrennung aufgehoben würde.

b) Ein wesentlicher Bestandteil liegt zunächst bei einer „Zerstörung" vor: Wenn bei der Abtrennung der abgetrennte Teil oder ein anderer Teil der Sache zerstört wird. „Zerstören" bedeutet Vernichtung der Brauchbarkeit durch Eingriff in die Substanz, z.B. durch Abreißen von Tapeten, Herausreißen von Seiten aus einem Buch, Abbrechen eines Gebäudes usw. Der Zerstörung ist eine erhebliche Beschädigung gleichzustellen. Der Kreis der wesentlichen Bestandteile ist durch den Fortschritt der Technik und durch Serienproduktion immer weiter eingeschränkt worden. Technische Geräte setzen sich in der Regel aus leicht austauschbaren Serienteilen zusammen, bestehen also ganz aus unwesentlichen Bestandteilen, wie z.B. ein PKW: Motor, Räder, Fahrgestell des PKW bilden unwesentliche Bestandteile. Der Motor eines PKW kann mit verhältnismäßig geringen Kosten[29] ausgebaut werden und ist in einem anderen PKW wieder verwendbar. Auch der restliche PKW ist in gleicher Weise nutzbar, wenn ein neuer Motor eingebaut wird[30].

c) Eine Sache ist weiter dann gemäß § 93 wesentlicher Bestandteil, wenn sie oder ein anderer Bestandteil der Sache durch die Abtrennung eine Wesensänderung erlitte. Bei der Frage nach dem Wesen einer Sache handelt es sich nicht um eine philosophische, sondern um eine wirtschaftliche Frage[31]. Eine Sache ändert ihr Wesen, wenn sie allein durch die Trennung, ohne irgendwelche Zerstörungen, ihre bestimmungsgemäße Brauchbarkeit ganz oder in erheblichem Maße verliert. Nimmt man von einer alten Kommode die Schubladen weg, so werden sowohl die Schubladen wie die Restkommode unbrauchbar, ohne daß Zerstörungen eingetreten wären; denn man wird weder für die Restkommode passende Schubladen finden noch für die Schubladen eine andere, passende Kommode. Die Schubladen sind wesentliche Bestandteile der Kommode nach § 93.

Wie bei der Zerstörung kommt es auch bei der Wesensänderung nicht auf das Sachganze an, sondern auf die Teile. Entfernt man aus einem PKW den Motor, so verliert er sein Wesen als brauchbares Beförderungsmittel. Darauf kommt es aber nicht an. Der Rest-PKW behält seine frühere Brauchbarkeit, da irgendeiner der Serienmotoren wieder eingebaut werden kann. Auch der ausgebaute Motor ändert durch den Ausbau sein Wesen nicht; er ist in einem anderen PKW in gleicher Weise einsetzbar.

d) Werte werden nicht nur vernichtet, wenn bei der Abtrennung die Teile zerstört oder unbrauchbar werden, sondern auch wenn der Arbeitswert einer erzwungenen Abtrennung den Materialwert der dadurch gewonnenen Teile aufzehren oder gar übersteigen würde. Das gilt etwa für Schrauben, die ein Lieferant (L) unter Eigentumsvorbehalt an einen Hersteller (H) technischer Geräte geliefert hat und welche dieser zum Zusammenbau seiner Geräte verwendet hat. Kann L Herausgabe der Schrauben verlangen, wenn H nicht zahlt, etwa wenn über sein Vermögen das Insol-

---

[29] Verhältnis im Wert zum Motor, vgl. dazu BGH 61, 82.
[30] Vgl. BGH 18, 226; 61, 80 ff.
[31] Vgl. Otte, JuS 1970, 154.

venzverfahren eröffnet wird? Das ist zu verneinen, die Schrauben sind wesentliche Bestandteile der Geräte geworden[32]. Denn das Herausdrehen der Schrauben würde mehr kosten, als die Schrauben wert sind.

e) § 93 ist sowohl auf bewegliche Sachen wie auf Grundstücke anwendbar; für Grundstücke gilt weiter § 94.

4. Wesentliche Bestandteile nach § 94 I

a) Gemäß § 94 I 1 (1) sind solche Sachen wesentliche Bestandteile eines Grundstücks, die fest mit dem Grundstück verbunden sind. Feste Verbindung bedeutet nicht untrennbare Verbindung i.S.v. § 93, sonst wäre § 94 I überflüssig. § 94 I ist also nicht nur ein Anwendungsfall des § 93, sondern soll den Kreis der wesentlichen Bestandteile weiterziehen als § 93.

Fest mit dem Boden verbunden können außer Gebäuden Sachen aller Art sein. Problematisch ist, wann die Verbindung als fest zu qualifizieren ist. Der auch hier erfolgende Hinweis auf die Verkehrsanschauung und die Lage des Einzelfalles bringt keine Erhellung. Will man dem § 94 I 1 (1) überhaupt eine Bedeutung gegenüber § 93 zukommen lassen, so kann das nur dadurch geschehen, daß man den Bewertungsmaßstab senkt. Gemäß § 93 ist ein wesentlicher Bestandteil z.B. dann gegeben, wenn die Kosten der Abtrennung oder Wiedereinfügung ebenso hoch sind wie der Wert des abgetrennten Teils. § 94 I 1 (1) ist dagegen auch dann anzuwenden, wenn die Kosten der Abtrennung bzw. Wiedereinfügung den Wert des abgetrennten Teils zwar nicht erreichen, eine Abtrennung aber dennoch wegen der entstehenden Kosten nicht als wirtschaftlich sinnvoll erscheint. So mögen die Platten eines Gartenweges zwar mehr wert sein als die Arbeit des Verlegens; dennoch sind die Kosten des Verlegens so hoch, daß es nicht sinnvoll ist, sie herauszureißen und woanders neu zu verlegen, solange sie an ihrem ersten Platz noch genutzt werden.

Wesentliche Bestandteile nach § 94 I 1 (1) sind etwa Bauwerke wie Häuser, Mauern, Brücken; an ihnen ist also grundsätzlich ein besonderes Eigentum nicht möglich, sie gehören dem Grundeigentümer. Wesentliche Bestandteile sind ferner Zäune, Denkmäler, Pflastersteine, Dränagerohre, Versorgungsleitungen[33]. Keine wesentlichen Bestandteile sind etwa Bohnenstangen, Blumenkübel, Holzbuden, Marktstände; sie können Zubehör sein.

b) Gemäß § 94 I 1 (2) gehören zu den wesentlichen Bestandteilen eines Grundstücks auch die ungetrennten Erzeugnisse wie Obst, Gemüse, Getreide, Holz usw. Bodenteile wie Erde, Steine, Sand, Kies, Torf usw. sind keine Bestandteile des Grundstücks, da das Grundstück eine einfache Sache bildet. Aus diesen Bodenteilen besteht vielmehr das Grundstück, sie sind nicht sonderrechtsfähig, solange sie nicht abgetrennt sind. Ein stehendes Gewässer auf einem Grundstück ist wesentlicher Bestandteil des Grundstücks[34].

---

[32] Vgl. BGH 20, 154 ff.
[33] Zu diesen vgl. Brüning, Die Sonderrechtsfähigkeit von Grundstücksbestandteilen, VIZ 1997, 398 ff.
[34] Vgl. Johow, Begründung 36 f.

c) Wesentliche Bestandteile eines Grundstücks sind gemäß § 94 I 2 auch der ausgesäte Samen und eingepflanzte Pflanzen. Für ausgesäten Samen ergäbe sich dieselbe Rechtsfolge schon aus § 93, denn er könnte nur mit unverhältnismäßig hohen Kosten wieder vom Grundstück entfernt werden.

5. Wesentliche Bestandteile nach § 94 II

Wesentliche Bestandteile eines Gebäudes sind alle Teile, die dessen Vollendung dienen[35]. Gebäude sind Bauwerke, die zum Betreten durch Menschen geeignet sind. Zur Herstellung des Gebäudes dienen nicht nur die Baumaterialien, sondern auch Ausstattungsgegenstände. Da es „das Gebäude" nicht gibt, ist auf die konkrete Bestimmung des Gebäudes gemäß dem Bauplan abzustellen. Ein Miethaus muß all das enthalten, was erforderlich ist, damit die Wohnungen vermietet werden können. Das kann nach der örtlichen Verkehrssitte verschieden sein. Herstellende Bestandteile sind Türen, Fenster, Heizungs- und Sanitäranlagen. In manchen Gegenden werden Wohnungen nur mit eingerichteter Küche vermietet; hier ist die Kücheneinrichtung herstellender Bestandteil[36].

Voraussetzung für die Anwendung des § 94 II ist eine Verbindung mit dem Gebäude; Türen, die auf den Bauplatz gebracht, aber noch nicht eingefügt wurden, sind keine wesentlichen Bestandteile. Die Verbindung muß aber nicht fest, sondern bestimmungsgemäß sein. So sind etwa lediglich eingehängte Fensterläden in einem Bauernhaus wesentliche Bestandteile. Wenn § 94 II nicht eingreift, so kann eine Sache doch nach §§ 93, 94 I wesentlicher Bestandteil sein.

6. Scheinbestandteile nach § 95

a) Sachen, die nur vorübergehend mit dem Grund oder mit einem Gebäude verbunden werden, werden keine Bestandteile des Grundstücks bzw. des Gebäudes, § 95 I 1, II. Dazu gehören etwa Bau- und Jahrmarktsbuden, Bauzäune, Tribünen für einen Umzug, Bäume in einer Baumschule. Es spielt keine Rolle, wer die Verbindung vorgenommen hat, ob der Verbindende Besitzer der Hauptsache ist oder ob er ein Recht zum Besitz hat[37]. Entscheidend ist der Wille des Verbindenden: Hat er die spätere Trennung von vornherein, d.h. schon zur Zeit der Verbindung, beabsichtigt, so ist die Verbindung vorübergehend. Eine Verbindung ist auch dann vorübergehend, wenn sie für mehrere Jahre bestehen soll, die spätere Trennung aber von Anfang an beabsichtigt ist. Dauernd ist eine Verbindung aber immer dann, wenn sie für die gesamte Lebensdauer der eingefügten Sache bzw. des Ge-

---

[35] Vgl. oben 1 b.

[36] Zur Kücheneinrichtung vgl. BGH WM 1990, 603; OLG Düsseldorf MDR 1984, 51; OLG Karlsruhe NJW-RR 1986, 19 und JuS 1988, 736; LG Köln WM 1988, 425.

[37] Anders zu Unrecht Giesen, AcP 2002, 705 ff., der für die Anwendung des § 95 I 2, II ein Besitzrecht an der Hauptsache und an der zugefügten Sache fordert. Andernfalls soll die Sache wesentlicher Bestandteil werden, obwohl sie nur zu einem vorübergehenden Zweck eingefügt wurde!

bäudes[38] beabsichtigt ist, auch wenn diese kurz ist, wie etwa bei einem Wahlplakat[39]. Die Tatsache, daß nichts ewig ist und die eingefügten Sachen nach einiger Zeit ausgewechselt werden müssen, macht die Sachen keineswegs zu Scheinbestandteilen[40].

Verbindet ein Pächter oder Mieter eine Sache mit dem Grundstück oder Gebäude, so ist zu vermuten, daß die Verbindung nur vorübergehend sein soll. Ein abweichender Wille ist etwa anzunehmen, wenn ein Mieter eine Sache infolge seiner Reparaturpflicht einfügt oder wenn vereinbart ist, daß der Vermieter die eingefügte Sache nach Ende des Vertrages übernimmt.

Scheinbestandteile nach § 95 I 1, II sind weder wesentliche noch unwesentliche Bestandteile des Grundstücks. Sie sind wegen der vorübergehenden Dauer der Verbindung auch kein Zubehör, § 97 II 1. Es handelt sich um selbständige Sachen, die vom rechtlichen Schicksal des Grundstücks oder Gebäudes unabhängig sind.

Ist eine Sache zunächst auf Dauer eingefügt, so kann eine Willensänderung, sie solle nur noch vorübergehend verbunden sein, eine Rechtsänderung nicht herbeiführen; die Sache bleibt wesentlicher Bestandteil[41]. Nur wenn der Eigentümer sie tatsächlich abtrennt, wird sie wieder zur selbständigen Sache, an der sich aber die Rechte der früheren Gesamtsache fort setzen, § 953[42]. Denn die §§ 93 f. sollen einem Berechtigten an der Sache, etwa einem Eigentümer oder Hypothekengläubiger, den Wert der Sache dadurch erhalten, daß sie ein besonderes Eigentum an wesentlichen Bestandteilen ausschließen und dadurch eine Zerlegung und Entwertung der Sache gegen den Willen des Berechtigten ausschließen. Dieser Gesetzeszweck würde verfehlt, wenn man eine nachträgliche Umwandlung eines wesentlichen Bestandteils in eine selbständige Sache zuließe[43]. Dann könnte der Eigentümer durch einen entsprechend gefaßten Beschluß und eine Veräußerung der nunmehr selbständigen Sache ein Gebäude skelettieren und so eine Hypothek entwerten. Warum für im Boden verlegte Versorgungsleitung aber andere Regeln gelten sollten, ist nicht einzusehen[44].

---

[38] Wenn etwa das Gebäude selbst nur zu einem vorübergehenden Zweck errichtet ist und die eingefügten Sachen bis zur Entfernung des Gebäudes darin verbleiben sollen, vgl. Planck-Strecker § 95 N. 3.

[39] Vgl. OLG Karlsruhe, NJW 1979, 2056; auch RGRK-Kregel § 95 Rn. 15.

[40] So aber Brüning, VIZ 1997, 401.

[41] Vgl. etwa Oertmann § 95 N. 2 a δ; anders zu Unrecht Brüning (o. Fn. 33), VIZ 1997, 403; Palandt-Heinrichs § 95 Rn. 4; vgl. auch Dilcher, JuS 1986, 186.

[42] Vgl. BGHZ 37, 358 ff.; Giesen, AcP 202, 719 f.; Palandt-Heinrichs § 95 Rn. 4; Staudinger-Jickeli-Stieper § 95 Rn. 15; Woitkewitch, ZMR 2004, 649 ff.

[43] Die Eigenschaft als wesentlicher Bestandteil bleibt der Sache für die gesamte Zeit der Verbindung, bis zur Abtrennung, vgl. Protokolle der 2. Kommission 3285, Mugdan 3, 488.

[44] So aber BGH NJW 2006, 990 ff., wonach im Boden verlegte Rohre, die wesentliche Bestandteile waren, dadurch nachträglich zu Scheinbestandteilen werden könnten, daß bei der Veräußerung der Gesamtsache die Vertragsparteien erklärten, der Bestandteil solle jetzt nur noch zu einem vorübergehenden Zweck zugefügt sein. Das ist weit von der gesetzlichen Regelung entfernt; warum eine solche Änderung nur bei der Veräußerung möglich sein soll, ist nicht zu erklären. Ferner ist unverständlich, warum dafür eine Erklärung ausreichen soll. § 95 spricht von einem vorübergehenden Zweck, nicht aber von einer bloßen Erklärung. Sie kann nicht ausreichen, wenn in Wirklichkeit keine Absicht besteht, die Verbindung wieder aufzuheben, wie bei Wasserrohren im Erdboden.

Wird umgekehrt eine Sache zunächst vorübergehend eingefügt, so fragt sich, welche Bedeutung eine Willensänderung des Einfügenden dahin hat, die Sache solle nunmehr dauernd eingefügt sein. Nach h.M. wird durch eine solche Willensänderung nichts bewirkt: Die Sache werde nicht Bestandteil, das bisherige Eigentum bleibe bestehen. Zur Eigentumsübertragung an den Eigentümer des Grundstücks bzw. Gebäudes sei ein Rechtsakt gemäß § 929 erforderlich. Denn § 95 stelle nur auf den Zeitpunkt der Einfügung ab, eine Rechtsänderung müsse zudem nach außen erkennbar gemacht werden[45]. Dem kann man nicht zustimmen. § 95 enthält eine Ausnahmeregelung, welche nur so lange bestehen kann, wie die Grundlage der Ausnahme besteht: der Wille lediglich vorübergehender Verbindung. Endet dieser Wille, so muß auch die Ausnahmeregelung enden[46]. Eine Publizität kann für die Rechtsänderung nicht verlangt werden, da auch der Wille zu vorübergehender Verbindung nicht von einem Publizitätstatbestand abhängt. Zu beachten ist aber, daß es nur auf den Willen des Einfügenden bzw. seines Rechtsnachfolgers ankommt. Eine vom Mieter eingefügte Sache kann nicht dadurch Bestandteil werden, daß der Grundeigentümer beschließt, die Sache solle dauernd mit dem Grundstück verbunden sein; das würde den in § 95 bezweckten Schutz des Sonderberechtigten (des Mieters) beeinträchtigen. Erwirbt der Grundeigentümer das Eigentum an der verbundenen Sache oder der Sacheigentümer das Grundeigentum, so wird die verbundene Sache regelmäßig Bestandteil; denn der Eigentümer wird den Willen dauernder Verbindung haben. Es ist aber auch das Gegenteil denkbar[47].

§ 95 I 1, II greift nicht nur ein, wenn ein Dritter die Verbindung herbeiführt, sondern auch dann, wenn der Grundeigentümer eine eigene Sache mit dem Gebäude bzw. Grundstück verbindet[48].

b) Keine Bestandteile sind gemäß § 95 I 2 auch Gebäude oder Werke[49], welche aufgrund eines Rechtes an einem fremden Grundstück[50] von dem Berechtigten darauf errichtet wurden. Die Vorschrift besagt nach dem Willen des Gesetzgebers nicht nur, daß die Sachen, die von einem dinglich Berechtigten eingefügt werden, nicht dem Grundeigentümer zuzuordnen sind; sie besagt auch positiv, daß sie dem dinglich Berechtigten zuzuordnen sind. Die eingefügten Sachen sind also nicht Bestandteil bezogen auf das Eigentum, sondern Bestandteil bezogen auf das beschränkte dingliche Recht. Die §§ 93, 94, 946 gelten entsprechend. Errichtet etwa der Nießbraucher in Ausübung seines Rechts ein Gebäude, so wird er gemäß §§ 946, 94 I,

---

[45] MünchenerK-Holch § 95 Rn. 10; RGRK-Kregel § 95 Rn. 25; Planck-Strecker § 95 N. 2 a; Staudinger-Jickeli-Stieper § 95 Rn. 14; BGH 23, 59; Brüning, VIZ 1997, 401.

[46] So im Ergebnis auch Enneccerus-Nipperdey § 125 II 3 a; Erman-Michalski § 95 Rn. 10; Giesen, AcP 2002, 715 ff., der freilich für die Beendigung des Ausnahmetatbestandes des § 95 I 1 zu Unrecht eine Berechtigung am Bestandteil fordert.

[47] RG 97, 105; BGH LM § 95 Nr. 15; BGH NJW 1980, 772.

[48] Vgl. Protokolle der 2. Kommission 8351 (Mugdan 3, 492).

[49] „Werke" sind z.B. Mauern, Brücken, Zäune, Kanäle.

[50] Die Formulierung „Recht an einer Sache" weist immer auf ein dingliches Recht hin. Dingliche Rechte i.S.d. § 95 I 2 sind auch die Nutzungsrechte an Grundstücken in der früheren DDR nach §§ 287–294, 269, 312 ZGB; die aufgrund eines solchen Nutzungsrecht errichteten Gebäude, Anlagen und Pflanzungen stehen im Sondereigentum des Nutzungsberechtigten, vgl. Art. 231 § 5 EGBGB.

95 I 2 Eigentümer des Gebäudes. Das gilt auch dann, wenn das Baumaterial einem Dritten gehörte. Verbindet jedoch der Rechtsinhaber die Bestandteile nur vorübergehend mit dem Grundstück, so sind sie nach § 95 I 1 keine Bestandteile.

7. Unwesentliche Bestandteile

Die unwesentlichen Bestandteile werden im Gesetz nicht erwähnt. Unwesentliche Bestandteile sind alle Bestandteile, die nicht unter §§ 93, 94 fallen. Entscheidender Gesichtspunkt für die Bestandteilseigenschaft ist die perfectio[51]. Da der gleiche Grundsatz in § 94 II verwendet wird, kann es unwesentliche Gebäudebestandteile nicht geben. Auch unwesentliche Bestandteile eines Grundstücks kann man sich nicht vorstellen, da ein Grundstück als solches jederzeit fertig ist und keiner perfectio bedarf. Unwesentliche Bestandteile gibt es also nur an beweglichen Sachen. Unwesentliche Bestandteile sind z.B. alle serienmäßig hergestellten, leicht auswechselbaren Teile technischer Geräte, z.B. die Reifen eines PKW.

Unwesentliche Bestandteile sind sonderrechtsfähig, sie unterliegen den gleichen Regeln wie das Zubehör. Die Reifen eines PKW können z.B. einem anderen gehören als dem Eigentümer des restlichen PKW. Werden Sachen zu unwesentlichen Bestandteilen verbunden, so ändert das an der Rechtslage nichts. Andererseits bilden die Bestandteile doch eine wirtschaftliche Einheit, die möglichst erhalten werden soll. Verpflichtungs- und Verfügungsgeschäfte über die Sache erfassen im Zweifel auch die unwesentlichen Bestandteile. Es ist aber möglich, unwesentliche Bestandteile von einer Verfügung auszunehmen, z.B. einen PKW zu übereignen oder zu verpfänden, ausgenommen den linken Vorderreifen.

Möglich ist es auch, über einen unwesentlichen Bestandteil allein zu verfügen. Es kann etwa der Motor, ein Reifen usw. eines PKW übereignet oder verpfändet werden. Natürlich müssen die Voraussetzungen der §§ 929 ff., 1205 f. vorliegen, etwa Besitzverschaffung.

IV. Zubehör

Der Zweck des Zubehörbegriffs ist – ebenso wie der des Bestandteils – der Erhalt eines wirtschaftlichen Ganzen, und zwar im Interesse eines Erwerbers der Sache oder eines Gläubigers; die Sache und ihr Zubehör sollen möglichst das gleiche Schicksal teilen. Zubehör sind gemäß § 97 bewegliche Sachen, welche dem Zweck der Hauptsache dauernd zu dienen bestimmt sind, die in einem entsprechenden räumlichen Verhältnis zu ihr stehen und die nicht Bestandteil der Hauptsache sind.

---

[51] Vgl. oben 1 b.

1. Zweckbestimmung des Zubehörs

a) Gemäß § 97 I 1 muß das Zubehör dazu bestimmt sein, dem wirtschaftlichen Zweck der Hauptsache zu dienen. Hauptsache und Zubehör haben also einen gemeinsamen Zweck. Der Zweck der Hauptsache ergibt sich regelmäßig aus der Sache selbst, doch ist auf jeden Fall derjenige Zweck entscheidend, für den die Sache tatsächlich eingesetzt wird, mag er auch vom normalen Zweck einer solchen Sache abweichen[52]. Das Zubehör dient der Hauptsache, wenn es entweder die Zweckerreichung erst ermöglicht (Benzin im Tank des PKW) oder doch in irgendeiner Weise fördert; so fördert der Dachgepäckträger die Verwendbarkeit des PKW, der Feuerlöscher die Sicherheit, das Autoradio die Bequemlichkeit, die Fußmatte die Sauberkeit usw.

b) Die Zweckbestimmung kann durch jeden erfolgen, der die tatsächliche Sachherrschaft über die Sache hat; eine irgendwie geartete Berechtigung an der Sache ist nicht erforderlich. An der Zubehöreigenschaft fehlt es nach § 97 II 1, wenn die Hilfssache nur vorübergehend für die Zwecke der Hauptsache benutzt wird; d.h. wenn schon bei der Indienstnahme der Hilfssache feststeht, daß sie wieder aus dem Wirtschaftsverband der Hauptsache ausscheiden soll. Das gilt etwa, wenn ein Fabrikant an Stelle einer ausgefallenen eigenen Maschine für die Dauer der Reparatur eine fremde Maschine mietet und in seinem Betrieb einsetzt. Eine zunächst vorübergehend benutzte Hilfssache kann später zu dauerndem Zubehör bestimmt werden. Da aber in allen Fällen das entsprechende räumliche Verhältnis zur Hauptsache den Schein der Zubehöreigenschaft erweckt, so wird die Dauer der Benutzung der Hilfssache vermutet; wer vorübergehende Benutzung behauptet, muß das beweisen.

2. Räumliches Verhältnis und Verkehrsanschauung

a) Gemäß § 97 I 1 muß eine Zubehörsache in einem bestimmten räumlichen Verhältnis zur Hauptsache stehen: in einem Verhältnis, das der Zweckbestimmung entspricht. Damit wird nicht eine gewisse räumliche Nähe des Zubehörs zur Hauptsache verlangt. Der LKW, der die Produkte eines Unternehmens befördert, steht auch dann in einem zweckentsprechenden räumlichen Verhältnis zum Betriebsgrundstück, wenn er mehrere tausend Kilometer davon entfernt ist[53]. Das Zubehör darf aber nicht weiter von der Hauptsache entfernt sein, als dies durch die dienende Funktion des Zubehörteils gefordert wird.

Das zweckentsprechende räumliche Verhältnis läßt die Zubehöreigenschaft nach außen objektiv erkennbar werden. Auf diesen äußeren Tatbestand darf etwa der Erwerber einer Sache vertrauen: Er hat gemäß § 311 c einen Anspruch auch auf diejenigen Sachen, die erkennbar in einem Zubehörverhältnis stehen. Die Zubehöreigenschaft besteht also, wenn das zweckentsprechende räumliche Verhältnis besteht, selbst wenn es an einer subjektiven Zweckbestimmung fehlt.

---

[52] Etwa: Ein Schiff wird als Hafenrestaurant eingerichtet.
[53] Zum Unternehmenszubehör vgl. mein Handbuch des Sachenrechts I § 2 IV 7.

b) Besteht ein zweckentsprechendes räumliches Verhältnis, so kann die Zubehöreigenschaft deswegen fehlen, weil die Verkehrsanschauung Sachen der betreffenden Art nicht als Zubehör ansieht. Die Zubehöreigenschaft wird allerdings vermutet, wenn das räumliche Verhältnis besteht; wer sich auf eine abweichende Verkehrsanschauung beruft, muß dies beweisen, § 97 I 2.

3. Ende der Zubehöreigenschaft

Die Zubehöreigenschaft endet, wenn eine ihrer Voraussetzungen entfällt; etwa wenn ein Betrieb endgültig stillgelegt wird, wenn die Sache nur noch vorübergehend der Hauptsache dienen soll[54], wenn das zweckentsprechende räumliche Verhältnis aufgehoben wird. Dagegen kann ein bloßer Entschluß des Sachbesitzers, die Sache nicht mehr zu benutzen, die Zubehöreigenschaft nicht aufheben; ein Autoradio bleibt Zubehör, auch wenn der Eigentümer sich entschließt, es nicht mehr in Betrieb zu nehmen.

Gemäß § 97 II 2 hebt eine vorübergehende räumliche Trennung die Zubehöreigenschaft nicht auf; eine Maschine bleibt also Zubehör, auch wenn sie zu Reparaturzwecken vom Betriebsgrundstück entfernt wird. Der Gedanke des § 97 II 2 ist entsprechend anzuwenden, wenn vorübergehend eine andere Voraussetzung der Zubehöreigenschaft entfällt; wenn ein Betrieb etwa nur vorläufig stillgelegt wird.

4. Rechtsfolgen der Zubehöreigenschaft

Zubehörsachen sind selbständige Sachen; sie bilden keine sachenrechtliche Einheit mit der Hauptsache. Rechte an der Hauptsache erstrecken sich also nicht automatisch auf das Zubehör. Der Eigentümer der Hauptsache muß daher nicht auch Eigentümer des Zubehörs sein.

a) Gemäß § 311 c erstreckt sich die Verpflichtung, eine Sache zu veräußern oder zu belasten, im Zweifel auf das Zubehör; ähnliche Regelungen finden sich in § 457 (Verpflichtung des Wiederverkäufers), § 1096, 2 (Umfang des Vorkaufsrechts), § 2164 (Umfang des Vermächtnisses). Das Gesetz stellt damit Auslegungsregeln auf. Dabei spielt es keine Rolle, ob das Zubehör demjenigen gehört, der die Verpflichtung übernimmt.

b) Für dingliche Geschäfte gibt es keine allgemeine Regel. Wird eine bewegliche Sache übereignet oder belastet, so erstreckt sich das Geschäft immer nur auf diese Sache selbst (Spezialitätsprinzip). Zubehörsachen werden nur dann von der Verfügung betroffen, wenn auch bezüglich ihrer die jeweiligen Voraussetzungen gegeben sind, etwa die Übergabe, vgl. §§ 929, 1032, 1205. Etwas anderes gilt gemäß § 926 bei der Veräußerung eines Grundstücks[55]: Die Verfügung über das Grundstück erstreckt sich im Zweifel auch auf das Zubehör, soweit es im Eigentum des

---

[54] Vgl. etwa BGH NJW 1984, 2278.
[55] Entsprechendes gilt nach § 1031 (Bestellung eines Nießbrauchs an einem Grundstück), § 1062 (Aufhebung des Nießbrauchs an einem Grundstück), § 1093 I 2 (Bestellung eines Wohnungsrechts), § 11 ErbbRVO (Übertragung eines Erbbaurechts).

Veräußerers steht. Das Eigentum am Zubehör geht über, ohne daß die §§ 929 ff. eingehalten werden müßten. Das Spezialitätsprinzip ist nicht gewahrt: Mit einer Verfügung werden Hauptsache und Zubehör erfaßt, beides bildet als Sachgesamtheit insoweit ein sachenrechtsfähiges Rechtsobjekt. Gehört das Zubehör nicht dem Veräußerer, so kann es nur gemäß den §§ 932 ff. gutgläubig erworben werden, vgl. § 926 II.

c) Unter den dinglichen Verfügungen nimmt die Verpfändung von Grundstücken eine besondere Rolle ein. Das Grundpfandrecht erfaßt das dem Grundeigentümer gehörende Zubehör, ohne daß es auf den Willen der Parteien ankäme, § 1120. Die Regelung ist zwingend, die Haftung des Zubehörs ist nicht abdingbar. Die Regelung wird ergänzt durch die §§ 20 II, 55 I, 90 II ZVG; ferner durch § 865 II 1 ZPO, welcher den Grundpfandgläubiger gegen eine Vollstreckung in das Zubehör schützt.

V. Früchte und Nutzungen

1. Früchte

Das Gesetz gibt in § 99 eine Definition der Früchte. Welche Bedeutung dieser Begriff hat, ist an anderer Stelle geregelt. Den Eigentumserwerb an Früchten regeln die §§ 953 ff. Die Berechtigung zum Ziehen der Früchte ist etwa in §§ 581, 1030 geregelt, die Pflicht zur Herausgabe gezogener Früchte in §§ 818 I, 987, 988, 990, 991, 993, 2020. § 101 regelt die Verteilung der Früchte[56].

§ 99 unterscheidet Sachfrüchte (Abs. 1), Rechtsfrüchte (Abs. 2) sowie mittelbare Sach- und Rechtsfrüchte (Abs. 3).

a) Sachfrüchte sind gemäß § 99 I zunächst die Erzeugnisse. Erzeugnisse sind die organischen Produkte eines Tieres oder einer Pflanze: die Tierjungen, Milch, Wolle, Federn, Eier, Honig, Dünger, Obst, Getreide. Zu den Sachfrüchten gehört gemäß § 99 I weiter die sonstige Ausbeute einer Sache: Kies, Sand, Torf, Kohle, Kreide, Steine, Erdöl, Lehm usw.

b) Wird die Fruchtziehung an einer Sache gegen Entgelt einem anderen überlassen, so ist auch das Entgelt gemäß § 99 III als Sachfrucht anzusehen. Man spricht hierbei von mittelbaren Sachfrüchten. Mittelbare Sachfrüchte sind außer den Miet- und Pachtzinsen etwa das Entgelt für die Überlassung einer Sache zum Nießbrauch, die Überbaurente, Enteignungsentschädigung für Nutzungsentzug.

c) Gemäß § 99 II gehören zu den Früchten auch die Erträge, die ein Recht gewährt, Rechtsfrüchte. Es handelt sich um Früchte einer Sache (z.B. eines Grundstücks), welche nicht das Eigentum, sondern ein anderes Fruchtziehungsrecht gewährt. Ein Nießbraucher, Pächter usw. zieht also „Rechtsfrüchte", wenn er Erzeugnisse der Muttersache oder eine sonstige Ausbeute gewinnt.

---

[56] Zur Verteilung der Früchte nach den §§ 101 ff. vgl. mein Handbuch des Sachenrechts I § 2 V 4.

d) Ebenso wie es mittelbare Sachfrüchte gibt, kennt das Gesetz in § 99 III auch mittelbare Rechtsfrüchte. Eine mittelbare Rechtsfrucht ist etwa gegeben, wenn ein Nießbraucher ein Grundstück verpachtet. Die vom Pächter geernteten Früchte sind unmittelbare Rechtsfrüchte i.S.v. § 99 II; der Pachtzins, den der Nießbraucher erhält, ist eine mittelbare Rechtsfrucht.

2. Nutzungen

„Nutzung" umfaßt als Oberbegriff die Früchte und die Gebrauchsvorteile einer Sache oder eines Rechts, § 100. Gebrauchsvorteile sind alle Vorteile, welche durch den Gebrauch einer Sache oder eines Rechts entstehen: Wohnen in einem Haus, Schlafen in einem Bett, Spielen auf einem Instrument, Reiten auf einem Pferd, Fahren in einem PKW usw.

Teil 3

Besitz an Sachen

§ 3. Einleitung in das Recht des Besitzes

I. Begriff und Aufgaben des Besitzes

Besitz ist gemäß allgemeiner Ansicht die tatsächliche Herrschaft über eine Sache. So wie der Eigentümer das Recht hat, mit der ihm gehörigen Sache nach Belieben zu verfahren und andere von jeder Einwirkung auszuschließen (§ 903, 1), so ist der Besitzer dazu tatsächlich in der Lage. Vom Besitz völlig zu trennen ist die Frage nach dem Recht zum Besitz: Ob jemand als Eigentümer, Mieter, Verwahrer berechtigt ist, die tatsächliche Sachherrschaft auszuüben, spielt für die Tatsache des Besitzes keinerlei Rolle. Auch der Dieb, Räuber, Unterschlagende ist Besitzer, obwohl er ein Recht zum Besitz nicht hat. Die Vermengung von Besitz und Recht zum Besitz ist ein häufig vorkommender Fehler.

Die Bestimmung des Besitzes als tatsächliche Sachherrschaft ist jedoch zu ungenau und daher praktisch nicht verwendbar. Zudem ist nicht immer der Besitzer, der die tatsächliche Sachherrschaft hat, wie etwa der Besitzdiener. Andererseits kann auch derjenige Besitz haben, der nicht tatsächlich auf die Sache einwirken kann; so hat etwa der Reisende Besitz an den Sachen in seiner Wohnung. In Wirklichkeit gibt es überhaupt keinen einheitlichen Besitzbegriff.

Die Vorstellung eines einheitlichen Besitzbegriffs ist zwar weit verbreitet, aber deswegen nicht weniger unzutreffend. Tatsächlich gibt es zwei verschiedene Besitzbegriffe, je nach der Funktion des Besitzes. Der Besitz ist einmal Voraussetzung des Besitzschutzes, sodann dient er als Voraussetzung des Erwerbs dinglicher Rechte. Dieser doppelte Besitzbegriff war den Römern selbstverständlich, ging aber in Mittelalter und Neuzeit verloren. Savigny arbeitete ihn wieder heraus, so daß er im 19. Jh. wieder zum Standardwissen der Juristen gehörte. Auch das BGB geht von einem doppelten Besitzbegriff aus. Nach der Einführung des BGB ging das Wissen darum wieder weitgehend verloren, aufgrund der einheitlichen Bezeichnung „Besitz"[1].

a) Die erste Funktion des Besitzes liegt im *Besitzschutz*. Der Besitzer wird gegen Entziehung und Störung (verbotene Eigenmacht, § 858 I) geschützt; der Verletzte hat die Gewaltrechte aus § 859 sowie die Klagen aus §§ 861, 862, 867. Da dieser Schutz sich allein auf die Tatsache des Besitzes (possessio) stützt – unabhängig von irgendeinem Recht an der Sache –, spricht man vom *possessorischen Besitzschutz*. Der possessorische Besitzschutz ist in diesem Teil 3 zum Besitz zu erörtern, ja die gesamte gesetzliche Regelung des Besitzes in den §§ 854–872 besteht nur im Hinblick auf diesen possessorischen Besitzschutz. Dagegen ist der *petitorische Besitz-*

---

[1] Zur Geschichte des Besitzes, der römischen possessio und der germanischen Gewere vgl. mein Handbuch des Sachenrechts I § 3 II.

schutz des § 1007 in Teil 5 zu behandeln, da dort ein Recht an der Sache geschützt wird.

Der Besitz im Sinne des Besitzschutzes ist eine soziale Tatsache, im Besitz wird unmittelbar die Persönlichkeit des Besitzers geschützt[2]. Wenn in einer Gesellschaft in einer bestimmten Situation – abgesehen von allen dinglichen Rechten – anerkannt wird, daß eine Sache so in die Sphäre eines anderen gehört, daß ein Zugriff darauf eine Verletzung seiner Persönlichkeit wäre, so ist Besitz an der Sache anerkannt und gegeben. Wer sich dennoch an der Sache vergeht, verletzt fremden Besitz und begeht eine verbotene Eigenmacht. Wenn die Situation einer Sache jedoch so ist, daß in einem Zugriff darauf allgemein keine Verletzung einer fremden Persönlichkeit gesehen wird, so ist Besitz an der Sache nicht anerkannt und nicht gegeben. Ein Zugriff auf die Sache stellt dann keine Besitzverletzung dar.

Zu beachten ist dabei, daß es sich bei der Frage des Besitzes nicht um moralische Vorstellungen handelt, sondern um soziale Gegebenheiten. Es wäre zwar wünschenswert, daß jemand auch an einer Geldbörse, die er im Großstadtgewühl verliert, noch die tatsächliche Gewalt ausüben könnte. Tatsächlich ist das jedoch nicht der Fall, Besitz liegt nicht vor. Ein ehrlicher oder unehrlicher Finder wird die Geldbörse an sich nehmen. Man kann den Besitz also verstehen als eine psychische Schranke, die anderen die Einwirkung auf die Sache verwehrt, als einen schützenden Zaun, der die Sache umgibt und ein Durchschnittsmitglied der Gesellschaft davon abhält, auf die Sache zuzugreifen[3].

Besitz kann man damit definieren als eine statistische Wahrscheinlichkeit; Besitz liegt vor, wenn in einer gegebenen Situation die Wahrscheinlichkeit besteht, daß der Geschützte wieder auf die Sache zugreifen kann, sobald er es will. Dagegen liegt kein Besitz vor, wenn diese Wahrscheinlichkeit nicht besteht.

b) Die zweite Funktion des Besitzes liegt im *Erwerb dinglicher Rechte*. Der Erwerb eines dinglichen Rechts an einer beweglichen Sache setzt grundsätzlich Besitzerwerb voraus, vgl. etwa §§ 929, 937, 956, 958, 1032, 1205. Der Besitzerwerb soll den Rechtserwerb offenlegen (Publizitätsfunktion). Da das Recht selbst sinnlich nicht wahrnehmbar ist, dient der Besitz als Symbol des Rechts. Auf diese Weise wird der Rechtserwerb für Dritte erkennbar, was wegen der absoluten Wirkung dinglicher Rechte gegen jedermann erforderlich ist. Der Besitz weist also auf ein Recht an der Sache. Daher begründet der Besitz eine Vermutung für das Recht, vgl. §§ 851, 1006; beim Erwerb vom Nichtberechtigten ersetzt das Vertrauen des Erwerbers in den Besitz des Veräußerers sogar dessen fehlendes Recht, vgl. etwa § 932 (Rechtsscheinwirkung). Diese Publizitätsfunktion des Besitzes beschränkt sich freilich fast völlig auf bewegliche Sachen; bei Grundstücken übernimmt das Grundbuch die Publizitätsfunktion.

Der Besitz als Voraussetzung des Rechtserwerbs beruht nicht auf der Abwehrwirkung gegen Persönlichkeitsverletzungen, sondern auf seiner Fähigkeit, nach außen in Erscheinung zu treten und so Rechtsänderungen sichtbar werden zu lassen.

---

[2] Vgl. unten II.
[3] Die Entscheidung, ob Besitz gegeben ist oder nicht, kann in verschiedenen Gesellschaften und zu verschiedenen Zeiten unterschiedlich ausfallen, vgl. unten § 4 I 1 a.

Er ist daher keineswegs identisch mit dem Besitz, der Besitzschutz verleiht. Eine Besitzverletzung (verbotene Eigenmacht) etwa kann nur an unmittelbarem Besitz verübt werden, dagegen ist ein Rechtserwerb auch mit Hilfe des mittelbaren Besitzes möglich, der keine tatsächliche Gewalt an der Sache darstellt. Insgesamt kann man feststellen, daß die Voraussetzungen für den Besitz als Grundlage des Besitzschutzes strenger sind als für den Besitz, der zum Rechtserwerb taugt. Aus Gründen der Praktikabilität hat die Rechtsordnung die Anforderungen an den Besitz gelockert, um unter grundsätzlicher Beibehaltung des Erfordernisses des Besitzerwerbs die Möglichkeit des Rechtserwerbs auch dann zuzulassen, wenn ein Besitz im Sinne des Besitzschutzes nicht vorliegt.

Anders als der Besitz für den Besitzschutz, der in den §§ 854–872 geregelt ist, ist der Besitz für den Rechtserwerb nicht generell bestimmt. Das Gesetz legt bei der Regelung des Rechtserwerbs jeweils die Voraussetzungen dafür fest, vgl. etwa §§ 929–931. Im übrigen ist eine analoge Anwendung der §§ 854 ff. zu prüfen.

c) Unmittelbarer Besitz[4] ist die tatsächliche Sachherrschaft. Mittelbaren Besitz hat der, der selbst zwar keine tatsächliche Sachherrschaft hat, für den aber ein anderer als Mieter, Pächter, Verwahrer usw. die tatsächliche Sachherrschaft ausübt. Eigenbesitzer ist der, der eine Sache als ihm gehörend besitzt, § 872. Wer nicht als Eigenbesitzer besitzt, sondern einen anderen als besser Berechtigten über sich anerkennt, ist Fremdbesitzer[5]. So erkennt z.B. der Mieter das bessere Recht des vermietenden Eigentümers an, der Mieter ist (unmittelbarer) Fremdbesitzer, der Eigentümer (mittelbarer) Eigenbesitzer.

II. Wesen des Besitzes und Grund des Besitzschutzes

Die Frage, warum der Besitz geschützt wird, hängt eng zusammen mit der Frage nach dem Wesen des Besitzes. Ist der Besitz nämlich ein Recht, so ist es selbstverständlich, daß er rechtlich geschützt wird. Ist dagegen der Besitz kein Recht, sondern ein Faktum, so taucht die Frage nach dem Grund des Besitzschutzes auf: Warum schützt das Gesetz den Besitzer gegen Besitzverletzungen, obwohl darin eine Rechtsverletzung nicht zu sehen ist? Warum wird etwa auch ein Dieb in seinem Besitz geschützt?

a) Ob der Besitz ein Recht oder ein Faktum ist, ist schon im römischen Recht diskutiert worden. Noch heute wird die Ansicht vertreten, daß der Besitz ein Recht sei, jedoch überzeugen die Gründe nicht, die dafür angeführt werden. Nicht überzeugend ist es etwa, wenn aus der Tatsache des Besitzschutzes gefolgert wird, der Besitz müsse ein Recht sein. Der Schutz des Besitzes kann auch ohne Gleichsetzung des Besitzes mit einem Recht erklärt werden. Wäre der Besitz ein Recht, so müßte er ein Herrschaftsrecht an der Sache sein. Dingliche Rechte zeichnen sich

---

[4] Das Gesetz kennt diesen Terminus nicht, er ergibt sich indirekt als Gegensatz zum mittelbaren Besitz aus § 868.

[5] Ausdruck nach einem Vorschlag Dernburgs, BürgR III § 13, 1.

aus durch ihre Abwehr- und Zuordnungsfunktion[6]. Die Abwehrfunktion kommt dem Besitz zu, vgl. §§ 859, 861, 862. Dagegen hat der Besitz keinen Zuweisungsgehalt[7]. Der bloße Besitzer ist weder zur Verwertung der Sachsubstanz (durch Verbrauch oder Veräußerung) befugt, noch zur Nutzung oder zum Besitz der Sache. Veräußert er etwa die Sache, so ist er gemäß § 816 I zur Herausgabe des Erlangten verpflichtet. Nutzt er sie, so muß er die Nutzungen ersetzen, §§ 990, 987. Auch das Haben der Sache steht dem bloßen Besitzer nicht zu, er ist verpflichtet, die Sache herauszugeben. Der Besitz ist somit kein Recht; er ist ein Faktum.

b) Da der Besitz kein Recht ist, muß der Grund des Besitzschutzes anders zu erklären sein. Nach heute h.M. wird im Besitz die öffentliche Ordnung geschützt; der Angriff auf den Besitz gefährde den öffentlichen Frieden, der Besitzschutz schütze ihn (Friedenstheorie)[8]. Indessen ist keineswegs jede verbotene Eigenmacht eine Störung der öffentlichen Ordnung, wie das Beispiel des im Gasthaus vertauschten Hutes zeigt. Weiter ist gegen die Friedenstheorie einzuwenden, daß die Gewaltrechte des § 859, insbesondere das Recht der Besitzkehr in § 859 II und III, den Rechtsfrieden keineswegs fördern. Die zweite BGB-Kommission war sich dessen bewußt, daß das Gewaltrecht „das Faustrecht gesetzlich sanktioniere", doch hielt man aus praktischen Gründen daran fest. Aber selbst wenn man die Friedenstheorie annehmen würde, wären damit noch nicht die Besitzschutzansprüche erklärt. Als Sanktion für die Störung der öffentlichen Ordnung käme eine strafrechtliche oder polizeiliche Maßnahme in Betracht, es bestünde aber kein Grund, einen rechtswidrigen Zustand (etwa Diebesbesitz) wieder herzustellen. Die Friedenstheorie kann den Besitzschutz nicht erklären.

In Betracht zu ziehen ist dagegen die Lehre, welche im Besitz den Willen und die Persönlichkeit des Besitzers schützen will, Besitzschutz also als Persönlichkeitsschutz begreift. Diese Ansicht geht zurück auf Kant, sie war im vorigen Jahrhundert weit verbreitet, während sie heute – falls sie überhaupt erwähnt wird – allgemein abgelehnt wird[9]; zu Unrecht jedoch.

Recht ist eine von der Rechtsordnung einer Person verliehene Willensmacht. Alle Rechte haben den einen Zweck, es dem Menschen zu ermöglichen, seine Persönlichkeit frei zu entfalten, d.h. sein Leben und seine Umwelt gemäß seinem freien Willen zu gestalten. Hinter jedem Recht steht somit das Persönlichkeitsrecht, jenes „rechtliche Grundverhältnis", aufgrund dessen jeder Mensch jedem anderen gegenüber zur Achtung und Anerkennung seines Willens verpflichtet ist[10]. Daher liegt in jeder Rechtsverletzung zugleich eine Verletzung der Persönlichkeit des Rechtsinhabers, eine Tatsache, die im täglichen Leben sehr häufig feststellbar ist. Die Ausdauer und Erbitterung, mit welcher Rechtsstreitigkeiten um oft unbedeutende Dinge

---

[6] Vgl. oben § 1 II 1.
[7] Vgl. Schwab-Prütting Rn. 49; Medicus, BürgR Rn. 607.
[8] Vgl. etwa Wolff-Raiser § 17; Schwab-Prütting Rn. 48.
[9] Vgl. etwa Wolff-Raiser § 17 Fn. 1; Heck, Exkurs 1, 6; vertreten wird die Ansicht noch von Planck-Brodmann 6 vor § 854.
[10] Vgl. Larenz-Wolf § 2 Rn. 7 f.

ausgetragen werden, läßt sich nur daraus erklären, daß die Parteien sich in ihrer Persönlichkeit angegriffen fühlen[11].

Wird bei der Rechtsverletzung durch das Recht mittelbar die Persönlichkeit betroffen, so steht bei der Besitzverletzung nichts mehr zwischen Angriff und Person; im Besitz wird die Persönlichkeit unmittelbar angegriffen und verletzt; ihr Wille, eine Sache ungestört zu haben, wird mißachtet. Die Besitzverletzung tangiert die Persönlichkeit stärker als die Rechtsverletzung. Daher ist auch der besitzbrechende Diebstahl mit einer höheren Strafe bedroht als die den Besitz nicht beeinträchtigende Unterschlagung. Ebenso wie die Rechte dienen auch die Sachen, die der Mensch in seiner Gewalt hat, dem Zweck, ihm die Entfaltung seiner Persönlichkeit zu ermöglichen. Die Persönlichkeit des Menschen manifestiert sich nicht nur in seinem Körper, sondern auch in den Dingen, die er in seiner Gewalt hat, und ohne welche eine Persönlichkeitsentfaltung nicht möglich wäre. Nur die hinter dem Besitz stehende Persönlichkeit kann erklären, wieso eine Besitzverletzung rechtswidrig sein kann (vgl. § 858 I), obwohl der Besitzer möglicherweise keinerlei Recht an der Sache hat, wie z.B. der Dieb: Der Besitzer mag zwar zur sofortigen Herausgabe verpflichtet sein, niemand hat aber das Recht, den Willen des Besitzers eigenmächtig und überheblich zu mißachten. Wer ein Recht an der Sache zu haben glaubt, mag dieses Recht in den gesetzlich vorgeschriebenen Formen geltend machen.

Es zeigt sich somit, daß der Besitz kein Recht ist, daß im Besitz vielmehr die Persönlichkeit des Besitzers geschützt wird.

---

[11] So zu Recht Larenz AT (7. Aufl. 1989) § 2 II Fn. 7.

§ 4. Unmittelbarer Besitz; Erwerb und Verlust

I. Unmittelbarer Besitz; Besitzobjekte

1. Unmittelbarer Besitz

a) Ausgangspunkt der Besitzlehre ist der unmittelbare Besitz. Das Gesetz definiert den Begriff des Besitzes nicht; da der Besitz eine soziale Tatsache ist, kann grundsätzlich auch nur die Gesellschaft, d.h. die Verkehrsanschauung darüber entscheiden, wer Besitz hat.

Die Verweisung auf die Verkehrsanschauung gibt jedoch regelmäßig Steine statt Brot und regt den Beurteilenden zu Willkürentscheidungen an[1], wenn nicht genauer erläutert wird, wie sie festzustellen ist[2]. Es geht bei der Ermittlung dieser Verkehrsanschauung nicht um die Frage, ob eine tatsächliche Gewaltausübung an der Sache möglich ist; wer Holz im Wald gestapelt hat, bleibt Besitzer, auch wenn er zu Hause ist und die tatsächliche Gewalt zur Zeit keineswegs ausüben kann. Es geht vielmehr darum, ob die Sachen noch als zur Persönlichkeitssphäre einer Person gehörend respektiert werden. Dabei spielt es keine Rolle, ob der Geschützte aus persönlichen Gründen keine Möglichkeit zur Ausübung tatsächlicher Gewalt hat, etwa weil er zu weit von der Sache entfernt ist, weil er krank ist, eingesperrt usw. Entscheidend ist allein, daß in der Gesellschaft in einer bestimmten Situation die Sache noch so als zur Sphäre des Geschützten gehörig anerkannt wird, daß die Wahrscheinlichkeit besteht, daß ein anderer nicht auf sie zugreift und der Geschützte die tatsächliche Gewalt ausüben kann, wenn er es will[3].

Wer in der belebten Halle eines Großstadtbahnhofs seine Brieftasche versehentlich liegenläßt und sich 100 m entfernt, hat nach der Verkehrsanschauung keinen Besitz mehr. Denn nach dem normalen Verlauf der Dinge muß man annehmen, daß inzwischen jemand die Brieftasche in Besitz genommen hat. Es ist also statistisch wahrscheinlich, daß der Verlierer die Gewalt über seine Brieftasche nicht mehr ausüben kann[4]. Wenn dagegen der Bauer über Nacht seinen Pflug auf dem Feld läßt,

---

[1] Vgl. oben § 2 III 1 Fn. 26.

[2] Nicht weiterführend für das deutsche Recht daher auch Baldus, Die systematische Funktion der sogenannten Verkehrsauffassung beim Verlust des Besitzes: Portugiesisches, deutsches und römisches Modell, ZEuP 2006, 766 ff., wonach der Besitz vom richterlichen Ermessen abhängt.

[3] Vgl. oben § 3 I a a.E.

[4] Zu beachten ist, daß es sich bei der Frage nach dem Besitz um eine Prognose handelt; sollte wider Erwarten die Brieftasche noch an ihrem Platz sein, so besteht dennoch kein Besitz mehr.

bleibt er Besitzer, mag er auch mehrere Kilometer von ihm entfernt sein. Denn er kann erwarten, daß er ihn jederzeit benutzen, nach Hause bringen kann usw. Es ist also statistisch wahrscheinlich, daß der Bauer die Gewalt über den Pflug weiterhin nach Belieben ausüben kann[5]. Entscheidend ist also, ob unser Herrschaftswille nach der allgemeinen Übung noch respektiert wird oder nicht, ob also nach der Verkehrsanschauung eine Wahrscheinlichkeit besteht, daß der Besitzer die Gewalt über die Sache weiterhin ausüben kann. Besitz ist somit ein Tatbestand, der nach der vorherrschenden Verkehrsauffassung eine psychische Schranke für einen fremden Zugriff auf die Sache bildet. Diese Verkehrsanschauung hängt von den allgemeinen gesellschaftlichen Zuständen ab und wechselt mit diesen. In ruhigen Zeiten mit starkem moralischem Bewußtsein kann etwas Besitz sein, was es in unruhigen Zeiten und Notlagen nicht wäre.

Die h.M. fordert für den Besitz weiter eine gewisse Dauer des Gewaltverhältnisses[6], jedoch zu Unrecht. Auch eine ganz vorübergehende Sachbeziehung kann Besitz sein[7]. Wer auf der Parkbank sitzt, hat Besitz an seinem Sitzplatz; der Gast im Gasthaus hat Besitz an seinem Platz, an Teller und Besteck usw. Entscheidend ist nicht die Dauer des Besitzes, sondern die Schutzbedürftigkeit. Soll der Gast kein Gewaltrecht nach § 858 haben, wenn ein anderer ihm das Besteck wegnehmen oder ihn von seinem Platz verdrängen will? Da auch der Wirt in diesen Fällen Besitzer ist, liegt Mitbesitz vor. Anders liegt es etwa bei einem privaten Gast. Hier wird in der Regel ein Besitz am Besteck usw. nicht vorliegen, aber nicht wegen der Kürze der Sachbeziehung, sondern weil der Gast die tatsächliche Gewalt nicht ausüben will. Ebenso ist der bekannte Kursbuchfall zu entscheiden[8].

b) Besitz setzt nicht nur tatsächliche Gewalt voraus (corpus), sondern auch den Willen, die Sache zu beherrschen (animus). Herrschaft ohne Herrschaftswillen ist nicht denkbar[9].

aa) Besitzerwerb erfordert einen Besitzwillen. Ganz offenbar ist das, wenn der Erwerber dabei selbst tätig wird. Es ist nicht denkbar, daß der Erwerber eine Besitzerwerbshandlung vornimmt, ohne den Besitz zu wollen. Der ahnungslose Passant, dem ein Taschendieb aus Furcht vor Entdeckung die gestohlene goldene Uhr zusteckt, hat keinen Besitz[10]. Fraglich können überhaupt nur die Fälle sein, in welchen der Erwerber nicht selbst, sondern durch Dritte erwirbt, oder wenn die Sache ohne sein Zutun in seinen Machtbereich (Haus, Briefkasten) gelangt. Aber auch in diesen Fällen ist ein Besitzwille erforderlich. Ein Besitzdiener kann dem Geschäftsherrn ohne oder gegen dessen Willen keinen Besitz verschaffen. Freilich muß der Besitzwille nicht konkret sein, es genügt ein genereller Besitzwille, z.B. Sachen, welche

---

[5] Ein Paradebeispiel für die Beurteilung der Besitzfrage ist der „Supermarktfall", BGH 101, 186, dazu unten § 11 V 1 a bb.

[6] Vgl. etwa Baur-Stürner § 7 Rn. 7; Schwab-Prütting Rn. 53; Kollhosser, JuS 1992, 216.

[7] So z.B. Westermann-Gursky § 9 II 7; E. Wolf § 2 A II c 5; MünchenerK-Joost § 854 Rn. 12.

[8] Ein Reisender leiht sich für einen Augenblick das Kursbuch seines Nachbarn aus.

[9] Zum Besitz und Besitzwillen juristischer Personen vgl. mein Handbuch des Sachenrechts I § 4 I 3.

[10] Er hat zwar den generellen Willen, alles zu besitzen, was er mit sich führt, Diebesgut darf man aber von einem solchen generellen Besitzwillen wohl ausschließen.

in einen bestimmten Herrschaftsbereich gelangen, zu besitzen. Wer etwa einen Briefkasten anbringt, will die eingeworfenen Briefe besitzen. Er erwirbt beim Einwurf Besitz, auch wenn er nichts davon weiß. Das gleiche gilt, wenn eine Postsendung bei einem Besitzdiener oder bei Familienangehörigen abgegeben wird.

bb) Ist der Besitz erworben, so erfordert die Aufrechterhaltung keinen aktuellen Willen. Auch wer schläft, erhält den Besitz; ebenso der, der lange Zeit nicht an eine Sache denkt. Es ist aber nicht richtig, einen Besitzwillen nur beim Besitzerwerb zu verlangen. „Besitzwille" ist kein psychologischer Begriff. Der Wille, Besitz zu ergreifen, ist nicht nur auf den Augenblick des Erwerbs gerichtet, sondern gilt auch für die Zukunft, in welcher die Verwertung der erworbenen Sache erfolgen soll. Mit jeder Besitzhandlung (Gebrauch usw.) erneuert sich der Besitzwille. Im übrigen ist der Besitzwille realisiert in dem geschaffenen Zustand der Sachherrschaft, der auch durch eine Untätigkeit des Besitzers nicht entfällt. Solange dieser Zustand andauert, ist auch ein Besitzwille vorhanden.

cc) Wenn auch der Besitzerwerb einen Willen erfordert, so ist er doch kein Rechtsgeschäft, sondern eine Rechtshandlung: Die Folgen des Besitzschutzes treten ein unabhängig davon, ob der Besitzerwerber sie gewollt hat. Wieweit auf Rechtshandlungen die Vorschriften über Rechtsgeschäfte angewandt werden können, hat der Gesetzgeber bewußt offengelassen[11]. Der Besitzerwerb gehört als Tathandlung, die einen einseitigen, nicht zugangsbedürftigen Erwerbswillen enthält, zu den Rechtshandlungen, die mit den Rechtsgeschäften nur wenig Vergleichbares haben. Die Anwendbarkeit der Regeln über Rechtsgeschäfte muß daher stark eingeschränkt sein. So ist der Besitzwille kein rechtsgeschäftlicher Wille, sondern ein natürlicher Wille. Geschäftsfähigkeit ist weder zum Erwerb noch zum Erhalt des Besitzes erforderlich. Auch ein kleines Kind kann Besitz erwerben und haben, etwa an einem Ball, den es auf der Straße findet. Voraussetzung ist nur eine natürliche Willensfähigkeit, das heißt also die Fähigkeit, Sachgewalt ausüben zu wollen.

2. Besitzobjekte, Teil- und Mitbesitz

a) Nur körperliche Gegenstände kann man in der Gewalt haben, an anderen Gegenständen kann es grundsätzlich keinen Besitz geben[12]. Besitzen kann man nicht nur ganze Sachen; auch reale Teile von Sachen können besessen werden, soweit sie selbständig beherrschbar sind (Teilbesitz). Das Gesetz (§ 865) nennt als Beispiel Räume als Teile eines Gebäudes. Auch an beweglichen Sachen ist Teilbesitz möglich. Erwirbt etwa der Eigentümer eines PKW vier Reifen auf Abzahlung unter Eigentumsvorbehalt, so ist der Verkäufer mittelbarer Teilbesitzer der vier Reifen. Da der Besitz kein Recht ist, kommt es nicht darauf an, ob die fraglichen Sachteile wesentliche oder unwesentliche Bestandteile i.S.v. § 93 sind. Für den Teilbesitz gelten in Bezug auf den Besitzschutz die allgemeinen Regeln, § 865.

b) Beim Mitbesitz besitzt jeder Besitzer das Besitzobjekt ganz; nicht das Besitzobjekt wird geteilt, wie beim Teilbesitz, sondern die Herrschaft über das Besitzob-

---

[11] Motive 1, 127.
[12] Zum Rechtsbesitz vgl. unten § 7.

jekt im ganzen wird geteilt. Natürlich kann das Besitzobjekt auch ein Sachteil sein (Mit-Teilbesitz, z.B. bei mehreren Mietern einer Wohnung). Man unterscheidet den schlichten und den gesamthänderischen Mitbesitz: Beim schlichten Mitbesitz kann jeder allein die Gewalt über die Sache ausüben, wobei er freilich Rücksicht auf die anderen Mitbesitzer nehmen muß. (Beispiel: Mehrere besitzen einen Raum in der Weise, daß jeder einen Schlüssel zum Türschloß hat; oder Mitbesitz der Mieter am Flur und Treppenhaus). Beim gesamthänderischen Besitz können alle Mitbesitzer die Sachherrschaft nur gemeinsam ausüben (Beispiel: Die Tür mit den sieben Schlössern, jeder Mitbesitzer hat nur einen Schlüssel zu einem Schloß). Die Unterscheidung ist für den Besitzschutz ohne Bedeutung.

Der Mitbesitz an einer Sache endet nicht dadurch, daß einer der Mitbesitzer sie im Rahmen seines Gebrauchsrechts allein benutzt. So wird der Mieter, der die Waschküche an seinem Waschtag nutzt, nicht Alleinbesitzer. Räumt der Mieter die Waschküche nicht rechtzeitig und verwehrt er dadurch dem nächsten die Nutzung, so ist zu unterscheiden: Bestreitet er dem nächsten das Nutzungsrecht generell, so greift der possessorische Besitzschutz ein. Er hat damit Alleinbesitz ergriffen und dem anderen den Besitz entzogen. Bestreitet er das Gebrauchsrecht des anderen nicht generell, behauptet er vielmehr, jener sei noch nicht an der Reihe, so liegt darin ein Streit um die Gebrauchsgrenzen; § 866 greift ein.

3. Eigenbesitz

Der Eigenbesitz unterscheidet sich in seiner tatsächlichen Seite, im Besitzcorpus, nicht vom sonstigen Besitz. Anders ist nur der Besitzwille, der sich aber lediglich in seiner Richtung vom normalen Besitzwillen unterscheidet: Der Eigenbesitzer will nicht lediglich die Sachgewalt ausüben, er will sie so ausüben, wie es einem Eigentümer zukommt; er will sie „als ihm gehörend" besitzen, § 872. Der Fremdbesitzer hat dagegen diesen Willen nicht. Eigenbesitzer ist also der Eigentümer, aber auch ein Nichtberechtigter, der sich gutgläubig für den Eigentümer hält. Eigenbesitzer ist schließlich aber auch der Dieb, der weiß, daß er nicht Eigentümer der gestohlenen Sache ist, aber doch mit ihr wie ein Eigentümer verfährt. Der Eigenbesitz wird wie jeder andere Besitz gemäß § 854 erworben.

Die Einteilung Eigenbesitz-Fremdbesitz deckt sich nicht mit der in unmittelbaren und mittelbaren Besitz. Sowohl der Eigenbesitzer als der Fremdbesitzer können mittelbarer oder unmittelbarer Besitzer sein. Der Besitzer kann auch gleichzeitig Eigenbesitzer und Fremdbesitzer sein, wenn z.B. der Eigentümer eine Sache einem Nießbraucher überlassen hat und sie von diesem mietet: Er ist dann mittelbarer Eigenbesitzer und unmittelbarer Fremdbesitzer.

Den Eigenbesitz muß beweisen, wer sich darauf beruft. Zugunsten des Besitzers einer beweglichen Sache wird aber vermutet, daß er Eigenbesitzer sei, vgl. § 1006[13].

---

[13] Vgl. unten § 12 VIII 1 a.

II. Erwerb des unmittelbaren Besitzes

1. Besitzerwerb nach § 854 Abs. 1

Die primäre Form des Besitzerwerbs liegt im körperlichen Ergreifen einer beweglichen Sache, im Betreten eines Grundstücks. Eine solche körperliche Berührung der Sache ist aber nicht unbedingt zum Besitzerwerb erforderlich. Bei der Frage nach den Voraussetzungen des Besitzerwerbs ist zwischen originärem (einseitigem) und derivativem (abgeleitetem) Erwerb zu unterscheiden, ferner zwischen dem Besitzerwerb an beweglichen Sachen und an Grundstücken. Erforderlich ist zum Besitzerwerb weiter ein natürlicher Erwerbswille.

a) Der originäre Besitzerwerb an beweglichen Sachen, die sich in fremdem Besitz befinden oder ohne Besitzer sind, ist nur möglich durch körperliches Ergreifen, wobei das neue Gewaltverhältnis auch nach außen erkennbar gemacht werden muß, z.B. durch Mitnehmen der Sache. Nicht ausreichend ist die bloße Möglichkeit der Sachbeherrschung: Wer eine verlorene Sache aufheben kann, es jedoch nicht tut, wird nicht Besitzer. Mit dem Besitzerwerb erlischt der Besitz eines vorherigen Besitzers.

b) Der derivative Besitzerwerb an beweglichen Sachen erfolgt durch Übergabe, durch einverständliches Geben und Nehmen[14]. In dieser Willenseinigung ist kein Rechtsgeschäft zu sehen[15], wie der originäre Besitzerwerb ist auch die Übergabe ein faktischer Vorgang, eine Rechtshandlung[16]. Geschäftsfähigkeit ist daher nicht erforderlich, natürliche Willensfähigkeit reicht aus. Eine Anfechtung der Besitzaufgabe wegen Irrtums kommt also nicht in Betracht. Auch bei einem Irrtum liegt freiwillige Besitzaufgabe vor[17], ebenso bei Besitzaufgabe infolge arglistiger Täuschung und Drohung.

Da bei der Besitzübergabe der Besitzer den Besitz auf den Erwerber übertragen will, sind nach der Verkehrsanschauung die Anforderungen an diesen Besitzerwerb geringer als beim originären Erwerb. Denn der einzige, von welchem der Erwerber Widerstand zu erwarten hätte, der bisherige Besitzer, stimmt dem Erwerb zu; von Dritten war der Besitz schon vorher beim bisherigen Besitzer respektiert. Daher genügt es, wenn der Übergeber die Sache so in die Nähe des Erwerbers bringt, daß dieser die *Möglichkeit* hat, die Gewalt auszuüben[18]. Es genügt ferner, wenn der Übergeber die Sache in einen Raum oder in ein Behältnis bringt, an welchem der Erwerber Besitz hat. Der Erwerber wird sofort Besitzer. Der Besitz an einem Raum oder an Sachen in einem Raum kann durch Schlüsselübergabe übertragen werden[19]. Obwohl der Schlüsselinhaber die Sachen noch nicht in seiner Gewalt hat, sondern

---

[14] Dem ist die Gestattung der Wegnahme gleichzustellen, vgl. Kohler, AcP 69, 152; Damrau, JuS 1978, 520 f.
[15] H.M., vgl. E. Wolf § 2 E I b 1 bb; Wolff-Raiser § 11 I; Westermann-Gursky § 13 II.
[16] Vgl. oben I 1 b cc.
[17] So zutreffend RG 101, 225; Wolff-Raiser § 11 I.
[18] Vgl. BGH JR 1968, 106: Ware wird auf Weisung des Ladeninhabers vor der Ladentür abgestellt, dieser erwirbt Besitz.
[19] Vgl. BGH MDR 1973, 572.

nur die Möglichkeit der Gewaltausübung hat, reicht dies bei der Übergabe zum Besitzerwerb aus. Dagegen würde ein Dieb, der den Schlüssel stiehlt, damit noch nicht Besitzer der Sachen.

c) An Grundstücken ist eine Besitzergreifung nicht wie bei beweglichen Sachen möglich; zudem ist die Gefahr, daß die Sachgewalt am Grundstück gestört wird, erheblich geringer als bei beweglichen Sachen. Daher können die Erfordernisse, welche an die zu erwerbende Sachgewalt zu stellen sind, hier herabgesetzt werden. Der originäre Besitzerwerb geschieht durch solche Besitzhandlungen, welche den Erwerb der Sachgewalt nach außen in Erscheinung treten lassen. Bestand bereits Besitz, so muß dem Besitzer der Besitz entzogen werden. Der Gewalterwerb kann sich zeigen im Bewohnen eines Grundstücks, im Bebauen, Einzäunen, Bestellen, Betreten usw. Die Übergabe, Besitzeinweisung, kann dadurch geschehen, daß der Erwerber mit Willen des Übergebers das Grundstück betritt, umgeht usw. Die Besitzeinweisung kann auch dadurch erfolgen, daß der Übergeber dem Erwerber nur die Möglichkeit verschafft, die Sachgewalt auszuüben, etwa durch Übergabe der Schlüssel oder indem er dem Erwerber das Grundstück zeigt und ihn auffordert, die Sachgewalt auszuüben; der Erwerber erlangt dadurch den offenen Besitz. Regelmäßig geschieht die Übergabe jedoch nach § 854 II.

2. Besitzerwerb nach § 854 Abs. 2

a) Beim Besitzerwerb durch Übergabe genügt beim Erwerber die Möglichkeit der Ausübung der Sachgewalt. Entscheidend ist, daß der Übergeber seine Sachgewalt völlig aufgibt, so daß der Erwerber in der Lage ist, ungehindert die Sachgewalt auszuüben. Die Übergabe kann auch so vonstatten gehen, daß der Übergebende sich von der Sache (etwa einem Grundstück) zurückzieht und es so dem Erwerber ermöglicht, ungehindert Besitz zu ergreifen. Man spricht in diesen Fällen von der Übertragung des offenen Besitzes (vacuam possessionem tradere) oder von der traditio longa manu (Übergabe mit langer Hand). Einen besonderen Fall der Übertragung des offenen Besitzes regelt § 854 II: den Fall, in welchem die Besitzübertragung lediglich durch Willenseinigung geschieht, ohne eine sonstige Besitzerwerbshandlung. § 854 II ist keine Ausnahme von der allgemeinen Regel, daß der Besitz durch Erlangung der Sachherrschaft erworben wird und daß diese sich nach der Verkehrsanschauung richtet. § 854 II verzichtet nicht etwa auf das Erlangen der tatsächlichen Gewalt. Bei der Besitzübergabe ist die tatsächliche Gewalt i.S.v. § 854 I schon dann erworben, wenn der Erwerber die Möglichkeit hat, die Sachgewalt auszuüben, und gerade das wird auch in § 854 II gefordert. Die Fälle des § 854 II enthalten insofern eine Erleichterung, als zur Übertragung des offenen Besitzes keinerlei Besitzhandlungen notwendig sind, d.h. die Parteien müssen sich nicht zu der vielleicht weit entfernten Sache begeben. Diese Erleichterung ist deswegen möglich, weil beim offenen Besitz die Person des Besitzers ohnehin nicht erkennbar ist; nur die Tatsache des Besitzes muß offenliegen. Die Übertragung des Besitzes auf eine andere Person muß also äußerlich nicht in Erscheinung treten, da es für die Öffentlichkeit keine Rolle spielt, wessen Besitz zu respektieren ist. Erforderlich ist aber immer, daß der Erwerber durch die Einigung mit dem Übergeber gemäß der Verkehrsanschauung die Sachgewalt i.S.v. § 854 I erlangt, d.h. daß die Wahrscheinlichkeit besteht, der Erwerber werde die Sachgewalt ausüben können, sobald er es will.

§ 854 II ist hauptsächlich bei Grundstücken anwendbar, aber auch bei solchen beweglichen Sachen, die schwer zu transportieren sind, so daß eine Besitzentziehung nicht wahrscheinlich ist[20]. Voraussetzung ist, daß der Erwerber ohne weiteres in der Lage ist, die Sachgewalt auszuüben. Dazu ist erforderlich, daß der Übergeber die Sachgewalt endgültig aufgibt und daß der Ausübung der Sachgewalt durch den Erwerber auch keine anderweitigen Hindernisse entgegenstehen, der Besitz also offen ist.

b) Die Einigung über den Besitzübergang nach § 854 II ist keine rechtsgeschäftliche Einigung, kein Vertrag[21]. Hier wie bei der Übergabe nach § 854 I handelt es sich um einen faktischen Vorgang (Rechtshandlung), der nach der Verkehrsanschauung (nicht: Rechtsordnung) zu beurteilen ist, wobei die Willenseinigung ein Teil des faktischen Vorgangs ist: Sie bewirkt durch die Besitzaufgabe des Übergebers, daß der Besitz zum offenen Besitz wird, beim Erwerber ist der faktische Wille Voraussetzung des Besitzerwerbes. Es ist widersprüchlich, wenn die h.M.[22] in der Übergabe nach § 854 I einen faktischen Vorgang sieht, in der nach § 854 II dagegen ein Rechtsgeschäft. Durch Rechtsgeschäfte werden Rechte übertragen, nicht Realien wie der Besitz.

III. Verlust des unmittelbaren Besitzes

a) Der Besitz dauert fort, bis ein Aufhebungstatbestand gemäß § 856 I vorliegt; § 856 I beruht wie § 854 auf der Verkehrsanschauung. Der Besitz endet mit dem Verlust der tatsächlichen Gewalt. Der Besitz kann nicht durch einen reinen Willensentschluß unter Aufrechterhaltung der Sachgewalt aufgegeben werden. Die Verkehrsanschauung erkennt das nicht als Aufgabe des Besitzes an[23]. Der Verlust der tatsächlichen Gewalt kann mit dem Willen des Besitzers geschehen (Aufgabe des Besitzes) oder ohne den Willen des Besitzers. Die Besitzaufgabe ist kein Rechtsgeschäft, sondern – wie der Besitzerwerb – eine Rechtshandlung. Daher erfordert sie auch keinen rechtsgeschäftlichen Willen, tatsächliche Willensfähigkeit reicht aus. So kann auch ein Kind an einer Sache, an welcher es Besitz erworben hat, diesen freiwillig wieder aufgeben. Fehlt dem Aufgebenden die natürliche Willensfähigkeit, so tritt zwar auch Besitzverlust ein, es handelt sich aber nicht um einen freiwilligen Besitzverlust[24]. Für die Frage der Freiwilligkeit der Besitzaufgabe ist es

---

[20] Etwa: aufgestapeltes Holz im Wald, Eisenbahnschienen, ein auf dem Fluß liegender Kahn.
[21] So zutreffend etwa E. Wolf § 2 E I b 2 bb; MünchenerK-Joost § 854 Rn. 20 ff.
[22] Vgl. etwa Westermann-Gursky § 13 III 2; Baur-Stürner § 7 Rn. 22; Kollhosser, JuS 1992, 217.
[23] Ausnahmsweise ist ein Besitzverlust unter Beibehaltung der Sachgewalt aber dadurch möglich, daß der bisherige Besitzer sich entschließt, die Sache nunmehr als Besitzdiener für einen Dritten, etwa einen Erwerber der Sache, zu haben, vgl. unten § 9 III pr.
[24] Die Frage, ob der Besitz freiwillig oder unfreiwillig aufgegeben wurde, wird bedeutsam bei § 858 und bei § 935.

ohne Bedeutung, ob der Besitzer den Besitz überträgt oder ob er die Wegnahme gestattet[25].

b) Der Besitz wird erhalten, auch wenn der Besitzer die Sachgewalt nicht tatsächlich ausübt, solange nur die Möglichkeit der Ausübung besteht. Am weit entfernten Grundstück bleibt der Besitz bestehen, auch wenn der Besitzer sich über längere Zeit nicht dorthin begibt; an der Wohnung bleibt der Besitz bestehen, auch wenn der Besitzer im Krankenhaus liegt oder auf Reisen ist. Die Lockerung des Besitzes führt nicht zum Besitzverlust. § 856 II, wonach eine vorübergehende Verhinderung der Besitzausübung den Besitz nicht beendet, ist daher auf solche Fälle nicht anwendbar[26]. § 856 II greift nur ein, wenn die Ausübung der tatsächlichen Gewalt aus Gründen, die in der Sache selbst liegen, vorübergehend unmöglich ist. Das ist etwa dann gegeben, wenn Grundstücke vom Hochwasser überschwemmt, Sachen vorübergehend beschlagnahmt sind; wenn eine Sache verlegt ist und momentan nicht gefunden werden kann, wenn Haustiere sich zeitweilig im Freien aufhalten. In solchen Fällen, in welchen der Besitzer die Sachgewalt auch dann nicht ausüben könnte, wenn er es wollte, greift § 856 II ein. Da gemäß der Natur solcher Hindernisse die Sachgewalt nur vorübergehend beeinträchtigt ist, endet dadurch nach der Verkehrsanschauung der Besitz nicht, was § 856 II klarstellt.

IV. Besitzdiener und Stellvertreter im Besitz

1. Besitzdiener

a) § 855 beruht ebenso wie §§ 854, 856 auf der Verkehrsanschauung, er statuiert nicht etwa eine Ausnahme von § 854. § 855 enthält lediglich eine Klarstellung des Inhalts, daß die Sachherrschaft auch durch andere Personen ausgeübt werden kann[27]. Auch hier – wie in den Fällen der §§ 854, 856 – entscheidet allein die Verkehrsanschauung, ob derjenige, der die Gewalt für einen anderen ausübt, selbst Besitzer ist oder nur Besitzdiener, so daß der andere Besitzer ist. Ist nach der gegebenen Situation zu erwarten, daß der andere beliebig über die Sache verfügen kann, so daß der, welcher die Gewalt ausübt, sich ohne Widerspruch nach seinen Weisungen richtet, so ist nur der andere Besitzer.

aa) Der Grund, warum in einer gegebenen Situation eine solche Unterordnung gemäß der Verkehrsauffassung erwartet werden kann, ist ohne Bedeutung. Das Gesetz nennt als Beispiele die Situation der Gewaltausübung in einem Haushalt oder in einem Erwerbsgeschäft. Nach der Verkehrsauffassung sind Hausgehilfen, Arbeiter und Angestellte in einem Betrieb nicht Besitzer der Sachen, mit oder an denen sie arbeiten. Was aber in den „ähnlichen Verhältnissen" das tertium comparationis sein

---

[25] Vgl. Damrau, JuS 1978, 520 f.

[26] In der Literatur werden solche Fälle des Verreisens usw. häufig als Beispiele des § 856 II gebracht, zutreffend dagegen Lange § 10 V 1 b.

[27] So ausdrücklich Protokolle der 2. Kommission 3340 (Mugdan 3, 504).

soll zu diesen Beispielen, ergibt sich aus dem Zusammenhang des Gesetzes mit den §§ 854, 856: Es ist die Verkehrsauffassung, die erwarten läßt, daß der Besitzherr die Gewalt ausüben kann, ohne auf Widerstand beim Besitzdiener zu stoßen.

Das Motiv, warum der Besitzdiener die Sachgewalt nicht für sich ausübt, sondern dies dem Besitzherrn überläßt, kann vielfältig sein. Der Besitzdiener mag sich dem Willen des Besitzherrn unterstellen, weil er andernfalls physische Gewalt zu fürchten hätte (Soldat, Strafgefangener); er mag dies tun, weil er nur auf diese Weise ein bestimmtes Ziel erreichen kann, z.B. seine Beschäftigung in einem Betrieb. Möglicherweise hat er auch an der Sache keinerlei eigenes Interesse, wie z.B. der Freund, der einen Brief mit zum Briefkasten nimmt. In allen diesen Fällen ist es der Wille des Besitzdieners, der die Unterordnung bewirkt. Dabei kommt es nicht auf den inneren Willen des Besitzdieners an, sondern auf den betätigten Willen, wie er sich nach außen darstellt und wie er von der Verkehrsauffassung beurteilt wird.

bb) Demgegenüber bestreitet die h.M., daß dem Willen des Besitzdieners irgendeine Bedeutung zukomme; entscheidend solle vielmehr sein, ob der Besitzdiener in einem sozialen Abhängigkeitsverhältnis zum Besitzherrn stehe, so daß er dessen sachbezogenen Weisungen zu folgen habe[28]. Was freilich unter dieser „sozialen Abhängigkeit" zu verstehen sein soll, bleibt ungewiß, zumal eine rechtliche oder wirtschaftliche Abhängigkeit nicht ausreichen soll[29]. Daß jemand sozial, also kraft seiner gesellschaftlichen Stellung, abhängig sein könne, ohne daß damit eine rechtliche oder wirtschaftliche Abhängigkeit gemeint wäre, ist heute jedoch nicht mehr denkbar. Der Gepäckträger, die Ehefrau, die freiwillig im Betrieb des Mannes mitarbeitet, der Geschäftsführer einer Kaufhausfiliale, der Kommandant eines Kriegsschiffes sind Besitzdiener, aber keineswegs „sozial abhängig". Nicht eine Abhängigkeit macht den Inhaber der Gewalt zum Besitzdiener, sondern dessen nach der Verkehrsauffassung zu erwartender Wille, sich bezüglich der Sache einem anderen unterzuordnen. Endet dieser Wille, indem der Besitzdiener die Sache unterschlägt, so kann keine „soziale Abhängigkeit" dem Besitzherrn den Besitz erhalten; der Besitzdiener wird selbst Besitzer.

Freilich ist der Besitzdiener rechtlich verpflichtet, den Weisungen des Besitzherrn nachzukommen. Das ist aber eine Folge, nicht Voraussetzung des Besitzdienerverhältnisses: Folgt der Besitzdiener den Weisungen des Besitzers nicht, so stört er dessen Besitz und begeht eine verbotene Eigenmacht gemäß § 858. Mit einer „Folgepflicht aus sozialer Abhängigkeit" hat das nichts zu tun.

cc) Besitzdiener sind auch die sog. „Momentanbesitzer", wie etwa der Platznachbar, der sich ein Kursbuch oder das Opernglas vorübergehend ausborgt[30]; auf die Dauer des Besitzdienerverhältnisses kommt es nicht an[31].

dd) Der Besitzdiener ist, obwohl er selbst die Sachgewalt ausübt, nicht Besitzer; Besitzer ist nur der Besitzherr, § 855. Gegen den Besitzdiener kann somit keine ver-

---

[28] Vgl. etwa Baur-Stürner § 7 Rn. 64 ff; Lange § 10 II 2; Schwab-Prütting Rn. 67.
[29] Vgl. etwa Palandt-Bassenge § 855 Rn. 1; RGRK-Kregel § 855 Rn. 5.
[30] Zutreffend z.B. Planck-Brodmann § 855 N. 2; E. Wolf § 2 C II d.
[31] Vgl. oben I 1 a a.E.

botene Eigenmacht (§ 858) begangen werden, nur gegen den Besitzherrn. Der Besitzschutz steht nur dem Besitzherrn zu. Der Besitzdiener ist verpflichtet, den Weisungen des Besitzers bezüglich der Sache nachzukommen. Tut er das nicht, oder beeinträchtigt er auf sonstige Weise die Sachherrschaft des Besitzherrn durch Besitzhandlungen, so begeht er verbotene Eigenmacht.

b) Der Besitzdiener kann den Besitz dem Besitzherrn nicht nur vermitteln, sondern auch für ihn erwerben. Der Besitzdiener muß dazu die tatsächliche Sachherrschaft i.S.v. § 854 erwerben, der Besitzherr muß den Besitzwillen haben; auch hier genügt ein genereller Besitzwille, z.B. alle Sachen zu besitzen, die ein angestellter Einkäufer im Rahmen seines Auftrags erwirbt. Hinzu kommen muß der Wille des Besitzdieners, für den Besitzherrn zu erwerben.

c) Der durch einen Besitzdiener gehaltene Besitz endet gemäß § 856, wenn der Besitzdiener die Sachherrschaft verliert. Unterschlägt der Besitzdiener die Sache und behält sie für sich, so endet der Besitz des Besitzherrn nur, wenn er die tatsächliche Gewalt selbst nicht ausüben kann. Arbeitet etwa ein Geselle zusammen mit dem Meister in der Werkstatt und unterschlägt er eine Sache, so endet der Besitz des Meisters erst, wenn der Geselle die Sache aus der Werkstatt entfernt. Anders verhält es sich, wenn der Besitzdiener die Sachgewalt allein ausübt: Teilt etwa der Geschäftsreisende seinem Prinzipal telefonisch mit, er sei es leid, für ihn tätig zu sein, den Musterkoffer behalte er, weil er untertariflich bezahlt worden sei, so endet damit der Besitz des Besitzherrn. In der Erklärung des Willens liegt zugleich die Entziehung der tatsächlichen Gewalt, die der Besitzherr nach der Verkehrsauffassung nun nicht mehr ausüben kann.

2. Stellvertretung im Besitz

a) Der Besitzdiener übt die tatsächliche Gewalt als Stellvertreter des Besitzherrn aus[32], die Regeln über die Stellvertretung bei der Abgabe von Willenserklärungen, §§ 164 ff., sind analog anzuwenden, wobei im Einzelfall zu prüfen ist, ob die Besonderheiten der Besitzhandlung eine Anwendung zulassen.

b) Anwendbar ist z.B. § 166. Weiß der Besitzdiener etwas von der Fehlerhaftigkeit und Unrechtmäßigkeit des erworbenen Besitzes, so wird dies dem Besitzherrn zugerechnet[33]. § 166 hat den Sinn, Härten zu vermeiden, die dadurch entstehen können, daß bei der Verwendung von Stellvertretern der Vertretene selbst in den seltensten Fällen bösgläubig ist. Es ist angebracht, demjenigen, der sich eines Vertreters bedient, dessen Bösgläubigkeit zuzurechnen. Diese Überlegungen treffen auch beim Besitzerwerb zu[34].

---

[32] Protokolle der 2. Kommission 3344 (Mugdan 3, 505).
[33] Der Besitzherr ist dann z.B. bösgläubig i.S.v. § 990.
[34] In der Diskussion, ob auf den Besitzerwerb durch Besitzdiener § 166 oder § 831 anzuwenden sei, werden regelmäßig zwei Dinge vermengt: Die Frage der Zurechnung des Wissens des Besitzdieners und die Frage des Schadensersatzes für Handlungen des Besitzdieners. Vgl. dazu unten § 12 II c und III 2 b.

Nicht anzuwenden ist z.B. auf den Besitzerwerb durch Besitzdiener das Offenlegungsprinzip des § 164 I, II. Es ist beim Besitzerwerb nicht erforderlich, daß der
Besitzdiener seinen Willen zum Ausdruck bringt, für einen anderen den Besitz erwerben zu wollen. Das Offenlegungsprinzip dient dem Schutz des Erklärungsgeg-
ners. Beim Besitzerwerb durch Übergabe ist ein solcher Schutz nicht erforderlich,
dem Tradenten kann es gleich sein, wer Besitzer wird, er muß nicht die Umstände
kennen, aus welchen auf einen Eigen- oder Fremderwerb geschlossen werden
kann[35].

c) Stellvertreter im Besitzcorpus ist neben dem Besitzdiener auch der Besitzmittler, vgl. unten § 6 III 1 b.

d) Eine Stellvertretung beim Besitzerwerb ist nicht nur möglich bezüglich des
Besitzcorpus, sondern auch bezüglich des Besitzwillens[36].

Der Frage kommt allerdings in den meisten Fällen keine praktische Bedeutung
zu: Hat der Besitzherr einen anderen zum Besitzerwerb für ihn beauftragt, so hat er
jedenfalls selbst den Besitzwillen; grundsätzlich muß sowohl der Besitzer als auch
der Vertreter den Besitzwillen haben. Anders liegt es in den Fällen, in denen der Besitzerwerber nicht fähig ist, einen eigenen Besitzwillen zu haben: bei kleinen Kindern, Geisteskranken, juristischen Personen. Damit diese Personen Besitz erwerben
und haben können, muß es eine Vertretung im Besitzwillen geben, sei es, daß man
diesen Personen unmittelbaren oder mittelbaren Besitz zuerkennt. Aber auch in
allen anderen Fällen ist eine Vertretung im Besitzwillen möglich[37]; das gilt auch für
den Besitzerwerb nach § 854 II.

V. Erbenbesitz

a) Auf den Erben gehen alle Rechte des Erblassers über. Da der Besitz aber kein
Recht ist, sondern tatsächliche Sachgewalt, kann die Rechtsordnung insoweit keine
Bestimmung treffen, sie kann dem Erben keine tatsächliche Gewalt zukommen lassen, die er nicht hat. Wenn also § 857 anordnet, daß der Besitz auf den Erben übergeht, so kann das nur bedeuten, daß der Erbe die Rechtsstellung erlangt, wie sie der
Erblasser aufgrund seines Besitzes hatte; es handelt sich um eine gesetzliche Fiktion[38]. Wirklichen Besitz, Sachherrschaft, erlangt der Erbe erst, wenn er die Nachlaßsachen gemäß § 854 ergreift.

---

[35] Das betrifft natürlich nicht die Frage des Eigentumserwerbs.

[36] Die zweite BGB-Kommission hielt eine Vertretung auch im Besitzwillen in entsprechender
Anwendung des § 164 für so selbstverständlich möglich, daß das im Gesetz nicht ausdrücklich geregelt werden müsse, Protokolle der 2. Kommission 3344 (Mugdan 3, 505). Wenn
allerdings in der Literatur betont wird, der Besitzdiener könne auch Vertretungsmacht haben (vgl. nur Palandt-Bassenge § 855 Rn. 1), so ist damit regelmäßig nicht eine Vertretung
im Besitzwillen angesprochen, sondern eine Vertretung beim Rechtserwerb, z.B. nach
§ 929.

[37] Vgl. Hoche, JuS 1961, 74 Fn. 7; Kreß 181.

[38] Anders zu Unrecht Wolff-Raiser § 12 I 4; Ebenroth-Frank, JuS 1996, 794 ff.

Der Besitz geht so auf den Erben über, wie ihn der Erblasser hatte: als mittelbarer oder unmittelbarer, als Eigen- oder Fremdbesitz, als fehlerhafter, bösgläubiger, gutgläubiger Besitz usw. Ob der Erbe etwas vom Erbfall weiß, spielt keine Rolle. Der Erbe kann die Art des erworbenen Besitzes dadurch ändern, daß er die tatsächliche Sachgewalt ergreift, aus einem Fremdbesitz kann so Eigenbesitz, aus bösgläubigem ein gutgläubiger Besitz werden usw.; Miterben werden Mitbesitzer.

Die Bedeutung des § 857 liegt darin, daß ein Dritter, der Erbschaftssachen ergreift, eine verbotene Eigenmacht begeht. Die Vorschrift dient somit dem Schutz des Nachlasses. Indem der Dritte die Sache ergreift, endet zwar der Erbenbesitz, dem Erben stehen aber die Besitzschutzrechte zu, ferner ist die Sache gemäß § 935 Abhanden gekommen und kann nicht gutgläubig von einem Dritten erworben werden, es sei denn, daß der Dritte einen Erbschein hätte, §§ 2366 f.

b) Erbe im Sinne des § 857 ist der endgültige Erbe, nicht der vorläufige Erbe, der später ausschlägt, dessen Erbeinsetzung angefochten wird oder dessen Erbunwürdigkeit festgestellt wird. Ergreift ein vorläufiger Erbe eine Nachlaßsache, so begeht er nach dem Wortlaut des § 857 eine verbotene Eigenmacht gegen den endgültigen Erben. Denn nach der Anfechtung, der Ausschlagung und der Feststellung der Erbunwürdigkeit gilt die Erbschaft als nicht angefallen, vgl. §§ 142 I, 1953 I, 2344 I. Eine solche Anwendung des § 857 würde aber dazu führen, daß der vorläufige Erbe sich von der Erbschaft strikt fernhalten müßte; er wäre so nicht in der Lage, den Nachlaß zum Zwecke einer Entscheidung über die Ausschlagung zu prüfen. Nach zutreffender h.M. ist § 857 daher nicht anwendbar, wenn ein vorläufiger Erbe Nachlaßsachen ergreift; er begeht keine verbotene Eigenmacht. Entfällt später die Erbenstellung des vorläufigen Erben, so ist nach h.M. § 857 nicht zugunsten des endgültigen Erben anwendbar[39]. Indessen entfällt die Erbenstellung des vorläufigen Erben mit rückwirkender Kraft, so daß der Nachlaß dem endgültigen Erbe schon mit dem Erbfall als angefallen gilt. Es entspricht daher dem Wortlaut und dem Sinn des Gesetzes, dem endgültigen Erben nach dem Wegfall des vorläufigen Erben den Schutz des § 857 zukommen zu lassen: Der vorläufige Erbe hat die Erbschaft unverzüglich an den endgültigen Erben herauszugeben, andernfalls begeht er eine verbotene Eigenmacht, der endgültige Erbe wird durch die Besitzschutzrechte und durch § 935 geschützt. Die h.M. läßt dagegen den endgültigen Erben schutzlos. Schutzwürdige Interessen des vorläufigen Erben, welche einer Anwendung des § 857 entgegenstehen könnten, bestehen nicht.

c) Beim Nacherbfall sind zwei Varianten zu unterscheiden:

aa) Tritt der Nacherbfall zu Lebzeiten des Vorerben ein, so geht dem Vorerben sein Besitz, soweit er ihn tatsächlich ergriffen hat, dadurch nicht verloren. § 857 ist nach h.M. nicht anwendbar, denn der Nacherbe beerbe den Erblasser, nicht den Vorerben, und zur Zeit des Nacherbfalls bestehe kein Besitz des Erblassers mehr. Zudem sei die Gefahr nicht gegeben, der § 857 abhelfen wolle, daß nämlich durch den Erbfall der Nachlaß schutzlos dem Zugriff Dritter ausgesetzt sei: Der Nachlaß sei

---

[39] Vgl. Strohal, JherJahrb 38, 102; Westermann-Gursky § 15 I 5; Lange § 10 II B 1; Erman-Lorenz § 857 Rn. 6; Palandt-Bassenge § 857 Rn. 2; Soergel-Stadler § 857 Rn. 3; Ebenroth-Frank, JuS 1996, 798.

auch nach dem Nacherbfall im Besitz des Vorerben. Auf den Nacherben gehe der Besitz nur insoweit über, als der Vorerbe lediglich nach § 857 besitze[40].

Diese Ansicht, die den Erbenbesitz auch an der Nacherbschaft dem Erben des Vorerben zuweist, vernachlässigt zugunsten konstruktiver Bedenken den gesetzgeberischen Zweck des § 857, den Nacherben nämlich zu schützen. Die Ansicht, der Nacherbe sei hinreichend dadurch geschützt, daß der Vorerbe den Besitz ausübe, der Nachlaß also nicht besitzlos sei, verkennt die Gefahren, die dem Nacherben drohen: Sie gehen vom Vorerben aus. Zum Schutz des Nacherben ist § 857 nach dem Willen des Gesetzes zugunsten des Nacherben auch beim Nacherbfall anzuwenden. Der Nacherbe erwirbt mit dem Nacherbfall den fiktiven Besitz am Nachlaß. Gibt der Vorerbe die Nachlaßsachen nicht unverzüglich an den Nacherben heraus, so begeht er eine verbotene Eigenmacht, und die Sachen gelten als abhanden gekommen. Der Vorerbe haftet gemäß § 861 auf Herausgabe; verfügt er über Nachlaßsachen, so wird der Erwerber nicht Eigentümer. Auf diese Weise ist der Nacherbe geschützt, und dem Vorerben geschieht kein Unrecht.

Eine Ausnahme zu § 857 ist in § 2140, 1 geregelt: § 857 greift nicht ein, solange der Vorerbe den Eintritt des Nacherbfalls nicht kennt und ihn auch nicht kennen muß; dadurch wird der gutgläubige ehemalige Vorerbe vor einer Rechtsmängelhaftung gegenüber dem Erwerber geschützt. Dieser Schutz ist nicht erforderlich, wenn der Erwerber bösgläubig ist und deswegen wegen der mangelnden Berechtigung des veräußernden Vorerben gegen diesen keine Ansprüche geltend machen kann, vgl. § 2140, 2. Liegen die Voraussetzungen des § 2140 nicht vor, findet § 857 Anwendung. Eine verbreitete Meinung will dagegen aus § 2140 entnehmen, § 857 sei auf den Nacherbfall generell nicht anwendbar, sobald der Vorerbe den Besitz am Nachlaß tatsächlich ergriffen habe; denn wenn § 857 anwendbar wäre, käme wegen § 935 ein gutgläubiger Erwerb, wie ihn § 2140 vorsieht, nicht in Betracht[41]. Das verwechselt offenbar die Regel mit der Ausnahme: Wäre § 857 auf Nacherbfälle nicht anwendbar, wäre § 2140 völlig überflüssig. Denn der Schutz des veräußernden Vorerben vor Regreßansprüchen des Erwerbers wäre dann durch § 932 gesichert. Gerade weil das nicht der Fall ist, war § 2140 erforderlich. Soweit § 2140 nicht eingreift, ist § 857 gegeben.

bb) Tritt der Nacherbfall mit dem Tod des Vorerben ein, so geht der Besitz an den Sachen, die der Erblasser als Vorerbe gemäß § 857 besaß, auf den Nacherben über. Hatte der Vorerbe bereits Besitz an den Nachlaßgegenständen ergriffen, so ist die Rechtslage streitig. Nach dem Wortlaut des Gesetzes geht dieser Besitz nicht auf den Nacherben über, sondern auf den Erben des Vorerben. Das entspricht auch hier der h.M., die aber verkennt, daß die Gefahrensituation, der § 857 entgegentreten soll, gerade durch den Tod des Vorerben eintritt. Der Nachlaß ist hier nicht nur dem Zugriff der Erben des Vorerben ausgesetzt, sondern auch dem Zugriff Dritter, und

[40] Strohal, JherJahrb 38, 104; Biermann § 857 N. 4; Kreß 188; Ebenroth-Frank, JuS 1996, 797; Planck-Brodmann § 857 N. 4; Lange, FS Felgentraeger (1969) 298.
[41] Vgl. etwa Rosenberg § 857 N. II 2 d; Planck-Brodmann § 857 N. 4; Westermann-Gursky § 15 II a.E.; MünchenerK-Grunsky § 2139 Rn. 2; Kreß 188; Lange, FS Felgentraeger (1969) 297 f.; richtig dagegen O. v.Gierke II § 115 bei Fn. 58.

gegen beide Gefahren gewährt die h.M. dem Nacherben keinen Schutz, indem sie nicht ihm, sondern dem Erben des Vorerben den Erbenbesitz zuweist. Nimmt ein Dritter die Sachen an sich, so begeht er weder eine verbotene Eigenmacht gegen den Nacherben, noch kommen dem Nacherben die Sachen abhanden. Der Nacherbe hat weder einen possessorischen Anspruch gegen den Dritten, noch ist er gemäß § 935 gegen Verfügungen über seine Sachen geschützt. Dem Sinn des Gesetzes entspricht es jedoch, beim Nacherbfall mit dem Tod des Vorerben den Erbenbesitz gemäß § 857 auf den Nacherben übergehen zu lassen[42]. Es besteht auch kein Grund, dies nur dann anzunehmen, wenn der Vorerbe den Nachlaß getrennt von seinem restlichen Vermögen verwaltet hat[43].

Mittelbarer Besitz des Vorerben geht immer auf den Nacherben über[44].

---

[42] Vgl. Biermann § 857 N. 4; O. vGierke 241; a.A. etwa Staudinger-Avenarius § 2139 Rn. 6; MünchenerK-Grunsky § 2139 Rn. 2; Soergel-Harder-Wegmann § 2139 Rn. 3; Lange-Kuchinke § 26 VIII 2 b; Ebenroth-Frank, JuS 1996, 797.

[43] So aber z.B. Wolff-Raiser § 12 II 1; Kreß 188.

[44] Vgl. Staudinger-Bund § 857 Rn. 8; Lange, FS Felgentraeger (1969) 298.

§ 5. Schutz des unmittelbaren Besitzes

I. Einführung

Der Besitzschutz ist in den §§ 858–864 geregelt, doch ist zu beachten, daß der gesamte Abschnitt von § 854 bis § 872 nur den Besitz als Voraussetzung des Besitzschutzes regeln soll[1]; hier ist also nicht derjenige Besitz geregelt, der Voraussetzung eines Rechtserwerbs ist[2]. Der Besitzschutz der §§ 858 ff. wird *possessorischer Besitzschutz* genannt, weil in ihm ausschließlich die possessio, der Besitz, geschützt ist, ganz unabhängig von jedem Recht zum Besitz. Das Recht zum Besitz ist hier also völlig außer Betracht zu lassen! Am besten macht man sich diesen Besitzschutz klar, wenn man sich als Geschützten einen Besitzer vorstellt, der keinerlei Recht zum Besitz hat, z.B. also einen Besitzer, der die Sache durch Raub, Diebstahl oder Unterschlagung erlangt hat. Ein solcher Besitzer ist nach den §§ 858 ff. in seinem Besitz grundsätzlich gegen jede Störung geschützt, mag sie auch vom Eigentümer ausgehen.

II. Verbotene Eigenmacht

1. Voraussetzungen der verbotenen Eigenmacht

a) „Verbotene Eigenmacht" gemäß § 858 I ist der zentrale Begriff des possessorischen Besitzschutzes, an welchen die Gewaltrechte (§ 859) und die Ansprüche (§§ 861 f.) anknüpfen. Verbotene Eigenmacht kann nur gegen den unmittelbaren Besitzer begangen werden, nicht gegen den mittelbaren Besitzer[3]. Verbotene Eigenmacht liegt auch dann vor, wenn der Angriff sich gegen einen rechtswidrigen oder fehlerhaften Besitz richtet. Ein Recht zum Besitz des Angreifers (etwa Eigentum) beseitigt nicht die Rechtswidrigkeit der verbotenen Eigenmacht. Der Angreifer muß nicht schuldhaft handeln, er muß nicht schuldfähig sein, verbotene Eigenmacht ist eine rein objektive Besitzstörung. Die verbotene Eigenmacht muß gegen den Willen des Besitzers geschehen. Es muß allerdings kein aktueller Besitzwille verletzt werden, auch die Wegnahme etwa einer Sache, an welche der Besitzer z.Z. nicht denkt, ist verbotene Eigenmacht. § 858 I spricht daher vorsichtig von Störungen „ohne den Willen" des Besitzers.

---

[1] Vgl. Protokolle der 2. Kommission 3332 (Mugdan 3, 502).
[2] Zu den beiden Funktionen des Besitzes vgl. oben § 3 I a und b.
[3] Vgl. etwa Palandt-Bassenge § 858 Rn. 2; Soergel-Stadler § 858 Rn. 3.

b) Eine verbotene Eigenmacht liegt gemäß § 858 I nicht vor, wenn der Besitzer in den Eingriff einwilligt. Diese Einwilligung ist kein Rechtsgeschäft, Geschäftsfähigkeit ist nicht erforderlich, natürliche Willensfähigkeit reicht aus[4]. Die Einwilligung kann nur durch den unmittelbaren Besitzer geschehen, da nur er durch § 858 I geschützt ist; die Einwilligung des Besitzdieners oder des mittelbaren Besitzers ist bedeutungslos. Die Einwilligung ist nicht bindend, sie kann bis zur Vornahme des Eingriffs frei zurückgenommen werden, wie jede Einwilligung zum Eingriff in ein Rechtsgut; das gilt auch dann, wenn der Besitzer sich zur Erteilung der Einwilligung verpflichtet hat, oder wenn er die Einwilligung in einem Vertrag erklärt hat[5]. Eine nachträgliche Genehmigung beendet die Fehlerhaftigkeit des Besitzes und stellt zugleich einen Verzicht auf die Besitzschutzansprüche dar.

c) Eine verbotene Eigenmacht ist weiter dann nicht gegeben, wenn ein Rechtfertigungsgrund vorliegt, der Eingreifende also von der Rechtsordnung zum Eingriff legitimiert wird, z.B. nach §§ 227–229, 561, 859, 904, 962; ein bloßer Anspruch auf die Sache schließt jedoch die Rechtswidrigkeit der verbotenen Eigenmacht nicht aus; erforderlich ist vielmehr, daß die Rechtsordnung die Rechtmäßigkeit des Eingriffs anordnet[6].

2. Besitzentziehung, Besitzstörung und fehlerhafter Besitz

a) Verbotene Eigenmacht kann geschehen durch Besitzentzug oder durch Besitzstörung. Besitzentzug ist jedes Verhalten, das den Besitz des unmittelbaren Besitzers beendet. Dabei spielt es keine Rolle, ob der Störer oder sonst wer den Besitz erwirbt, oder ob die Sache besitzlos wird, weil etwa der Störer sie wegwirft. Besitzstörung ist jedes Verhalten, welches nicht Besitzentziehung ist und durch welches der Besitzer gehindert wird, mit der Sache nach Belieben zu verfahren.

b) Der durch verbotene Eigenmacht erlangte Besitz ist fehlerhaft, § 858 II 1. „Fehlerhafter Besitz" ist ein terminus technicus, er darf nicht mit unrechtmäßigem Besitz verwechselt werden, also mit dem Fall, in welchem der Besitzer lediglich kein Recht zum Besitz hat. Der fehlerhafte Besitzer kann unrechtmäßiger Besitzer sein (z.B. der Dieb), aber auch rechtmäßiger Besitzer (z.B. der Käufer, der dem Verkäufer die Sache weggenommen hat); das Recht zum Besitz ist für den Besitzschutz ohne Bedeutung.

Die Bedeutung des fehlerhaften Besitzes liegt darin, daß sich an ihm der Besitzschutz ausrichtet. Gegen den fehlerhaften Besitzer richten sich die Gewaltrechte des § 859 II, III sowie der Anspruch aus § 861 I. Zu beachten ist, daß die Fehlerhaftigkeit des Besitzes relativ ist: Der Besitz ist fehlerhaft nur gegenüber demjenigen, dem er durch verbotene Eigenmacht entzogen ist. Allen anderen gegenüber liegt fehlerfreier Besitz vor.

---

[4] Vgl. etwa Staudinger-Bund § 858 Rn. 18; MünchenerK-Joost § 858 Rn. 7; Soergel-Stadler § 858 Rn. 9; Palandt-Bassenge § 858 Rn. 5; Westermann-Gursky § 22 II; a.A. Baur-Stürner § 9 Rn. 5; Schwab-Prütting Rn. 109.
[5] Vgl. Westermann-Gursky § 22 II.
[6] Vgl. Schwab-Prütting Rn. 119.

Fehlerhaft besitzt nicht nur der, welcher den Besitz durch verbotene Eigenmacht erlangt hat, sondern auch sein Erbe, § 858 II 2[7]; sonstige Gesamtrechtsnachfolger sind dem Erben gleichzustellen. Dagegen besitzt ein Einzelnachfolger nur dann fehlerhaft, wenn er beim Besitzerwerb bösgläubig war, § 858 II 2, d.h. wenn er beim Besitzerwerb die Fehlerhaftigkeit des Besitzes seines Vorgängers kennt. Grobe Fahrlässigkeit schadet nicht. Fehlerhaft besitzt nicht nur der bösgläubige Nachfolger dessen, der die verbotene Eigenmacht begangen hat, sondern jeder bösgläubige Nachfolger eines fehlerhaften Besitzers. Nachfolger im Besitz ist nicht nur derjenige, auf welchen der Besitz vom früheren Besitzer übertragen wurde, sondern jeder Besitzer, der zeitlich auf einen anderen folgt. Wer dem Dieb die gestohlene Sache stiehlt, besitzt gegenüber dem Diebe fehlerhaft. Er besitzt auch gegenüber dem ersten Bestohlenen fehlerhaft, wenn er beim Besitzerwerb von diesem Diebstahl wußte.

Fehlerhaft kann nicht nur der unmittelbare Besitz sein, sondern auch der mittelbare. Verleiht der Dieb die gestohlene Sache an einen Gutgläubigen, so ist dieser fehlerfreier unmittelbarer Fremdbesitzer; der Dieb ist fehlerhafter mittelbarer Eigenbesitzer.

Die Fehlerhaftigkeit des Besitzes endet, wenn die Sache in den Besitz des entsetzten Besitzers zurückgelangt, wenn dieser dem Besitz zustimmt (er schenkt die Sache z.B. dem Dieb), und schließlich durch Zeitablauf gemäß § 864.

Zum Erwerb fehlerhaften Besitzes durch einen Besitzdiener vgl. mein Handbuch des Sachenrechts I § 5 II 2 c.

III. Gewaltrechte

1. Besitzwehr

a) Jeder Besitzer hat gemäß § 859 I das Recht, sich gegen verbotene Eigenmacht mit Gewalt zu wehren (Besitzwehr). Es handelt sich um nichts anderes als um einen besonderen Fall der Notwehr nach § 227. Daher ist auch § 227 II anzuwenden: Der Verteidiger darf nur zu solchen Hilfsmitteln greifen, die zur Abwehr erforderlich sind; von mehreren erfolgversprechenden Maßnahmen muß er die wählen, welche den Angreifer am wenigsten schädigt; andernfalls handelt er rechtswidrig[8]. Dagegen kommt eine Güterabwägung grundsätzlich nicht in Betracht, auch gegen relativ unbedeutende Störungen ist Besitzwehr möglich[9].

---

[7] Dabei spielt es keine Rolle, ob er als Erbe bereits Besitz an den Nachlaßsachen ergriffen hat oder ob er nach § 857 besitzt.

[8] Also keine harten Steine, wenn auch der Wurf mit einer weichen Kartoffel zur Verteidigung des Grundbesitzes gegen rechtswidrig eindringende PKW ausreicht, vgl. AG Hadamar, NJW 1995, 968. Zu den Rechten eines Grundstücksbesitzers gegen Falschparker vgl. die Übersicht bei Schwarz-Ernst, Ansprüche des Grundstücksbesitzers gegen „Falschparker", NJW 1997, 2550.

[9] Vgl. Baur-Stürner § 9 Rn. 11.

b) Zur Verteidigung des Besitzes gegen verbotene Eigenmacht ist neben dem Besitzer auch der Besitzdiener berechtigt, § 860. Darüber hinaus kann auch jeder Dritte den Besitz des Besitzers verteidigen, da das Recht der Besitzwehr ein Unterfall der Notwehr ist, die jedem Dritten gemäß § 227 I zusteht[10]. Die Besitzwehr steht auch dem unrechtmäßigen und fehlerhaften Besitzer zu, dem letzteren sogar gegen den, dem gegenüber er fehlerhaft besitzt[11].

c) Besitzwehrhandlungen sind rechtmäßig, sie können daher nie strafbar sein oder zu Schadensersatz verpflichten; auch kann es keine Notwehr des Störers (§ 227) gegen die Besitzwehr geben. Treffen aber Besitzschutz und Rechtsschutz zusammen, so muß der Besitzschutz zurücktreten, der Rechtsschutz geht vor. Schickt sich etwa der Mieter an, Möbel zu verheizen, im mitgemieteten Garten wertvolle Bäume zu fällen und dergl., so hat der Eigentümer – gleich ob er Vermieter und damit mittelbarer Besitzer ist – zum Schutz seines Eigentums das Notwehrrecht aus § 227[12]. Der Mieter ist nicht berechtigt, zum Schutz seines Besitzes einen Eingriff des Eigentümers gemäß § 859 I abzuwehren[13].

2. Besitzkehr

a) Ist der Besitz durch verbotene Eigenmacht entzogen, der Angriff auf den Besitz also erfolgreich abgeschlossen und beendet, so kommt eine Notwehr (Besitzwehr) nicht mehr in Betracht. Bei beweglichen Sachen steht dem Verletzten das Selbsthilferecht nach § 859 II zu: Besitzkehr. Er kann seinen Anspruch aus § 861 gewaltsam gegen den Täter durchsetzen, wenn er ihn auf frischer Tat betrifft oder verfolgt. Das Gesetz führt hier ein weitgehendes Faustrecht ein[14], das sich nur dadurch begründen läßt, daß der Besitz beim Entziehenden noch nicht zur Ruhe gekommen und gefestigt ist. Um so wichtiger ist die zeitlich enge Begrenzung des Selbsthilferechts.

Das Recht zur Besitzkehr steht dem unmittelbaren Besitzer zu, dem Besitzdiener nach § 860. Entgegen der h.M.[15] ist auch eine Selbsthilfe durch Dritte in auftragloser Geschäftsführung zuzulassen[16]. Gründe, die gegen eine Besitzwehr durch einen Geschäftsführer ohne Auftrag sprechen, sind nicht ersichtlich; das praktische Bedürfnis fordert eine solche Möglichkeit.

Dem früheren Besitzer steht das Recht zur Besitzkehr auch dann zu, wenn er fehlerhaft besaß, auch dann, wenn er gegenüber dem Entziehenden fehlerhaft besaß. Selbst dann, wenn eine Klage gegen den Entsetzer gemäß § 861 II ausgeschlossen

---

[10] So ausdrücklich Protokolle der 2. Kommission 3360 (Mugdan 3, 509); anders zu Unrecht die h.M., vgl. etwa Staudinger-Bund § 859 Rn. 3; RGRK-Kregel § 859 Rn. 1.

[11] Trifft der Bestohlene nach einiger Zeit den Dieb mit der Sache und will er sie ihm gewaltsam abnehmen, so hat der Dieb das Recht der Besitzwehr, seine Verteidigung ist rechtmäßig (wenn nicht § 229, erlaubte Selbsthilfe, eingreift).

[12] Der Eigentümer hat zugleich das Selbsthilferecht nach §§ 229, 1004.

[13] So zutreffend Heck § 13, 5.

[14] Protokolle der 2. Kommission 3357 (Mugdan 3, 509).

[15] Vgl. RGRK-Kregel § 860; Westermann-Gursky § 23, 1.

[16] Vgl. Soergel-Fahse § 229 Rn. 9; MünchenerK-Grothe § 229 Rn. 2.

ist, kann der Verletzte doch das Gewaltrecht zum Zweck der Besitzkehr geltend machen.

b) Ist der Besitz an einem Grundstück entzogen, so steht dem entsetzten Besitzer das Recht zur Besitzkehr gemäß § 859 III zu. Er darf sich sofort nach der Entsetzung des Besitzes wieder bemächtigen. „Sofort nach der Entziehung" bedeutet nicht unverzüglich (§ 121 I), es spielt keine Rolle, wann der Besitzer Kenntnis von der Entsetzung erlangt; es bedeutet aber auch andererseits nicht, daß der Entsetzte augenblicklich, blitzschnell tätig werden muß. Vielmehr muß der Betroffene so schnell, wie er unter den gegebenen Umständen nach einem objektiven Maßstab kann, reagieren[17].

c) Ist der Besitz an einem Grundstück nicht entzogen, sondern gestört, etwa indem ein Falschparker die Einfahrt zu einem Grundstück verhindert, so ist § 859 III entsprechend anwendbar[18].

IV. Besitzschutzansprüche

1. Anspruch wegen Besitzentziehung, § 861

a) Der Anspruch steht dem früheren unmittelbaren Besitzer zu, dem die Sache durch verbotene Eigenmacht entzogen wurde; ob er Eigen- oder Fremdbesitzer war, spielt keine Rolle, ebensowenig, ob er zum Besitz berechtigt war. Der Besitzdiener kann den Anspruch nicht geltend machen, § 860 spricht ihm nur die Gewaltrechte zu. Der Anspruch ist vererblich und abtretbar, ohne daß zugleich der Anspruch aus einem Recht zum Besitz abgetreten werden müßte.

Anspruchsgegner ist der jetzige fehlerhafte Besitzer, sei es der Täter der verbotenen Eigenmacht, sei es ein Besitznachfolger i.S.d. § 858 II. Der Anspruch kann sich nicht gegen einen Besitzdiener richten, wohl aber gegen den mittelbaren Besitzer, sofern dieser fehlerhaft besitzt. Der Besitz des mittelbaren Besitzers ist z.B. fehlerhaft, wenn er beim Besitzerwerb die Fehlerhaftigkeit des Besitzes des Besitzmittlers kennt: Der Dieb verkauft eine Sache und mietet sie vom bösgläubigen Erwerber zurück, die Besitzübertragung erfolgt durch Besitzkonstitut. Es haften beide aus § 861.

b) Der Anspruch aus § 861 geht ausschließlich auf Wiedereinräumung des entzogenen Besitzes, nicht auf die Herausgabe von Nutzungen und Surrogaten, nicht auf Schadensersatz. Denn der bloße Besitz, ohne Recht zum Besitz, ist kein Vermögenswert, dessen Entzug oder Störung durch einen Schadensersatz ausgeglichen werden müßte[19]. Verliert der aus § 861 haftende Besitzer schuldhaft den Besitz, so

---

[17] Besitzkehr nach 7 Stunden ist jedenfalls nicht mehr „sofort", wie das AG München zutreffend feststellt, NJW 1996, 853 f.

[18] Vgl. dazu mein Handbuch des Sachenrechts I § 5 III 2 c a.E.

[19] Der Besitz kann dem Besitzer zwar tatsächliche Vorteile bringen, etwa Nutzungsmöglichkeiten; solchen Aktiva stehen aber gleich hohe Passiva in Form von Ausgleichsansprüchen des wirklich Berechtigten entgegen, so daß der Vermögenswert des reinen Besitzes gleich Null bleibt.

wird er frei; er haftet nicht etwa aus § 280 auf Schadensersatz[20]. Auch § 286 ist nicht anwendbar. Allerdings hat der Gesetzgeber seinen Willen, bei reinen Besitzverletzungen keinen Schadensersatz zuzugestehen, nicht positiv im Gesetz ausgedrückt. Die Absicht des Gesetzgebers[21] wird aber dadurch deutlich, daß er die im gemeinen Recht übliche Regelung des Schadensersatzes bei Besitzverletzungen stillschweigend übergangen hat.

Der Anspruch aus § 861 geht auf Wiedereinräumung des Besitzes. Der Schuldner muß also den Besitzzustand wiederherstellen, der vor der verbotenen Eigenmacht bestand. Er muß also – auf seine Kosten – die Sache wieder in den Besitz des Berechtigten bringen. Der mittelbare Besitzer ist verpflichtet, dem Berechtigten gemäß § 870 den mittelbaren Besitz zu verschaffen.

2. Anspruch wegen Besitzstörung, § 862

a) Wird der Besitz dem Besitzer durch verbotene Eigenmacht nicht entzogen, sondern sonstwie gestört, so greift § 862 ein, falls die weiteren Voraussetzungen gegeben sind. Geschützt ist der unmittelbare Besitz, also die tatsächliche Möglichkeit des Besitzers, mit der Sache nach Belieben zu verfahren. Störung ist jede Beeinträchtigung dieser Möglichkeit.

Die Störung kann einmal geschehen durch körperliches Einwirken auf die Sache: durch Betreten[22], Befahren, Überbau, Immissionen (z.B. Lärm, Feuchtigkeit) usw. Soweit die Rechtsordnung (z.B. §§ 904 ff.) den Eigentümer zur Duldung von Störungen verpflichtet, muß auch der Besitzer sie hinnehmen; es liegt dann keine verbotene Eigenmacht vor. Eine Störung liegt auch bereits dann vor, wenn eine Einwirkung auf die Sache zwar noch nicht gegeben, aber mit Sicherheit zu erwarten ist[23]. Eine solche Situation kann vorliegen aufgrund einer gefahrdrohenden Anlage, wenn etwa ein Graben so dicht an einer Mauer ausgehoben wurde, daß der Einsturz zu erwarten ist. Eine Besitzstörung durch drohende Einwirkung kann sich aus dem Verhalten des Störenden ergeben, so etwa wenn jemand Bauvorbereitungen trifft, um auf dem Grundstück des Besitzers zu bauen. Eine drohende Einwirkung kann sich schließlich auch aus wörtlichen Erklärungen ergeben, wenn etwa der Störer eine Einwirkung auf die Sache androht. Auch hierin liegt eine Störung[24], wenn die Drohung ernst zu nehmen ist. Dagegen ist das bloße Bestreiten des Besitzes oder die Behauptung eigenen Besitzes noch keine Besitzstörung, dem Betroffenen steht allenfalls die Feststellungsklage zu. Ebensowenig stellt eine unbegründete Herausgabeklage eine Besitzstörung dar, das Beschreiten des Rechtsweges ist das Gegenteil der verbotenen Eigenmacht.

---

[20] Vgl. Motive 3, 124; Westermann-Gursky § 24 II 3; Müller Rn. 158.

[21] Vgl. Motive 3, 119.

[22] Bei offenen, nicht eingezäunten oder sonst markierten Grundstücken, wie z.B. bei Waldgrundstücken, ist im Betreten jedoch regelmäßig keine verbotene Eigenmacht zu sehen, vgl. Planck-Brodmann § 862 N. 2 a α.

[23] Vgl. Schwab-Prütting Rn. 125; E. Wolf § 2 D IV c 3; Eichler II 1, 265.

[24] Vgl. Planck-Brodmann § 862 N. 2 a; Staudinger-Bund § 858 Rn. 15.

b) Der Anspruch richtet sich gegen den Störer. Die Störung kann in einer störenden Handlung bestehen (Handlungsstörer) oder im Aufrechterhalten eines störenden Zustandes (Zustandsstörer). Bei Handlungsstörungen richtet sich der Anspruch gegen den Handelnden. Er richtet sich weiter gegen den Auftraggeber, der den Handelnden zur Störungshandlung beauftragt hat; es haften in diesem Falle beide[25]. Störer ist ferner, wer Störungshandlungen duldet, obwohl er sie verhindern könnte. Eine Abwendungspflicht kann aber nur dann angenommen werden, wenn der Betroffene die Störung durch sein Verhalten erst ermöglicht hat, wenn er etwa ein Gewerbe ausübt, in dessen Betrieb Dritte übermäßigen Lärm verursachen[26], oder wenn er einen solchen Betrieb verpachtet hat[27]. In solchen Fällen besteht eine Pflicht, gegen die Störung vorzugehen; geschieht das nicht, so liegt eine Störung durch Unterlassen vor.

Störer ist weiter, wer eine störende Anlage errichtet und unterhält, z.B. Gebäude auf fremdem Grund errichtet, überbaut, auf eigenem Grund so baut, daß Erker oder Balkone in den Luftraum des Nachbargrundstücks ragen usw. Störer ist aber auch, wer solche Anlagen besitzt und hält, ohne sie selbst errichtet zu haben. Denn Grundlage der Störungsklage ist nicht prinzipiell eine Störungshandlung, sondern allgemein eine Störung, mag sie in einer Handlung oder in einem Zustand bestehen[28]. Voraussetzung für die Haftung aus § 862 ist jedoch, daß der störende Zustand dem Inanspruchgenommenen zugerechnet werden kann. Das ist insbesondere der Fall, wenn er Rechtsnachfolger eines Handlungs- oder Zustandsstörers ist[29]. Wer etwa ein Grundstück mit einer störenden Anlage erbt, ist Störer; ebenso, wer ein solches Grundstück sonstwie erwirbt, z.B. durch Kauf.

Eine Haftung für eine störende Anlage kann aber immer nur dann eintreten, wenn die Anlage wirklich von Menschenhand angelegt wurde. Der Eigentümer eines Felshanges, von welchem durch Verwitterungen Steine abbröckeln und auf ein anderes Grundstück fallen, ist nicht Störer[30]. Anders der Eigentümer eines Grundstücks mit angelegtem Teich, in welchem Frösche durch übermäßiges Quaken die Nachbarn stören[31]. Mag der Eigentümer auch weder den Teich selbst angelegt haben noch Frösche dort ausgesetzt haben, so haftet er doch als Halter einer störenden Anlage. Entscheidend ist, daß er die Störung beseitigen kann, daß die Beseitigung von seinem Willen abhängt.

c) Eine Haftung aus § 862 tritt nicht in jedem Fall der Besitzstörung ein, sondern nur in zwei Fällen: bei andauernden Störungen und bei vorübergehenden Störungen dann, wenn weitere Störungen zu besorgen sind. Eine vorübergehende Störung, bei welcher weitere Störungen nicht zu besorgen sind (z.B. Wanderer betreten ein frem-

---

[25] Soergel-Stadler § 862 Rn. 3; Palandt-Bassenge § 862 Rn. 9.
[26] RG 97, 26: Haftung des Inhabers einer Fliegerschule, wenn Schüler in geringer Höhe Grundstücke überfliegen.
[27] Haftung des Verpächters einer Gastwirtschaft für Wirtshauslärm, RG 47, 163.
[28] Vgl. Motive 3, 125.
[29] Vgl. unten § 23 IV 1 a cc.
[30] Vgl. RG 134, 234; Wolff-Raiser § 17 I 2 b.
[31] Vgl. RG JW 1910, 654; auch RG 127, 34.

des Grundstück), ist zwar eine Besitzstörung, welche die Rechte aus § 859 gibt; ein Unterlassungsanspruch entsteht daraus nicht.

Bei vorübergehenden Störungen hat der Gestörte nur dann einen Anspruch auf Unterlassen, wenn weitere Störungen zu besorgen sind, § 862 I 2. Es reicht nicht die bloße Möglichkeit weiterer Störungen, es müssen vielmehr Tatsachen gegeben sein, die bei verständiger Würdigung eine weitere Störung wahrscheinlich machen. Eine solche Wahrscheinlichkeit wird immer gegeben sein in den Fällen, in welchen sich der Störer ein Recht zur Vornahme der störenden Handlung anmaßt. Der Anspruch setzt nicht voraus, daß eine Sacheinwirkung bereits geschehen ist, eine drohende Einwirkung reicht aus.

Besteht die Störung in einem störenden Zustand, so hat der Störer (vgl. oben b) sie zu beseitigen, § 862 I 1. Er hat den Besitzstand herzustellen, wie er vor der Störung bestand[32]. Das bedeutet nicht etwa, daß der Zustand herzustellen wäre, wie er bestünde, wenn die Störung nicht eingetreten wäre. Der Beseitigungsanspruch geht nicht auf Naturalrestitution wie ein Schadensersatzanspruch. Hat etwa jemand durch Gräben auf dem eigenen Grundstück Regenwasser auf ein Nachbargrundstück geleitet, so kann der Gestörte Beseitigung der Gräben verlangen. Hat der Regen Schlamm, Geröll usw. auf das Nachbargrundstück getragen, so kann der Gestörte auch Beseitigung des Gerölls oder Schlamms verlangen. Ist dagegen durch das Wasser ein Blumenbeet zerstört worden oder Feuchtigkeit in ein Gebäude eingedrungen, so kann hierfür Ersatz nicht verlangt werden. Es handelt sich nicht um eine fortdauernde Störung, sondern um Schäden, die nach §§ 861, 862 nicht ersetzt werden. Der Besitzstand des Betroffenen ist durch diese Schäden nicht gestört. Ein Schadensersatz kommt nur nach Deliktsrecht in Betracht. Der Störer hat die Beseitigung der Störung auf eigene Kosten vorzunehmen.

3. Einwendungen gegen die Ansprüche aus §§ 861, 862

a) Gegen die possessorischen Ansprüche aus §§ 861, 862 kann sich der Schuldner nicht auf petitorische Einreden berufen, § 863; er wird also nicht gehört mit der Behauptung, er habe ein Recht zum Besitz der Sache oder zur Vornahme der störenden Handlung bzw. zum Halten der störenden Anlage. Der Ausschluß petitorischer Einreden ergibt sich bereits aus § 858. Nicht gehört wird der Beklagte auch mit der Einrede der Arglist nach § 242, weil der Kläger im folgenden petitorischen Prozeß die Sache wieder herausgeben müsse[33]; andernfalls wäre § 863 umgangen. Streitig ist, ob er ein Zurückbehaltungsrecht nach § 273 II oder § 1000 geltend machen kann. Die h.M. bejaht das[34], weil andernfalls das Durchsetzen des Verwendungsersatzanspruchs erschwert werde. Das ist nicht haltbar, denn es verstößt offenbar gegen § 863, da sich der Beklagte auf ein Recht zum Besitz berufen will[35]. Die Pflicht

---

[32] Soergel-Stadler § 862 Rn. 4; Staudinger-Bund § 862 Rn. 3 f.

[33] Dolo facit, qui petit, quod statim redditurus est.

[34] Vgl. Palandt-Bassenge § 863 Rn. 2; Staudinger-Bund § 863 Rn. 7; Heck § 14, 5 a.

[35] Vgl. mein Handbuch des Sachenrechts I § 5 IV 3 a.

zur Herausgabe der Sache ohne Rücksicht auf das Besitzrecht erschwert immer die Verfolgung dieses Rechts. Das hat der Gesetzgeber in Kauf genommen.

Zulässig ist dagegen nach § 863 die Einwendung, es liege keine verbotene Eigenmacht vor. Damit bestreitet der Beklagte die Voraussetzungen der §§ 861, 862, was selbstverständlich zulässig ist. Die Behauptung, der Eingriff in den Besitz sei keine verbotene Eigenmacht gewesen, kann auf eine Einwilligung des Besitzers gestützt werden oder auf ein gesetzlich zuerkanntes Recht zur Vornahme des Eingriffs, etwa aus §§ 227, 229, 561 I, 859, 860, 904, 910, 962; Art. 89 EGBGB.

Natürlich kann der Beklagte nicht nur gemäß § 863 die Rechtswidrigkeit des Eingriffs in den Besitz bestreiten, sondern auch sonstige Anspruchsvoraussetzungen, etwa daß der Kläger nicht Besitzer, sondern nur Besitzdiener sei, daß nicht er, sondern ein anderer in den Besitz eingegriffen habe usw.

b) Die Ansprüche aus §§ 861, 862 unterliegen einer Ausschlußfrist[36] von einem Jahr, gerechnet von der Verübung der verbotenen Eigenmacht, § 864 I. Ob der Besitzer von der verbotenen Eigenmacht weiß, ist unerheblich[37].

c) Gegen die possessorischen Ansprüche aus §§ 861, 862 kann der Beklagte die von Amts wegen zu beachtende Einwendung geltend machen, der Kläger habe ihm gegenüber fehlerhaft besessen, § 861 II, oder er besitze ihm gegenüber fehlerhaft, § 862 II. Hat z.B. B dem E eine Sache durch verbotene Eigenmacht entzogen und E sich von B die Sache durch verbotene Eigenmacht zurückgeholt, so kann B wegen dieser zweiten verbotenen Eigenmacht nicht aus § 861 I klagen[38]. Würde man dem B eine Klage zugestehen, würde die erste verbotene Eigenmacht (des B) schließlich zum Erfolg führen, was gerade verhindert werden soll.

Der Beklagte kann den fehlerhaften Besitz des Klägers aber nur innerhalb der in § 861 II genannten Jahresfrist geltend machen; sie beginnt mit der ersten verbotenen Eigenmacht. Die zweite verbotene Eigenmacht, auf welche der Kläger sich stützt, muß innerhalb eines Jahres nach der ersten geschehen.

d) Der possessorisch Beklagte kann sich grundsätzlich nicht auf ein Recht zum Besitz oder zur Vornahme der störenden Handlung berufen, § 863. Ausnahmsweise kann er sich auf ein solches Recht aber doch berufen, wenn dieses Recht nach der verbotenen Eigenmacht durch rechtskräftiges Urteil festgestellt wird[39], § 864 II. Das rechtskräftige Urteil über das Recht rechtfertigt zwar nicht die verbotene Eigenmacht, eine Vollstreckung aus dem possessorischen Urteil wäre aber unerwünscht, da sie alsbald rückgängig gemacht werden könnte: Der Verurteilte könnte aufgrund seines festgestellten Rechts ein Leistungsurteil erreichen und die Sache

---

[36] Der Gesetzgeber hat eine Ausschlußfrist gewählt, keine Verjährung, weil die Frist auch auf die Einreden aus §§ 861 II, 862 II angewandt werden soll, und weil eine Verjährung von Einreden zweifelhaft erschien, vgl. Motive 3, 132.

[37] Anders natürlich, wenn die Störung in einer Drohung besteht.

[38] Dasselbe gilt, wenn ein Rechtsvorgänger des Klägers die verbotene Eigenmacht begangen hatte, wenn im Beispiel etwa X die Sache dem E entzogen hatte und X von B beerbt wurde, oder wenn X die Sache auf den bösgläubigen B überträgt.

[39] *Petitorium absorbet possessorium.* Es genügt auch ein Leistungsurteil.

zurückholen. Daher läßt das Gesetz den possessorischen Anspruch mit Rechtskraft des petitorischen Urteils untergehen[40].

4. Schutz des Mitbesitzes

Nach außen, Dritten gegenüber, genießt jeder Mitbesitzer[41] den vollen Besitzschutz. Auch untereinander haben Mitbesitzer die Gewaltrechte des § 859 und die possessorischen Ansprüche, aber gemäß § 866 nur dann, wenn von einem Mitbesitzer eine Störung ausgeht, welche nicht nur die Abgrenzung der Gebrauchsmöglichkeiten an der Sache betrifft. Störungen also, welche die Sachherrschaft der anderen völlig negieren, insbesondere der völlige Entzug des Besitzes, können mit den possessorischen Mitteln abgewehrt werden. Wollte z.B. ein Mieter dem anderen die Benutzung des Treppenhauses verwehren, so könnte dieser sich gegebenenfalls mit Gewalt Zutritt verschaffen, § 859 I. Geht es dagegen nur um die Abgrenzung der Gebrauchsmöglichkeit, so sind die possessorischen Rechtsmittel ausgeschlossen. Will beispielsweise ein Mieter dem anderen verbieten, sein Motorrad durch den Hausflur zu schieben und vor der Wohnungstür abzustellen, so geht es um die Grenzen des Gebrauchs am Hausflur. Weder § 859 noch §§ 861, 862 greifen ein. Ob der Mieter berechtigt ist, sein Motorrad vor seiner Wohnungstür abzustellen, kann nur aufgrund der Mietverträge ermittelt werden. Es handelt sich dabei um einen Streit über das Recht, der nicht mit possessorischen Mitteln entschieden werden kann. Kein Mieter hat daher aus § 859 das Recht, den anderen gewaltsam daran zu hindern, sein Motorrad mit in das Haus zu nehmen.

5. Anspruch aus § 867

a) Gemäß § 867 ist der Besitzer eines Grundstücks, auf welches eine bewegliche Sache gelangt ist, verpflichtet, das Aufsuchen und Wegschaffen der Sache zu gestatten. Ein solcher Anspruch ist deswegen erforderlich, weil der Grundstücksbesitzer regelmäßig nicht Besitzer der Sache wird, die auf sein Grundstück gelangt; vielmehr bleibt dem bisherigen Besitzer der beweglichen Sache weiterhin der Besitz erhalten, vgl. § 856 II. Es wären gegen den Grundstücksbesitzer daher Herausgabeansprüche aus §§ 861, 985, 1007, 1065, 1227 nicht gegeben, da sie Besitz des Schuldners voraussetzen. Diese Lücke schließt § 867, er gibt jedem Besitzer der beweglichen Sache den Abholungsanspruch gegen den Grundstücksbesitzer[42]. § 867 stellt keine gesetzliche Eigentums- und Besitzbeschränkung derart dar, daß der Besitzer der beweglichen Sache ohne Besitz- und Rechtsverletzung das Grundstück betreten könnte. § 867 gibt kein Selbsthilferecht, sondern nur einen Anspruch auf Gestattung, den der Berechtigte nicht selbst durchsetzen darf. Tut er es, so begeht er eine verbotene Eigenmacht.

---

[40] § 864 II ist entsprechend anzuwenden auf ein vorläufig vollstreckbares Urteil und auf eine einstweilige Verfügung.
[41] Zum Mitbesitz vgl. oben § 4 I 2 b.
[42] Den gleichen Anspruch gibt § 1005 dem Eigentümer der beweglichen Sache.

b) Der aus § 867 Berechtigte hat dem Grundstücksbesitzer alle Schäden zu ersetzen, die beim Aufsuchen und Wegschaffen der Sache verursacht werden, § 867, 2. Der Anspruch setzt kein Verschulden voraus, es handelt sich um einen Ausgleichsanspruch, ähnlich wie bei § 904, 2. Trotzdem ist es sachgerecht, die Verjährungsvorschrift des § 852 entsprechend anzuwenden. Der Grundstücksbesitzer kann die Gestattung verweigern, bis ihm für einen zu besorgenden Schaden Sicherheit geleistet ist, § 867, 3.

6. Sonstige Besitzschutzansprüche

a) Der Besitz wird nicht in § 823 I geschützt. § 823 I schützt nur Rechte oder Rechtspositionen mit Zuweisungsgehalt (Herrschaftsrechte). Daß der Besitz kein solches Recht darstellt, ist bereits gezeigt[43]. Der bloße Besitz kommt nicht als geschütztes Rechtsgut des § 823 I in Betracht, wohl aber ein Besitz mit Recht zum Besitz[44].

§ 858 I ist auch kein Schutzgesetz im Sinne des § 823 II. Selbst wenn man aber § 858 als Schutzgesetz anerkennen wollte, so folgte daraus nicht, daß bei einer Besitzverletzung ein Schadensersatzanspruch nach § 823 II gegeben werden könnte. Geschütztes Rechtsgut des § 858 ist nicht eine Vermögensposition des Besitzers, sondern der reine Besitz, in welchem seine Persönlichkeit und sein Wille geschützt sind[45]. Ein Ersatzanspruch ergibt sich bei der Verletzung dieses Rechtsguts nicht[46].

b) Eine Besitzkondiktion wegen Eingriffs in den Besitz kommt nicht in Betracht. Eine Eingriffskondiktion setzt einen Eingriff in solche Rechte voraus, welche die Sache einer Person zuordnen, d.h. in Rechte mit Zuordnungsfunktion. Der Besitz hat eine solche Zuordnungsfunktion nicht[47], der Eingriff in den bloßen Besitz kann somit keine Eingriffskondiktion auslösen. Der bestohlene Dieb kann somit vom zweiten Dieb weder nach § 823 noch nach § 812 Herausgabe oder Wertersatz verlangen; er ist auf § 861 beschränkt.

c) Die possessorischen Ansprüche wegen Besitzverletzung dürfen mit den petitorischen Ansprüchen (§§ 812, 823, 985, 1007 usw.) nicht vermengt werden. Auf einen petitorischen Anspruch können die Sonderregelungen, die für die possessorischen Ansprüche gelten, nicht angewandt werden. Auf einen Schadensersatzanspruch (§ 823) oder einen Bereicherungsanspruch sind daher die §§ 861 II, 863, 864, 866 und 869 nicht anzuwenden.

---

[43] Vgl. oben § 3 II a.
[44] Vgl. Wieling, Festgabe für vLübtow (1980) 580 f. mit Literatur; vgl. weiter Planck-Brodmann § 858 N. 2; Soergel-Mühl 15 vor § 854; BGH JZ 1979, 404; BGH NJW 1981, 866.
[45] Vgl. oben § 3 II b.
[46] Vgl. oben IV 1 b.
[47] Vgl. oben § 3 II a.

§ 6. Mittelbarer Besitz

I. Geschichte und Wesen des mittelbaren Besitzes

1. Entstehung des mittelbaren Besitzes

Der mittelbare Besitz hat sich aus der possessio des römischen Vermieters, Verpächters usw. entwickelt. Nach römischer Verkehrsanschauung stand die tatsächliche Sachgewalt nicht dem Mieter, Pächter, Verwahrer usw. zu, sondern dem Vermieter. Der Mieter hatte eine dem heutigen Besitzdiener vergleichbare Stellung. Dagegen betrachtete die germanische Verkehrsanschauung den Mieter usw. als Inhaber der tatsächlichen Gewalt. Mit der Rezeption stieß das römische Recht, das auf der römischen Verkehrsanschauung beruhte, mit der germanischen Verkehrsanschauung zusammen. Beide behielten im gemeinen deutschen Recht ihre Bedeutung. Die germanische Verkehrsanschauung setzte sich durch, indem man dem Mieter usw. die tatsächliche Gewalt zuerkannte. Er wurde possessorisch geschützt durch eine aus dem kanonischen Recht stammende actio ex canone, die „Spolienklage". Der Vermieter, obwohl nicht mehr als Inhaber der Sachgewalt angesehen, behielt den römisch-rechtlichen Besitzschutz. Zu seinen Gunsten wurde eine Sachgewalt fingiert. Es gab somit einen zweifachen Besitz, den unmittelbaren Besitz kraft Verkehrsanschauung und den fiktiven mittelbaren Besitz kraft Geschichte. Das BGB hat diese Regelung im wesentlichen übernommen.

Der mittelbare Besitz genießt Besitzschutz, weil er die Tendenz hat, zum unmittelbaren Besitz zu werden (nach Ablauf des Besitzmittlungsverhältnisses). Der mittelbare Besitzer hat also ein schutzwürdiges Interesse, daß dem Besitzmittler der Besitz nicht entzogen werde, weil nur so die Rückkehr der Sachgewalt an ihn gesichert ist. Darüber hinaus spielt der mittelbare Besitz auch eine Rolle beim Erwerb und bei der Übertragung von Rechten.

2. Wesen des mittelbaren Besitzes

Umstritten ist die Frage nach dem Wesen des mittelbaren Besitzes. Nach richtiger Ansicht gibt der mittelbare Besitz keinerlei Sachgewalt. Wäre mittelbarer Besitz Sachgewalt, so wären die §§ 868–871 überflüssig, der mittelbare Besitz müßte sich nach den §§ 854 ff. regeln; er müßte – über § 869 hinaus – vollen Besitzschutz genießen, was nicht zutrifft. Mittelbarer Besitz ist fingierter Besitz, er wird lediglich in einigen Beziehungen der Sachgewalt gleichgestellt[1].

---

[1] Vgl. Protokolle der 2. Kommission 3733 f.; 3946 (Mugdan 3, 515, 668).

II. Voraussetzungen des mittelbaren Besitzes

1. Besitzmittlungsverhältnis und Herausgabeanspruch

a) Wenn jemand als Nießbraucher, Pfandgläubiger, Pächter, Mieter, Verwahrer besitzt oder aufgrund eines ähnlichen Verhältnisses, vermöge dessen er dem anderen gegenüber auf Zeit zum Besitz berechtigt oder verpflichtet ist, so ist gemäß § 868 auch der andere Besitzer; er hat mittelbaren Besitz[2]. Der Mieter usw. ist Besitz(ver)mittler, d.h. er ist Fremdbesitzer, der dem Vermieter den Besitz vermittelt und ihn so zum mittelbaren Besitzer macht. Dieses Besitzmittlungsverhältnis muß nicht wirksam sein, wie der Zweck des Gesetzes zeigt. Der Besitzschutz aus § 869 muß einem Vermieter zustehen, gleich ob der Mietvertrag wirksam ist oder nicht. Denn geschützt ist die Aussicht des Vermieters, die Gewalt über die Sache zurückzuerlangen[3], und diese Aussicht hat der Vermieter auch, wenn der Mietvertrag unwirksam ist. Der mittelbare Besitz soll ferner die Möglichkeit eröffnen, auch ohne Sachgewalt dingliche Rechte zu übertragen und zu erwerben. Auch hier spielt die Wirksamkeit des Besitzmittlungsverhältnisses keine Rolle. Wer als gutgläubiger Eigenbesitzer eine Sache – sei es auch unwirksam – vermietet, muß weiter ersitzen können.

b) Die völlig h.M. verlangt einen Herausgabeanspruch des mittelbaren Besitzers als Voraussetzung des mittelbaren Besitzes. Fehle der Anspruch, so könne mangels einer Sachbeziehung kein mittelbarer Besitz bestehen[4], der Anspruch vermittle dem mittelbaren Besitzer eine Sachgewalt; ohne Anspruch könne der unmittelbare Besitzer die Sache dauernd behalten. Dem ist entgegenzuhalten, daß der mittelbare Besitz nie Sachgewalt bedeutet, sondern eine Fiktion ist. Zudem wäre auch ein Anspruch nicht geeignet, eine Sachgewalt herzustellen: Der Eigentümer, der vom Dieb Herausgabe der Sache verlangen kann, hat deswegen keinen mittelbaren Besitz. Der Anspruch gehört in die Kategorie des Rechtlichen, während der mittelbare Besitz zum Faktischen gehört, und beides sollte nicht durcheinandergebracht werden.

2. Unmittelbarer Besitz und Besitzwille

a) Mittelbarer Besitz setzt weder ein wirksames Besitzmittlungsverhältnis voraus noch einen Herausgabeanspruch. Erforderlich ist vielmehr ein unmittelbarer

---

[2] Das gilt aber nicht für den Geschäftsführer ohne Auftrag, bevor der Geschäftsherr einen Besitzwillen gefaßt hat, vgl. mein Handbuch des Sachenrechts I § 6 II 5. Die gegenteilige Ansicht, die einen Besitzerwerb unabhängig vom Besitzwillen des Geschäftsherrn annimmt, beruft sich zu Unrecht auf RG 98, 131, 134; das Reichsgericht nimmt einen mittelbaren Besitz des Geschäftsherrn erst nach dessen Genehmigung an. Zur Stellvertretung im Besitzwillen vgl. oben § 4 IV 2 d.

[3] Vgl. oben I 1.

[4] Vgl. etwa Staudinger-Bund § 868 Rn. 23; J. vGierke § 6 I 2. Auch wenn kein Herausgabeanspruch besteht, kann mittelbarer Besitz gegeben sein, vgl. Wieling, Handbuch Sachenrecht § 6 II 3 a, b.

Besitz des Besitzmittlers verbunden mit einem bestimmten Besitzwillen. Der Besitzmittler darf nicht Eigenbesitzer, er muß Fremdbesitzer sein: Er muß beim Eintritt gewisser Voraussetzungen zur Herausgabe der Sache bereit sein[5]. Auf diesen Fremdbesitzerwillen gründet sich die Fiktion des mittelbaren Besitzes, die dem mittelbaren Besitzer in gewissem Umfang die Vorteile des Besitzes vermittelt, obwohl er keine Sachgewalt hat. Wie bei jedem Besitzwillen handelt es sich auch hier um einen natürlichen Willen; Geschäftsfähigkeit ist nicht erforderlich.

b) Neben Besitz des Besitzmittlers mit Fremdbesitzerwillen setzt der mittelbare Besitz einen Besitzwillen auch des mittelbaren Besitzers voraus. Er muß wollen, daß der Besitzmittler ihm gegenüber einen eingeschränkten Besitzwillen hat. Auch für diesen Willen reicht die natürliche Willensfähigkeit.

3. Mehrstufiger mittelbarer Besitz

Mittelbarer Besitz kann auch in mehreren Stufen gegeben sein, so daß ein mittelbarer Besitzer zugleich wiederum Besitzmittler für einen weiteren mittelbaren Besitzer ist, § 871. An der Basis einer solchen Folge von Besitzmittlungsverhältnissen steht ein unmittelbarer Fremdbesitzer als Besitzmittler; an der Spitze steht ein mittelbarer Eigenbesitzer. Dazwischen können sich Besitzmittler, die zugleich mittelbare Besitzer sind, in beliebiger Anzahl befinden. Hat der Eigentümer die Sache zu Nießbrauch gegeben, der Nießbraucher sie vermietet, der Mieter untervermietet, der Untermieter die Sache in Verwahrung gegeben, so ist der Verwahrer unmittelbarer Fremdbesitzer, der Eigentümer mittelbarer Eigenbesitzer. Untermieter, Mieter und Nießbraucher sind mittelbare Fremdbesitzer und Besitzmittler zugleich. Der Untermieter ist mittelbarer Besitzer 1. Grades, der Mieter 2. Grades, der Nießbraucher 3. Grades. Es ist auch möglich, daß eine Person an verschiedenen Stellen dieser Besitzerfolge beteiligt ist. Hat der Eigentümer eine Sache vermietet und sich diese vom Mieter ausgeliehen, so ist der Eigentümer als Entleiher unmittelbarer Fremdbesitzer, der für den Mieter besitzt. Dieser besitzt für den Eigentümer, so daß der Eigentümer zugleich mittelbarer Eigenbesitzer und unmittelbarer Fremdbesitzer ist.

III. Erwerb und Verlust des mittelbaren Besitzes

1. Erwerb des mittelbaren Besitzes

a) Der einfachste Fall des Erwerbs mittelbaren Besitzes liegt darin, daß ein unmittelbarer Besitzer seinen Besitz in mittelbaren verwandelt, indem er die Sache einem Besitzmittler übergibt; so wenn der bisherige unmittelbare Besitzer die Sache verleiht, vermietet, verpfändet usw. Komplizierter liegt der Fall, wenn jemand mittelbaren Besitz erwirbt, der bisher überhaupt keinen Besitz hatte.

---

[5] Vgl. Motive 3, 99; Protokolle der 2. Kommission 6071 (Mugdan 3, 516 f.); E. Wolf § 2 B II b 4; BGH NJW 1955, 499.

b) Mittelbarer Besitz kann dadurch erworben werden, daß ein Dritter vermittelnden Besitz für den mittelbaren Besitzer erwirbt, etwa ein Beauftragter, Kommissionär usw. Es handelt sich um einen Erwerb durch Stellvertretung, ebenso wie beim Besitzerwerb durch Besitzdiener[6].

Wer den unmittelbaren Besitz an einer Sache erwirbt, um daran einem anderen den Besitz zu vermitteln, d.h. also wer Fremdbesitz erwirbt und bereit ist, die Sache unter bestimmten Voraussetzungen herauszugeben, der vermittelt dem mittelbaren Besitzer den Besitz, wenn dieser den Besitzwillen hat. Entscheidend ist somit der Wille des Besitzmittlers, ob er Eigenbesitz erwerben will oder Fremdbesitz, und wem er im letzteren Fall den Besitz vermitteln will. Natürlich kommt es hierbei nicht auf den inneren, nicht erkennbaren Willen an; andererseits ist aber auch nicht in entsprechender Anwendung des § 164 zu fordern, daß der Besitzmittler in fremdem Namen auftritt. Es reicht aus, wenn der Wille, Besitz zu vermitteln, irgendwie erkennbar ist, z.B. aufgrund vorausgegangener Vereinbarungen der Parteien. Für Dritte muß dieser Wille nicht erkennbar sein; denn es geht hier nicht um den Schutz Dritter; für diese ist entscheidend, daß der Besitzmittler unmittelbaren Besitz erworben hat, den sie respektieren müssen, sei es nun Eigen- oder Fremdbesitz. Es geht allein um die Frage, ob der Auftraggeber usw. mittelbaren Besitz erworben hat.

c) Der Besitzmittler kann vermittelnden Fremdbesitz einmal sofort beim Erwerb der Sache ergreifen. Er kann aber auch zunächst Eigenbesitz ergreifen und sich erst später zum Besitzvertreter machen, indem er sich entschließt, seinen Eigenbesitz in vermittelnden Fremdbesitz umzuwandeln. Eine solche Besitzumwandlung kann etwa geschehen, wenn der Eigentümer seine Sache veräußert, sie aber zugleich für einige Zeit vom Erwerber zurückmietet. Dabei wandelt der Veräußerer seinen bisherigen Eigenbesitz in vermittelnden Fremdbesitz um und verschafft so dem Erwerber mittelbaren Besitz. Da diese Art der Besitzübertragung auf einem einfachen Entschluß (constituere) beruht, nennt man sie später im gemeinen Recht „constitutum possessorium", Besitzkonstitut.

Ein Besitzkonstitut ist auch dann möglich, wenn der Veräußerer nur mittelbaren Besitz hat, wenn er die Sache z.B. vermietet hat. Der Veräußerer verwandelt durch das Besitzkonstitut seinen mittelbaren Eigenbesitz in mittelbaren Fremdbesitz 1. Grades, der Erwerber wird mittelbarer Eigenbesitzer 2. Grades.

2. Übertragung des mittelbaren Besitzes

a) Der mittelbare Besitz hängt wesentlich vom Willen des Besitzmittlers ab. Wenn daher der Besitzmittler erkennbar den Willen faßt, nicht mehr für den alten mittelbaren Besitzer, sondern für einen neuen zu besitzen, so geht der mittelbare Besitz auf den neuen mittelbaren Besitzer über. Von einer Übertragung des mittelbaren Besitzes kann man aber nur sprechen, wenn dieser Übergang mit dem Willen des alten mittelbaren Besitzers erfolgt, auf dessen Weisung. Diese Übertragung des

---

[6] Vgl. oben § 4 IV 2 a, b.

mittelbaren Besitzes durch eine Weisung, welcher der Besitzmittler nachkommt, war schon im gemeinen Recht bekannt[7].

b) Gemäß § 870 kann der mittelbare Besitz auch dadurch übertragen werden, daß der Anspruch auf Herausgabe der Sache abgetreten wird. Entgegen der h.M.[8] liegt darin kein Vertrag, auf den die Regeln über Rechtsgeschäfte anwendbar wären. Wie könnte die Tatsache „mittelbarer Besitz" abhängig sein von der Geschäftsfähigkeit der Parteien, von einer Irrtumsanfechtung usw.? Der Gesetzgeber hat die Form des § 870 deswegen gewählt, damit der Wille der Parteien zur Besitzübertragung außer Frage stehe. Dieses Ziel wird aber auch erreicht, wenn man in der Einigung nach § 870 einen rein tatsächlichen, nicht rechtsgeschäftlichen Vorgang sieht. § 870 meint ebensowenig ein Rechtsgeschäft wie § 854 II[9], die Besitzübertragung nach § 870 fordert keine Geschäftsfähigkeit, sondern natürliche Willensfähigkeit. Wird durch die Besitzübertragung nach § 870 auch eine Forderung übertragen, so ist eine rechtsgeschäftliche Zession nach § 398 erforderlich. Sie wird in aller Regel in der Besitzabtretung nach § 870 mitenthalten sein, da der Gesetzgeber beides verbunden hat[10].

Die Übertragung nach § 870 berücksichtigt allerdings nicht, daß der Wille des Besitzmittlers die Grundlage des mittelbaren Besitzes ist. Der Besitz kann vom Zedenten auf den Zessionar übergehen, obwohl der Besitzmittler weiterhin für den Zedenten besitzen will. Es erscheint daher angebracht, die gesetzlich verordnete Anomalie in § 870 auf den Übergang des mittelbaren Besitzes zu beschränken und im übrigen die allgemeinen Grundsätze des Besitzrechts zu beachten: Solange der Besitzmittler nichts von der Übertragung des Besitzes gemäß § 870 weiß, vermittelt er dem Zessionar den Besitz. Erfährt er davon, ohne sich zu äußern, so ist von seinem Einverständnis mit der Zession auszugehen. Erklärt dagegen der Besitzmittler, er wolle nicht für den Zessionar besitzen, sondern weiterhin für den Zedenten, so entzieht er damit dem Zessionar den Besitz[11]. Erklärt der Besitzmittler schon vor der Zession, er werde dem Zessionar nicht den Besitz vermitteln, so geht dennoch der mittelbare Besitz nach § 870 über; er wird dem Zessionar aber alsbald wieder entzogen[12] und steht dem Zedenten zu.

3. Verlust des mittelbaren Besitzes

a) Der mittelbare Besitz geht unter, wenn der mittelbare Besitzer seinen Besitz aufgibt, etwa die verliehene Sache dem Entleiher schenkt. Der mittelbare Besitz geht ferner dann unter, wenn der unmittelbare Besitz des Besitzmittlers endet. Kommt die Sache dem Besitzmittler abhanden, so gilt sie gemäß § 935 I 2 als auch

---

[7] Vgl. dazu mein Handbuch des Sachenrechts I § 6 III 2 a.

[8] Vgl. etwa Palandt-Bassenge § 870 Rn. 1.

[9] Vgl. oben § 4 II 2 b.

[10] Überträgt ein Minderjähriger seinen mittelbaren Besitz nach § 870, so geht dieser Besitz über, da die Besitzübertragung nach § 870 kein Rechtsgeschäft ist. Der Herausgabeanspruch dagegen geht nicht über, dessen Zession nach § 398 ist ein Rechtsgeschäft.

[11] Vgl. O. vGierke § 115 IV 2 b.

[12] So zutreffend O. vGierke § 115 IV 2 d.

dem mittelbaren Besitzer abhanden gekommen. Gibt der Besitzmittler den Besitz freiwillig auf, aber gegen den Willen des mittelbaren Besitzers, so verliert dieser zwar unfreiwillig seinen Besitz[13], es liegt aber kein Abhandenkommen vor[14]. Der Besitz des mittelbaren Besitzers bleibt erhalten, wenn der Besitzmittler den unmittelbaren Besitz lediglich auf einen weiteren Besitzmittler überträgt, wenn etwa der Mieter die Sache – befugt oder nicht – in Untermiete gibt.

Der mittelbare Besitz erlischt auch dann, wenn der Besitzmittler die Sache zwar weiterhin in seinem Besitz behält, aber den Entschluß faßt und betätigt, dem mittelbaren Besitzer nicht mehr den Besitz zu vermitteln. Dabei spielt es keine Rolle, ob der Besitzmittler sich selbst zum Eigenbesitzer aufwirft oder ob er nunmehr einem Dritten den Besitz vermitteln will.

b) Fraglich ist, ob der mittelbare Besitz immer endet, wenn der Besitzmittler den Entschluß betätigt, für einen anderen zu besitzen, oder ob es möglich ist, daß der alte und der neue mittelbare Besitzer nebeneinander auf gleicher Stufe mittelbaren Besitz haben: *Nebenbesitz*. Das Reichsgericht[15] hat einen Nebenbesitz als unmöglich angesehen, in folgender Fallgestaltung: Lagerhalter L hat Zucker in Säcken für den Eigentümer E auf Lager genommen. K, der den Zucker von E unter Eigentumsvorbehalt gekauft hat, gibt sich fälschlich als Eigentümer aus und veräußert den Zucker an den gutgläubigen X, indem er ihm den angeblichen Anspruch gegen L abtritt. L stellt dem X einen Lagerschein aus, erklärt aber auch dem E, den Zucker für ihn zu verwahren. Das Reichsgericht nahm an, X sei allein mittelbarer Besitzer des Zuckers, E habe seinen mittelbaren Besitz mit der Ausstellung des Lagerscheins an X verloren[16]; es könnten nicht zwei zugleich gleichstufige mittelbare Besitzer sein. Außerdem ergebe sich bei der Annahme eines Nebenbesitzes die Rechtsunsicherheit, auf wen die Eigentumsvermutung des § 1006 III zutreffe.

Stellt man für den mittelbaren Besitz richtigerweise auf das Verhalten und den Willen des Besitzmittlers ab, so muß man einen Nebenbesitz bejahen[17]. Entscheidend ist, daß sowohl E als auch X die Aussicht haben, die Sachen zu erlangen, daß L gegenüber beiden herausgabebereit ist. Jeder, der einen Teil der eingelagerten Ware fordert, bekommt ihn. Damit sind die Voraussetzungen des mittelbaren Besitzes gegeben. Die Gegenansicht würde bei jeder Besitzhandlung des Besitzmittlers zugunsten des einen oder anderen zu einem Besitzwechsel führen, was kaum vertretbar wäre. Das Argument aus § 1006 III greift nicht durch: Zwischen den Nebenbesitzern besteht keine Eigentumsvermutung, wohl aber zugunsten jedes Nebenbesitzers gegenüber Dritten. Schließlich ist es auch kein Argument gegen den Nebenbesitz, daß der Besitzmittler sich zwischen den Nebenbesitzern entscheiden müsse, wenn sie gleichzeitig zu ihm kämen und die Sachen forderten. In diesem

---

[13] Vgl. §§ 1007 III, 940 II.

[14] Vgl. Westermann-Gursky § 19 II 1; Wolff-Raiser § 15 II 1 c.

[15] RG 135, 75 ff.; 138, 265 ff.; der BGH folgt dem Reichsgericht, vgl. etwa BGH 28, 27; BGH NJW 1979, 2037.

[16] Zustimmend z.B. E. Wolf § 2 B III c 3; MünchenerK-Joost § 868 Rn. 20; Westermann-Gursky § 19 II 4.

[17] So z.B. auch Wolff-Raiser § 15 II 2; Baur-Stürner § 52 Rn. 24; Medicus, BürgR Rn. 558; Weber, JuS 1999, 5.

Fall muß sich der Besitzmittler in der Tat entscheiden und einem den mittelbaren Besitz entziehen. Es ist aber nicht einzusehen, wieso der Zwang zu einer Entscheidung ein Argument gegen den Nebenbesitz in Fällen sein sollte, in welchen ein solcher Zwang nicht oder noch nicht besteht. Im obigen Beispiel sind also sowohl der Eigentümer E als auch K, der die Ware unter Eigentumsvorbehalt gekauft hat, mittelbare Besitzer. Die Frage des Besitzes ist von Bedeutung bei der Übereignung der Ware[18].

IV. Schutz des mittelbaren Besitzes

Besitzschutz ist Schutz der tatsächlichen Gewalt. Da jedoch mittelbarer Besitz keine tatsächliche Gewalt ist, sondern nur die Fiktion einer tatsächlichen Gewalt, kann sich eine verbotene Eigenmacht nie gegen den mittelbaren Besitz selbst richten; die §§ 859, 861, 862 können nicht unmittelbar auf ihn angewandt werden. § 869 enthält eine abschließende Regelung des Schutzes des mittelbaren Besitzes.

1. Gewaltrechte des mittelbaren Besitzers

Da § 869 dem mittelbaren Besitzer nicht die Rechte aus § 859 zuerkennt, stehen ihm lediglich die allgemeinen Gewaltrechte nach §§ 227 ff. zu, nicht aber Besitzwehr und Besitzkehr, und zwar weder gegen Dritte noch gegen den Besitzmittler. Wird der Besitz des unmittelbaren Besitzers gestört, so kann gemäß §§ 859 I, 227 jeder Dritte Besitzwehr für den unmittelbaren Besitzer ausüben, also auch der mittelbare Besitzer. Auch das Selbsthilferecht der Besitzkehr, § 859 II, III, kann jeder Dritte für den unmittelbaren Besitzer ausüben[19].

2. Besitzschutzanspruch aus § 869

a) Gemäß § 869, 1 stehen dem mittelbaren Besitzer die Ansprüche aus §§ 861, 862 zu. Damit soll die Aussicht des mittelbaren Besitzers, die tatsächliche Gewalt über die Sache zu erlangen, geschützt werden. Die Ansprüche, die dem unmittelbaren Besitzer zustehen, werden auch dem mittelbaren Besitzer gegeben. Es muß also eine verbotene Eigenmacht gegen den unmittelbaren Besitz vorliegen, der Anspruch kann sich nie gegen den Besitzmittler selbst richten. Hat der Besitzmittler in die Störungshandlung eines Dritten eingewilligt, so liegt keine verbotene Eigenmacht vor, ein Anspruch aus § 869 ist nicht gegeben.

Der Anspruch aus §§ 869, 861 hat das gleiche Ziel wie der aus § 861. Der Anspruch aus §§ 869, 861 geht in erster Linie auf Herausgabe der Sache an den unmittelbaren Besitzer, dem die Sache entzogen war, vgl. § 869, 2. Nur wenn dieser die

---

[18] Vgl. unten § 9 IV 1 b; § 10 III 4 d.
[19] Vgl. oben § 5 III 1 b.

Sache nicht mehr übernehmen will oder kann, kann der mittelbare Besitzer Herausgabe an sich selbst verlangen.

b) § 869 gibt dem mittelbaren Besitzer nur die Ansprüche aus §§ 861 I, 862 I. Man wird ihm aber auch zugestehen müssen, verteidigungsweise die Einrede des fehlerhaften Besitzes gemäß §§ 861 II, 862 II geltend zu machen. § 869 will dem mittelbaren Besitzer die Möglichkeit einräumen, im Prozeß die Rechte geltend zu machen, die auch dem unmittelbaren Besitzer zustehen. Wäre also bei einer Klage gegen den unmittelbaren Besitzer die Einrede des fehlerhaften Besitzes begründet, so muß auch dem mittelbaren Besitzer diese Verteidigung zustehen.

c) Gemäß §§ 869, 3; 867 kann der mittelbare Besitzer auch verlangen, daß ihm das Aufsuchen und Wegschaffen der Sache gestattet wird, wenn der unmittelbare Besitzer die Sache nicht wieder an sich nehmen kann oder will.

d) Da der mittelbare Besitz ebensowenig ein Recht ist wie der unmittelbare, so wird auch er nicht in §§ 812, 823 geschützt. Es kann auch kein Schadensersatz wegen Verletzung des mittelbaren Besitzes verlangt werden[20]. Mittelbarer Besitz allein begründet weder ein Widerspruchsrecht nach § 771 ZPO noch ein Aussonderungsrecht im Insolvenzverfahren.

---

[20] Anders natürlich, wenn zusätzlich ein Recht zum Besitz verletzt ist.

§ 7. Rechtsbesitz an Dienstbarkeiten

Während das römische Recht einen Besitz nur an Sachen zuließ, kannte das germanische und kanonische Recht auch einen Besitz an Rechten, wenn diese regelmäßig ausgeübt wurden. Ein solcher Rechtsbesitz war unabhängig davon, ob das Recht wirklich bestand. Das BGB kennt einen Rechtsbesitz nur noch an Dienstbarkeiten, § 1029.

a) Voraussetzung für den Rechtsbesitz an der Grunddienstbarkeit[1] ist zunächst, daß diese „innerhalb eines Jahres vor der Störung, sei es auch nur einmal, ausgeübt worden ist". Der Gesetzgeber wollte den Rechtsbesitz möglichst ähnlich dem Sachbesitz gestalten, als Parallele zur Sachgewalt bestimmte er daher den tatsächlichen Zustand der Ausübung der Grunddienstbarkeit.

Bei der Frage, wie eine Grunddienstbarkeit ausgeübt werden kann, sind drei Fallgruppen von Dienstbarkeiten zu unterscheiden: Positive Dienstbarkeiten, deren Ausübung in einer Handlung besteht, z.B. das Wegerecht. Sie berechtigen den Inhaber zu einer positiven Handlung, die Ausübung einer solchen Grunddienstbarkeit besteht in der Vornahme der Handlung, z.B. im Begehen des Grundstücks bei der Wegeservitut. Eine andere Art positiver Dienstbarkeiten berechtigt dazu, auf dem dienenden Grundstück eine Anlage zu halten, z.B. Gleise, Rohrleitungen, ein Bauwerk usw. Die Ausübung dieser Art von Grunddienstbarkeiten geschieht dadurch, daß die Anlage errichtet und aufrechterhalten wird. Die Jahresfrist des § 1029 beginnt in diesen Fällen erst dann zu laufen, wenn die Anlage entfernt wurde.

Negative Dienstbarkeiten berechtigen den Inhaber, gewisse Handlungen auf dem dienenden Grundstück zu verbieten; der Eigentümer des dienenden Grundstücks ist verpflichtet, diese Handlungen zu unterlassen. Solche Dienstbarkeiten werden bereits dadurch „ausgeübt", daß der verpflichtete Eigentümer seiner Unterlassungspflicht nachkommt.

b) Voraussetzung für das Entstehen des Rechtsbesitzes ist weiter die Eintragung der Dienstbarkeit im Grundbuch. Ob die Dienstbarkeit besteht, ist ohne Bedeutung. Ist etwa für D eine Dienstbarkeit im Grundbuch eingetragen des Inhalts, daß D über das Grundstück des E gehen und fahren darf, und hat D dieses Recht regelmäßig ausgeübt, so hat D Rechtsbesitz an der Dienstbarkeit. Ob die Dienstbarkeit wirklich besteht, spielt dabei keine Rolle.

c) Der Rechtsbesitz erlischt, sobald die Dienstbarkeit im Grundbuch gelöscht wird. Er erlischt ferner spätestens ein Jahr nach der letzten Ausübung der Dienstbarkeit. Bei positiven Dienstbarkeiten, die zu einer Handlung berechtigen, endet der

---

[1] Bei persönlichen Dienstbarkeiten gilt gemäß § 1090 II für den Rechtsbesitz dasselbe.

Rechtsbesitz ein Jahr nach der letzten Ausübungshandlung. Das gilt selbst dann, wenn die Dienstbarkeit nur in größeren Abständen als einem Jahr ausgeübt werden kann. Bei einer Dienstbarkeit, die zum Halten einer Anlage berechtigt, erlischt der Rechtsbesitz spätestens ein Jahr nach Entfernung der Anlage. Bei negativen Dienstbarkeiten, die also auf ein Unterlassen gehen, entscheidet die Art der Zuwiderhandlung. Verstößt der Verpflichtete regelmäßig gegen die Unterlassungspflicht, so endet der Rechtsbesitz spätestens ein Jahr nach dem ersten Verstoß. Bei vereinzelten Zuwiderhandlungen entsteht nach der Beendigung dieser Handlungen ein neuer Rechtsbesitz. Daneben ist auch eine Aufgabe des Rechtsbesitzes nach § 856 möglich.

d) Gemäß § 1029 stehen dem Besitzer der Dienstbarkeit die Besitzschutzrechte zu. Er kann also die Gewaltrechte des § 859 ausüben. Dem Rechtsbesitzer stehen auch die Besitzschutzansprüche aus §§ 861, 862 zu, dem mittelbaren Rechtsbesitzer auch der Anspruch aus § 869; der Schutz des Rechtsbesitzes geht dem Besitzschutz eines anderen Sachbesitzers vor. Die Ansprüche sind ausgeschlossen, wenn der Rechtsbesitzer gegenüber dem Störer bzw. Entzieher selbst fehlerhaft besitzt oder besaß, §§ 861 II, 862 II. Hat also im obigen Beispiel unter b der E die Durchfahrt für D eigenmächtig gesperrt, z.B. durch eine abgeschlossene Schranke, so kann D aus seinem Besitz nach §§ 1029, 862 Beseitigung der Störung verlangen. D muß nicht nachweisen, daß ihm die Dienstbarkeit wirklich zusteht, es reicht, daß er sie tatsächlich ausgeübt, „besessen" hat.

e) In vielen Fällen wird derjenige, der eine Dienstbarkeit ausübt, Sachbesitz am dienenden Grundstück haben. Der Besitzer genießt in solchen Fällen Besitzschutz sowohl als Sachbesitzer wie auch als Rechtsbesitzer. Geht der Rechtsbesitz unter, z.B. wegen Löschung der Dienstbarkeit im Grundbuch oder wegen Fristablaufs, so kann doch der Sachbesitz bestehen bleiben. Dadurch wird die Bedeutung des Rechtsbesitzes erheblich eingeschränkt.

Teil 4

Eigentum an beweglichen Sachen

§ 8. Eigentum: Begriff, Inhalt, Arten

I. Garantie und Bindung des Eigentums

a) Die gesamte Rechtsordnung hat das eine Ziel, die Würde des Menschen zu schützen und ihm die freie Entfaltung seiner Persönlichkeit zu garantieren. Menschliche Selbstverwirklichung ist nicht möglich ohne einen Lebensraum und ohne Dinge, über welche der Mensch frei bestimmen kann: Eigentum ist nichts anderes als die menschliche Freiheit bezogen auf eine Sache. Eigentumsschutz ist Persönlichkeitsschutz[1]. Das Grundgesetz garantiert die Freiheit seiner Bürger und schützt daher ihre Persönlichkeit und ihr Eigentum sowie auch das Privateigentum als Institution, Art. 14 I 1. Dabei verwendet es den Ausdruck „Eigentum" in einer untechnischen Weise, indem es darunter nicht nur das Eigentum im Sinne des Zivilrechts versteht, sondern alle vermögenswerten Rechte[2].

b) Die Anerkennung des Privateigentums entscheidet noch nicht die Frage, wie die Interessen des Eigentümers gegen die Interessen der Allgemeinheit abgegrenzt werden sollen. Zwischen beiden einen angemessenen Kompromiß zu finden, ist die Aufgabe einer verantwortungsbewußten Rechtspolitik.

Der Gesetzgeber kann Inhalt und Schranken des Eigentums bestimmen, Art. 14 I 2 GG, jedoch darf er seinen Wesensgehalt nicht antasten, Art. 19 II. Das Eigentum, wie es inhaltlich durch die Gesetze bestimmt wird, unterliegt weiterhin einer Beschränkung durch die Sozialbindung, Art. 14 II GG. Das bedeutet, daß der Eigentümer sich ohne Entschädigung Beschränkungen gefallen lassen muß. Die Abgrenzung zwischen Sozialbindung und entschädigungspflichtiger Enteignung ist schwierig und umstritten.

aa) Der Bundesgerichtshof benutzt zur Abgrenzung die Lehre vom Sonderopfer (Einzeleingriff), welche auch schon das Reichsgericht vertreten hatte. Eine Enteignung liegt danach immer vor, wenn der Eingriff „die betroffenen einzelnen oder Gruppen im Vergleich zu anderen ungleich, besonders trifft und sie zu einem besonderen, den übrigen nicht zugemuteten Opfer für die Allgemeinheit zwingt"[3]. Dagegen sieht das Bundesverwaltungsgericht das entscheidende Abgrenzungsmerkmal in Schwere und Tragweite des Eingriffs[4], wobei objektive, allgemein verwertbare

---

[1] Vgl. etwa BVerfG 24, 389; 31, 239; BGH 6, 276; Larenz AT (7. Aufl. 1989) § 2 II d.
[2] Z.B. auch den Anspruch des Mieters auf Überlassung einer Wohnung, BVerfG NJW 1993, 2035 ff. Zur Gefahr, das „Eigentum" des Verfassungsrechts mit dem zivilrechtlichen Eigentum zu verwechseln, vgl. Roellecke, Mietwohnbesitz als Eigentum, JZ 1995, 74 ff.
[3] Vgl. RG 129, 149; BGH 6, 280; auch BGH 37, 46.
[4] BVerwG 5, 145; 36, 251.

Kriterien der Abgrenzung freilich noch nicht festgestellt werden konnten. Nach diesen Ansichten besteht zwischen Sozialbindung und Enteignung ein Stufenverhältnis: Eine unverhältnismäßige Inhalts- und Schrankenbestimmung stellt eine Enteignung dar. Eine Entschädigungsregelung fehlt dann zwar, doch kann eine Enteignungsentschädigung nach den Grundsätzen des enteignenden und enteignungsgleichen Eingriffs verlangt werden.

bb) Einen wieder anderen rein formellen Enteignungsbegriff hat das Bundesverfassungsgericht mit dem „Naßauskiesungsbeschluß"[5] entwickelt. Danach ist Enteignung nicht eine gleichheitswidrige oder besonders schwere Inhalts- und Schrankenbestimmung; eine Enteignung kann man nur bei völliger oder teilweiser Entziehung einer vermögenswerten Rechtsposition annehmen. Eine noch so schwerwiegende Beschränkung des Eigentums ist keine Enteignung.

Konsequenzen hat diese Ansicht insbesondere für die Rechtsschutzmöglichkeiten des Betroffenen: Bis dahin konnte der Bürger darauf verzichten, gegen die rechtswidrige Inhaltsbestimmung des Eigentums vorzugehen, und statt dessen eine im Gesetz nicht vorgesehene Entschädigung verlangen. Gemäß der formellen Abgrenzung bedeutet eine rechtswidrige Inhalts- und Schrankenbestimmung dagegen keine Enteignung, so daß kein Anspruch auf eine Enteignungsentschädigung besteht. Der Betroffene muß sich vielmehr gegen die belastende Maßnahme selbst zur Wehr setzen. Tut er dies nicht, so kann seine Entschädigungsklage keinen Erfolg mehr haben. Es besteht kein Wahlrecht mehr zwischen Anfechtung und Entschädigung[6]. Die Situation des Bürgers hat sich durch die Rechtsprechung des Bundesverfassungsgerichts verschlechtert[7] und zugleich die der öffentlichen Hand verbessert.

cc) Da nach Ansicht des Bundesverfassungsgerichts Inhaltsbeschränkungen des Eigentums nie Enteignungen sind, können sich aus ihnen auch eigentlich keine Ansprüche wegen enteignenden und enteignungsgleichen Eingriffs entsprechend Art. 14 III 2 GG herleiten[8], falls man dieser Ansicht folgen will. Der BGH hat jedoch seine Rechtsprechung über den enteignenden und enteignungsgleichen Eingriff mit guten Gründen fortgesetzt[9], wobei man jetzt vom „Sonderopfer" spricht und den Entschädigungsanspruch statt auf Art. 14 III GG auf §§ 74, 75 Einl. ALR

---

[5] BVerfG 58, 300 ff.; dazu Pieroth-Schlink Rn. 922 ff.; H. P. Westermann Rn. 50 ff.; Wilhelm, Zum Enteignungsbegriff des Bundesverfassungsgerichts, JZ 2000, 905 ff.
[6] Vgl. Maurer § 26 Rn. 29; Baur-Stürner § 13 Rn. 22, 25.
[7] Vgl. Baur-Stürner § 13 Rn. 25.
[8] Vgl. dazu Maurer § 26 Rn. 28 ff.; Papier, JuS 1989, 633 ff.
[9] Er kann sich dabei auf eine Entscheidung des Bundesverfassungsgericht berufen, die einen Tag vor dem „Naßauskiesungsbeschluß" ergangen ist, BVerfG 58, 137 ff. Darin wird die Ansicht vertreten, eine unverhältnismäßige Inhaltsbestimmung des Eigentums könne durch die Zuerkennung eines Geldausgleichs rechtmäßig werden. Dieser Geldausgleich ist im Ergebnis nichts anderes als der frühere Anspruch wegen enteignenden und enteignungsgleichen Eingriffs.

stützt[10]. Es soll allerdings ein Mitverschulden des Betroffenen vorliegen, wenn er nicht die möglichen Rechtsmittel gegen die belastende Inhaltsbestimmung des Eigentums einlegt[11]; § 254 soll dann anwendbar sein. Dabei sollte aber allerdings beachtet werden, daß das Verschulden der Behörde, die ein Unrecht begeht, erheblich höher einzustufen ist als das des Bürgers, der sich nicht dagegen wehrt[12].

c) Die Enteignung ist gemäß Art. 14 III GG nur zum Wohle der Allgemeinheit zulässig. Sie kann nur durch Gesetz erfolgen (Legalenteignung) oder durch Verwaltungsakt aufgrund eines Gesetzes (Administrativenteignung). Das Gesetz muß die Entschädigung regeln (Junktim-Klausel), eine entschädigungslose Enteignung ist nicht mehr zulässig. Ist die Entschädigung nicht geregelt, so ist das Gesetz verfassungswidrig.

Die vom Gesetz festzulegende Entschädigung „ist unter gerechter Abwägung der Interessen der Allgemeinheit und der Beteiligten zu bestimmen", Art. 14 III 3 GG. Auszugehen ist vom gemeinen Wert (Marktwert) der Sache. Wenn das Gesetz nichts anderes bestimmt, ist dieser Wert zu ersetzen, nicht aber voller Schadensersatz zu leisten[13]. Die Entschädigung kann ausnahmsweise unter dem gemeinen Wert liegen, wenn besondere Gründe im Einzelfall dies als erforderlich erscheinen lassen[14]. Über die Höhe der Entschädigung steht der Rechtsweg vor den ordentlichen Gerichten offen, Art. 14 III 4 GG.

d) Häufig diskutiert ist in letzter Zeit die Frage, ob die gesetzlichen Regelungen über den gutgläubigen Eigentumserwerb (etwa §§ 932 ff., 892) oder über die Ersitzung (etwa §§ 937 ff.) eine Enteignung darstellen und den Anforderungen des Art. 14 GG genügen[15]. Dabei wird durchgängig die Verfassungsmäßigkeit der Vorschriften bejaht, die Regelungen des BGB werden als Inhalts- und Schrankenbestimmung des Eigentums verstanden oder als Sozialbindung[16].

---

[10] BGH 90, 29 ff.; 91, 26 ff.; BGH NJW 1988, 478; vgl. auch Papier, JuS 1989, 635 f. §§ 74, 75 Einl. ALR lauten wie folgt:

§ 74: Einzelne Rechte und Vortheile der Mitglieder des Staates müssen den Rechten und Pflichten zur Beförderung des gemeinschaftlichen Wohls, wenn zwischen beyden ein wirklicher Widerspruch eintritt, nachstehn.

§ 75. Dagegen ist der Staat denjenigen, welcher seine besonderen Rechte und Vortheile dem Wohle des gemeinen Wesens aufzuopfern genöthigt wird, zu entschädigen gehalten.

[11] Maurer § 26 Rn. 71.

[12] Vgl. Maurer a.a.O.; Baur-Stürner § 13 Rn. 22.

[13] BGH 59, 258; 67, 192.

[14] BGH 6, 293; BVerfG 24, 421.

[15] Vgl. etwa Hager, Johannes, Verkehrsschutz durch redlichen Erwerb, 1990; Peters, Frank, Der Entzug des Eigentums an beweglichen Sachen durch gutgläubigen Erwerb, 1991; Finkenauer, Thomas, Eigentum und Zeitablauf – das dominium sine re im Grundstücksrecht, 2000, 121 ff. mit weiterer Literatur.

[16] Vgl. MünchenerK-Quack § 932 Rn. 2.

II. Begriff und Beschränkung des Eigentums

a) Das römische Recht kennt keine Definition des Eigentums, dominium oder proprietas ist das volle Herrschaftsrecht über eine Sache. Die ersten Eigentumsdefinitionen tauchen im Mittelalter auf. In der Folgezeit wird das Eigentum zumeist durch den Hinweis auf die positiven und negativen Befugnisse des Eigentümers definiert[17], welche schließlich in § 903, 1 ihren Ausdruck fanden: „Der Eigentümer einer Sache kann, soweit nicht das Gesetz oder Rechte Dritter entgegenstehen, mit der Sache nach Belieben verfahren und andere von jeder Einwirkung ausschließen". Die positiven Befugnisse („… nach Belieben verfahren …") zusammen mit den negativen Befugnissen („… andere von jeder Einwirkung ausschließen …") machen zusammen das Eigentum aus.

b) Wenn auch das Eigentum dem Begriff nach unbeschränkt ist, so verträgt es doch Einschränkungen; tatsächlich unterliegt es in jeder Rechtsordnung mehr oder weniger starken Begrenzungen. Diese ergeben sich aus den sozialen Verhältnissen der jeweiligen Gesellschaft und schwanken auch mit ihnen; Moral und Recht geben dem Eigentum seine Grenzen. So ist etwa das römische Eigentum – entgegen einer oft geäußerten Ansicht – keineswegs ein unbeschränktes, pflichtenloses Recht. Die Befugnisse des Eigentümers wurden durch das ius civile (Nachbarrecht, Bindung an die Familie), das ius publicum (Sakralrecht, Polizeirecht) und die guten Sitten (boni mores), über welche der Zensor wachte, erheblich eingeschränkt.

Heute ergeben sich zivilrechtliche Eigentumsbeschränkungen einmal aus dem BGB selbst (etwa aus §§ 226 ff.; 905 ff.), sodann auch aus dem Landesrecht (vgl. etwa die Nachbargesetze der Länder)[18]. Die Beschränkungen durch das öffentliche Recht sind vielfältig (etwa durch das Baurecht, Landwirtschaftsrecht, Natur- und Umweltschutzrecht, Gesundheitsrecht usw.). Mit „Rechten Dritter" sind in § 903, 1 alle dinglichen Rechte gemeint.

c) Eine Eigentumsbeschränkung enthält § 904, und zwar insofern, als er in einem bestimmten Fall das Abwehrrecht des Eigentümers einschränkt: Jedermann kann fremde Sachen benutzen, um sich damit gegen eine Gefahr zu verteidigen (aggressiver Notstand). Er verletzt damit nicht rechtswidrig das Eigentum.

§ 904 fordert zunächst eine gegenwärtige Gefahr für ein Rechtsgut. Auf die Art des angegriffenen Rechtsgutes kommt es nicht an, es muß auch nicht ein Rechtsgut des Handelnden sein, auch fremde Rechtsgüter können verteidigt werden. Eine Gefahr ist nur gegenwärtig, wenn sie sich nicht bereits zum Schaden konkretisiert hat. Vorausgesetzt wird also ein schadendrohendes Ereignis oder ein schadendrohender Zustand, welche eine sofortige Hilfe notwendig machen. Woher die Gefahr kommt, spielt keine Rolle; § 904 ist auch dann anwendbar, wenn der Bedrohte sie selbst verschuldet hat.

Der Eingriff in die fremde Sache kann in der Beschädigung oder Zerstörung liegen, aber auch im bloßen Gebrauch. Er muß ein geeignetes Mittel zur Abwendung

---

[17] Vgl. etwa ALR I 8 § 1; ABGB § 354.
[18] Vgl. unten § 23 II 6.

der Gefahr darstellen, da sonst der Eingriff nicht „notwendig" wäre. Ob die Gefahr durch den Eingriff tatsächlich abgewendet wird, ist unerheblich. Die Gefahr muß objektiv vorliegen, ein Putativnotstand reicht für § 904 nicht aus. Schließlich verlangt § 904 eine Güterabwägung: Der drohende Schaden muß gegenüber dem Schaden aus der Notstandshandlung unverhältnismäßig groß sein. Steht ein Vermögensschaden einem Schaden an Leib, Leben oder Freiheit gegenüber, so ist dieser Schaden regelmäßig als größer anzusehen. Bei Vermögensschäden ist eine Wertberechnung vorzunehmen[19].

Liegen die Voraussetzungen des § 904 vor, so ist der Eingriff rechtmäßig; der Eigentümer muß ihn dulden. Es liegt weder eine strafbare noch eine deliktische Handlung i.S.v. §§ 823 ff. vor. Dem Eigentümer steht ein Abwehrrecht gemäß §§ 227, 859 nicht zu, ein Widerstand wäre rechtswidrig; dem Eingreifenden stünde dagegen das Notwehrrecht zu, er könnte auch nach § 823 I gegen den Eigentümer vorgehen, wenn dieser ihn etwa verletzt.

Gemäß § 904, 2 ist dem duldungspflichtigen Eigentümer – oder einem sonstigen Inhaber eines Rechts an der Sache – der durch die Notstandshandlung entstehende Schaden zu ersetzen. Auf ein Verschulden kommt es nicht an, da es sich nicht um einen deliktischen Anspruch handelt, sondern um einen Aufopferungsanspruch. Daher spielt auch die Deliktsfähigkeit keine Rolle; auch der Deliktsunfähige haftet nach § 904, 2.

Zu ersetzen sind alle – auch mittelbare – Schadensfolgen, soweit sie adäquat verursacht sind. Hat der Eigentümer der angegriffenen Sache die Gefahr verschuldet, so kann er keinen Schadensersatz nach § 904, 2 verlangen[20]. Trifft sowohl den Eigentümer wie den Gefährdeten ein Verschulden, ist § 254 anwendbar. Handelt der Eingreifende als Verrichtungsgehilfe für seinen Geschäftsherrn, so haftet dieser.

Streitig ist, ob der Eigentümer den Ersatz nach § 904, 2 vom Eingreifenden oder vom Begünstigten verlangen kann. Nach h.M. ist der Handelnde ausgleichspflichtig[21]. Dagegen will eine im Vordringen befindliche Ansicht immer den Begünstigten haften lassen[22]. Gegen beide Ansichten bestehen Bedenken, wenn der jeweils Verpflichtete nicht zu ermitteln oder nicht zahlungsfähig ist. Das kann nicht zu Lasten des duldungspflichtigen Eigentümers gehen, der mit der Gefahrensituation nichts zu tun hatte. Richtig ist es daher, den Eingreifenden und den Begünstigten als Gesamtschuldner haften zu lassen, wobei im Innenverhältnis die Haftung den Begünstigten trifft.

Der Anspruch aus § 904, 2 verjährt gemäß § 195 in 30 Jahren. Im Falle des Putativnotstandes greifen die §§ 823 ff. ein, da der Eingriff nicht durch § 904 gerechtfertigt wird. Hat der Handelnde ohne Verschulden einen Notstand angenommen, so ist § 823 nicht anwendbar. Er kann aber nicht von jeder Haftung freigestellt werden,

---

[19] Bei Tieren ist gemäß § 251 II 2 auch das Affektionsinteresse zu berücksichtigen.
[20] BGH 6, 110.
[21] Vgl. etwa Baur-Stürner § 25 Rn. 8; Schwab-Prütting Rn. 313; RG 113, 301; BGH 6, 105.
[22] Etwa MünchenerK-Säcker § 904 Rn. 16 ff.; Erman-Lorenz § 904 Rn. 8; Westermann-Westermann § 28 II 2 c.

da er sogar dann gehaftet hätte, wenn er gemäß § 904, 1 rechtmäßig gehandelt hätte; § 904, 2 ist daher entsprechend anzuwenden.

III. Eigentümermehrheit

Das Eigentum kann einem Eigentümer allein zustehen oder mehreren Eigentümern gemeinsam. Dabei ist zwischen Gesamthandseigentum und Miteigentum nach Bruchteilen (auch Bruchteilseigentum) zu unterscheiden.

1. Gesamthandseigentum

Gesamthandseigentum gibt es nur, soweit ein Gesetz dies bestimmt; in allen übrigen Fällen liegt Bruchteilseigentum vor, § 741. Gesetzlich angeordnet ist das Gesamthandseigentum in § 718 (Gesellschaft), § 1416 (eheliche Gütergemeinschaft), § 2032 (Erbengemeinschaft), § 105 II HGB (offene Handelsgesellschaft), § 161 I HGB (Kommanditgesellschaft); technischer Ausdruck ist die Formulierung „gemeinschaftliches Vermögen". Stirbt z.B. der Erblasser E und wird er von A, B und C beerbt, so haben diese Gesamthandseigentum an den zur Erbschaft gehörenden Sachen; der Nachlaß wird ihr „gemeinschaftliches Vermögen".

Typisch ist in allen Fällen des Gesamthandseigentums, daß die einzelnen Eigentümer (Gesamthänder) weder Anteile am ganzen Vermögen noch Anteile an einzelnen Gegenständen haben, über welche sie verfügen könnten, vgl. §§ 719 I, 1419 I, 2033 II; ausnahmsweise kann aber ein Miterbe über seinen Anteil am ganzen Nachlaß verfügen, § 2033 I. Im obigen Beispiel könnte also A nicht über seinen Anteil an den einzelnen Erbschaftsgegenständen, z.B. an einem geerbten PKW, verfügen, wohl aber über seinen Erbteil insgesamt. Dagegen können die Gesamthänder zusammen über jeden Einzelgegenstand verfügen; ob dazu alle mitwirken müssen oder ob ein einzelner Verfügungsmacht hat, hängt von dem jeweiligen Gesamthandsverhältnis ab[23]. A, B und C zusammen könnten also wirksam über den geerbten PKW verfügen.

2. Bruchteilseigentum

a) Die Bruchteilsgemeinschaft zeichnet sich dadurch aus, daß jedem Miteigentümer an der gemeinsamen Sache eine Eigentumsquote zusteht, über welche er frei verfügen kann. Zwischen den Miteigentümern besteht ein Gemeinschaftsverhältnis i.S.v. §§ 741 ff., zusätzlich gelten die §§ 1008–1011. Jedem Miteigentümer stehen im Zweifel gleiche Anteile zu, § 742; jedem gebühren die Früchte und Gebrauchsvorteile der Sache gemäß seinem Anteil, § 743 I; jeder hat ein Recht auf Mitbesitz an der Sache. Die Verwaltung der Sache steht den Miteigentümern gemeinschaftlich zu, § 744 I. Die Nutzung und Verwaltung der Sache kann durch Mehrheitsbe-

---

[23] Vgl. im einzelnen Weber-Grellet, AcP 182 (1982), 324 ff.

schluß abweichend geregelt werden, ebenso kann das gemäß § 749 I bestehende Recht, die Aufhebung der Gemeinschaft zu verlangen, eingeschränkt werden. Eine solche Regelung wirkt auch für und gegen einen Sondernachfolger (Erwerber, Pfandgläubiger), §§ 746, 751[24].

b) Jeder Miteigentümer kann über seinen Anteil frei verfügen, § 747, 1; die Verfügung geschieht in der gleichen Weise, die für das Alleineigentum vorgeschrieben ist, also z.B. nach den §§ 873 ff., 929 ff. Über die ganze Sache können nur alle Miteigentümer zusammen verfügen, § 747, 2; verfügen nur einzelne Miteigentümer, so handeln sie als Nichtberechtigte; die §§ 892 f., 932 ff. finden Anwendung[25]. Die Verfügung muß nicht gemeinsam durch alle Miteigentümer geschehen, sie kann nacheinander, in unabhängigen Verfügungen über die einzelnen Anteile geschehen. Denn die Verfügung über die Sache ist nichts anderes als eine Verfügung über alle Anteile. Bei einer Belastung haftet jeder Anteil für das ganze Recht. Wird daher durch gemeinsame Verfügung der Miteigentümer eine Hypothek bestellt, so entsteht eine Gesamthypothek an den Eigentumsanteilen[26]. Ist die Verfügung über die gesamte Sache unwirksam, so kann die Verfügung gemäß § 140 in eine Verfügung über einzelne Anteile umgedeutet werden.

c) Gemäß § 1009 I können die Miteigentümer die Sache zugunsten eines von ihnen belasten. Die Belastung muß auf der Bestellerseite von allen Miteigentümern vorgenommen werden, also auch vom Erwerber, doch liegt in der Annahme der Erklärungen durch den Erwerber regelmäßig auch die Erklärung, die Sache belasten zu wollen.

d) Jeder Miteigentümer kann nicht nur seinen Eigentumsanteil durch Ansprüche geltend machen, er ist gemäß § 1011 vielmehr berechtigt, das Eigentum an der ganzen Sache Dritten gegenüber geltend zu machen. Es handelt sich um eine gesetzliche Prozeßstandschaft, deren Zweck im Schutz des einzelnen Miteigentümers liegt: Er soll das Recht an der Sache auch dann geltend machen können, wenn andere Miteigentümer nicht mitwirken wollen. Die Interessen der anderen Miteigentümer sind nicht betroffen; macht ein Miteigentümer den Anspruch geltend, so kommt dies allen zu Gute, etwa bei den Ansprüchen nach §§ 1004, 1005, 894 BGB, § 771 ZPO. Anders verhält es sich bei Herausgabeansprüchen; die Herausgabe an einen der Miteigentümer berührt die Interessen der anderen. Daher kann gemäß § 1011 zwar jeder Miteigentümer auch den Herausgabeanspruch selbständig geltend machen, er kann aber entsprechend § 432 I nur Herausgabe an alle Miteigentümer verlangen oder aber Hinterlegung bzw. Verwahrung. Ein solcher Herausgabeanspruch kann sich aus §§ 985, 1007, 823 und § 812 ergeben. Will oder kann ein Miteigentümer die Sache nicht zurücknehmen, so ist die Sache nach § 986 I 2 (analog) an die restlichen herauszugeben. § 1011 ist auch auf Ersatzan-

---

[24] Etwas anderes gilt für Grundstücksanteile, § 1010: Die genannten Abreden gelten gegen einen Sondernachfolger nur dann, wenn die Abrede als Belastung im Grundbuch eingetragen ist.

[25] Ausnahmsweise kann ein Miteigentümer nach § 744 II auch allein über die Sache verfügen, wenn dies zur Werterhaltung nötig ist.

[26] RG 146, 363 ff.

sprüche (§§ 989 ff., 823; 812, 816) in Geld anzuwenden, entsprechend dem Zweck der Vorschrift kann jeder Eigentümer entweder Zahlung des vollen Ersatzes an alle verlangen oder aber Zahlung des Teilwertes an sich selbst[27].

---

[27] Vgl. Palandt-Bassenge § 1011 Rn. 2.

§ 9. Eigentumserwerb vom Berechtigten

I. Erwerb durch Einigung und Übergabe, § 929, 1

§ 929, 1 enthält den Grundtatbestand des abgeleiteten Eigentumserwerbs, von welchem das Gesetz ausgeht: Das Eigentum wird erworben durch Einigung über den Eigentumsübergang sowie durch Übergabe der Sache. Das Gesetz entscheidet sich damit einmal für das Trennungsprinzip und gegen das Vertragsprinzip. Nach dem Vertragsprinzip, das z.B. im französischen Recht anerkannt ist, reicht für die Übereignung das Grundgeschäft (Kauf usw.) aus, das Eigentum geht schon mit dem Kaufvertrag über. Nach dem Trennungsprinzip ist zur Übereignung neben dem obligatorischen Grundgeschäft ein weiterer Übertragungsakt erforderlich. Nach der titulus-modus-Lehre bestand der Übertragungsakt in der tatsächlichen Übergabe der Sache, nach dem Abstraktions- und Kausalitätsprinzip ist zur Übereignung ein dingliches Rechtsgeschäft erforderlich. Das Gesetz entscheidet sich in § 929, 1 für das Traditionsprinzip: Die Übereignung fordert grundsätzlich eine Übergabe der Sache, eine dingliche Einigung reicht nicht aus. Es entscheidet sich schließlich zugunsten des Abstraktionsprinzips[1] gegen eine kausale Übereignung, d.h. der Eigentumserwerb ist unabhängig von der Existenz oder Wirksamkeit des Grundgeschäfts. Hieraus ergibt sich ferner, daß der Eigentumsübergang von der Kaufpreiszahlung unabhängig ist.

1. Einigung

Die Einigung ist ein dingliches Rechtsgeschäft, gerichtet auf den Übergang des Eigentums. Die Vorschriften über Willenserklärungen und über Verträge sind anwendbar[2]. Daher ist bei der Einigung eine Stellvertretung möglich, sie kann bedingt abgeschlossen werden, die Parteien sind an die Einigung gebunden[3], im Falle eines Irrtums kommt eine Anfechtung nach den §§ 119 ff. in Betracht[4]. Die Einigung ist formlos; nur selten wird die Einigung ausdrücklich erklärt werden, regelmäßig erfolgt sie konkludent. Ob eine Einigung vorliegt, ist durch Auslegung zu ermitteln.

---

[1] Vgl. zu den Gestaltungsmöglichkeiten dinglicher Verfügungen oben § 1 III 3 c. Abstraktionsprinzip und Trennungsprinzip dürfen nicht verwechselt werden, vgl. Jauernig JuS 1994, 721. Ist das Trennungsprinzip bejaht, so kann das Übereignungsgeschäft entweder kausal oder abstrakt sein.
[2] Vgl. oben § 1 I 2.
[3] Vgl. oben § 1 III 1 b.
[4] Vgl. oben § 1 III 3 c aa.

Wird die Ware nicht bei den Vertragsverhandlungen, sondern erst später übergeben (zugesandt), so ist genau zu prüfen, ob die Einigung nach § 929 schon in den Vertragsverhandlungen liegt oder ob sie erst mit der Zusendung erfolgen soll. Wenn auch die Zahlung des Kaufpreises keine gesetzliche Voraussetzung für den Eigentumsübergang mehr ist, wie im römischen und gemeinen Recht, so kann sie doch für die Auslegung des Willens der Beteiligten von entscheidender Bedeutung sein. Hat jemand eine Ware beim Händler ausgesucht, gekauft, gezahlt und vereinbart, daß sie ihm zugeschickt werden soll, so ist anzunehmen, daß die Parteien beim Abschluß der Verhandlung den Übereignungswillen hatten[5]. Das Eigentum geht dann durch Besitzkonstitut nach § 930 auf den Käufer über, der Verkäufer verwahrt die Kaufsache für ihn. Hat der Käufer dagegen nicht bezahlt, so liegt ein Übereignungsangebot erst im Zusenden der Ware, eventuell sogar aufschiebend bedingt durch die Zahlung des Kaufpreises.

a) Wird eine gekaufte Ware an den Käufer übersandt, so liegt darin zwar das Angebot zur Übereignung der Sache; der Käufer muß dieses Angebot aber nicht schon bei der Annahme der Ware annehmen[6]. Er kann die Sache zunächst nur zu Besitz annehmen und sich die Prüfung der Sache vorbehalten. Rügt er die Sache und stellt er sie zur Disposition des Verkäufers, so lehnt er damit den Eigentumserwerb endgültig ab. Benutzt er die Sache, verfügt er darüber, zahlt er den Kaufpreis, so liegt darin eine konkludente Annahme des Übereignungsangebots. Von einer Annahme ist auch dann auszugehen, wenn der Empfänger nicht unverzüglich das Übereignungsangebot ablehnt und die Ware zur Disposition des Absendenden stellt[7].

b) Die Einigung kann der Übergabe auch zeitlich vorangehen[8]. Künftige Sachen z.B. können zwar nicht übereignet werden, doch ist es möglich, eine Einigung vorwegzunehmen. Das Eigentum geht über, sobald die Sache übergeben wird.

2. Übergabe

a) Zur Einigung muß nach § 929, 1 die Übergabe der Sache hinzukommen. „Übergabe" i.S.v. § 929, 1 bedeutet, daß in gegenseitigem Einverständnis der Veräußerer den mittelbaren oder unmittelbaren Besitz verlieren muß, der Erwerber den mittelbaren oder unmittelbaren Besitz erwerben muß und daß dabei der Gewahrsam an der Sache wechselt[9]. Der Normalfall ist dann gegeben, wenn der Veräußerer seinen unmittelbaren Besitz auf den Erwerber überträgt. Der Erwerber erlangt unmittelbaren Besitz nach § 854 I. Mit gleicher Wirkung kann der Besitz auch nach

---

[5] Vgl. Heck § 57 III; Westermann-Westermann § 38, 2; Staudinger-Wiegand § 929 Rn. 10 ff.; E. Wolf § 5 A III h.

[6] Vgl. auch oben § 1 III 1 a.

[7] Vgl. RG 12, 81 f.; Wolff-Raiser § 66 I 4 b.

[8] Da erst Einigung und Übergabe zusammen das dingliche Rechtsgeschäft ausmachen, muß die Verfügungsbefugnis noch zur Zeit der Übergabe bestehen; da andererseits aber nur die Einigung ein Rechtsgeschäft ist, nicht aber die Übergabe, muß die Geschäftsfähigkeit nur bei der Einigung vorhanden sein, nicht mehr bei der Übergabe, vgl. J. vGierke § 31 I 1.

[9] So z.B. auch O. vGierke § 133 III; Eichler II 1, 102 Fn. 40; Schwab-Prütting Rn. 375; BGH NJW 1996, 2654 ff.

§ 854 II durch Willenseinigung übertragen werden, falls es sich um einen offenen Besitz handelt.

Die Übergabe ist kein Rechtsgeschäft, sondern ein tatsächlicher Vorgang. Sie erfordert daher keine Geschäftsfähigkeit, sondern nur einen natürlichen Willen. Die Verfügungsbefugnis muß bei der Übergabe noch vorliegen, da sie Teil des Übereignungsgeschäfts ist[10]. Die Übergabe muß zum Zwecke der Übereignung geschehen, dem Erwerber muß Eigenbesitz verschafft werden. Will der Veräußerer nur Fremdbesitz übertragen[11], so geht Eigentum nicht über.

b) Bei der Übergabe kann sich sowohl der Erwerber als auch der Veräußerer eines Stellvertreters im Besitz i.S.v. § 855 (Besitzdiener) bedienen[12]. Der Veräußerer kann die Sache einem Besitzdiener des Erwerbers übergeben; der Veräußerer kann seinen Besitzdiener anweisen, die Sache dem Erwerber oder einem Besitzdiener des Erwerbers zu übergeben. Mit der Übergabe durch oder an den Besitzdiener gehen Besitz und Eigentum auf den Erwerber über.

Die Übergabe kann auch unter Zuziehung eines Besitzmittlers geschehen: Der Veräußerer kann die Sache einem Besitzmittler des Erwerbers übergeben[13]; er kann seinen Besitzmittler anweisen, die Sache dem Erwerber oder einem Besitzmittler oder Besitzdiener des Erwerbers zu übergeben[14].

c) Die Übergabe der Sache an den Erwerber muß auf Veranlassung des Veräußerers geschehen. Übergibt etwa der Besitzdiener oder Besitzmittler des Veräußerers die Sache ohne dessen Willen, so liegt keine Übergabe vor. Der Übergabe steht die Wegnahme gleich, wenn der Veräußerer sie dem Erwerber gestattet hat[15].

d) Zur Übertragung des Alleineigentums reicht eine Übergabe nicht aus, die dem Erwerber nur den Mitbesitz einräumt und dem Veräußerer den Mitbesitz als Eigenbesitz bewahrt[16]. Denn die Übergabe i.S.v. § 929, 1 verlangt, daß der Veräußerer den Besitz gänzlich aufgibt. Übereignet etwa der Veräußerer Wertpapiere, die sich in einem Safe befinden, durch Übergabe eines der beiden Schlüssel, so daß jeder allein Besitz ausüben kann, so erwirbt der Erwerber kein Alleineigentum. Fraglich ist, ob er Miteigentum erwerben kann. Das wird von der h.M. ausgeschlossen[17], die Entscheidung hängt indessen vom hypothetischen Willen der Parteien ab, § 140. Ist ein entsprechender Wille der Parteien anzunehmen, so erlangt der Erwerber hälftiges Miteigentum.

---

[10] Vgl. Soergel-Henssler § 929 Rn. 14; Jauernig § 929 Rn. 4.

[11] Wenn er etwa die Sache dem Käufer nur leihweise überlassen will.

[12] Vgl. oben § 4 IV 2.

[13] Der Erwerber hat das gekaufte Buch seinem Freund F verliehen, er bittet den Veräußerer, das Buch dem F auszuhändigen, was geschieht.

[14] Z.B.: Der Veräußerer hatte das verkaufte Buch an B verliehen, er weist den B an, das Buch an den Erwerber oder an F herauszugeben.

[15] Vgl. etwa Damrau, JuS 1978, 523; Musielak, JuS 1992, 718; MünchenerK-Quack § 929 Rn. 138; Soergel-Henssler § 933 Rn. 60.

[16] Das ist h.M., vgl. nur BGH NJW 1979, 714; Westermann-Westermann § 40 II 1; Staudinger-Wiegand § 929 Rn. 62; RGRK-Pikart § 929 Rn. 44.

[17] Vgl. BGH WM 1962, 820; RGRK-Pikart § 929 Rn. 27; Tiedtke, Jura 1983, 475; Mormann, WM 1966, 3.

Der Erwerb des Alleineigentums scheitert aber nicht immer schon dann, wenn der Veräußerer dem Erwerber nur Mitbesitz einräumt und sich selbst Mitbesitz vorbehält. Denkbar ist, daß der Veräußerer seinen Mitbesitz als Besitzmittler für den Erwerber ausübt, so daß der Erwerber die Sache derart ganz besitzt, daß er unmittelbaren und mittelbaren Mitbesitz hat[18]. Der Eigentumserwerb erfolgt in diesem Fall nach § 929, 1 und § 930[19]. Als Übergabe nach § 929, 1 reicht es auch aus, wenn der Veräußerer die Sache dem Erwerber und einem Dritten als Mitbesitzern gibt, wenn der Dritte für den Erwerber besitzt.

II. Brevi manu traditio, § 929, 2

Die brevi manu traditio (Übergabe kurzer Hand) ist das erste der Übergabesurrogate, welche sich dadurch auszeichnen, daß bei ihnen der Gewahrsam in der gleichen Hand bleibt[20]. Die brevi manu traditio ist dadurch gekennzeichnet, daß der Erwerber die Sache bereits im Besitz hat; mit ihr soll den Parteien die umständliche Hin- und Rückgabe der Sache erspart werden. Zur Übereignung reicht die bloße dingliche Einigung, § 929, 2. Die Publizität der dinglichen Rechtslage, die vorher nicht bestand, wird durch die traditio brevi manu wiederhergestellt.

a) Die brevi manu traditio kann in der Form erfolgen, daß der Eigentümer die Sache an seinen Besitzdiener veräußert, der die Sache bereits in seinem Gewahrsam hat. Als Besitzdiener hat er keinen Besitz, das BGB regelt diesen Fall nicht ausdrücklich. Er war jedoch der Ausgangsfall der brevi manu traditio im römischen Recht, und auch der Gesetzgeber wollte diese Art der Übereignung zulassen[21].

b) Ist der Erwerber bereits unmittelbarer oder mittelbarer Eigenbesitzer der Sache, so genügt für die Übereignung ebenfalls die bloße dingliche Einigung, § 929, 2. Eine Besitzübertragung ist weder notwendig noch möglich. In der Einigung liegt zugleich das Einverständnis des Eigentümers, daß der Erwerber die Sache so besitzen soll, als habe der Eigentümer sie ihm übergeben.

c) Der Eigentumserwerb des Fremdbesitzers stellt den Normalfall des § 929, 2 dar, wenn etwa der Vermieter dem Mieter die Sache veräußert. Es ist aber nicht nötig, daß der Erwerber für den Veräußerer besitzt, er kann auch für einen Dritten besitzen[22]. Der Fremdbesitz des Erwerbers kann unmittelbarer oder mittelbarer Besitz sein. Es spielt auch keine Rolle, auf welche Weise der Erwerber in den Besitz der Sache gekommen ist.

---

[18] So z.B. auch BGH NJW 1979, 715; Wolff, JherJahrb 44, 188; Heck § 57 II; Soergel-Henssler § 929 Rn. 54; RGRK-Pikart § 929 Rn. 44.

[19] Etwa: Der Eigentümer veräußert die im Safe liegenden Wertpapiere an den Erwerber und behält sich daran den Nießbrauch vor, indem er dem Erwerber einen der beiden Schlüssel übergibt (nach Wolff, JherJahrb 44, 188).

[20] Johow, Begründung 390 ff., sprach von „Übergabe im weiteren Sinne". Zur *brevi manu traditio* vgl. auch Wadle, JuS 2000, L 57 ff.

[21] Vgl. dazu mein Handbuch des Sachenrechts I § 9 II 1.

[22] Etwa: Der Erwerber hat die Sache von einem Dieb gemietet.

III. Erwerb durch Besitzkonstitut, § 930

Das Besitzkonstitut („Besitzentschluß"[23]) ist die zweite derjenigen Übergabeformen, bei denen der Gewahrsam in der gleichen Hand bleibt[24]. § 930 fordert neben der dinglichen Einigung (§ 929, 1) die Vereinbarung eines Besitzmittlungsverhältnisses, vermöge dessen der Erwerber den mittelbaren Besitz erlangt. Dem gleichzustellen ist es, wenn der Veräußerer sich zum Besitzdiener des Erwerbers macht.

a) In der Regel geschieht das Besitzkonstitut derart, daß der Veräußerer den Eigenbesitz zugunsten des Erwerbers aufgibt und sich zu dessen Besitzmittler macht. Erforderlich ist hierzu ein Besitzmittlungsverhältnis i.S.v. § 868. Das Besitzmittlungsverhältnis muß nicht wirksam sein[25], es muß sich nicht um eines der im Gesetz geregelten Vertragsverhältnisse handeln. Die h.M. fordert, daß es sich um ein konkretes Besitzmittlungsverhältnis handele, in welchem bestimmte Rechte und Pflichten bezüglich der Sache zwischen den Parteien vereinbart sind; eine allgemeine Abrede, der Veräußerer solle für den Erwerber besitzen (abstraktes Besitzmittlungsverhältnis), reiche nicht aus[26]. Andernfalls komme man zum reinen Konsensprinzip und öffne der Simulation und Gläubigergefährdung Tür und Tor. In der Durchführung ihres Prinzips gibt die h.M. jedoch ihre Forderung nach einem konkreten Besitzmittlungsverhältnis praktisch auf. Einmal setzt man die Voraussetzungen an ein Besitzmittlungsverhältnis recht niedrig an, es soll schon eine Vereinbarung ausreichen, aus welcher sich irgendwelche Verhaltenspflichten gegenüber der Sache ergeben, z.B. die Sache pfleglich zu behandeln oder zu einem bestimmten Zeitpunkt herauszugeben. Sodann nimmt die h.M. an, daß eine solche Vereinbarung auch konkludent geschlossen werden kann[27], und daß eine solche konkludente Vereinbarung regelmäßig anzunehmen sei, wenn das Besitzkonstitut ernsthaft gewollt sei[28]. Damit ist die Forderung nach einem konkreten Besitzmittlungsverhältnis gefallen.

aa) Daß durch das Besitzkonstitut die Gefahr simulierter Geschäfte heraufbeschworen wird, ist nicht zu leugnen; aber mit der Forderung nach einem konkreten Besitzmittlungsverhältnis kann man der Gefahr nicht Herr werden. Wer eine Übereignung simulieren will, kann ohne Mühe auch das „konkrete Besitzmittlungsverhältnis" simulieren. Richtig ist vielmehr, daß für ein wirksames Besitzkonstitut auch ein abstraktes Besitzmittlungsverhältnis ausreicht, wenn nur die Ernsthaftigkeit des Geschäfts feststeht[29].

---

[23] D.h. der Entschluß, die Sache künftig nicht mehr als Eigenbesitzer, sondern als Fremdbesitzer oder Besitzdiener für einen anderen besitzen zu wollen; vgl. dazu mein Handbuch des Sachenrechts I § 9 III 1 a.

[24] Vgl. oben I 2 a.

[25] Vgl. oben § 6 II 1 a.

[26] Vgl. etwa BGH JZ 1964, 130; Schwab-Prütting Rn. 380; Westermann-Westermann § 41 II 2 b; Baur-Stürner § 51 Rn. 22.

[27] Vgl. etwa Palandt-Bassenge § 930 Rn. 8; Soergel-Henssler § 930 Rn. 11; Wolff-Raiser § 67 I 1.

[28] Vgl. RGRK-Pikart § 930 Rn. 25; Staudinger-Wiegand § 930 Rn. 18.

[29] So zutreffend etwa Wacke 69 ff.; Staudinger-Wiegand § 930 Rn. 18 ff.

Ein Besitzmittlungsverhältnis setzt kein Rechtsverhältnis voraus, Voraussetzung ist allein der natürliche Wille des Besitzmittlers, dem Oberbesitzer den Besitz zu vermitteln[30]. Faßt der Veräußerer einen solchen Entschluß, den Besitz nunmehr dem Erwerber zu vermitteln, und will der Erwerber die Sache als mittelbarer Eigenbesitzer besitzen, so liegt darin ein wirksames Besitzkonstitut. Ein solcher Entschluß kann sich auch konkludent aus den Umständen ergeben. In allen Fällen ist aber sorgfältig zu prüfen, ob der Veräußerer wirklich den Besitz dem Erwerber vermitteln will. Es genügt nicht eine entsprechende Erklärung, wenn der Veräußerer die Sache weiter wie ein Eigentümer behandelt. Der Veräußerer muß sich tatsächlich wie ein Fremdbesitzer verhalten. Tut er das, so ergeben sich daraus von selbst Verhaltenspflichten gegenüber der Sache, selbst wenn nichts Besonderes vereinbart ist. Ein ernstgemeintes Besitzmittlungsverhältnis ist in diesem Sinne immer und zwangsläufig „konkret". Beläßt etwa ein Käufer eine ausgesuchte und bezahlte Sache noch beim Verkäufer, so liegt darin ein konkludent vereinbartes Besitzkonstitut, das Verhältnis richtet sich nach Verwahrungsrecht.

bb) Der Eigentümer kann eine Sache durch Besitzkonstitut nicht nur dann veräußern, wenn er sie in unmittelbarem Besitz hat; es genügt auch ein mittelbarer Besitz, wenn er die Sache z.B. in Verwahrung oder Leihe gegeben hat. Die Übereignung durch Besitzkonstitut kann bedingt oder befristet werden. Bedingt oder befristet ist die dingliche Einigung, nicht das Besitzmittlungsverhältnis, welches nicht durch Rechtsgeschäft begründet wird. Bis zum Eintritt der aufschiebenden Bedingung oder Befristung wird aber der Veräußerer als Eigenbesitzer besitzen, nicht dem Erwerber den Besitz vermitteln wollen. Das geschieht erst mit Eintritt der Bedingung. Daraus folgt, daß der Veräußerer noch zu diesem Zeitpunkt, bei Eintritt der aufschiebenden Bedingung oder Befristung, Besitzer der Sache sein muß[31]. Denn andernfalls kann der Erwerber nicht gemäß § 930 mittelbarer Eigenbesitzer werden und es entsteht kein Besitzmittlungsverhältnis. Umgekehrt kann bei einem vorweggenommenen, (antizipierten) Besitzkonstitut die Verfügung erst wirksam werden, wenn der Verfügende den Besitz der Sache erlangt hat.

b) Das Besitzkonstitut muß nicht erkennbar nach außen hervortreten. Der Gesetzgeber hat beim Besitzkonstitut weitgehend auf eine Publizität verzichtet, eine Erkennbarkeit ist nicht erforderlich. Zur Frage des „gesetzlichen Besitzmittlungsverhältnisses" vgl. mein Handbuch des Sachenrechts I § 9 III 2 b ee.

c) Soll eine Sachgesamtheit übereignet werden, etwa ein Warenlager oder Teile davon[32], so sind die betroffenen Sachen genau zu bestimmen. Es genügt also nicht, wenn die Hälfte des Lagers übereignet wird oder Waren im Werte von 10.000 DM[33]. Wirksam wäre etwa die Übereignung des ganzen Lagers, einer bestimmten Warengattung im Lager, besonders gekennzeichneter oder in Register eingetragener Wa-

---

[30] Vgl. oben § 6 II 1, 2.
[31] Vgl. etwa Erman-Michalski § 930 Rn. 3; Soergel-Henssler § 930 Rn. 7; RGRK-Pikart § 930 Rn. 5; Wolff-Raiser § 67 I 3.
[32] Regelmäßig handelt es sich um Sicherungsübereignungen.
[33] Vgl. BGH 21, 55. Auch die Übereignung nur der pfändbaren Sachen ist unwirksam, vgl. BGH JZ 1988, 471.

ren[34], besonders gelagerter Waren usw. Die Sachen müssen in der dinglichen Einigung und im Besitzkonstitut so bestimmt bezeichnet sein, daß sie ausgesondert werden können. Nicht erforderlich ist aber, daß die Bestimmtheit sich aus dem dinglichen Vertrag selbst ergibt; sie kann sich aus Nebenabreden ergeben, aus Warenlisten, Lagerbüchern u.ä.[35]

Die Bestimmtheit muß zur Zeit der Übereignung vorliegen. Werden etwa alle jetzt im Lager vorhandenen Sachen übereignet und kommen später andere, nicht übereignete Sachen hinzu, so ändert das nichts daran, daß zunächst bestimmte Sachen übereignet wurden. Die Sachen sind allerdings nicht ohne weiteres erkennbar, an der früher geschehenen Übereignung kann dies jedoch nichts ändern[36].

Es ist auch möglich, ein Lager in seinem wechselnden Bestand zu übereignen, so daß auch die jeweils neu hinzukommende Ware übereignet wird. Eine entsprechende Abrede kann auch konkludent abgeschlossen werden. Es handelt sich hierbei um ein antizipiertes Besitzkonstitut, die betroffenen Waren müssen bei Vertragsabschluß noch nicht bestimmt sein; es reicht aus, wenn sie aufgrund des Vertrages bestimmbar sind[37], so z.B. alle künftig ins Lager aufgenommenen Waren, alle künftig in einem bestimmten Raum gelagerten Waren usw. Damit das Eigentum übergehen kann, muß zu diesem Zeitpunkt die Ware bestimmt sein, sie muß vertragsgemäß individualisiert werden, z.B. durch das Verbringen in einen bestimmten Raum. Diese Individualisierung muß nach außen nicht erkennbar sein, es bedarf keiner Ausführungshandlung. Mit der Individualisierung geht das Eigentum über.

IV. Eigentumserwerb nach § 931

1. Besitzabtretung

a) Ist der Veräußerer mittelbarer Besitzer der Sache, so kann er dem Erwerber die Sache gemäß § 931 dadurch übereignen, daß er ihm den mittelbaren Besitz überträgt: durch Abtretung nach § 870. Der Veräußerer muß seinen Herausgabeanspruch gegen den Besitzmittler gemäß § 398 auf den Erwerber übertragen; gemäß § 870 wird damit auch der mittelbare Besitz übertragen, das Eigentum geht über.[38] Damit erlischt der Eigentumsanspruch des Veräußerers (§ 985) und entsteht in der Person des Erwerbers neu. Eine Abtretung des Eigentumsanspruchs kommt neben der Abtretung des Anspruchs aus dem Besitzmittlungsverhältnis nicht in Betracht[39].

b) Die Besitzabtretung gemäß § 870 muß zur dinglichen Einigung hinzukommen, § 931. Eine konkludente Einigung genügt in beiden Fällen. Ob sie vorliegt, ist

---

[34] Serick II 166 ff.
[35] Vgl. BGH WM 1960, 1226; BGH JZ 1984, 199.
[36] Vgl. etwa BGH 28, 20; BGH NJW 1979, 977; Soergel-Henssler § 930 Anhang Rn. 39.
[37] BGH 21, 56; BGH WM 1966, 95; Soergel-Henssler § 930 Anhang Rn. 39; RGRK-Pikart § 930 Rn. 28; Jauernig § 930 Rn. 16.
[38] Es sei daran erinnert, daß die reine Besitzübertragung kein Rechtsgeschäft ist, vgl. oben § 6 III 2 b.
[39] H.M., vgl. etwa Schwab-Prütting Rn. 382; Baur-Stürner § 51 Rn. 36.

durch Auslegung aus dem Verhalten der Parteien zu entnehmen. Wollen die Parteien den Eigentumsübergang und wissen sie, daß die Sache sich im Besitz eines Dritten befindet, so wollen sie auch die Abtretung des Herausgabeanspruchs und des mittelbaren Besitzes. Ist der Veräußerer nur Nebenbesitzer[40], so reicht es für eine Übereignung nach § 931 aus, wenn dieser Nebenbesitz übertragen wird[41]; denn nach § 931 kann Eigentum sogar übertragen werden, wenn der Veräußerer überhaupt keinen Besitz hat, vgl. unten 3 und 4. Ebenso wie bei § 930 ist auch bei § 931 eine antizipierte Besitzübertragung möglich für den Fall, daß der Veräußerer später den mittelbaren Besitz erwirbt.

c) Da es entscheidend auf die Übertragung des mittelbaren Besitzes ankommt und die Forderung und deren Abtretung dabei eine sekundäre Rolle spielen, so hat die Beschaffenheit der Forderung keine Bedeutung. Das Eigentum geht auch über, wenn die Forderung etwa aufschiebend bedingt oder befristet ist oder wenn ihr eine Einrede entgegensteht. Die Abtretung des Besitzes gemäß § 870 erfolgt durch Willenseinigung, die kein Rechtsgeschäft darstellt. Das Eigentum geht über, auch wenn der dritte Besitzer nichts von der Übertragung weiß oder ihr sogar widersprochen hat; eine Anzeige der Abtretung ist nicht erforderlich.

2. Besitzanweisung

Der mittelbare Besitzer kann seinen Besitz statt durch Abtretung nach § 870 auch durch Besitzanweisung übertragen[42], auch hierbei handelt es sich um eine Übereignung i.S.v. § 931. Eine solche Übereignung verlangt neben der Einigung eine Anweisung des Veräußerers an seinen Besitzmittler, die Sache fortan für den Erwerber zu besitzen; die Anweisung kann durch den Erwerber dem Mittler übermittelt werden. Erforderlich ist weiter, daß der Besitzmittler der Anweisung nachkommt und dem Erwerber den Besitz vermittelt. Das ist nur dann nicht anzunehmen, wenn der Mittler nach Erhalt der Anweisung dieser unverzüglich widerspricht; andernfalls ist von seinem Einverständnis auszugehen, da es dem Mittler gleichgültig sein kann, wem er den Besitz vermittelt.

3. Forderungsabtretung

Besitzt ein Dritter die Sache als Eigenbesitzer oder als Besitzmittler für einen anderen, so hat der Eigentümer keinen mittelbaren Besitz, den er nach §§ 870, 931 übertragen könnte. Es kommt daher gemäß § 931 neben der Einigung nur eine Forderungsabtretung als Vollzugshandlung in Betracht. Als abtretbare Forderung kommt der Anspruch aus § 985 in Frage.

Stehen dem Veräußerer neben dem Anspruch aus § 985 noch weitere Ansprüche auf Herausgabe zu, etwa aus §§ 812, 823, so wird die Ansicht vertreten, zur Übereignung nach § 931 müßten alle Ansprüche abgetreten werden. Andere haben Be-

---

[40] Vgl. oben § 6 III 3 b.
[41] So auch Westermann-Westermann § 42 II 4 a.
[42] Vgl. dazu oben § 6 III 2 a und mein Handbuch des Sachenrechts I § 9 IV 1, 3.

denken gegen die Abtretung des Anspruchs aus § 985 und wollen sich mit der Abtretung der übrigen Ansprüche begnügen[43]. Die Unterscheidung ist jedoch unbegründet. Sowohl der Anspruch aus § 985 wie andere Ansprüche auf Herausgabe der Sache wegen Eigentumsverletzung beruhen auf demselben Rechtsgrund: auf dem verletzten Eigentum. Es handelt sich nicht um verschiedene Ansprüche, sondern um einen einzigen, mehrfach begründeten Anspruch[44].

Dieser Anspruch auf Herausgabe der Sache wegen Eigentumsvorenthaltung, begründet insbesondere aus § 985, soll nach einer verbreiteten Ansicht abzutreten sein, wenn der Veräußerer keinen mittelbaren Besitz hat, den er übertragen könnte. Der Anspruch aus § 985 ist jedoch als Anspruch, der vom Bestand des Eigentums abhängt, nicht selbständig abtretbar[45]; Eigentum und Eigentumsanspruch können nicht getrennt werden[46]. Der Anspruch kann nur so übertragen werden, daß in der Forderungsabtretung zugleich die Übereignung liegt. Übergang des Eigentums und Übergang der Vindikation sind in jedem Fall unauflösbar miteinander verbunden. Es ist daher ohne Bedeutung, ob man die Übereignungsvoraussetzung dahin formuliert, das Eigentum gehe durch bloße Einigung über, der Eigentumsanspruch folge automatisch; oder ob man auch eine Abtretung fordert[47]. Denn die Abtretung geschieht zum Zweck der Übereignung und ist identisch mit der dinglichen Einigung.

4. Übereignung besitzloser Sachen

Die Übereignung besitzloser Sachen ist im BGB nicht vorgesehen, doch kann auch bei besitzlosen Sachen das Bedürfnis auftreten, das Eigentum zu übertragen. Es gibt keinerlei Interessen, die einer solchen Übereignung entgegenstehen könnten[48]. Wenn gemäß § 931 eine Übereignung möglich ist im Fall, daß ein Dritter, nicht Herausgabewilliger, z.B. ein Dieb, die Sache besitzt, so sollte das erst recht bei einer besitzlosen Sache möglich sein. Publizitätsinteressen sind nicht berührt, denn wenn ohnehin niemand die Sache besitzt, so kann es Dritten gleichgültig sein, wer Eigentümer ist. Das Eigentum geht durch bloße Einigung über.

V. Erwerb des Miteigentums[49]

a) Miteigentum wird in gleicher Weise erworben wie das Alleineigentum, es kann also gemäß §§ 929 ff. übertragen werden. Will der Alleineigentümer eine Quote seines Rechts auf einen Erwerber übertragen, so kann er also auf verschiedene Weise vorgehen: Er kann einen Eigentumsanteil je nach der Besitzlage nach § 929, 1 oder § 929, 2 übertragen oder auch nach §§ 930, 931. Ist er etwa selbst Al-

---

[43] Vgl. etwa Schwab-Prütting Rn. 382; Westermann-Westermann § 42 II 4 b.
[44] Vgl. dazu Larenz-Wolf § 18 Rn. 30.
[45] Vgl. oben § 1 I 2; II 1 c.
[46] Vgl. etwa Baur-Stürner § 51 Rn. 37; Schwab-Prütting Rn. 382.
[47] J. vGierke § 31 V 2; Wolff-Raiser § 67 II 2.
[48] Vgl. Heck § 57 II.
[49] Zum Miteigentum allgemein vgl. oben § 8 III 2.

leinbesitzer, so kann er den Eigentumsanteil dadurch übertragen, daß er dem Erwerber Mitbesitz einräumt; beide besitzen als unmittelbare Mitbesitzer, der Eigentumsanteil geht nach § 929, 1 über. Nach § 929, 1 geht der Eigentumsanteil auch dann über, wenn der Veräußerer den Sachgewahrsam völlig auf den Erwerber überträgt.

b) Will der Alleineigentümer eine Eigentumsquote veräußern und besteht Mitbesitz, so ergeben sich je nach der Besitzlage verschiedene Möglichkeiten; Mitbesitz kann bestehen zwischen dem Veräußerer und dem Erwerber, zwischen dem Veräußerer und einem Dritten, zwischen dem Erwerber und einem Dritten, zwischen mehreren Dritten. Ist etwa der Veräußerer zusammen mit dem Erwerber unmittelbarer Besitzer, so erfolgt die Veräußerung nach § 929, 2: Vorher war der Veräußerer mittelbarer und unmittelbarer Eigenbesitzer, der Erwerber Fremdbesitzer, nachher sind beide unmittelbare Eigenbesitzer.

c) Soll eine schon bestehende Eigentumsquote übertragen werden, so sind ebenfalls die §§ 929 ff. anwendbar. Haben etwa die Miteigentümer unmittelbaren Mitbesitz, so erfolgt die Veräußerung nach § 929, 1 oder nach § 930. Besitzt einer die Sache als Besitzmittler für die anderen, so kann die Veräußerung nach § 931 oder nach § 930 erfolgen. Im übrigen gibt es vielfältige Besitzkombinationen, die im Sinne der vorstehenden Beispiele zu behandeln sind.

VI. Berechtigung des Veräußerers

a) Die Veräußerung nach §§ 929–931 setzt voraus, daß der Veräußerer Eigentümer ist; andernfalls geht kein Eigentum über. Aber selbst wenn der Veräußerer Eigentümer ist, kann die Veräußerung deswegen unwirksam sein, weil ein Verfügungsverbot besteht. Umgekehrt kann ausnahmsweise auch die Verfügung eines Nicht-berechtigten wirksam sein, wenn er verfügungsberechtigt ist. Das ist etwa der Fall beim Pfandgläubiger nach Pfandreife, § 1242.

Ein Nichtberechtigter ist weiter dann verfügungsberechtigt, wenn der Eigentümer in die Verfügung eingewilligt hat, § 185 I; die unwirksame Verfügung eines Nichtberechtigten wird wirksam, wenn sie der Berechtigte nachträglich genehmigt, § 185 II 1. Die Zustimmung[50] ist eine formlose[51], empfangsbedürftige Willenserklärung, die sowohl dem Veräußerer wie dem Erwerber gegenüber erklärt werden kann[52]; die Erklärung kann ausdrücklich oder konkludent geschehen. Die vorherige Zustimmung, also die Einwilligung, ist bis zur Vornahme der Verfügung frei widerruflich, wenn die Parteien nichts anderes vereinbart haben. Dagegen ist die (nachträgliche) Genehmigung oder deren Verweigerung unwiderruflich, sie beenden den Zustand der schwebenden Unwirksamkeit und führen zur endgültigen Wirksamkeit oder Unwirksamkeit der Verfügung. Gemäß § 184 I wirkt die Genehmigung zurück auf den Zeitpunkt der Vornahme des Geschäfts, wenn die Parteien nichts anderes vereinbaren; jedoch bleiben gemäß § 184 II die Verfügungen wirksam, welche der

---

[50] D.h. die Einwilligung oder die Genehmigung, §§ 183, 184.
[51] Vgl. § 182 II.
[52] Vgl. § 182 I.

Genehmigende vor der Genehmigung getroffen hat, ebenso wie Maßnahmen der Zwangsvollstreckung, der Arrestvollziehung und des Insolvenzverwalters gegen den Genehmigenden. Auf diese Weise wird dem Genehmigenden die Möglichkeit genommen, eine vorher getroffen Verfügung wieder unwirksam zu machen; ein venire contra factum proprium wird verhindert.

b) Erwirbt der nichtberechtigt Verfügende nachträglich das Eigentum, so wird dadurch die Verfügung wirksam, § 185 II 1; die Heilung tritt ex nunc ein. Hat der Nichtberechtigte mehrere Verfügungen getroffen, so wird nur die frühere wirksam, § 185 II 2. Das gilt aber nur, wenn die Verfügungen sich gegenseitig ausschließen.

c) Die Verfügung eines Nichtberechtigten wird schließlich dann wirksam, wenn der Berechtigte Erbe des Verfügenden wird, § 185 II 1. Der Grund für die Heilung liegt darin, daß der Erbe in die Stellung des Erblassers eintritt; dieser war aber durch seine Verfügung gebunden, also ist auch der Erbe daran gebunden. Bei der Beschränkung der Erbenhaftung tritt die Bindung des Erben nicht ein, und zwar deshalb, weil der Erbe durch die Trennung der Vermögensmassen nicht unbeschränkt in die Position des Erblassers eintritt.

Die Heilung durch Erbschaftserwerb des Berechtigten wirkt ex nunc, sie tritt ein, sobald der Erbe endgültig unbeschränkt für die Nachlaßschulden haftet.

VII. Vertretung im Eigentumserwerb

Bei der Vertretung im Eigentumserwerb sind die dingliche Einigung und die Übergabe zu unterscheiden. Die dingliche Einigung ist ein Rechtsgeschäft, sie kann durch Vertreter vorgenommen werden[53]. Dagegen sind sowohl die Übergabe als auch ihre Surrogate keine Rechtsgeschäfte, sondern Rechtshandlungen[54]. Veräußerer und Erwerber können sich zur Vertretung im Besitz eines Besitzdieners oder Besitzmittlers bedienen; auf den Besitzwillen sind die §§ 164 ff. entsprechend anwendbar[55].

1. Unmittelbare Stellvertretung bei der Veräußerung

Der Veräußerer kann sich zur dinglichen Einigung eines Vertreters bedienen. Die Übergabe bzw. deren Surrogate kann er entweder selbst vornehmen oder durch Besitzdiener bzw. Besitzmittler vornehmen lassen. Der Vertreter selbst kann dabei zugleich Besitzdiener oder Besitzmittler des Veräußerers sein. Er kann die Sache gemäß § 929, 1 dem Erwerber übergeben. Den Willen, den Besitz auf den Erwerber zu übertragen, kann er als Vertreter des Veräußerers entsprechend § 164 erklären.

2. Unmittelbare Stellvertretung beim Erwerb

a) Auch der Erwerber kann sich bei der Einigung eines Vertreters bedienen. Die Einigung kommt zwischen dem Veräußerer und dem Vertretenen zustande, das

---

[53] Vgl. oben § 1 III 1 a.
[54] Das gilt auch für Besitzerwerb nach § 854 II.
[55] Vgl. oben § 4 IV 2.

Eigentum geht direkt vom Veräußerer zum Vertretenen über, ohne Zwischenerwerb des Vertreters. Der Vertreter muß Vertretungsmacht haben und im Namen des Erwerbers auftreten. Die Vollmachtserteilung und das Handeln für einen anderen können konkludent erklärt werden und sich aus den Umständen ergeben. Fehlt die Vertretungsmacht, so kann der Erwerber die in seinem Namen abgeschlossene Einigung nachträglich genehmigen, § 177 I. Daß der Veräußerer den Vertretenen kennt, ist nicht erforderlich, es reicht aus, wenn der Vertreter allgemein für „seinen Auftraggeber" auftritt. Der innere Wille des Vertreters, die Sache für sich zu erwerben, ändert am Erwerb des Vertretenen nichts[56]. Für die Frage des Kennens oder Kennenmüssens bestimmter Umstände gilt § 166; entscheidend ist dabei der Vertreter bei der Einigung, nicht ein Vertreter beim Besitzerwerb.

b) Ist die Einigung durch einen Vertreter des Erwerbers vorgenommen worden, so kann die Übergabe an den Erwerber selbst erfolgen, mit ihm können die Übergabesurrogate vereinbart werden. Der Erwerber kann aber auch hierfür einen Vertreter bestellen, der für ihn die Sache als Besitzdiener oder Besitzmittler erwerben soll oder der für ihn die Übergabesurrogate vereinbart. Dieser Besitzvertreter kann auch der Vertreter bei der Einigung sein.

Zum Erwerb der Sache durch den Vertreter muß hinzukommen der Besitzwille des Erwerbers, nur so kann er Besitzer werden. Der Vertreter kann einen solchen Besitzwillen für den Erwerber fassen, doch wird das regelmäßig überflüssig sein: Wer einen Dritten zum Erwerb einer Sache beauftragt und bevollmächtigt, will auch die Sache besitzen, sobald der Vertreter sie erworben hat[57]. Erwirbt ein Vertreter ohne Vertretungsmacht im Rahmen einer Geschäftsführung ohne Auftrag eine Sache für den Geschäftsherrn, so wird dieser nur dann sofort Eigentümer, wenn der Geschäftsführer ihn im Besitzwillen vertreten hat und der Geschäftsherr diese Vertretung genehmigt, §§ 177 I, 184 I[58].

3. Mittelbare Stellvertretung bei der Veräußerung

Der Veräußerer kann einen Dritten beauftragen, eine Sache in dessen Namen, aber für Rechnung des Auftraggebers zu veräußern, indem er sie etwa einem Verkaufskommissionär übergibt. Der mittelbare Vertreter wird regelmäßig nicht Eigentümer, der Auftraggeber übereignet ihm die Sache nicht. Veräußert der Beauftragte die Sache, so handelt er als Nichtberechtigter mit Einwilligung des Berechtigten, § 185 I. Das Eigentum geht direkt vom Auftraggeber auf den Erwerber über.

4. Mittelbare Stellvertretung beim Erwerb

Der mittelbare Stellvertreter tritt im eigenen Namen auf und erwirbt zunächst Besitz und Eigentum für sich, bevor er es auf den Auftraggeber weiter überträgt.

---

[56] Vgl. Soergel-Henssler § 929 Rn. 42; RGRK-Pikart § 929 Rn. 55.

[57] Die Stellvertretung im Besitzwillen hat etwa dann Bedeutung, wenn ein Willensunfähiger Besitz und Eigentum nach § 929 erwerben soll, vgl. dazu oben § 4 IV 2 d.

[58] Vgl. oben § 4 IV 2 d, § 6 II 1 Fn. 2.

Ein typischer Fall ist der Einkaufskommissionär, der im eigenen Namen, aber für fremde Rechnung handelt. Die dingliche Einigung kommt zwischen dem Veräußerer und dem Kommissionär zustande, die Sache wird dem Kommissionär übergeben. Der Kommissionär kann die Sache gemäß § 929, 1 auf den Kommittenten weiter übertragen. In der Zwischenzeit ist der Kommissionär Eigentümer der Sache, was für den Kommittenten Gefahren mit sich bringt. Der Kommissionär kann als Berechtigter, wenn auch auftragswidrig, über die Sache verfügen; gefährlicher noch ist es, daß die Sache dem Zugriff der Gläubiger des Kommissionärs unterliegt, sei es im Insolvenzverfahren, sei es in der Einzelvollstreckung. Der Kommittent hat also ein beachtliches Interesse daran, möglichst bald Eigentümer der Sache zu werden, auch noch bevor sie ihm übergeben wird. Hierfür gibt es mehrere Möglichkeiten, die alle von § 930 ausgehen.

a) Der Beauftragte kann das Eigentum durch Insichgeschäft nach § 930 auf den Auftraggeber übertragen[59], sei es sofort nach dem Erwerb der Sache, sei es später, wenn z.B. der Auftraggeber an ihn gezahlt hat. Der beauftragte Eigentümer gibt also seine Übereignungserklärung ab an sich als den Vertreter des auftraggebenden Erwerbers und erklärt wiederum als dessen Vertreter an sich selbst die Annahme. Ein solches Insichgeschäft setzt zunächst Vertretungsmacht voraus; es ist wirksam, wenn es dem Vertreter gestattet ist oder „ausschließlich in der Erfüllung einer Verbindlichkeit besteht", § 181. Beides wird regelmäßig vorliegen: Der Beauftragte ist verpflichtet, das Eigentum auf den Auftraggeber zu übertragen; man darf auch von dem Einverständnis des Auftraggebers ausgehen, daß der Beauftragte ihm durch Insichgeschäft das Eigentum übertragen kann.

Hinzukommen muß die Begründung eines Besitzmittlungsverhältnisses, sie geschieht nicht durch ein Rechtsgeschäft; es handelt sich um ein tatsächliches Verhältnis, das durch Rechtshandlungen begründet wird. Erforderlich ist der Wille des Beauftragten, als Besitzmittler für den Auftraggeber zu besitzen. Dazu ist weder eine Vollmacht des Auftraggebers noch ein Insichgeschäft nötig, der Beauftragte kann diesen Willen allein fassen, er muß niemandem gegenüber erklärt werden. Ist der Beauftragte zur Übereignung an einem bestimmten Zeitpunkt verpflichtet, so ist anzunehmen, daß er den Willen hat, dem Auftraggeber den Besitz zu vermitteln; etwas Gegenteiliges müßte deutlich kundgetan werden. Zum Besitzmittlungswillen des Beauftragten muß hinzukommen der Besitzwille des Auftraggebers, damit ein Besitzmittlungsverhältnis entsteht.

b) Durch nachträgliches Insichgeschäft kann der Beauftragte Besitz und Eigentum auf den Auftraggeber übertragen. Noch vorteilhafter für den Auftraggeber ist die Vereinbarung eines antizipierten[60] Besitzkonstituts[61]: Er vereinbart mit dem Beauftragten, daß mit dessen Erwerb der Sache das Eigentum sofort auf ihn

---

[59] Vgl. etwa Schwab-Prütting Rn. 380; Baur-Stürner § 51 Rn. 30; Westermann-Westermann § 43 IV 2.

[60] Von anticipare, vorwegnehmen, vgl. die Glosse von Liebs, Das antekapierte Besitzkonstitut, JZ 1972, 751.

[61] Der allgemein übliche Ausdruck ist ungenau, weil nicht nur das Besitzkonstitut antizipiert wird, sondern auch die dingliche Einigung.

weitergehen soll (dingliche Einigung) und daß der Beauftragte die Sache für ihn als Besitzmittler besitzen soll. Das Eigentum geht dann für eine „juristische Sekunde" auf den Beauftragten über und dann weiter auf den Auftraggeber. Das antizipierte Besitzkonstitut kann auch konkludent vereinbart werden, doch muß man sich vor Fiktionen hüten, die dem Interesse des Beauftragten widersprechen können.

c) Erwerb durch Insichgeschäft und antizipiertes Besitzkonstitut führen zum Durchgangserwerb, d.h. daß der mittelbare Vertreter selbst zunächst Eigentum und Eigenbesitz erwirbt, zumindest für eine juristische Sekunde. Selbst das bringt für den Auftraggeber noch Gefahren mit sich: Bei nachträglichem Konstitut oder Insichgeschäft besteht die Gefahr, daß der Vertreter insolvent wird oder daß seine Gläubiger die Sache pfänden. Selbst wenn die Sache nur eine juristische Sekunde in das Eigentum des Vertreters fällt, besteht die Gefahr, daß sie von der Hypothekenhaftung des § 1120[62] oder dem Vermieter-Verpächterpfandrecht der §§ 562, 581[63] erfaßt wird. Eine Abhilfe bringt das „Geschäft für den, den es angeht".

5. „Geschäft für den, den es angeht"

Schon das römische Recht kannte unter der Bezeichnung traditio ad incertam personam eine Übereignung, in welcher der Veräußerer nicht wußte, wer das Eigentum erwarb; er wollte an eine ihm nicht bekannte Person übereignen. Die traditio ad incertam personam war auch im gemeinen Recht des vorigen Jahrhunderts anerkannt. Der Mittler konnte dem Erwerber das Eigentum direkt erwerben, ohne zuvor selbst Eigentum erworben zu haben, d.h. ohne Durchgangserwerb. Voraussetzung für die traditio ad incertam personam war, daß es dem Veräußerer gleichgültig war, wer Eigentümer der Sache wurde. Die Lehre von der traditio ad incertam personam blieb auch unter der Geltung des BGB anerkannt, seit den 30er Jahren wurde sie als „Geschäft mit dem, den es angeht" oder – ärger – als „Geschäft wen es angeht" bzw. als „Geschäft für den es angeht" bezeichnet[64]. Die Ausdrücke stammen aus der Wirtschaftspraxis und sind – leider – allmählich in die Rechtssprache eingedrungen. Es handelt sich um einen Fall der verdeckten unmittelbaren Stellvertretung.

a) Das „Geschäft für den, den es angeht" erfordert zunächst, daß der Veräußerer nicht den ausschließlichen Willen hat, die Sache dem ihm gegenüberstehenden Mittler zu übereignen; es muß ihm also gleichgültig sein, wer Eigentum erwirbt. Wann eine solche Gleichgültigkeit gegeben ist, kann regelmäßig nur aus den Umständen erschlossen werden, da der Veräußerer sich kaum jemals in entsprechendem Sinne erklären wird. Andererseits kann es nicht auf den inneren Willen des Veräußerers ankommen, sondern nur auf den objektiv aus dem Gesamtzusammenhang feststellbaren Willen. Das wichtigste Indiz für den Willen des Veräußerers er-

---

[62] Vgl. den Fall RG 140, 223 ff. und unten § 28 I 1 b.
[63] Vgl. dazu unten § 15 VII c.
[64] Vgl. Cohn, Das rechtsgeschäftliche Handeln für denjenigen, den es angeht, 1931.

gibt sich aus seinen Interessen: Hat er ein Interesse daran, die Sache gerade seinem Geschäftspartner (dem Mittler) zu übereignen, oder kann es ihm gleich sein, wer Eigentum erwirbt? Bei den Bargeschäften des täglichen Lebens (Einkäufe im Verkaufsladen und auf dem Markt) ist dem Verkäufer regelmäßig sein Vertragspartner gleichgültig[65], das Eigentum geht in solchen Fällen unmittelbar auf den Erwerber über, wenn der Mittler in den Besitz der Sache gelangt.

b) Das „Geschäft für den, den es angeht" fordert weiter, daß der Mittler für den dritten Erwerber erwerben will. Ein rein innerer Wille genügt hierfür nicht, er muß sich aus objektiven Gegebenheiten entnehmen lassen. Für den Veräußerer muß dieser Wille nicht erkennbar sein, der Mittler ist verdeckter unmittelbarer Stellvertreter. Ein Verstoß gegen § 164 II liegt darin nicht: Geschützt durch § 164 II ist der Veräußerer als Partner des Mittlers; da ihm sein Vertragspartner gleichgültig ist, besteht ein Schutzbedürfnis nicht[66].

Ob der Mittler den Willen hat, für den dritten Erwerber die Sache zu erwerben, ist aus den gesamten Umständen festzustellen. So ist etwa ein solcher Wille immer dann anzunehmen, wenn der Mittler zum Erwerb für den Dritten verpflichtet ist; denn es ist davon auszugehen, daß der Mittler sich an seine Pflichten hält. Auch wenn der dritte Erwerber bereits einen Anspruch gegen den Veräußerer hat oder wenn der Mittler beim Abschluß des Kausalgeschäfts als Vertreter für ihn auftritt, ist regelmäßig davon auszugehen, daß der Mittler für den Dritten erwerben will.

c) Das „Geschäft für den, den es angeht" setzt außer der Einigung einen Besitzerwerb des dritten Erwerbers voraus. Die Übergabe erfolgt regelmäßig nach § 929, 1, indem der Veräußerer die Sache dem Mittler gibt und dieser sie als Besitzdiener oder Besitzmittler für den Dritten erwirbt.

VIII. Geheißerwerb[67]

Bei Kettengeschäften erfolgt die Lieferung der Sache häufig vom ersten Verpflichteten direkt zum letzten Berechtigten. Hat etwa V eine Sache an K verkauft, K sie weiter an X verkauft, so wäre es unpraktisch, wenn V die Sache dem K zusendete und K sie dann an X weiterleitete. Meist wird K den V anweisen, die Sache dem X direkt auszuliefern. Liefert V an X, so stellt das eine Leistung des V an K und des K an X dar, V und K erfüllen auf diese Weise ihre Pflicht und werden frei. Fraglich ist die sachenrechtliche Situation. Denkbar ist eine Übereignung von V direkt an X oder von V an K und von K an X.

---

[65] Vgl. etwa Soergel-Henssler § 929 Rn. 45 ff.; Erman-Palm § 164 Rn. 9; Schwab-Prütting Rn. 386.

[66] So zu Recht etwa Eichler II 1, 104; Soergel-Leptien 31 vor § 164; MünchenerK-Schramm § 164 Rn. 50; BGH NJW 1955, 590.

[67] Zu Entwicklung und Dogmatik des Geheißerwerbs vgl. die lesenswerte Dissertation von Franz-Josef Kolb, Geheißerwerb, 1997.

Wenn V den eindeutigen Willen äußert, an X zu übereignen, so geht gemäß § 929, 1 das Eigentum von V direkt an X über. V wird aber regelmäßig einen solchen Willen nicht äußern, andernfalls könnte er gegenüber K in Schwierigkeiten kommen. Denn V kann nicht wissen, welches Rechtsverhältnis zwischen K und X besteht, ob K dem X die Sache übereignen will oder unter Eigentumsvorbehalt liefern oder ob X vielleicht die Sache nur von K gemietet oder geliehen hat. V wird daher eine Übereignung nur an K wollen[68]. Fraglich ist aber, ob beim Vorliegen entsprechender Einigungen eine Übereignung V-K und K-X angenommen werden kann, da weder V die Sache an K noch K die Sache an X übergeben hat, vielmehr V direkt an X geliefert hat. Aus praktischen Gründen wird aber vielfach ein solcher Durchgangserwerb des K wünschenswert sein; nur so können Besonderheiten in den Rechtsverhältnissen V-K und K-X berücksichtigt werden. Nur auf diese Weise etwa wäre es dem K möglich, die Sache unter Eigentumsvorbehalt an X zu übereignen. Schon das römische Recht kannte einen solchen Durchgangserwerb durch Geheißpersonen.

a) Wenn V die Sache an X liefert, soll das Eigentum nach richtiger Ansicht zunächst auf K übergehen. Die Lieferung an X muß also als Übereignung V-K erscheinen, obwohl K keinen Besitz erwirbt. Man könnte also Bedenken haben gegen die Annahme einer Übergabe i.S.v. § 929, 1 zwischen V und K, weil möglicherweise das Publizitätsprinzip nicht gewahrt ist. Es ist aber zu bedenken, daß die Publizitätsanforderungen durch die Rechtsfigur des mittelbaren Besitzes stark aufgelockert sind. Würde V etwa auf Geheiß des K die Sache einem Dritten geben, dem K sie vermietet hat, so läge eine Übereignung nach § 929, 1 vor, obwohl der Eigentumserwerb des K sich in den Besitzverhältnissen ebenfalls nicht auf den ersten Blick erschließt. Freilich erwirbt K in unserem Beispiel nicht einmal mittelbaren Besitz, doch sollte man alle konstruktiven Bedenken gegen eine Anwendung des § 929, 1 zurückstellen, da eine Übereignung durch Übergabe an eine Geheißperson des Erwerbers gemäß einer 2000jährigen Tradition anerkannt wird und da praktische Bedürfnisse ein solches Ergebnis fordern[69]. Die Übergabe an eine Geheißperson des Erwerbers steht der Übergabe an den Erwerber gleich.

b) Durch die Lieferung des V an die Geheißperson des K, an X, ist somit K Eigentümer geworden. Die Lieferung an X stellt aber weiter eine Übereignung von K an X dar, wobei die Übergabe nicht durch den Veräußerer K, sondern durch dessen Geheißperson V erfolgte. Die Übergabe durch eine Geheißperson wird traditionsgemäß der Übergabe durch den Veräußerer gleichgestellt. Das hat auch das Gesetz in § 934 anerkannt[70]. Vom Erfordernis der Publizität stehen dem keine Bedenken entgegen: Durch die Übergabe nach § 929, 1 soll der Veräußerer seinen Besitz verlie-

---

[68] Vgl. etwa Baur-Stürner § 51 Rn. 17; Jauernig § 929 Rn. 16; Soergel-Henssler § 929 Rn. 63; BGH NJW 1986, 1166.

[69] Das ist h.M., vgl. etwa BGH JZ 1982, 683; M. Wolf Rn. 402; Jauernig § 929 Rn. 16; Soergel-Henssler § 929 Rn. 63 ff.; Masloff, JA 2000, 503 ff.

[70] Wie Wadle, JZ 1974, 693 überzeugend dargelegt hat. Nach § 934 (2) wird der Erwerber Eigentümer, wenn der dritte Besitzer diesem auf Geheiß des Veräußerers die Sache übergibt, vgl. unten § 10 III 4 c.

ren, damit dieser nicht mehr für sein Eigentum sprechen kann; der Besitzerwerb des Erwerbers soll seinen Eigentumserwerb klarstellen. In unserem Beispiel hatte der Veräußerer keinen Besitz, so daß auch ein Besitzverlust überflüssig ist; der Erwerber dagegen erwirbt Besitz. Übergabe durch eine Geheißperson des Veräußerers steht also der Übergabe durch den Veräußerer gleich[71].

IX. Übereignung von Wertpapieren und Wertrechten

1. Wertpapiere

Wertpapiere sind Urkunden, in welchen private Rechte (Mitgliedschaftsrechte, dingliche Rechte, Forderungen) derart verkörpert sind, daß zur Ausübung des Rechts die Inhabung der Urkunde erforderlich ist. Die enge Verbindung des verkörperten Rechts mit der Urkunde setzt voraus, daß der Inhaber des Rechts auch Eigentümer der Urkunde sein muß; wer ein Pfandrecht am Recht hat, muß ein solches auch am Papier haben usw. Danach kann die Übertragung des verbrieften Rechts auf zweierlei Arten geschehen: nach den Regeln der Forderungsabtretung, §§ 398, 413, das Recht am Papier folgt dem Recht aus dem Papier; oder nach sachenrechtlichen Grundsätzen, das Recht aus dem Papier folgt dem Recht am Papier.

a) Bei den Namenspapieren (Rektapapieren) erfolgt die Übertragung des Rechts durch Zession, §§ 398, 413. Das Recht an der Urkunde steht dem jeweiligen Rechtsinhaber zu, § 952 II[72]. Zu diesen Wertpapieren gehören etwa Sparkassenbücher und andere Papiere nach § 808, Hypothekenbriefe, Rektawechsel, Pfandscheine eines Leihhauses, kaufmännische Urkunden gemäß § 363 HGB, wenn sie nicht an Order ausgestellt sind, Anweisungen nach § 783. § 952 II greift ebenfalls ein, wenn ein Recht aus einem Orderpapier nach § 398 abgetreten wird[73]. Für die Anwendung des § 952 II spielt es keine Rolle, ob die Übertragung des Rechts schon durch die Einigung bewirkt wird oder ob die Übergabe des Papiers hinzukommen muß[74].

b) Der Gläubiger erwirbt das Eigentum an der Urkunde gemäß § 952 II mit Abschluß des Begebungsvertrages[75]. Wird die Forderung zediert, so geht automatisch auch das Eigentum an der Urkunde über, wird die Forderung verpfändet, so erwirbt der Pfandgläubiger automatisch ein Pfandrecht an der Urkunde usw. Dagegen kann

---

[71] Das ist h.M., vgl. etwa BGH 36, 60; BGH JZ 1975, 29; BGH NJW 1999, 425 f.; Erman-Michalski § 929 Rn. 13a; Palandt-Bassenge § 929 Rn. 17.

[72] Entsprechend steht das Eigentum an einem Schuldschein dem Inhaber der Forderung zu, § 952 I.

[73] Vgl. Erman-Ebbing § 952 Rn. 6; Baur-Stürner § 53 Rn. 39.

[74] Übergabe ist erforderlich etwa beim Hypothekenbrief, § 1154 I; bei der Anweisung § 792 I 3; entsprechend bei Rektawechsel und Rektascheck sowie bei der Übertragung von Wechsel- oder Scheckforderungen nach § 398. Die Besitzübergabe erfolgt in den Formen der §§ 929–931.

[75] Das ist der Vertrag des Ausstellers des Wertpapiers mit dem ersten Nehmer, durch welchen das verbriefte Recht bestellt wird, vgl. dazu Palandt-Thomas § 793 Rn. 8.

selbständig über die Urkunde allein nicht verfügt werden, die §§ 929 ff. sind nicht anwendbar[76]. Geht die Forderung unter, etwa durch Erfüllung, so bleibt das Eigentum an der Urkunde nach h.M. dem früheren Gläubiger erhalten; der frühere Schuldner hat lediglich einen schuldrechtlichen Herausgabeanspruch nach § 371[77]. Obwohl der Frage kaum Bedeutung zukommt, erscheint es jedoch dem Sinn des § 952 eher angemessen, mit dem Wegfall des verbrieften Rechts das Eigentum an der Urkunde dem früheren Schuldner zuzusprechen[78].

c) Inhaberpapiere[79] werden nach sachenrechtlichen Grundsätzen übereignet, das verbriefte Recht folgt dem Eigentum am Papier. Es sind also die §§ 929 ff. anzuwenden, eine Übertragung des Rechts durch Zession (§§ 398 ff.) ist nicht möglich. In gleicher Weise wie Inhaberpapiere werden Orderpapiere übertragen[80], doch muß zur Übereignung noch ein Skripturakt hinzukommen, das Indossament. Erst bei diesen Wertpapieren zeigt sich der Vorteil der Verbriefung des Rechts im vollen Umfang. Die Rechte treten in einer dinglichen Verkörperung auf, die sachenrechtlichen Regeln etwa über den gutgläubigen Erwerb sind anwendbar.

2. Wertpapiere im Depot

Der Wertpapiereigentümer kann die Wertpapiere in Eigenverwahrung nehmen, was wegen des Verlustrisikos gefährlich und wegen des Verwaltungsaufwandes lästig ist. Praktischer ist es, sie einer Bank in Sonderverwahrung zu geben (Streifbanddepot), vgl. § 2 DepotG. Der Hinterleger bleibt Alleineigentümer seiner Papiere[81], die Verwaltungsarbeit übernimmt die Bank. Umständlich ist bei dieser Art von Verwahrung die Veräußerung, da die einzelnen Stücke aus dem Depot genommen, abgebucht und versandt werden müssen. Diese Nachteile vermeidet die Verwahrung im Sammeldepot, § 5 DepotG. Hier werden Wertpapiere derselben Art für eine Vielzahl von Hinterlegern ungetrennt verwahrt. Der Hinterleger verliert das Alleineigentum an den hinterlegten Papieren und erwirbt dafür einen Miteigentumsanteil am Sammelbestand, § 6 DepotG. Auf dieses Bruchteilseigentum sind die §§ 1008–1011 nicht, die §§ 741 ff. nur beschränkt anwendbar; es gelten die §§ 6 ff. DepotG. Der Hinterleger kann über sein Miteigentum ganz oder zu einem Bruchteil verfügen, er kann aber nicht über sein Miteigentum an einzelnen Wertpapieren verfügen, da diese nicht bestimmbar sind. Der Miteigentumsanteil des

---

[76] Nach der Rechtsprechung sollen auch Kraftfahrzeugbriefe unter § 952 fallen, so daß der Eigentümer des PKW immer auch Eigentümer des Kfz-Briefes ist. Das ist abzulehnen, vgl. mein Handbuch des Sachenrechts I § 9 IX 1 a.

[77] So etwa Westermann-Gursky § 55 II 2; Wolff-Raiser § 75 II Fn. 13; Schwab-Prütting Rn. 474.

[78] So auch vTuhr I S. 67 Fn. 9; Baur-Stürner § 53 Rn. 44.

[79] Inhaberpapiere sind Wertpapiere, bei denen die Leistung an den jeweiligen Inhaber versprochen wird; sie kann nur von dem geltend gemacht werden, der im Besitz des Papiers ist; Beispiele sind Inhaberschuldverschreibungen nach § 793.

[80] Beispiele sind etwa Wechsel und Scheck. Es gelten zwar nicht die §§ 932 ff., wohl aber die weitgehend entsprechenden Regeln in Art. 16 WG, Art. 21 ScheckG, § 365 HGB, welche den Schutz des gutgläubigen Erwerbers noch über die §§ 932 ff. ausdehnen.

[81] Er ist ferner mittelbarer Besitzer, die verwahrende Bank Besitzmittler.

Hinterlegers wird nicht nach Bruchteilen bestimmt, da sich der Bruchteil mit jeder Veränderung des Bestandes ändert; er wird gemäß § 6 I 2 nach dem Nennbetrag oder nach der Stückzahl der hinterlegten Wertpapiere bestimmt.

Bei der Veräußerung werden die Papiere nicht übergeben, es findet lediglich eine Umbuchung der Miteigentumsanteile statt: stückeloser Effektenverkehr[82]. Die Übereignung findet nach den Regeln des § 931 statt.

3. Sammelurkunden

Durch die Sammelverwahrung büßen die verwahrten Papiere weitgehend ihren Charakter als Wertpapiere ein. Zur Veräußerung werden sie nicht mehr übergeben, vielmehr werden sie durch reine Willenserklärungen nach § 931 übertragen. Zum Geltendmachen des Rechts wird nicht mehr das Papier vorgelegt, sondern eine Hinterlegungsbescheinigung der Bank. Der Gutglaubensschutz des Erwerbers (gutgläubiger Erwerb und Einwendungsausschluß) beruht nicht mehr auf dem Besitz des Erwerbers und dem Text der Urkunde, sondern auf dem mittelbaren Mitbesitz, der durch die Bescheinigung der Bank kundgetan wird. Da die Wertpapierfunktionen des sammelverwahrten Papiers auf diese Weise völlig zurückgedrängt werden, liegt es nahe, sich die Kosten des Druckes einer Unzahl einzelner Papiere zu ersparen und ebenfalls die Kosten der Verwahrung, vielmehr nur noch eine Sammelurkunde für die gesamte Emission herzustellen und in Sammelverwahrung zu geben. § 9 a DepotG läßt das zu. Die Hinterlegung der Sammelurkunde hat die gleiche Bedeutung, als wenn eine entsprechende Anzahl einzelner Wertpapiere hinterlegt worden wäre. Zur Verfügung über die Miteigentumsanteile sind die §§ 929 ff., d.h. insbesondere §§ 931, 934 anzuwenden; gutgläubiger Erwerb ist also möglich.

4. Wertrechte

Da die Sammelurkunde dauernd im Depot verbleibt und ihre Wertpapiereigenschaften nicht in Erscheinung treten, liegt es nahe, auch auf die Sammelurkunde und damit auf die Verbriefung insgesamt zu verzichten. Ein Anleiheemissär könnte etwa eine Anleiheforderung in bestimmter Höhe einer Wertpapiersammelbank zur Verwaltung überlassen, diese könnte bestimmte Anteile nach den Regeln des Sachenrechts auf ihre Kunden übertragen, als ob sie entsprechende verbriefte Schuldverschreibungen oder eine Sammelurkunde in Verwahrung hätte. Solche unverbrieften, sammelverwahrten Rechte, die wie verbriefte Rechte behandelt werden, werden als Wertrechte bezeichnet. Vom Gesetz als Wertrechte anerkannt sind Schuldbuchforderungen des Bundes, der Post, der Bahn sowie der Länder[83], die durch gesetzliche Fiktion Inhaberschuldverschreibungen gleichgestellt werden[84]. Verfügungen über Wertrechte geschehen gemäß der gesetzlichen Fiktion nach

---

[82] Vgl. dazu Peters, JuS 1976, 426 f.
[83] Zu den gesetzlichen Grundlagen vgl. Heinsius-Horn-Than, Depotgesetz (1975) § 42 Rn. 8–20.
[84] Vgl. BGH 5, 31; auch OLG Zweibrücken WM 1965, 1015 f.

sachenrechtlichen Grundsätzen, obwohl eine Sache nicht mehr vorhanden ist. Anzuwenden sind insbesondere auch hier §§ 931, 934, gutgläubiger Erwerb ist möglich[85]. An dem Sammelbestand besteht Miteigentum und Mitbesitz der Forderungsinhaber, so als würden Schuldverschreibungen oder eine Sammelurkunde verwahrt[86].

X. Traditionspapiere

Ladeschein, Orderlagerschein und Konnossement sind Traditionspapiere[87], d.h. ihre Übergabe hat dieselbe Wirkung wie die Übergabe der Ware selbst, §§ 448, 475 g, 650 HGB. Diese Gleichstellung gilt aber nur, soweit es um einen Rechtserwerb an der Ware geht, nicht in sonstiger Beziehung; wer etwa den unmittelbaren Besitz am Papier erwirbt, hat deswegen noch nicht den unmittelbaren Besitz an der Ware. Die Traditionswirkung setzt voraus, daß der Frachtführer bzw. Lagerhalter das Gut „übernommen" hat, d.h. er muß Besitzer der Sache geworden sein. Ein mittelbarer Besitz reicht aus, doch darf er dem Übernehmer nicht durch den Ablader vermittelt werden. Die Ausgestaltung der Traditionswirkung ist in Einzelheiten streitig, es werden dazu im wesentlichen drei Ansichten vertreten, deren Vertreter auch jeweils unter sich voneinander abweichen[88].

a) Die relative Theorie spricht den Traditionspapieren jede eigenständige Bedeutung ab. Sie sieht in der Übergabe des Papieres eine Verfügung durch Forderungsabtretung, wendet also die §§ 931, 934, 936 III, 1032, 2, 1205 II an. Diese Theorie läßt den Wortlaut des Gesetzes außer acht, wonach die Übergabe des Papiers als Übergabe der Sache gilt. Die absolute Theorie sieht in §§ 448, 475 g, 650 HGB eine eigenständige Verfügungsform, unabhängig vom BGB. Die Übereignung durch Übergabe des Papiers ist danach auch möglich, wenn der Frachtführer bzw. Lagerhalter die Sache nicht mehr im Besitz hat. Diese Theorie unterschätzt die Bedeutung, welche die Regeln des BGB für die Rechtsordnung gewonnen haben.

Zu folgen ist der richtig verstandenen, von der h.M. vertretenen Repräsentationstheorie[89], wonach die Übergabe des Traditionspapiers ebenso wirkt wie die Übergabe der Sache; das Papier repräsentiert die Sache. Das entspricht dem Wortlaut des Gesetzes und führt zu richtigen Ergebnissen. Es sind die §§ 929, 1, 932, 935, 936 I, 1032, 1, 1205 I 1 anzuwenden.

b) Die Übergabe des Traditionspapiers ersetzt die Übergabe der Ware. Zur Übereignung hinzukommen muß die dingliche Einigung gemäß § 929, 1. Ist der Veräußerer nicht Eigentümer, so kommt ein Gutglaubensschutz nach den §§ 932–936, 1032, 1207, 1208; § 366 HGB in Betracht. Damit die Traditionswirkung der §§ 448,

---

[85] Zur Verpfändung von Bundesschatzbriefen vgl. LG Konstanz WM 1988, 818, 1125.
[86] Vgl. Zöllner, FS Raiser (1974) 261 ff.; Heinsius-Horn-Than § 42 Rn. 31 ff.
[87] Vgl. dazu etwa Brox, Handels- und Wertapierrecht Rn. 683 ff.
[88] Zu den Theorien vgl. etwa Staub-Canaris, HGB 3. Aufl. 1978 ff., § 363 Rn. 75 ff.
[89] Vgl. etwa Soergel-Henssler § 931 Rn. 15.

475 g, 650 HGB eintritt, muß das Traditionspapier nach den jeweiligen Regeln des Wertpapierrechts übertragen werden.

Im Traditionspapier ist der Herausgabeanspruch bezüglich der Ware gegen den Aussteller verbrieft. Die auf dieser Verbriefung beruhende Traditionswirkung der §§ 448, 475 g, 650 HGB kann daher nur eintreten, wenn ein solcher Anspruch besteht; andernfalls ist eine Verfügung nur nach den allgemeinen sachenrechtlichen Vorschriften möglich. Vorausgesetzt wird also insbesondere, daß der Frachtführer oder Lagerhalter noch im Besitz der Ware ist. Erforderlich ist aber nicht, daß der Veräußerer mittelbarer Besitzer der Ware ist[90].

XI. Übereignung von Schiffen

Schiffe sind bewegliche Sachen, für welche grundsätzlich die §§ 929 ff. gelten, soweit nicht besondere Regeln bestehen.

a) Die Übereignung eines eingetragenen Seeschiffs geschieht nach § 2 I Schiffsrechtsgesetz[91] durch bloße Einigung. Eine Eintragung der Rechtsänderung im Schiffsregister ist deklaratorisch. Zur Übereignung eines eingetragenen Binnenschiffs ist die Einigung und die Eintragung im Schiffsregister erforderlich, § 3 I. Im übrigen ist die Regelung dem Grundstücksrecht des BGB ähnlich.

b) Bei nicht eingetragenen Seeschiffen wird die Übereignung durch § 929a erleichtert: Sie kann durch bloße formlose Einigung geschehen. Für nicht eingetragene Binnenschiffe gelten ausschließlich die §§ 929 ff.

---

[90] Vgl. Schnauder, NJW 1991, 1546.
[91] Das SchiffsRG (RGBl I 1940, 1499 ff.) regelt das materielle Schiffssachenrecht, während die Schiffsregisterordung (RGBl I 1940, 1591 ff.; BGBl I 1951, 360 ff.; BGBl I 1980, 833 ff.) das formelle Recht regelt, ähnlich der Grundbuchordnung.

§ 10. Erwerb vom Nichtberechtigten

Das Eigentum gibt dem Eigentümer einen Anspruch auf Herausgabe, § 985. Hat er die Sache aus seinem Besitz verloren, so kann er sie von jedem, der sie besitzt, herausverlangen: Vindikationsprinzip. Dieser Anspruch macht die Stärke des Eigentums aus, gefährdet aber auf der anderen Seite die Sicherheit des Rechtsverkehrs: Wer eine Sache erworben hat, muß jederzeit damit rechnen, daß ein Dritter sich als Eigentümer legitimiert und ihm die Sache wegnimmt. Das BGB hat die Schärfe des Vindikationsprinzips dadurch erheblich abgeschwächt, daß der Erwerber auch von einem Nichteigentümer Eigentum erwerben kann, wenn er gutgläubig ist (§§ 932–934, 936), es sei denn, daß die Sache abhanden gekommen ist, § 935[1]. Die Möglichkeit des gutgläubigen Erwerbs stärkt die Verkehrssicherheit, schwächt aber andererseits die absolute Geltung des Eigentums[2]. Dieser vermittelnden Lösung des BGB geht in einer langen geschichtlichen Entwicklung eine Vielzahl von Versuchen voraus, die Interessen des Eigentümers und die der Verkehrssicherheit zufriedenstellend zu regeln. Gegen die Möglichkeit des gutgläubigen Erwerbs kann man nicht geltend machen, sie verstoße gegen die Logik, weil niemand etwas geben könne, was er nicht habe[3]. Wer dergleichen behauptet, hat den Unterschied zwischen allgemeingültiger Logik und interessenbewertender Jurisprudenz nicht beachtet. Wer meint, ein solcher Erwerb sei ungerecht, mag sich in die Situation versetzen, daß er in gutem Glauben eine Sache von einem unbekannten Händler auf dem Trödelmarkt gekauft und bezahlt hat und nun vom Eigentümer in Anspruch genommen wird.

I. Allgemeine Voraussetzungen

1. Verkehrsgeschäft

a) Die §§ 932 ff. setzen zunächst den entsprechenden Tatbestand der §§ 929–931 voraus. Es muß also ein Übereignungstatbestand vorliegen, dem zur Wirksamkeit

---

[1] Zur Geschichte des gutgläubigen Erwerbs vgl. mein Handbuch des Sachenrechts I § 10 I.

[2] Der gutgläubige Erwerb bedeutet aber keine Enteignung, sondern stellt eine Inhalts- und Schrankenbestimmung i.S.d. Art. 14 I 2 GG dar, vgl. dazu Hager, Johannes, Verkehrsschutz, 52, 59 f., 75, 79 und oben § 8 I d.

[3] Der Satz *nemo plus iuris transferre potest quam ipse haberet* bezog sich ursprünglich auf den Erwerb des Erben von Erblasser und war im römischen Recht auf jeden Fall richtig. Logische Allgemeingültigkeit ihrer Rechtssprichwörter zu behaupten wäre den römischen Juristen nicht in den Sinn gekommen.

nur die Berechtigung des Veräußerers fehlt. Gutgläubiger Erwerb gemäß den §§ 932 ff. ist also nur als rechtsgeschäftlicher Erwerb möglich, nicht aufgrund eines Gesetzes oder Staatsaktes[4]. Aufgrund eines Erbfalls kann ein Recht daher nicht gutgläubig erworben werden, ebensowenig aufgrund einer Pfändung in der Zwangsvollstreckung.

b) Gutgläubiger Erwerb setzt weiter ein Verkehrsgeschäft voraus, d.h. Veräußerer und Erwerber dürfen nicht identisch sein; auch wirtschaftliche Identität darf nicht vorliegen. Liegt sie vor, so kann ein Verkehrsschutz oder Vertrauensschutz nicht in Betracht kommen, die Eigentümerinteressen haben Vorrang. Erwirbt etwa der alleinige Gesellschafter einer GmbH oder Aktiengesellschaft eine Sache von dieser Gesellschaft, so liegt kein Verkehrsgeschäft vor; es findet nur eine formale Rechtsänderung statt. Gutgläubiger Erwerb ist daher nicht möglich[5]. Das gleiche gilt, wenn eine Erbengemeinschaft das Eigentum auf eine Gesellschaft mit den gleichen Personen überträgt[6], wenn Eigentum im Zuge der Auseinandersetzung einer Gesellschaft oder Gemeinschaft übertragen wird[7], wenn ein Buchberechtigter sich selbst eine Eigentümergrundschuld bestellt. Gutgläubiger Erwerb ist ferner nicht möglich, wenn einem Erben bei der Teilung eine Sache übereignet wird. Dagegen ist es nicht richtig, ein Verkehrsgeschäft immer dann auszuschließen, wenn aus dem Gesellschaftsvermögen eine Sache an einen oder an einige Gesellschafter veräußert wird[8]. Kauft einer von mehreren Gesellschaftern von dieser eine Sache, so liegt durchaus ein Verkehrsgeschäft vor[9], die §§ 932 ff. sind anwendbar. Die §§ 932 ff. wären im genannten Fall nur dann ausgeschlossen, wenn es sich um einen Erwerb bei einer Auseinandersetzung handelte. Sind auf der Erwerberseite mehr Personen beteiligt als auf der Veräußererseite, so liegt immer ein Verkehrsgeschäft vor[10].

Ein Verkehrsgeschäft liegt auch dann nicht vor, wenn eine Sache zur Rückabwicklung eines Vertrages zurückübereignet wird.

2. Bewegliche Sachen

Die §§ 932 ff. beziehen sich ebenso wie die §§ 929–931 nur auf bewegliche Sachen. Nicht in Betracht kommen also Grundstücke, Sach- oder Rechtsgesamtheiten, Rechte wie Forderungen, Gesellschaftsanteile, Patent- oder Urheberrechte usw. Zu den beweglichen Sachen gehören auch Münz- und Papiergeld sowie Inhaberpapiere. Dagegen können Rektapapiere nicht nach den §§ 932 ff. erworben werden, die Übertragung geschieht durch Forderungsabtretung, das Eigentum an der Ur-

---

[4] Wie alle Dogmen ist auch dieses nicht schematisch, sondern mit Verstand anzuwenden, vgl. unten § 15 VI 1 b, § 22 III 2 b, § 27 II 4 pr.

[5] BGH 78, 325 und h.M., vgl. etwa Gursky, AcP 191 (1991), 368 ff.; gegen die Lehre vom Verkehrsgeschäft vgl. die Dissertation Wittkowski, Lutz, Die Lehre vom Verkehrsgeschäft, 1990.

[6] Baur-Stürner § 23 Rn. 26; Wolff-Raiser § 45 I 4.

[7] BGH 30, 256; Schwab-Prütting Rn. 224.

[8] So aber BGH 30, 256; Wolff-Raiser § 45 I 4.

[9] So zutreffend RG JW 1929, 1387; vTuhr I 354.

[10] Wolff-Raiser § 45 I 4; MünchenerK-Quack § 932 Rn. 19.

kunde folgt dem Recht, § 952 II[11]. Ein gutgläubiger Erwerb ist ausgeschlossen. Für Orderpapiere gelten besondere Regelungen[12].

II. Guter Glaube

1. Gegenstand und Umfang des guten Glaubens

a) Der gute Glaube i.S.d. §§ 932–935 bezieht sich nur auf das Eigentum des Veräußerers, wie der Wortlaut des § 932 I 1 zeigt. Nur die Behauptung des Veräußerers, Eigentümer zu sein, kann durch den Besitz legitimiert werden. Dagegen sagt der Besitz nichts über die Geschäftsfähigkeit des Veräußerers, über seine Vertretungsmacht oder über die sonstigen Wirksamkeitsvoraussetzungen der Übereignung; ein guter Glaube hieran wird nicht geschützt. Engherzig zeigt sich das Gesetz beim guten Glauben an eine Verfügungsbefugnis, z.B. an eine Einwilligung gemäß § 185 I. Der gute Glaube hieran wird nur im Handelsrecht nach § 366 HGB geschützt. Im bürgerlichen Recht sollte man §§ 932 ff. entsprechend auf den Fall anwenden, daß der Erwerber auf das Eigentum eines Dritten vertraut, welcher der Verfügung des Nichtberechtigten zustimmt[13].

Bedient sich der Erwerber eines Vertreters bei der Einigung, so ist dessen guter Glaube entscheidend, § 166 I[14]. Dagegen spielt der gute Glaube eines Vertreters beim Besitzerwerb (Besitzdiener, Besitzmittler) für die Anwendung der §§ 932 ff. keine Rolle.

b) Böser Glaube bedeutet Wissen und grob fahrlässiges Nichtwissen. Die erste Kommission begründete den Unterschied zum Grundstücksrecht – nur Wissen schadet, vgl. § 892 – damit, daß der Besitz ein weniger zuverlässiges Erkenntnismittel für die Rechtsverhältnisse sei als die Eintragung im Grundbuch. Den Erwerber eines Grundstücks treffe keine Nachforschungspflicht, auch wenn Anlaß zum Zweifel am Eigentum des Veräußerers bestünden; bei beweglichen Sachen sei dies anders zu regeln, doch dürfe dem Erwerber keine strenge Diligenzpflicht auferlegt werden, da sonst der Zweck der Regelung gefährdet würde.

c) Bösgläubig ist also zunächst wer weiß, daß der Veräußerer nicht Eigentümer ist. Es genügt zur Annahme der Bösgläubigkeit nicht, daß der Erwerber die Tatsachen kennt, aus welchen sich die Nichtberechtigung des Veräußerers ergibt, jedoch aufgrund eines Rechtsirrtums meint, der Veräußerer habe doch Eigentum erworben. Ein solcher Rechtsirrtum führt nur dann zur Bösgläubigkeit, wenn er auf grober Fahrlässigkeit beruht.

d) Bösgläubig ist gemäß § 932 II ferner, wem infolge grober Fahrlässigkeit nicht bekannt ist, daß der Veräußerer nicht Eigentümer ist; leichte Fahrlässigkeit beein-

---

[11] Vgl. oben § 9 IX 1 b.
[12] Vgl. oben § 9 IX 1 c.
[13] So z.B. Wolff-Raiser § 69 II 1; Westermann-Gursky § 46, 2 b; Müller Rn. 2392a ff.; Palandt-Bassenge § 932 Rn. 8.
[14] Im Falle des § 166 II müssen beide gutgläubig sein.

trächtigt den guten Glauben nicht. Die Unterscheidung zwischen grober und leichter Fahrlässigkeit ist schwierig[15], die Grenze nicht leicht zu finden. Nach h.M. liegt eine grobe Fahrlässigkeit dann vor, wenn „unbeachtet geblieben ist, was im gegebenen Fall jedem einleuchten mußte", bzw. wenn „die erforderliche Sorgfalt in ungewöhnlich großem Maße verletzt" wurde[16]. Auch diese Formeln lassen dem Beurteiler einen Ermessensspielraum, es handelt sich um eine Wertungsfrage[17]. Wer also das mangelnde Eigentum des Veräußerers nicht erkennt, obwohl ein solcher Mangel jedem einleuchten müßte, handelt grob fahrlässig.

e) Grob fahrlässig handelt weiter, wer keine Nachforschungen betreibt, um sich Sicherheit über die Berechtigung des Veräußerers zu verschaffen, falls nämlich Anlaß zu Zweifeln an seiner Berechtigung gegeben war. Keineswegs besteht aber generell eine Prüfungs- und Nachforschungspflicht, wenn solche Verdachtsmomente nicht bestehen[18]; dann kann sich der Erwerber auf die Angaben des Veräußerers verlassen. Eine allgemeine Nachforschungspflicht würde nichts anderes als jene „strenge Diligenzpflicht" bedeuten, welche das Gesetz ablehnt.

Wer daher eine Ware erwirbt, muß nicht generell mit einer Sicherungsübereignung rechnen. Er muß sich nach einer Sicherungsübereignung nur erkundigen, wenn konkreter Anlaß dazu besteht[19]. Es gibt auch keinen Erfahrungssatz, daß Waren normalerweise unter Eigentumsvorbehalt verkauft, d.h. nicht sofort bezahlt werden. Daß eine Ware sofort bezahlt wird, ist nicht so selten, daß eine entsprechende Behauptung des Veräußerers unglaubhaft wäre. Das Gesetz will den gutgläubigen Erwerber schützen, wobei keine strenge Diligenzpflicht gefordert und der gute Glaube vermutet wird; diese Wertung des Gesetzes darf man nicht durch überzogene Anforderung an den Erwerber umgehen[20]. Überzogene Anforderungen an die Gutgläubigkeit führen dazu, daß § 932 ausgeschaltet und der Warenlieferant einseitig zu Lasten der Geldgeber geschützt wird.

f) Im übrigen hängt der Grad der erforderlichen Sorgfalt von den Umständen ab. Von einem Kaufmann darf man i.d.R. größere Sorgfalt erwarten als von einem Laien. Wer in einem Ladengeschäft ein Buch kauft, wird weniger an Sorgfalt aufzubringen haben als der, der von einem Unbekannten auf der Straße wertvollen Schmuck kauft. Ein Verdachtsmoment ist nach der Rechtsprechung regelmäßig dann gegeben, wenn der Veräußerer eines gebrauchten PKW nicht im Besitz des Kfz-Briefs ist oder wenn der Brief auf einen anderen Namen lautet[21]. Geht der Erwerber dem nicht nach, handelt er grob fahrlässig, das gilt jedoch nicht, wenn er einen Neuwagen oder einen Vorführwagen vom Vertragshändler erwirbt[22].

---

[15] Vgl. Röhl, Zur Abgrenzung der groben von der einfachen Fahrlässigkeit, JZ 1974, 521 ff.
[16] Vgl. RG 166, 101; BGH 10, 16; BGH NJW 1981, 1272.
[17] Vgl. Larenz I § 20 V.
[18] H.M., vgl. etwa Jauernig § 932 Rn. 17; Schwab-Prütting Rn 426; Westermann-Gursky § 46, 2 c; BGH 77, 277; Musielak, JuS 1992, 715.
[19] Vgl. BGH LM § 932 N. 22; BGH DB 1970, 248.
[20] So auch Erman-Michalski § 932 Rn. 10.
[21] Vgl. etwa BGH NJW 1991, 1415, 1417; BGH NJW 1996, 2226.
[22] BGH 30, 380; OLG Düsseldorf NJW-RR 1992, 381; BGH NJW 1996, 314; OLG Frankfurt NJW-RR 1999, 927 und JuS 1999, 1234 f.

2. Kausalität des Rechtsscheins

Das Gesetz fordert für den gutgläubigen Erwerb zwar die Existenz eines Rechtsscheinstatbestandes, nicht aber, daß der Erwerber diesen Tatbestand kennt; das Vertrauen des Erwerbers muß sich nicht auf diesen Tatbestand stützen. Durch die negative Formulierung des guten Glaubens in § 932 I 1 wird keinerlei Beziehung zwischen gutem Glauben und Rechtsschein hergestellt, beide stehen unverbunden nebeneinander. Gutgläubig ist also auch, wer ohne grobe Fahrlässigkeit auf das Eigentum des Veräußerers vertraut, ohne den Rechtsscheinstatbestand zur Kenntnis genommen zu haben. Das Gesetz fordert keine Kausalität zwischen Rechtsschein und gutem Glauben[23].

Einen Rechtsschein begründet auch der Kfz-Brief. Auch hier ist eine Kausalität zwischen Rechtsschein und gutem Glauben nicht erforderlich. Ist etwa der nichtberechtigte Veräußerer im Besitz eines auf seinen Namen ausgestellten Briefs, so ist der Erwerber auch dann gutgläubig, wenn er sich den Brief nicht vorlegen läßt. Es reicht aus, daß der Veräußerer den Brief hätte vorlegen können. Daß der Erwerber die Vorlage nicht verlangt hat, ist bedeutungslos, da auch die Vorlage nicht zu einer Aufklärung geführt hätte[24]; denn was nicht kausal war für ein Ereignis, kann niemand als Verschulden zur Last gelegt werden. Andernfalls würde man die Vorlage des Briefs zum Selbstzweck machen, was sie offenbar nicht sein kann.

3. Zeitpunkt des guten Glaubens und Beweislast

a) Gemäß § 932 I 1 muß der Erwerber in dem Zeitpunkt gutgläubig sein, in welchem er das Eigentum erwirbt. Da normalerweise die Übergabe der Einigung folgt, ist die Zeit der Übergabe entscheidend. Geht die Übergabe der Einigung voraus, so entscheidet der Zeitpunkt der Einigung. Im Falle der Abtretung des mittelbaren Besitzes nach § 934 entscheidet die Zeit der Abtretung. Immer ist also entscheidend die Zeit der letzten Erwerbshandlung, mag dies nun die Einigung sein oder die Übergabe bzw. deren Surrogat.

Ist die Übereignung aufschiebend bedingt, so kommt es für den guten Glauben nicht auf den Zeitpunkt des Eigentumserwerbs an, sondern auf den Zeitpunkt der letzten Erwerbshandlung (Einigung oder Übergabe)[25]; es schadet dem Erwerber nicht, wenn er danach und vor Eintritt der Bedingung bösgläubig wird.

Hat der Erwerber die Sache einmal gutgläubig erworben, so schadet ein nachträglich böser Glaube nicht.

b) Die Beweislast für seinen guten Glauben trägt nicht etwa der Erwerber; vielmehr muß jeder, der dessen guten Glauben bestreitet, dessen bösen Glauben nachweisen. Der gute Glaube des Erwerbers wird vermutet. Diese Beweislastregelung

---

[23] Vgl. Motive 3, 212; auch E. Wolf § 5 B I b 12; Hager 328 f.; Bartels, AcP 205 (2005), 687 ff.; a.A. Wiegand, JuS 1978, 148 f.

[24] Ebenso OLG Saarbrücken NJW 1968, 1936 f.; Mormann, WM 1966, 9; Jauernig § 932 Rn. 17; AlternK-Reich § 932 Rn. 13; Müller Rn. 2393; Jauernig § 932 Rn. 17; Baumgärtel, Gottfried, Handbuch der Beweislast im Privatrecht, 1985, § 932 Rn. 7.

[25] Vgl. Baur-Stürner § 52 Rn. 15; BGH 10, 72 f.; 30, 377; Westermann-Gursky § 46, 4.

wird dadurch verwirklicht, daß das Gesetz den guten Glauben nicht als Voraussetzung des Erwerbs fordert, sondern umgekehrt den bösen Glauben als Hinderungsgrund für den Erwerb bezeichnet, vgl. § 932 I 1.

III. Gutgläubiger Erwerb nach §§ 932–934

1. Erwerb nach §§ 929, 1; 932 I 1

a) Die Übergabe der Sache ist in gleicher Weise vorzunehmen wie bei § 929, 1[26]. Der Besitz dient als Legitimation des Veräußerers, der Erwerber muß den Besitz erwerben, der Veräußerer ihn vollständig aufgeben, wobei der Sachgewahrsam wechseln muß. Dabei kann entweder der Veräußerer selbst oder sein Besitzdiener bzw. Besitzmittler die Sache dem Erwerber oder dessen Besitzdiener bzw. Besitzmittler übergeben[27]. Auch ein Geheißerwerb ist möglich[28]. Hat der Veräußerer selbst Gewahrsam an der Sache, so macht dies den Rechtsschein aus; besitzt der Veräußerer durch einen Besitzdiener oder -mittler, so liegt der Rechtsschein in der Besitzverschaffungsmacht[29], welche ihn als verfügungsberechtigt ausweist[30].

b) Überträgt der Veräußerer nur Mitbesitz auf den Erwerber, indem er sich selbst auch Mitbesitz vorbehält, so ist ein Eigentumserwerb nicht möglich; denn die Übereignung nach § 929, 1 erfordert eine völlige Aufgabe des Besitzes durch den Veräußerer. Denkbar ist gutgläubiger Erwerb des Miteigentums nach § 932 I 1, falls ein entsprechender Wille der Parteien anzunehmen ist[31].

2. Erwerb nach §§ 929, 2; 932 I 2

Ist der Erwerber bereits im Besitz der Sache und will er das Eigentum durch brevi manu traditio erwerben, so kann er auf das Eigentum des Veräußerers nur vertrauen, wenn er die Sache vom Veräußerer erlangt hat. Hat er sie von einem Dritten erlangt, so spricht kein Rechtsschein für das Eigentum des Veräußerers. § 932 I 2 läßt daher einen gutgläubigen Erwerb brevi manu nur zu, wenn der Erwerber den Besitz vom Veräußerer erlangt hatte.

Der Erwerber kann die Sache vor dem Erwerb als Besitzdiener haben oder sie als Fremdbesitzer oder Eigenbesitzer besitzen[32]. Der Erwerber muß nicht unmittelbarer Besitzer sein, mittelbarer Besitz reicht aus[33]: Hat etwa M eine Sache von dem Nichtberechtigten V gemietet und dem X in Verwahrung gegeben, so wird M durch eine Einigung mit V Eigentümer nach §§ 929, 2; 932 I 2.

---

[26] Vgl. oben § 9 I 2.
[27] Vgl. oben § 9 I 2 b.
[28] Vgl. dazu unten 6.
[29] Vgl. Heck § 59, 1.
[30] Vgl. zur Besitzverschaffungsmacht unten 6.
[31] Vgl. oben § 9 I 2 d.
[32] Vgl. oben § 9 II.
[33] Westermann-Gursky § 47 I 2.

3. Erwerb nach §§ 930, 933

a) Gutgläubiger Eigentumserwerb durch Besitzkonstitut ist nicht möglich, § 933. Davon gibt es auch keine Ausnahme; denn wenn die in § 933 genannte „Übergabe" vorliegt, so ist entweder der Tatbestand des § 932 I 1 oder der des § 934 (1) gegeben. Hieran zeigt sich deutlich das Prinzip der gesetzlichen Regelung: Ein gutgläubiger Erwerb ist ausgeschlossen, solange der Veräußerer noch Besitz hat.

Der Grund für diese Zurücksetzung des Besitzkonstituts liegt nicht etwa darin, daß es an Gewahrsamsübertragung an den Erwerber, also insoweit an einem äußerlich erkennbaren Rechtsschein fehlt; auch bei der Veräußerung nach § 934 erwirbt der Erwerber keinen Gewahrsam, dennoch ist gutgläubiger Erwerb möglich. Der Grund für den Ausschluß des gutgläubigen Erwerbs beim Besitzkonstitut liegt darin, daß der Veräußerer seinen Besitz behält. Der Erwerber hat durch das Besitzkonstitut dem Veräußerer den Besitz der Sache überlassen, ebenso wie der Berechtigte die Sache dem Veräußerer anvertraut hatte. Beide haben darauf vertraut, daß ihr durch die Besitzüberlassung bezeugtes Vertrauen nicht enttäuscht werde. In dieser Situation gleichen Vertrauens muß das bereits bestehende Eigentum den Vorrang haben, das Beharrungsinteresse des Eigentümers muß höher bewertet werden als das Erwerbsinteresse des Erwerbers[34].

b) Gutgläubiger Erwerb ist gemäß § 933 möglich, wenn der Veräußerer die Sache nach Vereinbarung des Besitzkonstituts übergibt. Erforderlich ist guter Glaube zur Zeit der Übergabe[35]. Die Übergabe erfolgt nach den Regeln der §§ 929, 1; 932 I 1. Es muß also eine Gewahrsamsänderung erfolgen, sowohl der Veräußerer als der Erwerber können Besitzdiener oder Besitzmittler einschalten, auch eine Übergabe durch Geheißpersonen ist möglich[36]. Der Erwerber muß Eigenbesitzer werden. § 933 kann nicht dadurch umgangen werden, daß der Veräußerer dem Erwerber die Sache übergibt und sie sich alsbald zurückgeben läßt; darin liegt keine Übergabe, da letztlich der Veräußerer im Besitz der Sache bleibt[37].

c) Eine Übergabe i.S.d. § 933 ist einmal in der Form des § 929, 1 möglich; man kommt dann zum gutgläubigen Erwerb nach § 932 I 1. Eine Übergabe i.S.d. § 933 liegt aber auch dann vor, wenn der Veräußerer dem Erwerber den mittelbaren Besitz nach § 931 verschafft; es kommt dann zum gutgläubigen Erwerb nach § 934 (1).

4. Erwerb nach §§ 931, 934

a) Gemäß § 934 wird der gutgläubige Erwerber auch dann Eigentümer, wenn ein Nichtberechtigter gemäß § 931 über die Sache verfügt, und zwar sofort, wenn der Veräußerer mittelbarer Besitzer war, § 934 (1); andernfalls erst dann, wenn er den Besitz erlangt, § 934 (2). Die Vorschrift ist in der Literatur viel diskutiert worden,

---

[34] Vgl. Motive 3, 345; Wolff-Raiser § 69 II 2 c; Erman-Michalski § 933 Rn. 1.
[35] Vgl. Protokolle der 2. Kommission 3707 (Mugdan 3, 633).
[36] Zum Geheißerwerb vgl. unten 6.
[37] Vgl. RGRK-Pikart § 933 Rn. 5; Soergel-Henssler § 933 Rn. 8.

weil sie angeblich in einem Widerspruch zu § 933 stehe. Das ist jedoch nicht der Fall.

Ein Normwiderspruch zwischen § 934 (1) und § 933 wird bisweilen deshalb angenommen, weil in beiden Fällen der Erwerber nur mittelbaren Besitz erlangt, dies aber nur in § 934 (1) zum Eigentumserwerb ausreicht, in § 933 dagegen nicht[38]. Das Entscheidende in § 933 ist aber nicht, daß der Erwerber nur mittelbarer Besitzer wird; es liegt vielmehr darin, daß der Veräußerer den Besitz nicht aufgibt[39], vielmehr sich selbst trotz der Veräußerung Besitz zurückbehält.

b) Die älteste Form der Übereignung nach §§ 931, 934 (1) liegt in der Besitzanweisung[40]. Der Veräußerer überträgt seinen mittelbaren Besitz dadurch auf den Erwerber, daß er den Besitzmittler veranlaßt, nunmehr dem Erwerber den Besitz zu vermitteln. Eine Übertragung des Besitzes ist aber auch durch bloße Einigung i.S.v. § 870 möglich: Besitzabtretung.

Das Gesetz sieht gemäß § 934 (1) den mittelbaren Besitz, den der Erwerber vom Veräußerer erlangt, als hinreichenden Rechtsschein zur Zulassung des gutgläubigen Erwerbs an[41]. Der mittelbare Besitz äußert damit die gleichen Wirkungen wie der unmittelbare; das ist nicht unproblematisch. Während der unmittelbare Besitz erkennbar ist, ist das beim mittelbaren nicht ohne weiteres der Fall. Immerhin kann sich ein Erwerber auch hier Sicherheit beschaffen, durch Befragung des Besitzmittlers. Erforderlich ist für die Übereignung nach § 934 (1), daß der Veräußerer tatsächlich mittelbaren Besitz hat[42]; auch mittelbarer Fremdbesitz reicht aus[43]. Der Eigentumserwerb tritt sofort mit der Übertragung des mittelbaren Besitzes ein, dies ist auch der entscheidende Zeitpunkt für den guten Glauben des Erwerbers. Die Rechte des dritten Besitzers an der Sache bleiben jedoch bestehen, §§ 936 III, 986 II; hatte er die Sache z.B. gemietet, so kann er dies auch dem neuen Eigentümer entgegenhalten.

c) Ist der Veräußerer nicht mittelbarer Besitzer, so kann die Übereignung gemäß § 931 durch Forderungsabtretung oder durch bloße Einigung erfolgen. Allerdings fehlt jeder Rechtsschein, der einen gutgläubigen Erwerb ermöglichen könnte; ein Erwerb ist daher erst möglich, wenn der Erwerber Besitz erlangt, § 934 (2).

Dieser Besitz muß „aufgrund der Veräußerung" erworben werden[44]. Eine eigenmächtige Besitzergreifung durch den Erwerber reicht keinesfalls aus. Denkbar ist, daß der Veräußerer nach der Forderungsabtretung unmittelbaren Besitz erlangt hat. Übergibt er die Sache dem Erwerber (oder dessen Besitzdiener bzw. Besitzmittler), so erwirbt dieser Eigentum; es liegt ein Fall des § 932 I 1 vor. Dagegen würde es

---

[38] Vgl. etwa Wiegand, JuS 1974, 203; Picker, AcP 188 (1988), 511 ff.; Kindl 317 f.

[39] Michalski, AcP 181 (1981), 417 ff.; Jauernig § 934 Rn. 2; Baur-Stürner § 52 Rn. 20 und jetzt Lohsse, AcP 2006, 527 ff., der trotz den unterschiedlichen Ausgangssituationen von § 933 und § 934 einen Wertungswiderspruch zwischen ihnen behauptet.

[40] Vgl. oben § 9 IV 2.

[41] Vgl. Protokolle der 2. Kommission 3706 (Mugdan 3, 632 f.).

[42] Andernfalls kommt nur ein Erwerb nach § 934 (2) in Betracht.

[43] Vgl. den Fall BGH JuS 1978, 131 f. Mit Beginn der Veräußerungshandlung tritt der Veräußerer als Eigenbesitzer auf, verwandelt also seinen mittelbaren Fremd- in Eigenbesitz.

[44] Vgl. die Formulierung in § 936 I 3.

nicht genügen, wenn der Veräußerer dem Erwerber durch Besitzkonstitut den mittelbaren Besitz verschaffte, selbst also Besitzer bliebe, vgl. § 933. Denkbar ist auch, daß der Veräußerer den dritten Besitzer anweist, dem Erwerber die Sache herauszugeben oder ihm mittelbaren Besitz zu vermitteln[45]. Geschieht das, so hat der Veräußerer zwar nicht eigenen Besitz auf den Erwerber übertragen, er hat aber gezeigt, daß er Besitzverschaffungsmacht hat. Die Unterordnung des Besitzers unter die Anweisung des Veräußerers spricht für dessen Eigentum; auf diesen Rechtsschein darf der Erwerber vertrauen[46].

Der Eigentumserwerb tritt nach § 934 (2) mit dem Besitzerwerb ein, zu diesem Zeitpunkt muß guter Glaube gegeben sein. Späterer Besitzverlust ändert an dem einmal eingetretenen Eigentumserwerb nichts mehr. Rechte des dritten Besitzers bleiben auch hier nach §§ 936 III, 986 II geschützt.

Wird eine besitzlose Sache durch bloße Einigung übereignet[47], so erwirbt der Erwerber gutgläubig Eigentum, wenn er den Besitz der Sache aufgrund der Veräußerung erwirbt.

d) Streitig ist die Frage, ob es zum Erwerb nach § 934 (1) oder § 934 (2) auch ausreicht, wenn der Erwerber nur Nebenbesitz erlangt[48]. Erwirbt der Erwerber mittelbaren Eigenbesitz derart, daß er zusammen mit dem Eigentümer Nebenbesitzer wird, so reicht das nicht für einen gutgläubigen Erwerb[49]. Solange der Eigentümer aufgrund seines Eigentums im Besitz der Sache ist, kann er sein Recht nicht verlieren, arg. § 936 III. Gutgläubiger Erwerb setzt immer voraus, daß der Erwerber in eine engere Besitzbeziehung zur Sache tritt als der Eigentümer, vgl. § 933. Solange der Eigentümer Nebenbesitzer bleibt, ist gutgläubiger Erwerb ausgeschlossen[50].

5. Erwerb des Miteigentums

Auf den gutgläubigen Erwerb von Miteigentumsanteilen sind die §§ 932–935 anwendbar. Der nichtberechtigte Veräußerer, der als Alleineigentümer auftritt, kann dem Erwerber etwa gemäß § 932 I 1 dadurch Miteigentum verschaffen, daß er ihm Mitbesitz einräumt. Die Quote des erworbenen Miteigentums richtet sich nach der Vereinbarung. Ist der angebliche Alleineigentümer, der in Wirklichkeit nichtberechtigt ist, nur Mitbesitzer, so sind ebenfalls die §§ 932–935 anzuwenden.

---

[45] Daß der Erwerb mittelbaren Besitzes für § 934 (2) ausreicht, entspricht zu Recht der h.M., vgl. etwa Protokolle der 2. Kommission 3706 (Mugdan 3, 632); RG 89, 349; 135, 77; 138, 267; Soergel-Mühl § 934 Rn. 3; Erman-Michalski § 934 Rn. 3.

[46] Vgl. Protokolle der 2. Kommission 3705 f. (Mugdan 3, 632). Zum gutgläubigen Geheißerwerb vgl. auch Wieling, Jura 1980, 322 ff., 326 f.

[47] Vgl. oben § 9 IV 4.

[48] Vgl. zum Nebenbesitz oben § 6 III 3 b, zum Erwerb vom Berechtigten durch Übertragung des Nebenbesitzes oben § 9 IV 1 b.

[49] Anders, wenn nicht der Eigentümer, sondern ein Dritter Nebenbesitzer mit dem Erwerber ist.

[50] Vgl. auch Wolff-Raiser § 69 II Fn. 22; Baur-Stürner § 52 Rn. 24; M. Wolf Rn. 570; Medicus, BürgR, Rn. 558. Bei dieser Frage zeigen sich auch die Schwierigkeiten, welche bei der Leugnung des Nebenbesitzes entstehen können, vgl. Kindl, AcP 201 (2001), 391 ff.

Tritt der nichtberechtigte Veräußerer nicht als Alleineigentümer, sondern als Miteigentümer auf, so sind verschiedene Fallgestaltungen denkbar. Veräußern drei Mitbesitzer als angebliche Miteigentümer zu 1/3 an drei Erwerber, so können diese nach den §§ 932 I, 934 (1) gutgläubig Miteigentum erwerben. Ist einer der Erwerber bösgläubig, so erwirbt er sein Drittel nicht, wohl aber die beiden anderen; der bisher Berechtigte behält 1/3 Miteigentumsanteil. Ist ein angeblicher Miteigentümer Alleinbesitzer, so kann ein gutgläubiger Erwerber nach §§ 932 I, 934 (1) Miteigentum zur vereinbarten Quote erwerben[51].

Zur Frage der Eigentumsquote, welche gutgläubig von einem Mitbesitzer erworben werden kann, vgl. mein Handbuch des Sachenrechts I § 10 IV 5.

6. Geheißerwerb

Gutgläubiger Erwerb ist auch dann möglich, wenn die Übergabe in der Form des Geheißerwerbs geschieht[52]. Hat in der Veräußererkette V-K-X V die Sache an K verkauft, K weiter an X verkauft, und bittet K den V, die Sache an X zu liefern, so liegt ein Geheißerwerb vor. K erwirbt das Eigentum von V, X von K. War V nicht Eigentümer, so erwirbt K gutgläubig von V[53]; wurde auch K nicht Eigentümer, so erwirbt X gutgläubig von K. Zwar hat X den Besitz nicht von K erlangt, K war weder unmittelbarer noch mittelbarer Besitzer; insoweit fehlte es an jeglichem Vertrauenstatbestand für einen gutgläubigen Erwerb. K hatte aber Besitzverschaffungsmacht. Daß V den Besitz auf Geheiß des K an X herausgab, mußte dem X als eine Anerkennung des Eigentums des K durch V erscheinen. X durfte somit auf das Eigentum des K vertrauen, er erwirbt gutgläubig nach § 932[54].

Fraglich und umstritten ist freilich, in welchen Fällen eine Besitzverschaffungsmacht vorliegt. Man sollte meinen, das sei der Fall, wenn es dem Veräußerer gelingt, durch sein Geheiß den Besitzer zur Herausgabe an den Erwerber zu veranlassen; das aber wird von der h.M. bestritten. Danach reicht es nicht aus, wenn der Veräußerer den Besitzer durch eine Irreführung dazu veranlaßt, den Besitz auf den Erwerber zu übertragen. Erforderlich soll vielmehr sein, daß eine wirkliche Unterordnung oder ein wirkliches Geheiß vorliege[55].

Die Entscheidung des Problems liegt in der Frage, was Vertrauensbasis für den guten Glauben des Erwerbers ist. Vertrauensbasis muß etwas sinnlich Wahrnehmbares sein, dieses sinnlich Wahrnehmbare verweist auf eine nicht sinnlich wahrnehmbare Rechtslage. Normalerweise ist Vertrauensbasis bei § 932 der unmittelbare Besitz, der auf das Eigentum verweist. Auch die Besitzverschaffungsmacht ist als Vertrauensbasis nur brauchbar, soweit sie sinnlich wahrnehmbar ist. Der gut-

---

[51] So auch Tiedtke, Jura 1983, 475.
[52] Zum Geheißerwerb vgl. oben § 9 VIII.
[53] So auch BGH NJW 1973, 141 f.
[54] So schon die Protokolle der 2. Kommission 3706 (Mugdan 3, 632) für den gleichgelagerten Fall des § 934 (2); ebenso etwa Westermann-Gursky § 47 I 1; Baur-Stürner § 52 Rn. 13; M. Wolf Rn. 565.
[55] Vgl. etwa BGH 36, 56 ff.; BGH NJW 1974, 1132; Palandt-Bassenge § 932 Rn. 4; Jauernig § 932 Rn. 15; Medicus, BürgR, Rn. 564.

gläubige Erwerb des nicht wahrnehmbaren Eigentums aufgrund einer nicht wahrnehmbaren Vertrauensbasis wäre ein Unding. Wahrnehmbar ist, daß der Besitzer die Sache auf Veranlassung des Veräußerers an den Erwerber herausgibt. Das ist die Vertrauensbasis, auf welche sich der Erwerber verlassen darf[56]. Völlig unerkennbar dagegen ist das Motiv, aus welchem der Besitzer die Sache liefert. Gutgläubiger Erwerb ist also auch dann möglich, wenn der Veräußerer keineswegs berechtigt ist, die Auslieferung der Sache an den Empfänger zu verlangen, wenn der Besitzer sie also aufgrund eines Irrtums ausliefert.

7. Wertpapiere und Wertrechte

a) Namenspapiere[57] werden wie Forderungen durch Zession übertragen, § 398, ein gutgläubiger Erwerb ist allenfalls im Rahmen des § 405 möglich. Inhaberpapiere werden wie Sachen behandelt, gutgläubiger Erwerb nach den §§ 932 ff. ist möglich, vgl. auch § 935 II. Besondere Regeln bestehen für Orderpapiere, die Möglichkeit des gutgläubigen Erwerbs ist gegenüber den §§ 932 ff. noch erweitert, vgl. Art. 16 II WG; § 365 HGB; Art. 21 ScheckG. Danach ist auch ein gutgläubiger Erwerb abhanden gekommener Papiere möglich[58], ferner wird nicht nur der gute Glaube an das Eigentum des Veräußerers geschützt, sondern auch der gute Glaube an die Verfügungsbefugnis, die Vertretungsmacht, das Fehlen von Verfügungsbeschränkungen.

b) Traditionspapiere[59] können nach den §§ 932 ff. oder Art. 16 II WG, § 365 HGB gutgläubig erworben werden. Der Erwerb des Traditionspapiers ersetzt aber nur die Übergabe der Sache. Es muß die Einigung hinzukommen, für welche die §§ 932 ff. gelten. Es wird also nur der gute Glaube an das Eigentum des Veräußerers an der Ware geschützt, abhanden gekommene Sachen können gemäß § 935 I nicht gutgläubig erworben werden.

c) Gutgläubiger Erwerb ist auch möglich an Miteigentum von Wertpapieren im Depot[60]. Der Erwerb erfolgt nach § 934 (1), mit der Übertragung des mittelbaren Besitzes erwirbt der Kunde gutgläubig Eigentum. Rechtsschein ist der mittelbare Besitz des Veräußerers. Der Verlust trifft den Miteigentümer, über dessen Anteil der Nichtberechtigte verfügt hat.

d) In gleicher Weise wie bei Wertpapieren im Sammeldepot ist gutgläubiger Erwerb von Miteigentum dann möglich, wenn eine Sammelurkunde in Verwahrung genommen ist, sowie wenn ein Wertrecht verwaltet wird[61].

---

56 Vgl. die Protokolle der 2. Kommission 3706 (Mugdan 3, 632 f.); Wieling, JZ 1977, 295 f.; Musielak, JuS 1992, 716 ff.; Hager 286 ff.; Kindl 344. Daß er sich darauf verlassen hat, d.h. daß zwischen dem Rechtsschein und dem guten Glauben Kausalität bestehen müßte, ist hier wie überall nicht erforderlich, vgl. oben II 2.

57 Vgl. oben § 9 IX 1 a.

58 Abhanden gekommen i.S.v. § 935 I; der Ausdruck „irgendwie abhanden gekommen" in Art. 16 II WG, Art. 21 ScheckG meint dagegen jeden Besitzverlust, den freiwilligen sowie den unfreiwilligen.

59 Vgl. oben § 9 X.

60 Vgl. oben § 9 IX 2.

61 Vgl. oben § 9 IX 3, 4.

8. Übereignung von Schiffen

Eingetragene Schiffe werden nach dem Schiffsrechtsgesetz von 1940 übereignet[62], und zwar Binnenschiffe durch Einigung und Eintragung ins Schiffsregister, Seeschiffe durch bloße Einigung, die Eintragung ist deklaratorisch. Ist der Veräußerer im Schiffsregister eingetragen, so spricht für seine Berechtigung die Vermutung aus § 15 (entsprechend § 891 BGB), gutgläubiger Erwerb ist nach §§ 16, 17 möglich (entsprechend §§ 892, 893 BGB)[63].

Nicht eingetragene Binnenschiffe werden wie alle anderen beweglichen Sachen nach den §§ 929 ff. übereignet. Nicht eingetragene Seeschiffe können durch bloße Einigung übereignet werden, § 929a[64]. Ein gutgläubiger Erwerb ist aber gemäß § 932a nur möglich, wenn das Schiff vom Veräußerer übergeben wird.

IV. Abhanden gekommene Sachen

1. Abhandenkommen

a) Eine abhanden gekommene Sache kann gemäß § 935 I nicht gutgläubig erworben werden, der Eigentümer kann sie auch weiterhin verfolgen, bis er sein Recht durch Ersitzung verliert oder bis sein Anspruch verjährt ist. Eine Sache ist abhanden gekommen, wenn der unmittelbare Besitzer den unmittelbaren Besitz ohne oder gegen seinen Willen verliert. Auf welche Art der Verlust eintritt, ist ohne Bedeutung, etwa durch Wegnahme, Verlieren, Entlaufen eines Tieres, Wegwehen eines Hutes usw. Geht nur der mittelbare Besitz verloren – etwa weil ein Entleiher die Sache unterschlägt –, so ist § 935 nicht anwendbar; denn mittelbarer Besitz setzt voraus, daß der Eigentümer die Sache einem Dritten anvertraut hat, was gerade im Gegensatz zum Abhandenkommen steht. Der Verlust muß ohne oder gegen den Willen des Besitzers eintreten. Dabei handelt es sich nicht um einen rechtsgeschäftlichen, sondern um einen natürlichen Willen[65]. Auf die Geschäftsfähigkeit kommt es daher nicht an[66], vielmehr auf die Fähigkeit, die Bedeutung der Besitzaufgabe zu erkennen[67]; eine Weggabe ohne diese Fähigkeit führt dazu, daß die Sache abhanden gekommen ist i.S.d. § 935. Nicht abhanden gekommen sind Sachen, die aufgrund eines Irrtums oder einer Täuschung weggegeben worden sind, eine „Anfechtung"

---

[62] Vgl. oben § 9 XI.

[63] Die §§ 932 ff., § 366 HGB sind daneben nicht anwendbar, Vgl. BGH NJW 1990, 3209.

[64] Vgl. oben § 9 XI b.

[65] Vgl. oben § 4 III a.

[66] Anders eine Meinung, die bei einer Weggabe durch Geschäftsunfähige immer ein Abhandenkommen annehmen will, vgl. etwa Motive 3, 348; Wolff-Raiser § 69 I 1; Palandt-Bassenge § 935 Rn. 3; MünchenerK-Quack § 935 Rn. 9; OLG München NJW 1991, 2571. – Flume II § 13, 11 d; Nietschke, JuS 1968, 542 f. und Kindl 348 ff. wollen das sogar auf beschränkt Geschäftsfähige ausdehnen.

[67] So zutreffend Jauernig § 935 Rn. 4; Schwab-Prütting Rn. 433; Baur-Stürner § 52 Rn. 42; Westermann-Gursky § 49 I 3; Musielak, JuS 1992, 723.

der Besitzaufgabe ist nicht möglich[68]. Das gleiche gilt auch für die Herausgabe infolge einer Drohung[69], es sei denn, daß der ausgeübte psychische Zwang in seiner Intensität einer Ausübung physischer Gewalt gleichwertig wäre. Abhanden gekommen ist auch eine Sache, wenn ein Mitbesitzer seinen unmittelbaren Besitz gegen seinen Willen verloren hat. Hat etwa ein Ehegatte eine Sache aus der gemeinsamen Wohnung fortgeschafft, so ist sie dem anderen abhanden gekommen. Nimmt ein Nichterbe Nachlaßsachen in Besitz, so sind diese dem wirklichen Erben abhandengekommen. Denn mit dem Erbfall erwirbt der Erbe fiktiven Besitz, § 857[70], die praktische Bedeutung der Vorschrift liegt darin, daß der Erbe gegen fremde Eingriffe durch § 935 geschützt ist[71].

b) § 935 ist nicht nur dann anwendbar, wenn die Sache dem Eigentümer (§ 935 I 1), sondern auch dann, wenn sie seinem Besitzmittler abhandenkommt, § 935 I 2. Das ist eine Konsequenz des Prinzips, welche der Regelung zugrunde liegt: Hat der Eigentümer die Sache einem anderen anvertraut, so ist sein Recht gefährdet, wenn der Besitzer das Vertrauen des Eigentümers bricht, indem er die Sache aus eigenem Willen auf einen Dritten überträgt; gutgläubiger Erwerb ist möglich. Ein solcher Vertrauensbruch ist aber nicht gegeben, wenn der Besitzmittler den unmittelbaren Besitz gegen seinen Willen verliert, also ist auch ein gutgläubiger Erwerb nicht möglich. Ist der Eigentümer nicht im mittelbaren Besitz, kommt die Sache also einem Besitzer abhanden, der dem Eigentümer nicht den Besitz vermittelt, so greift § 935 I nicht ein[72]. Entscheidend ist in einer solchen Situation, wie die Sache aus dem Besitz des Eigentümers in den Besitz des Dritten gekommen ist. Hat etwa der Eigentümer die Sache in einem unwirksamen Geschäft veräußert, so ist gutgläubiger Erwerb möglich, wenn die Sache dem Erwerber abhandenkommt. Der Eigentümer ist in diesem Fall nicht schutzwürdig, schutzwürdig ist vielmehr nach der gesetzlichen Entscheidung der gutgläubige Erwerber.

c) Streitig ist die Rechtslage, wenn ein Besitzdiener an einer Sache entweder Eigenbesitz begründet oder sie veräußert. Nach h.M. liegt in diesem Fall ein Abhandenkommen vor[73], da nur der Besitzherr unmittelbarer Besitzer gewesen sei und er diesen unmittelbaren Besitz gegen seinen Willen verloren habe. Dieser Ansicht ist immer dann zu folgen, wenn die Sache sich im räumlichen Herrschaftsbereich des Eigentümers befindet und vom Besitzdiener daraus entfernt wird, indem etwa ein Arbeiter eine Sache aus dem Betriebsgelände entfernt. Dadurch wird der unmittelbare Besitz des Eigentümers, den dieser entweder selbst oder durch andere Besitz-

---

[68] Vgl. oben § 4 II 1 b.

[69] H.M., vgl. etwa Motive 3, 348; Eichler II 1, 173; Schwab-Prütting Rn. 434; M. Wolf Rn. 431; BGH NJW 1953, 1506; BGH 4, 33 ff.; Musielak, JuS 1992, 723.

[70] Vgl. oben § 4 V.

[71] Nur wenn der Scheinerbe einen Erbschein hat, versagt der Schutz des § 935, vgl. §§ 2366, 2367.

[72] So zutreffend etwa Wolff-Raiser § 69 I 2; Westermann-Gursky § 49 I 5; RGRK-Pikart § 935 Rn. 29; MünchenerK-Quack § 935 Rn. 7; Soergel-Mühl § 935 Rn. 1; a.A. etwa Baur-Stürner § 52 Rn. 38; Braun, JZ 1993, 391 ff.

[73] So etwa Palandt-Bassenge § 935 Rn. 4; Wolff-Raiser § 69 I 1; Baur-Stürner § 52 Rn. 39; Westermann-Gursky § 49 I 6; Musielak, JuS 1992, 723.

diener ausübt, gebrochen, die Sache ist abhanden gekommen. Anders aber liegt es in den Fällen, in denen der Besitzdiener die Sache außerhalb der Machtsphäre des Eigentümers in Gewahrsam hat und als Besitzdiener auch nicht erkennbar ist; wenn ein Handlungsreisender etwa Warenmuster unterschlägt und veräußert. Hier ist gutgläubiger Erwerb zuzulassen, die Sache ist nicht als abhanden gekommen anzusehen[74]; entscheidend ist, daß der Eigentümer die Sache freiwillig aus der Hand gegeben und so die Verfügung eines Nichtberechtigten ermöglicht hat.

d) Eine Heilung des Makels einer abhanden gekommenen Sache tritt einmal dann ein, wenn die Sache in den Besitz des Eigentümers zurückgelangt. Ist die Sache einem Besitzmittler des Eigentümers abhanden gekommen, so tritt eine Heilung durch Rückgabe an diesen nur ein, wenn der Eigentümer wieder mittelbaren Besitz erwirbt. Der Makel wird ferner dann geheilt, wenn ein Dritter trotz § 935 Eigentum an der Sache erwirbt, etwa durch Ersitzung, Fund, öffentliche Versteigerung, Verarbeitung, Verbindung, Vermischung usw.

2. Gutgläubiger Erwerb abhanden gekommener Sachen

a) Gutgläubiger Erwerb ist möglich an abhanden gekommenem Geld, § 935 II[75]. Das Gesetz unterscheidet bewußt nicht zwischen Münzen und Geldscheinen, Voraussetzung ist nur, daß es sich um ein im Umlauf befindliches, gesetzliches Zahlungsmittel handelt. Das gilt auch für ausländisches Geld. Ob Geld als Wertträger erworben wird oder zu anderen Zwecken (etwa: für eine Münzsammlung) ist ohne Bedeutung.

b) Gutgläubiger Erwerb ist auch möglich an abhanden gekommenen Inhaberpapieren. Gleichzustellen sind die Inhaberkarten, -marken und ähnliche Urkunden des § 807, wie Fahrkarten, Theaterkarten, Biermarken, Lose, da sie die gleiche Umlauffähigkeit haben sollen wie Inhaberpapiere. § 935 II gilt auch für ausländische Inhaberpapiere. Legitimations- und Orderpapiere fallen dagegen nicht unter § 935 II.

c) Gutgläubiger Erwerb an abhanden gekommenen Sachen ist gemäß § 935 II schließlich auch dann möglich, wenn sie im Wege der öffentlichen Versteigerung erworben werden[76]. Die Versteigerung muß öffentlich sein, d.h. einem unbeschränkten Personenkreis zugänglich, und von einem Gerichtsvollzieher oder sonst öffentlich bestellten Versteigerer vorgenommen werden, vgl. § 383 III. Unter § 935 II fallen also nicht private Versteigerungen, da sie kein gesteigertes Vertrauen verdienen. Ferner gilt § 935 II nur für solche Versteigerungen, welche das Eigentum auf dem Wege des Zivilrechts nach den §§ 929 ff. übertragen, nicht aber dann, wenn die Eigentumsübertragung einen Staatsakt darstellt, wie bei der Versteigerung ge-

---

[74] So zutreffend etwa H. Westermann (5. Aufl.) § 49 I 6; H. P. Westermann Rn. 203; Wiegand, JuS 1974, 205 f.; AlternK-Reich § 935 Rn. 2; Soergel-Mühl § 935 Rn. 2; MünchenerK-Joost § 855 Rn. 23.
[75] Einen geschichtlichen Überblick gibt Imbusch, Birgit, Der gutgläubige rechtsgeschäftliche Erwerb gestohlener Sachen im deutschen Recht, 1999.
[76] Vgl. dazu Dorff, Peter, Der Versteigerungserwerb und seine Rechtmäßigkeit bei abhanden gekommenen Sachen, 1999.

pfändeter Sachen gemäß § 814 ZPO. Als Anwendungsfall des § 935 II kommt insbesondere § 383 in Betracht, die Versteigerung der geschuldeten Sache durch den Schuldner, aber auch sonst jede freiwillige Versteigerung, wenn sie nur in den Formen des § 383 III geschieht. Ist der Veräußerer nicht Eigentümer, so erwirbt der Ersteigerer dennoch Eigentum, wenn er gutgläubig bezüglich des Eigentums ist. Der Kaufvertrag kommt durch den Zuschlag zustande, § 156, die Übereignung geschieht regelmäßig erst nach der Zahlung des Kaufpreises. Mit der Übergabe geht das Eigentum über, mag die Sache auch abhanden gekommen sein; die Übergabe ist auch der entscheidende Zeitpunkt für den guten Glauben.

Fraglich ist, ob der Makel des Abhandenkommens einer Sache durch eine öffentliche Versteigerung auch dann geheilt wird, wenn der Ersteigerer mangels guten Glaubens kein Eigentum erwirbt. Kann also ein Erwerber nach § 932 Eigentum erwerben, wenn der bösgläubige Ersteigerer die Sache veräußert? Das wird von einigen Autoren mit der Begründung bejaht, die Möglichkeit des gutgläubigen Erwerbs in der Versteigerung beruhe auf der Verschweigung des Eigentümers, diese heile den Mangel des Abhandenkommens, auch wenn der Ersteigerer bösgläubig sei[77]. Die h.M. lehnt das zu Recht ab[78], der Wortlaut des § 935 II spricht dagegen. Zudem beruht die Regelung des § 935 II im wesentlichen nicht auf dem Verschweigungsgedanken, der unter den heutigen Verhältnissen zudem eine reine Fiktion wäre.

V. Folgen des gutgläubigen Erwerbs

1. Ausgleichsfragen

Wer gutgläubig Eigentum erwirbt, steht ebenso, als hätte er vom Berechtigten erworben. Nachträgliche „Bösgläubigkeit" schadet ihm nicht mehr; wenn er die Sache weiterveräußert, so erwirbt der Erwerber vom Berechtigten, so daß es auf seinen guten Glauben nicht ankommt. War der Erwerber leicht fahrlässig, so haftet er nicht etwa wegen Eigentumsverletzung aus § 823 I; er mag zwar das Eigentum des Berechtigten fahrlässig verletzt haben, doch handelt er nicht rechtswidrig, da er gemäß § 932 sogar Eigentum erwirbt. Gutgläubig erworbenes Eigentum ist – rechtlich gesehen – auch nicht irgendwie mit einem Makel behaftet[79]; der Erwerber kann also nicht die Sache dem früheren Eigentümer zurückgeben und den Veräußerer wegen Rechtsmangels belangen.

Der frühere Eigentümer kann vom gutgläubigen Erwerber auch nicht Rückgabe der Sache oder Ersatz wegen ungerechtfertigter Bereicherung (Eingriffskondiktion) verlangen[80]. Eine Ausnahme gilt nach § 816 I 2 für den unentgeltlichen Erwerber.

---

[77] So etwa Wolff-Raiser § 69 I 4 b; vgl. auch Schwab-Prütting Rn. 437.
[78] Vgl. Planck-Brodmann § 935 N. 6 c; Soergel-Mühl § 935 Rn. 14; RGRK-Pikart § 935 Rn. 38; J. vGierke § 32 I 3 b.
[79] Der Veräußerer begeht daher auch keinen Betrug gegenüber dem Erwerber im Sinne der „Makeltheorie", vgl. Krey, Rn. 473 ff.
[80] Protokolle der 1. Kommission 4223, 4228 (Jakobs-Schubert, Schuldverhältnisse III 860, 863); BGH 36, 60; Westermann-Gursky § 47 III 1; Wieling, Bereicherungsrecht § 4 III 1 pr.

Ansonsten kann der frühere Eigentümer nur gegen den Verfügenden vorgehen, wie § 816 I 1 zeigt. Das gilt allerdings nur, wenn die Verfügung des Nichtberechtigten wirksam ist, der Erwerber also Eigentum erworben hat. Hat der Eigentümer sein Recht nicht verloren, so ist er auf die Vindikation der Sache angewiesen, doch kann er sich durch eine Genehmigung gemäß § 185 II 1 den Anspruch aus § 816 I 1 verschaffen[81]. Gegenüber dem Anspruch des früheren Eigentümers kann der Verfügende nicht den Betrag als Entreicherung (§ 818 III) geltend machen, den er selbst für den Erwerb der Sache aufgewandt hat[82]. Neben § 816 I kann der frühere Eigentümer eventuell Schadensersatzansprüche aus §§ 989, 990, 992, 823 geltend machen oder vertragliche Ansprüche.

2. Rückerwerb

Umstritten ist die Frage, was aus dem gutgläubig erworbenen Eigentum wird, wenn das Geschäft aus irgendeinem Grund rückabgewickelt werden muß, etwa wegen Rücktritts. Gibt der gutgläubige Erwerber die Sache an den nichtberechtigten Veräußerer zurück, wird dieser dann Eigentümer? Oder fällt das Eigentum an den früheren Berechtigten zurück? Schon seit den Tagen des römischen Rechts hat das Rechtsgefühl den Juristen gesagt, daß die letztere Lösung die gerechtere ist[83]. Erst die neuere Zeit hat Stimmen aufkommen lassen, die dieses Ergebnis ablehnen, weil es nicht konstruierbar sei[84]. Es ist in der Tat nicht konstruierbar, doch sollte man aus diesem Grund nicht die gerechtere Lösung zugunsten einer anderen aufgeben. Mit Recht spricht sich daher die h.M. für einen Rückfall des Eigentums an den früheren Berechtigten aus, wenn der Vertrag mit dem gutgläubigen Erwerber rückabgewickelt wird[85]. Mit dem Rückerwerb des Eigentums verliert der Eigentümer seinen Anspruch aus § 816 I 1 gegen den Veräußerer, den er sich aber durch eine Genehmigung mit Eigentumsverlust wieder beschaffen kann. Diese Grundsätze sind auch auf andere Fälle des gutgläubigen Erwerbs außerhalb der §§ 932 ff. anzuwenden.

VI. Gutgläubig lastenfreier Erwerb

Will das Gesetz einem gutgläubigen Erwerber wirklichen Schutz gewähren, so muß es ihn nicht nur zum Eigentümer machen, sondern ihm dieses Eigentum auch unbelastet mit Rechten Dritter verschaffen. Das geschieht durch § 936.

---

[81] Vgl. dazu BGH NJW 1960, 860; Palandt-Thomas § 816 Rn. 9.
[82] Vgl. BGH 55, 179.
[83] Vgl. zur Behandlung des Problems im römischen Recht und in den BGB-Kommissionen mein Handbuch § 10 VI 2.
[84] Vgl. etwa Wiegand, JuS 1971, 62 f.
[85] Vgl. etwa Wolff-Raiser § 69 IV; Baur-Stürner § 52 Rn. 34; M. Wolf Rn. 435; Erman-Michalski § 932 Rn. 14; Braun, ZIP 1998, 1469 ff., der zu Recht die Konstruierbarkeit dieser Lösung betont, wenn man „Konstruieren" in einem methodisch weiteren Sinne als Auslegung der Rechtsordnung versteht.

a) § 936 setzt zunächst voraus, daß der Erwerber Eigentum erwirbt. Erwerb der Lastenfreiheit ohne Eigentumserwerb ist nicht möglich. Ob der Erwerber das Eigentum vom Berechtigten nach §§ 929 ff. erwirbt oder vom Nichtberechtigten nach §§ 932 ff., ist ohne Bedeutung. Es muß sich allerdings um einen rechtsgeschäftlichen Erwerb handeln. Mag nun der Erwerber vom Berechtigten oder Nichtberechtigten Eigentum erwerben, der gutgläubig lastenfreie Erwerb setzt in jedem Fall voraus, daß die Anforderungen an den Besitzerwerb i.S.d. §§ 932–934 eingehalten sind. Bei der brevi manu traditio (§ 929, 2) muß der Erwerber also den Besitz vom Veräußerer erlangt haben, § 936 I 2, vgl. § 932 I 2. Bei einer Übereignung durch Besitzkonstitut kann die Lastenfreiheit nur erworben werden, wenn der Veräußerer dem Erwerber die Sache übergibt, § 936 I 3, vgl. § 933. Bei der Übereignung nach § 931 tritt – falls der Veräußerer nicht mittelbarer Besitzer ist – Lastenfreiheit nur ein, wenn der Erwerber aufgrund der Veräußerung den Besitz der Sache erlangt, § 936 I 3, vgl. § 934.

b) Gutgläubig lastenfreier Erwerb gemäß § 931 ist aber dann nicht möglich, wenn das belastende Recht dem dritten Besitzer zusteht, etwa einem Pfandgläubiger, vgl. § 936 III. „Dritter Besitzer" ist der, gegen den sich der gemäß § 931 abgetretene Anspruch richtet. Hat etwa E dem G seine goldene Uhr verpfändet und veräußert er sie nach § 931 an K, durch Abtretung des Herausgabeanspruchs gegen G, so kann K die Uhr nicht gutgläubig lastenfrei erwerben. Gutgläubiger Erwerb setzt immer voraus, daß der Berechtigte die Sache freiwillig aus der Hand gegeben hat, so daß ein falscher Rechtsschein entsteht. Solange der Berechtigte die Sache bei sich behält, muß er in seinen Rechten geschützt sein.

§ 936 III greift nicht nur dann ein, wenn der Rechtsinhaber (hier: G) unmittelbaren Besitz hat; es reicht vielmehr auch, wenn er mittelbarer Besitzer ist[86].

c) Gutgläubig lastenfreier Erwerb ist nicht möglich, wenn die Sache dem Rechtsinhaber oder seinem Besitzmittler abhanden gekommen ist, § 935. Daß dies in § 936 oder § 935 nicht ausdrücklich erwähnt ist, beruht auf einem Redaktionsversehen. Nimmt etwa der Eigentümer dem Pfandgläubiger die Pfandsache weg und veräußert sie an einen Gutgläubigen, so wird dieser zwar Eigentümer nach § 929, 1; das Pfandrecht aber bleibt bestehen.

d) Lastenfreier Erwerb setzt gemäß § 936 II voraus, daß der Erwerber bezüglich der Belastung gutgläubig ist, d.h. daß er sie weder kennt noch aus grober Fahrlässigkeit nicht kennt. Guter Glaube des Erwerbers wird vermutet, wer bösen Glauben des Erwerbers behauptet, ist beweispflichtig.

Geschützt ist nicht nur der gute Glaube an die Nichtexistenz der dinglichen Belastung, sondern auch der gute Glaube an den Umfang einer existierenden Belastung. Glaubt etwa der Erwerber, es bestehe ein Pfandrecht in Höhe von 100, während es in Wirklichkeit in Höhe von 200 besteht, so ist sein guter Glaube ebenso schutzwürdig, als wenn er überhaupt an eine Lastenfreiheit geglaubt hätte[87]. Dieses

---

[86] Z.B. wenn G im obigen Beispiel die goldene Uhr bei X in Verwahrung gegeben hat; vgl. RGRK-Pikart § 936 Rn. 17; Westermann-Gursky § 50, 2; Wolff-Raiser § 70 II.

[87] Ebenso Wolff-Raiser § 70 I 2; Erman-Küchenhoff § 1208 Rn. 2 f.; RGRK-Kregel § 1208 Rn. 5; Palandt-Bassenge § 1208 Rn. 2; a.A. MünchenerK-Quack § 936 Rn. 12; Westermann-Gursky § 50, 1.

berechtigte Interesse des Erwerbers darf man auch nicht dadurch beeinträchtigen, daß man überhöhte Anforderungen an die Gutgläubigkeit stellt, wenn der Erwerber von der Existenz einer Belastung weiß; die Vermutung des guten Glaubens gilt auch hier.

e) Tritt lastenfreier Erwerb nach § 936 ein, so haftet der Verfügende dem früheren Rechtsinhaber nach § 816 I 1, möglicherweise auch noch nach anderen Vorschriften[88]. Der Verfügende muß also dem früheren Rechtsinhaber die Summe herausgeben, die er weniger erhalten hätte, wenn der Erwerber die Belastung gekannt hätte. Beim Pfandrecht entspricht das der Höhe der gesicherten Forderung. Der Erwerber haftet nur im Falle des § 816 I 2; er hat dann das Recht wieder zu bestellen.

---

[88] Vgl. oben V 1.

§ 11. Originärer Eigentumserwerb

I. Ersitzung

1. Voraussetzungen der Ersitzung

Die Ersitzung dient der Sicherheit des Rechtsverkehrs, sie war im römischen und gemeinen Recht von großer Wichtigkeit[1]. Heute jedoch spielt sie nur noch eine relativ bescheidene Rolle, da ein sofortiger gutgläubiger Erwerb gemäß den §§ 932 ff. möglich ist. Eine Ersitzung kommt z.B. in Betracht, wenn gutgläubiger Erwerb wegen § 935 nicht möglich ist oder wegen Unwirksamkeit der dinglichen Einigung (Erwerb vom Geschäftsunfähigen) oder wegen völligen Fehlens einer Übereignung (Erbe hält eine geliehene Sache für eine Nachlaßsache).

a) Die Ersitzung fordert zunächst *Eigenbesitz* des Ersitzenden, § 937 I. Der Eigenbesitz (§ 872) kann mittelbarer oder unmittelbarer Besitz sein. Ersitzbar sind Sachen aller Art[2], also auch abhandengekommene und öffentliche Sachen[3], nicht aber Rechte[4]. Geschäftsfähigkeit ist für die Ersitzung ebenso wenig erforderlich wie für die Okkupation.

b) Ersitzung setzt weiter *guten Glauben* voraus, § 937 II (1). Damit ist für den Umfang des guten Glaubens auf § 932 II verwiesen: Böser Glaube ist Kenntnis oder grob fahrlässige Unkenntnis. Anders aber als in § 932 II bezieht sich der gute oder böse Glaube in § 937 II nicht auf das Eigentum des Veräußerers, sondern auf das Eigentum des Erwerbers: Der Erwerber muß glauben, Eigentum erworben zu haben, vgl. § 937 II (2). Als entscheidend für den guten Glauben nennt das Gesetz den Zeitpunkt des Erwerbs des Eigenbesitzes. Das ist jedoch nur ein Beispiel für den Beginn der Ersitzungszeit; denkbar ist auch, daß jemand zunächst bösgläubig Eigenbesitz erwirbt, später aber gutgläubig wird, so daß die Ersitzung zu laufen beginnt: Wenn etwa der bösgläubige Besitzer sich von einem Dritten, den er ohne grobe Fahrlässigkeit für den Eigentümer hält, das Eigentum übertragen läßt. Hat die Ersitzung einmal begonnen, so schadet dem Ersitzenden grobe Fahrlässigkeit nicht mehr, § 937 II (2). Es schadet ihm nur die positive Kenntnis, daß er nicht Eigentümer ist.

---

[1] Zur historischen Entwicklung der Ersitzung vgl. mein Handbuch des Sachenrechts I § 11 I 1. Zum Verhältnis des originären Erwerbs zur Surrogation vgl. Krebber, FamRZ 2000, 197 ff.

[2] Ein im Schiffsregister eingetragenes Schiff kann nach 10 Jahren Eigenbesitz ersessen werden, wenn der Eigenbesitzer eingetragen ist, § 5 SchiffRG.

[3] Zur „öffentlich-rechtlichen Dienstbarkeit" an öffentlichen Sachen vgl. unten 2 b a.E.

[4] Daher kann ein Sparbuch nicht ersessen werden, da das Eigentum am Papier immer dem Inhaber der Forderung zusteht und diese nicht ersessen werden kann.

Gemäß der Fassung des § 937 II – entsprechend § 932 I 1 – wird der gute Glaube des Ersitzenden vermutet.

c) Die *Ersitzungszeit* beträgt zehn Jahre, § 937 I. Die Frist berechnet sich nach §§ 187 I, 188 II. Den zehnjährigen Eigenbesitz muß der Ersitzende beweisen, es reicht jedoch aus, wenn er beweist, daß er am Anfang und am Ende der Ersitzungszeit Besitzer gewesen ist; gemäß § 938 wird dann vermutet, daß er auch in der Zwischenzeit Besitzer gewesen sei.

aa) Der Beginn oder der Fortgang der Ersitzung wird *gehemmt*, solange die Verjährung des Anspruchs aus § 985 gehemmt ist oder die §§ 210, 211 eingreifen, vgl. § 939 II. Solange der Eigentümer nicht gegen den Besitzer vorgehen kann, soll dieser nicht ersitzen können. Die Hemmung der Verjährung richtet sich nach den §§ 205–207. Entfällt das Hindernis, so setzt sich die Ersitzung fort, vgl. § 209. Eine Hemmung der Ersitzung tritt ferner gemäß § 939 I dann ein, wenn der Eigentümer den Eigentumsanspruch gegen den Ersitzenden oder dessen Besitzmittler gemäß den §§ 203, 204 geltend macht.

bb) Die Ersitzung wird *unterbrochen*, wenn der Ersitzende den Eigenbesitz verliert, § 940 I. Die Unterbrechung der Ersitzung bewirkt, daß die bereits verstrichene Ersitzungszeit nicht mehr in Betracht kommt, § 942. Anders als bei der Hemmung kann die Ersitzung beim Wegfall des Hindernisses also nicht weiterlaufen; sie kann nur neu beginnen, wenn alle Voraussetzungen vorliegen, z.B. auch guter Glaube i.S.v. § 937 II (1). Hat der Ersitzende seinen Besitz ohne seinen Willen verloren, so gilt die Unterbrechung gemäß § 940 II als nicht erfolgt, wenn er den Besitz binnen Jahresfrist wiedererlangt oder doch mittels einer innerhalb dieser Frist erhobenen Klage.

cc) Bei einer Rechtsnachfolge in den Besitz kommt die Ersitzungszeit des Vorgängers dem Nachfolger zustatten, §§ 943 f. Unter Rechtsnachfolge in den Besitz ist eine freiwillige Überlassung des Besitzes oder Gesamtrechtsnachfolge zu verstehen; eingerechnet wird dem Nachfolger nicht nur die Ersitzungszeit seines unmittelbaren Vorgängers, sondern aller Vorgänger. Der Besitznachfolger muß bei Fortsetzung der Ersitzung gutgläubig i.S.v. § 937 II (1) sein[5].

2. Folgen der Ersitzung

a) Mit der Vollendung der Ersitzung verliert der Eigentümer sein Eigentum, der Ersitzende erwirbt es. Fraglich ist, ob dies ein Rechtserwerb mit oder ohne Rechtsgrund i.S.v. § 812 ist. Sicher ist, daß die Ersitzung keinen Eingriff in das Eigentum i.S.v. § 812 darstellt; eine Eingriffskondiktion gegen den Ersitzenden kommt eben-

---

[5] Vereinzelt wird dagegen behauptet, es komme nur auf den guten oder bösen Glauben des Erblassers an, der Erbe könne also trotz eigener Gutgläubigkeit nicht ersitzen, wenn der Erblasser bösgläubig gewesen sei, vgl. Knütel, Bösgläubiger Erblasser – gutgläubiger Erbe, Festschrift Hermann Lange, 1992, Krämer, NJW 1997, 2580. Das übernimmt die römische Lehre von der *successio in possessionem*, die aber von den Verfassern des BGB abgelehnt wurde, vgl. mein Handbuch des Sachenrechts I § 11 I 2 c cc; dagegen auch Finkenauer, NJW 1998, 960 ff.

sowenig in Betracht wie gegen den gutgläubigen Erwerber. Hat der Ersitzer die Sache durch Verfügung eines Nichtberechtigten erworben, so hat der frühere Eigentümer gegen den Verfügenden den Anspruch aus § 816 I 1. Die früher heftig umstrittene Frage, ob ein Geschäftsunfähiger, der eine Sache an einen gutgläubigen Erwerber veräußert hat, gegen diesen nach der Ersitzung noch die Leistungskondition geltend machen könne, ist heute praktisch ohne Bedeutung. Die kurze Verjährungsfrist von drei Jahren, welche die 30-jährige Frist ersetzt hat, gewährt dem Ersitzenden Schutz davor, auch nach der Ersitzung noch in Anspruch genommen zu werden[6]. In der Zeit zwischen Beginn und Vollendung der Ersitzung ist der Ersitzende zwar noch nicht Eigentümer, wohl aber steht ihm ein dingliches Recht zu (Ersitzungsbesitz), das gegen jedermann wirkt, den Eigentümer ausgenommen. Dieses dingliche Recht war im römischen und gemeinen Recht mit der actio Publiciana geschützt, welche in den § 1007 eingegangen ist. Zu beachten ist, daß dieses dingliche Recht auch bei nachträglicher Bösgläubigkeit des Ersitzenden weiter besteht, wenn also die Ersitzung unterbrochen ist.

b) Die Ersitzung bezieht sich nicht nur auf den Erwerb des Eigentums, sondern ermöglicht auch den *lastenfreien Erwerb*, § 945, was dem § 936 entspricht. Voraussetzung ist Eigentumserwerb des Ersitzenden; es muß sich weiter um dingliche Rechte handeln. Der Besitzer muß beim Besitzerwerb gutgläubig bezüglich der Belastung sein, später schadet ihm nur Kenntnis. Der Besitzer muß die Sache 10 Jahre lang in Eigenbesitz gehabt haben, § 936 III ist entsprechend anwendbar.

Durch Ersitzung der Lastenfreiheit können dingliche Belastungen aller Art getilgt werden. Das gilt auch für die öffentlichrechtliche Dienstbarkeit an Sachen[7]. Auch bei beweglichen öffentlichen Sachen fordert die Rechtssicherheit eine Beruhigung der Rechtslage nach 10 Jahren[8].

3. Außerordentliche Ersitzung

a) Eine außerordentliche Ersitzung muß man neben der Ersitzung nach §§ 937 ff. dann annehmen, wenn der Herausgabeanspruch des Eigentümers aus § 985 nach 30 Jahren verjährt ist[9]. In diesem Fall steht dem Besitzer gemäß § 214 eine dauernde Einrede zu. Auf diese Weise ist dem Eigentümer die Möglichkeit genommen, sein Recht geltend zu machen: Eigentum und Besitz fallen auf Dauer auseinander. Die Römer sprachen in solch einem Fall von einem *nudum ius* oder einer *nuda proprietas*, von einem nackten Recht, das aller schützenden Ansprüche entblößt ist. Als vorübergehende Erscheinung ist ein *nudum ius* hinzunehmen, als dauernder Zustand ist

---

[5]   Richtiger erscheint es jedoch, auf den Anspruch aus § 816 I als Rechtsfortsetzungsanspruch, der den Eigentümer für den Eigentumsverlust entschädigt, die 30jährige Verjährung des § 197 I Nr. 1 anzuwenden, vgl. mein Handbuch des Sachenrechts, § 11 I 3 Fn. 69, II 5 a dd.

[7]   Anders zu Unrecht VG Köln NJW 1991, 2586.

[8]   Ebenso Wolff-Raiser § 71 Fn. 2; Erman-Ebbing § 937 Rn. 2; RGRK-Pikart § 937 Rn. 4; Staudinger-Wiegand § 937 Rn. 13.

[9]   Daß der Anspruch aus § 985 der Verjährung unterliegt, ergibt sich aus § 197 I Nr. 1.

es nicht akzeptabel[10]. Die Römer vermieden ein dauerndes *nudum ius*, die moderne Rechtswissenschaft sollte dazu ebenfalls in der Lage sein.

Ein Recht, das schutz- und wehrlos ist, weil seine schützenden Ansprüche verjährt sind, ist ohne Wert; es sollte nicht entstehen oder zumindest keinen Bestand haben. Das kann dadurch bewirkt werden, daß man entweder die Verjährung dinglicher Ansprüche nicht zuläßt[11], oder dadurch, daß man mit der Verjährung der schützenden Ansprüche das Eigentum auf den Besitzer übergehen läßt. Die Unverjährbarkeit dinglicher Ansprüche ist in den Beratungen des BGB mehrfach abgelehnt worden, mit der richtigen Erkenntnis, daß nichts ewig ist und die Zeit alle Wunden heilt und heilen muß. Zudem zeigt § 198, daß auch der Gesetzgeber von der Verjährbarkeit des § 985 ausgegangen ist. Richtig ist daher die zweite Lösung, welche auch die Römer bevorzugten[12]. Nach h.M. hat der Besitzer mit der Verjährung des Anspruchs aus § 985 ein Recht zum Besitz[13]; konsequent ist es, in diesem Fall auch das Eigentum auf ihn übergehen zu lassen[14]. Die schlechteste Lösung dagegen ist die, welche das Eigentum als *nudum ius* akzeptieren will[15]; sie bedeutet Resignation vor dem scheinbar Unvermeidlichen.

Die hier vertretene Ansicht, nach welcher bei der Verjährung der Vindikation das Eigentum auf den Besitzer übergeht, verhindert zudem Versuche des Eigentümers, die Verjährung ungeschehen zu machen. Geht man von einer bloßen Verjährung der Vindikation aus, so könnte der Eigentümer sein Heil darin suchen, dem Besitzer die Sache wegzunehmen. Er müßte sie ihm dann zwar nach § 861 zurückgeben, es würde dann aber ein neuer, unverjährter Anspruch des Eigentümers entstehen[16]. Dergleichen Versuche werden unmöglich, wenn man bei Mobilien nach der Verjährung der Vindikation eine außerordentliche Ersitzung zuläßt, unabhängig vom guten Glauben des Besitzers[17].

---

[10] Zu den auftretenden Problemen nach der Verjährung des Herausgabeanspruchs des Grundeigentümers vgl. Finkenauer 161 – 193.

[11] So etwa Müller Rn. 455; Peters-Zimmermann, Verjährungsfristen, in: Gutachten und Vorschläge zur Überarbeitung des Schuldrechts I, 1981, S. 186, 315, 318; Müller-Katzenburg, NJW 1999, 2558. Eine Verjährung ist ausgeschlossen bei eingetragenen Grundstücksrechten, § 902, und gemäß dem Wortlaut des § 898 auch beim Berichtigungsanspruch, vgl. unten § 20 II 1 a cc.

[12] Bei ihnen war die Vindikation auf ein Jahr befristet, nach Ablauf der Frist nahmen die Römer ohne Bedenken einen Eigentumserwerb des Besitzers durch Ersitzung, *usucapio*, an, vgl. mein Handbuch des Sachenrechts I § 11 I 1.

[13] H.M., vgl. etwa Staudinger-Gursky § 985 Rn. 91.

[14] Vgl. etwa Stammler, Rudolf , Die Lehre vom richtigen Recht, 1902, S. 559 f.; Flume, Jher-Jahrb. 84 (1934), 340 ff.; MünchenerK-Medicus § 985 Rn. 26; Erman-Sirp, 8. Aufl. § 232 Rn. 96; Peters, AcP 153 (1954), 465; Kegel, FS Ernst vCaemmerer, 1978, 176 f.; Wieling, Sodalitas, Scritti in onore di Antonio Guarino (1984), 2528 und Finkenauer 193–197.

[15] Vgl. etwa Baur-Stürner § 11 Rn. 47; Plambeck, Barbara, Die Verjährung der Vindikation, 1997, S. 183 ff. Der Gesetzgeber will neuerdings in § 241 a dem Eigentümer sein Recht entziehen und als *nuda proprietas* weiterbestehen lassen, um so Art. 14 GG zu umgehen, vgl. unten § 12 I 3. Unser Verfassungsrecht wäre freilich bedauernswert, wenn es sich auf so einfache Weise außer Kraft setzen ließe.

[16] Vgl. dazu etwa Müller Rn. 455; aber auch Finkenauer 162 f.

[17] Vgl. zum gleichen Problem bei Immobilien unten § 23 III 2 c.

b) Bei einem Besitzerwechsel wird dem Besitznachfolger der Besitz seines Vorgängers gemäß § 198 angerechnet (*accessio temporis*). Das hat aber nach der hier vertretenen Ansicht eine Bedeutung nur für die Zeit vor der Verjährung, da nach deren Eintritt der Besitzer Eigentum erwirbt[18].

II. Verbindung, Vermischung, Verarbeitung

1. Verbindung mit einem Grundstück, § 946

a) Wird eine bewegliche Sache mit einem Grundstück derart verbunden, daß sie gemäß §§ 93, 94 I dessen wesentlicher Bestandteil wird, so kann sie nach diesen Vorschriften nicht mehr Gegenstand besonderer Rechte sein. Gemäß § 946 erstreckt sich das Eigentum am Grundstück – und ebenso alle anderen dinglichen Rechte – auch auf die bewegliche Sache. Das gleiche gilt für alle Gebäudebestandteile gemäß § 94 II, wenn das Gebäude selbst wesentlicher Bestandteil des Grundstücks ist. Wird die verbundene Sache nur unwesentlicher Bestandteil oder überhaupt kein Bestandteil, etwa Scheinbestandteil gemäß § 95 I 1, so greift § 946 nicht ein. Die dingliche Rechtslage bleibt unverändert.

b) Die Rechtsänderung tritt im Augenblick der Verbindung ein. Das Eigentum an beweglichen Sachen sowie sonstige Rechte erlöschen, §§ 946, 949, 1. Der Grundeigentümer erwirbt das Eigentum an der verbundenen Sache, auch sonstige dingliche Rechte am Grundstück erstrecken sich auf die verbundene Sache, § 949, 3.

2. Verbindung beweglicher Sachen, § 947

a) Werden mehrere bewegliche Sachen so verbunden, daß sie wesentliche Bestandteile (§§ 93, 94 II) einer einheitlichen Sache werden[19], so entsteht Miteigentum, § 947 I, außer wenn eine der Sachen als Hauptsache anzusehen ist, § 947 II.

b) Entsteht Miteigentum gemäß § 947 I, so bestimmt sich die Höhe der Quoten nach dem Wert der zusammengefügten Teile. Das bisherige Eigentum erlischt, ebenso erlöschen die sonstigen Rechte an den Teilsachen, § 949, 1. Belastungen an den Teilen setzen sich am Miteigentumsanteil fort, § 949, 2, ebenso der Makel des Abhandenkommens gemäß § 935. Auf das Miteigentum sind die §§ 741 ff., 1008 ff. anwendbar. Die Auseinandersetzung erfolgt nach § 753 durch Verkauf, nicht durch Teilung in Natur nach § 752, doch steht jedem Miteigentümer auch das Wegnahmerecht nach § 951 II 2 zu.

c) Ist eines der verbundenen Teile als Hauptsache anzusehen, so erwirbt sein Eigentümer das Alleineigentum an der zusammengesetzten Sache, § 947 II. Entscheidend ist nach h.M., ob die Verkehrsauffassung einen Teil als Hauptsache des Gan-

---

[18] Zu § 198 vgl. unten § 12 I 3 d.
[19] Bei einer Verbindung zu unwesentlichen Bestandteilen ändert sich an der dinglichen Rechtslage nichts.

zen anerkennt[20]. Auf welche Momente die Verkehrsanschauung Gewicht legen soll, wird verschieden beantwortet[21]. Zutreffend ist es, grundsätzlich durch Anwendung des § 947 I zu Miteigentum zu kommen, um so den früheren Eigentümern der Sachteile die dingliche Sicherheit nicht zu entziehen. Werden mehrere gleichartige Sachen zusammengefügt, so ist § 947 II grundsätzlich nicht anwendbar. Nur wenn ein Teil so unbedeutend ist, das der Rechtsverlust daran den Eigentümer nicht ernsthaft benachteiligen kann, ist § 947 II anzuwenden[22].

Ist eine Sache die Hauptsache, so wird deren Eigentümer Alleineigentümer der ganzen Sache. Die Eigentümer der Nebensache verlieren ihr Recht. Das gleiche gilt für sonstige Rechte an der Sache, § 949, 1. War die Hauptsache mit Rechten belastet, so erstrecken sich diese Rechte auf die ganze Sache, § 949, 3; die Belastungen der Nebensache erlöschen. War die Hauptsache abhanden gekommen, so ist auf die zusammengesetzte Sache § 935 anzuwenden.

3. Vermengung und Vermischung

a) Werden feste[23], flüssige[24] oder gasförmige Sachen so vermengt, daß sie nicht wieder getrennt werden können, so entsteht Miteigentum, § 948 I; die Quoten richten sich nach den Wertverhältnissen der vermischten oder vermengten Sachen. Das Eigentum an den vermengten Sachen geht unter, ebenso die sonstigen Rechte an der Sache, § 949, 1. Belastungen an den einzelnen Quantitäten setzen sich als Belastungen am Miteigentumsanteil fort, § 949, 2. Das gilt auch für den Makel des Abhandenkommens. Die Auseinandersetzung kann gemäß § 752 durch Teilung in Natur erfolgen, wobei alle Gemeinschafter mitwirken müssen. Die h.M. gibt daneben dem Alleinbesitzer der gemeinschaftlichen Sache das Recht, seinen Anteil ohne Mitwirkung der anderen Miteigentümer einzubehalten und den Rest aufzuteilen[25].

b) Ist eine Quantität als Hauptsache anzusehen, so gilt § 947 II entsprechend. Das gilt nicht nur bei der Vermengung ungleichartiger Sachen[26], sondern nach h.M. auch bei gleichartigen Sachen[27]. Die Eigenschaft als Hauptsache kann sich bei gleichartigen Sachen nur nach der überwiegenden Menge, bei ungleichartigen Sachen nur nach dem überwiegenden Wert bestimmen. Da gemäß § 947 II Alleineigentum entsteht, die anderen Beteiligten also ihre dingliche Sicherheit verlieren,

---

[20] Vgl. Motive 3, 359; h.M., vgl. Baur-Stürner § 53 Rn. 9; Westermann-Gursky § 52 II 2 b.

[21] Genannt werden etwa: wirtschaftliche Gesichtspunkte, Wertverhältnisse, räumlicher Umfang, Benennung der ganzen Sache nach einem Teil.

[22] Werden etwa 99 Bretter des A und ein Brett des B zu einer Sache zusammengefügt, so kann man annehmen, daß die 99 Bretter des A die Hauptsache waren, da der Verlust des Eigentums an einem Brett dem B keinen Schaden zufügen kann. Werden 99 Brillanten des A und einer des B zu einem Schmuckstück verbunden, so sind zum Schutz des B die 99 Brillanten des A keinesfalls als Hauptsache anzusehen.

[23] Etwa: Weizen: BGH 14, 114; Schweine: RG 140, 159 f.; Geld: RG WarnRspr. 11 (1918) Nr. 117.

[24] Wein: OLG Colmar LZ 1914, 92 f.

[25] Vgl. etwa Jauernig § 948 Rn. 2; Baur-Stürner § 54 Rn.11; Soergel-Henssler § 948 Rn. 6.

[26] Beispiel: Hefe wird in einen Teig gemengt, Zucker in den Wein usw.

[27] Getreide verschiedener Eigentümer wird vermengt.

sollte eine Hauptsache nur dann angenommen werden, wenn so extreme Quantitäts- oder Wertunterschiede vorliegen, daß ein Schutz des Eigentümers der Nebensache nicht erforderlich erscheint[28].

Ist eine Quantität Hauptsache, so wird deren Eigentümer Alleineigentümer der vermengten Sache. Eigentum und sonstige Rechte an den Nebensachen erlöschen, Rechte an der Hauptsache erstrecken sich auf die ganze Sache, § 949, 3. War die Hauptsache abhanden gekommen, so ist auf die ganze Sache § 935 anzuwenden.

4. Verarbeitung

a) Gemäß § 950 wird der, der durch Verarbeitung oder Umbildung eine neue Sache herstellt, deren Eigentümer, es sei denn, daß der Wert der Verarbeitung oder Umbildung erheblich geringer ist als der des verwendeten Stoffes. § 950 löst keine sozialen Probleme und spricht nicht etwa das Eigentum an den produzierten Gütern dem Arbeiter zu. Hersteller ist nur, wer für sich herstellt, also nicht der Arbeitnehmer, sondern der Unternehmer. § 950 bringt vielmehr das Produktionsprinzip zur Geltung: Die Produktionsleistung soll den Vorrang haben vor dem verarbeiteten Stoff; wer die Produktionsleistung erbringt, wird Eigentümer der Sache.

Verarbeitung setzt eine menschliche oder doch von Menschen gesteuerte Einwirkung auf die Sache voraus[29], welche die Verarbeitung oder Umbildung bezweckt. Natürliche Vorgänge, die nicht vom Menschen gesteuert sind, können keine Verarbeitung i.S.v. § 950 sein, ebensowenig Einwirkungen, die keine Verarbeitung bezwecken. Die Verarbeitung ist kein Rechtsgeschäft; Geschäftsfähigkeit ist nicht erforderlich. Auch guten Glauben des Verarbeiters fordert das Gesetz nicht. Keine Rolle spielt es auch, ob die verarbeitete Sache abhanden gekommen war; auf die neue Sache ist § 935 nicht anwendbar.

b) Durch die Verarbeitung oder Umbildung muß eine *neue Sache* entstehen. Mit dieser Voraussetzung will das Gesetz nicht etwa philosophische Identitätsprobleme aufwerfen. Nicht zu billigen ist auch der Versuch der h.M., das Identitätsproblem der Verkehrsanschauung aufzubürden[30]. Die Verkehrsanschauung ist noch weniger geeignet festzustellen, ob die fragliche Sache noch die alte ist oder ob es sich um eine ganz neue, vorher nicht existierende Sache handelt. Die von der h.M. angegebenen Kriterien für die Neuheit einer Sache sind unbrauchbar, zumal auch die Vertreter der h.M. davon ausgehen, daß nicht zwangsläufig mit dem Vorliegen dieser Kriterien von einer neuen Sache auszugehen ist. So soll ein neuer Name auf die Neuheit der Sache hinweisen[31], aber eben nur als Anhaltspunkt und nicht unbedingt. Man wird das kaum als ein sachliches Kriterium ansehen können. Von Bedeutung soll auch die Formänderung sein, doch soll sie nicht unbedingt erforderlich

---

[28] Im gleichen Sinne AlternK-Reich § 948 Rn. 2; MünchenerK-Füller § 948 Rn. 6.

[29] Eine vom Menschen gesteuerte Verarbeitung liegt etwa vor, wenn jemand fremde Hühnereier ausbrüten läßt, von einem eigenen oder einem fremden Huhn.

[30] So aber Wolff-Raiser § 73 I; Westermann-Gursky § 53 II 3; Baur-Stürner § 53 Rn. 18; OLG Köln, JuS 1997, 1043. Ablehnend zu Recht etwa Heck § 62, 5 a.

[31] OLG Köln NJW 1997, 2187.

sein, während eine Änderung oder Wesensänderung, und zwar von gewisser Erheblichkeit, immer verlangt wird. Die Reparatur oder Erhaltung einer Sache soll nie unter § 950 fallen, weil dadurch keine neue Sache entstehe[32], dasselbe soll vom Dressieren oder Auffüttern eines Tieres gelten[33], von der Aufzucht von Pflanzen. Das Tier oder die Pflanze bleibt mit sich selbst identisch. Aber eben darum geht es nicht. Die Frage, ob noch Identität vorliegt oder schon eine Wesensänderung, ist für § 950 unbedeutend; zudem gibt es auch keinerlei Kriterien zur Entscheidung dieser Frage, so daß die Identität auch ein völlig ungeeignetes Unterscheidungsmerkmal darstellt. Was ist das Wesen eines Rindes, und welches Wesen hat ein Rinderbraten? Ist beider Wesen identisch? Das wird z.T. bejaht, indem man im Schlachten und Zerlegen eines Tieres nicht die Herstellung einer neuen Sache sieht[34]; z.T. hält man aber auch eine Wesensänderung beim Schlachten für gegeben[35].

Zweck des § 950 ist es vielmehr, dem wertsteigernden Produktionsvorgang Anerkennung zu verschaffen. Entscheidend für die Anwendung des § 950 sind nicht Identitätsfragen, sondern die Wertsteigerung durch Verarbeitung. Das zeigt § 950 I 1 selbst mit aller Deutlichkeit: Eine Verarbeitung liegt dann nicht vor, wenn keine hinreichende Wertsteigerung erfolgt; das Gesetz stellt weder auf das Wesen der Sache ab noch auf eine Identität. Eine neue Sache i.S.v. § 950 ist also immer dann anzunehmen, wenn an einer Sache eine Wertsteigerung durch menschliche Einwirkung zu verzeichnen ist[36]. Die Art der Einwirkung ist gleichgültig, auch eine Reparatur kann eine Verarbeitung i.S.v. § 950 sein, ebenso das Gesundpflegen eines Tieres[37] oder das Aufziehen von Pflanzen[38]. Da es nicht auf Identitätsfragen ankommt, stellt § 950 I 2 zu Recht die Oberflächenbearbeitung dem Verarbeiten gleich. Mag auch die Leinwand vor und nach dem Bemalen dieselbe sein, ist das Bemalen nicht erheblich weniger wert als die Leinwand, so tritt die Rechtsfolge des § 950 ein. Eine Oberflächenbearbeitung i.S.v. § 950 I 2 ist auch das Belichten eines fotografischen Films und das Bespielen eines Tonbandes.

c) § 950 ist nur anwendbar, wenn der Wert der Verarbeitung nicht *erheblich geringer* ist als der Wert des Stoffes. Als „Wert der Verarbeitung" sind nicht die in die Verarbeitung investierten Kosten anzusehen, sondern die durch die Verarbeitung bewirkten Wertsteigerungen. Die Wertsteigerung berechnet sich aus dem Wert der neuen Sache abzüglich des Ausgangsmaterials. Ob beim Ausgangsmaterial vom Sachwert oder nur vom Wert des Rohstoffes auszugehen ist, ist umstritten. Richtig ist es zu differenzieren. Wird eine schon verarbeitete Sache weiterverarbeitet, so daß auf dem Wert der bisherigen Produktion aufgebaut wird, so ist vom Sachwert auszugehen. Wird ein Halbfabrikat weiterverarbeitet, so ist der Wert des Halbfabri-

---

[32] Vgl. etwa Eichler II 1, 67; M. Wolf Rn. 594; Lange § 7 III 2; Baur-Stürner § 53 Rn. 18; RG 138, 50; OGH NJW 1950, 542.

[33] Schwab-Prütting Rn. 459; Baur-Stürner § 53 Rn. 18; Erman-Ebbing § 950 Rn. 4; Palandt-Bassenge § 950 Rn. 5; BGH NJW 1978, 697 f.

[34] Vgl. etwa Eichler II 1, 67.

[35] BGH 55, 178; RGRK-Pikart § 950 Rn. 13.

[36] So auch Heck § 62, 5 a; Otte, JuS 1970, 159.

[37] So zutreffend AG Kamenz, Neue Justiz 48, 83 mit Besprechung von Gähler, S. 155 ff.

[38] So zutreffend RGRK-Pikart § 950 Rn. 5.

kats entscheidend, nicht der Rohstoffpreis. Wird dagegen der Wert der bisherigen Produktion vernichtet, indem die Verarbeitung wieder vom Rohmaterial ausgeht, so ist der Wert des Rohmaterials zugrunde zu legen. Wird also eine Silberschale eingeschmolzen und das Silber zu einem anderen Gegenstand verarbeitet[39], so ist nur vom Wert des Silbers, nicht der Schale auszugehen.

Ist auf die beschriebene Art der Wert der Verarbeitung festgestellt, so ist er mit dem Stoffwert zu vergleichen[40]. Alsdann ist zu prüfen, ob der Verarbeitungswert erheblich geringer ist als der Stoffwert[41]. Wann ein erheblicher Minderwert vorliegt, kann im Einzelfall schwer zu bestimmen sein. Nach Ansicht des BGH[42] liegt ein erheblicher Minderwert vor, wenn das Verhältnis Stoffwert – Verarbeitungswert 100:60 beträgt, d.h. der Verarbeitungswert 40% geringer ist als der Stoffwert. Auch ein Minderwert von 20% dürfte aber regelmäßig als erheblich anzusehen sein.

d) Liegen die Voraussetzungen des § 950 vor, so erwirbt der Verarbeiter Eigentum *an der neuen Sache*, und zwar lastenfreies Eigentum, § 950 II. Besteht die Verarbeitung in einer Verbindung oder Vermischung beweglicher Sachen, so geht § 950 den §§ 947, 948 vor.

e) § 950 ist ebenso wie die §§ 937–984 *zwingendes Recht*. Die Ansicht von der dispositiven Natur des § 950[43] läßt sich mit dem Gesetz nicht vereinbaren. Die Formen des Eigentumserwerbs sind vom Gesetzgeber zwingend vorgeschrieben, der Wille der Beteiligten kann nur insoweit eine Rolle spielen, als das Gesetz es zuläßt, etwa in den §§ 929 ff. Da die Frage des Eigentums nicht nur die Parteien, sondern auch Dritte betrifft (besonders die Gläubiger der Parteien), steht die Zuweisung des Eigentums den Parteien nicht frei. Der Warenlieferant, der unter Eigentumsvorbehalt an den produzierenden Unternehmer geliefert hat, kann § 950 nicht zu seinen Gunsten durch eine „Verarbeitungsklausel" ausschließen[44].

f) Zu den umstrittensten Fragen des § 950 gehört die nach der *Person des Herstellers*. Hersteller ist nicht nur, wer die Verarbeitung selbst vornimmt, sondern auch der, der die Verarbeitung durch Hilfspersonen vornehmen läßt, deren Tätigkeit ihm zuzurechnen ist: Arbeiter, Angestellte, Gesellen, Lehrlinge usw.

Fraglich ist, ob auch selbständige Unternehmer als Hilfspersonen des Herstellers fungieren können. Kann etwa der Warenlieferant mit dem Produzenten vereinbaren, daß der Lieferant als Hersteller i.S.d. § 950 gelten und so Eigentümer der produzierten Waren sein soll?[45] Auf diese Weise könnte der Lieferant seinen Eigentumsvorbehalt auch bei einer Verarbeitung aufrechterhalten. Das ist jedoch abzulehnen, die Zulassung einer solchen Verarbeitungsklausel verstößt gegen den zwingen-

---

[39] Beispiel aus den Protokollen der 2. Kommission 3766 (Mugdan 3, 645).
[40] Sind die Stoffe mehrerer Eigentümer verarbeitet, so sind alle Stoffwerte zu addieren.
[41] Daß dies nicht der Fall sei, wird vermutet.
[42] BGH JZ 1972, 165; NJW 1995, 2633 f.
[43] So etwa Flume, NJW 1950, 843 f.; Baur-Stürner § 53 Rn. 15; Dolezalek, AcP 195 (1995), 392 ff.
[44] H.M., vgl. etwa Otte, JuS 1970, 154 ff., 158 f.; E. Wolf § 4 G III f; M. Wolf Rn. 600; Staudinger-Wiegand § 950 Rn. 45; Medicus, BürgR, Rn. 517 ff.; Palandt-Bassenge § 950 Rn. 11.
[45] Bejahend etwa BGH 20, 163 f.; Schwab-Prütting Rn. 464.

den Charakter des § 950. Man kann nicht die Regelung des § 950 für zwingendes
Recht erklären und zugleich den Parteien freistellen zu bestimmen, wer Verarbeiter
sein soll[46].

Bei der Frage nach dem Hersteller kommt man nur dann zu eindeutigen Ergebnissen, wenn man selbständige Unternehmer grundsätzlich als Hersteller ansieht[47],
ausnahmsweise jedoch beim Werkvertrag den Besteller als Hersteller betrachtet[48].
Wer also ein Werk bestellt und das zu bearbeitende Material liefert – eigenes oder
fremdes –, ist Hersteller gemäß § 950; er trägt auch die Gefahr des zufälligen Untergangs, § 644 I 3. Wenn jedoch der Besteller das noch herzustellende Werk gewissermaßen kauft, indem er dem Unternehmer auch die Beschaffung des Materials
überläßt, so ist der Unternehmer Hersteller im Sinne des § 950; er trägt auch die Gefahr des zufälligen Untergangs, § 651, 446. Dies ist die traditionelle, bis ins römische Recht zurückgehende Lösung, welcher auch heute die h.M. folgt[49].

g) Da § 950 zwingend ist und „Verarbeitungsklauseln" gleich welchen Inhalts
daher unwirksam sind, so kann sich ein Kreditgeber oder Lieferant gegen Rechtsverlust nur durch ein *antizipiertes Besitzkonstitut* sichern[50]. Verarbeitungsklauseln
können in ein solches Konstitut umgedeutet werden, wenn die Voraussetzungen gegeben sind.

5. Ausgleichsansprüche

a) Wer durch Verbindung, Vermengung, Vermischung oder Verarbeitung einen
Rechtsverlust erleidet, kann gemäß § 951 I 1 über das *Bereicherungsrecht* einen
Ausgleich verlangen. § 951 I 1 stellt eine Rechtsgrundverweisung dar, d.h. alle Vor-
aussetzungen des § 812 I (Eingriffskondiktion) müssen vorliegen.

aa) Der Bereicherungsanspruch steht dem zu, der gemäß den §§ 946–950 das
Eigentum oder ein sonstiges Recht an der Sache verliert. Als Rechtsverlust ist es
nicht anzusehen, wenn Alleineigentum nach §§ 947 I, 948 I in wertgleiches Miteigentum umgewandelt wird. Der Anspruch richtet sich gegen den, der das Eigentum
oder die Lastenfreiheit gemäß den §§ 946–950 erworben hat, also durch die gesetzliche Regelung bereichert ist; der Anspruch stützt sich auf den Eingriff in das dingliche Recht. Der Anspruch richtet sich nur auf Wertersatz in Geld, nicht auf Wiederherstellung des früheren Zustandes, § 951 I 2; die Zerstörung von Werten soll
dadurch verhindert werden. Ist jedoch der frühere Zustand auf irgendeine Weise
hergestellt, so geht der Anspruch auf die Sache selbst[51].

---

[46] So zu Recht etwa E. Wolf § 4 G III f.; M. Wolf Rn. 600; Medicus, BürgR, Rn. 519; Westermann-Gursky § 53 III 2 e; Erman-Ebbing § 950 Rn. 10; Staudinger-Wiegand § 950 Rn. 30,
32.
[47] Planck-Brodmann § 950 N. 1 c; E. Wolf § 4 G III f.
[48] MünchenerK-Füller § 950 Rn. 20; Staudinger-Wiegand § 950 Rn. 38; Soergel-Henssler
§ 950 Rn. 17.
[49] Vgl. z.B. Eichler II 1, 72; Baur-Stürner § 53 Rn. 21; Jauernig § 950 Rn. 6 ff.
[50] Vgl. dazu oben § 9 VII 4 b.
[51] Vgl. etwa Wolff-Raiser § 74 I 5; Westermann-Gursky § 54, 4 a.

Der Anspruch aus §§ 951 I, 812 richtet sich auf den objektiven Wert der Bereicherung, § 818 II. Bei der Verbindung von Sachen kann es jedoch geschehen, daß der Wertzuwachs für den Eigentümer der Hauptsache nicht willkommen ist, wenn er etwa auf einem Grundstück einen Garten anlegen will, der Besitzer aber ein Haus darauf gebaut hat. Hier sind die Grundsätze der *aufgedrängten Bereicherung* anzuwenden[52].

bb) Aufgrund des Subsidiaritätsprinzips ist jede Eingriffskondiktion, also auch die aus § 951 I, ausgeschlossen, wenn der Bereicherte die Bereicherung durch eine „Leistung" i.S.d. §§ 362, 812 I 1 erlangt hat[53].

cc) Stellt sich eine Verbindung als Verwendung auf eine fremde Sache dar, so sind die §§ 951 I, 812 dann ausgeschlossen, wenn ein Eigentümer-Besitzer-Verhältnis vorliegt. Es sind dann ausschließlich die §§ 994 ff. anzuwenden[54]. Hat etwa der nichtberechtigte Besitzer eines Grundstücks darauf ein Gebäude errichtet, so hat er keinen Anspruch gegen den Eigentümer nach §§ 951 I, 812, sondern nach der Regelung der §§ 994 ff.

b) Wer ein Recht nach §§ 946–950 verliert, hat nicht nur den Bereicherungsanspruch aus § 951 I, sondern alle Ansprüche, deren Voraussetzungen vorliegen[55], mit der Einschränkung des § 951 I 2. Denkbar sind etwa vertragliche Ansprüche oder solche aus auftragloser Geschäftsführung. Besonders erwähnt werden in § 951 II 1 nur die Ansprüche wegen unerlaubter Handlung, wegen Verwendungsersatzes sowie das Recht auf Wegnahme einer Einrichtung.

Deliktische Ansprüche gehen gemäß § 249 I primär auf Naturalrestitution, der Geschädigte kann mit dem Deliktsanspruch auch die Wiederherstellung des früheren Zustandes verlangen. Der erweiterte Unrechtsgehalt des Delikts verdrängt den § 951 I 2. Statt der §§ 823 ff. sind die §§ 989 ff. anzuwenden, wenn ein Eigentümer-Besitzer-Verhältnis vorliegt. Wer innerhalb eines bestimmten Rechtsverhältnisses Verwendungen auf eine Sache gemacht hat, kann die dafür vorgesehenen Ausgleichsansprüche geltend machen[56]. Hat jemand eine „Einrichtung" mit einer Sache verbunden, so bleibt es ihm unbenommen, die daraus erwachsenden Wegnahmerechte aus speziellen Rechtsverhältnissen (vgl. z.B. §§ 539 II, 601 II 2) geltend zu machen. § 951 I 2 steht diesen Wegnahmerechten nicht entgegen.

c) Während § 951 II 1 Wegnahmerechte, die in besonderen Rechtsverhältnissen geregelt sind, auch gegenüber § 951 I 2 aufrechterhält, gibt § 951 II 2 jedem, der durch eine Verbindung nach §§ 946, 947 einen Rechtsverlust erleidet, ein Wegnahmerecht[57]. Zwar ist die Vorschrift nicht gänzlich eindeutig, doch ergibt sich aus den

---

[52] Koppensteiner-Kramer 173 f.; Wieling-Finkenauer Fall 10 II 2 b; unten § 12 V 3 b aa.

[53] Zu diesem Prinzip vgl. die bereicherungsrechtliche Literatur, etwa Koppensteiner-Kramer 104 ff.; Wieling-Finkenauer Fall 16 I 3 a bei Fn. 2; Reuter-Martinek § 4 I 3, 10 II.

[54] Vgl. unten § 12 V.

[55] Vgl. Protokolle der 2. Kommission 8820 (Mugdan 3, 648).

[56] Vgl. Protokolle der 2. Kommission 8820 (Mugdan 3, 648).

[57] Hat etwa der Grundstückseigentümer G beim Bau seines Hauses Türen eingebaut, welche dem E gehörten, so ist G gemäß §§ 946, 94 II zwar Eigentümer der Türen geworden, E hat jedoch gemäß § 951 II 2 ein Wegnahme- und Aneignungsrecht.

Materialien, daß hier ein selbständiges Wegnahmerecht eingeführt wird[58]. § 951 II 2 ergänzt so den § 997, der dem Besitzer der Hauptsache im Eigentümer-Besitzer-Verhältnis ein Wegnahmerecht gibt. Das Wegnahmerecht berechtigt den Besitzer, Teile der Sache – auch wesentliche Bestandteile – von dieser abzutrennen, wobei § 258 zu beachten ist.

Das Wegnahmerecht des § 951 II 2 hat seinen Grund in einem dinglichen Recht an einer Sache, das durch die Verbindung beeinträchtigt wurde. Es soll dem Berechtigten das Recht wiederverschaffen. Dazu ist jedoch das Wegnahmerecht allein nicht in der Lage. Hat etwa jemand durch eine Verbindung das Eigentum an der zugefügten Sache verloren und trennt er sie aufgrund des Wegnahmerechts ab, so erlangt er kein Eigentum. Eigentümer wird gemäß § 953 der, dem die Hauptsache gehört. Um das beeinträchtigte Eigentum wiederherzustellen, bedarf es eines Aneignungsrechts. Ein solches Aneignungsrecht gewährt § 951 II 1 durch die Verweisung auf § 997 I 1 („… abtrennen und sich aneignen"). Das Aneignungsrecht ordnet die Sache dem Berechtigten zu, es ist ein dingliches Recht an der Sache[59]. Es ist ein Überrest des durch die Verbindung verlorenen Eigentums, es besteht am Bestandteil weiter, und zwar vor und nach einer Abtrennung[60]. Die Regel des § 93, wonach an wesentlichen Bestandteilen keine besonderen Rechte bestehen können, wird also insoweit durch §§ 951 II 2, 997 eingeschränkt. Das Wegnahmerecht beruht auf diesem Aneignungsrecht.

III. Erzeugnisse und Bestandteile

1. Erwerb durch den Eigentümer, § 953

Erzeugnisse sind die organischen Produkte eines Tieres, einer Pflanze sowie des Erdbodens; Bestandteile sind die „Ausbeute" einer Sache i.S.v. § 99 I[61] sowie alle sonstigen wesentlichen Bestandteile einer Sache i.S.v. §§ 93–96. Alle diese Sachteile sind wesentliche Bestandteile, an welchen besondere Rechte vor der Trennung nicht möglich sind[62]; erst mit der Trennung können besondere Rechte an ihnen entstehen. Ein Wegschaffen von der Muttersache ist für das Trennen nicht erforderlich.

Das Grundprinzip besteht darin, daß sich das Eigentum an der ganzen Sache auch an den abgetrennten Erzeugnissen und Bestandteilen fortsetzt, § 953[63]. Dar-

---

[58] Vgl. Wieling, JZ 1985, 515 f.

[59] Vgl. unten IV 1 b; zustimmend Palandt-Bassenge § 951 Rn. 24.

[60] Vgl. dazu Wieling, JZ 1985, 515 ff.

[61] Vgl. oben § 2 V 1 a.

[62] Ausnahmsweise ist eine Pfändung und Versteigerung ungetrennter Bodenfrüchte möglich, §§ 810, 824 ZPO. Ferner ist an wesentlichen Bestandteilen ein Aneignungsrecht möglich, vgl. oben II 5 c.

[63] Das gilt auch für andere Rechte an der Muttersache, vgl. etwa §§ 1120, 1212, aber auch für sonstige Wesensmerkmale, wie etwa den Makel der Fehlerhaftigkeit des Besitzes oder des Abhandengekommenseins der Muttersache.

über hinaus erwirbt der Eigentümer einer *einfachen Sache*[64] auch das Eigentum an deren Teilen, wenn sie zerlegt wird; das Eigentum an einer Torte setzt sich an den Tortenstücken fort. Für den Erwerb spielt es keine Rolle, wer im Besitz der Muttersache ist, wie die Trennung geschieht und wer Besitz an den getrennten Sachteilen erlangt; die Rechtserstreckung erfolgt im Augenblick der Trennung. Das Grundprinzip greift nicht ein, wenn ein Fruchtziehungsberechtigter i.S.d. §§ 954–957 vorhanden ist sowie wenn § 911 eingreift (Überfall).

§ 953 regelt die dingliche Rechtslage. Eine andere Frage ist es, ob der Eigentümer auch berechtigt ist, die abgetrennten Sachteile zu behalten. Er kann aus vielen Gründen zur Herausgabe schuldrechtlich verpflichtet sein, etwa aus einem schuldrechtlichen Vertrag.

2. Erwerb durch dinglich Berechtigte, § 954

Besteht an der Muttersache ein dingliches Nutzungsrecht, so fallen die abgetrennten Erzeugnisse und Bestandteile nicht dem Eigentümer, sondern dem Inhaber des Nutzungsrechts zu, § 954, es sei denn, daß Nutzungsberechtigte nach §§ 955–957 vorhanden wären. Als Nutzungsrecht kommt z.B. ein Nießbrauch in Betracht, § 1030.

Der Eigentumserwerb tritt mit der Trennung ein, gleichgültig, wie diese erfolgt. Der Besitz an der Muttersache sowie an den abgetrennten Teilen spielt keine Rolle. Der Erwerb tritt nur bei den abgetrennten Teilen ein, auf welche sich das Nutzungsrecht bezieht. Wer eine Kiesabbaugerechtigkeit hat, wird nicht Eigentümer abgetrennter Erzeugnisse[65], etwa des Obstes. Erwirbt nicht der dinglich Berechtigte das Eigentum, so fällt es dem Eigentümer zu.

3. Erwerb des gutgläubigen Besitzers, § 955

Ist jemand im Besitz der Muttersache, der sich gutgläubig für dinglich nutzungsberechtigt hält, so erwerben weder Eigentümer noch dinglich Nutzungsberechtigte die abgetrennten Teile; der gutgläubige Besitzer erwirbt sie vielmehr selbst, es sei denn, daß ein Nutzungsberechtigter nach §§ 956, 957 vorhanden wäre.

In Betracht kommt einmal ein nicht berechtigter Eigenbesitzer, der sich gutgläubig für den Eigentümer hält, § 955 I. Dem gleichgestellt ist der Eigenbesitzer, der zwar Eigentümer ist, aber deswegen nicht fruchtziehungsberechtigt, weil ein dingliches Nutzungsrecht i.S.v. § 954 besteht. Ist der Eigentümer gutgläubig bezüglich der Nichtexistenz des dinglichen Nutzungsrechts, so erwirbt er die getrennten Früchte, § 955 I. Der dritte Fall besteht darin, daß ein Besitzer gutgläubig davon ausgeht, ein dingliches Nutzungsrecht i.S.v. § 954 zu haben, das ihm in Wirklichkeit nicht zusteht, § 955 II. Dieser Fall ist auch dann gegeben, wenn ein Berechtigter ein wirklich bestehendes Nutzungsrecht überschreitet. Der letzte Fall ist der, daß

---

[64] Vgl. oben § 2 I 2 a.
[65] Zum Begriff der Erzeugnisse vgl. oben § 2 V 1 a.

ein Nutzungsrecht besteht, der Berechtigte aber deshalb nicht nutzungsberechtigt ist, weil ihm ein anderes dingliches Nutzungsrecht vorgeht; er wird Eigentümer der Früchte, wenn er bezüglich des vorrangigen Nutzungsrechts gutgläubig ist, § 955 II.

a) § 955 fordert zunächst Besitz des angeblich Berechtigten zur Zeit der Trennung[66], sei es Eigenbesitz, sei es Fremdbesitz als Inhaber eines dinglichen Nutzungsrechts. Es reicht auch ein mittelbarer Besitz aus. Der Fruchterwerb tritt gemäß § 955 mit der Trennung ein, es ist ohne Bedeutung, wie und durch wen die Trennung erfolgt.

b) § 955 I, II setzt weiter guten Glauben des Besitzers voraus, der wie in § 932 I 1 vermutet wird, § 955 I 2. Der Besitzer ist bösgläubig, wenn er beim Besitzerwerb weiß, daß er kein Fruchtziehungsrecht hat; ferner wenn er aus grober Fahrlässigkeit dies nicht weiß. Später, nach dem Besitzerwerb, schadet ihm nur positive Kenntnis seiner Nichtberechtigung. Ist der Besitzer verklagt, so ist er damit nicht automatisch bösgläubig.

c) Streitig ist, ob der gutgläubige Besitzer auch die Früchte einer abhandengekommenen Sache erwirbt, wenn die Früchte beim Abhandenkommen bereits als ungetrennte Teile der Muttersache vorhanden waren. Da es sich beim Fruchterwerb nach § 955 nicht um einen rechtsgeschäftlichen Erwerb gemäß §§ 932 ff. handelt, besteht keine Möglichkeit, § 935 anzuwenden. Eine analoge Anwendung muß entfallen, weil die Interessen gerade unterschiedlich zu bewerten sind. Durch § 935 soll dem Eigentümer einer abhandengekommenen Sache die Substanz der Sache erhalten werden. Die Nutzungen dagegen sollen nicht dem Eigentümer, sondern dem gutgläubigen Besitzer zufallen, §§ 993, 987, 990, als Ausgleich dafür, daß er wegen § 935 nicht gutgläubig Eigentum erwerben konnte.

d) Erworben werden gemäß § 955 nur die Erzeugnisse sowie die bestimmungsgemäß gewonnene Ausbeute, vgl. § 99 I. Sonstige abgetrennte Bestandteile können dagegen – anders als nach §§ 953, 954 – nicht zu Eigentum erworben werden. Der nichtberechtigte, gutgläubige Besitzer wird z.B. nicht Eigentümer der Teile eines abgebrochenen Hauses. Damit soll vermieden werden, daß der gutgläubige Besitzer durch Zerlegung der Sache Eigentum an der gesamten Substanz erwirbt[67]. Wer die Muttersache gutgläubig aufgrund eines angenommenen Nutzungsrechts besitzt, erwirbt die Früchte nur im Rahmen seines angenommenen Nutzungsrechts; er steht nicht besser als ein wirklich Berechtigter.

4. Erwerb aufgrund einer Erwerbsgestattung, § 956

§ 956 regelt den Erwerb dessen, dem die Aneignung gestattet wird, ohne daß er ein dingliches Recht an der Muttersache hätte. „Gestattung" i.S.v. §§ 956 f. bedeutet Gestattung des Eigentumserwerbs durch Trennung; eine solche Gestattung ist also nicht mehr möglich an bereits getrennten Sachteilen. An ihnen kommt nur ein Eigentumserwerb nach §§ 929 ff. in Betracht. Liegen die Voraussetzungen des

---

[66] Eine Ausnahme gilt nach § 955 III dann, wenn der Besitz des Gutgläubigen vorübergehend i.S.v. § 940 II unterbrochen ist, vgl. dazu oben I 1 c bb.

[67] Vgl. Motive 3, 366.

§ 956 vor, so geht der hiernach Berechtigte den Berechtigten nach §§ 953–955 vor, steht aber hinter einem Berechtigten aus § 957 zurück. Der Erwerb nach § 956 bezieht sich auf abgetrennte Früchte und sonstige Bestandteile. Der Umfang des Erwerbs richtet sich nach der Gestattung. Wem das Abernten der Apfelbäume gestattet ist, wird nicht Eigentümer geernteter Birnen. Besteht eine Pflicht zur Gestattung, so wird die Gestattung sich regelmäßig im Rahmen der Verpflichtung halten.

Zur Gestattung berechtigt ist gemäß § 956 II derjenige, dem das Eigentum mit der Trennung zufällt. Das sind zunächst die nach §§ 953–955 Berechtigten, ferner aber auch die Erwerbsberechtigten nach §§ 956, 957, wenn ihnen der Besitz der Muttersache überlassen ist. Von diesen ist im konkreten Fall der gestattungsberechtigt, der ohne die Gestattung die Früchte oder Bestandteile erwerben würde bzw. sie tatsächlich erwirbt. Über § 956 II hinaus muß man auch die Berechtigten nach §§ 956, 957 als gestattungsberechtigt ansehen, denen der Besitz der Muttersache nicht überlassen ist[68]. Gestattet gemäß §§ 955, 957 ein nichtberechtigter, aber gutgläubiger Besitzer, so erwirbt der Erwerber die Früchte auch dann, wenn er selbst bösgläubig ist[69]. Eine Gestattung ist nur in dem Umfang möglich, als der Berechtigte fruchtziehungsberechtigt ist.

a) Hat der Gestattende dem Erwerber nicht den Besitz an der Muttersache überlassen, so erwirbt er die abgetrennten Früchte und Bestandteile nicht mit der Trennung, sondern erst mit der Besitzergreifung, § 956 I 1. Geschieht die Besitzergreifung nicht bei der Trennung, so steht das Eigentum bis zur Besitzergreifung dem Gestattenden zu. Wie der Eigentumserwerb geschieht, ist streitig.

aa) Die *Übertragungstheorie*, die bereits im römischem und gemeinem Recht vorherrschte, sieht den Eigentumserwerb nach §§ 956 f. als Anwendungsfall der Übereignung gemäß §§ 929 ff. an[70]. Die Einigungsofferte nach § 929, 1 liegt in der Gestattung, die Früchte oder Bestandteile abzutrennen und zu behalten. Die Gestattung kann ausdrücklich ausgesprochen werden, was besonders dann vorkommen wird, wenn die Gestattung ohne Verpflichtung, rein aus Gefälligkeit geschieht („Sie können den Baum abernten"). Liegt eine Verpflichtung zur Gestattung vor, so liegt regelmäßig in dem schuldrechtlichen Vertrag (Abholzungsvertrag, Pacht) konkludent auch die Gestattung[71]. Die Annahme des Vertragsangebots, wenn sie nicht ausdrücklich erklärt wird, geschieht regelmäßig sofort und konkludent, sie muß gemäß § 151 dem Gestattenden nicht zugehen. Zur Einigung muß die Besitzergreifung an den getrennten Früchten oder Bestandteilen kommen, die Ergreifung mit Willen des Berechtigten steht einer Übergabe gleich. § 956 hat also in dieser Fallgestaltung gegenüber den §§ 929 ff. keine eigenständige Bedeutung.

---

[68] Vgl. Staudinger-Gursky § 956 Rn.17; Baur-Stürner § 53 Rn. 64.

[69] Vgl. Wolff-Raiser § 77 IV Fn. 29; Erman-Ebbing § 956 Rn. 5; Staudinger-Gursky § 956 Rn. 18 f.

[70] So etwa RG 78, 36; Heck § 63, 5; Planck-Brodmann § 956 N. 2; RGRK-Pikart § 956 Rn. 1; Palandt-Bassenge § 956 Rn. 2; E. Wolf § 4 J III c 3 bb.

[71] Wird die Muttersache dem Berechtigten übergeben, so liegt spätestens darin die Übereignungungsofferte.

Der Übereignungsvertrag bezieht sich auf künftige Sachen, die mit der Trennung entstehen[72]. Die Übereignung kann nicht nur durch Übergabe nach § 929, 1 geschehen, sondern auch durch ein Übergabesurrogat, z.B. ein Besitzkonstitut. Die Einigung kann bedingt erfolgen, z.B. bei einem Verkauf der Früchte unter Eigentumsvorbehalt bis zur Zahlung des Kaufpreises. Die Gestattung als dingliche Einigung erfordert die normalen Voraussetzungen eines Rechtsgeschäfts. So müssen etwa die Parteien bei der Abgabe ihrer Erklärungen geschäftsfähig sein. Eine spätere Geschäftsunfähigkeit, etwa zur Zeit der Besitzergreifung der Teile, schadet nicht[73]. Dagegen muß die Berechtigung, die Verfügungsbefugnis des Gestattenden, bis zur Besitzergreifung vorliegen; erst mit ihr ist das Geschäft abgeschlossen. Die Gestattung als dingliche Einigung ist hier wie auch sonst bindend, kann also nicht widerrufen werden. Beruht die Gestattung aber auf einem Gefälligkeitsverhältnis, so ist sie wie dieses jederzeit widerruflich. Die Gestattung ist dann unter der Bedingung jederzeitigen Widerrufs erteilt.

Hat ein anderer als der Gestattungsempfänger die Früchte in Besitz genommen, so steht dem Gestattungsempfänger keinerlei Recht an der Sache zu; er hat kein Aneignungsrecht. Gegen Dritte kann er nicht vorgehen, gegen den Gestattenden nur aus dem Schuldverhältnis, falls ein solches besteht.

Die Übertragungstheorie hat nicht nur den Vorteil, daß sie auf einer langen Tradition beruht und alle anfallenden Probleme zufriedenstellend lösen kann; sie kann daneben auch auf die anerkannten Regeln der §§ 929 ff. zurückgreifen und ist nicht gezwungen, die Dogmatik durch neu erfundene, umstrittene Regeln zu verunsichern.

bb) Neben der Konstruktion der Gestattung als Übereignung (Übertragungstheorie) wird auch die *Erwerbstheorie* vertreten[74]: Danach ist die Gestattung eine selbständige, von § 929 verschiedene Verfügung. Wie man sich die Gestattung vorzustellen habe, ist unter den Anhängern der Erwerbstheorie streitig; sie wird z.T. als Vertrag, z.T. als einseitiges Rechtsgeschäft gesehen. Einige Autoren postulieren ein „Fruchtziehungsrecht", das zwar im Eigentum enthalten, aber von diesem abspaltbar sein soll; es soll durch die Gestattung auf den Erwerber übergehen. Nach anderer Ansicht soll die Gestattung ein Aneignungsrecht (auch Erwerbsrecht oder Anwartschaftsrecht genannt) begründen, welches bisweilen als persönliches oder relatives Recht bezeichnet wird.

Diese Erwerbstheorie hat den erheblichen Nachteil, daß sie nicht auf anerkannte Rechtsfiguren und Regeln zurückgreifen kann, sondern diese selbst schaffen muß. Das führt dazu, daß die Vertreter dieser Theorie zu den unterschiedlichsten Konstruktionen kommen und auch zu willkürlichen Folgerungen. Da sie auch die anfallenden Probleme nicht besser lösen kann als die hergebrachte Übertragungstheorie, stellt sie eine überflüssige Erfindung dar.

b) Ist der Gestattungsempfänger im Besitz der Muttersache, so ist seine Position stärker: Er erwirbt Eigentum mit der Trennung, gleich wie und durch wen sie er-

---

[72] Vgl. dazu oben § 9 I 1 b; zur Verfügungsberechtigung oben pr. a.E.
[73] Vgl. oben § 9 I 2 a.
[74] Vgl. etwa Schwab-Prütting Rn. 484; Westermann-Gursky § 57 III 2 b mit Literatur.

folgt. Dies liegt in der Absicht des Gesetzes, welches die Position des besitzenden Fruchterwerbers verstärken, d.h. verdinglichen will.

Die Schwäche des nichtbesitzenden Fruchterwerbers liegt in zwei Punkten. Einmal ist sein Erwerb unsicher bis zum Augenblick der Besitzergreifung, weil der Gestattende bis zu diesem Zeitpunkt seine Gestattungsmacht verlieren kann, etwa durch die Eröffnung des Insolvenzverfahrens. Zum anderen ist seine Position schwach, weil die Gestattung nicht gegen Dritte wirkt, z.B. gegen einen Käufer der Muttersache. Eine Abhilfe muß darin bestehen, daß der Erwerber mit dem Besitzerwerb an der Muttersache eine unangreifbare Position erlangt.

aa) Auch in dieser Fallgestaltung muß man den Erwerb der Früchte oder Bestandteile als Übereignung ansehen. Die Einigungsofferte zur Übereignung der künftigen Teile liegt spätestens in der Besitzüberlassung, die Annahme spätestens in der Besitzergreifung. Die Einigung ist bedingt möglich, sie bedarf der Bestimmtheit, sie ist bindend. Beruhen die Gestattung und Besitzüberlassung nicht auf einer Verpflichtung, sondern auf einer Gefälligkeit, so ist die Einigung regelmäßig durch einen Widerruf auflösend bedingt. Die Übergabe der Früchte ist in der Überlassung der Muttersache zu sehen.

bb) Die Verfügungsbefugnis des Gestattenden muß zur Zeit der Besitzüberlassung vorliegen[75]. Verliert er sie später, so schadet das dem Erwerber nicht. Eine verbreitete Ansicht will dagegen den Zeitpunkt der Trennung als entscheidend ansehen[76]. Damit wird aber die Absicht des Gesetzgebers vereitelt, dem Erwerber eine sichere Position einzuräumen, wenn ihm der Besitz überlassen wurde. Der besitzende Erwerber würde nicht besser stehen als der nichtbesitzende. Veräußert also der Gestattende nach der Besitzüberlassung, aber vor der Trennung das Grundstück, so betrifft das den Gestattungsempfänger nicht; er wird mit der Trennung Eigentümer. Wird das Grundstück z.B. vor der Trennung gemäß §§ 20, 146 ZVG beschlagnahmt, so erwirbt der Besitzer mit der Trennung dennoch unbelastetes Eigentum an den Früchten; für den häufigsten und wichtigsten Fall, die Pacht, ist dies nochmals in §§ 21 III, 152 II ZVG angeordnet.

5. Gutgläubiger Erwerb aufgrund einer Gestattung, § 957

Wird die Gestattung von einem Nichtberechtigten ausgesprochen, so ist gemäß § 957 gutgläubiger Fruchterwerb möglich. Zu erinnern ist zunächst daran, daß auch ein nichtberechtigter Besitzer gestattungsberechtigt ist, wenn er gutgläubig ist. Gutgläubiger Erwerb nach § 957 kommt also nur in Betracht, wenn der besitzende Gestattende bösgläubig ist. Das Gesetz unterscheidet auch hier zwei Fälle: Einmal überläßt der Gestattende dem Erwerber den Besitz der Muttersache, im anderen Fall behält er selbst den Besitz der Muttersache. In beiden Fällen ist aber erforderlich, daß die Gestattung nach den Regeln über Rechtsgeschäfte wirksam ist.

---

[75] Planck-Brodmann § 956 N. 2; Medicus, JuS 1967, 392; Denck, JZ 1981, 333; O. vGierke II § 137 Fn. 29.
[76] So z.B. Baur-Stürner § 53 Rn. 60; Wolff-Raiser § 77 IV 4; Soergel-Henssler § 956 Rn. 2.

a) Überträgt der Gestattende nicht den Besitz der Muttersache auf den Erwerber, so kann dieser die abgetrennten Teile in dem Augenblick erwerben, in welchem er deren Besitz erlangt. § 957 ist insofern zu weit, als danach die Gestattung von jedermann ausgesprochen werden könnte, ohne daß eine Eingrenzung nach objektiven Gesichtspunkten möglich wäre; es müßte danach kein Vertrauenstatbestand beim Gestattenden vorliegen. Richtig ist es, § 932 anzuwenden, also Besitz des Gestattenden als Vertrauensbasis für den Erwerber zu verlangen[77]. Im bekannten „Witzbold-Fall"[78] würde der Wanderer mangels Besitzes des Gestattenden kein Eigentum an den Trauben erwerben.

Guter Glaube ist erforderlich zur Zeit der Besitzergreifung, er wird auch hier vermutet. Er bezieht sich auf die Gestattungsberechtigung des Gestattenden. Guter Glaube ist – wie in § 932 II – dann gegeben, wenn der Erwerber weder weiß, daß der Gestattende nicht gestattungsberechtigt ist, noch dieses Nichtwissen auf grober Fahrlässigkeit beruht. Ist die Muttersache dem Gestattungsberechtigten abhandengekommene, so ist nicht § 935 anzuwenden, soweit es sich um Früchte handelt; an ihnen ist gutgläubiger Erwerb also möglich; wegen anderer Bestandteile ist § 935 anzuwenden.

b) Hat der nichtberechtigt Gestattende das Grundstück dem Erwerber zu Besitz überlassen, so erwirbt dieser die Früchte und Bestandteile mit der Trennung, gleich wie oder durch wen die Trennung geschieht. Guter Glaube an die Gestattungsmacht des Gestattenden muß nicht nur zur Zeit der Besitzüberlassung vorhanden sein, sondern auch zur Zeit der Trennung. Der Erwerb nach § 957 ähnelt in diesem Fall weniger einem gutgläubigen Erwerb nach § 932 als einer Ersitzung. Wie in § 937 II ist auch der gute Glaube definiert: Beim Besitzerwerb ist der Erwerber gutgläubig, wenn er weder weiß noch aus grober Fahrlässigkeit nicht weiß, daß der Gestattende nicht gestattungsberechtigt ist. Später, nach Besitzerwerb, schadet ihm nur noch das Wissen, daß der Gestattende nicht gestattungsberechtigt ist.

IV. Okkupation und Dereliktion

1. Aneignung, Okkupation

a) Okkupierbar sind gemäß § 958 I herrenlose Mobilien, d.h. solche, die in niemandes Eigentum stehen. Andere dingliche Rechte, wie Pfandrechte oder ein Nießbrauch, stehen der Okkupation nicht entgegen. Herrenlos sind alle Sachen, die derelinquiert wurden (§ 959) oder an denen aus sonstigen Gründen kein Eigentum besteht. Die Okkupation geschieht durch Begründung von Eigenbesitz, § 958 I, Erwerb mittelbaren Eigenbesitzes reicht aus. Eigentümer wird, wer an der Sache zuerst Besitz ergreift, nicht wer sie zuerst entdeckt. Die Okkupation ist kein Rechtsge-

---

[77] So die h.M., z.B. Staudinger-Gursky § 957 Rn. 3; Palandt-Bassenge § 957 Rn. 2; Wolff-Raiser § 77 IV 5 b.
[78] Ein Witzbold ruft einem Wanderer im Weinberg zu: „Pflücken Sie sich Trauben, soviel Sie wollen".

schäft, sondern eine Rechtshandlung, die nur einen natürlichen Willen voraussetzt; ist er vorhanden, so können auch Geschäftsunfähige okkupieren.

b) Eine herrenlose Sache ist nicht okkupierbar, wenn die Okkupation gesetzlich verboten ist, § 958 II. Ein Aneignungsverbot enthält z.B. § 22 BNatSchG. Eine herrenlose Sache ist weiter dann nicht okkupierbar, wenn an ihr ein Aneignungsrecht besteht, § 958 II. Aneignungsrechte sind dingliche Rechte an der Sache, die dem Berechtigten den Eigentumserwerb sichern und jeden Erwerb durch Nichtberechtigte verhindern. Sie stehen weitgehend dem Eigentum gleich[79]. Das Aneignungsrecht ist vererblich und nach den §§ 929 ff. übertragbar, auch gutgläubig lastenfreier Erwerb nach §§ 936 ist möglich, so daß das Aneignungsrecht erlischt. Das Aneignungsrecht gibt dem Berechtigten einen Herausgabeanspruch entsprechend § 985; der Besitzer haftet nach den §§ 989 ff. Das Aneignungsrecht berechtigt den Inhaber zur Aussonderung im Insolvenzverfahren und gibt ihm in der Zwangsvollstreckung die Klage aus § 771 ZPO[80]. Ein Aneignungsrecht gibt z.B. das Jagdrecht, das Fischereirecht, das Bergwerkseigentum.

2. Dereliktion

a) Die Dereliktion beweglicher Sachen setzt gemäß § 959 voraus, daß der Eigentümer den Besitz aufgibt in der Absicht, auf das Eigentum zu verzichten. Ist der Eigentümer nicht im Besitz der Sache, so kann er das Eigentum aufgeben, indem er seinen Verzichtswillen kundtut; ein rein innerlicher Entschluß reicht nicht aus. Auch dem Eigentümer, der nur mittelbaren Besitz hat, kann die Eigentumsaufgabe nicht verwehrt werden. Erforderlich ist dazu die irgendwie kundgetane Aufgabe des Besitzwillens. Der bisherige Besitzmittler kann die Sache durch einfachen Willensentschluß okkupieren.

b) Zur Besitzaufgabe muß der Wille kommen, das Eigentum aufzugeben. Dieser Wille muß kundgetan werden, was regelmäßig durch die Besitzaufgabe geschieht. Es handelt sich um eine nicht empfangsbedürftige Willenserklärung, die Geschäftsfähigkeit voraussetzt. Ob der Eigentümer im Einzelfall nur den Besitz aufgeben will oder ob er auch auf das Eigentum verzichten will, ist durch Auslegung seines Verhaltens und seiner Erklärungen festzustellen. Nicht derelinquiert ist etwa Zukker auf dem Tisch des Kaffeehauses; er ist zur Übereignung an Gäste – nicht an Fremde – angeboten, zur Benutzung im Lokal, nicht zur Mitnahme in größerer Menge. Derelinquiert sind Abfälle, die in die Mülltonne geworfen sind, nicht aber Altpapier oder Altkleider, die für eine gewerbliche oder karitative Sammlung bereit gestellt sind; sie sind dem, der die Sammlung veranstaltet, zur Übereignung angeboten.

Die Dereliktion setzt Verfügungsmacht voraus, also grundsätzlich Eigentum oder Zustimmung des Eigentümers, § 185. Sie kann nicht unter einer Bedingung oder Befristung erklärt werden, damit Unsicherheiten im Rechtsverkehr vermieden werden. Eine Dereliktion zugunsten einer bestimmten Person, damit nur diese sich die Sache aneignen kann, ist nicht möglich; sie ist als Übereignungsofferte zu be-

---

[79] Vgl. dazu mein Handbuch des Sachenrechts I § 11 IV 3.
[80] Vgl. Wieling, JZ 1985, 516.

trachten. Hat der Derelinquierende sich bei der Dereliktion geirrt, so kann er die Dereliktion im Rahmen der §§ 119, 123 anfechten, und zwar gegenüber dem, der sich die Sache angeeignet hat, § 143 IV 1.

c) Mit der Dereliktion erlischt das Eigentum, Rechte Dritter bleiben bestehen.

3. Wilde Tiere

a) Wilde Tiere sind herrenlos, solange sie in Freiheit leben, § 960 I 1, also in niemandes Besitz sind. Den Gegensatz zum wilden Tier bilden die zahmen Tiere, die nicht nach § 960, sondern nach den allgemeinen Regeln behandelt werden. Das Eigentum an einem zahmen Tier erlischt also nicht, wenn es entflieht, wenn z.B. ein Hund oder eine Katze im Wald lebt. Ob ein Tier wild oder zahm ist, kann nicht nach dem Einzeltier entschieden werden, sondern nur nach der Gattung. Ein „wilder" Bulle ist also ein zahmes Tier, ein gezähmtes Reh ein wildes.

§ 960 bestimmt nur, daß an wilden Tieren in Freiheit kein Eigentum bestehen kann. Der Eigentumserwerb richtet sich nach § 958, das Tier kann okkupiert werden. Das Eigentum an den gefangenen wilden Tieren bleibt erhalten, solange sie im Besitz des Eigentümers verbleiben. Das ist der Fall, wenn sie in Käfigen gehalten werden oder in kleinen, eingezäunten Gehegen, z.B. in Pelztierfarmen. Die Gewalt über das Tier bleibt aber auch erhalten, wenn es in einem Tiergarten gehalten wird, § 960 I 2. Tiergärten i.S.v. § 960 I 2 müssen also die Tiere durch eine Umzäunung am Entweichen hindern und ihre Bewegungsfreiheit einschränken.

b) Auch Fische sind wilde Tiere. An gefangenen Fischen hat man nur solange Eigentum, wie man Besitz an ihnen hat. Das ist immer dann der Fall, wenn man sie in geschlossenen Gewässern hält, § 960 I 2. Ein geschlossenes Gewässer setzt voraus, daß die Fische nicht entweichen können, als Beispiel nennt das Gesetz den Teich.

c) Gemäß § 960 II wird ein entwichenes wildes Tier nicht herrenlos, solange der Eigentümer es verfolgt; die Verfolgung muß unverzüglich erfolgen. Die Verfolgung geschieht in erster Linie durch Nacheile, ein Sichtkontakt muß nicht bestehen. Da durch die Verfolgung das Eigentum aufrechterhalten wird, so ist es konsequent, daß mit der Aufgabe der Verfolgung das Eigentum erlischt, § 960 II.

d) Ein wildes Tier kann nicht nur durch physische Mittel in der Gewalt gehalten werden, sondern auch durch Zähmung, so daß es nicht entweicht, obwohl es volle Bewegungsfreiheit hat, vielmehr immer wieder zum Eigentümer zurückkehrt. Ein solches Tier ist nicht herrenlos, wenn es zeitweilig nicht beim Eigentümer, sondern etwa auf dem Feld oder im Wald ist. Es wird herrenlos, wenn es die Gewohnheit ablegt, an den ihm bestimmten Ort zurückzukehren, § 960 III.

4. Bienen

a) Auch die Biene gehört zu den wilden Tieren[81]: Die Biene ist ein wilder Wurm, wie die Altvorderen sagten. Gemäß § 961 wird ein Bienenschwarm herren-

---

[81] Vgl. Lühn-Irriger, Susanne, Die Biene im deutschen Recht von den Anfängen bis zur Gegenwart, 1999.

los, wenn er aus dem Bienenstock endgültig auszieht. Die Herrenlosigkeit tritt aber – wie bei § 960 II – nicht ein, wenn der Eigentümer den Schwarm unverzüglich verfolgt. Der Eigentümer ist bei der Verfolgung des Schwarms berechtigt, fremde Grundstücke zu betreten, § 962, 1. Die Vorschrift gibt dem Verfolger nicht nur einen Anspruch auf Duldung des Betretens wie §§ 867, 1005, sondern schränkt das Eigentum am Grundstück ein und gibt ein Selbsthilferecht. Der Verfolger handelt also nicht rechtswidrig, selbst wenn er gegen den Willen des Eigentümers das Grundstück betritt. Sind die Bienen in eine fremde, unbesetzte Bienenwohnung eingezogen, so darf der Verfolger auch die Wohnung öffnen und die Waben herausnehmen oder -brechen, § 962, 2. Der Verfolger darf nur die Handlungen vornehmen, die unumgänglich sind, um den Schwarm einzufangen. Er haftet auf Ersatz aller angerichteten Schäden, § 962, 3, auch wenn ihm kein Verschulden zur Last fällt. Für Schäden, welche die Bienen anrichten, haftet er nach § 833.

b) Vereinigen sich mehrere Schwärme verschiedener Eigentümer, so tritt Miteigentum am Gesamtschwarm ein, § 963. Der Miteigentumsanteil richtet sich nach der Zahl der verfolgten Schwärme, nicht nach deren Wert. Dringt ein Bienenschwarm in eine besetzte fremde Bienenwohnung ein, so wird er sofort Eigentum dessen, dem die Bienenwohnung gehört und dem der überfallene (und vernichtete) Schwarm gehörte, § 964; ein Ausgleich dafür ist nicht vorgesehen.

V. Fund

1. Verlieren und Finden

a) Gemäß den §§ 965 ff. kann eine verlorene Sache gefunden werden; verloren i.S.d. § 965 ist eine Sache, wenn sie besitzlos, aber nicht herrenlos ist[82]. Auf welche Weise der Eigentümer den Besitz verloren hat, ist ohne Bedeutung. Verloren ist auch eine Sache, welche der Eigentümer einem Dritten anvertraut hat, z.B. einem Verwahrer, und welche dieser verliert oder auch absichtlich wegwirft; verloren ist auch, was ein Dieb stiehlt und dann wegwirft. Der Begriff der verlorenen Sache nach § 965 deckt sich also nicht mit dem der verlorenen Sache nach § 935.

aa) Ob eine Sache besitzlos ist, richtet sich nach § 856. Entscheidend ist also, ob nach der Verkehrsanschauung der bisherige Besitzer weiterhin die Möglichkeit hat, die Gewalt über die Sache auszuüben. Im eigenen Haus, in der eigenen Wohnung, im gemieteten Hotelzimmer, verliert man nichts („Das Haus verliert nichts"). Sucht man sorgfältig genug, so findet sich alles wieder. Ein Dritter, z.B. ein Handwerker, kann keine Sachen des Wohnungsinhabers „finden". Anders ist die Besitzlage, wenn es sich nicht um Privaträume handelt, sondern um Räume, die einem größeren, unkontrollierten Publikum zugänglich sind. Der Bankinhaber, der in den weitläufigen Schalterräumen seiner Bank einen Geldschein verliert, der Inhaber eines

---

[82] So die Kurzformel von M. Wolff (1923) § 82 I pr., die von der h.M. zu Recht übernommen wurde.

Kaufhauses, der in den Verkaufsräumen ein Schmuckstück verliert, ist ebensowenig Besitzer, als wäre der Verlust in einer Bahnhofshalle eingetreten: Es besteht keine Aussicht für ihn, die Gewalt über die Sache weiterhin auszuüben zu können.

bb) Nach den gleichen Grundsätzen ist auch das Verlieren in fremden Räumen zu entscheiden. Hat ein Besucher eine Sache in einem Privatraum verloren, z.B. ein Gast einen Ring, so verliert er den Besitz; dieser geht aber auf den Rauminhaber über, denn der Rauminhaber will die Gewalt über alle Sachen ausüben, die nicht in fremdem Besitz sind; er kann sie auch ausüben. Die Sache ist also nicht verloren. Der Rauminhaber hat solche Sachen nach den Regeln der Geschäftsführung ohne Auftrag dem Berechtigten zurückzugeben, ohne Finderlohn verlangen zu können.

Anders ist die Situation auch hier bei solchen Räumen, die einem Publikumsverkehr zugänglich sind. Das Schmuckstück, das im Waschraum eines Hotels oder in einem Kino liegen bleibt, ist verloren. Ein Geldschein, den ein Kunde in einem Supermarkt verliert, ist besitzlos. Er geht keineswegs in den Besitz des Inhabers über, mag dieser auch einen entsprechenden Willen haben. Es besteht die große Wahrscheinlichkeit, daß der Schein von einem Kunden gefunden wird und nicht von einem Angestellten des Inhabers; der Kunde ist in diesem Fall Finder i.S.v. § 965[83].

b) Finder i.S.d. § 965 ist, wer die verlorene Sache an sich nimmt, d.h. Besitz ergreift, nicht wer sie zuerst entdeckt. Das Rechtsverhältnis aus den §§ 965 ff. entsteht zwischen dem Verlierer der Sache und dem, der sie für ihn in Gewahrsam nimmt. Das geschieht noch nicht, wenn man eine Sache zur genaueren Prüfung vom Boden aufhebt[84]; es fehlt noch am Besitzwillen. Das Ansichnehmen wird regelmäßig durch Begründung unmittelbaren Besitzes geschehen, d.h. durch Begründung der tatsächlichen Gewalt; es kann auch durch einen Besitzmittler geschehen, so daß der Finder nur mittelbaren Besitz erwirbt. Wer z.B. einen gestohlenen und vom Dieb verschlossen zurückgelassenen Omnibus findet, kann ihn nicht ohne weiteres an sich nehmen. Er kann den Omnibus aber sicherstellen, indem er ein Abschleppunternehmen bittet, den Wagen für ihn an einen bestimmten Ort abzuschleppen[85]. Der Fund kann auch durch einen Besitzdiener geschehen, z.B. einen Angestellten. Das gilt aber nur für den Fall, daß der Fund im Rahmen des Auftrags des Besitzdieners geschehen ist[86], nicht nur bei Gelegenheit der Wahrnehmung dieser Geschäfte[87]. Läßt der Kinobesitzer nach jeder Vorstellung die Räume durch Angestellte auf verlorene Sachen absuchen, so ist er, nicht der Angestellte, Finder i.S.d. § 965. Ein Wille des Besitzdieners, die Sache in eigenen Besitz zu nehmen, also selbst Finder zu sein, kommt nur in Betracht, wenn er nach außen zu erkennen gibt, daß er seiner Pflicht aus dem Rechtsverhältnis zum Auftraggeber nicht nachkom-

---

[83] Anders zu Unrecht BGH 101, 186, zutreffend Gursky, JZ 1991, 497 mit Literatur.

[84] Vgl. Protokolle der 2. Kommission 3801 (Mugdan 3, 657).

[85] Vgl. OLG Hamm NJW 1979, 725 und Gottwald, JuS 1979, 247 ff.

[86] Es muß sich nicht um einen speziellen Auftrag zum Suchen verlorener Sachen handeln, eine entsprechende Verpflichtung kann sich auch als Nebenpflicht aus dem Dienstverhältnis ergeben.

[87] Vgl. Planck-Brodmann § 965 N. 1 b; Eichler II 1, 58; Wolff-Raiser § 82 II; Baur-Stürner § 53 Rn. 78.

men will. Findet der Besitzdiener eine verlorene Sache nur bei Gelegenheit der Ausführung seines Auftrags, so ist er selbst Finder[88].

c) Der Finder ist Fremdbesitzer, er hat ein Besitzrecht. Der Verlierer ist mittelbarer Besitzer, denn es kann davon ausgegangen werden, daß er einen entsprechenden Besitzwillen hat. Das Finden ist kein Rechtsgeschäft, sondern eine Rechtshandlung. Geschäftsfähigkeit ist nicht erforderlich. Durch den Fund entsteht ein gesetzliches Schuldverhältnis gemäß den §§ 965 ff. zwischen Finder und Berechtigtem, der meist der Eigentümer sein wird. Es handelt sich dabei um einen besonderen Fall der Geschäftsführung ohne Auftrag. Ist der Finder unehrlich, will er die Sache also unterschlagen, so sind die §§ 965 ff. nicht anwendbar. Da er bewußt ein fremdes Geschäft als eigenes behandelt, greift § 687 II ein.

2. Pflichten des Finders

a) Aus dem Fund entsteht ein gesetzliches Schuldverhältnis, dessen Zweck darin liegt, daß der Finder dem Berechtigten die Sache möglichst unversehrt zurückerstattet. Dazu hat er zunächst einem ihm bekannten Empfangsberechtigten den Fund anzuzeigen, § 965 I, und zwar unverzüglich (vgl. § 121 I 1). Die Anzeigepflicht besteht auch beim Kleinfund[89]. Empfangsberechtigt ist jeder, der einen Herausgabeanspruch hat[90], z.B. als dinglich Berechtigter, etwa als Eigentümer (§ 985), Nießbraucher (§§ 985, 1065), Pfandgläubiger (§§ 985, 1227), Anwartschaftsberechtigter, Ersitzungsbesitzer, Mieter, Entleiher (§ 1007). Gemäß § 965 I kann der Finder die Anzeige statt an einen Empfangsberechtigten auch an den ihm bekannten Verlierer richten; kennt er nur den Verlierer, so muß er die Anzeige an ihn richten.

Kennt der Finder keinen Empfangsberechtigten oder Verlierer, so hat er den Fund unverzüglich der nach Landesrecht zuständigen Behörde[91] anzuzeigen, § 965 II 1; ein Kleinfund muß nicht angezeigt werden, § 965 II 2.

Verletzt der Finder seine Anzeigepflicht, so kann er weder Eigentum noch den Anspruch auf Finderlohn erwerben, §§ 971 II, 973 I 1. Für entstehende Schäden haftet er den Empfangsberechtigten wegen Schlechterfüllung, §§ 966, 968, eventuell auch aus § 823.

b) Der Finder ist verpflichtet, die Sache für den Empfangsberechtigten zu verwahren[92], damit er sie dem Berechtigten ausliefern kann, § 966 I. Da der Finder die Sache als Geschäftsführer für den Berechtigten verwahrt, muß er auch für deren Erhalt sorgen und dazu eventuell Aufwendungen machen, z.B. Futter für ein gefundenes Tier kaufen. Handelt es sich um verderbliche Sachen, oder um Sachen, deren

---

[88] So etwa, wenn ein Handwerksgeselle zur Reparatur in einen Haushalt gesandt wird und dabei auf der Straße eine Geldbörse findet.

[89] D.h. beim Fund einer Sache von einem Wert nicht über 10 €, vgl. § 965 II 2.

[90] Daneben ist auch der Besitzdiener als empfangsberechtigt anzusehen. Der Finder, der weiß, daß der Verlierer nur Besitzdiener ist, wird durch Herausgabe an ihn frei, vgl. Protokolle der 2. Kommission 3804 f. (Mugdan 3, 657 f.).

[91] Vgl. dazu die Angaben bei Palandt-Bassenge 2 vor § 965; Staudinger-Gursky § 965 Rn. 17.

[92] Er vermittelt dem Berechtigten den Besitz.

Aufbewahrung unverhältnismäßige Kosten verursachen würde, so ist der Finder berechtigt und verpflichtet, die Sache öffentlich versteigern zu lassen, § 966 II.

c) Der Finder ist berechtigt und auf Anordnung der zuständigen Behörde verpflichtet, die Sache – oder den Versteigerungserlös – an die Behörde abzuliefern, § 967. Der Finder wird durch die Ablieferung von allen weiteren Pflichten befreit, behält aber seine Finderrechte, § 975, 1. Zwischen Behörde und Empfangsberechtigtem sowie Finder entsteht ein öffentlich-rechtliches Verwahrungsverhältnis. Die Behörde ist verpflichtet, die Sache an den Empfangsberechtigten herauszugeben, darf dies aber nur tun, wenn der Finder zustimmt, § 975, 3. Hat der Finder Eigentum erworben, so muß die Behörde die Sache ihm herausgeben. Die Behörde kann die Sache versteigern lassen, es tritt dingliche Surrogation ein, § 975, 2. Die Versteigerung ist zulässig in den Fällen des § 966 II, im übrigen regelt sich die Zulässigkeit nach öffentlichem Recht.

Der Finder ist verpflichtet, die Sache an den Empfangsberechtigten herauszugeben; er hat gemäß § 968 nur Vorsatz und grobe Fahrlässigkeit zu vertreten.

3. Rechte des Finders

a) Wie jeder Geschäftsführer (§ 683), so kann auch der Finder vom Berechtigten Ersatz seiner Aufwendungen verlangen, § 970[93]; er hat ferner gemäß § 971 I einen Anspruch auf Finderlohn. Er beträgt bei Tieren 3% des Wertes (zur Zeit der Herausgabe), sonst für die ersten 500 € 5%, dann 3%. Bei Sachen, die lediglich für den Berechtigten ein Affektionsinteresse haben, ist der Wert nach billigem Ermessen zu bestimmen. Der Anspruch auf Finderlohn besteht neben dem auf Aufwendungsersatz, § 970; er ist gemäß § 971 II ausgeschlossen, wenn der Finder die Anzeigepflicht verletzt oder den Fund verheimlicht. Aufwendungsersatz und Finderlohn treten primär nicht als Ansprüche auf, sondern als Zurückbehaltungsrecht an der Fundsache, § 972.

b) Durch den Fund erwirbt der Finder eine dingliche Anwartschaft an der Sache, die nach §§ 1007, 1004, 823, 812 geschützt ist. Nach Ablauf von sechs Monaten nach der Anzeige des Fundes bei der zuständigen Behörde (vgl. § 965 II) erwirbt er das Eigentum an der Fundsache bzw. am Versteigerungserlös, wenn sich nicht vorher ein Empfangsberechtigter gemeldet hat; sonstige Rechte an der Sache erlöschen, § 973 I. Bei einem Kleinfund beginnt die Frist von sechs Monaten mit dem Fund, § 973 II 1. Verheimlicht der Finder den Fund, so kann er kein Eigentum erwerben, § 973 II 2.

c) Wer durch den Eigentumserwerb des Finders (oder der Gemeinde, § 976 I) einen Verlust erleidet, z.B. der Eigentümer oder Pfandgläubiger, kann vom Finder oder der Gemeinde nach Bereicherungsrecht Herausgabe des Erlangten verlangen, § 977, 1; der Anspruch erlischt nach Ablauf von drei Jahren seit dem Übergang des Eigentums, wenn er nicht vorher gerichtlich geltend gemacht wird, § 977, 2.

---

[93] Dieser Anspruch steht nur dem Finder zu, nicht der zuständigen Behörde, an welche die Sache abgeliefert wurde; ihr steht eventuell eine öffentlich-rechtliche Gebühr zu, vgl. Staudinger-Gursky § 970 Rn. 2.

4. Behörden- und Verkehrsfund

Wird eine Sache in den Räumen oder Beförderungsmitteln einer öffentlichen Behörde oder einer öffentlichen Verkehrsanstalt gefunden, so gelten besondere Fundregeln, §§ 978 – 982. Der Finder kann kein Eigentum an der gefundenen Sache erwerben, der Finderlohn ist gering. Nachteilig für den Verlierer ist es, daß die verlorene Sache nicht den allgemeinen Fundbüros zugeleitet oder gemeldet wird, sondern bei der Behörde oder Verkehrsanstalt bleibt. Der Anreiz für einen ehrlichen Finder ist gering; die Regelung ist ungeschickt.

a) Ein Behördenfund liegt gemäß § 978 I vor, wenn eine Sache in den Geschäftsräumen oder Transportmitteln einer Behörde[94] gefunden wird; ein Verkehrsfund liegt vor, wenn eine Sache in den Geschäftsräumen oder Transportmitteln einer dem öffentlichen Verkehr dienenden Verkehrsanstalt gefunden wird. „Verkehr" in diesem Zusammenhang meint nicht einen Publikumsverkehr, sondern die Beförderung von Personen oder Gütern. Verkehrsanstalten sind z.B. die Deutsche Bahn AG und die Post, aber auch private Eisenbahnlinien, Fluglinien, Schiffahrtsunternehmen, Straßenbahnunternehmen usw., soweit sie von einer unbestimmten Personenzahl genutzt werden können. Der Ausdruck „Anstalt" deutet darauf hin, daß es sich um ein größeres Unternehmen handeln muß. Ferner deutet der Ausdruck „öffentlicher Verkehr" darauf hin, daß nur solche Transportanstalten gemeint sind, die einen regelmäßigen Linienverkehr unterhalten. Die §§ 978 ff. sind anwendbar auf die Transportmittel oder Geschäftsräume der Behörden und Verkehrsanstalten.

b) Gefundene Sachen sind unverzüglich der Behörde, der Verkehrsanstalt oder einem ihrer Angestellten abzuliefern, § 978 I 1. Die Behörde oder Verkehrsanstalt hält die Sache in eigener Verwahrung. Der Finder[95] hat einen Anspruch auf Finderlohn, wenn die verlorene Sache 50 € wert ist oder mehr, § 978 II 1. Er beträgt die Hälfte des Finderlohns nach § 971 II 2, 3, vgl. § 978 II 2. Ausgeschlossen ist ein Finderlohn für Angestellte der Behörde oder Verkehrsanstalt, sowie wenn der Finder die Ablieferungspflicht verletzt, § 978 II 3. Der Anspruch erlischt nach sechs Monaten, § 1002. Die Behörde oder Verkehrsanstalt muß die Herausgabe der Sache an den Berechtigten dem Finder anzeigen, § 978 II 5. Ein Anspruch auf Aufwendungsersatz besteht nicht.

c) Die Behörde oder Verkehrsanstalt kann die gefundene Sache versteigern lassen, der Erlös tritt an die Stelle der Sache, § 979, 980 I.

---

[94] Etwa in einem Arbeitsamt, in einer Schule, Universität, in einem öffentlichen Museum, Schwimmbad, Krankenhaus, in einer öffentlichen Bibliothek.
[95] Finder ist insoweit auch, wer die Behörde oder Verkehrsanstalt auf die verlorene Sache hinweist, statt sie an sich zu nehmen und abzuliefern, vgl. Staudinger-Gursky § 978 Rn. 8.

VI. Schatzfund

1. Schatz

a) § 984 belohnt den Entdecker eines Schatzes mit dem Miteigentum an der gefundenen Sache. Dadurch wird honoriert, daß eine Sache, die durch ihre Verborgenheit lange Zeit der menschlichen Nutzung entzogen war, wieder dem Verkehr zugeführt werden kann. In Anlehnung an das römische Recht definiert das Gesetz den Schatz als „eine Sache, die so lange verborgen gelegen hat, daß der Eigentümer nicht mehr zu ermitteln ist". Ein „Schatz" kann jede Sache sein, es muß sich nicht um Wertsachen handeln. Die verbergende Sache kann ein Grundstück oder Bauwerk, aber auch eine bewegliche Sache sein. Der Schatz muß in der verbergenden Sache lange Zeit verborgen gewesen sein, muß aber nicht absichtlich versteckt worden sein. Auch eine verloren gegangene Sache wird durch Zeitablauf zum Schatz, z.B. ein Ring, der bei Garten- oder Feldarbeiten unter die Erde geraten ist.

b) Der Schatz muß so lange verborgen gewesen sein, daß aus diesem Grund der Eigentümer nicht mehr zu ermitteln ist. Ist trotz langer Verborgenheit der Eigentümer zu ermitteln, so liegt kein Schatz vor. Der Schatz muß bei der Entdeckung nicht mehr verborgen sein, er kann auch entdeckt werden, wenn er durch Naturkräfte freigelegt wurde. Ein Entdecken im Sinne des § 984 ist aber auch dann möglich, wenn der Schatz durch einen Menschen freigelegt wurde, der aber auf das Heben des Schatzes verzichtete.

2. Entdecken des Schatzes

a) Entdecken bedeutet Wahrnehmen des Schatzes. Anders als beim Fund ist beim Schatzfund das Entdecken entscheidend, nicht das Besitzergreifen. Beim Fund legt das Gesetz entscheidenden Wert darauf, daß die Sache im Interesse des Eigentümers in Obhut genommen wird; beim Schatzfund entscheidet dagegen die Entdeckung, welche die lange verborgene Sache wieder der menschlichen Nutzung zuführt. Ob der Entdecker den Schatz gesucht oder zufällig gefunden hat, spielt keine Rolle. Ebensowenig ist es für § 984 bedeutsam, ob der Entdecker bei der Entdeckung rechtswidrig gehandelt hat, z.B. Hausfriedensbruch begangen hat[96].

b) Das „Entdecken" i.S.d. § 984 ist kein Rechtsgeschäft, sondern ein Realakt, es setzt keine Geschäftsfähigkeit voraus und keinen auf Rechtserwerb gerichteten Willen. Das Entdecken kann auch durch Hilfspersonen geschehen, wenn jemand z.B. den Auftrag gibt, nach eventuell verborgenen Schätzen zu suchen. Es ist aber zu eng, wenn die h.M. die Gehilfentätigkeit auf die Fälle beschränkt, in welchen ein Auftrag zur Schatzsuche erteilt wurde[97]. Nach dieser Ansicht ist ein Arbeiter sogar dann Entdecker i.S.d. § 984, wenn er genau vorgeschriebene Arbeiten unter der Aufsicht des auftraggebenden Eigentümers vornimmt. Das kann nicht zutreffen. Si-

---

[96] Vgl. OLG Jena SeuffA 47 Nr. 187; Motive 3, 390.
[97] BGH JZ 1988, 665 ff.; Hedemann § 28 III b; Baur-Stürner § 53 Rn. 84; Staudinger-Gursky § 984 Rn. 8.

cherlich kann auch ein beauftragter Unternehmer oder dessen Arbeiter Entdecker sein, wenn sie bei Gelegenheit der durchzuführenden Arbeiten einen Schatz finden. Anders aber ist es, wenn der Schatz in Ausführung der übertragenen Arbeit gefunden wird. Es besteht kein Grund, beim Schatz von den allgemein anerkannten Regeln abzuweichen. Hat der Eigentümer der verbergenden Sache konkrete Arbeiten in Auftrag gegeben, bei deren Ausführung jeder beliebige Unternehmer oder Arbeiter den Schatz gefunden hätte, so ist der Auftraggeber Entdecker[98]. Nur ihm fällt das Verdienst zu, daß der Schatz wieder ans Tageslicht kam, die Ausführenden hätten ohne den Auftrag keine Möglichkeit gehabt, den Schatz freizulegen.

3. Besitzergreifung

Mit der Entdeckung des Schatzes erwerben der Entdecker und der Eigentümer der verbergenden Sache eine dingliche, übertragbare und vererbliche Anwartschaft an dem Schatz[99]. Der Eigentumserwerb tritt aber gemäß § 984 erst ein, wenn der entdeckte Schatz „infolge der Entdeckung in Besitz genommen" wird. Wer den Besitz ergreift, ist unerheblich, wenn nur die Ergreifung infolge der Entdeckung geschieht. Zum Eigentumserwerb ist also nicht erforderlich, daß der Entdecker oder der Eigentümer der verbergenden Sache Besitz ergreift. Hat sich z.B. der Entdecker nach Freilegung des Schatzes entfernt, um Hilfe zum Abtransport zu holen, und nimmt inzwischen ein Dritter den Schatz in Besitz, so werden der Entdecker und der Eigentümer der verbergenden Sache Eigentümer des Schatzes; der Besitzergreifende erwirbt keinerlei Rechte. Ebenso liegt es, wenn der Entdecker den Schatz für die Zwischenzeit wieder vergräbt, ein Dritter aber wegen der hinterlassenen Grabungsspuren den Schatz entdeckt und hebt. Entdeckt aber ein Dritter unabhängig von der ersten Entdeckung den Schatz nochmals – etwa weil der erste Entdecker ihn spurenlos wieder vergraben hatte –, so wird der Eigentümer der verbergenden Sache Teileigentümer des Schatzes. Die Anwartschaft des ersten Entdeckers wird aber nicht zum Eigentum, weil die Besitzergreifung nicht infolge seiner Entdeckung geschah. Aber auch der zweite Entdecker wird nicht Eigentümer, weil die Anwartschaft des ersten Entdeckers noch besteht. Dieser kann aufgrund seiner Anwartschaft vom Besitzer Herausgabe verlangen (§§ 985, 1011 entsprechend) und so Eigentum erwerben. Anders ist die Rechtslage aber dann, wenn der erste Entdecker den Schatz nicht in Besitz genommen hat, weil er ihn nicht erwerben wollte. In diesem Fall ist der zweite Entdecker der Entdecker i.S.d. § 984, mag er den Schatz infolge der ersten Entdeckung entdeckt haben oder nicht.

---

[98] Anders mag es sein, wenn der Schatz nur durch besondere Aufmerksamkeit des Unternehmers oder des Arbeiters gefunden wurde, der Schatz also bei Durchführung der Arbeiten auch hätte unentdeckt bleiben können. Findet z.B. ein Knecht beim Pflügen einen Ring, so ist er selbst Entdecker, vgl. Westermann-Gursky § 60, 2.

[99] Vgl. z.B. Schwab-Prütting Rn. 510; Wolff-Raiser § 83 III 1 b; Staudinger-Gursky § 984 Rn. 6; Erman-Ebbing § 984 Rn. 5; MünchenerK-Quack § 984 Rn. 4.

4. Rechtsfolgen

Mit der Entdeckung und Besitzergreifung des Schatzes infolge der Entdeckung wird der Entdecker Eigentümer zur Hälfte, der Eigentümer der verbergenden Sache zur anderen Hälfte. Andere Rechte an der verbergenden Sache erstrecken sich nicht auf den Schatz, vgl. § 1040. Mit dem Eigentumserwerb erlöschen alle bisherigen Rechte an der Sache.

5. Öffentlich-rechtliche Beschränkungen

Schon im 19. Jahrhundert gab es in einzelnen Ländern Bestimmungen, wonach archäologische Funde von geschichtlichem Wert anzuzeigen oder gegen Entschädigung abzuliefern waren. Nach der Einführung des BGB haben verschiedene Länder Ausgrabungs- und Denkmalpflegegesetze erlassen. Diese Gesetze sind überholt durch die Denkmalschutzgesetze, welche die Länder in neuerer Zeit erlassen haben[100]. Danach ist das Graben nach Bodendenkmälern genehmigungspflichtig. Ein Fund ist der Denkmalschutzbehörde anzuzeigen, die Fundstelle eine gewisse Zeit unverändert zu lassen. Der Fund ist der Behörde für eine gewisse Zeit zur wissenschaftlichen Auswertung zu überlassen. Die Behörde kann unter bestimmten Voraussetzungen Ablieferung des Fundes gegen Entschädigung verlangen, also eine Enteignung vornehmen[101]. Darüber hinaus begründen einige Gesetze ein Schatzregal, d.h. der Schatz fällt beim Finden unmittelbar in staatliches Eigentum, wenn er bei Grabungen durch den Staat gefunden wird oder wenn er von besonderem wissenschaftlichem Wert ist[102]. Art. 3, 73 EGBGB lassen die Neubegründung solcher Regalien zu[103].

---

[100] Vgl. dazu insbesondere Fischer zu Cramburg 115 ff., 152 ff.; ferner Oebbecke, Das Recht der Bodendenkmalpflege in der Bundesrepublik Deutschland, DVBl 1983, 384 ff.; Staudinger-Albrecht Art. 73 EGBGB Rn. 29 ff.; Staudinger-Gursky § 984 Rn. 21.

[101] Vgl. dazu BVerwG 21, 191 ff.

[102] Vgl. Staudinger-Gursky § 984 Rn. 21. Die Verfassungsmäßigkeit solcher Gesetze bejahen BVerfG NJW 1988, 2593 f.; BVerwG NJW 1997, 1171 ff.; Fischer zu Cramburg 174 ff.; dagegen mit überzeugenden Gründen Schroeder, Grundgesetz und Schatzregal, JZ 1989, 676 ff.

[103] A.A. Staudinger-Albrecht Art. 73 EGBGB Rn. 10.

§ 12. Schutz des Eigentums

I. Herausgabeanspruch, § 985

Das Eigentumsrecht gibt dem Eigentümer einen Herausgabeanspruch gegen den unrechtmäßigen Besitzer. Mit der Herausgabe der Sache ist das Verhältnis zwischen Eigentümer und Besitzer häufig jedoch noch nicht bereinigt. Hat der Besitzer die Sache beschädigt oder verspätet herausgegeben, so kommen Schadensersatzansprüche in Betracht. Hat der Besitzer Nutzungen aus der Sache gezogen, so ist zu prüfen, ob dem Eigentümer Herausgabe- oder Ersatzansprüche zustehen. Umgekehrt können dem Besitzer gegen den Eigentümer Ansprüche zustehen, weil er Aufwendungen auf die fremde Sache gemacht hat. Solche Ansprüche hat das Gesetz als Nebenansprüche zum Herausgabeanspruch in den §§ 987–1003 geregelt.

1. Voraussetzungen der Vindikation

a) Der Herausgabeanspruch steht dem Eigentümer zu, ein Miteigentümer kann gemäß § 985 von den anderen Miteigentümern Einräumung des Mitbesitzes verlangen; gegenüber Dritten kann jeder Miteigentümer gemäß §§ 985, 1011 Herausgabe der Sache an alle Miteigentümer fordern. Ein Nichteigentümer kann kraft Gesetzes zum Geltendmachen fremden Eigentums berechtigt sein, wie etwa der Insolvenzverwalter, § 80 InsO, der Testamentsvollstrecker, § 2205 usw. Die Ermächtigung, das fremde Eigentum im eigenen Namen geltend zu machen, kann vom Eigentümer auch rechtsgeschäftlich erteilt werden[1]; die Ermächtigung berechtigt den Inhaber auch zum prozessualen Geltendmachen des fremden Eigentums im eigenen Namen (Prozeßstandschaft).

b) Die Vindikation richtet sich gegen den Besitzer der Sache. Die Art des Besitzes spielt keine Rolle. Dagegen richtet sich die Vindikation nicht gegen einen Besitzdiener. Die Vindikation richtet sich auch gegen Mitbesitzer, jeder Mitbesitzer haftet auf Übertragung seines Besitzanteils.

c) Gemäß dem Bestimmtheitsprinzip richtet sich der Anspruch auf eine bestimmte Sache, die im Prozeß so genau zu beschreiben ist, daß eine Vollstreckung erfolgen kann. Sachgesamtheiten können nicht vindiziert werden, es ist nur je eine Vindikation aller Einzelsachen möglich.

§ 985 ist ausgeschlossen, wenn der Besitzer die Sache im Rahmen einer Zwangsvollstreckung besitzt. Der Eigentümer kann in diesem Fall nur mit den Mit-

---

[1] Vgl. Werner, Vindikationsklage des Nichteigentümers als Fall der gewillkürten Prozeßstandschaft, JuS 1987, 855 ff.

teln des Vollstreckungsrechts gegen den Besitzer vorgehen, etwa mit der Widerspruchsklage, § 771 ZPO; bei einer Beschlagnahme im Strafverfahren sind die §§ 430 ff. StPO anzuwenden. Auch in sonstigen Fällen einer öffentlich-rechtlichen Beschlagnahme ist die Klage aus § 985 unzulässig, der Eigentümer ist auf die Rechtsbehelfe des Verwaltungsprozesses beschränkt[2].

2. Inhalt der Vindikation

a) Der Besitzer muß dem Eigentümer die Sache herausgeben, d.h. ihm den unmittelbaren Besitz verschaffen. „Herausgeben" ist mehr als das Dulden der Wegnahme, es schließt ein positives Tun ein. So muß der Besitzer die Sache eventuell in seinem Bereich erst suchen und bereitstellen oder sie von einer anderen abtrennen. Die Sache ist in ihrem gegenwärtigen Zustand herauszugeben.

b) Den Leistungsort für die Herausgabepflicht hat der Gesetzgeber nicht geregelt. Die allgemeine Regel des § 269, wonach die Leistung am Wohnsitz des Schuldners zu erfolgen hat, hielt man zu Recht bei § 985 für unpassend. Der Leistungsort sei vielmehr gemäß dem Inhalt der Leistungspflichten im Eigentümer-Besitzer-Verhältnis zu bestimmen[3]. Danach gilt folgendes: Solange der Besitzer weder bösgläubig noch verklagt ist, haftet er gemäß den §§ 989 ff. nicht für die Behandlung, die er der Sache zukommen läßt; verändert er also ihren Ort, so verschärft das seine Haftung nicht. Leistungsort ist vielmehr in jedem Fall der Ort, an welchem die Sache sich befindet.

Ist der Besitzer dagegen bösgläubig oder verklagt, so hat er gemäß §§ 989, 990 für seine Handlungen einzustehen, soweit ihn ein Verschulden trifft; er darf den Ort der Sache nicht mehr schuldhaft ändern. Tut er das dennoch, so hat er auf Verlangen des Eigentümers die Sache an den Ort zu bringen, an welchem sie sich befand, als er bösgläubig wurde bzw. die Klage rechtshängig wurde. Die Kosten des Transports dorthin treffen den Besitzer.

c) Daß § 985 sich auch gegen den mittelbaren Besitzer richtet, ist heute allgemein anerkannt. Umstritten ist jedoch die Frage, worauf sich der Anspruch richtet. Soll er nur auf Übertragung des mittelbaren Besitzes gehen? Das hat den Nachteil, daß der Eigentümer aus einem Urteil nicht auf Herausgabe der Sache vollstrecken kann, wenn der Beklagte nach dem Urteil den unmittelbaren Besitz erlangt; er muß nochmals klagen. Richtig ist es daher, einen Anspruch einfach auf Herausgabe zu geben, „Herausgabe" in einem weiteren Sinne verstanden, so daß der Verpflichtete herausgeben muß, was er hat: den unmittelbaren oder den mittelbaren Besitz[4]. Die Vollstreckung erfolgt dann nach § 883 oder nach § 886 ZPO. Ist der unmittelbare Besitzer herausgabebereit, so kann gemäß § 809 ZPO gegen ihn vollstreckt werden. Der Nachteil dieser Art des Vorgehens liegt in der Unbestimmtheit der Verpflichtung; worauf etwa kann der Kläger aus einem Urteil auf „Herausgabe" vollstrecken? Diese Unsicherheit wiegt allerdings nicht allzu schwer gegenüber dem Vorteil,

---

[2] Vgl. Soergel-Mühl § 985 Rn. 16, 27 und § 986 Rn. 12; Staudinger-Gursky § 985 Rn. 20.
[3] Vgl. – auch zum Folgenden – Motive 3, 399.
[4] So z.B. Wolff-Raiser § 84 III 2; Staudinger-Gursky § 985 Rn. 66; Jauernig § 985 Rn. 5.

daß der Kläger auf jeden Fall gegen den Beklagten vollstrecken kann, wie sich auch dessen Besitzposition nach dem Urteil entwickeln mag.

d) Auf den Anspruch aus § 985 ist der Allgemeine Teil des BGB anwendbar, ebenso der Allgemeine Teil des Schuldrechts, soweit sich aus der Natur des Anspruchs nichts Gegenteiliges ergibt[5]. Anwendbar sind z.B. die Regeln des Gläubigerverzugs sowie – mit der Einschränkung des § 990 II – die Regeln des Schuldnerverzugs. Anwendbar sind auch die §§ 241 II, 280, wenn z.B. der Besitzer im Rahmen des Eigentümer-Besitzer-Verhältnisses eine Nebenpflicht verletzt[6]. Nicht anwendbar sind die §§ 275 ff., welche durch die Spezialregelung der §§ 987 ff. verdrängt werden.

Der Anspruch aus § 985 ist als dinglicher Anspruch nicht vom dinglichen Recht, d.h. vom Eigentum trennbar. Er kann nicht selbständig abgetreten, sondern nur mit dem Eigentum zusammen übertragen werden, wie etwa im Fall des § 931. Möglich ist es, eine unwirksame Abtretung gemäß § 140 in eine Ermächtigung umzudeuten, das fremde Eigentum in eigenem Namen geltend zu machen. Möglich ist auch eine Pfändung des Anspruchs aus § 985, da sonst dem Gläubiger das im Besitz eines Dritten befindliche Eigentum seines Schuldners unzugänglich wäre[7]; eine Verpfändung ist dagegen nicht möglich.

3. Ausschluß der Vindikation

Jede rechtliche Regelung ist nur dann anwendbar, wenn nicht ein spezielleres Rechtsverhältnis zwischen den Parteien besteht, welches jener allgemeinen Regelung vorgeht. Das Verhältnis zwischen Eigentümer und Besitzer ist in den §§ 985–1003 geregelt, doch gelten diese Regelungen nicht, wenn zwischen Eigentümer und Besitzer ein spezielleres Rechtsverhältnis besteht, etwa ein Mietvertrag. Aus diesem spezielleren Rechtsverhältnis kann sich entweder ergeben, daß der Besitzer zur Zeit überhaupt nicht zur Herausgabe verpflichtet ist oder aber daß er zwar dazu verpflichtet ist, aber nicht aufgrund der §§ 985 ff., sondern aufgrund anderer Vorschriften.

a) Die §§ 985 ff. sind nicht anwendbar, wenn der Besitzer ein dingliches oder obligatorisches Recht hat, welches ihm gegenüber dem Eigentümer ein Recht zum Besitz gibt, § 986 I 1 (1). Ein solches Recht hat etwa der Pfandgläubiger oder wer eine Sache vom Eigentümer gemietet hat. Statt der §§ 985 ff. ist die jeweilige speziellere Regelung anzuwenden, z.B. die §§ 1210 ff., 535 ff. In einem solchen Fall ist der Besitzer zur Herausgabe nicht verpflichtet.

Ein Besitzrecht hat z.B. der Besitzer, der auf Aufforderung die Sache jederzeit herausgeben muß, z.B. der Verwahrer, § 695; der Beauftragte, § 667; der Geschäftsführer ohne Auftrag, §§ 681, 667; der Finder, § 966. Ein Recht zum Besitz hat auch, wem Sachen unbestellt zugesandt werden, und zwar bis zur versuchten Abholung durch den Eigentümer. Gemäß dem am 30. 6. 2000 in Kraft getretenen § 241 a hat ein „Unternehmer" (vgl. § 14), der einem „Verbraucher" (vgl. § 13) unbestellte Wa-

---

[5] Vgl. oben § 1 I 2.
[5] So auch MünchenerK-Medicus § 985 Rn. 42.
[7] Vgl. Palandt-Bassenge § 985 Rn. 1; Soergel-Mühl § 985 Rn. 4.

ren zusendet, gegen diesen keine Ansprüche. Die Vorschrift ist nach Inhalt und Form mißglückt, das BGB als kulturelles Denkmal deutscher Rechtswissenschaft sollte durch solche Eingriffe nicht verschandelt werden[8]. Dem Eigentümer und Versender sollen nach § 241 a alle gesetzlichen Ansprüche, etwa aus §§ 985, 812 – versagt werden, was sich insbesondere durch einen Gegenschluß aus § 241 a II ergibt. Der Versender bleibt Eigentümer der versandten Ware, verliert aber alle Ansprüche daraus, Eigentum und Besitz sind dauernd getrennt: Der Versender hat die *nuda proprietas*, ein nacktes, wertloses Eigentum, was der Sache nach nichts anderes bedeutet, als daß dem Eigentümer sein Recht entzogen wird[9]. Diese Rechtsfolge aber wollte der Gesetzgeber nicht anordnen, um Art. 14 GG zu umgehen. Indessen ist ein Eigentum, dem man jegliche Wirkung entzieht, kein Eigentum mehr, die Verfassung läßt sich mit einer solchen, des Gesetzgebers unwürdigen Rabulistik nicht außer Kraft setzen. § 241 a ist daher wegen Verstoßes gegen Art. 14 GG unwirksam. Dem Versender stehen weiterhin die Herausgabeansprüche aus §§ 812, 985 zu.

Ist dem Käufer die Sache vor Abschluß des Kaufvertrags übergeben worden, so hat er bereits zu diesem Zeitpunkt ein Recht zum Besitz[10]. Ein Recht zum Besitz hat weiter der Käufer, dem die Sache übergeben, aber noch nicht übereignet wurde[11]; ferner der Käufer, an welchen die Sache sonstwie, ohne Übergabe gelangt ist; ebenso der Käufer, der nach einem formnichtigen Vertrag von einer Heilung durch Erfüllung gemäß § 311 b 2 ausgeht.

Das Recht zum Besitz gibt dem Besitzer nicht etwa nur ein Gegenrecht gegen den Anspruch des Eigentümers, es ist keine Einrede. Ein Recht zum Besitz schließt vielmehr die Existenz eines Herausgabeanspruchs aus, begründet also eine Einwendung[12]; eine Klage des Eigentümers auf Herausgabe würde abgewiesen. Das speziellere Rechtsverhältnis läßt die Anwendung der §§ 985 ff. nicht zu. Anders verhält es sich mit den Zurückbehaltungsrechten aus §§ 1000, 273 oder 972, welche keine Rechte i.S.v. § 986 geben. § 1000 schließt den Herausgabeanspruch nicht aus, die Anwendung des § 1000 setzt vielmehr eine Vindikationslage, d.h. das Bestehen des Anspruchs aus § 985 voraus. § 1000 gibt nur eine Einrede[13], der Besitzer hat kein Recht zum Besitz. Eine Klage des Eigentümers gegen den Besitzer würde zur Verurteilung führen, der Besitzer muß die Sache herausgeben, allerdings nur Zug um Zug gegen Befriedigung des Besitzers, § 274 I.

---

[8] So zu Recht Flume, Vom Beruf unserer Zeit für Gesetzgebung, ZIP 2000, 1427, dessen Kritik an der beschämenden Leistung des Gesetzgebers man nur zustimmen kann; ebenso im Ergebnis auch Bülow-Artz, NJW 2000, 2049, 2056. Kritisch auch Wendehorst, DStR 2000, 1311, 1317. Zustimmend dagegen Sosnitza, BB 2000, 2317.

[9] Vgl. dazu Riehm, Jura 2000, 505 ff., 511 ff.

[10] BGH JZ 1996, 151 ff.

[11] Das gilt auch dann, wenn der Anspruch auf Übereignung verjährt ist, vgl. BGH JZ 1967, 756; BGH NJW 1984, 1960 f.

[12] H.M., vgl. etwa Schwab-Prütting Rn. 517; Baur-Stürner § 11 Rn. 26; Erman-Ebbing § 986 Rn. 1.

[13] Ebenso z.B. Staudinger-Gursky § 986 Rn. 28; MünchenerK-Medicus § 986 Rn. 17; a.A. BGH WM 1985, 1421.

aa) Überträgt der Eigentümer sein Eigentum, etwa nach § 931, so kann der Inhaber des dinglichen Rechts zum Besitz auch dem Rechtsnachfolger des Eigentümers gegenüber die Einwendung des § 986 geltend machen; das dingliche Recht
wirkt gegen jedermann. Ein gutgläubig-lastenfreier Erwerb des Eigentums ist nach
§ 936 III ausgeschlossen. Dagegen wirkt ein obligatorisches Besitzrecht z.B. eines
Käufers oder des Entleihers eines Grundstücks nur gegen den Eigentümer/Schuld-
ner selbst, nicht gegen einen Rechtsnachfolger, doch hat das Gesetz die Stellung des
obligatorischen Besitzrechts weitgehend verdinglicht.

Verdinglicht ist die Stellung des Grundstücksmieters und -pächters, §§ 566, 581,
wenn er im Besitz des Grundstücks ist, eine Regelung, die offenbar wegen der wirtschaftlichen Bedeutung der Grundstücksmiete schon im römischen Recht einen
Vorläufer hatte[14]: Der Rechtsnachfolger des Eigentümers tritt in das Vertragsverhältnis ein, so daß der Mieter oder Pächter gegen einen Eigentumswechsel geschützt ist. Bei beweglichen Sachen bietet § 986 II eine generelle Abhilfe: Jedes obligatorische Besitzrecht wird durch die Besitzüberlassung verdinglicht, so daß der
Besitzer es gegenüber jedermann geltend machen kann, auch gegenüber dem
Rechtsnachfolger des Eigentümers.

Bei der Abfassung des § 986 II ging der Gesetzgeber offenbar davon aus, daß
die Übereignung durch einen mittelbar besitzenden Eigentümer nur nach § 931
möglich sei, und ordnete daher die Verdinglichung des Besitzrechts nur für diesen
Fall an. Der mittelbar besitzende Eigentümer kann die Sache aber auch nach § 930
veräußern[15], auch in diesem Fall ist nach dem Zweck des Gesetzes § 986 II anzuwenden[16].

bb) Gemäß § 986 I 1 (2) hat nicht nur der Inhaber des Besitzrechts selbst ein
Recht zum Besitz, sondern auch der Fremdbesitzer, dem er befugt die Sache überlassen hat und der ihm den Besitz vermittelt. Es reicht also nicht aus, daß der Mittelsmann ein Recht zum Besitz gegen den Eigentümer hat und der Besitzer ein Recht
zum Besitz gegen den Mittelsmann; dieser muß vielmehr auch gegenüber dem Eigentümer berechtigt sein, den Besitz dem Dritten zu überlassen. Hat z.B. der Mieter
die Sache weitervermietet, der Entleiher die Sache weiterverliehen, so ist zu unterscheiden: War der Mieter bzw. Entleiher zur Weitergabe der Sache berechtigt, so hat
der Untermieter bzw. Unterentleiher gegenüber dem vermietenden Eigentümer ein
Recht zum Besitz. War er dazu nicht berechtigt – wovon im Zweifel auszugehen ist,
§§ 540, 603 –, so hat der Untermieter zwar ein Besitzrecht gegenüber dem Mieter,
nicht jedoch gegenüber dem vermietenden Eigentümer. Der Eigentümer kann von
ihm Herausgabe der Sache verlangen, § 985. Da aber der Eigentümer selbst kein
Recht zum unmittelbaren Besitz der Sache hat, weil er dieses Recht dem Mieter eingeräumt hat, kann er nur Herausgabe der Sache an diesen verlangen, § 986 I 2.

---

[14] So schon Windscheid-Kipp, Lehrbuch des Pandektenrechts II, 9. Auflage 1906, § 455 I 4
Fn. 17; Dernburg-Biermann, Pandekten II, 6. Aufl. 1900, § 131 Fn. 15. Ebenso jetzt Schön,
JZ 2001, 119 ff.; Wieling, Gedächtnisschrift für Jürgen Sonnenschein, 2003, 201 ff., beide
mit weiterer Literatur.
[15] Vgl. oben § 9 III a bb.
[16] So zu Recht die h.M., vgl. etwa BGH JZ 1990, 707.

Über den Wortlaut des § 986 I 1 (2) hinaus muß der Besitzer sich auf sein Besitzrecht gegenüber dem Eigentümer auch dann berufen können, wenn er dem Mittelsmann nicht den Besitz vermittelt, so daß dieser nicht mittelbarer Besitzer ist[17]. Hat E eine Sache dem K verkauft, K dem X, und ist in beiden Fällen die Sache ohne Übereignung an den Käufer gelangt, so hat X ein Besitzrecht gegenüber dem Eigentümer E.

b) Die §§ 985 ff. sind nicht nur dann ausgeschlossen, wenn aufgrund eines besonderen Rechtsverhältnisses ein Recht zum Besitz besteht, sondern auch dann, wenn dieses Rechtsverhältnis beendet und das Recht zum Besitz daher erloschen ist[18]. Das Prinzip des § 986, daß nämlich das speziellere Rechtsverhältnis das allgemeinere verdrängt, gilt selbstverständlich auch hier[19]. Die Regeln über die Rückabwicklung eines erloschenen Rechtsverhältnisses verdrängen die §§ 987 ff., weil das Vertragsverhältnis auch noch im Abwicklungsstadium spezieller ist als die §§ 987 ff. Der Verpächter, Vermieter usw. kann sich der Geltung der Vertragsregeln – d.h. der eingegangenen Verpflichtung – nicht durch den Hinweis auf sein Eigentum entziehen; ebensowenig kann sich ein Mieter auf die §§ 987 ff. berufen, um einer vertraglichen Pflicht zu entgehen. Zerstört ein Mieter nach Ende des Mietvertrages, aber vor der Rückgabe, die Sache, so sind nicht die §§ 989 ff. anzuwenden; der Mieter haftet nach §§ 280, 283 und den §§ 823 ff. nicht anders, als wenn er die Sache in der Vertragszeit zerstört hätte. Hat der Mieter Verwendungen auf die Sache gemacht, so regeln sich seine Rechte nicht nach den §§ 994 ff., sondern nach §§ 539 I, II.

c) § 985 ist nicht nur bei einer Abwicklung nach Vertragsende ausgeschlossen, sondern auch nach einem Rücktritt sowie gegenüber einer Leistungskondiktion bei Unwirksamkeit des spezielleren Rechtsverhältnisses. Die §§ 346 ff. verdrängen als speziellere Regelung die §§ 985 ff.; ebenso ist das Verhältnis des rechtsgrundlos Leistenden zum Empfänger spezieller als das Eigentümer-Besitzer-Verhältnis, das auf vielerlei Art entstehen kann. Die Abwicklung geschieht ausschließlich nach den §§ 812 ff.[20], durch welche die §§ 985 ff. ausgeschlossen werden[21]. Der Beschenkte, der grob fahrlässig die Nichtigkeit der Schenkung nicht erkennt und schuldhaft die Sache beschädigt, haftet nicht nach § 990, sondern wird nach § 818 III frei. Die Regel des § 818 III kann nicht durch die allgemeinere Regel außer Kraft gesetzt werden. Insbesondere aber bei Austauschverträgen enthält die Abwicklung über die Leistungskondiktion Sonderregeln, die durch die §§ 985 ff. nicht außer Kraft gesetzt werden dürfen. Sie beruhen auf dem Gedanken, daß auch bei nichtigen, aber durchgeführten Austauschverträgen das Synallagma seine Bedeutung behält, daß die Parteien in gewissem Umfang an ihre Entscheidung gebunden

---

[17] So auch Wolff-Raiser § 84 IV 1 b; BGH NJW 1990, 1914 ff.

[18] So zutreffend etwa Baur-Stürner § 11 Rn. 30; Schwab-Prütting Rn. 563.

[19] Anders etwa RGRK-Pikart 6 vor § 985; Staudinger-Gursky 17 ff. vor § 987; BGH JZ 1980, 767 f.

[20] So zu Recht etwa Waltjen, AcP 175, 110 ff.; H. Honsell, Die zivilrechtliche Sanktion der Sittenwidrigkeit, JZ 1975, 441; Schwab-Prütting Rn. 568; Reuter-Martinek § 20 I 2 c cc.

[21] Vgl. dazu eingehend mein Handbuch des Sachenrechts I § 12 III 1 a bb; anders auch hier die h.M., vgl. etwa Staudinger-Gursky § 985 Rn. 32 f.; MünchenerK-Medicus § 985 Rn. 28 f.

sind, solange sie bereits tatsächlich durchgeführt wurde. Aus diesem Prinzip ergeben sich besondere Regelungen sowohl für den Schadensersatz (Saldotheorie) als
auch für die Herausgabe von Nutzungen. Diese Regelungen modifizieren die Bestimmungen über die Leistungskondiktion und dürfen durch die §§ 987 ff. nicht
verdrängt werden.

4. Rechtsnachfolge

a) Abschließend in diesem Abschnitt soll die Frage behandelt werden, welche
Probleme ein Personenwechsel für die laufende Verjährung aufwirft. Eine Einrede
steht nach wohl h.M. dem Anspruch aus § 985 entgegen, sobald die Verjährung des
Anspruchs nach 30 Jahren eingetreten ist. Daß auch der Anspruch aus dem Eigentum verjähren kann, ergibt sich aus §§ 197, 198[22]. Ist der Eigentumsanspruch verjährt, so ist dem Eigentümer die Möglichkeit genommen, sein Recht geltend zu machen, es entsteht ein *nudum ius*, Eigentum und Besitz fallen auf Dauer
auseinander[23]. Mit der Verjährung erwirbt der Besitzer nach h.M. ein Recht zum
Besitz i.S.v. § 986[24]; konsequent ist es jedoch, dem Besitzer in diesem Fall das Eigentum zuzusprechen[25]. Solange die Verjährung noch nicht eingetreten ist, wird
dem Besitzer gemäß § 198 die Besitzzeit seiner Vorgänger im Besitz angerechnet
(*accessio temporis*). § 198 spricht allerdings ungenau von „Rechtsnachfolge", denn
es geht nicht um die Nachfolge in ein Recht, sondern um die Nachfolge in den Besitz[26]. Mit „Rechtsnachfolge" meint das Gesetz eine Besitznachfolge aufgrund eines Rechtsgeschäfts, also jede Besitzübertragung mit dem Willen des Vorbesit-
zers[27]. Hat der Vorbesitzer den Besitz gegen seinen Willen verloren, so ist eine
Anrechnung nach § 198 nicht möglich.

b) Wechselt andererseits die Person des Eigentümers, so entsteht dadurch keine
neue Vindikation, die Rechtslage des Besitzers wird dadurch nicht verändert[28]. Es
beginnt also nicht etwa eine neue Verjährungsfrist, vielmehr läuft die begonnene
Verjährung weiter. Überträgt also der Eigentümer einer beweglichen Sache sein
Recht gemäß § 931 auf einen Rechtsnachfolger, so behält der Besitzer ihm gegenüber gemäß § 986 II seine Einwendungen. Für Grundstücke fehlt eine entsprechende Regelung, doch muß man auch hier analog § 198 oder § 986 II zum gleichen
Ergebnis kommen[29].

c) Fraglich ist ferner das Verhältnis der Vindikation zu sonstigen Herausgaben-
sprüchen in der Hand eines Dritten. Hat etwa ein unrechtmäßiger Besitzer die

---

[22] Vgl. etwa Staudinger-Gursky § 985 Rn. 84; Finkenauer 91 f.; a.A. Müller Rn. 455.
[23] Vgl. zu den Folgen dieses irregulären Zustandes vgl. für bewegliche Sachen oben § 11 I 3,
für Grundstücke unten § 23 III 2 b.
[24] Vgl. etwa Staudinger-Gursky § 985 Rn. 91; Finkenauer 161 f.; a.A. Plambeck, Barbara, Die
Verjährung der Vindikation (1997) 157 ff.
[25] Vgl. oben § 11 I 3 a.
[26] Vgl. dazu Finkenauer, JZ 2000, 241, 243 ff.
[27] Vgl. Motive 3, 340 f.
[28] Vgl. Motive 3, 340.
[29] Vgl. Staudinger-Gursky § 985 Rn. 89, Finkenauer 163–168.

fremde Sache in Verwahrung gegeben, so sieht sich der Verwahrer dem Herausgabeanspruch des Eigentümers aus § 985 und dem vertraglichen Anspruch des Hinterlegers gegenüber. An wen muß er die Sache herausgeben? Meist wird gesagt, § 985 sei „stärker", die Sache also an den Eigentümer herauszugeben[30]; andere dagegen sehen den vertraglichen Anspruch als „stärker" an[31]. Gründe für die Bevorzugung des einen oder anderen Anspruchs sind jedoch nicht auszumachen, eine Rangfolge oder Subsidiarität unter den Ansprüchen gibt es nicht. Die Ansprüche stehen gleichwertig nebeneinander[32]. Der Besitzer ist also in seiner Wahl frei, wem er die Sache herausgibt. Er macht sich dadurch zwar die Herausgabe gegenüber dem anderen unmöglich, doch liegt darin keine Rechtsverletzung durch den Besitzer, der nur seiner Verpflichtung genügt hat. Schadensersatzansprüche gegen ihn kommen also nicht in Betracht. Das gilt auch für das Verhältnis sonstiger Ansprüche zur Vindikation.

II. Eigentümer-Besitzer-Verhältnis

a) Das Eigentümer-Besitzer-Verhältnis regelt das Rechtsverhältnis des Eigentümers zum unrechtmäßigen Besitzer[33]. Voraussetzung für die Anwendung der §§ 987 ff. ist also eine *Vindikationslage*, es muß ein Anspruch des Eigentümers gegen den Besitzer aus § 985 bestehen. Hat der Besitzer ein gegen den Eigentümer wirkendes Recht zum Besitz, so ist sein Besitz rechtmäßig, er haftet nicht nach § 985, vgl. § 986 I. Auch wenn § 985 durch eine speziellere Regelung verdrängt wird, besteht keine Vindikationslage. Die §§ 987 ff. sind in diesen Fällen nicht anwendbar, auch nicht subsidiär oder zur Lückenausfüllung[34].

Auch der Besitzer, der sein Besitzrecht überschreitet, ist dennoch zum Besitz berechtigt. Auf den „Nicht-so-Berechtigten" können daher die §§ 987 ff. nicht angewandt werden[35]. Der Mieter, der Früchte zieht, der Entleiher oder Verwahrer, der sich zum Eigenbesitzer aufwirft, hat trotz allem ein Besitzrecht.

Das Eigentümer-Besitzer-Verhältnis ist gemäß gesetzlicher Verweisung auch anwendbar auf das Verhältnis des Berechtigten zum Besitzer im Fall des § 1007 III 2, auf das Verhältnis des Nießbrauchers und Pfandgläubigers zum Besitzer gemäß §§ 1065, 1227 sowie im Verhältnis des Aneignungsberechtigten zum Besitzer[36].

b) Der Besitzer haftet verschärft nach dem Eintritt der *Rechtshängigkeit* des Anspruchs aus § 985. Die Rechtshängigkeit tritt ein mit der Erhebung der Klage,

---

[30] Vgl. Soergel-Mühl § 985 Rn. 25.

[31] Vgl. die Literatur bei Müller-Laube, AcP 183, 218 f.

[32] Vgl. Müller-Laube, AcP 183, 230 ff.

[33] Zur historischen Entwicklung und allgemeinen Bedeutung des Eigentümer-Besitzer-Verhältnisses vgl. mein Handbuch Sachenrecht I § 12 II 1–3.

[34] So zu Recht Baur-Stürner § 11 Rn. 24; Staudinger-Gursky 13 vor § 987; allgemein zum Eigentümer-Besitzer-Verhältnis vgl. Roth, JuS 1997, 518, 710, 1087.

[35] So zutreffend etwa Baur-Stürner § 11 Rn. 24; Jauernig Rn. 6 f. vor § 987; Wolff-Raiser § 85 Fn. 2.

[36] Vgl. oben § 11 IV 1 b; auch Staudinger-Gursky 6 vor §§ 985 ff.

§ 261 I, II ZPO, d.h. mit der Zustellung der Klageschrift an den Beklagten, § 253 ZPO[37]. Damit ist der Besitzer gewarnt, er muß nun damit rechnen, daß gegen ihn entschieden und er zur Herausgabe verurteilt wird. Es entsteht ein gesetzliches Schuldverhältnis, das ihn zur Verwahrung und Nutzbarmachung der Sache im Interesse des Eigentümers verpflichtet. Mit der Klageerhebung wird der Besitzer aber nicht ohne weiteres bösgläubig i.S.v. § 990 I 2. Er kann gute Gründe haben, weiterhin an sein Recht zum Besitz zu glauben.

c) Verschärft haftet auch der bösgläubige (unredliche) Besitzer. *Bösgläubig* ist einmal, wer beim Besitzerwerb weiß oder aus grober Fahrlässigkeit nicht weiß, daß er gegenüber dem Eigentümer kein Recht zum Besitz hat[38], § 990 I 1. Bösgläubig ist ferner, wer zwar beim Besitzerwerb gutgläubig ist, später aber erfährt, daß er kein Recht zum Besitz hat, § 990 I 2. Grobfahrlässiges Nichtwissen steht dem nicht gleich. Eine noch so grobe Fahrlässigkeit, ein völlig unverständliches Fehleinschätzen der tatsächlichen oder rechtlichen Gegebenheiten schließt eine Kenntnis der Nichtberechtigung aus, schadet also nicht[39]. Nur wer sich der Kenntnis arglistig verschließt, Tatsachen absichtlich nicht zur Kenntnis nimmt, etwa vorgelegte Beweisurkunden, um so seinen „guten Glauben“ zu erhalten, ist entsprechend § 162 als bösgläubig zu behandeln[40]. Im übrigen unterliegt die Frage, ob der Besitzer seine Nichtberechtigung kennt, der freien Beweiswürdigung des Gerichts, § 286 ZPO.

Die Bösgläubigkeit des Besitzers endet, wenn er ohne Verschulden davon ausgehen kann, nunmehr ein Recht zum Besitz zu haben[41]. Kauft der bösgläubige Besitzer die Sache nachträglich von einem Dritten, den er für den Eigentümer halten darf, so ist er gutgläubiger Besitzer[42].

Der gute Glaube wird vermutet. Er muß sich auf ein Recht zum Besitz gegenüber dem Eigentümer beziehen. Vermittelt der Besitzer einem Dritten den Besitz, so muß sich sein guter Glaube auf das Besitzrecht dessen richten, dem er den Besitz vermittelt[43].

Wird der Besitz von einem Besitzdiener erworben, so entscheidet über die Zurechnung seiner Bös- oder Gutgläubigkeit nicht § 831[44]; es geht nicht um die Zurechnung einer deliktischen Handlung, sondern um die Zurechnung des Wissens

---

[37] Eine Rückwirkung auf den Zeitpunkt der Einreichung der Klageschrift gemäß § 270 III ZPO kommt nicht in Betracht.

[38] Bei Grundstücken umfaßt die Bösgläubigkeit aber nur das Wissen, nicht das grobfahrlässige Nichtwissen, entsprechend § 892, vgl. Schwab-Prütting Rn. 528.

[39] Bedenklich daher die Begründung in BGH 26, 259 f.; BGH WM 1961, 1149; BGH JZ 1996, 1126 mit Anm. von Martinek S. 1099: Wer trotz eindeutiger Lage nicht erkennt, was ein redlich Denkender erkannt hätte, gilt als bösgläubig.

[40] Vgl. auch BGH 32, 92.

[41] Vgl. Planck-Brodmann § 990 N. 2 b; Wolff-Raiser § 85 II 1; MünchenerK-Medicus § 990 Rn. 8. A.A. Staudinger-Gursky § 990 Rn. 32 f.; Jauernig § 990 Rn. 2, jedoch mit m.E. nicht überzeugenden Gründen.

[42] Zum Erbenbesitz vgl. oben § 4 V.

[43] Vgl. Motive 3, 406; RGRK-Pikart § 990 Rn. 13.

[44] So aber z.B. BGH 16, 264; Westermann, JuS 1961, 82 und die Literatur bei Staudinger-Gursky § 990 Rn. 43 ff.

oder grobfahrlässigen Nichtwissens. Anzuwenden ist auch nicht § 278, da ein Rechtsverhältnis zwischen Eigentümer und Besitzer beim Besitzerwerb noch nicht besteht. Da der Besitzdiener den Besitzer beim Erwerb des Besitzes vertritt[45], ist auf ihn vielmehr § 166 anzuwenden[46]. War der Besitzdiener in seiner Entscheidung frei, welche Sachen er erwerben wollte (etwa ein Einkäufer einer Firma), so entscheidet gemäß § 166 I allein der gute oder böse Glaube des Besitzdieners. War der Besitzdiener beim Erwerb an bestimmte Weisungen gebunden (der Fahrer soll bereitliegende Waren abholen), so schadet dem Erwerber gemäß § 166 sowohl die eigene Bösgläubigkeit wie die des Besitzdieners. In gleicher Weise ist § 166 anzuwenden, wenn der Besitzer den Besitz durch einen Besitzmittler erwirbt.

Hat ein nicht voll Geschäftsfähiger eine Sache unrechtmäßig im Besitz, so richtet sich die Frage, ob ihm seine Bösgläubigkeit schade, nach §§ 827, 828[47].

d) Die §§ 987 ff. enthalten rein schuldrechtliche Ansprüche, die im Insolvenzverfahren keinerlei Schutz genießen. Die Ansprüche sind gegenüber § 985 selbständig, sie können auch ohne den Vindikationsanspruch geltend gemacht werden. Wird das Eigentum übertragen, so gehen Ansprüche aus den §§ 987 ff., die dem Eigentümer zustehen, nicht automatisch auf den Erwerber über.

III. Schadensersatz

Beschädigt der Besitzer die fremde Sache, die er unrechtmäßig besitzt, so würden an sich die Deliktsregeln (§§ 823 ff.) eingreifen. § 993 I schließt das aus. Danach haftet der Besitzer nur nach den §§ 989 ff. auf Schadensersatz: nach § 989 als verklagter Besitzer, nach § 990 als bösgläubiger. Gegen den Besitzer, der sich den Besitz durch verbotene Eigenmacht oder eine Straftat verschafft hat, eröffnet § 992 die deliktische Haftung. Ein gutgläubiger Fremdbesitzer haftet im Rahmen des § 991 II. Liegt keiner dieser Tatbestände vor, so haftet der Besitzer nicht.

1. Anwendbarkeit der §§ 989–992

a) Die Regelung der §§ 989 – 992 über den Schadensersatz ist nicht anwendbar, wenn zwischen dem Eigentümer und dem Besitzer ein Leistungsverhältnis vorliegt, etwa ein Vertrag, mag er auch abgelaufen sein, oder eine Leistung ohne Rechtsgrund[48]. Es ist vielmehr Vertrags- und Deliktsrecht anzuwenden. Der Mieter, der die Sache während der Mietzeit oder nachher zerstört, haftet gemäß §§ 546, 280 oder § 823[49], keinesfalls jedoch wegen eines „Fremdbesitzerexzesses" nach §§ 989 ff.[50]

---

[45] Vgl. oben § 4 IV 2 a.

[46] Vgl. etwa Berg, JuS 1965, 194; Soergel-Mühl § 990 Rn. 19; Staudinger-Gursky § 990 Rn. 48; Kiefner, JA 1984, 192 ff.; E. Wolf § 6 A II c 10 bb.

[47] Vgl. etwa Baur-Stürner § 11 Rn. 7; Staudinger-Gursky § 990 Rn. 38 ff.

[48] Vgl. oben I 3, II a.

[49] Eine Modifizierung dieser Regelung kann sich aus der Saldotheorie ergeben, vgl. dazu Wieling-Finkenauer Fall 15 II.

[50] Zum „Fremdbesitzerexzeß" des unrechtmäßigen Besitzers vgl. unten 4 a.

b) Der Ausschluß der §§ 989 ff. gilt auch in Dreipersonenverhältnissen, wenn zwischen den Personen Leistungsverhältnisse vorliegen, die bei Wirksamkeit des zugrundeliegenden Rechtsverhältnisses den Besitzer zum Besitz gegenüber dem Eigentümer berechtigen würden. Hat E eine Sache an M vermietet, dieser sie erlaubt an U untervermietet, und zerstört U schuldhaft die Sache, so sind nicht die §§ 989 ff. anzuwenden. Der Eigentümer hat Ansprüche aus §§ 823 ff., §§ 546 II, 280 gegen U. Wären beide Mietverträge unwirksam, so blieben dem E die Ansprüche aus Delikt.

2. Haftung nach Rechtshängigkeit, § 989

a) Der Prozeßbesitzer haftet für eine Unmöglichkeit, die während der Rechtshängigkeit eintritt, auf Schadensersatz. Eine solche Unmöglichkeit liegt etwa vor, wenn die Sache beschädigt, verbraucht oder zerstört wird, wenn der Besitzer den Besitz überträgt, aufgibt oder sonstwie verliert. § 989 greift auch dann ein, wenn dem Eigentümer während der Rechtshängigkeit sein Recht entzogen wird, etwa durch Verarbeitung oder Verbindung, ferner wenn sein Recht durch eine wirksame Veräußerung an einen Dritten oder durch eine Belastung (etwa ein Pfandrecht) beeinträchtigt wird.

b) Die Unmöglichkeit des § 989 muß durch den Prozeßbesitzer verschuldet sein; Verschulden ist Vorsatz und jede, auch leichte Fahrlässigkeit. Eine Veräußerung der Sache wird regelmäßig schuldhaft sein, ebenso eine Übergabe zur Miete, Pacht usw.; denn der verklagte Besitzer muß damit rechnen, zur Herausgabe verurteilt zu werden. Für Hilfspersonen, z.B. Besitzdiener, hat der Besitzer nach § 278 einzustehen, da bereits mit der Klageerhebung ein Rechtsverhältnis gegenüber dem Eigentümer entstanden ist.

c) Der Besitzer muß dem Eigentümer Schadensersatz gemäß §§ 249 ff. dafür leisten, daß er die Sache nicht oder nicht unbeeinträchtigt herausgeben kann. Nach § 989 muß aber nicht der Vorenthaltungsschaden ersetzt werden, d.h. der Schaden, der dem Eigentümer dadurch entsteht, daß der Besitzer ihm die Sache nicht bei Erhebung der Klage herausgegeben hat. Der Besitzer hat zwar kein Recht zum Besitz, es soll ihm jedoch nicht zum Nachteil gereichen, daß er sein angebliches Recht vor Gericht verteidigt hat.

3. Haftung des Bösgläubigen, § 990

a) Wie der Prozeßbesitzer haftet auch der bösgläubige Besitzer auf Schadensersatz, § 990 I; zu beachten ist, daß auch hier die Schadensersatzpflicht ein Verschulden des Besitzers verlangt, was oft übersehen wird. Problematisch ist die Frage, wie man dem Besitzer ein Verschulden vorwerfen kann, wenn er – sei es auch grob fahrlässig – von seinem Eigentum überzeugt ist. Ein „Verschulden gegen sich selbst" reicht nicht aus[51], da ein fremdes Recht (der Herausgabeanspruch aus § 985) ver-

---

[51] So aber E. Wolf § 6 A IV c 4, und zwar auch für den bewußt bösgläubigen Besitzer.

letzt wird. Man wird wohl mit Heck[52] annehmen müssen, daß das Verschulden in diesem Fall fingiert werde.

b) Eine verschärfte Haftung wegen Verzuges kommt gemäß § 990 II nur für den bösgläubigen Besitzer in Betracht, nicht für den gutgläubigen, selbst wenn er verklagt ist. Voraussetzungen und Folgen des Verzugs richten sich nach den §§ 286 ff. Dem Besitzer steht der Nachweis frei, daß er die Nichtherausgabe der Sache nicht zu vertreten habe, § 286 IV. Wußte der Besitzer, daß er nicht Eigentümer war, nahm er aber ohne Verschulden zu Unrecht an, ein Dritter sei Eigentümer, so kommt er mit der Mahnung oder Klageerhebung durch den Eigentümer nicht in Verzug[53]. Ein Verzug kann nicht eintreten, wenn der Besitzer ein Zurückbehaltungsrecht hat, etwa aus § 1000, und sich darauf beruft[54].

Ist der bösgläubige Besitzer im Verzug, so haftet er für alle daraus entstehenden Schäden, §§ 280 I, II, 286, also – im Gegensatz zu §§ 989, 990 I – auch für Vorenthaltungsschäden. Das gilt im Rahmen des § 287, 2 auch für unverschuldete, zufällig eingetretene Schäden. Hat der Eigentümer wegen des Verzuges kein Interesse mehr an der Sache, so kann er gemäß §§ 280 I, II 268 Schadensersatz wegen Nichterfüllung verlangen[55].

4. Haftung des Fremdbesitzers

a) Die §§ 989 ff. beziehen sich nicht nur auf den Eigen-, sondern auch auf den Fremdbesitzer. Es wäre nicht angebracht, Fremdbesitzer weniger als Eigenbesitzer zu schützen und sie der schärferen Haftung des Deliktsrechts auszusetzen. Der Mieter, der sich leicht fahrlässig für besitzberechtigt hält, ist ebenso schutzwürdig wie ein Eigenbesitzer. Es ginge aber zu weit, den gutgläubigen Fremdbesitzer für keinerlei Schäden haftbar zu machen. Der gutgläubige Eigenbesitzer wird gemäß §§ 989 ff. von Schadensersatzansprüchen freigestellt, weil sein Vertrauen darin geschützt wird, daß er mit der Sache beliebig verfahren könne. Beim Fremdbesitzer kann dieser Schutz nur so weit gehen, wie das vermeintliche Besitzrecht reicht. Wird diese Grenze überschritten („Fremdbesitzerexzeß"), so haftet auch der gutgläubige Fremdbesitzer. Dies ist der Sinn des § 991 II.

Der Fremdbesitzer, der einem Dritten den Besitz vermittelt, haftet nach §§ 989, 990, wenn er verklagt oder bösgläubig ist; § 991 II dehnt die Haftung auch auf einen gutgläubigen Fremdbesitzer aus. Er haftet, „soweit er dem mittelbaren Besitzer verantwortlich ist". Der Gesetzgeber wollte mit dieser Formulierung sagen, daß der Besitzmittler zwar für Schäden haften soll, aber nur, wenn er sein Besitzrecht, das er wirklich oder vermeintlich gegenüber dem mittelbaren Besitzer hat, überschreitet. Die Haftungsbeschränkung des § 991 II besagt also lediglich, daß auch hier der Besitzer im Vertrauen auf sein vermeintliches Besitzrecht gegenüber dem Eigentümer

---

[52] § 68, 7. Nach Baur-Stürner § 11 Rn. 10 führt die grobe Fahrlässigkeit beim Besitzerwerb kraft Gesetzes eine spätere Haftung für jedes Verschulden herbei.

[53] Vgl. Protokolle der 1. Kommission 4178, auch Motive 3, 409.

[54] Vgl. Soergel-Mühl § 990 Rn. 23.

[55] Vgl. dazu mein Handbuch Sachenrecht I § 12 III 3 b.

geschützt wird. Dabei ist es unerheblich, ob das Rechtsverhältnis zum mittelbaren Besitzer wirksam ist oder nicht[56]. In beiden Fällen besteht für den Fremdbesitzer kein Besitzrecht gegenüber dem Eigentümer, in beiden Fällen muß aber sein guter Glaube an ein solches Besitzrecht geschützt werden. Der gutgläubige Fremdbesitzer haftet dem Eigentümer also nur, wenn er sein vermeintliches Besitzrecht überschreitet, welches durch das Rechtsverhältnis zum mittelbaren Besitzer festgelegt wird.

Durch die Verweisung auf § 989 stellt § 991 II klar, daß der Fremdbesitzer für eine Überschreitung seines vermeintlichen Besitzrechts nur dann haftet, wenn er schuldhaft gehandelt hat. Ferner wird dadurch klargestellt, daß er nicht für Vorenthaltungsschäden haftet. Der gute Glaube des Fremdbesitzers muß sich auf das Recht des Eigenbesitzers zum Besitz gegenüber dem Eigentümer beziehen[57].

Der Anspruch aus §§ 991 II, 989 verjährt in 30 Jahren. Gemäß dem Sinn des § 991 II - Schutz des Vertrauens - ist jedoch eine kürzere Verjährungsfrist anzuwenden, wenn das Gesetz eine solche für das mit dem mittelbaren Besitzer vereinbarte Rechtsverhältnis vorsieht[58].

b) § 991 II bezieht sich nur auf den Fremdbesitzer, der für einen Dritten besitzt, nicht auf den, der dem Eigentümer den Besitz vermittelt. Zwischen dem Eigentümer und seinem nichtberechtigten Besitzmittler besteht kein Eigentümer-Besitzer-Verhältnis, sondern ein gesetzliches Schuldverhältnis gemäß §§ 812, 823 ff.[59] Die Anwendung dieser Regeln ist jedoch im Hinblick auf den Vertrauensschutz, den auch diese Besitzer verdienen, unbefriedigend. Auch der gutgläubige Fremdbesitzer, der dem Eigentümer den Besitz mittelt, soll auf die Gültigkeit des mit diesem vereinbarten Rechtsverhältnisses vertrauen dürfen, also auf Schadensersatz nur haften, soweit er die Grenzen dieser vermeintlichen Berechtigung überschreitet. Wendet man mit der h.M. die §§ 823 ff. an, so muß man sie entsprechend dem jeweiligen Rechtsverhältnis, auf welches der Besitzer vertraut, modifizieren[60]. Angemessener und sachgerechter erscheint demgegenüber die analoge Anwendung des § 991 II auch auf den Besitzmittler des Eigentümers[61].

---

[56] Dagegen fordern ein wirksames Rechtsverhältnis AlternK-Joerges § 991 Rn. 4 und Staudinger-Gursky § 991 Rn. 10.

[57] Der gute Glaube des Fremdbesitzers, ein Besitzrecht gegenüber dem Eigenbesitzer zu haben, kann für sein Verhältnis zum Eigentümer nicht relevant sein, vgl. auch Motive 3, 406; Planck-Brodmann § 990 N. 2 a β; RGRK-Pikart § 990 Rn. 13; a.A. Staudinger-Gursky § 990 Rn. 13.

[58] So Wolff-Raiser § 85 Fn. 37; OLG Schleswig NJW 1974, 1712.

[59] Die h.M., die auch den Besitzmittler des Eigentümers den §§ 989 ff. unterwirft, sieht sich zur Erfindung des „Fremdbesitzerexzesses" genötigt, der die Anwendbarkeit des Deliktsrechts gegen § 993 erschließen soll.

[60] Westermann-Gursky § 31 III 2 a.E.; Soergel-Mühl 15 vor § 987; Schwab-Prütting Rn. 539.

[61] Vgl. Wieling, MDR 1972, 651; Baur-Stürner § 11 Rn. 32; MünchenerK-Medicus § 993 Rn. 13; OLG Koblenz JZ 2002, 617 f.

5. Deliktische Haftung

Die Anwendung des Deliktsrechts ist für den Eigentümer aus zwei Gründen vorteilhafter als die Haftung des Besitzers aus §§ 989, 990: Einmal muß nach den §§ 823 ff. auch jeder Vorenthaltungsschaden ersetzt werden; sodann greift gemäß § 848 eine Haftung für Zufall ein, wenn der Besitzer die Sache dem Eigentümer durch Delikt entzogen hat. Die Anwendung der §§ 823 ff. ist aber durch § 993 grundsätzlich ausgeschlossen. § 992 macht davon eine Ausnahme.

a) Deliktsrecht ist anwendbar, wenn der Besitzer sich den Besitz durch eine Straftat verschafft hat. Eine Ordnungswidrigkeit reicht nicht aus. Die Strafnorm muß sich gegen die Art und Weise des Besitzerwerbs richten, sie muß aber nicht den Schutz des Eigentums bezwecken. In Betracht kommt etwa Besitzerwerb infolge Nötigung, § 240 StGB, Diebstahl, §§ 242–244, 247, 248 a, 248 b StGB, Raub, §§ 249–252 StGB, Erpressung, § 253 StGB, Hehlerei, § 259 StGB, Betrug, § 263 StGB. Eine Unterschlagung, § 246 StGB, oder eine Untreue, § 266 StGB, kommen nur dann in Betracht, wenn durch die Straftat der Besitz erworben wurde, nicht wenn er schon vorher bestand. Denn die Art des Besitzerwerbs ist es, welche die strengere Haftung nach den §§ 823 ff. begründet. Die Haftung aus § 992 greift auch dann ein, wenn der Täter gutgläubig ist, etwa ohne grobe Fahrlässigkeit glaubt, ein Recht zum Besitz zu haben. Die Anwendung des § 992 setzt voraus, daß alle subjektiven und objektiven Tatbestandsmerkmale der Strafnorm erfüllt sind; Fehlen des Strafantrags oder Verjährung der Straftat stehen der Anwendung des § 992 nicht entgegen.

b) Traditionsgemäß werden die Regeln der unerlaubten Handlung nicht nur bei strafrechtlichen Delikten angewandt, sondern auch dann, wenn der Besitzer sich den Besitz durch ein zivilrechtliches Delikt i.S.d. §§ 823 ff. verschafft hat[62]. Eine unerlaubte Handlung setzt voraus, daß der Erwerber beim Besitzerwerb weiß, daß er kein Recht zum Besitz hat, oder daß er dies aus grober Fahrlässigkeit nicht weiß. Leichte Fahrlässigkeit kann ihm nicht schaden. Denn ein Verschulden, das sogar einen gutgläubigen Erwerb (§ 932) ermöglicht, kann kein Delikt begründen[63].

c) Gemäß § 992 sind die §§ 823 ff. ferner anzuwenden, wenn der Besitzer sich den Besitz durch verbotene Eigenmacht verschafft hat[64]. Verbotene Eigenmacht setzt kein Verschulden voraus. Wer also im Gasthaus ohne jedes Verschulden einen fremden Hut mitnimmt, würde trotz seinem guten Glauben deliktisch haften. Das ist schwer verständlich und ist auch nicht so gewollt[65]. Bei Besitzverschaffung durch ein zivilrechtliches Delikt haftet nur der Bösgläubige. Bei Besitzverschaffung durch eine Straftat haftet zwar auch ein Gutgläubiger, aber die regelmäßig vorsätzliche Verletzung der Strafnorm müßte den Täter warnen und rechtfertigt die Anwendung der §§ 823 ff. auch auf einen gutgläubigen Besitzer. Ebenso liegt es bei der Besitz-

---

[62] Die 2. Kommission (Protokolle 3981, Mugdan 3, 678) meinte irrig, mit dem Erwerb durch verbotene Eigenmacht auch jeden deliktischen Erwerb erfaßt zu haben, vgl. mein Handbuch des Sachenrechts I § 12 III 5 b.

[63] Vgl. Motive 3, 394 f.

[64] Zur verbotenen Eigenmacht vgl. oben § 5 II.

[65] Vgl. Wieling, MDR 1972, 649 f.

verschaffung durch verbotene Eigenmacht. Auch hier erfaßt die Haftung einen gutgläubigen Erwerber, der z.B. ohne Verschulden annimmt, Eigentümer der Sache zu sein. Seine Haftung nach §§ 823 ff. ist aber nur gerechtfertigt, wenn er wie bei der Verletzung einer Strafnorm vor den Folgen seiner Handlung gewarnt ist. Das ist nur dann der Fall, wenn er die verbotene Eigenmacht bewußt, also vorsätzlich begeht[66]. Ein Schadensersatzanspruch aus §§ 992, 823 setzt also voraus, daß die verbotene Eigenmacht vorsätzlich begangen wurde.

§ 992 gilt nicht nur für den Eigenbesitzer, sondern auch für den Fremdbesitzer[67]. Neben den §§ 992, 823 ff. sind die §§ 989, 990 anwendbar, was insbesondere wegen der §§ 280 I 2, 278 von Interesse sein kann, die nur auf §§ 989, 990 anwendbar sind. Hat sich der Besitzer einer Hilfsperson bedient, so ist § 831 anzuwenden, da es sich hier um die Zurechnung einer unerlaubten Handlung handelt[68]. Zu ersetzen ist jeder Schaden, § 249[69], auch zufällige Schadensfolgen, § 848[70], bei einer Geldsumme können gemäß § 849 Zinsen verlangt werden.

6. Konkurrenzen

Gemäß § 993 gibt es im Eigentümer-Besitzer-Verhältnis Ansprüche auf Schadensersatz nur im Rahmen der §§ 989, 990, 991 II, 992. Sowohl § 280 wie insbesondere die §§ 823 ff. sind unanwendbar[71], wie auch § 992 deutlich genug zeigt, der für einen Sonderfall die Anwendung des Deliktsrechts eröffnet. Daß die Regelung der §§ 989–993 bezüglich des Schadensersatzes abschließend ist, ergeben ferner die Materialien, die einen entsprechenden Willen des Gesetzgebers außer Frage stellen. Bei der Eindeutigkeit des Gesetzes und des gesetzgeberischen Willens können Versuche, ein anderes Ergebnis zu begründen, nicht überzeugen[72].

Anwendbar neben den §§ 989 ff. ist immer § 826, der dolose Schädiger haftet immer auf Ersatz. Anwendbar ist auch das Bereicherungsrecht (§§ 812, 816) wegen Verbrauchs, Veräußerung, Belastung der Sache. § 993 schließt nur Schadensersatzansprüche aus, nicht Ersatzansprüche wegen Bereicherung. Anwendbar ist ferner § 687 II.

---

[66] Vgl. zu den verschiedenen Ansichten Gursky, 20 Probleme EBV, Problem 15 und mein Handbuch des Sachenrechts I § 12 III 5 c.
[67] Vgl. Planck-Brodmann § 992 N. 1; Staudinger-Gursky § 992 Rn. 4.
[68] Vgl. Soergel-Mühl § 992 Rn. 6; Staudinger-Gursky § 992 Rn. 18; MünchenerK-Medicus § 992 Rn. 8.
[69] Also auch Ersatz für Nutzungen, die der Eigentümer hätte ziehen können.
[70] Das gilt natürlich nur dann, wenn sich schon der Besitzerwerb als schuldhaftes Delikt darstellt. Aber auch nicht jeder deliktische Erwerb führt zur Anwendung des § 848, vielmehr muß der Besitzer dem Eigentümer die Sache entzogen haben, vgl. Staudinger-Gursky 32 vor § 987.
[71] So auch z.B. Baur-Stürner § 11 Rn. 34; Staudinger-Gursky 35 ff. vor § 987; Jauernig 10 vor § 987.
[72] Zu den Ansichten, welche § 823 neben den §§ 989 ff. anwenden wollen, vgl. mein Handbuch des Sachenrechts I § 12 III 6; Gursky, 20 Probleme EBV, Problem 11.

IV. Nutzungen

Gäbe es die §§ 987 ff. nicht, so würde jeder Besitzer, der nach § 985 auf Herausgabe haftet, wegen gezogener Nutzungen gemäß § 812 (Eingriffskondiktion) zu Herausgabe oder Ersatz verpflichtet sein. § 993 I stellt dagegen den Grundsatz auf, daß der Besitzer wegen gezogener Nutzungen nicht haftet, wenn nicht in den §§ 987 ff. eine Ausnahme bestimmt ist. Solche Ausnahmen bestehen für den verklagten und bösgläubigen Besitzer, §§ 987, 990, für den unentgeltlichen Besitzer, § 988, sowie immer bei Übermaßfrüchten, § 993.

1. Anwendbarkeit der §§ 987–993

Die §§ 987 ff. sind nicht anwendbar auf berechtigte Besitzer oder solche, deren Besitzrecht abgelaufen ist. Der Pächter muß nicht nach Ablauf des Vertrages die während des Vertrages gezogenen Nutzungen herausgeben. Hat er nach Vertragsende noch Nutzungen gezogen, so haftet er dafür mit der Eingriffskondiktion und nach § 687 II. Die §§ 987 ff. sind auch nicht anwendbar zwischen dem Eigentümer und dem Besitzer, der die Sache durch eine Leistung des Eigentümers erlangt hat[73]. Hat also der Eigentümer die Sache dem Besitzer geleistet, so hat er einen Anspruch auf die Sache nach § 812 und auf die Nutzungen nach § 818 I. Die §§ 985 ff. sind nicht anwendbar. Die Rechtsprechung, welche auch in Leistungsverhältnissen mit dem Eigentümer die §§ 985 ff. anwendet, hat hier - ebenso wie beim „Fremdbesitzerexzeß" – erhebliche Schwierigkeiten. Sie behilft sich mit der Anwendung des § 988, indem sie „unentgeltlich" gleich „rechtsgrundlos" setzt[74].

2. Haftung nach Rechtshängigkeit und Bösgläubigkeit

a) Gemäß § 987 I hat der verklagte Besitzer alle Nutzungen herauszugeben, die er nach dem Eintritt der Rechtshängigkeit zieht. Rechtshängig geworden sein muß der Anspruch aus § 985 auf Herausgabe der Sache. § 987 gibt einen schuldrechtlichen Herausgabeanspruch, unabhängig davon, wem die gezogenen Früchte gehören. Gehören sie dem Besitzer, so hat er sie dem Eigentümer der Hauptsache zu übereignen; gehören die Früchte dem Eigentümer der Hauptsache, so konkurriert sein Anspruch aus § 987 mit einem Herausgabeanspruch aus § 985. Hat der Besitzer die Früchte verbraucht, veräußert oder sich den Substanzwert sonstwie zugeeignet, so haftet er auf Wertersatz, das „Herausgeben" des Gesetzes ist in diesem erweiterten Sinne zu verstehen; daneben haftet er aus § 812 I 1, 2. Altern. (bei Verbrauch) und aus § 816 I 1 (bei Veräußerung). Ist dem Besitzer die Herausgabe sonstwie unmöglich geworden, d.h. ohne daß ihm der Wert der Nutzungen zugute gekommen ist, so haftet er im Rahmen der §§ 280, 281, 285. Herauszugeben sind neben den

---

[73] Vgl. oben I 3 a–c.
[74] Vgl. unten unter 8.

Früchten auch Gebrauchsvorteile, deren Wert in Geld zu vergüten ist; die Kosten für die Gewinnung sind abzuziehen.

Der verklagte Besitzer hat nicht nur die nach der Rechtshängigkeit gezogenen Nutzungen herauszugeben, sondern auch schuldhaft nicht gezogene Nutzungen dem Eigentümer zu ersetzen, § 987 II. Der Gesetzgeber geht also von einer Verpflichtung des Besitzers zur Nutzung der Sache aus, bei deren schuldhafter Verletzung er dem Eigentümer den Wert der nicht gezogenen Nutzungen zu ersetzen hat[75]. Der Anspruch aus § 987 II setzt aber weder voraus, daß der Besitzer bereichert ist, noch daß der Eigentümer einen Schaden hat. § 987 II ist auch dann gegeben, wenn feststeht, daß auch der Eigentümer die Nutzungen nicht gezogen hätte, wenn nur der Besitzer sie schuldhaft nicht gezogen hat. Umgekehrt ist § 987 II nicht gegeben, wenn der Eigentümer aufgrund besonderer Fähigkeiten aus der Sache einen großen Gewinn hätte ziehen können, wenn nur das Nichterzielen dieses Gewinns dem Besitzer nicht als Verschulden ausgelegt werden kann.

b) Ebenso wie der verklagte Besitzer haftet auch der bösgläubige, § 990 I 1.

3. Haftung des unentgeltlichen Besitzers

Gemäß § 988 haftet ein Besitzer, der die Sache aufgrund eines dinglichen Nutzungsrechts unentgeltlich besitzt, nach Bereicherungsrecht auf Herausgabe der Nutzungen. Ein rein lukrativer Erwerb ist nicht schutzwürdig, selbst wenn der Erwerber gutgläubig ist. Daß § 988 nur von dinglichen Nutzungsrechten spricht, ist ein Redaktionsversehen; es bestehen keine Bedenken, § 988 auch auf solche Besitzer anzuwenden, welche aufgrund eines angeblichen obligatorischen, unentgeltlichen Besitzrechts besitzen.

Unentgeltlichkeit liegt dann vor, wenn der Besitztitel, auf welchen der Besitzer sein angebliches Nutzungsrecht stützt, nicht mit einer Gegenleistung verbunden ist. Hat jemand eine abhandengekommene Sache von einem Dritten geschenkt erhalten, so hat er sie unentgeltlich, gleich, ob die Schenkung wirksam ist oder nicht. Hat er die abhanden gekommene Sache von einem Dritten gekauft, so besitzt er sie entgeltlich, gleich, ob der Kaufvertrag wirksam ist oder nicht, ob er den Kaufpreis gezahlt hat oder nicht. Auf die Wirksamkeit des Besitztitels kommt es also nicht an, dem Eigentümer kann das Rechtsverhältnis zwischen dem Besitzer und dem Dritten gleichgültig sein. Das „unentgeltlich" ist hier ebensowenig wie in § 816 I 2 mit einem „rechtsgrundlos" gleichzusetzen[76]. Unentgeltlich besitzt z.B., wer als Erbe oder Legatar besitzt, aufgrund einer Schenkung, Leihe oder Okkupation, aber auch wer eine Sache gestohlen oder unterschlagen hat. § 988 enthält eine Rechtsfolgenverweisung auf das Bereicherungsrecht, was hauptsächlich bedeutet, daß der Besitzer nur im Rahmen seiner noch vorhandenen Bereicherung haftet. Herauszugeben sind die Nutzungen, also die gezogenen Früchte und Gebrauchsvorteile.

---

[75] Vgl. Motive 3, 403, 407, Mugdan 3, 225, 227.
[76] Vgl. unten 8.

4. Haftung des Fremdbesitzers

§ 991 I regelt die Haftung des Besitzmittlers, der einem Dritten – nicht dem Eigentümer – den Besitz vermittelt[77]. Ein solcher Besitzmittler haftet, selbst wenn er bösgläubig ist, nur dann gemäß §§ 990, 987 auf Herausgabe der Nutzungen, wenn auch der mittelbare Eigenbesitzer bösgläubig oder aber verklagt ist. Dadurch soll ausgeschlossen werden, daß der Besitzmittler beim mittelbaren Besitzer Regreß nimmt und dieser so die Nutzungen verliert, obwohl er gutgläubig und unverklagt ist[78]. Wer z.B. eine Sache von einem gutgläubigen, unverklagten Dritten gepachtet und zu Besitz erhalten hat, wird gemäß § 956 I, II Eigentümer der Früchte, selbst wenn er bösgläubig ist; er darf sie auch behalten, § 991 I. Müßte er sie herausgeben, so könnte er gemäß §§ 581 II, 536 I 1, 812 vom Dritten den Pachtzins zurückverlangen; dieser würde also trotz seinem guten Glauben die gezogenen mittelbaren Sachfrüchte verlieren. Das vermeidet § 991 I. Ist aber ein Regreß des Besitzmittler aus irgendeinem Grund ausgeschlossen, so ist § 991 I gemäß seinem gesetzgeberischen Zweck unanwendbar.

5. Haftung des deliktischen Besitzers

Für den deliktischen Besitzer i.S.d. § 992 verweist das Gesetz auf die §§ 823 ff., welche keine besondere Regelung über die Herausgabe von Nutzungen enthalten. Der Eigentümer kann Nutzungen nur insoweit als Schadensersatz ersetzt verlangen, als er selbst sie gezogen hätte, während sie ihm nun entgangen sind. Eine verbreitete Ansicht will ihm darüber hinaus aus § 823 auch einen Anspruch auf alle Nutzungen geben, die der Besitzer gezogen hat oder schuldhaft nicht gezogen hat, auch wenn der Eigentümer selbst sie nicht gezogen hätte[79]. Das bedeutet, daß man dem Eigentümer gegen den deliktischen Besitzer den Anspruch aus § 987 zuspricht, auch wenn der Besitzer weder verklagt noch bösgläubig war. Einen solchen Anspruch kann es nach dem Gesetz nicht geben.

6. Haftung wegen Übermaßfrüchten

Gemäß § 993 I (1) muß jeder Besitzer, auch der gutgläubige und unverklagte, Übermaßfrüchte herausgeben; die Haftung richtet sich nach Bereicherungsrecht. Als Übermaßfrüchte bezeichnet man diejenigen Früchte, die „nach den Regeln einer ordnungsgemäßen Wirtschaft nicht als Ertrag der Sache anzusehen sind", die etwa durch Raubbau gewonnen wurden. Übermaßfrüchte können auch dann vorliegen, wenn die Gewinnung keinen Verstoß gegen wirtschaftliche Regeln bedeutet, von diesen vielmehr geboten wird, wenn die Früchte aber infolge eines außeror-

---

[77] Wer dem Eigentümer den Besitz vermittelt, etwa aufgrund eines abgelaufenen oder unwirksamen Pachtvertrages, haftet überhaupt nicht nach den §§ 987 ff., vgl. oben I 3, II a.

[78] Vgl. Motive 3, 406; Protokolle der 2. Kommission 3967 (Mugdan 3, 675).

[79] So etwa Soergel-Mühl § 992 Rn. 7; Schwab-Prütting Rn. 535; Wolff-Raiser § 85 II 4; BGH WM 1960, 1148 ff.

dentlichen Ereignisses anfallen. Wenn nach einem Windbruch das Holz nach den Regeln einer ordnungsgemäßen Bewirtschaftung gewonnen werden muß, so zählt es doch zu den Übermaßfrüchten. Zwar wird – anders als in §§ 1039, 2133 – in § 993 I (1) diese Art der Übermaßfrüchte nicht ausdrücklich erwähnt, sie ist jedoch auch hier darunter mitzuverstehen.

7. Verhältnis zu den §§ 953 ff.

Die §§ 953 ff. bestimmen die dingliche Zuordnung der Früchte. Sie können in das Eigentum des Eigentümers der Hauptsache fallen oder in das eines Fruchtziehungsberechtigten, aber auch in das Eigentum eines nichtberechtigten Besitzers. Erwirbt der Besitzer die Früchte zu Eigentum, so ist damit noch nichts darüber gesagt, ob er sie behalten soll. Diese Frage bestimmt sich nach den §§ 987 ff., welche darüber endgültig entscheiden. Wer gutgläubig Früchte nach §§ 955, 957 erworben hat, muß sie vielleicht nach §§ 987, 988, 993 I (1) wieder an den Eigentümer der Hauptsache herausgeben und übereignen.

Umgekehrt kann auch der Fall eintreten kann, daß der Besitzer kein Eigentum an den Früchten erwirbt, diese aber dennoch nach den §§ 987 ff. behalten darf. Es handelt sich um die gutgläubigen Fremdbesitzer, denen ein Nichtberechtigter die Fruchtziehung gestattet hat, wenn die Gestattung – etwa wegen fehlender Geschäftsfähigkeit – unwirksam ist. Diese Fremdbesitzer können nach den §§ 956, 957 nicht Eigentümer der gezogenen Früchte werden, dürfen sie aber nach § 993 behalten. In solchen Fällen müssen die §§ 987 ff. den Vorrang vor den §§ 953 ff. haben, diese regeln nur zum Zweck der Rechtssicherheit vorläufig die dingliche Rechtslage, die §§ 987 ff. regeln aufgrund einer letztlich entscheidenden Interessenabwägung den endgültigen Verbleib der Früchte. Wenn der Gesetzgeber sich dahin entscheidet, daß der gutgläubige Besitzer die Früchte behalten darf, so kann man diese Entscheidung nicht mit den §§ 953 ff. außer Kraft setzen. Es ist bei dieser widersprüchlichen Entscheidung richtig, die §§ 953 ff. aus den §§ 987 ff. zu korrigieren und einen Eigentumserwerb des Besitzers an den Früchten anzunehmen.

8. Konkurrenzen

Ebenso wie beim Schadensersatz enthalten die §§ 987 ff. auch für Nutzungen eine abschließende Regelung. Ausgeschlossen sind insbesondere die §§ 812 ff., die vom Besitzer aus einer fremden Sache gezogenen Nutzungen können nicht im Wege der Eingriffskondiktion herausverlangt werden. § 993 I schließt eine Anwendung der §§ 812 ff. aus. Die Ansicht, welche ein „ungestörtes Nebeneinander" der §§ 987 ff. und der §§ 812 ff. zulassen will[80], verstößt gegen das Gesetz. Hat allerdings der Besitzer die genutzte Sache durch eine rechtsgrundlose Leistung erlangt, so verdrängt die speziellere Leistungskondiktion den Anspruch aus § 985[81]; die §§ 812 ff. sind in diesem Fall anwendbar.

---

[80] Vgl. die Literatur bei Gursky, 20 Probleme EBV, Problem 10.
[81] Vgl. oben I 3 c bei Fn. 20.

Die Rechtsprechung, welche auch in Leistungsverhältnissen mit dem Eigentümer statt der §§ 812 ff. die §§ 985 ff. anwendet, hat hier Schwierigkeiten. Sie will dem Eigentümer einen Anspruch auf Herausgabe der Nutzungen auch gegen den redlichen Besitzer geben, was aber § 993 ausschließt. Sie behilft sich mit der Anwendung des § 988, indem sie „unentgeltlich" gleich „rechtsgrundlos" setzt, wobei sie sich veranlaßt sieht, § 988 durch die im Rahmen des Bereicherungsrechts entwickelte Saldotheorie einzuschränken[82]. Diese Anwendung des § 988 war früher auch in der Rechtswissenschaft verbreitet, wurde inzwischen aber mit gutem Grund aufgegeben; sie verkehrt den Grundsatz des § 988, wonach der gutgläubige Besitzer die Nutzungen behalten darf, in sein Gegenteil. Denn der Besitzer im Eigentümer-Besitzer-Verhältnis hat die Sache immer rechtsgrundlos erlangt. Die Anwendung des § 988 wird daher in Leistungsverhältnissen zu Recht von der h.M. abgelehnt[83]. Ein unentgeltlicher Besitz hat mit einem rechtsgrundlosen nichts gemeinsam, was eine Analogie rechtfertigen könnte.

V. Verwendungen

1. Anwendbarkeit der §§ 994 ff.

a) Ebenso wie die Regeln über Schadensersatz und Nutzungen, so sind auch die Regeln über Verwendungen nur auf den unrechtmäßigen Besitzer anwendbar. Ist der Besitzer gegenüber dem Eigentümer zur Zeit der Vornahme der Verwendung zum Besitz berechtigt, so sind die Regeln des Rechtsverhältnisses anzuwenden, aus welchem sich das Besitzrecht ergibt[84]. Der Anspruch des Mieters wegen gemachter Verwendungen richtet sich z.B. nach §§ 536 a II, 539 I, der des Entleihers nach § 601. Das gilt auch dann, wenn nach der Verwendung das Vertragsverhältnis endet. Die §§ 994 ff. sind auch dann nicht anwendbar, wenn ein ursprünglich berechtigter Besitzer nach Erlöschen seines Besitzrechts Verwendungen macht. Das speziellere Abwicklungsverhältnis verdrängt die §§ 994 ff.[85] Nach der Rechtsprechung ist eine entsprechende Anwendung der §§ 994 auch auf den berechtigten Besitzer möglich, wenn das konkrete Rechtsverhältnis den Verwendungsersatz nicht regelt[86].

b) Die §§ 994 ff. sind auch in Dreipersonenverhältnissen ausgeschlossen, wenn die mittlere Person zum Besitz berechtigt sowie zur weiteren Überlassung des Besitzes befugt ist. Der berechtigte Untermieter hat wegen Verwendungen den An-

---

[82] Vgl. etwa RG 163, 348 ff.; BGH 32, 94; 71, 225; BGH NJW 1995, 454 (mit krit. Anmerkung Finkenauer, JuS 1998, 986 ff.) und BGH NJW 1995, 2627.

[83] Vgl. Wieling, AcP 169 (1969), 142 mit Literatur in Fn. 30; ferner Wieling in LM § 100 Nr. 4 Bl. 2004 f.; Medicus, JZ 1996, 151, 154 f.; Gursky, JZ 1997, 1154, 1157.

[84] Bestehen keine besonderen Regeln, so ist Geschäftsführungsrecht (§§ 677 ff.) oder Bereicherungsrecht (§§ 812 ff.) anzuwenden. – Zum Verwendungsersatz vgl. auch Greiner, David, Die Haftung auf Verwendungsersatz, 2000.

[85] Vgl. oben I 3 b.

[86] BGH NJW-RR 2000, 895 f.

spruch aus §§ 536 a II, 539 I gegen seinen Vermieter, nicht aber Ansprüche aus §§ 994 ff. gegen den Eigentümer.

Daher finden die §§ 994 ff. auch in dem vielbesprochenen Fall keine Anwendung, daß ein Vorbehaltskäufer (K) den PKW pflichtgemäß einer Werkstatt (U) zur Reparatur übergibt. U hat einen Anspruch gegen seinen Vertragspartner K wegen der Reparatur, er hat eventuell ein Unternehmerpfandrecht am PKW[87], auf keinen Fall aber einen Anspruch aus §§ 994 ff. gegen den Verkäufer (Eigentümer) E. U war zur Zeit der Reparatur zum Besitz berechtigt; auch wenn sein Besitzrecht nachträglich entfällt, weil etwa E vom Kaufvertrag mit K zurücktritt, ändert das nichts am Ausschluß der §§ 985 ff.[88] Zudem kommt es für die Frage des Besitzrechts nicht auf den Zeitpunkt des Herausgabeverlangens, sondern auf den Zeitpunkt der Verwendung an. Andernfalls könnte man nicht einmal entscheiden, ob U zur Zeit der Verwendung gut- oder bösgläubig war, denn zu dieser Zeit war U weder das eine noch das andere, sondern zum Besitz berechtigt.

c) Die §§ 994 ff. sind ferner ausgeschlossen in allen fehlgeschlagenen Leistungsverhältnissen zwischen dem Eigentümer und Besitzer[89]. Hat der Eigentümer die Sache unwirksam dem Besitzer vermietet, so hat er die Leistungskondiktion. Auch die Ansprüche des Besitzers wegen Verwendungen richten sich nach den §§ 812 ff.[90] Entsprechendes gilt auch bei Dreipersonenverhältnissen. War das Mietverhältnis, das Untermietverhältnis oder beide unwirksam, so gilt wegen der Verwendungen Bereicherungsrecht[91]. Geht also die Leistungskondiktion den Verwendungsersatzansprüchen aus dem Eigentümer-Besitzer-Verhältnis vor, so verdrängen umgekehrt diese Ansprüche die Eingriffskondiktion, vgl. unten 5.

d) Die §§ 994 ff. sind auch auf einen Fremdbesitzer anwendbar[92]. Wie beim Schadensersatz und bei den Nutzungen muß aber auch bei den Verwendungen das vermeintliche Besitzrecht des gutgläubigen Fremdbesitzers[93] Beachtung finden. Das Vertrauen des Fremdbesitzers in dieses Besitzrecht schützt ihn vor Ansprüchen, das vermeintliche Besitzrecht muß aber auch die Rechte des Fremdbesitzers auf Verwendungsersatz begrenzen.

---

[87] Vgl. unten § 15 VIII b.

[88] Vgl. unten § 15 VIII b. Zutreffend BGH 27, 321; Baur-Stürner § 11 Rn. 24; E. Wolf 6 B I c 3; Jauernig 5 vor § 994; Staudinger-Gursky 40 ff. vor § 994 mit Literatur. Die verbreitete Meinung, die dem U einen Anspruch aus §§ 994 ff. gegen E gibt, ist unhaltbar, so aber z.B. RG 142, 422; BGH 34, 122; BGH JR 1988, 17 ff.; BGH NJW 1996, 991; Schwab-Prütting Rn. 557; RGRK-Pikart § 994 Rn. 6.

[89] Vgl. oben I 3 c.

[90] Der Besitzer bekommt notwendige Verwendungen, die aber nicht zu einer Verbesserung der Sache führen, nach § 812 nicht ersetzt, während er nach § 994 vollen Ersatz bekäme. § 994 I bevorzugt – nicht ohne Grund – den Besitzer, der die Sache nicht durch eine Leistung des Eigentümers erlangt hat. Wer die Sache vom Eigentümer erlangt hat, kann diesem die Gegenleistung entgegenhalten, wer sie von einem Dritten erlangt hat, kann das nicht. Bei Kaufverträgen wiegt der Unterschied noch schwerer.

[91] Vgl. oben I 3 c; auch Schönfeld, JZ 1959, 302; Imlau, MDR 1957, 265.

[92] Vgl. oben III 4 und IV 4.

[93] Der Anspruch des Bösgläubigen ist ohnehin auf ein Minimum reduziert.

2. Begriff und Arten der Verwendung

a) Verwendungen sind Aufwendungen auf eine Sache. „Aufwendung" ist daher der weitere Begriff. Aufwendungen sind freiwillige Vermögensopfer zur Erreichung eines bestimmen Zweckes.

b) Die Verwendung muß der Erhaltung oder Verbesserung der Sache dienen, sie kann in unterschiedlicher Weise geschehen. Eine Verwendung auf eine Sache liegt z.B. vor, wenn der Besitzer eine eigene Sache als Bestandteil mit der Sache verbindet. Dabei spielt es keine Rolle, ob die zugefügte Sache wesentlicher Bestandteil wird, auch das Zufügen eines unwesentlichen Bestandteils kann eine Verwendung sein[94]. Die Verwendung kann auch in sonstigen Einwirkungen auf die Sache liegen, z.B. im Schleifen eines Edelsteins, im Säubern einer Hausfassade, in der Reparatur oder Verbesserung einer Sache usw., aber auch in anderen Maßnahmen[95]. Auch den Wert seiner eigenen Arbeit kann der Besitzer als Verwendung geltend machen, und zwar nicht nur dann, wenn die Arbeit im Rahmen seines Gewerbes erfolgt. Die Arbeitsleistung hat einen Vermögenswert, der wie jeder andere Vermögenswert bei den §§ 994 ff. zu berücksichtigen ist[96]. Es trifft nicht zu, daß die §§ 994 ff. nur einen Vermögensverlust des Besitzers ausgleichen sollen[97], sie sollen eine Bereicherung des Eigentümers auf Kosten des Besitzers ausgleichen[98].

Wird die Sache gänzlich umgestaltet, so liegt keine Verwendung mehr vor, sondern eine Verarbeitung. Bei Grundstücken ist eine solche gänzliche Umgestaltung nicht möglich; das Grundstück bleibt dasselbe, auch wenn die Art der Bebauung sich ändert. Das Errichten eines Gebäudes ist seit der Zeit des römischen Rechts unstreitig als nützliche Verwendung anerkannt[99]. Dagegen meint der BGH, eine Bebauung sei eine grundlegende Veränderung des Grundstücks, jedenfalls wenn es dadurch einem neuen Zweck dienstbar gemacht werde; also liege in diesen Fällen keine Verwendung vor[100]. Das zerstört nicht nur – sicherlich unbewußt – grundlos die historische Kontinuität, sondern widerspricht auch dem Zweck des Gesetzes, welches eine Bereicherung des Eigentümers auf Kosten des Besitzers durch Auf-

---

[94] Vgl. dazu mein Handbuch des Sachenrechts I § 12 V 3 b.

[95] Z.B. in Bewachungs- oder Transportkosten, Aufbewahrungskosten, Kosten für das Vermessen eines Grundstücks usw.

[96] So zu Recht Baur-Stürner § 11 Rn. 55; Palandt-Bassenge § 994 Rn. 2; M. Wolf, AcP 166, 204 Fn. 60 und jetzt auch BGH NJW 1996, 921 f. Es ist daher nicht zu billigen, wenn eine verbreitete Ansicht die Arbeitsleistung des Besitzers nur dann als Verwendung anerkennen will, wenn ihm dadurch ein Verdienstausfall entstanden ist, so aber z.B. MünchenerK-Medicus § 994 Rn. 12; RGRK-Pikart § 994 Rn. 26; Staudinger-Gursky 12 vor § 994.

[97] So aber Staudinger-Gursky 12 vor § 994.

[98] Vgl. mein Handbuch I § 12 I 1 c.

[99] Vgl. Johow, Begründung 924; Motive 2, 394; Protokolle der 2. Kommission 3993 (Mugdan 3, 681 f.).

[100] „Enger Verwendungsbegriff", vgl. BGH 10, 177; 41, 345 f.; ihm folgend u.a. RGRK-Pikart § 994 Rn. 28; Canaris, JZ 1996, 344, 348; weitere Literatur bei Staudinger-Gursky 6 ff. vor § 994. Obwohl der BGH eine Verwendung verneint, hat er – wenig konsequent – in BGH 41, 162 f. das Bereicherungsrecht als durch die §§ 994 ff. ausgeschlossen angesehen und sich schließlich genötigt gesehen, auf § 242 zurückzugreifen! Das spricht kaum für die Lösung des BGH.

wendungen auf die Sache verhindern will; das Bebauen ist dabei nichts anderes als eine mögliche Art der Bereicherung. Die §§ 994 ff. sind daher auch auf das Bebauen von Grundstücken anwendbar[101], das Bebauen ist ein Verbessern des Grundstücks[102].

c) Das Gesetz unterscheidet notwendige, nützliche und sonstige Verwendungen. Es definiert diese Begriffe nicht, sondern schließt sich den Bestimmungen des Pandektenrechts an. Notwendige Verwendungen sind solche, die zur Erhaltung der Sache objektiv notwendig sind, bei deren Unterlassen die Sache verschlechtert werden oder untergehen würde; die Maßnahmen müssen objektiv geeignet sein, die Sache zu erhalten. Dazu gehört etwa die Reparatur eines Hausdachs, der Einbau funktionswichtiger ausgefallener Teile bei einem PKW, Arztkosten für Tiere. Gleichgültig ist es, ob die Maßnahme den Eintritt eines Schadens verhindern soll oder ob sie einen bereits eingetretenen Schaden wieder beheben soll. Eine notwendige Verwendung ist daher die Reparatur eines Hausdachs, durch welche weitere Schäden verhindert werden sollen, aber auch der Wiederaufbau eines zerstörten Gebäudes[103].

Zu den notwendigen Verwendungen gehören auch die gewöhnlichen Erhaltungskosten i.S.d. § 994 I 2, d.h. die regelmäßig wiederkehrenden, laufenden Kosten zur Erhaltung der Sache, die der Besitzer im voraus einkalkulieren muß. Bei einem PKW gehören dazu die Kosten der Inspektionen und des Ersatzes regelmäßig zu erneuernder Teile, z.B. der Bremsbeläge, des Öls, der Reifen. Ein Hausbesitzer muß laufende kleinere Reparaturen einkalkulieren, ein Waldbesitzer muß geschlagene Bäume ersetzen usw. Zu den notwendigen Verwendungen gehören ferner Aufwendungen zur Bestreitung von Lasten, die mit der Sache verbunden sind, § 995, etwa Grundsteuern.

d) Nützliche Verwendungen sind solche, die zwar nicht zur Erhaltung der Sache dienen, die aber deren Wert steigern. Dazu gehört etwa das Bauen auf einem Grundstück, das Modernisieren eines Gebäudes, das Bearbeiten von Rohstoffen usw. Zu den nützlichen Verwendungen gehören auch die Kosten einer ordnungsgemäßen Bewirtschaftung i.S.d. § 998.

e) Luxusverwendungen sind solche, die weder wertsteigernd sind noch zur Erhaltung erforderlich. Um eine Luxusverwendung handelt es sich etwa, wenn ein Hausbesitzer die Fassade seines Hauses aus ästhetischen Gründen lila streichen läßt, obwohl der alte Anstrich noch gut war.

---

[101] Sog. „weiter Verwendungsbegriff", so im Ergebnis die h.M., vgl. etwa Schwab-Prütting Rn. 555; Baur-Stürner § 11 Rn. 55; Soergel-Mühl § 994 Rn. 2.

[102] Eine übermäßige Belastung des Eigentümers kann durch eine Eingrenzung der „aufgedrängten Bereicherung" verhindert werden; vgl. dazu oben § 11 II 5 a aa, unten 3 b aa.

[103] Ebenso BGH WarnRspr 1967 Nr. 184; Erman-Ebbing § 994 Rn. 11; Palandt-Bassenge § 994 Rn. 5.

3. Ansprüche des gutgläubigen unverklagten Besitzers

a) Notwendige Verwendungen, die ein gutgläubiger, unverklagter Besitzer gemacht hat, muß der Eigentümer gemäß § 994 I ersetzen. Ob der Besitzer nach der Vornahme der Verwendungen bösgläubig oder verklagt wurde, spielt keine Rolle. Nicht erforderlich ist es, daß die Verwendung dem Eigentümer tatsächlich zugute kommt, daß sie die Sache tatsächlich erhalten hat, wenn sie nur objektiv zur Erhaltung geeignet war. Hat der Besitzer eines Rennpferdes wegen einer Verletzung den Tierarzt bemüht, ist das Pferd aber dennoch erlahmt, so liegt eine notwendige Verwendung vor. Ebenso ist es, wenn der Erfolg der Verwendung nachträglich entfällt, wenn etwa der Besitzer eines Hauses das Dach reparieren läßt, das Haus aber später abbrennt. Auch für solche notwendigen Verwendungen, die ihm keinen Nutzen bringen, muß der Eigentümer im Rahmen der §§ 1000–1003 Ersatz leisten, das Erfolgsrisiko liegt also bei ihm, nicht beim verwendenden Besitzer.

Notwendige Verwendungen muß der Eigentümer nach §§ 994 I 2, 995 nicht ersetzen, soweit es sich um gewöhnliche Erhaltungskosten oder gewöhnliche Lasten handelt, falls der Besitzer die Nutzungen der Sache behalten darf. Werden Erhaltungskosten nur in größeren Zeitabständen fällig, wie etwa bei Bremsbelägen und Ersatzreifen, und gibt der Besitzer, der die Aufwendungen gemacht hat, in der Zwischenzeit die Sache (PKW) an den Eigentümer heraus, so erhält er gemäß § 994 I 2 nur insoweit keinen Verwendungsersatz, als er den PKW selbst genutzt hat oder nutzen konnte.

b) Nützliche Verwendungen muß der Eigentümer gemäß § 996 nur insoweit ersetzen, als der Wert der Sache dadurch zu der Zeit erhöht ist, in welcher er sie zurückerlangt. Die zu ersetzende Wertsteigerung muß durch die Verwendung entstanden sein, sonstige Wertsteigerungen, etwa Preissteigerungen bei Grundstücken, kommen dem Eigentümer zugute. Obergrenze des Wertersatzes sind die vom Besitzer gemachten Aufwendungen; ist die dadurch hervorgerufene Wertsteigerung der Sache höher, so kann doch nur der vom Besitzer aufgewendete Wert ersetzt werden[104].

aa) Problematisch ist der Fall, daß die durch die Verwendung eingetretene objektive Wertsteigerung nach den persönlichen Verhältnissen und Dispositionen des Eigentümers wertlos ist. Wenn der Besitzer eines Blindenhundes diesen zum Jagdhund ausbilden läßt, so liegt eine objektive Wertsteigerung vor; der blinde Eigentümer aber kann davon keinen Gebrauch machen. Muß er dennoch die objektive Wertsteigerung (aufgedrängte Bereicherung) ersetzen? Die Bereicherung wird anerkanntermaßen nach den Verhältnissen des Bereicherten bemessen, es besteht kein Grund, hier von der Regelung abzugehen, die bei § 812 oder § 951 anerkannt ist[105]. Eine aufgedrängte Bereicherung darf also nicht zu Lasten des Eigentümers gehen, seine Haftung gemäß § 996 ist nach seinen persönlichen Verhältnissen zu bemessen[106].

---

[104] Vgl. etwa RG 106, 149; MünchenerK-Medicus § 996 Rn. 6; RGRK-Pikart § 996 Rn. 4; Palandt-Bassenge § 996 Rn. 2.
[105] Zur Frage der aufgedrängten Bereicherung vgl. oben § 11 II 5 a aa.
[106] Vgl. etwa M. Wolf Rn. 619 f.; Erman-Ebbing § 996 Rn. 6; Palandt-Bassenge § 951 Rn. 21.

bb) Wenn man also die Wertsteigerung durch nützliche Verwendungen nach den Verhältnissen des Eigentümers berechnen muß, so darf man umgekehrt den Besitzer nicht der Willkür oder gar Schikane des Eigentümers ausliefern. Die Interessen beider Parteien sind gegeneinander abzuwägen, wobei die Höhe der drohenden Schäden eine Rolle spielen muß. In den Grenzen des Zumutbaren muß der Eigentümer die geschaffene Wertsteigerung verwerten; eine solche Verwertung kann auch durch den Verkauf der Sache geschehen, wozu der Eigentümer aber keineswegs generell verpflichtet ist.

c) Andere als notwendige und wertsteigernde (nützliche) Verwendungen muß der Eigentümer dem Besitzer nicht ersetzen, §§ 994, 996. Für Luxusverwendungen erhält der Besitzer keinen Ersatz[107].

4. Ansprüche des bösgläubigen oder verklagten Besitzers

Bösgläubige oder verklagte Besitzer erhalten für andere als notwendige Verwendungen keinen Ersatz; allenfalls steht ihnen deswegen das Wegnahmerecht des § 997 zu. Für notwendige Verwendungen erhalten sie gemäß § 994 II Ersatz im Rahmen der Geschäftsführung ohne Auftrag; ein Fremdgeschäftsführungswille des Verwendenden ist nicht erforderlich. Voraussetzung für den Anspruch aus §§ 683, 670 ist, daß die Verwendung dem Interesse und dem wirklichen oder mutmaßlichen Willen des Eigentümers entspricht. Das wird selten der Fall sein, denn regelmäßig wird der Eigentümer den Willen haben, daß der Besitzer ihm die Sache zurückgibt, nicht daß er Verwendungen darauf macht[108]. Liegen die Voraussetzungen der §§ 683; 684, 2; 679 nicht vor, so hat der Besitzer gemäß §§ 684, 1; 812 lediglich einen Anspruch auf Herausgabe der Bereicherung.

5. Konkurrenzen

Die §§ 994 ff. regeln die Frage des Verwendungsersatzes abschließend und lassen eine Anwendung des Bereicherungsrechts (§§ 812, 951) nicht zu[109]. Die Formulierung des Gesetzes in § 996 „... kann der Besitzer Ersatz nur insoweit erlangen ..." ist eindeutig, ebenso der Wille des Gesetzgebers. Die Ansicht der ersten Kommission, wonach jede Verwendung nach Bereicherungsrecht auszugleichen war, ist abgelehnt worden[110]. Dennoch wird auch heute die Ansicht vertreten, daß neben den §§ 994, 996 auch Bereicherungsrecht wegen der Verwendungen anwendbar sei, daß z.B. ein bösgläubiger Besitzer, der Ersatz für wertsteigernde Verwendungen nicht nach § 996 verlangen könne, einen Bereicherungsanspruch nach § 812 habe[111]. Das ist ein unbestreitbarer Verstoß gegen das Gesetz, dessen Ent-

---

[107] Anders der Scheinerbe nach § 2022.
[108] Vgl. mein Handbuch des Sachenrechts I § 12 V 5 a.
[109] Vgl. etwa RG 163, 352; BGH 41, 157 ff.; BGH JZ 1996, 366; Baur-Stürner § 11 Rn. 54; Heck § 70, 5; Westermann-Gursky § 33 III 2; Schwab-Prütting Rn. 567.
[110] Vgl. Protokolle der zweiten Kommission 3986 ff., Mugdan 3, 680 f.
[111] Vgl. etwa MünchenerK-Medicus § 996 Rn. 11; Jakobs, AcP 167, 370; Reeb, JuS 1973, 627 f.; Canaris, JZ 1996, 344 ff.; Verse, Dirk, Verwendungen im Eigentümer-Besitzer-Verhältnis, 1999; ferner die bei Gursky, 20 Probleme EBV, Problem 17 IV Genannten.

scheidung auch keineswegs zu untragbaren Härten führt. Daß ein bösgläubiger oder verklagter Besitzer für wertsteigernde Verwendungen keinen Ersatz bekommt, erscheint auch nicht unangemessen.

6. Gläubiger und Schuldner des Anspruchs

a) Die Rechte wegen vorgenommener Verwendungen stehen dem verwendenden Besitzer zu; sie gehen auch auf seinen Rechtsnachfolger über, § 999 I. Unter Rechtsnachfolge ist sowohl eine Universalsukzession zu verstehen wie eine Einzelrechtsnachfolge im Wege der Veräußerung der Sache. Die Veräußerung muß gegenüber dem Eigentümer unwirksam sein[112]. Der Rechtsübergang tritt kraft Gesetzes mit der Vollendung des Veräußerungsgeschäfts (§§ 873, 929) ein, die Art oder Wirksamkeit des Grundgeschäfts (Kauf, Schenkung usw.) ist unerheblich. Keine Rechtsnachfolge i.S.v. § 999 I liegt vor, wenn es bei der Singularsukzession an einem Veräußerungsgeschäft fehlt. Die Übertragung allein der tatsächlichen Gewalt reicht nicht aus, ebensowenig das Überlassen der Sache an einen Besitzmittler. § 999 I ist dispositiver Natur[113], die Parteien können bei der Veräußerung seine Anwendung ausschließen, so daß der Vorbesitzer berechtigt bleibt, die Verwendungen geltend zu machen. § 999 I ist auch bei mehrfacher Veräußerung der Sache anwendbar.

Nach h.M. ist § 999 I dahin einzuschränken, daß der Besitzer die Verwendungen seiner Vorbesitzer nur in der Höhe geltend machen darf, die sein Erfüllungsinteresse gegenüber seinem Veräußerer nicht überschreitet[114]. Für eine solche Einengung des Gesetzes besteht jedoch keinerlei Grund[115]. Der verwendende Vorbesitzer hat sich durch die Veräußerung der Sache aller Vorteile aus ihr begeben. Ist der Wert der ersetzbaren Verwendungen höher als der jetzige Sachwert, so mag der Besitzer sehen, wie der Eigentümer sich verhält. Kann er ihn dazu bewegen, die Verwendungen zu ersetzen, so hat er ein gutes Geschäft gemacht, dessen Gewinn ihm zu gönnen ist. Eher aber wird der Eigentümer auf die Auslösung der Sache verzichten.

b) Das Recht, Ersatz wegen Verwendungen zu verlangen, richtet sich nicht nur gegen den Eigentümer zur Zeit der Verwendungen; es haftet vielmehr der jeweilige Eigentümer, § 999 II, damit der Besitzer bei einer Eigentumsübertragung seine reale Sicherheit nicht verliert. Die Entscheidung des Gesetzes ist jedoch problematisch; durch § 999 II ist zwar gesichert, daß der Besitzer durch eine Veräußerung der Sache seine reale Sicherheit nicht verliert. Das Recht auf Verwendungsersatz lastet aber wie ein dingliches Recht unerkennbar auf der Sache. Der Gesetzgeber selbst

---

[112] Andernfalls wird der neue Besitzer, d.h. Gläubiger des Verwendungsersatzanspruchs, gleichzeitig Eigentümer und Schuldner des Anspruchs, § 999 II. Das Recht erlischt durch Konfusion. Entschädigt der Veräußerer den Eigentümer, so steht ihm der Anspruch wegen der Verwendungen zu, vgl. Wieling-Finkenauer Fall 12 vor Fn. 3.

[113] Vgl. Motive 3, 416.

[114] Diese Ansicht geht zurück auf die Entscheidung OLG Freiburg JZ 1953, 404 f.; ihr folgen z.B. Wolff-Raiser § 86 III Fn. 14; Soergel-Mühl § 999 Rn. 3; RGRK-Pikart § 999 Rn. 5.

[115] So auch z.B. E. Wolf, Zum Rücktritt des Käufers einer gestohlenen Sache, NJW 1954, 709 Fn. 30; M. Wolf Rn. 284; Gursky, Zur sogenannten „Randberichtigung" des § 999 I, AcP 171, 82 ff. und Staudinger-Gursky § 999 Rn. 6; MünchenerK-Medicus § 999 Rn. 7 f.

hat auf die Bedenken hingewiesen, die gegen die Regelung bestehen[116]. Zudem ist zu beachten, daß der Übergang zwar dem Interesse des Besitzers entspricht, nicht aber der Interessenverteilung zwischen Veräußerer und Erwerber. Dem Erwerber kommen die Verwendungen nicht zugute, da sie bereits im Kaufpreis einkalkuliert sind; es wird daher regelmäßig zu einer Rechtsmängelhaftung des Veräußerers kommen. Alles spricht dafür, § 999 II eng auszulegen, so daß er nur insoweit eingreift, um dem Besitzer seine Sicherheit zu erhalten. § 999 II greift daher dann bei einem Eigentumsverlust nicht ein, wenn der Besitzer vorher auf seine Verwendungsersatzansprüche verzichtet hatte[117] oder wenn die Sache vorher an den Eigentümer gelangt war[118]. Auch wenn der Eigentümer die Sache veräußert und so deren Wert erlangt, sollte dies dem Wiedererlangen der Sache gemäß § 1001, 1 gleichgestellt werden, so daß für die Anwendung von § 999 II kein Raum bleibt[119].

7. Durchsetzung des Verwendungsersatzanspruchs

Das Gesetz gibt dem Besitzer zunächst keinen Zahlungsanspruch, sondern lediglich ein Zurückbehaltungsrecht, § 1000; ein Zahlungsanspruch ist bedingt durch eine Genehmigung des Eigentümers oder dadurch, daß der Eigentümer die Sache zurückerlangt, § 1001. Denn erst wenn der Eigentümer die Sache wieder erlangt hat, kommen ihm die Verwendungen zugute.

a) Auf das Zurückbehaltungsrecht aus § 1000 sind die §§ 273 III (Sicherheitsleistung) und 274 (Zug-um-Zug-Verurteilung) anwendbar. Es ist gemäß § 1000, 2 ausgeschlossen, wenn der Besitzer die Sache durch eine vorsätzliche unerlaubte Handlung erlangt hat. Das Zurückbehaltungsrecht wegen Verwendungen steht auch dem mittelbaren Besitzer zu.

b) Das Zurückbehaltungsrecht aus § 1000 gibt dem Besitzer kein Recht zum Besitz[120]. Andernfalls würde mit jeder ersatzfähigen Verwendung das Vindikationsverhältnis enden; ein bösgläubiger Besitzer aber kann nicht dadurch zum rechtmäßigen werden, daß er eine notwendige Verwendung vornimmt. Das Zurückbehaltungsrecht vernichtet daher den Anspruch aus § 985 nicht, sondern gibt nur eine Einrede mit der Folge der Verurteilung Zug um Zug, § 274.

Im Insolvenzverfahren ist der zurückbehaltungsberechtigte Besitzer einer beweglichen Sache zur Absonderung berechtigt, § 51 Nr. 2 InsO, aber nur in Höhe des aus der Verwendung noch vorhandenen Vorteils, selbst wenn sein Verwendungsersatzanspruch höher ist, etwa nach § 994 I 1. Er ist nicht verpflichtet, die Sache zur Verwertung gemäß § 166 I InsO an den Insolvenzverwalter herauszugeben; viel-

---

[116] Vgl. etwa Motive 3, 416; Protokolle der zweiten Kommission 4004, Mugdan 3, 685 f.

[117] H.M., vgl. etwa MünchenerK-Medicus § 999 Rn. 11; Staudinger-Gursky § 999 Rn. 11.

[118] Planck-Brodmann § 999 N. 2 b; Palandt-Bassenge § 999 Rn. 5; RGRK-Pikart § 999 Rn. 11; Staudinger-Gursky § 999 Rn. 12.

[119] Vgl. unten 7 c aa. Gurskys Kritik an dieser Ansicht in JZ 1997, 1161 verkennt die Bedenken, welche schon der Gesetzgeber gegen die Regelung des § 999 II hegte, sowie den Ausnahmecharakter dieser Norm und läßt die Interessen der Beteiligten unberücksichtigt.

[120] Vgl. oben I 3 a pr.; ferner Westermann-Gursky § 33 VI 1; Erman-Ebbing § 1000 Rn. 4; Staudinger-Gursky § 1000 Rn. 3.

mehr kann er selbst gemäß § 173 I InsO, § 1003 die Verwertung der Sache betreiben[121]. Da das Zurückbehaltungsrecht kein dingliches Recht ist, hat es keinen Rang; es geht allen dinglichen Rechten vor, da der Besitzer gegenüber allen die Herausgabe verweigern kann[122].

Auch an Grundstücken steht dem Besitzer wegen seiner Verwendungen ein Absonderungsrecht zu, vgl. § 49 InsO. Es wirkt aber nur gegen den Eigentümer, nicht gegen den Ersteigerer in der Zwangsvollstreckung, § 93 II ZVG, und nicht gegen Realgläubiger, vgl. § 10 ZVG, wo das Zurückbehaltungsrecht wegen Verwendungen nicht genannt ist.

c) Mit der Vornahme der ersatzfähigen Verwendung entsteht ein bedingter Ersatzanspruch, der vererblich und übertragbar ist. Die Verjährung kann aber erst mit dem Eintritt der Bedingung beginnen.

aa) Der Anspruch des Verwendenden wird gemäß § 1001, 1 unbedingt existent, wenn der Eigentümer die Sache wiedererlangt. Darunter ist regelmäßig der Erwerb des unmittelbaren Besitzes zu verstehen. Da mit dem Erwerb der Verwendungsanspruch entsteht, muß der Eigentümer die Sache selbst erlangen, um ihren Wert und den der Verwendungen sehen und entscheiden zu können, ob er die Sache erwerben und sich dem Anspruch aussetzen will oder ob er lieber auf die Sache verzichten will. Eine Herausgabe an einen Besitzmittler oder Besitzdiener reicht also nicht aus. Der Besitzerwerb i.S.d. § 1001, 1 ist kein Rechtsgeschäft und fordert keine Geschäftsfähigkeit[123].

Wenn der Eigentümer zwar nicht die Sache erlangt, ihr Substanzwert ihm aber zugute kommt, muß sinngemäß das gleiche gelten[124], etwa wenn er die Sache verkauft. Wird die Sache des Eigentümers in dessen Insolvenz oder in der Zwangsvollstreckung eines Gläubigers gegen den Eigentümer verwertet, so fließt der Wert der Sache in das Vermögen des Eigentümers, er haftet entsprechend § 1001, 1 auf Verwendungsersatz[125]. Das gleiche gilt, wenn ein Dritter wirksam die Sache an einen Gutgläubigen veräußert hat und der Eigentümer gemäß § 816 I 1 den Erlös erlangt.

bb) Das Wahlrecht des Eigentümers, die Sache zurückzunehmen und die Verwendungen zu zahlen oder auf die Sache zu verzichten, steht ihm auch dann noch zu, wenn er den Besitz der Sache wiedererlangt hat, er hat ein „Reuerecht": Der Eigentümer kann gemäß § 1001, 2 die Sache an den Verwendenden zurückgeben. Die Ausübung des Reuerechts ist nur möglich, wenn der Eigentümer die Verwendungen

---

[121] Palandt-Bassenge § 1000 Rn. 2.

[122] Jaeger-Lent, Konkursordnung I (8. Aufl. 1958) § 49 Rn. 50.

[123] Vgl. oben § 4 I 1 b cc.

[124] Vgl. Rümker, Dietrich, Das Tatbestandsmerkmal „ohne rechtlichen Grund" im Bereich der Eingriffskondiktion, 1972, S. 85; Wieling-Finkenauer Fall 12 Fn. 2; Wieling, LM BGB § 812 Nr. 247; Canaris, JZ 1996, 344, 345. Dagegen wendet sich zu Unrecht Staudinger-Gursky § 1001 Rn. 5; vgl. auch oben 6 b a.E. Gursky meint, wenn der Verwendende die Sache veräußere, so könne er gegen die Ansprüche des Eigentümers seine Verwendungen als Entreicherung oder Vorteilsausgleich geltend machen. Ob aber die Verwendungen überhaupt geltend gemacht werden können, ist zunächst zu begründen, und zwar damit, daß dem Eigentümer der Substanzwert zufließt, wenn der Verwendende ihm Schadensersatz leistet.

[125] Vgl. Planck-Brodmann § 1001 N. 1 a; Palandt-Bassenge § 1001 Rn. 2.

nicht genehmigt hat und wenn diese auch nicht gemäß § 1001, 3 als genehmigt gelten, weil der Eigentümer die unter Vorbehalt angebotene Sache angenommen hat. Die Rückgabe kann auch dann noch erfolgen, wenn der Besitzer den Verwendungsanspruch bereits eingeklagt hat.

Nimmt der Besitzer die Sache nicht zurück, so tritt eine Befreiung des Eigentümers erst ein, wenn er sich von der Sache trennt, d.h. wenn er sie unter Verzicht auf das Rücknahmerecht hinterlegt (§ 378) oder wenn er sie versteigern läßt, §§ 383 ff.

cc) Der Anspruch aus § 1001, 1 verjährt gemäß § 195 in drei Jahren. Hat aber der Eigentümer die Sache nicht irgendwie zurückerlangt, sondern ist sie ihm vom Besitzer herausgegeben worden, so läuft die Ausschlußfrist (nicht Verjährung!) des § 1002: ein Monat bzw. sechs Monate bei Grundstücken. Der Ausschluß nach § 1002 greift aber nicht ein, wenn der Eigentümer vorher die Verwendung genehmigt oder wenn die Rückgabe unter dem Vorbehalt des Verwendungsersatzanspruchs (§ 1001, 3) erfolgte. Der Eigentümer, der aufgrund der vorbehaltslosen Übergabe von seiner Pflicht zum Verwendungsersatz möglicherweise nichts weiß, soll von dieser Pflicht bald befreit werden.

dd) Wenn sich der Besitzer bei der Übergabe seine Rechte auf Verwendungsersatz vorbehält und der Eigentümer die Sache annimmt, gelten die Verwendungen gemäß § 1001, 3 als genehmigt, d.h. der Besitzer hat einen unbedingten Verwendungsersatzanspruch, von welchem der Eigentümer sich nicht mehr durch Rückgabe befreien kann. Der Vorbehalt bedeutet nicht, daß der Besitzer eine bestimmte Summe genau angeben muß[126]. Da der Eigentümer aber eine Grundlage für seine Entscheidung haben muß, ob er die Sache annehmen will, muß der Besitzer ihm die vorgenommenen Verwendungen nennen. Die Annahme der unter Vorbehalt angebotenen Sache gilt als Genehmigung der angezeigten Verwendungen[127]. Es handelt sich um ein konkludentes rechtsgeschäftliches Verhalten, dessen Bedeutung unwiderleglich vermutet wird.

ee) Gemäß § 1001, 1 läßt auch eine Genehmigung einen unbedingten Verwendungsersatzanspruch entstehen. Genehmigung bedeutet Einverständniserklärung mit einer Verwendung; es ist möglich, daß der Eigentümer bestimmte Verwendungen genehmigt, andere nicht. Voraussetzung für eine Genehmigung ist, daß der Eigentümer von der Verwendung weiß; nicht erforderlich ist es, daß der Besitzer ihm einen bestimmten Betrag genannt hat. Denn genehmigt wird gemäß § 1001, 1 die Verwendung, nicht ein bestimmter Betrag des Verwendungsersatzanspruchs.

Die Genehmigung nach § 1001, 1 ist eine einseitige, empfangsbedürftige Willenserklärung, die auch konkludent abgegeben werden kann.

ff) Das Zurückbehaltungsrecht des § 1000 schließt gemäß § 1003 ein Verwertungsrecht ein; es entsteht, wenn der Besitzer keinen endgültigen Zahlungsanspruch erlangt, weil der Eigentümer die Verwendung nicht genehmigt und auch die Genehmigungsvermutung des § 1001, 3 nicht eingreift.

---

[126] Vgl. Planck-Brodmann § 1001 N. 3 a; Staudinger-Gursky § 1001 Rn. 23. Gibt der Besitzer einen Betrag an, so gilt dasselbe wie bei der ausdrücklichen Genehmigung, vgl. unten ee.

[127] Andere, nicht geltend gemachte Verwendungen gelten nicht als genehmigt, vgl. Planck-Brodmann § 1001 N. 3 a.

Damit das Verwertungsrecht zur Entstehung gelangt, muß der Besitzer dem Eigentümer den geforderten Betrag mitteilen und ihn auffordern, sich innerhalb einer angemessenen Frist zu erklären, ob er die Verwendungen genehmige, § 1003 I 1. Genehmigt der Eigentümer in der gesetzten Frist die Verwendungen, so erhält der Besitzer einen endgültigen Verwendungsanspruch, § 1001, 1; ein Verwertungsrecht entsteht nicht, § 1003 II (2), ein bestehendes Zurückbehaltungsrecht bleibt erhalten. Bestreitet der Eigentümer den Verwendungsanspruch dem Grund oder der Höhe nach, sei es von vornherein oder vor Ablauf der Frist, so muß der Besitzer auf Feststellung des Anspruchs klagen, wenn er das Verfahren weiterbetreiben will, § 1003 II. Ist das Feststellungsurteil rechtskräftig, muß der Besitzer dem Eigentümer erneut eine angemessene Frist zur Erklärung setzen, ob er die Verwendungen genehmige.

Ist die Frist des § 1003 I 1 ohne Genehmigung oder Bestreiten verstrichen, so gilt der Verwendungsanspruch als festgestellt; der Besitzer hat ein Verwertungsrecht. Das Verwertungsrecht ist mit dem Zurückbehaltungsrecht weder identisch noch ist es ein Teil des Zurückbehaltungsrechts. Das Verwertungsrecht steht auch einem Besitzer zu, der kein Zurückbehaltungsrecht hat. Das Verwertungsrecht ist kein dingliches Recht[128], es gibt dem Inhaber keinen Herausgabeanspruch und steht – wenn die Voraussetzungen des § 1003 vorliegen – dem jeweiligen Inhaber des bedingten Verwendungsanspruchs zu.

Die Verwertung geschieht bei Mobilien gemäß § 1003 I 2 nach den Regeln über den Pfandverkauf, also nach den §§ 1233 – 1247[129]. Da das Verwertungsrecht kein dingliches Recht ist, hat es keinen Rang; alle dinglichen Rechte – auch später entstandene – gehen ihm vor[130]. Im Insolvenzverfahren gibt das Verwertungsrecht kein Absonderungsrecht, § 51 Nr. 2 InsO behandelt nur das Zurückbehaltungsrecht. Bei Grundstücken erfolgt die Verwertung durch Zwangsversteigerung oder Zwangsverwaltung. Erforderlich ist ein vollstreckbarer Titel auf Duldung der Zwangsvollstreckung, § 16 I ZVG. Das Verwertungsrecht ist kein Recht i.S.v. § 9 ZVG, es fällt unter § 10 I Nr. 5 ZVG und geht daher allen dinglichen Rechten nach, auch wenn sie später entstanden sind[131].

8. Wegnahme- und Aneignungsrecht

Fügt der unrechtmäßige Besitzer einer fremden Sache dieser eine eigene derart zu, daß sie wesentlicher Bestandteil wird, so verliert er sein Eigentum; es geht im Eigentum an der Gesamtsache auf, an deren wesentlichen Bestandteilen keine besonderen Rechte bestehen können, §§ 93, 946, 947. Ob der Besitzer dafür eine Geldentschädigung im Wege des Verwendungsersatzes bekommt, richtet sich nach

---

[128] RG 71, 426 ff.; MünchenerK-Medicus § 1003 Rn. 15; Soergel-Mühl § 1003 Rn. 2; RGRK-Pikart § 1003 Rn. 4.
[129] Vgl. unten § 15 V 4.
[130] Erman-Ebbing § 1003 Rn. 11.
[131] RG 71, 426 ff.

den §§ 994, 996; auf jeden Fall hat er ein Wegnahme- und Aneignungsrecht nach § 997 I.

a) Voraussetzung des § 997 ist zunächst, daß der Besitzer der Hauptsache kein Recht zum Besitz hat. Ist er zum Besitz berechtigt, so kommt nicht § 997 in Betracht, eventuell aber ein besonderes Wegnahmerecht aus dem Rechtsverhältnis zum Eigentümer. Voraussetzung ist ferner, daß die §§ 994 ff. anwendbar sind. Das Wegnahme- und Aneignungsrecht des § 997 hat der Besitzer aber nur dann, wenn er mit der Hauptsache eine eigene, ihm gehörende Sache verbunden hat. Das Aneignungsrecht entsteht anstelle des verlorenen Eigentums, es gewährt dem früheren Eigentümer die Möglichkeit, sich das verlorene Recht wieder zu verschaffen. War der Besitzer nicht Eigentümer der zugefügten Sache, so erwirbt er weder ein Aneignungs- noch ein Wegnahmerecht[132]. Vielmehr steht dem wirklichen Eigentümer ein Wegnahme- und Aneignungsrecht nach § 951 II 2 zu. Das Recht aus § 997 steht dem bösgläubigen wie dem gutgläubigen Besitzer zu.

b) Das Wegnahmerecht ist ein Bestandteil des Aneignungsrechts, es folgt aus diesem. Das Wegnahmerecht gibt dem Besitzer das Recht, den zugefügten Bestandteil abzutrennen, ohne daß darin eine Verletzung des fremden Eigentums läge. Ist der Berechtigte nicht mehr im Besitz der Sache, so gibt ihm das Wegnahmerecht einen Anspruch gegen den Besitzer und gegen den Eigentümer (sowie sonstige Berechtigte), die Abtrennung zu dulden. Gemäß §§ 997 I 2, 258, 1 muß er die Sache auf eigene Kosten in den vorigen Stand versetzen, der Eigentümer kann gemäß § 258, 2 die Gestattung der Wegnahme verweigern, bis der Berechtigte für eventuelle Beschädigungen Sicherheit geleistet hat. Das Aneignungsrecht bewirkt, daß der Berechtigte mit Besitzerwerb das Eigentum an der Sache erlangt. Die Aneignung ist kein Rechtsgeschäft, sie fordert keine Geschäftsfähigkeit.

Das Aneignungsrecht ist ein dingliches Recht[133], es ist nach den §§ 929 ff. übertragbar. Durch gutgläubig lastenfreien Erwerb nach §§ 936, 892 kann es erlöschen. Geschützt ist das Aneignungsrecht in gleicher Weise wie das Eigentum; nur solange die Verbindung besteht, ist § 985 ausgeschlossen, der durch das Wegnahmerecht ersetzt wird.

c) Wegnahme und Aneignung sind gemäß § 997 II ausgeschlossen, wenn ein gutgläubiger, unverklagter Besitzer Verbindungen vorgenommen hat, die gewöhnliche Erhaltungskosten darstellen. Er kann dafür nach § 994 I 2 keinen Ersatz verlangen und die Sachen auch nicht wegnehmen; er kann statt dessen die Nutzungen behalten. Die Wegnahme ist weiter ausgeschlossen, wenn sie für den Besitzer keinen Nutzen hat; ferner wenn der Eigentümer oder ein sonst dinglich Berechtigter dem Besitzer den Wert ersetzt, den der abgetrennte Bestandteil für ihn haben würde.

---

[132] Vgl. Wieling, JZ 1985, 518 Fn. 88, 90.
[133] Vgl. dazu oben § 11 II 5 c; ferner Wieling, JZ 1985, 515 ff.

VI. Verfolgungsanspruch

§ 1005 gibt dem Eigentümer einer Sache, die sich auf einem fremden Grundstück befindet, gegen dessen Besitzer einen Anspruch auf Gestattung des Aufsuchens und Wegschaffens, indem er auf § 867 verweist. Die Anspruchsvoraussetzungen sind also aus § 867 zu entnehmen, nur steht der Anspruch nicht als possessorischer dem Besitzer der Sache zu, sondern als petitorischer deren Eigentümer. Er steht ferner jedem zu, der ein sonstiges dingliches Recht zum Besitz an der Sache hat. Im übrigen ist auf § 867 zu verweisen[134].

VII. Deliktischer Eigentumsschutz

Das Eigentum ist als absolutes Recht – wie alle dinglichen Rechte – nach § 823 I gegen deliktische Eingriffe geschützt. Ein Eingriff in das Eigentum kann erfolgen durch eine Beeinträchtigung des Rechts selbst oder durch eine Beeinträchtigung der Sache. Das Eigentum selbst etwa wird beeinträchtigt durch eine unberechtigte Verfügung über eine fremde Sache, durch die schuldhaft rechtswidrige Pfändung einer Sache[135] oder durch das schuldhafte Erwirken eines Widerspruchs gegen ein in Wirklichkeit bestehendes Grundstücksrecht[136].

Eine Beeinträchtigung der Sache setzt eine Einwirkung auf diese selbst voraus, es genügt keineswegs allgemein eine Handlung, wodurch der Eigentümer gehindert wird, mit seiner Sache nach Belieben zu verfahren. Eine Eigentumsverletzung liegt etwa vor, wenn jemand die Sache beschädigt oder zerstört, aber auch, wenn er die Sache unbefugt dem Eigentümer vorenthält, etwa indem er sie in Besitz nimmt oder einschließt[137]. Die Dauer der Vorenthaltung spielt keine Rolle, auch eine kurzfristige Entziehung ist rechtswidrig.

Dagegen stellt es keine Eigentumsverletzung dar, wenn jemand den Eigentümer auf andere Art als durch eine Einwirkung auf die Sache selbst hindert, damit nach Belieben zu verfahren, etwa indem er den Eigentümer verletzt oder einschließt[138]. Liefert der Händler dem Fabrikanten nicht verabredungsgemäß das bestellte Öl, so daß dessen Maschinen stillstehen müssen, so liegt darin eine Vertragsverletzung, aber keineswegs eine Eigentumsverletzung[139].

---

[134] Vgl. oben § 5 IV 5; anwendbar ist nicht nur § 867, 1, sondern die Vorschrift insgesamt.
[135] BGH 67, 378 ff.; BGH WM 1965, 863 ff.
[136] BGH VersR 1977, 136.
[137] BGH 55, 153; 63, 206.
[138] BGH 63, 206.
[139] Vgl. Wieling-Finkenauer Fall 18 III 3 a aa.

VIII. Eigentumsvermutung

Gemäß § 1006 wird vermutet, daß der Besitzer Eigentümer sei; die Vermutung ist widerlegbar, § 292 ZPO, der Beweis des Gegenteils ist zulässig. Es handelt sich dabei nicht um eine Bestimmung des materiellen Rechts, sondern um eine prozessuale Vorschrift, die besagt, wer im Prozeß das Eigentum beweisen muß und wer den Nachteil tragen muß, wenn der Beweis nicht zu erbringen ist.

1. Vermutung

Nach § 1006 wird der Besitzer als Eigenbesitzer vermutet. Das gilt natürlich nur, wenn er sich auf sein Eigentum beruft; beruft er sich auf ein anderes dingliches Recht, so begründet der Besitz die Vermutung für dieses Recht. Wie die Behandlung abhanden gekommener Sachen sowie des Geldes und der Inhaberpapiere in § 1006 I 2 zeigt, folgt § 1006 der Regelung der §§ 929 ff., es wird Eigentumserwerb beim Besitzerwerb vermutet. § 1006 bezieht sich also nur auf Sachen, die nach den §§ 929 ff. übereignet werden können.

a) Zugunsten des aktuellen Besitzers wird gemäß § 1006 I 1 vermutet, daß er mit dem Besitzerwerb Eigentümer geworden sei[140]. Das setzt selbstverständlich voraus, daß der Besitzer Eigenbesitzer ist. Behauptet der Besitzer Eigenbesitz, so muß der Bestreitende das Gegenteil beweisen. Zugunsten des Besitzers wird ja gerade vermutet, daß er das behauptete dingliche Recht hat, also auch aufgrund dessen besitzt. Die Vermutung geht nicht allgemein dahin, daß der Besitzer jetzt Eigentümer sei, wann immer er das Eigentum erworben habe. § 1006 I 1 ließe sich vom Wortlaut her freilich so verstehen. Die Abstimmung der Vorschrift mit den §§ 929 ff. zeigt jedoch, daß es entscheidend auf den Zeitpunkt des Besitzerwerbs ankommt: Es wird vermutet, daß der Besitzer beim Besitzerwerb Eigentum erworben habe[141]. Eine Vermutung, daß der Besitzer irgendwann Eigentum erworben habe, könnte vom anderen Teil nicht widerlegt werden, eine solche Vermutung stünde auch in Konflikt mit der Fortdauervermutung des Eigentums für den bisherigen Eigentümer. Behauptet also der Besitzer, nicht beim Besitzerwerb Eigentum erworben zu haben, oder wird ihm das bewiesen, so entfällt die Vermutung des § 1006 I 1.

Besteht gemäß § 1006 I 1 die Vermutung, daß der Besitzer Eigentum erworben habe, so wird der Fortbestand des Eigentums aufgrund der allgemeinen Fortdauervermutung angenommen[142], und zwar auch dann, wenn der Besitzer den Besitz verloren hat. Sie tritt jedoch gegenüber der Eigentumsvermutung zugunsten des aktuellen Besitzers zurück.

b) Die Vermutung zugunsten des aktuellen Besitzers gilt nicht, wenn die Sache einem früheren Besitzer abhanden gekommen ist, jedoch gilt diese Ausnahme nur

---

[140] Die Tatsache des Besitzes muß beweisen, wer sich darauf beruft.

[141] So etwa Baur-Stürner § 10 Rn. 6; Soergel-Mühl § 1006 Rn. 3 und 10; Staudinger-Gursky § 1006 Rn. 7; MünchenerK-Medicus § 1006 Rn. 13; BGH 64, 396; BGH NJW 1984, 1456.

[142] Vgl. etwa Hedemann, Justus Wilhelm, Die Lehre von der Vermutung nach dem Recht des Deutschen Reiches (1903), 156 ff.

gegenüber dem, dem die Sache abhanden gekommen ist, § 1006 I 2. Der Besitzer kann sich also allen gegenüber auf § 1006 I 1 berufen, nur nicht gegenüber dem früheren Besitzer, dem die Sache abhanden gekommen ist. Hier zeigt sich die Abstimmung mit § 935: Es genügt nicht, daß die Sache überhaupt abhanden gekommen ist, sie muß dem Berechtigten abhanden gekommen sein; ist das der Fall, so kann nur er sich darauf berufen.

c) Zugunsten eines früheren Besitzers wird vermutet, daß auch er mit dem Besitz Eigentum erworben habe, § 1006 II. Die Formulierung „während der Dauer seines Besitzes" schließt keineswegs die Fortdauervermutung aus, die auch dann besteht, wenn der Besitzer den Besitz verloren hat. Das Gesetz will mit dieser Formulierung nur sagen, daß die Vermutung für den Besitzerwerb des aktuellen Besitzers die Fortdauervermutung zugunsten des früheren Besitzers ausschließt. Ist aber die Vermutung zugunsten des aktuellen Besitzers widerlegt, so greift die Vermutung zugunsten des früheren Besitzers ein[143].

d) Die Vermutung des § 1006 I, II spricht für jeden Eigenbesitzer, auch wenn es sich um einen mittelbaren Besitzer handelt, § 1006 III. Auch im Verhältnis zum Besitzmittler spricht die Vermutung für den mittelbaren Besitzer, denn nur er kann Eigenbesitzer sein. Bei mehrstufigem mittelbarem Besitz kann nur der höchststufige Besitzer Eigenbesitzer sein. Besteht Eigenbesitz mehrerer Mitbesitzer, so wird für jeden ein Miteigentumsanteil vermutet; über die Höhe der Quoten besagt der Mitbesitz nichts[144]. Ist die Quotenhöhe nicht nachweisbar, so ist gemäß § 742 von gleichen Quoten anzugehen[145]; beweist ein Mitbesitzer, daß die anderen nicht Eigentümer sind, so spricht die Vermutung für sein Alleineigentum[146].

e) Der Besitz streitet nicht nur für das Eigentum, sondern für jedes dingliche Recht, das der Besitzer für sich in Anspruch nimmt, z.B. für eine Anwartschaft; für das Pfandrecht und den Nießbrauch ergibt sich das aus §§ 1065, 1227[147]. Zu den verdinglichten Rechten vgl. unten § 13.

2. Widerlegung

In § 1006 wird keine Tatsache vermutet, sondern ein Recht, das Eigentum. Um sie zu widerlegen, reicht es nicht, wenn der Bestand einer Tatsache widerlegt wird, vielmehr muß die Nichtexistenz des Rechts bewiesen werden. Das bedeutet, daß der Gegner nachweisen muß, daß der Besitzer beim Besitzerwerb auf keine nur denkbare Art das Eigentum erworben hat. Ein solcher Nachweis ist schwierig, man darf ihn nicht zur Unmöglichkeit werden lassen, indem man eine Behauptungslast des

[143] Vgl. Protokolle der 2. Kommission 4053 (Mugdan 3, 520).
[144] Palandt-Bassenge § 1006 Rn. 1; RGRK-Pikart § 1006 Rn. 10; Staudinger-Gursky § 1006 Rn. 12; MünchenerK-Medicus § 1006 Rn. 12.
[145] Nach BGH NJW 1997, 1434 ist die Vermutung in § 742 aber nur „schwach ausgeprägt".
[146] Wolff-Raiser § 22 I; RGRK-Pikart § 1006 Rn. 10.
[147] Zugunsten des Pfandbesitzers wird das Bestehen des Pfandrechts, also auch das Bestehen der gesicherten Forderung vermutet, anders zu Unrecht Wolff-Raiser § 22 Fn. 2; Staudinger-Gursky § 1006 Rn. 21. Auf diese Vermutung kann sich der Besitzer natürlich nur berufen, wenn er das Pfandrecht geltend macht, nicht wenn er die Forderung geltend macht.

Besitzers verneint[148]. In diesem Fall müßte der andere alle nur denkbaren Erwerbsgründe widerlegen, was aussichtslos wäre[149]. Richtig ist es daher, dem Besitzer die
Behauptungslast für seinen Eigentumserwerb aufzuerlegen, andernfalls die Vermutung des § 1006 nicht eingreift[150]. Der Besitzer muß also darlegen, wie er das Eigentum beim Besitzerwerb erworben hat, er kann auch mehrere, selbst sich widersprechende Gründe angeben.

Da § 1006 die Beweislast dem Gegner des Besitzenden auferlegt, genügt es
nicht, wenn dieser Tatsachen beweist, die den Eigentumserwerb des Besitzers unwahrscheinlich erscheinen lassen; er muß Tatsachen beweisen, die den Erwerb ausschließen[151]. Ob dieser Beweis des Gegenteils geführt ist, hat das Gericht im Rahmen der freien Beweiswürdigung gemäß § 286 ZPO zu entscheiden.

IX. Schutz des Ersitzungsbesitzes

1. Entstehung des § 1007

Das Eigentum war im römischen Recht ursprünglich ein relatives Recht, es
konnte mehreren Personen zustehen. Relativer Eigentümer war etwa der gutgläubige Käufer, der von einem Nichtberechtigten erwarb; der absolute Eigentümer verlor dadurch sein Recht nicht, aber auch der relative Eigentümer war geschützt gegen
jedermann, nur nicht gegenüber dem besserberechtigten absoluten Eigentümer.
Durch Ersitzung erstarkte das relative Eigentum zum absoluten, relatives Eigentum
war also immer Ersitzungsbesitz. Verlor etwa der relative Eigentümer die Sache
oder wurde sie ihm entwendet, so hatte er gegen den Besitzer die Eigentumsklage
(*rei vindicatio*). Mit der Einführung des ausschließlichen absoluten Eigentums im
2. Jh. v. Chr. in Rom verloren die bisherigen relativen Eigentümer (Ersitzungsbesitzer) ihren Eigentumsschutz, die *rei vindicatio* stand nur noch dem absoluten Eigentümer zu. Als Ersatz wurde den Ersitzungsbesitzern die *actio Publiciana* gewährt,
eine der *rei vindicatio* nachgebildete *actio in rem*, bei welcher der Ablauf der Ersitzungsfrist, d.h. der Eigentumserwerb des Klägers fingiert wurde[152]. Sie konnte gegen jeden Besitzer geltend gemacht werden, nur nicht gegen den Eigentümer; dieser
konnte sich mit der *exceptio iusti dominii* schützen.

Die *actio Publiciana* war im gemeinen Recht anerkannt, die erste Kommission
übernahm sie in § 945 E 1. Auch die zweite Kommission übernahm die *actio Publiciana*, gab sie allerdings nach dem Vorbild des preußischen Rechts auch den Fremdbesitzern. Diese Erweiterung des Schutzes auch für Fremdbesitzer ist in § 13 zu behandeln, hier interessiert nur der auch von der zweiten Kommission anerkannte

---

[148] So aber etwa Palandt-Bassenge § 1006 Rn. 7; RGRK-Pikart § 1006 Rn. 17; BGH NJW
1960, 1518.
[149] Vgl. Baumgärtel-Wittmann, JR 1978, 21.
[150] So zu Recht AlternK-Kohl § 1006 Rn. 13; Staudinger-Gursky § 1006 Rn. 42 ff.
[151] BGH NJW 1961, 779; Westermann-Gursky § 34 I.
[152] Ihren Namen hat sie daher, daß ein Praetor Publicius sie im 1. Jh. v. Chr. geschaffen hat.

Schutz des relativen Eigentümers, des Ersitzungsbesitzers. Er rechtfertigt die systematische Stellung des § 1007 im Titel „Ansprüche aus dem Eigentum".

2. Anspruchsgrund und Aufbau des § 1007

a) Entgegen einer verbreiteten Behauptung[153] gibt § 1007 keinen Anspruch aus Besitz, er begründet keineswegs einen possessorischen Anspruch aus einer Besitzverletzung[154]. Er gibt auch keinen Anspruch, der zwischen einem possessorischen und einem petitorischen Anspruch aus einer Rechtsverletzung läge[155]; zwischen beidem liegt nichts. § 1007 schützt den Ersitzungsbesitz, der ein dem Eigentum ähnliches Recht ist. Daher betonte schon der römische Jurist Ulpian im 3. Jahrhundert: „Die publizianische Klage folgt dem Vorbild des Eigentums, nicht dem des Besitzes"[156]. Und sie folgt nicht nur dem Vorbild der *rei vindicatio*, sie ist auch in ganz ähnlicher Weise geregelt: „Für die Publizianische Klage gelten alle Regeln in der Weise, wie wir dies auch für die Vindikation ausgeführt haben"[157]. Das Eigentum ist das absolute, gegen alle wirksame Recht, der Ersitzungsbesitz ist das entsprechende relative Recht, das gegen alle wirkt, nur gegen den Eigentümer nicht. Daß der Ersitzungsbesitz ein dingliches Recht darstellt, ist auch in der neueren Jurisprudenz seit dem Mittelalter anerkannt. Das dingliche Recht zeichnet sich aus durch seinen umfassenden Schutz gegen Störungen, z.B. gegen die Vorenthaltung des Besitzes: Der Anspruch aus dem dinglichen Recht richtet sich gegen jeden, der störend in dieses Recht eingreift[158]. Einen solchen Schutz gibt § 1007 dem dinglichen Recht „Ersitzungsbesitz".

b) Die von der zweiten Kommission ohne lange Abwägungen aufgenommene Vorschrift des § 1007 ist sicherlich keine redaktionelle Meisterleistung; sie ist aber andererseits keineswegs unverständlich oder verwirrend, wie bisweilen behauptet wird. Sie weicht zwar in der Form völlig von den §§ 929 ff., 985 ff. ab, materiell aber stimmt sie mit diesen überein. Für das Eigentum ist in den §§ 929 ff. der Erwerb geregelt, in den §§ 985 ff. der Schutz. Für den Ersitzungsbesitz geht das Gesetz in § 1007 vom Rechtsschutz aus; indem es den Schutz gewährt oder versagt, regelt es konkludent den Erwerb und Verlust dieses Rechts. Trotz diesem formalen Unterschied zeigt § 1007 die Absicht des Gesetzgebers, den Ersitzungsbesitz in vergleichbarer Weise zu regeln wie das Eigentum.

c) In § 1007 geht der Gesetzgeber davon aus, daß der frühere Besitzer beim Erwerb der Sache wenn schon kein Eigentum, so doch zumindest den Ersitzungsbesitz erworben hat; sein guter Glaube wird wie in § 932 vermutet,[159] vgl. §1007 III 1. Ge-

---

[153] Vgl. etwa Wolff-Raiser § 23 pr.; Eichler II 1, 236; Heck § 34, 2; Schwab-Prütting Rn. 587.
[154] Vgl. dazu oben § 5.
[155] Eine solche eigenartige Standortbestimmung findet sich zunächst bei Miethke, Paul, Wesen und Umfang der Klage des § 1007 des Bürgerlichen Gesetzbuchs für das Deutsche Reich, Diss. Erlangen 1900, S. 32, und bei Endemann, F., Lehrbuch des Bürgerlichen Rechts II (3.–5. Auflage 1900), § 46, 1; heute etwa bei Westermann-Gursky § 35 I 1.
[156] D 6, 2, 7, 6: Publiciana ad instar proprietatis, non ad instar possessionis respicit.
[157] D 6, 2, 7, 8: In Publiciana actione omnia eadem erunt, quae et in rei vindicatione diximus.
[158] Vgl. oben § 1 II 2.
[159] Vgl. oben § 10 II 3 b.

langt die Sache an einen Dritten und wird sie von diesem veräußert, so kann der Erwerber Eigentum erwerben, wenn er gutgläubig war und die Sache nicht abhanden gekommen war; damit endet das Recht (Eigentum, Ersitzungsbesitz) des früheren Berechtigten, ein Herausgabenspruch aus § 985 oder aus § 1007 kann ihm nicht mehr zustehen. War der Erwerber aber beim Erwerb der Sache von dem Dritten bösgläubig, so kann er kein Recht an der Sache erwerben; der frühere Berechtigte kann von ihm die Herausgabe gemäß § 985 bzw. § 1007 I verlangen. Dasselbe gilt im Ergebnis, wenn die Sache abhanden gekommen war: Der Erwerber kann auch in diesem Fall kein Eigentum erwerben; der früher Berechtigte hat gegen ihn den Herausgabeanspruch aus § 985 bzw. § 1007 II 1.[160]

3. Erwerb und Übertragung des Ersitzungsbesitzes

a) Der Ersitzungsbesitz als relatives Eigentum an beweglichen Sachen wird immer dann erworben, wenn jemand mittelbaren oder unmittelbaren Eigenbesitz an einer beweglichen Sache ergreift, vorausgesetzt er ist gutgläubig, § 1007 III 1 (1). Der gute Glaube wird vermutet, der Umfang des guten Glaubens richtet sich nach § 932 II, er muß wie in § 937 II[161] auf das erworbene eigene Eigentum gerichtet sein. Wie bei § 932 schadet eine nachträgliche Bösgläubigkeit nicht mehr, nachdem das Recht gutgläubig erworben ist; entscheidend ist der Zeitpunkt des Besitzerwerbs.

Aufgrund welchen Erwerbstatbestands der Besitzer Eigentum zu erwerben glaubte, spielt keine Rolle. Denkbar ist z.B. die Aneignung (§ 958) einer Sache, die der Erwerber irrig für herrenlos hielt; häufiger wird ein Erwerb entsprechend den §§ 929 ff. vorliegen. Der Grund, aus welchem der Erwerb des Eigentums scheiterte, spielt keine Rolle, wenn der Erwerber nur gutgläubig ist. Möglich ist etwa, daß es sich um eine abhanden gekommene Sache handelt oder daß die dingliche Einigung unwirksam war, etwa weil der Veräußerer geschäftsunfähig war.

b) Das einmal entstandene Recht des Ersitzungsbesitzes ist entsprechend den §§ 929 ff. übertragbar. Ob eine Übertragung des Eigentums in eine Übertragung des Ersitzungsbesitzes umgedeutet werden kann, ist durch Auslegung des hypothetischen Willens der Parteien zu ermitteln, § 140.

4. Verlust des Ersitzungsbesitzes

a) Das dingliche Recht des Ersitzungsbesitzes geht unter, wenn der Eigentümer in den Eigenbesitz der Sache gelangt. Das Recht geht gemäß § 1007 III 1 (2) ferner dann unter, wenn der Besitzer den Besitz aufgibt. Darunter ist eine Besitzaufgabe unter gleichzeitiger Aufgabe des Rechts zu verstehen[162], sei es daß der Berechtigte

---

[160] Wie § 985 gibt also auch § 1007 beim Ausschluß des gutgläubigen Erwerbs wegen Bösgläubigkeit oder Abhandenkommens nicht etwa zwei verschiedene Ansprüche, sondern nur einen, d.h. der Anspruch aus § 1007 I ist identisch mit dem aus §1007 II.

[161] Vgl. oben § 11 I 2 b.

[162] Vgl. Protokolle der 2. Kommission 4055 (Mugdan 3, 699); Planck-Brodmann § 1007 N. 3 b α; P. Koch 153.

die Sache veräußert oder daß er sie derelinquiert. Dagegen bleibt der Eigenbesitz bestehen, wenn der Inhaber bösgläubig wird; eine Ersitzung ist dann freilich nicht mehr möglich. Man kann sich die rechtliche Situation so vorstellen, als habe der Erwerber das Recht „Ersitzungsbesitz" gutgläubig erworben, eine spätere Bösgläubigkeit ändert daran nichts mehr, wie etwa auch beim gutgläubigen Erwerb des Eigentums.

b) Der Ersitzungsbesitz geht ferner unter durch gutgläubig lastenfreien Erwerb des Eigentums, §§ 936, 945. Ein solch gutgläubig lastenfreier Erwerb ist aber ausgeschlossen, wenn der Erwerber bösgläubig ist i.S.v. §§ 932, 936, vgl. § 1007 I; er ist ferner ausgeschlossen, wenn die Sache dem Eigentümer oder dem Ersitzungsbesitzer abhanden gekommen ist, § 1007 II.

5. Rechtsstellung des Ersitzungsbesitzers

Der Ersitzungsbesitzer hat ein relatives Eigentum, d.h. Dritten gegenüber ist er Eigentümer. Daraus folgt, daß er vollen Schadensersatz verlangen kann, wenn ein Dritter die Sache beschädigt oder vernichtet, § 823. An gezogenen Früchten erwirbt er Eigentum, wenn er gutgläubig ist, § 955.

6. Schutz des Ersitzungsbesitzes

a) Dem Ersitzungsbesitzer steht der Herausgabeanspruch aus § 1007 zu, wenn die Sache an einen anderen gelangt. Der Anspruch richtet sich gegen den jeweiligen mittelbaren oder unmittelbaren Besitzer. Der Anspruch ist – wie der aus § 985 – gemäß §§ 1007 III 2, 986 ausgeschlossen, wenn der Besitzer gegenüber dem Ersitzungsbesitzer ein Recht zum Besitz hat, wenn dieser ihm die Sache etwa vermietet hat.

b) Der Anspruch des Ersitzungsbesitzers geht auf Herausgabe der Sache. In § 1007 III 2 sind die §§ 987–1003 für entsprechend anwendbar erklärt, zwischen Ersitzungsbesitzer und Besitzer entsteht daher ein gesetzliches Schuldverhältnis wie zwischen Eigentümer und Besitzer. Nach Maßgabe der §§ 987–993 kann also der Ersitzungsbesitzer vom Besitzer Herausgabe der Nutzungen verlangen. Ob der Ersitzungsbesitzer die Nutzungen im Verhältnis zum Besserberechtigten behalten darf, entscheidet sich nach den §§ 987 ff. Hat der Besitzer die Sache beschädigt oder zerstört, so haftet er dem Ersitzungsbesitzer nach den §§ 989–993; zu ersetzen ist der volle Wert, da der Ersitzungsbesitzer gegenüber dem Besitzer die Rechtsstellung eines Eigentümers hat. Durch die Leistung an den Ersitzungsbesitzer wird der Besitzer auch gegenüber dem Eigentümer frei. Hat der Besitzer Verwendungen auf die Sache gemacht, so haftet der Ersitzungsbesitzer nach den §§ 994–1003. Weiß der Besitzer, daß der Ersitzungsbesitzer nicht Eigentümer ist, so kann er das Recht aus § 1003 nur dem Eigentümer gegenüber geltend machen, die Fristen sind ihm zu setzen.

Dem Ersitzungsbesitzer steht nicht nur der Herausgabeanspruch aus § 1007 zu, sein dingliches Recht ist vielmehr ebenso zu schützen wie das Eigentum, wovon auch der Gesetzgeber ausging. Auf den Ersitzungsbesitz sind daher auch die §§ 1004–1006 anzuwenden[163]. Ihre Nichterwähnung in § 1007 III 2 muß als Redaktionsversehen aufgefaßt werden.

c) § 1007 ist nur auf bewegliche Sachen anzuwenden, weil die Rechte an ihnen durch Erlangung des Besitzes begründet werden. Besitzerwerb und -verlust sowie Abhandenkommen sind die Voraussetzungen, an welche § 1007 anknüpft. Dagegen werden dingliche Rechte an Grundstücken durch die Eintragung ins Grundbuch begründet, der Besitzerwerb spielt keine Rolle. Wenn aber ausnahmsweise der Besitz für den Rechtserwerb eine Rolle spielt und keine andere Schutznorm vorhanden ist, wie beim Ersitzungsbesitz nach §§ 900, 927, ist § 1007 entsprechend anwendbar[164].

7. Konkurrenzen

Eine Konkurrenz des § 1007 ist insbesondere mit § 861 denkbar, wenn dem Ersitzungsbesitzer die Sache durch verbotene Eigenmacht entzogen wurde. Eine Konkurrenz mit § 985 ist nicht möglich. Kann der Kläger sich auf Eigentum stützen, so gibt sein Eigentum ihm eine einheitliche Herausgabeklage, die man mit § 985 oder § 1007 begründen kann. Ist der Eigentümer mit § 1007 abgewiesen, so kann er sein Eigentum nicht mehr aus § 985 verfolgen, die Rechtskraft des ersten Urteils läßt das nicht zu. Ist die Klage aus § 985 abgewiesen, so kann der Kläger § 1007 nur geltend machen, wenn er sich auf ein anderes Recht als Eigentum beruft. In gleicher Weise kann auch ein Anspruch aus § 1007 nicht mit dem Anspruch des Pfandgläubigers aus §§ 985, 1227 oder des Nießbrauchers aus §§ 985, 1065 konkurrieren.

---

[163] Schon die 1. Kommission bejaht die Anwendung des § 1004 auf den Ersitzungsbesitzer, vgl. Protokolle 4269 (Jakobs-Schubert, Sachenrecht I 858); ferner Motive 3, 432.
[164] Finkenauer 181 f.

Teil 5

Beschränkte dingliche Rechte an beweglichen Sachen

§ 13. Verdinglichte Rechte

I. Historische Grundlagen und Aufbau des § 1007

a) Im römischen und gemeinen Recht gab es an Mobilien neben dem Eigentum nur zwei dingliche Rechte: Pfandrecht und Nießbrauch. Anderen Fremdbesitzern wie Mietern oder Pächtern wurde kein dingliches Recht zuerkannt. Völlig verschieden davon war das germanisch-deutsche Rechtssystem: Es verdinglichte die Position eines jeden Besitzers einer beweglichen Sache, der ein Recht zum Besitz hat. Das preußische ALR übernahm weitgehend diese germanischen Prinzipien[1]: Jeder, der ein persönliches Recht zum Besitz hatte und aufgrund dessen den Besitz erlangte, erwarb ein dingliches Recht an der Sache[2]. Wer eine Sache gekauft hatte und den Besitz vom Verkäufer erwarb, wurde Eigentümer; wer eine Sache mietete und den Besitz vom Vermieter erhielt, wurde Inhaber eines dinglichen Mietrechts. Ein solcher Fremdbesitzer war gegenüber jedermann zum Besitz berechtigt und hatte daher den gleichen Rechtsschutz wie ein Eigentümer, ALR I 7 § 161. Man verstand die Klage als eine Erweiterung der *actio Publiciana*[3], aber auf dem deutschen Recht beruhend.

Der Fremdbesitzer konnte ein dingliches Recht nicht nur durch wirksames Rechtsgeschäft vom Berechtigten erwerben, sondern auch gutgläubig, sei es vom Nichtberechtigten oder – infolge unwirksamen Geschäfts – vom Berechtigten; daneben gab es den gutgläubig originären Erwerb[4].

b) Johow und der erste Entwurf des BGB stellten sich ganz auf den römischen Standpunkt, sie erkannten dem Fremdbesitzer kein dingliches Recht und keinen Schutz gegen Dritte zu[5]. Ein Bedürfnis für einen solchen Schutz wurde aber empfunden, daher gab Johow in § 203 TE mit Hinweis auf das deutsche Recht dem Fremdbesitzer die Möglichkeit, als Vertreter seines Oberbesitzers dessen Eigentum geltend zu machen[6]. Die zweite Kommission schließlich erkannte dieses Bedürfnis an, indem sie die preußische Regelung übernahm[7]. Sie gewährte in § 1007 dem

---

[1] Vgl. Förster-Eccius I § 23.

[2] Vgl. ALR I 2 § 135: „Wenn demjenigen, der ein persönliches Recht zu einer Sache hat, der Besitz derselben auf den Grund dieses Rechtes eingeräumt wird, so entsteht dadurch ein dingliches Recht auf die Sache".

[3] Vgl. oben § 12 IX 1.

[4] Vgl. ALR I 7 §§ 162 ff., 177, 178; Förster-Eccius III § 163; Dernburg PrR I § 249.

[5] Vgl. P. Koch 47 ff.

[6] Vgl. Johow, Begründung 972.

[7] Protokolle 4052 f. (Mugdan 3, 698 f.): „Für einen lediglich auf den Eigenbesitzer beschränkten publizianischen Anspruch … bestehe neben der im Vorstehenden behandelten Eigenthumsvermutung kein Bedürfnis mehr. … Der Anspruch solle auch dem Miether, Finder usw. zustehen. Er schließt sich im wesentlichen an das preuß. Recht an. Dieser verallgemeinerte Anspruch entspreche einem vorhandenen Bedürfnisse". Vgl. auch P. Koch 51 ff.

Fremdbesitzer einen Schutz gegen Dritte durch Zuerkennung eines dinglichen Rechts.

c) Daß der Anspruch des Fremdbesitzers aus § 1007 kein Anspruch aus Besitz ist, sondern ein Anspruch aus einem dinglichen Recht zum Besitz, gilt hier in gleicher Weise wie oben beim Eigenbesitz[8]. Durch § 1007 werden die Besitzrechte der Fremdbesitzer verdinglicht[9]; sie werden daher hier als *verdinglichte Rechte* bezeichnet.

d) § 1007 geht in Abs. 3 Satz 1 (1) zunächst davon aus, daß der frühere Besitzer ein verdinglichtes Recht erworben hatte, sei es vom Berechtigten, sei es gutgläubig vom Nichtberechtigten. Wer bösgläubig ist, kann kein Recht an der Sache erwerben und also auch keinen Anspruch haben. Absatz 1 und 2 regeln die Frage, ob der frühere Besitzer sein Recht durch gutgläubigen Erwerb des jetzigen Besitzers verloren hat[10], die Regelung entspricht der in den §§ 932, 935. Auch hier – wie beim Ersitzungsbesitz – ist die Regelung aus den §§ 929 ff., 985 ff. zu ergänzen.

II. Erwerb und Verlust des verdinglichten Rechts

a) Das verdinglichte Recht wird erworben durch Einigung und Übergabe, entsprechend §§ 929 ff.[11]; statt der Übergabe reichen auch die Übergabesurrogate. Zur Bestellung ist der Eigentümer berechtigt und wem sonst ein entsprechendes Recht an der Sache zusteht mitsamt der Berechtigung, die Sache an Dritte zu überlassen.

b) Vom Nichtberechtigten kann ein verdinglichtes Recht gutgläubig erworben werden, Voraussetzung sind eine wirksame dingliche Einigung und Übergabe oder ein Übergabesurrogat, §§ 932–934[12]. Gutgläubiger Erwerb setzt guten Glauben des Erwerbers voraus[13], aber auch, daß die Sache dem Berechtigten nicht abhanden gekommen ist.

Ein gutgläubiger Erwerb eines verdinglichten Rechts liegt etwa vor, wenn der Eigentümer E eine bewegliche Sache unwirksam an X veräußert und dieser sie an den gutgläubigen M vermietet. M hat ein auch gegen E wirksames Besitzrecht erworben, er kann der Vindikation des E dieses Recht gemäß § 986 I entgegenhalten. Käme dem M die Sache abhanden und gelangte sie zu E, so könnte M sie gemäß § 1007 II 1 herausverlangen. Der Ausschluß des Anspruchs gegen den Eigentümer in § 1007 II bezieht sich nur auf das Recht des Ersitzungsbesitzers. Dieses Recht ist relativ dinglich, d.h. es richtet sich gegen alle, nur nicht gegen den Eigentümer; dagegen richten sich die hier behandelten Rechte gegen alle,

---

[8] Vgl. § 12 IX 2 a.
[9] So jetzt wohl auch Wilhelm Rn. 350.
[10] Vgl. oben § 12 IX 2 b.
[11] Vgl. P. Koch 92 ff.; Canaris, FS Flume I (1978), 401.
[12] Vgl. P. Koch 127 ff.
[13] Der gute Glaube des Erwerbers muß sich auf die Berechtigung des Bestellers richten, das in Frage stehende Recht zu bestellen.

auch gegen den Eigentümer. Die Fassung des § 1007 II ist insoweit ein Redaktionsversehen[14].

c) Das verdinglichte Recht geht unter, wenn der Inhaber des Rechts den Besitz aufgibt, § 1007 III 1 (2). Darunter ist auch hier die Aufgabe des Rechts zu verstehen[15], die regelmäßig durch Besitzaufgabe erfolgt. Eine Rechtsaufgabe liegt insbesondere vor, wenn der Inhaber die Sache an den Besteller des Rechts zurückgibt, um das Rechtsverhältnis zu beenden. Das verdinglichte Recht kann ferner untergehen durch gutgläubig lastenfreien Eigentumserwerb, §§ 932, 936, 945[16].

III. Inhalt und Schutz des verdinglichten Rechts

a) Der Inhalt des verdinglichten Rechts richtet sich nach dem zugrundeliegenden Schuldverhältnis, dieses tritt an die Stelle des gesetzlichen Schuldverhältnisses, wie es sich beim Nießbrauch und Pfandrecht findet. Ist das Schuldverhältnis unwirksam, das verdinglichte Recht aber wirksam bestellt, so bestimmt sich sein Inhalt nach dem beabsichtigten Schuldverhältnis.

b) Hatte der frühere Besitzer ein verdinglichtes Recht an der Sache erworben und hat er dieses Recht nicht wieder verloren, so hat er den Anspruch aus § 1007[17]. Der Anspruch ist ausgeschlossen, wenn der Besitzer gegenüber dem Kläger ein Recht zum Besitz hat, §§ 1007 III 2, 986, wenn der Mieter etwa die Sache an ihn untervermietet hat.

c) Zwischen dem Besitzer und dem Inhaber des verdinglichten Rechts entsteht gemäß § 1007 III 2 ein gesetzliches Schuldverhältnis nach Maßgabe der §§ 987–1003. Nutzungen kann der Berechtigte im Rahmen der §§ 987–993 herausverlangen, aber nur, wenn und soweit ihm selbst ein Nutzungsrecht zusteht; so kann etwa ein Pächter gezogene Früchte herausverlangen, ein Mieter nicht. Wird die Sache beschädigt oder zerstört, so kann der Berechtigte gemäß §§ 989–993 Schadensersatz verlangen. Zu ersetzen ist das Interesse, das der Berechtigte aufgrund seines verdinglichten Rechts an der Sache hat. Wegen Verwendungen hat der Besitzer die Rechte aus §§ 994–1002, das Recht aus § 1003 kann nur dem Eigentümer gegenüber geltend gemacht werden.

Der Inhaber des verdinglichten Rechts ist nicht nur nach § 1007 geschützt, es gelten vielmehr auch die §§ 1004–1006[18]. So wie etwa zugunsten des Besitzers vermutet wird, daß er ein Pfandrecht habe, wenn er sich darauf beruft (§§ 1227, 1006), so wird ebenso zugunsten des Besitzers ein verdinglichtes Mietrecht vermutet, wenn er sich darauf beruft.

Im Insolvenzverfahren hat der Inhaber des verdinglichten Rechts ein Aussonderungsrecht, in der Zwangsvollstreckung die Klage aus § 771 ZPO.

---

[14] Vgl. mein Handbuch des Sachenrechts I § 13 II 6 Fn. 53.
[15] Vgl. oben § 12 IX 4 a.
[16] Vgl. oben § 12 IX 4 b.
[17] Vgl. dazu auch oben § 12 IX 6 a.
[18] Vgl. oben § 12 IX 6 b a.E.

§ 14. Nießbrauch

I. Nießbrauch an beweglichen Sachen

1. Begriff des Nießbrauchs

a) Der Nießbrauch ist das dingliche Recht, die Nutzungen der Sache zu ziehen, § 1030 I, also die Sache zu gebrauchen und Früchte zu ziehen, § 100. Der Nießbrauch umfaßt grundsätzlich alle Nutzungen, er kann nicht auf bestimmte Nutzungsarten eingeschränkt werden; wohl aber ist es möglich, bestimmte Nutzungen vom Nießbrauchsrecht mit dinglicher Wirkung auszunehmen, § 1030 II. Der Nießbraucher ist berechtigt, sämtliche Früchte zu ziehen; an den unmittelbaren Rechtsfrüchten (natürlichen Früchten) erwirbt der Nießbraucher mit der Trennung Eigentum, § 954, selbst wenn er nicht im Besitz der Hauptsache ist[1].

b) Der Nießbrauch ist in gleicher Weise geschützt wie das Eigentum, § 1065. Es gelten also die §§ 985–1007; wird der Nießbrauch in anderer Weise als durch Entziehung oder Vorenthaltung der Sache gestört, so hat der Nießbraucher den Anspruch aus § 1004. Für einen behaupteten Nießbrauch des Besitzers spricht die Vermutung des § 1006. Wer trotz gutem Glauben den Nießbrauch von einem Nichtberechtigten nicht erwerben konnte, ist gemäß §§ 1065, 1007 geschützt. Den Besitz des Nießbrauchers schützen die §§ 859 ff.

Damit der Nießbraucher sein Recht ausüben kann, muß er die Sache haben, er hat ein Recht zum Besitz, § 1036 I; der Besteller des Nießbrauchs wird mittelbarer Besitzer.

c) An verbrauchbaren Sachen ist ein regulärer Nießbrauch nicht möglich. Da die Nutzung einer verbrauchbaren Sache im Verbrauch liegt, § 92, ist ein Gebrauch bei gleichzeitiger Erhaltung der Substanz, wie es der Nießbrauch fordert, ausgeschlossen. Hier kommt nur der uneigentliche Nießbrauch in Betracht, vgl. § 1067: Der Nießbraucher wird Eigentümer der Sachen, kann sie also verbrauchen; nach Ende des Nießbrauchs hat er den Wert zu ersetzen. Der Eigentumserwerb tritt sofort mit der Bestellung des Nießbrauchs ein. Der Eigentumserwerb ist unabhängig vom Willen der Parteien, doch ist § 1067 dispositiver Natur. Die §§ 932 ff., 937 ff. sind zugunsten des gutgläubigen Nießbrauchers entsprechend anzuwenden[2].

d) Zwischen dem jeweiligen Eigentümer der Sache und dem Nießbraucher entsteht ein gesetzliches Schuldverhältnis, das in den §§ 1034–1066 geregelt ist. Dieses gesetzliche Schuldverhältnis entsteht auch dann, wenn der Nießbrauch gutgläubig von einem Nichtberechtigten erworben wurde. Eigentümer und Nießbraucher sind

---

[1] Vgl. oben § 11 III 2.
[2] Vgl. Motive 3, 534 f.

berechtigt, den Zustand der Sache auf eigene Kosten durch Sachverständige feststellen zu lassen, § 1034. Der Nießbraucher muß mit der Sache nach den Regeln einer ordnungsgemäßen Wirtschaft verfahren; er darf die wirtschaftliche Bestimmung der Sache nicht ändern und sie weder umgestalten noch wesentlich verändern, §§ 1036 II, 1037 I. Der Nießbraucher ist – im Gegensatz zum Pächter – gehalten, für die Erhaltung der Sache zu sorgen und die Kosten von Ausbesserungen und Erneuerungen zu tragen, soweit sie gewöhnliche Unterhaltungskosten darstellen, § 1041. Wird die Sache beschädigt oder werden außergewöhnliche Ausbesserungen oder Erneuerungen erforderlich, hat der Nießbraucher dies dem Eigentümer anzuzeigen, ebenso wenn ein Dritter sich ein Recht an der Sache anmaßt, § 1042. Um dem Eigentümer den Wert der Sache zu erhalten, muß der Nießbraucher die Sache zu dessen Gunsten versichern, soweit dies einer ordnungsgemäßen Wirtschaft entspricht, § 1045. An der Versicherungsforderung des Eigentümers hat der Nießbraucher einen Nießbrauch, § 1046 I. Im Schadensfall muß die Versicherungssumme an den Eigentümer und Nießbraucher gemeinschaftlich ausgezahlt werden, §§ 1076 f., beide können verlangen, daß das Geld zur Wiederherstellung oder Ersatzbeschaffung verwendet wird, § 1046 II.

aa) Den Nießbraucher trifft gegenüber dem Eigentümer die Pflicht, die gewöhnlichen öffentlichen Lasten der Sache, die normalerweise aus den Erträgen der Sache bestritten werden, zu tragen, § 1047. Ist aufgrund des Verhaltens des Nießbrauchers eine Verletzung der Eigentümerrechte zu besorgen, so muß der Nießbraucher Sicherheit leisten, § 1051. Der Nießbraucher haftet bei allen schuldhaften Pflichtverletzungen dem Eigentümer wegen positiver Forderungsverletzung auf Schadensersatz gemäß §§ 241 II, 280; der Anspruch verjährt in sechs Monaten nach Rückgabe der Sache, §§ 1057, 548 I 2.

Umgekehrt kann der Nießbraucher für Verwendungen, zu welchen er nicht verpflichtet war, nach § 1049 I (gemäß den Regeln der Geschäftsführung ohne Auftrag) Ersatz verlangen, auch vor Beendigung des Nießbrauchs[3]; danach hat er wegen solcher Forderungen auch ein Zurückbehaltungsrecht, der Anspruch verjährt in sechs Monaten, § 1057. Wegen zugefügter Einrichtungen hat der Nießbraucher ein Wegnahmerecht, § 1049 II.

bb) Der Inhalt des gesetzlichen Schuldverhältnisses zwischen Nießbraucher und Eigentümer kann durch Vertrag mit dinglicher Wirkung abgeändert werden; es wird dadurch das dingliche Recht selbst modifiziert. Die wesentlichen Merkmale des Nießbrauchs an Grundstücken können aber nicht verändert werden, es kann z.B. dem Nießbraucher nicht gestattet werden, über die Sache zu verfügen[4]. Vom

---

[3] Schuldner ist der Eigentümer z.Z. der Vornahme der Verwendungen.

[4] Ein „Dispositionsnießbrauch" ist also nicht möglich, auch wenn er wünschenswert wäre, wenn etwa jemand sein Vermögen aus steuerrechtlichen Gründen in vorweggenommner Erbfolge auf seine Kinder überträgt und sich den Nießbrauch vorbehält. Natürlich kann der Nießbraucher sich vom Eigentümer eine unwiderrufliche Vollmacht oder Verfügungsermächtigung erteilen lassen, der Eigentümer kann sich nach § 137, 2 verpflichten, nicht über die Gegenstände des Vermögens zu verfügen. Dadurch ändert sich aber der Inhalt des dinglichen Rechts nicht. Solche Abreden sind daher auch nicht im Grundbuch eintragbar, anders zu Unrecht Friedrich, NJW 1996, 32 f. Würde man den Nießbraucher rechtlich wieder zum Eigentümer machen, dann müßte er auch steuerrechtlich so behandelt werden.

gesetzlichen Schuldverhältnis zwischen Eigentümer und Nießbraucher ist das zwischen ihnen vereinbarte obligatorische Schuldverhältnis zu unterscheiden.

2. Entstehung, Übertragung und Ende des Nießbrauchs

a) Der Nießbrauch entsteht durch Einigung und Übergabe entsprechend den §§ 1032, 929–936; es handelt sich wie bei der Übereignung um ein abstraktes dingliches Rechtsgeschäft. Gutgläubiger Erwerb des Nießbrauchs ist möglich, §§ 1032, 2 (1); 932–935; gemäß §§ 1032, 2 (2), 936 kann der gutgläubige Erwerber einen Nießbrauch mit Vorrang vor einem bereits bestehenden dinglichen Recht erwerben. Der Nießbrauch kann nach §§ 1033, 937 ff. in zehn Jahren ersessen werden, ebenso der Vorrang vor bestehenden Rechten, § 945.

b) Der Nießbrauch ist nicht übertragbar[5], § 1059, 1; es kann aber die Ausübung des Nießbrauchs auf einen Dritten übertragen werden, § 1059, 2. Die Ausübungsberechtigung erlischt mit dem Nießbrauch. Gemäß § 857 III ZPO ist das übertragbare Recht zur Ausübung des Nießbrauchs pfändbar. Steht der Nießbrauch einer juristischen Person zu, so ist er nach Maßgabe der §§ 1059 a–e übertragbar.

c) Der Nießbrauch endet mit Fristablauf oder Bedingungseintritt, ferner wenn der Berechtigte stirbt bzw. die berechtigte juristische Person erlischt, § 1061. Durch Konsolidation erlischt das Recht, wenn Eigentum und Nießbrauch in einer Hand zusammenfallen, § 1063 I; der Nießbrauch gilt jedoch als nicht erloschen, wenn der Eigentümer ein rechtliches Interesse an seinem Fortbestand hat, § 1063 II. Der Nießbrauch erlischt weiter durch einseitige Aufgabeerklärung des Berechtigten, und zwar wahlweise gegenüber dem Eigentümer oder dem Besteller, § 1064.

Nach Beendigung des Nießbrauchs ist der frühere Nießbraucher aus dem gesetzlichen Schuldverhältnis verpflichtet, die Sache an den Eigentümer herauszugeben, § 1055 I. Der Nießbraucher wird auch dann frei, wenn er die Sache dem Besteller des Nießbrauchs herausgibt, ohne zu wissen, daß dieser nicht der Eigentümer ist, § 1058.

II. Nießbrauch am gesamten Vermögen, §§ 1085 ff.

a) Der Nießbrauch an einem Vermögen ist der wichtigste Anwendungsfall des Nießbrauchs, er dient regelmäßig der Versorgung von Familienmitgliedern.

Einen eigentlichen Nießbrauch an einem Vermögen gibt es wegen des Spezialitätsprinzips nicht[6]; es handelt sich vielmehr um einen Nießbrauch an den einzelnen Gegenständen eines Vermögens, vgl. § 1085, 1; er wird dadurch bestellt, daß der Nießbrauch an den einzelnen Sachen bestellt wird. Der Nießbrauch erfaßt daher

---

[5]   Nicht übertragbar ist auch der Anspruch auf Bestellung eines Nießbrauchs, § 399. Der einem 70-Jährigen zustehende Anspruch auf den lebenslangen Nießbrauch kann nicht an einen 20-jährigen abgetreten werden.

[6]   Vgl. oben § 1 II 3 a.

nicht das Vermögen als solches in seinem wechselnden Bestand, der Nießbraucher hat auch kein Verwaltungsrecht am Vermögen. Er ist z.B. keineswegs befugt, Sachen zu veräußern und dafür andere zu erwerben.

b) Wird ein Nießbrauch am ganzen Vermögen bestellt, so müssen die Schulden des Vermögensinhabers berücksichtigt werden. Der Nießbrauch kann nur an den Aktiva bestellt werden; dadurch wird aber den Gläubigern des Bestellers die Haftungsgrundlage entzogen, da der Nießbraucher kraft seines dinglichen Rechts jede Vollstreckung in das Vermögen vereiteln kann. Die §§ 1086–1088 wollen dem entgegenwirken und die Gläubiger schützen.

aa) Die Verpflichtung zur Bestellung eines Nießbrauchs am ganzen Vermögen wird regelmäßig dahin zu verstehen sein, daß der Nießbrauch am Reinvermögen zu bestellen ist, nachdem die Schulden aus dem Vermögen getilgt sind. Der Besteller ist daher berechtigt, aus dem Vermögen zunächst seine Verpflichtungen zu begleichen. Hat er dies versäumt oder wird die Schuld erst später fällig, so hat er nach § 1087 gegen den Nießbraucher einen Anspruch auf Rückgabe solcher Sachen, die er zur Befriedigung seiner Gläubiger benötigt. Der Besteller ist dem Nießbraucher verpflichtet, den Gläubiger aus den zurückgegebenen Gegenständen zu befriedigen.

bb) Durch die Nießbrauchbestellung ändert sich nichts an der Tatsache, daß der Besteller der Schuldner seiner Gläubiger ist; die Schuld geht nicht auf den Nießbraucher über; er hat gegenüber dem Besteller kein Recht, dessen Gläubiger aus dem Vermögen zu befriedigen, ausgenommen im Fall des § 1087 II.

cc) Die Gläubiger des Bestellers können ungeachtet des Nießbrauchs Befriedigung aus dessen Vermögen verlangen; sie haben gemäß § 1086, 1 gegen den Nießbraucher einen Anspruch auf Duldung der Zwangsvollstreckung. Zur Vollstreckung in das mit dem Nießbrauch belastete Vermögen bedarf der Gläubiger also eines Leistungstitels gegen den Besteller und eines Duldungstitels aus § 1086 gegen den Nießbraucher, § 737 ZPO. Der Duldungstitel schließt es aus, daß der Nießbraucher im Vollstreckungsverfahren sein dingliches Recht und gegebenenfalls seinen Besitz geltend macht.

c) Während der Nießbraucher nach § 1086 nur zur Duldung der Zwangsvollstreckung, nicht aber selbst zur Leistung verpflichtet ist, begründet § 1088 für Zinsen und wiederkehrende Leistungen eine selbständige Leistungspflicht des Nießbrauchers. Vorausgesetzt ist, daß die verzinsbare Forderung bzw. das Recht auf wiederkehrende Leistungen schon vor der Bestellung des Nießbrauchs entstanden ist; ferner, daß die wiederkehrenden Leistungen bei einer ordnungsgemäßen Wirtschaft aus den Einkünften des Vermögens bestritten werden.

III. Nießbrauch am Unternehmen[7]

Ein Unternehmen (Handelsgeschäft, Erwerbsgeschäft) ist eine Rechtsgesamt-heit; daß daran ein Nießbrauch möglich ist, ist in § 22 II HGB vorausgesetzt. Der Nießbrauch kann nur an den einzelnen Gegenständen des Unternehmens bestellt werden, die §§ 1085 ff. sind nicht anwendbar, es sei denn, daß das Unternehmen im wesentlichen das gesamte Vermögen des Inhabers darstellt.

Mit der Bestellung des Nießbrauchs wird der Nießbraucher gemäß § 1067 Ei-gentümer am Umlaufvermögen[8], etwa am Warenlager, vgl. § 92 II. Am Anlagever-mögen erhält er einen Nießbrauch, in analoger Anwendung des § 1048 kann er im Rahmen einer ordnungsgemäßen Wirtschaft über Inventarstücke verfügen[9], doch hat er gemäß §§ 1036 II, 1037, 1041 die wirtschaftliche Bestimmung und den Be-stand des Unternehmens zu erhalten[10]. Auch über Forderungen des Unternehmens kann er im Rahmen einer ordnungsgemäßen Wirtschaft verfügen[11].

---

[7] Vgl. hierzu insbesondere R. vGodin, Nutzungsrecht an Unternehmen und Unternehmens-beteiligungen, 1949; D. Bökelmann, Nutzungen und Gewinn beim Unternehmensnieß-brauch, 1971; dazu Grunsky, BB 1972, 585 ff.

[8] Vgl. Johow, Begründung 1357.

[9] BGH WM 1974, 1219 ff.; Staudinger-Frank § 1069 Rn. 35.

[10] Er darf daher den Betrieb weder einstellen noch wesentlich ändern und muß ihn im Rahmen der wirtschaftlichen Entwicklung konkurrenzfähig erhalten, vgl. Grunsky, BB 1972, 587; MünchenerK-Petzoldt § 1085 Rn. 13.

[11] Das wird sich regelmäßig aus dem Kausalgeschäft ergeben, vgl. MünchenerK-Pohlmann § 1085 Rn. 23; Palandt-Bassenge § 1085 Rn. 6; Soergel-Stürner § 1085 Rn. 8.

§ 15. Pfandrecht

I. Arten des Pfandrechts

a) Das BGB kennt als vertragliches Pfandrecht nur das Besitzpfand, die Mobiliarhypothek ist grundsätzlich abgeschafft[1]. Dennoch hat der Gesetzgeber in einigen Fällen besitzlose Pfandrechte zugelassen, um besonderen Bedürfnissen abzuhelfen; so kann etwa der Pächter eines landwirtschaftlichen Grundstücks das ihm gehörende Inventar (= Zubehör) ohne Besitzübertragung verpfänden, vgl. §§ 1 ff. Pachtkreditgesetz[2]. Auch von Gesetzes wegen können besitzlose Pfandrechte entstehen, wie etwa das Vermieterpfandrecht, vgl. unten VIII a.

b) Neben dem vertraglich bestellten Pfandrecht gibt es das gesetzliche Pfandrecht, das ohne Rechtsgeschäft von Gesetzes wegen entsteht. Es kann Besitzpfandrecht sein, wie das Pfandrecht des Werkunternehmers, § 647, oder aber besitzloses Pfand, wie das des Vermieters oder Verpächters, §§ 562, 581 II, 592.

c) Ein Pfandrecht kann so bestellt werden, daß der Pfandgläubiger die Nutzungen des Pfandes ziehen darf, § 1213 I (Nutzpfand, Antichrisis). Wird eine von Natur fruchttragende Sache verpfändet, so gilt im Zweifel ein Nutzpfand als vereinbart, § 1213 II.

d) Umstritten ist die rechtliche Qualifikation des „Flaschenpfands"[3]. Hierbei kommt es auf die Interessenlage an und auf das, was infolgedessen im Einzelfall gewollt ist. Hat der Lieferant überhaupt kein oder kein kostendeckendes Pfand für das Leergut erhalten, so hat er ein Interesse an der Rückgabe. Kommt es ihm darauf an, gerade das gelieferte Leergut zurückzuerhalten, etwa weil sein Name darauf angebracht ist, so wird man einen Leihvertrag annehmen. Kommt es dem Lieferanten nur auf die Rückgabe von Leergut gleicher Art an, so ist von einem Darlehen auszugehen; der Lieferant übereignet das Leergut an den Kunden, dieser ist verpflichtet, Leergut gleicher Art zurückzugeben und zu übereignen. Ist ein „Pfand" gegeben, so hat der Kunde gegen den Lieferanten in beiden Fällen einen Anspruch auf Rücknahme Zug um Zug gegen Rückzahlung des „Pfandes".

---

[1] Mit „Hypothek" bezeichnete man im römischen und gemeinen Recht besitzlose Pfandrechte.

[2] Im Schönfelder Nr. 42, vgl. ferner Palandt-Bassenge 2 ff. vor § 1204.

[3] Vgl. dazu Oertmann, Das Flaschenpfand, LZ 1918, 479 ff.; Dürkes, Die Überlassung von Verpackungsmaterial als Darlehen, BB 1956, 25 ff.; Schäfer-Schäfer, Eigentums- und schadensersatzrechtliche Probleme des Pfandleerguts, ZIP 1983, 656 ff.; Schmitz, Der Dreh mit den Flaschen, JA 1993, 1973 ff. mit Literatur.

Bei den heute gängigen Flaschen, für welche ein kostendeckendes „Pfand" verlangt wird, kommt ein Rückforderungsanspruch des Lieferanten nicht in Betracht. Der Kunde kauft die Flasche für den Preis des „Pfandes" und wird deren endgültiger Eigentümer; er darf sie behalten, wegwerfen, zerstören, ohne dadurch ein Recht des Lieferanten zu verletzen. Er hat allerdings das Recht, die Flaschen Zug um Zug gegen Rückzahlung des „Pfandes" zurückzugeben. Es handelt sich also um einen Verkauf der Flaschen mit der Abrede, daß der Käufer Rückkauf verlangen kann[4], indem er diese Flaschen oder gleichwertige zurückgibt.

II. Forderung

a) Das Pfandrecht setzt eine zu sichernde Forderung voraus, andernfalls kann es nicht entstehen: Das Pfandrecht ist akzessorisch. Die Forderung kann beliebigen Inhalt haben, muß also nicht auf eine Geldleistung gehen, vgl. § 1204: „zur Sicherung einer Forderung". Es muß sich aber um eine Forderung handeln, welche in eine Geldleistung übergehen kann, da andernfalls die Pfandverwertung nicht erfolgen kann, § 1228 II 2. Der Übergang kann z.B. nach §§ 249 II 1, 250, 251, 280 I, III i.V.m. 281, 282, 283 oder § 280 I, II i.V.m. § 286 erfolgen.

b) Wegen der Akzessorietät kann für eine nicht zur Entstehung gelangte Forderung kein Pfandrecht bestellt werden. Ist etwa ein Darlehensvertrag nichtig, so bleibt zu prüfen, ob die Bestellung des Pfandrechts für die Vertragsforderung umgedeutet werden kann in eine Sicherung des Anspruchs aus ungerechtfertigter Bereicherung (§ 812). Nach § 140 ist dafür ein entsprechender hypothetischer Wille der Parteien erforderlich[5].

c) Für eine aufschiebend bedingte oder befristete sowie für eine zukünftige Forderung kann gemäß § 1204 II ein Pfand mit der Wirkung bestellt werden, daß das Pfandrecht sofort entsteht. Der Pfandgläubiger hat sofort ein Recht zum Besitz, er ist nach §§ 1219, 1227 geschützt; der Rang des Rechts richtet sich nach dem Zeitpunkt der Bestellung, § 1209.

III. Begründung des Pfandrechts

Verpfänder kann sowohl der Schuldner selbst sein als auch ein beliebiger Dritter. Zwischen dem Schuldner und dem dritten Verpfänder wird meist ein Auftragsverhältnis bestehen. Der Verpfänder hat ein Ablösungsrecht gemäß §§ 1223 II, 1249; befriedigt er den Gläubiger, so geht die Forderung gegen den Schuldner auf ihn über, §§ 1225, 1249. Darüber hinaus hat er einen Regreßanspruch nach § 670 (Aufwendungsersatz des Beauftragten).

---

[4] Vgl. MünchenerK-Damrau § 1204 Rn. 8; Martinek, Das Flaschenpfand als Rechtsproblem, JuS 1987, 514 ff. und JuS 1989, 268 ff.; a.A. z.B. Staudinger-Wiegand § 1204 Rn. 59.
[5] Im Zweifel darf man davon ausgehen, daß die Parteien alle aus dem Geschäft entstehenden Verbindlichkeiten sichern wollten.

1. Erwerb vom Berechtigten

Das Pfandrecht wird begründet durch einen abstrakten dinglichen Vertrag: Einigung und Übergabe, § 1205 I 1. Die Einigung muß die zu verpfändende Sache sowie die zu sichernde Forderung umfassen.

a) Die Übergabe des § 1205 I 1 entspricht der Übergabe nach § 929, 1, doch bleibt der Verpfänder – anders als der Veräußerer – mittelbarer Besitzer. Der Verpfänder muß den unmittelbaren Besitz aufgeben, der Gläubiger mittelbaren oder unmittelbaren Fremdbesitz erwerben. Im einfachsten Fall übergibt der Verpfänder die Sache dem Gläubiger. Ist der Gläubiger bereits im Besitz der Sache, so geschieht die Verpfändung im Wege der brevi manu traditio durch bloße Einigung, § 1205 I 2.

b) Da das Pfandrecht vom Gesetz als Faustpfand (Besitzpfand) gewollt ist, kann es einen Ersatz der Übergabe durch Besitzkonstitut (§ 930) nicht geben. Hat der Eigentümer weder mittelbaren noch unmittelbaren Besitz an der Sache, so kann er sie nicht verpfänden. Ist er mittelbarer Besitzer, so ist eine Verpfändung derart möglich, daß er den mittelbaren Besitz auf den Gläubiger überträgt (§ 870) und die Verpfändung dem Besitzer anzeigt, § 1205 II. Der Verpfänder verliert durch die Zession seinen mittelbaren Besitz, da aber der Gläubiger nun als Fremdbesitzer für ihn besitzt, gewinnt er einen mittelbaren Besitz höherer Stufe (§ 871) zurück.

Die Anzeige ist die Mitteilung einer Tatsache; keine Willenserklärung[6], sondern eine geschäftsähnliche Handlung; sie entspricht der Anzeige in § 409. Die Anzeige ist daher nicht anfechtbar, sie kann entsprechend § 409 II nur mit Zustimmung des Gläubigers zurückgenommen werden[7].

c) Anders als bei der Eigentumsübertragung[8] reicht bei der Verpfändung die Einräumung von Mitbesitz aus. Es genügt allerdings nicht ein einfacher Mitbesitz des Verpfänders und des Gläubigers, erforderlich ist vielmehr, daß die Sache sich im Mitverschluß beider befindet, § 1206 (1), so daß sie nur gemeinsam auf sie zugreifen können. Nach § 1206 (2) reicht es für eine Verpfändung auch aus, wenn der Verpfänder dem Gläubiger mittelbaren Mitbesitz einräumt, so daß beide mittelbare Mitbesitzer werden. Voraussetzung ist aber weiter, daß der Besitzmittler (Pfandhalter) die Pfandsache nur an beide gemeinsam mit befreiender Wirkung herausgeben kann, damit so auch hier eine alleinige Verfügungsmöglichkeit des Verpfänders ausgeschlossen bleibt.

2. Erwerb vom Nichtberechtigten

a) Ist der Verpfänder nicht Eigentümer der Sache, so kann der Gläubiger gutgläubig ein Pfandrecht erwerben, entsprechend den Regeln des gutgläubigen Eigentumserwerbs, auf welche in § 1207 verwiesen wird. Der gutgläubige Erwerb ist ausgeschlossen, wenn die Sache dem Eigentümer abhanden gekommen ist, § 935 I[9].

---

[6] So zutreffend gegen die h.M. Schmidt, AcP 134 (1935), 131 ff.; E. Wolf § 8 B III b.

[7] Vgl. auch Staudinger-Wiegand § 1205 Rn. 20.

[8] Vgl. oben § 9 I 2 d.

[9] Vgl. oben § 10 IV.

Nur bei Geld und Inhaberpapieren ist auch in diesem Fall gutgläubiger Pfandrechtserwerb möglich, § 935 II.

b) Bei Pfanderwerb aufgrund Allgemeiner Geschäftsbedingungen gelten die gleichen Regeln zur Bestimmung des guten oder bösen Glaubens wie bei Individualverträgen. Es geht nicht an, einen gutgläubigen Pfanderwerb aufgrund Allgemeiner Geschäftsbedingungen grundsätzlich auszuschließen[10]. Dient die Vereinbarung aber allein dem Zweck, einen Erwerb vom Nichtberechtigten zu ermöglichen, so kann man den Verwender der Allgemeinen Geschäftsbedingungen nicht als gutgläubig ansehen. Dies ist der Fall bei den Bedingungen der Kfz-Reparaturunternehmer. Gibt der Eigentümer sein Fahrzeug in Reparatur, erwerben sie ein gesetzliches Pfandrecht nach § 647. Gibt ein Nichteigentümer, etwa ein Mieter oder Vorbehaltskäufer, die Sache in Reparatur, so kann der Unternehmer nach der Rechtsprechung[11] gutgläubig kein Unternehmerpfandrecht erwerben, weil es sich dabei um ein gesetzliches Pfand handele. Diese Fälle, daß nämlich ein Nichteigentümer die Sache reparieren läßt, soll die vertragliche Pfandvereinbarung in den Allgemeinen Geschäftsbedingungen erfassen. Da der Unternehmer weiß, daß die Klausel überhaupt nur bei Nichtberechtigten von Bedeutung ist, kann man ihn nicht für gutgläubig halten[12]; gutgläubiger Erwerb ist ausgeschlossen.

c) Eine Ersitzung des Pfandrechts kennt das BGB nicht.

IV. Rang der Rechte

a) Daß der Rang aller beschränkten dinglichen Rechte an einer Sache sich nach der Zeitfolge der Bestellung (nicht Entstehung) richtet, ist so selbstverständlich, daß das Gesetz es nicht bestimmt, sondern in § 1209 voraussetzt: prior tempore, potior iure; gleichzeitig bestellte Rechte sind gleichrangig. Den letzten Rang hat immer das Eigentum, es wird bei der Nutzung oder Verwertung der Sache an letzter Stelle berücksichtigt.

b) Für die Rechte an beweglichen Sachen gilt das Prinzip der gleitenden Rangordnung: Erlischt ein Recht, so rücken die anderen auf. Ein Eigentümerrecht, das ein Aufrücken verhindert, entsteht nur ausnahmsweise im Fall des § 1256 II bei der Konsolidation[13].

c) Der Rang eines bestehenden Pfandrechts kann beeinträchtigt werden infolge gutgläubigen Erwerbs des Vorranges durch einen späteren Pfandgläubiger oder Erwerber eines sonstigen dinglichen Rechts, § 1208[14]. Die Vorschrift entspricht dem

---

[10] So aber Soergel-Mühl § 1207 Rn. 15; dagegen zutreffend MünchenerK-Damrau § 1207 Rn. 8.

[11] Vgl. dazu unten VIII b.

[12] Vgl. dazu die Literatur bei Tiedtke S. 77 Fn. 26.

[13] Vgl. unten VI 2 b.

[14] Der gutgläubige Erwerb des Vorrangs kann zu relativen Rangverhältnissen führen: E hat eine Sache an A, dann an B verpfändet. Er verpfändet sie nun an C, der das Recht des B kennt, von dem Recht des A aber ohne grobe Fahrlässigkeit nichts weiß. A geht vor B, B geht vor C, aber C geht vor A.

§ 936 beim Eigentumserwerb. Während aber dort das den Gutgläubigen beeinträchtigende Recht erlischt, reicht es hier aus, wenn der Gutgläubige den Vorrang erwirbt; das Recht bleibt bestehen, wird aber nachrangig.

Der Rang eines Rechts kann ferner beeinträchtigt werden durch Rangprivilegien eines später entstehenden Rechts; solche Privilegien finden sich etwa in §§ 397, 441, 464, 475 b, 623. Rangprivilegien können zu relativen Rangverhältnissen führen: Ein Kaufmann lagert Waren beim Lagerhalter A ein, verpfändet dann die Ware an B und läßt sie schließlich vom Lagerhalter C transportieren. A geht dem B vor, B dem C, aber C geht gemäß § 443 I HGB dem A vor[15].

V. Inhalt des Pfandrechts

1. Schutz des Pfandrechts

a) Das Pfandrecht wird als dingliches Recht ebenso geschützt wie das Eigentum, die §§ 985 ff. finden entsprechende Anwendung, vgl. § 1227. Wird dem Pfandgläubiger die Sache vorenthalten, so steht ihm ein Herausgabeanspruch zu, §§ 1227, 985. Der Anspruch richtet sich gegen jeden Besitzer, auch gegen den Eigentümer oder Verpfänder. Der Besitzer hat die Einwendung aus § 986 I, bei einer Verpfändung nach § 1205 II auch die aus § 986 II. Entsprechend den §§ 987 ff. entsteht ein Pfandgläubiger-Besitzer-Verhältnis.

b) Wird der Pfandgläubiger in seinem Recht anders als durch Besitzentziehung beeinträchtigt, so hat er die Ansprüche aus §§ 1004, 1005; er kann sich für sein Recht auf die Vermutung des § 1006 berufen. Dem Gläubiger steht ein Anspruch aus § 1007 zu, wenn er z.B. gutgläubig eine abhanden gekommene Sache als Pfand erworben hat und diese sich nun im Besitz eines Dritten befindet.

2. Schuldrechtlicher Verpfändungsvertrag

Das Rechtsverhältnis zwischen dem Gläubiger und dem Verpfänder – welcher nicht der Eigentümer der Sache sein muß – regelt sich nach dem schuldrechtlichen Vertrag, durch welchen sich der Verpfänder zur Bestellung des Pfandrechts verpflichtet; hierfür stellt das Gesetz in den §§ 1215 ff. dispositive Vorschriften auf, sie gelten auch dann, wenn der Gläubiger kein Pfandrecht erworben hat. Die Rechte zwischen dem Eigentümer, der nicht Verpfänder ist, und dem Pfandgläubiger regeln sich nach dem gesetzlichen Schuldverhältnis der §§ 985 ff., allerdings nur dann, wenn der Pfandgläubiger kein Pfandrecht erworben hat; hat er ein Pfandrecht erworben, so sind die §§ 1215 ff. entsprechend anzuwenden[16].

a) Der Gläubiger ist gemäß § 1215 verpflichtet, die Sache für den Verpfänder zu verwahren; die §§ 688 ff. sind aber nur mit erheblichen Modifikationen anwendbar.

---

[15] Zum relativen Rang vgl. unten § 21 I 2 unter f.

[16] So auch Heck § 105 I; Westermann-Gursky § 129 I 2 b; AlternK-Reich § 1215 Rn. 2. Die h.M. lehnt dies ab, muß aber – um zu befriedigenden Ergebnissen zu kommen – in Einzelfällen immer wieder die §§ 1215 ff. analog anwenden.

Sie ergeben sich daraus, daß der Pfandgläubiger die Sache im eigenen Interesse besitzt und nicht in einem besonderen Vertrauensverhältnis zum Verpfänder steht, wie dies bei einem normalen Verwahrer vorauszusetzen ist. Anwendbar sind §§ 688, 694; § 693 wird durch § 1216 ersetzt, § 695 durch § 1223 I. Die übrigen Vorschriften passen nicht auf das Pfandverhältnis. Gemäß § 1216, 1 kann der Pfandgläubiger wegen Verwendungen auf die Sache Ersatz verlangen nach den Regeln der Geschäftsführung ohne Auftrag (§§ 683, 684).

b) Verletzt der Gläubiger in erheblichem Maß die Rechte des Verpfänders und fährt er trotz Abmahnung darin fort, so kann der Verpfänder Hinterlegung der Pfandsache (§§ 372 ff.) auf Kosten des Gläubigers verlangen, § 1217. Ist der Verderb des Pfandes oder eine wesentliche Wertminderung zu besorgen, so regeln sich die Rechte des Verpfänders und des Gläubigers nach den §§ 1218–1221.

c) Ist das Pfandrecht erloschen, so kann der Verpfänder Herausgabe des Pfandes verlangen, § 1223 I; das gleiche gilt, wenn dem Pfandrecht eine dauernde Einrede entgegensteht, § 1254. Ob der Verpfänder ein Recht zum Besitz hat, ist unerheblich, der Anspruch ergibt sich aus dem Verpfändungsvertrag. Ein Herausgabeanspruch steht nach dem Erlöschen des Pfandrechts auch dem – mit dem Verpfänder nicht identischen – Eigentümer der Sache zu; der Gläubiger kann sich durch Leistung an den Verpfänder oder an den Eigentümer befreien.

aa) Gemäß §§ 1223 II, 1224 steht dem Verpfänder das Recht zu, das Pfand auszulösen, sobald auch der Schuldner zur Leistung berechtigt wäre. Er kann Herausgabe des Pfandes Zug um Zug gegen Zahlung verlangen. Mit der Befriedigung des Gläubigers geht durch cessio legis gemäß § 1225 die Forderung auf den Verpfänder über, wenn dieser nicht zugleich Schuldner der gesicherten Forderung ist[17]. Ist der Verpfänder zugleich Eigentümer, so erlischt das Pfandrecht, § 1256 I.

bb) Das Ablösungsrecht aus § 1223 II steht nur dem Verpfänder zu; der Eigentümer, der nicht Verpfänder ist, hat das Ablösungsrecht aus § 1249.

d) Die Ansprüche des Verpfänders und Eigentümers wegen Veränderung oder Verschlechterung der Sache verjähren gemäß § 1226 in sechs Monaten. Das gleiche gilt vom Anspruch des Gläubigers auf Ersatz von Verwendungen oder auf Gestattung der Wegnahme einer Einrichtung.

e) Zugunsten des Gläubigers gilt gemäß § 1248 der Verpfänder als Eigentümer, soweit es um den Verkauf der Pfandsache geht, solange der Pfandgläubiger nicht weiß, daß der Verpfänder nicht Eigentümer ist. Eine Verkaufsandrohung gegenüber dem Verpfänder wirkt z.B. gegen den Eigentümer, § 1234 I, usw.

3. Voraussetzungen der Pfandverwertung

a) Die Pfandverwertung wird zulässig mit der Pfandreife, d.h. wenn die gesicherte Forderung fällig ist, § 1228 II 1[18]. Die Pfandreife setzt weiter voraus, daß die

---

[17] Befriedigt der Schuldner den Gläubiger, so erlöschen Forderung und Pfandrecht.

[18] Da die Pfandhaftung aber gegenüber der persönlichen Haftung des Schuldners subsidiär ist, wird die Verwertung des Pfandes meist erst mit Verzug des persönlichen Schuldners zulässig sein, vgl. Bülow ZIP 1999, 985 ff. Entscheidend für den Eintritt des Sicherungsfalles sind die Vereinbarungen der Parteien.

gesicherte Forderung, falls sie nicht auf Geld geht, in eine Geldforderung übergegangen ist[19], § 1228 II 2.

aa) Der Gläubiger ist zur Verwertung des Pfandes berechtigt, er ist aber nicht
dazu verpflichtet; er kann auch die gesicherte Forderung geltend machen. Ist der
Schuldner zugleich Verpfänder der Sache, so steht ihm das beneficium excussionis
realis zu, d.h. das Recht, den Gläubiger zuerst auf das Pfand zu verweisen; dieses
beneficium steht ihm aber erst in der Zwangsvollstreckung zu: Vollstreckt der Gläubiger in sein restliches Vermögen, so kann der Schuldner ihn im Wege der Erinnerung darauf verweisen, sich zunächst aus dem Pfand zu befriedigen, § 777 ZPO.
Gegen die Zahlungsklage dagegen hat er insoweit keine Verteidigungsmöglichkeit.
Dagegen ist das gemeinrechtliche beneficium excussionis personalis nicht übernommen worden: Der Verpfänder kann nicht verlangen, daß der Gläubiger zuerst
beim Schuldner Befriedigung suche[20].

bb) Gemäß § 1229 ist eine vor der Pfandreife vereinbarte Verfallsklausel unwirksam. Ungültig ist sowohl die vorweggenommene dingliche Übereignung der
Sache für den Fall, daß der Gläubiger nicht rechtzeitig befriedigt wird, als auch die
obligatorische Verpflichtung zur Übereignung für diesen Fall. Nach der Pfandreife
kann eine Verfallsklausel vereinbart werden, doch bleibt zu prüfen, ob sie gegen die
guten Sitten (§ 138 I) oder das Wucherverbot (§ 138 II) verstößt.

b) Nach der Pfandreife kann der Gläubiger die Sache ohne Mitwirkung des Verpfänders verwerten. Das ist aber nicht möglich, falls der Verpfänder im Mitbesitz
der Sache ist. Daher gibt § 1231 dem Gläubiger nach der Pfandreife den Anspruch
auf den Alleinbesitz.

c) Gemäß § 1210 haftet das Pfand zunächst für die Hauptforderung in ihrem jeweiligen Bestand, § 1210 I 1, also auch für Erweiterungen der Schuld aufgrund Verzugs oder sonstiger vom Schuldner zu vertretender Schäden. Weiter haftet das
Pfand auch für Nebenforderungen. Dazu gehören z.B. gesetzliche oder vertragliche
Zinsen, eine Vertragsstrafe, Ansprüche aus Verwendungsersatz, die Kosten der
Kündigung, der Rechtsverfolgung sowie des Pfandverkaufs. § 1210 enthält dispositives Recht.

d) Sind für eine Forderung mehrere Sachen zum Pfand gegeben worden, so haftet
jede für die ganze Forderung, § 1222. Das gilt unabhängig davon, ob die Pfänder
gleichzeitig oder nacheinander bestellt wurden, von einem oder von mehreren Ver-
pfändern: Die Pfandhaftung ist ungeteilt. Daher kann keiner der Verpfänder die
Rückgabe einer Pfandsache verlangen, solange auch nur noch ein kleiner Teil der gesicherten Forderung besteht[21]. Der Pfandgläubiger kann unter den mehreren Pfändern frei diejenigen auswählen, die er verwerten will, § 1230, 1. Dagegen darf der
Gläubiger keinesfalls mehr Pfänder verwerten, als zu seiner Befriedigung nötig sind,
§ 1230, 2; ein Verstoß dagegen macht den Pfandverkauf unrechtmäßig, § 1243 I.
§ 1230, 2 stellt dispositives Recht dar und kann vertraglich abbedungen werden.

---

[19] Vgl. oben II a.

[20] Der Bürge kann verlangen, daß der Gläubiger seine Befriedigung zunächst aus einer Pfandsache des Schuldners suche, § 772 II.

[21] Nur ausnahmsweise kann sich aus § 242 etwas anderes ergeben, vgl. BGH BB 1966, 179.

e) Der akzessorischen Natur des Pfandrechts entspricht es, daß der Verpfänder/ Eigentümer sich der Einreden bedienen kann, die dem Schuldner bezüglich der Forderung gegen den Gläubiger zustehen, § 1211[22]. So kann der Verpfänder/Eigentümer etwa dem Gläubiger entgegenhalten, dieser habe dem Schuldner die Forderung gestundet oder er habe die Forderung durch Betrug erlangt (§ 853) oder ohne rechtlichen Grund (§ 821). Der Verpfänder/Eigentümer kann ferner die Einreden geltend machen, die auch einem Bürgen nach § 770 zustehen, § 1211 I 1; er muß also die Verwertung des Pfandes nicht dulden, wenn der Schuldner das Verpflichtungsgeschäft anfechten kann oder wenn der Gläubiger sich durch Aufrechnung befriedigen kann. Ausnahmsweise kann der Verpfänder/Eigentümer die Einrede der Verjährung, § 216 I, und die Einrede der beschränkten Erbenhaftung, § 1211 I 2, nicht geltend machen. Gemäß § 1211 II verliert der Verpfänder/Eigentümer eine Einrede nicht deshalb, weil der Schuldner darauf verzichtet.

4. Privater Pfandverkauf

Die regelmäßige Art der Pfandverwertung ist der private Verkauf, § 1228[23]; der Gläubiger benötigt weder ein Zahlungsurteil gegen den Schuldner noch ein Duldungsurteil gegen den Verpfänder. Der Verkauf geschieht durch öffentliche Versteigerung, wobei der Gläubiger im eigenen Namen als Verkäufer (§ 433) und Veräußerer (§§ 929–931) auftritt, vertreten durch den Versteigerer, § 383 III. Der Gläubiger verfügt durch die Veräußerung über ein fremdes Recht, das Eigentum des Verpfänders; sein Pfandrecht ermächtigt ihn zu dieser Verfügung, § 1242 I.

Das Gesetz stellt zum Schutz des Eigentümers der Pfandsache Regeln auf, welche beim Pfandverkauf zu beachten sind, § 1233 I. Dabei handelt es sich z.T. um Vorschriften, von deren Einhaltung das Veräußerungsrecht des Gläubigers abhängt; ihre Verletzung führt nicht nur zu einer Schadensersatzpflicht, sondern macht die Pfandveräußerung auch unwirksam (Rechtmäßigkeitsvoraussetzungen, vgl. § 1243 I). Daneben gibt es Ordnungsvorschriften, deren Verletzung zum Schadensersatz verpflichtet, § 1243 II, von deren Einhaltung die Wirksamkeit der Veräußerung jedoch nicht abhängt.

a) Die Rechtmäßigkeit der Pfandveräußerung erfordert folgende Voraussetzungen:
1.) Ein Pfandrecht des Gläubigers an der Sache, § 1244.
2.) Pfandreife; eine Geldforderung muß zumindest teilweise fällig geworden sein, §§ 1243 I, 1228 II.
3.) Es dürfen nicht mehr Sachen verkauft werden, als zur Befriedigung des Gläubigers erforderlich sind, §§ 1243 I, 1230, 2.
4.) Der Pfandverkauf muß im Wege der öffentlichen Versteigerung geschehen, §§ 1243 I, 1235 I, und zwar gemäß § 383 III durch einen Gerichtsvollzieher

---

[22] Das gleiche Recht hat der Bürge, § 768, sowie der Grundeigentümer gegen den Hypothekar, § 1137, vgl. unten § 27 III 2 a.
[23] Für Pfandsachen, die einen Börsen- oder Marktpreis haben, gilt die Sonderregelung der §§ 1235 II, 1221.

oder eine sonst zur Versteigerung amtlich bestellte Person. Mit dem Zuschlag kommt ein Kaufvertrag zwischen dem Pfandgläubiger und dem Ersteher zustande[24], § 156, wobei der Versteigerer als Vertreter des Gläubigers auftritt. Die anschließende Übereignung geschieht nach den §§ 929–931. Mitbieten kann auch der die Versteigerung betreibende Pfandgläubiger, 1239 I 1, ferner auch der Schuldner sowie der Eigentümer der Pfandsache, § 1239 I 1, II.

5.) Ort und Zeit des Verkaufs müssen öffentlich bekanntgemacht werden, § 1237, 1.

6.) Gold- und Silbersachen dürfen nicht unter dem Metallwert zugeschlagen werden, § 1240 I.

Wird eine dieser Voraussetzungen nicht eingehalten, so ist die Veräußerung des Pfandes unrechtmäßig, § 1243 I. Der Eigentümer kann allerdings auf die Einhaltung dieser Bestimmungen verzichten[25], § 1245, z.T. aber erst nach Pfandreife, § 1245 II. Die Unrechtmäßigkeit kann durch den guten Glauben des Erwerbers geheilt werden, so daß er doch Eigentümer wird, § 1244. Hatte der Gläubiger etwa kein Pfandrecht an der Sache und weiß der Erwerber das nicht, so erwirbt er Eigentum nach §§ 1244, 932; das gilt selbst dann, wenn die Sache abhanden gekommen war, § 935 ist gemäß § 1244 nicht anwendbar. Nicht durch guten Glauben geheilt werden kann gemäß § 1244 das Fehlen folgender Rechtmäßigkeitsvoraussetzungen: wenn die Sache entgegen § 1235 I nicht öffentlich versteigert wurde, wenn eine Sache mit Börsen- oder Marktwert entgegen § 1235 II nicht von einer hierzu ermächtigten Person oder unter dem laufenden Preis veräußert wurde, wenn Gold- oder Silbersachen entgegen § 1240 II ohne vorherigen Versteigerungsversuch oder von einer nicht zur öffentlichen Versteigerung befugten Person oder unter dem Metallwert freihändig veräußert wurden.

Der gute Glaube muß sich auf das Vorhandensein der genannten Voraussetzungen beziehen, er wird gemäß § 932 II vermutet und muß zur Zeit des Eigentumserwerbes vorliegen, also regelmäßig bei der Übergabe der Sache.

b) Neben den Rechtmäßigkeitsvoraussetzungen hat das Gesetz folgende Ordnungsvorschriften aufgestellt:

1.) Der Gläubiger soll dem Eigentümer nach Eintritt der Pfandreife den Verkauf androhen, § 1234.

2.) Der Pfandverkauf darf erst einen Monat nach der Androhung erfolgen.

3.) Die Versteigerung soll an dem Ort erfolgen, an welchem das Pfand aufbewahrt wird, § 1236.

4.) Der Gläubiger soll dem Eigentümer und jedem Inhaber eines Rechts an der Pfandsache Zeit und Ort der Versteigerung mitteilen, § 1237, 2.

5.) Der Pfandverkauf darf nur mit der Abrede erfolgen, daß der Käufer den Preis sofort bar zu entrichten hat, andernfalls er seiner Rechte verlustig geht, § 1238 I.

6.) Der Pfandgläubiger hat schließlich den Eigentümer unverzüglich vom Verkauf des Pfandes und dessen Ergebnis zu benachrichtigen, § 1241.

---

[24] Eine Sachmängelhaftung des Pfandgläubigers ist gemäß § 445 eingeschränkt.

[25] Vgl. dazu unten 5 b. Eine nachträgliche Genehmigung des Eigentümers heilt die Verstöße gegen § 1243 I und II, so auch BGH NJW 1995, 1350.

Verletzt der Gläubiger schuldhaft die vorstehend aufgezählten Ordnungsvorschriften und entsteht dem Eigentümer dadurch ein Schaden, so muß der Gläubiger ihm diesen Schaden ersetzen, § 1243 II. Die Wirksamkeit der Pfandveräußerung wird aber nicht dadurch berührt.

c) Der rechtmäßige Pfandverkauf bewirkt, daß der Käufer Eigentümer wird, § 1242 I; Rechte an der Sache erlöschen[26], und zwar selbst dann, wenn der Erwerber sie kennt, § 1242 II. Nur ein Nießbrauch, der allen Pfandrechten vorangeht, bleibt bestehen, doch kann der Erwerber auch insoweit gemäß § 936 lastenfrei erwerben, wenn er gutgläubig ist. Die gleichen Wirkungen treten bei einem unrechtmäßigen Pfandverkauf ein, falls der Mangel durch guten Glauben des Erwerbers ersetzt wird, § 1244.

d) Soweit der Kaufpreis dem Gläubiger gebührt, gilt die gesicherte Forderung als vom Eigentümer getilgt, § 1247, 1. Ist der Eigentümer nicht gleichzeitig der Schuldner, so geht die Forderung auf ihn über, entsprechend §§ 1249, 268 III[27].

e) Übersteigt der Erlös den Betrag der gesicherten Forderung nicht, so wird der Gläubiger mit der Auszahlung des Geldes Eigentümer; im übrigen tritt dingliche Surrogation ein, § 1247, 2, d.h. die Rechte an der Pfandsache setzen sich am Erlös fort. Ist etwa eine Sache für eine Forderung von 100 € verpfändet und werden beim Pfandverkauf 200 € erlöst, so sind der Gläubiger und der frühere Eigentümer der Pfandsache Miteigentümer des Geldes je zur Hälfte. Der Gläubiger ist berechtigt, ohne Mitwirkung des früheren Eigentümers die Auseinandersetzung vorzunehmen: Er eignet sich 100 € zu Alleineigentum an, der Rest fällt in das Alleineigentum des früheren Sacheigentümers.

5. Sonstige Pfandverwertung

a) Der Gläubiger kann das Pfand wie eine gepfändete Sache nach den §§ 814–825 ZPO verwerten, doch bedarf es dazu eines Duldungstitels (vollstreckbares Urteil, Prozeßvergleich, vollstreckbare Urkunde) gegen den Eigentümer[28], § 1233 II. Das hat für den Gläubiger den Vorteil, daß ein Gerichtsurteil sein Verwertungsrecht außer Frage stellt, so daß es später nicht vom Eigentümer in Zweifel gezogen werden kann.

b) Statt der gesetzlich vorgesehenen Verwertungsarten können der Pfandgläubiger und der Eigentümer gemäß § 1245 I 1 auch andere Arten des Pfandverkaufs vereinbaren[29]. Sie können dabei nicht nur eine gänzlich andere Art der Verwertung vorsehen, z.B. freihändigen Verkauf statt Versteigerung, sondern auch einzelne Vorschriften der gesetzlichen Verwertung abbedingen, z.B. die vorherige Bekanntmachung des Verkaufs gemäß § 1237, 1. Auf bestimmte Voraussetzungen der Ver-

---

[26] Auch wenn sie dem Recht des betreibenden Gläubigers vorgehen.
[27] Daneben kommen vertragliche Regreßansprüche des Eigentümers gegen den Schuldner in Betracht, etwa aus Auftrag, § 670.
[28] Ein Zahlungstitel gegen den Schuldner ist nicht erforderlich.
[29] Eine Vereinbarung mit dem Verpfänder steht dem gleich, wenn die Voraussetzungen des § 1248 vorliegen.

wertung können die Parteien allerdings wirksam erst nach Eintritt der Pfandreife verzichten, vgl. § 1245 II; dazu gehört die Versteigerung, bei Sachen mit Markt- oder Börsenpreis der Verkauf durch eine hierzu bestellte Person zum Tagespreis, § 1235; die Bekanntmachung der Verwertung, § 1237, 1; die Regeln über den Verkauf von Gold und Silber gemäß § 1240. Auch § 1228 II kann nicht abbedungen werden, vor der Fälligkeit der Forderung ist keine Pfandverwertung möglich.

c) Hat ein Beteiligter ein berechtigtes Interesse an einer von den §§ 1235–1240 abweichenden Art des Pfandverkaufs, so kann er von den anderen verlangen, daß die Veräußerung auf diese Art erfolgt, § 1246 I. Einigen sich die Parteien, so liegt ein Fall des § 1245 vor; andernfalls kann der Berechtigte seinen Anspruch auf Modifizierung der Veräußerungsbedingungen gerichtlich geltend machen, § 1246 II. Die Entscheidung ergeht im Verfahren der freiwilligen Gerichtsbarkeit, zuständig ist gemäß § 166 FGG das Amtsgericht des Ortes, an welchem das Pfand verwahrt wird.

VI. Übertragung, Belastung und Untergang des Pfandrechts

1. Übertragung und Belastung des Pfandrechts

Nach römischem und gemeinem Recht ging das Pfandrecht als Akzessorium bei der Forderungsabtretung mit auf den Erwerber über. Infolge der Verfeinerung des Rechtssystems kam gegen Mitte des vorigen Jahrhunderts der Gedanke auf, daß das Pfandrecht als dingliches Recht auch nach den Regeln des Sachenrechts übertragen werden müsse[30]. Im Anschluß an diese Erkenntnis stellte Johow in TE § 446 die Regel auf, daß zum Übergang des Pfandrechts neben der Abtretung der Forderung die Übergabe der Sache erforderlich sei. Demgegenüber bringt die erste Kommission einen Rückschritt in überholte Vorstellungen, welche die gegebenen systematischen Zusammenhänge mißachten[31]: Nach ihrer Ansicht soll bei der Abtretung der Forderung das Pfandrecht wieder als Akzessorium übergehen; der Erwerb des dinglichen Rechts „Pfandrecht" richtet sich also ganz nach schuldrechtlichen Normen[32]. Dies ist in § 1250 Gesetz geworden.

a) Gemäß § 1250 I 1 geht mit der Übertragung der Forderung (§ 398) auch das Pfandrecht auf den Erwerber über, und zwar auch dann, wenn ihm die Pfandsache nicht übergeben wird. Das Pfandrecht kann nicht allein, ohne die Forderung, übertragen werden, § 1250 I 2. Es handelt sich bei § 1250 I 1 um eine Auslegungsregel[33], der Übergang des Pfandrechts beruht auf dem rechtsgeschäftlichen Willen der

---

[30] Vgl. Johow, Begründung 1840 f.
[31] Der gleiche Mangel liegt vor, wenn nach h.M. die im Grundbuch eingetragene Vormerkung durch bloße Zession der gesicherten Forderung abgetreten werden soll, vgl. unten § 22 III 2 a.
[32] Vgl. Protokolle der 1. Kommission 5574 ff. (Jakobs-Schubert, Sachenrecht II S. 971); Motive 3, 836 f.
[33] Vgl. Johow, Begründung 1839 f.

Parteien; sie können ihn ausschließen, § 1250 II, in diesem Fall erlischt das Pfandrecht. Der Sache nach begründet § 1250 I nur die Vermutung, daß die Parteien mit der Forderung auch das Pfandrecht übertragen wollen.

b) Nach h.M. ist ein gutgläubiger Erwerb bei der Pfandrechtsübertragung nicht möglich, weil das Pfandrecht von Gesetzes wegen übergehe[34]. Damit wird aber die gesetzliche Konstruktion überbewertet und vernachlässigt, daß es sich der Sache nach um eine regelmäßig im Willen der Parteien liegende, rechtsgeschäftliche Übertragung des Pfandrechts handelt, die nur deswegen in das Gesetz aufgenommen wurde, weil sie regelmäßig gewollt ist[35]. Die h.M. vernachlässigt ferner das Grundprinzip des Sachenrechts, wonach ein gutgläubiger Erwerb an beweglichen Sachen möglich ist, sobald ein Rechtsschein (Besitz) beim Veräußerer vorhanden ist und die Sache nicht abhanden gekommen ist. Zutreffend ist also ein gutgläubiger Erwerb entsprechend den §§ 932–936, 1207 f. zuzulassen, wobei eine Übergabe der Sache erforderlich ist[36].

c) Der Übergang des Pfandrechts hat zur Folge, daß der Erwerber an Stelle des alten Pfandgläubigers in die Pflichten aus dem Pfandverhältnis eintritt, § 1251 II 1[37].

d) Die Belastung des Pfandrechts geschieht nach den gleichen Regeln wie die Übertragung, vgl. §§ 1069, 1274. Es gilt das hierzu Ausgeführte entsprechend.

2. Untergang des Pfandrechts

Das Pfandrecht erlischt, wenn die Forderung ohne Pfandrecht übertragen wird, § 1250 II, oder wenn eine Schuldübernahme ohne Zustimmung des Pfandgläubigers vereinbart wird, § 418 I 1. Das Pfandrecht erlischt ferner, wenn die gesicherte Forderung aus irgendeinem Grunde erlischt, § 1252, und wenn der Gläubiger auf das Pfandrecht verzichtet, § 1255.

a) Gemäß § 1253 I 1 erlischt das Pfandrecht, wenn der Gläubiger das Pfand dem Verpfänder oder Eigentümer zurückgibt. Ausreichend ist auch eine nur vorübergehende Rückgabe; das Pfandrecht erlischt z.B., wenn der Gläubiger die Sache dem Verpfänder oder Eigentümer kurzfristig ausleiht, zur Reparatur gibt usw. Eine Rückgabe liegt aber nicht vor, wenn der Verpfänder oder Eigentümer nur Besitzdiener des Gläubigers wird.

Ist der Verpfänder oder Eigentümer im Besitz der Sache, so wird gemäß § 1253 II 1 widerleglich vermutet, daß der Gläubiger sie ihm zurückgegeben habe. Das gleiche gilt gemäß § 1253 II 2, wenn ein Dritter im Besitz der Sache ist, dem der Verpfänder oder Eigentümer sie nach der Verpfändung gegeben hat.

---

[34] Vgl. Protokolle der 1. Kommission 5581 (Jakobs-Schubert, Sachenrecht II S. 974); Motive 3, 837; vgl. ferner etwa Wolff-Raiser § 170 II 1; Staudinger-Wiegand § 1250 Rn. 4.

[35] Vgl. die entsprechende Diskussion unten bei den gesetzlichen Pfandrechten, bei der Vormerkung und der Hypothek, unten § 15 VIII b aa, § 22 III 2 b, § 27 II 4 pr. und IV a aa.

[36] So Heck § 105 V; H. Westermann (5. Aufl.) § 132 I 1 b; Hager 211 f.

[37] Das gilt nicht bei gesetzlichem Übergang, § 1251 II 3.

b) Gemäß § 1256 I 1 erlischt das Pfandrecht, wenn es mit dem Eigentum in einer Person zusammentrifft, also durch Konsolidation. Ein Eigentümerpfandrecht – entsprechend der Eigentümerhypothek oder Eigentümergrundschuld – läßt das Gesetz grundsätzlich nicht zu. Die Konsolidation kann dadurch geschehen, daß der Eigentümer die Forderung und damit auch das Pfandrecht erwirbt, etwa durch Zession, § 1250, oder durch cessio legis, etwa nach §§ 1225, 1249, 268 III. Die Konsolidation kann auch dadurch eintreten, daß der Gläubiger das Eigentum an der Pfandsache erwirbt.

Die Konsolidation tritt nicht ein, solange die gesicherte Forderung – und damit auch das Pfandrecht – mit dem Recht eines Dritten belastet ist, § 1256 I 2. Das Pfandrecht gilt zugunsten des Eigentümers weiter gemäß § 1256 II dann nicht als durch Konsolidation erloschen, wenn der Pfandgläubiger auch nach dem Eigentumserwerb ein rechtliches Interesse am Weiterbestand des Pfandrechts hat. Ein solches Interesse kann der Pfandgläubiger/Eigentümer gegenüber Inhabern nachrangiger Rechte haben, um deren Vorrücken zu vermeiden[38].

VII. Mehrheit von Rechten

a) Bestehen an einer Sache mehrere Pfandrechte, so besteht auch für jedes Pfandrecht ein Verwertungsrecht. Der vorrangige Pfandgläubiger kann die Sache von allen nachrangigen Rechtsinhabern herausverlangen[39], §§ 1227, 985. Eine Ausnahme gilt gemäß § 1232, 2 dann, wenn der nachrangige Pfandgläubiger das Pfand verwerten will. In diesem Fall kann der vorrangige Gläubiger die Sache nur zu dem Zweck herausverlangen, selbst alsbald die Verwertung zu betreiben.

Ein nachrangiger Gläubiger kann das Pfand auch dann nicht vom vorrangigen herausverlangen, wenn er das Pfand verwerten will, weil seine Forderung fällig ist, die des vorrangigen aber nicht, § 1232, 1. Er muß warten, bis der vorrangige, besitzende Gläubiger die Verwertung betreibt, oder er muß den vorrangigen Gläubiger gemäß § 1249 ablösen.

b) Bestehen für eine Forderung mehrere Sicherheiten, so stellt sich die Frage nach dem Ausgleich, wenn ein Sicherungsgeber den Gläubiger befriedigt. Haben A, B und C für eine Forderung des G gegen S jeweils ein Pfand gegeben und zahlt A den G aus, so geht die Forderung gegen S auf ihn über, § 1225; damit gehen auch Pfandrechte an den Sachen des B und C auf ihn über, §§ 401 I, 412. Diese Pfandrechte kann er geltend machen, gemäß §§ 1225, 774 II, 426 I 1 aber nur anteilsmäßig nach Köpfen: Er hat je ein Pfandrecht in Höhe von 1/3 der getilgten Forderung

---

[38] Beispiel: G_1 hat eine Forderung von 8.000 € gegen S, E bestellt dem G_1 dafür ein Pfandrecht an seiner goldenen Uhr im Werte von 8.000 €. E bestellt dann auch dem G_2 ein Pfandrecht an der Uhr für dessen Forderung in Höhe von 8.000 € gegen X. Dann beerbt G_1 den E. Würde das Pfandrecht des G_1 durch Konsolidation erlöschen, so würde das Pfandrecht des G_2 erstrangig, G_1 liefe Gefahr, die Uhr ersatzlos zu verlieren, weder sein Pfandrecht noch die Erbschaft hätten ihm etwas genützt. § 1256 II bestimmt daher, daß das Pfandrecht des G_1 bestehen bleibt; wenn G_2 die Uhr versteigern läßt, erhält G_1 8.000 € von dem Erlös.

[39] Und zwar nicht nur, wenn er die Sache verwerten will.

an den Pfändern des B und des C. In gleicher Weise sind die §§ 774 II, 426 I 1 anzuwenden, wenn ein Pfandrecht neben einer Hypothek[40] oder einer Bürgschaft[41] besteht.

c) Umstritten ist die Frage, welchem Recht die Rangpriorität gebührt, wenn ein
gesetzliches Pfandrecht, etwa ein Vermieterpfandrecht, im gleichen Augenblick
entsteht, in welchem auch ein Sicherungseigentum bestellt oder eine Anwartschaft
übertragen wird. Hat etwa ein Kaufmann, der sein Geschäft in gemieteten Räumen
betreibt, im voraus sein Warenlager an eine Bank zur Sicherheit übereignet und
wird ihm nun Ware in sein gemietetes Lager geliefert, so wird er mit der Einord-
nung in das Lager entweder Eigentümer der Ware oder doch Inhaber einer Anwartschaft; im gleichen Augenblick entsteht das Vermieterpfandrecht, §§ 562, 578, 581
II, 592 und wird die Sicherungsübertragung an die Bank wirksam. Der BGH will
einseitig das Vermieterpfandrecht bevorzugen[42], er lehnt das Entstehen eines unbelasteten Sicherungseigentums oder den Übergang einer unbelasteten Anwartschaft
ab mit der Begründung, andernfalls werde das Vermieterpfandrecht ausgehöhlt.
Daß dies das Sicherungseigentum „aushöhlt", stört den BGH offenbar nicht. Der
Gesetzgeber hat in § 562 zwar gezeigt, daß er den Vermieter durch ein Pfandrecht
sichern will; über das Verhältnis zu anderen Sicherungsgebern ergibt sich daraus
aber nichts[43]. Nach anderer Ansicht liegt die Lösung der Kollision darin, daß der
Mieter für eine juristische oder logische Sekunde Eigentum erwerbe, während dieser greife die Haftung des § 562 ein; das Vermieterpfandrecht gehe der Sicherungsübereignung daher vor[44]. Jedoch entstehen Sicherungseigentum und Vermieterpfandrecht gleichzeitig, daß eines der beiden Rechte „schneller" wäre als das
anderen, läßt sich nicht feststellen. Zudem erscheint es nicht angemessen, von Bil-
dern wie dem „Durchgangserwerb" oder dem „Direkterwerb" rechtliche Entscheidungen abhängig zu machen[45]. Schließlich wird noch aus der Gleichzeitigkeit der
Entstehung der Rechte eine Gleichrangigkeit analog § 879 I 2 (2) geschlossen, der
Versteigerungserlös sei nach der Höhe der jeweiligen Forderung verhältnismäßig zu
teilen[46]. Diese Lösung vermeidet eine wertende Entscheidung; sie ist auch nur salo-
monisch, wenn die gesicherten Forderungen annähernd gleich hoch sind. In solchen

---

[40] Vgl. Staudinger-Wiegand § 1225 Rn. 25 ff. mit Literatur. Zahlt der Grundstückseigentümer, der die Hypothek bestellt hat, so erwirbt er in gleicher Weise gemäß § 1143 die
gesicherte Forderung mit den Pfandrechten anteilsmäßig.

[41] Zur Gleichbehandlung dieser Sicherheiten einschließlich der Bürgschaft vgl. BGH 108,
179 ff.; BGH JuS 1993, 161 f.

[42] BGH NJW 1992, 1156 ff.

[43] Anders Nicolai, Vermieterpfandrecht und (Raum-)Sicherungsübereignung, JZ 1996, 219,
223, deren Begründung, § 562 gewähre ein vorrangiges Verwertungsrecht, eine reine peti-
tio principii darstellt.

[44] Vgl. etwa Serick, Eigentumsvorbehalt und Sicherungsübereignung, Bd. II, § 20 II 5;
Schwab-Prütting, Rn. 418.

[45] Vgl. mein Handbuch des Sachenrechts I § 9 VII 4 b cc.

[46] Vortmann, Raumsicherungsübereignung und Vermieterpfandrecht, ZIP 1988, 626, 628;
Weber/Rauscher, Die Kollision von Vermieterpfandrecht und Sicherungseigentum im Konkurs des Mieters, NJW 1988, 1571, 1572; Fischer, Vorrang des Vermieterpfandrechtes vor
dem Sicherungseigentum?, JuS 1993, 542, 544.

Fällen gleichzeitig entstehender Rechte ist es schwierig, ein zufriedenstellendes Kriterium für die Festlegung der Rangordnung zu finden. Am ehesten kann auch hier eine Lösung nach dem gesetzlich vorgegebenen, objektiv wertenden Prioritätsprinzip überzeugen. Da aber die kollidierenden Rechte – Vermieterpfandrecht und Sicherungsübereignung – gleichzeitig entstehen, so ist für das Prioritätsprinzip der Zeitpunkt entscheidend, in dem die rechtsgeschäftliche Grundlage für die jeweilige Verfügung gelegt wurde[47]. Für das Vermieterpfandrecht liegt die rechtsgeschäftliche Grundlage im Abschluß des Mietvertrages; er ist die rechtsgeschäftliche Voraussetzung für die Entstehung des Rechts. Wurde also die Sicherungsübereignung erst nach Abschluß des Mietvertrages vereinbart, genießt das Vermieterpfandrecht Priorität; denn der Vermieter durfte darauf vertrauen, daß die eingebrachten Sachen des Vermieters ihm hafteten. Wurde dagegen der Mietvertrag erst nach Bestellung des Sicherungseigentums geschlossen, so geht dieses jenem im Rang vor.

VIII. Gesetzliche Pfandrechte

a) Gemäß § 1257 sind auf gesetzlich entstandene Pfandrechte[48] die Vorschriften über rechtsgeschäftliche entsprechend anwendbar. Anwendbar ist z.B. § 1209 bezüglich des Ranges des gesetzlichen Pfandrechts, es entscheidet der Zeitpunkt des Entstehens des Rechts. Die Verwertung des Pfandrechts geschieht nach §§ 1228 ff., soweit keine Sonderregeln bestehen. Für besitzlose Pfandrechte können die Vorschriften nicht gelten, die Besitz des Gläubigers an der Pfandsache voraussetzen.

b) Fraglich ist, ob die Vorschriften über den *gutgläubigen Erwerb* (§§ 1207, 1208) auch auf gesetzliche Pfandrechte anwendbar sind. Für besitzlose Pfandrechte wird die Frage zutreffend allgemein verneint, für Besitzpfandrechte ist sie streitig. Heute spricht sich die h.M. zu Recht für die Möglichkeit eines gutgläubigen Erwerbs aus[49], die Mindermeinung, insbesondere die Rechtsprechung im Gefolge des BGH, dagegen[50]. Der h.M. ist zuzustimmen sie hat die besseren Argumente.

aa) Die Diskussion hat sich entzündet am Werkunternehmerpfand nach § 647: Ein Vorbehaltskäufer eines PKW gibt diesen zur Reparatur. Einig ist man sich darin, daß der Unternehmer geschützt werden muß, daß er den PKW nicht an den Eigentümer herausgeben muß, ohne den Werklohn empfangen zu haben. Die Rechtsprechung verneint die Möglichkeit eines gutgläubigen Pfandrechtserwerbs und gibt statt dessen dem Unternehmer das Zurückbehaltungsrecht nach § 1000.

Die h.M. hat die Möglichkeit eines gutgläubigen Erwerbs des Unternehmerpfandes bejaht. Ihr ist schon deshalb zuzustimmen, weil es keine brauchbare Alter-

---

[47] Vgl. mein Handbuch des Sachenrechts I § 9 VII 4 b cc, für den Fall einer hypothekarischen Haftung gemäß § 1120; ebenso nunmehr Krüger, JuS 1994, 905, 909.

[48] Eine Aufzählung gesetzlicher Pfandrechte findet sich z.B. bei Staudinger-Wiegand § 1257 Rn. 1; MünchenerK-Damrau § 1257 Rn. 1.

[49] Vgl. etwa H. Westermann (5. Aufl.) § 133 I; Baur-Stürner § 55 Rn. 40; MünchenerK-Damrau § 1257 Rn. 3; Staudinger-Wiegand § 1257 Rn. 14 mit Literatur in Rn. 11.

[50] Vgl. etwa BGH 34, 134 ff.; 34, 153 ff.; Palandt-Bassenge § 1257 Rn. 2; AlternK-Reich § 1257 Nr. 7; weitere Literatur bei Staudinger-Wiegand § 1257 Rn. 10.

native gibt. § 1000 auf einen berechtigten Besitzer anzuwenden, ist ein schwerer dogmatischer Mißgriff, der zwangsläufig zu immer neuen Schwierigkeiten führen muß[51]. Zudem können die Gründe gegen die Anwendung des § 1207 nicht überzeugen. Entgegen dem BGH[52] fordert die Interessenlage zum Schutz des Unternehmers sehr wohl die Zulassung eines gutgläubigen Erwerbs, wenn man nicht den Irrweg des § 1000 gehen will. Auch das Hauptargument, auf den gesetzlichen Pfandrechtserwerb könnten die Regeln über den gutgläubigen Erwerb nicht angewandt werden, überzeugt nicht. Mit Recht wird dagegen auf § 366 III HGB verwiesen. Die Vorschrift zeigt, daß unserem Rechtssystem die Anwendung von Gutglaubensvorschriften auf den gesetzlichen Erwerb keineswegs fremd ist. Sie ist immer dann zu bejahen, wenn der vom Gesetz angeordnete Erwerb nichts anderes ist als das, was die Parteien ohnehin regelmäßig vereinbaren[53], so daß in Wirklichkeit ein rechtsgeschäftlicher Erwerb vorliegt. Die Zulassung des gutgläubigen Erwerbs kann in diesen Fällen nichts Erstaunliches haben, wie auch die Möglichkeit des gesetzlichen gutgläubigen Erwerbs einer Hypothek nach §§ 1153 I, 892 zeigt[54].

bb) Unabhängig vom gutgläubigen Erwerb kann das Unternehmerpfandrecht auch dadurch entstehen, daß der Eigentümer der Begründung des Pfandrechts zustimmt, § 185 I analog. Eine Zustimmung muß man auch annehmen, wenn der Eigentümer den Besitzer zur Vornahme von Reparaturen ermächtigt oder gar verpflichtet. Eine gleichzeitige Erklärung, für die Kosten nicht aufkommen zu wollen, wäre eine unwirksame protestatio facto contraria.

IX. Pfändungspfandrecht

a) Neben dem vertraglichen und dem gesetzlichen gibt es als drittes das Pfändungspfandrecht. Es entsteht durch einen „hoheitlichen Staatsakt", die Pfändung durch den Gerichtsvollzieher, §§ 803 ff. ZPO. Durch die Pfändung wird die Sache verstrickt, was nicht mehr und nicht weniger als ein Verfügungsverbot i.S.v. §§ 135 f. BGB bewirkt[55]. Durch die Pfändung entsteht weiter ein Pfändungspfandrecht, § 804 ZPO, wenn die Voraussetzungen eines Pfandrechts gegeben sind: Die Pfändung muß zunächst wirksam sein. Es muß ferner eine zu sichernde Forderung des Gläubigers bestehen; die Forderung kann freilich vom Schuldner nicht mehr bestritten werden, wenn sie rechtskräftig oder rechtskraftfähig festgestellt ist. Die gepfändete Sache muß schließlich dem Schuldner gehören, einen gutgläubigen Erwerb des Pfändungspfandrechtes gibt es nicht. Für die Verwertung stellt die ZPO z.T. eigene Regeln auf, vgl. §§ 806, 813 ff. ZPO; im übrigen sind die Vorschriften

---

[51] Vgl. oben § 12 V 1 b. Die Rechtsprechung hat dazu geführt, daß die Unternehmer in den Allgemeinen Geschäftsbedingungen ein Pfandrecht vereinbaren, das als rechtsgeschäftliches Pfandrecht nach § 1207 auch gutgläubig erworben werden kann. Hier stellt sich das Problem des guten Glaubens des Unternehmers, vgl. oben III 2 b.

[52] BGH 34, 126 f.

[53] Vgl. oben VI 1 b.

[54] Vgl. unten § 27 II 4 a.

[55] Zum Verstrickungsbruch vgl. § 136 StGB.

des BGB anwendbar, § 804 II ZPO. Fehlt es z.B. an einer Voraussetzung für die Entstehung des Pfandrechtes, so daß dieses nicht existiert, so kann ein gutgläubiger Erwerber bei der Verwertung nach § 1244 doch Eigentum erwerben; der Erlös fällt in das Eigentum des früheren Sacheigentümers.

b) Die hier geschilderte Regelung, die früher h.M. war[56], wird heute von der h.M. abgelehnt. Man kommt dazu durch unhaltbare Schlüsse aus der an sich richtigen Tatsache, daß die Pfändung und Verwertung der Pfandsache „hoheitliche Akte" darstellen[57]. Aus der „Hoheitlichkeit" des Verwertungsaktes leitet man die Folgerung ab, daß dessen Wirkungen viel weiter gehen müßten als eine privatrechtliche Versteigerung; so soll bei der Pfändung und Verwertung einer schuldnerfremden Sache der Ersteher auch dann Eigentum erwerben, wenn er bösgläubig war. Richtig ist, daß der Staat einem Bürger sein Eigentum entziehen kann, etwa durch Enteignung. Festzustellen aber bleibt, ob er einem unbeteiligten Dritten sein Eigentum auch entziehen will, welche Interessen er an einem solchen unrechtmäßigen Vorgehen haben könnte. Die h.M. übersieht, daß die Interessen des Staates und seiner „Hoheit" bei der Pfändung und Pfandverwertung überhaupt nicht betroffen sind. Betroffen sind allein die Interessen des Gläubigers, des Schuldners und dritter Eigentümer, auf deren Rücken der Streit um die Wirkung „hoheitlichen" Handelns ausgetragen wird. Die h.M. erliegt dem offenbar überschätzten Charisma der Staatshoheit, welches sie an einer sachgerechten Interessenabwägung hindert[58]. Auch ein Profilierungsbedürfnis gegenüber dem Zivilrecht ist kein hinreichender Grund, die Interessen der Beteiligten hintanzusetzen[59].

Die h.M. tritt in der Form der „öffentlichrechtlichen Theorie" und der gemischten „privatöffentlichrechtlichen Theorie" auf, die sich in den Ergebnissen nicht unterscheiden[60]. Die öffentlichrechtliche Theorie[61] baut völlig auf der sekundären Verstrickung auf, auf ihr beruhe auch das Verwertungsrecht. Daß sie daneben noch ein „öffentlichrechtliches Pfandrecht" fingiert, ist eigentlich überflüssig. Wird eine schuldnerfremde Sache veräußert, so wird der Erwerber auch dann Eigentümer, wenn er bösgläubig ist. Inkonsequent ist es aber, wenn man dem Eigentümer der verwerteten Sache einen Ausgleichsanspruch (§ 812) gegen den Gläubiger gibt. Ein Pfandrecht, auch ein öffentlichrechtliches, wird sinnlos, wenn es dem Gläubiger nicht das Recht gibt, die Sache zu verwerten und den Erlös zu seiner Befriedigung zu behalten[62].

---

[56] Vgl. etwa Biermann 1 vor § 1204; Kretzschmar 4 vor § 1204; Planck-Brodmann § 1257 N. 4 a α, β; weitere Lit. bei Säcker, JZ 1971, 157 Fn. 3, 4.

[57] Vgl. dazu Säcker, JZ 1971, 156 ff.

[58] Was man von dieser „Hoheit" zu halten hat, zeigt eindringlich Pesch, JR 1993, 358 ff., der auch überzeugend nachweist, daß die „öffentlichrechtliche Theorie" gegen Art. 14 GG verstößt.

[59] Vgl. Säcker, JZ 1971, 160.

[60] Innerhalb der jeweiligen Theorien gibt es allerdings erhebliche Differenzierungen. Zu den einzelnen Theorien vgl. Werner, Die Bedeutung der Pfändungspfandrechtstheorien, JR 1971, 278 ff.

[61] Vgl. die Lit. bei Jauernig, Zwangsvollstreckung § 16 III A 3.

[62] Jauernig, Zwangsvollstreckung § 16 III C 3. Diejenige Variante der öffentlichrechtlichen Theorie, die dem Gläubiger den Erlös aus einer schuldnerfremden Sache endgültig beläßt, ist zwar konsequent, tritt die Interessen der Beteiligten aber noch stärker mit Füßen, vgl. Jauernig a.a.O.

Kaum weniger inkonsequent und in den Ergebnissen gleich ist die gemischte Theorie[63]. Welchen Sinn kann es haben, einem unbeteiligten Dritten sein Eigentum zugunsten eines bösgläubigen Erwerbers zu entziehen? Würde etwa die Staatshoheit darunter leiden, wenn man durch Anwendung der zivilrechtlichen Regeln zum interessengemäßen Ergebnis käme? Die gleiche Frage stellt sich, wenn es zwar um eine Sache des Schuldners geht, die Forderung aber nicht besteht. Natürlich kann der Schuldner die Schuld nicht mehr bestreiten, wenn sie rechtskräftig festgestellt ist. Hat er sie aber danach beglichen, so erlischt das Pfandrecht. Weiß der Ersteher das, so soll er entgegen § 1244 doch Eigentümer werden. Was zwingt dazu, einen Bösgläubigen zu begünstigen?

Die gemischte Theorie begründet das Verwertungsrecht allein auf der Verstrikkung, es kennt daneben aber noch ein davon unabhängiges Pfandrecht, das nur entsteht, wenn die zivilrechtlichen Voraussetzungen gegeben sind: Bestehen einer Forderung, Eigentum des Schuldners an der Pfandsache. Von diesem Pfandrecht ist zwar nicht das Verwertungsrecht des Gläubigers abhängig, wohl aber die Frage, ob der Erlös ihm gebührt: Fehlt es am Pfandrecht, so haftet er dem früheren Eigentümer der Pfandsache gemäß § 812 auf Herausgabe des Erlöses. Hier tritt eine andere, aber ähnliche Inkonsequenz zu Tage wie bei der öffentlichrechtlichen Theorie. Das Vollstreckungsverfahren soll den Gläubiger befriedigen, ein Recht zur Verwertung einer Sache ist völlig sinnlos, wenn der Gläubiger den Erlös nicht behalten kann.

Nicht interessengerecht ist es umgekehrt, wenn die h.M. die Möglichkeit des Eigentumserwerbs durch den Ersteher grundsätzlich verneint, wenn keine wirksame Pfändung (Verstrickung) vorliegt. Zutreffend weist Lindacher[64] darauf hin, daß die Interessenlage den Schutz des gutgläubigen Erstehers fordere; damit ist § 1244 zur Geltung gebracht.

Aus diesen Gründen ist der Anwendung der §§ 1228 ff. auf die Verwertung des Pfändungspfandes der Vorzug zu geben, die abgewogene gesetzliche Regelung wird den Interessen der Beteiligten gerecht[65]. Daß ein privatrechtliches Pfandrecht nicht die Grundlage staatlicher Zwangsverwertung sein könne, leuchtet nicht ein angesichts der Tatsache, daß das gesamte Vollstreckungsverfahren auf dem zivilrechtlichen Anspruch des Gläubigers basiert.

---

[63] Vgl. die Lit. bei Jauernig, Zwangsvollstreckung § 16 III A 2.

[64] Lindacher, Fehlende oder irreguläre Pfändung und Wirksamkeit des vollstreckungsrechtlichen Erwerbs, JZ 1970, 360, 362; Bruns-Peters, Zwangsvollstreckungsrecht (2. Aufl. 1976) § 22 IV c.

[65] So Säcker, JZ 1971, 156 mit Lit. in Fn. 2, 3; Staudinger-Wiegand § 1257 Anhang Rn. 29; E. Wolf § 8 J II c; Wolff-Raiser § 167 Fn. 7; Pinger, Der Gläubiger als Ersteigerer einer schuldnerfremden Sache, JR 1973, 94 ff.; Hager, Beiträge für Canaris 1 ff.; Marotzke, Öffentlich-rechtliche Verwertungsmacht und Grundgesetz, NJW 1978, 133 ff.; Bruns-Peters (a.a.O.) § 22 IV 4 a, b sowie die in diesen Werken angegebene weitere Literatur; vgl. ferner oben § 10 V 5 c Fn. 68.

§ 16. Nießbrauch und Pfandrecht an Rechten

„Dingliche Rechte" an Rechten sind strenggenommen ein Fremdkörper im Sachenrecht, doch werden sie schon seit dem römischen Recht kraft Sachzusammenhangs bei den dinglichen Rechten an Sachen behandelt[1].

I. Nießbrauch an Rechten

Ein Nießbrauch an einzelnen Rechten kommt nicht gerade häufig vor, am ehesten an Wertpapieren (Aktien, Schuldverschreibungen) und an Hypotheken, so daß dem Inhaber des Nießbrauchs die Erträge und Zinsen des Rechts zukommen. Häufiger entsteht ein Nießbrauch an Rechten, wenn ein Nießbrauch an einem ganzen Vermögen bestellt wird.

1. Entstehung des Nießbrauchs an Rechten

a) Mit einem Nießbrauch belastbar sind alle Rechte, soweit sie übertragbar sind, § 1069 II. Die Bestellung des Nießbrauchs erfolgt in der Form, die auch für die Übertragung des Rechts erforderlich ist, § 1069 I, denn die Belastung des Rechts mit einem Nießbrauch (oder Pfandrecht) ist im Ergebnis nichts anderes als eine Teilabtretung des Rechts.

b) Ein Nießbrauch an Rechten kann grundsätzlich nur vom Berechtigten erworben werden, gutgläubig vom Nichtberechtigten nur dann, wenn besondere Vorschriften dies zulassen, insbesondere bei Sachenrechten. So kann unter den Voraussetzungen des § 405 ein Nießbrauch an einer nicht bestehenden Forderung erworben werden[2]. Ein Scheinerbe kann gemäß § 2366 einem Gutgläubigen einen Nießbrauch an einem Nachlaßgegenstand verschaffen. Auch nach §§ 932, 892, 1138 ist gutgläubiger Erwerb eines Nießbrauchs möglich. War das Recht bereits belastet, z.B. mit einem Pfandrecht, so kann gutgläubig der Vorrang erworben werden, z.B. nach § 892.

2. Inhalt des Nießbrauchs an Rechten

a) Auf den Nießbrauch an Rechten finden die Vorschriften entsprechende Anwendung, die für den Sachnießbrauch gelten, vgl. § 1068 II. Besteht der Nießbrauch

---

[1] Zu den Rechten an Rechten vgl. auch oben § 1 II 2 c.
[2] Der Schuldner wird zugunsten des Nießbrauchers so behandelt, als bestünde die Schuld.

an einem Recht, welches zur Ziehung natürlicher Früchte berechtigt, so wird der Nießbraucher in gleicher Weise Eigentümer, als wenn er Inhaber des Rechtes wäre. Im übrigen entsteht zwischen dem Nießbraucher und dem Inhaber des belasteten Rechts ein gesetzliches Schuldverhältnis nach den §§ 1034–1066[3].

b) Bei einem Recht, kraft dessen eine Leistung gefordert werden kann (Forderungen, Reallasten, Grundschulden), darf die Stellung des Schuldners durch die Bestellung des Nießbrauchs nicht verschlechtert werden. Gemäß § 1070 I wird er in gleicher Weise geschützt wie bei der Übertragung des Rechts, die §§ 404–411 sind anwendbar, ferner die §§ 1107, 1156, 1158 f., 1192 II, 1200 I für Reallasten und Grundpfandrechte. Zahlt etwa der Schuldner die Zinsen an den Inhaber des Rechts, weil er von der Bestellung des Nießbrauchs nichts weiß, so wird er nach § 407 I frei.

c) Das mit dem Nießbrauch belastete Recht kann rechtsgeschäftlich nur dann aufgehoben werden, wenn der Nießbraucher zustimmt; dasselbe gilt für eine Inhaltsänderung des Rechts, welche den Nießbrauch beeinträchtigt, § 1071. Eine Aufhebung oder Änderung ohne Einwilligung ist relativ unwirksam[4].

3. Erlöschen des Nießbrauchs an Rechten

Der Nießbrauch an Rechten erlischt aus den gleichen Gründen wie ein Nießbrauch an Sachen[5]. Gemäß § 1072 sind auch die §§ 1063, 1064 anwendbar. Das bedeutet, daß der Nießbrauch an einem Recht erlischt, wenn er mit dem Recht selbst in einer Hand zusammentrifft, auch wenn das belastete Recht ein Recht an einem Grundstück ist; § 889 ist also nicht entsprechend anwendbar.

4. Nießbrauch an Forderungen

In den §§ 1074–1080 stellt das Gesetz spezielle Regeln für den Nießbrauch an Forderungen auf. Den Forderungen werden in § 1080 Grund- und Rentenschulden gleichgesetzt. Das Gesetz unterscheidet zwischen verzinslichen (§§ 1076–1079) und unverzinslichen Forderungen (§§ 1074–1075).

a) Bei unverzinslichen Forderungen kann der Nießbraucher aus der Forderung selbst keine Nutzungen ziehen. Nutzen kann er nur den Leistungsgegenstand, auf welchen die Forderung gerichtet ist. Der Nießbraucher ist daher berechtigt, die Forderung einzuziehen und – falls erforderlich – zu kündigen, § 1074, 1. Das Einziehungsrecht umfaßt alle Rechtshandlungen, die zur Einziehung und Durchsetzung der Forderung erforderlich sind. Der Nießbraucher ist nicht nur berechtigt, die Forderung einzuziehen; gemäß § 1074, 2 ist er dem Gläubiger gegenüber verpflichtet, für eine ordnungsgemäße Einziehung zu sorgen.

Der Schuldner wird frei, wenn er an den Nießbraucher leistet; eine Leistung an den Gläubiger befreit ihn im Rahmen der §§ 1070, 407 I. Mit der Leistung an den

---

[3] Vgl. oben § 14 I 1 d.
[4] Vgl. Palandt-Bassenge § 1071 Rn. 1; vgl. auch § 1276, unten II 3 d, und § 876, unten § 20 I 5 a bb.
[5] Vgl. oben § 14 I 2 c.

Nießbraucher erwirbt der Gläubiger den Leistungsgegenstand zu Eigentum, § 1075 I, der Nießbraucher vertritt ihn von Gesetzes wegen[6]; der Nießbraucher erwirbt den Nießbrauch am Leistungsgegenstand, § 1075 I. Ist der Schuldner nicht Eigentümer der zu übereignenden Sache, so kommt gutgläubiger Erwerb in Betracht, wobei auf den guten Glauben des Nießbrauchers abzustellen ist, entsprechend § 166.

b) Beim Nießbrauch an verzinslichen Forderungen gelten die §§ 1076–1079. Der Nießbraucher erwirbt mit der Bestellung des Nießbrauchs den Anspruch auf die Zinsen. Wird die Forderung fällig, so muß sie an den Gläubiger und an den Nießbraucher gemeinsam zurückgezahlt werden, § 1077 I 1; mit der Auszahlung an beide wird der Gläubiger Eigentümer des Geldes, der Nießbraucher erlangt den Nießbrauch daran.

Ist die Forderung nicht fällig, so kann die Kündigung nur gemeinschaftlich durch den Gläubiger und den Nießbraucher geschehen, der Schuldner kann nur beiden gegenüber kündigen, § 1077 II. Keiner von beiden ist aber zur Mitwirkung verpflichtet, wenn der andere das Kapital aufkündigen will. Eine Ausnahme gilt gemäß § 1078, 2, wenn die Einziehung der Forderung aus Sicherheitsgründen geboten ist.

Da das eingezogene Kapital dem Nießbraucher keine Nutzungen mehr bringt, sind Nießbraucher und Gläubiger verpflichtet, gemäß § 1079, 1 bei der mündelsicheren Anlage[7] des Kapitals mitzuwirken.

5. Nießbrauch an Wertpapieren

An Inhaberpapieren und blankoindossierten Orderpapieren wird ein Nießbrauch nach § 1032 durch Einigung und Übergabe bestellt; der Inhalt des Nießbrauchs ist in den §§ 1081–1084 speziell geregelt. Für andere Wertpapiere gelten die allgemeinen Regeln. Ein Nießbrauch an Rektapapieren wird durch Nießbrauchbestellung an der Forderung bestellt, §§ 1069, 398. An Orderpapieren wird ein Nießbrauch durch Einigung, Übergabe und Indossament bestellt.

II. Pfandrecht an Rechten

1. Belastbare Rechte

a) Gegenstand des Pfandrechts kann auch ein Recht sein, § 1273 I; Voraussetzung ist zunächst, daß das Recht übertragbar ist, § 1274 II; nicht übertragbare Rechte können nicht verpfändet werden[8]. Da das Pfandrecht die Befriedigung der gesicherten Forderung garantieren soll, muß das belastete Recht ferner einen Vermögenswert haben und selbständig durch Zwangsvollstreckung (§ 1277) oder Einziehung (§ 1282) verwertbar sein.

---

[6] Beispiel: K hat von V eine Sache gekauft, dem N hat er an der Forderung aus § 433 I gegen V einen Nießbrauch bestellt. Liefert V die Sache an N, so wird K Eigentümer.
[7] Vgl. §§ 1806 ff.
[8] Auch die Pfändung ist nach § 851 ZPO ausgeschlossen.

b) Abgesehen von diesen Ausnahmen können alle Rechte verpfändet werden. Das gilt auch für bedingte und betagte Rechte sowie für künftige Rechte, §§ 1204 II, 1273 II. Das Rechtsverhältnis, aus welchem das verpfändete Recht entstehen soll, muß zur Zeit der Verpfändung noch nicht bestehen[9]. Das Pfandrecht entsteht erst dann, wenn das verpfändete Recht tatsächlich zur Entstehung gelangt; zu dieser Zeit muß die Verfügungsmacht des Zedenten noch bestehen[10]. Verpfändbar sind auch Naturalobligationen[11].

2. Entstehung des Pfandrechts

a) Die Verpfändung eines Rechts geschieht in gleicher Weise wie dessen Übertragung, § 1274 I 1, regelmäßig also durch bloße Einigung, vgl. §§ 398, 413. Ist für die Übertragung des Rechts eine Form einzuhalten, so gilt das auch für die Verpfändung, z.B. bei der Verpfändung einer Anweisung, § 792.

b) Der Grundsatz des § 1274 I 1, wonach die Verpfändung wie die Übertragung erfolgt, gilt auch für Forderungen. Kann die Übertragung aber durch einen bloßen Abtretungsvertrag nach § 398 geschehen, so bedarf es bei der Verpfändung zusätzlich der Verpfändungsanzeige durch den Gläubiger an den Schuldner, § 1280. Diese Sonderregelung für Forderungen gilt also immer dann, wenn die Abtretung über die Einigung hinaus keine weiteren Voraussetzungen erfordern würde.

Die Anzeige nach § 1280 ist eine einseitige, formfreie, empfangsbedürftige Willenserklärung. Der verpfändende Gläubiger der Forderung muß die Verpfändung dem Schuldner anzeigen, so daß der Schuldner erkennen kann, daß der Gläubiger die Verpfändung gegen sich gelten lassen will[12]. Fehlt die Anzeige, so ist die Verpfändung unwirksam. Die Anzeige kann nachgeholt werden[13], solange dem Verpfänder die Verfügungsmacht über die verpfändete Forderung zusteht.

c) Gutgläubiger Erwerb eines Pfandrechts an Rechten von einem Nichtberechtigten ist nur ausnahmsweise möglich, vgl. §§ 405, 2366 f. Ausnahmen gelten für Wertpapiere; Inhaberpapiere können nach den §§ 932 ff. gutgläubig erworben werden, Orderpapiere nach § 365 HGB, Art. 16 II WG, Art. 21 ScheckG[14]. Bei Pfandrechten an Grundstücksrechten sind die §§ 892 f., 1138 usw. anwendbar.

---

[9] Vgl. RG 55, 334 f.; 82, 229; Soergel-Mühl § 1273 Rn. 3; MünchenerK-Damrau § 1273 Rn. 4.
[10] Vgl. BGH 70, 94; Medicus, JuS 1967, 385 ff.; Staudinger-Wiegand § 1273 Rn. 16; MünchenerK-Damrau § 1273 Rn. 4.
[11] Planck-Flad § 1273 N. 1; Wolff-Raiser § 176 VI.
[12] Es genügt keineswegs, daß der Schuldner die Verpfändung auf anderem Wege erfährt, RG 89, 289 f.
[13] Der Verpfänder ist dem Gläubiger aufgrund des Vertrages, in welchem er sich zur Bestellung des Pfandrechts verpflichtet, auch zur Vornahme der Anzeige verpflichtet.
[14] Vgl. oben § 10 III 7 a.

3. Inhalt des Pfandrechts

a) Für das Pfandrecht an Rechten gelten gemäß § 1273 II die Regeln über das Pfandrecht an Sachen entsprechend, wobei § 1208 und § 1213 II ausgeschlossen sind. Freilich wird man die Möglichkeit einer sinnvollen Anwendung der einzelnen Vorschriften jeweils prüfen müssen. Für Einzelheiten sei auf die Kommentare verwiesen[15].

Besondere Regeln für das Pfandrecht an Rechten bringen die §§ 1275–1278. Ist ein Recht verpfändet, kraft dessen eine Leistung gefordert werden kann (Forderung, Reallast, Grundschuld), so wird der Verpflichtete in gleicher Weise geschützt wie bei der Übertragung des Rechts, § 1275[16]; es sind die §§ 404–411 anwendbar[17].

b) Anders als das Sachpfandrecht kann das Pfandrecht an einem Recht nur aufgrund eines vollstreckbaren Titels nach den Regeln der Zwangsvollstreckung verwertet werden, § 1277, 1. Es muß sich um einen Titel gegen den Inhaber des verpfändeten Rechts handeln, gerichtet auf Duldung der Zwangsvollstreckung oder Befriedigung aus dem Recht[18]. Die Verwertung geschieht nach den §§ 828 ff. ZPO, sie kann erfolgen durch Überweisung zur Einziehung oder an Zahlungs Statt, §§ 835 ff., 857 I ZPO; durch Verkauf, sei es in öffentlicher Versteigerung oder durch freihändigen Verkauf, z.B. bei Wertpapieren, vgl. § 821 ZPO oder aufgrund gerichtlicher Anordnung, §§ 844, 857 V ZPO; schließlich kann die Verwertung auf gerichtliche Anordnung auch auf andere Art erfolgen, §§ 844, 857 IV ZPO. Zur Durchführung des Vollstreckungsverfahrens muß das Recht nicht nochmals gepfändet werden[19]. Die Parteien können eine andere Art der Verwertung vereinbaren, § 1277.

c) Das Pfandrecht an Rechten kann nur zusammen mit der gesicherten Forderung übertragen und belastet werden, gesicherte Forderung und Pfandrecht können nicht getrennt werden, es gilt § 1250.

d) Das Pfandrecht am Recht erlischt, wenn das belastete Recht untergeht, doch kann gemäß § 1276 das verpfändete Recht rechtsgeschäftlich nur mit Zustimmung des Pfandgläubigers aufgehoben werden[20]. Diese Regelung stellt ein allgemeines Prinzip dar, vgl. §§ 876, 1071. Ebenso wie die Aufhebung des verpfändeten Rechts kann auch seine Abänderung rechtsgeschäftlich nur mit Zustimmung des Pfandgläubigers erfolgen, sofern die Abänderung das Pfandrecht beeinträchtigt.

Durch das Zusammenfallen von Berechtigung und Verpflichtung bei einer verpfändeten Forderung erlischt zwar die Forderung, nicht aber das Pfandrecht daran; im Hinblick auf das Pfandrecht besteht die Forderung weiter[21]. Der erste Entwurf

---

[15] Vgl. insbesondere die Kataloge bei Palandt-Bassenge § 1273 Rn. 2 ff.; Staudinger-Wiegand § 1273 Rn. 19 ff.; MünchenerK-Damrau § 1273 Rn. 7 ff.

[16] § 1275 entspricht dem § 1070 beim Nießbrauch, vgl. oben I 2 b.

[17] Ist eine hypothekarisch gesicherte Forderung verpfändet, so gelten die §§ 1275, 404 ff. nur für die Forderung, vgl. § 1256.

[18] In Ausnahmefällen ist ein Titel nicht erforderlich, vgl. §§ 1282, 1291, 1293, 1295.

[19] Anders die h.M., vgl. etwa Palandt-Bassenge § 1277 Rn. 2.

[20] Vgl. hierzu die Regelung beim Nießbrauch, oben I 2 c, und bei den Grundstücksrechten, unten § 20 I 5 a bb.

[21] Zur entsprechenden Regelung beim Nießbrauch vgl. oben I 2 c.

hatte dies in § 1223 ausdrücklich vorgeschrieben, die zweite Kommission strich es als selbstverständlich[22]. Fallen dagegen Schuldner und Gläubiger der gesicherten Forderung zusammen, so erlischt diese durch Konfusion und das Pfandrecht geht nach § 1252 unter.

4. Pfandrecht an Forderungen

Für das Pfandrecht an Forderungen hat das Gesetz in den §§ 1280–1290 besondere Regeln aufgestellt, welche die §§ 1273–1278 ergänzen, vgl. § 1279. Für die Verpfändung ist gemäß § 1280 die Anzeige an den Schuldner erforderlich, wenn die Forderung durch bloßen Abtretungsvertrag übertragen werden kann, vgl. dazu oben 2 b.

a) Ist die Pfandreife noch nicht eingetreten, die gesicherte Forderung also noch nicht fällig, § 1228 II, so bestimmen sich die Rechte des Pfandgläubigers nach §§ 1281, 1283–1286. Natürlich kann die verpfändete Forderung erst dann eingezogen werden, wenn sie fällig ist. Ist sie fällig, so steht das Recht zur Einziehung nur dem Gläubiger und Pfandgläubiger gemeinschaftlich zu, § 1281. Bewegliche Sachen muß der Schuldner dem Pfandgläubiger und Gläubiger zu einfachem, unmittelbarem Mitbesitz übertragen und sie dem Gläubiger übereignen. Bei einem Anspruch auf Übereignung eines Grundstücks kann der Pfandgläubiger nicht verlangen, Mitbesitz zu erhalten. Die Auflassung muß gegenüber dem Gläubiger und Pfandgläubiger erfolgen oder gegenüber dem Gläubiger mit Zustimmung des Pfandgläubigers; immer geht die Einigung auf Eigentumserwerb nur des Gläubigers, der auch allein als Eigentümer eingetragen wird. Leistet der Schuldner in Unkenntnis der Verpfändung nur an den Gläubiger, so wird er nach §§ 1275, 407 frei.

Hat der Schuldner gemäß § 1281 geleistet, so greift bezüglich des geleisteten Gegenstandes das Surrogationsprinzip ein, § 1287. Bei beweglichen Sachen wird der Gläubiger aufgrund der Übereignung Eigentümer[23], der Pfandgläubiger erwirbt gemäß § 1287, 1 ein Pfandrecht daran; entsprechendes gilt für geleistete Rechte. War ein Auflassungsanspruch verpfändet, so erwirbt der Pfandgläubiger an dem Grundstück eine Sicherungshypothek, sobald der Gläubiger das Eigentum erworben hat, § 1287, 2.

b) Ist die gesicherte Forderung fällig, so verstärken sich die Rechte des Pfandgläubigers. Ist die verpfändete Forderung noch nicht fällig, so kann ein eventuell bestehendes Kündigungsrecht sowohl vom Gläubiger wie vom Pfandgläubiger ausgeübt werden, § 1283 III. Ist die verpfändete Forderung fällig, so kann der Pfandgläubiger sich daraus befriedigen. Die Verwertung kann im Wege der Zwangsvollstreckung erfolgen, wie sie allgemein für Rechte vorgesehen ist[24], § 1277; statt dessen gibt das Gesetz dem Pfandgläubiger bei Forderungen eine einfachere Art der

---

[22] Protokolle 4349 (Mugdan 3, 957).

[23] Eventuell gutgläubig, wenn der Veräußerer nicht Eigentümer ist; entscheidend ist der gute Glaube des Gläubigers. Erwirbt der Gläubiger kein Eigentum, tritt die Surrogation nicht ein.

[24] Vgl. oben 3 b.

Verwertung, § 1282 I: Der Pfandgläubiger kann die verpfändete Forderung außergerichtlich einziehen; er allein ist insoweit verfügungsberechtigt. Geldforderungen darf er nur in Höhe seiner eigenen, gesicherten Forderung einziehen, § 1282 I 2. Ist die verpfändete Geldforderung durch ein Pfandrecht oder eine Hypothek gesichert, so kann der Pfandgläubiger auch diese Nebenrechte geltend machen, das Pfandrecht erstreckt sich auch hierauf.

Der Pfandgläubiger ist zur Einziehung der verpfändeten Forderung nicht nur berechtigt, er ist im Interesse des Gläubigers zur ordnungsgemäßen Einziehung verpflichtet, § 1285 II 1.

Hat der Pfandgläubiger die Forderung eingezogen, so greift dingliche Surrogation gemäß § 1287 ein, vgl. oben a. Sie greift nur ein, wenn gemäß § 1282 an den Pfandgläubiger geleistet wird. Hat der Pfandgläubiger eine Geldforderung eingezogen, so gilt seine Forderung als berichtigt, soweit ihm der eingezogene Betrag gebührt, § 1288 II. Insoweit erwirbt er das Eigentum am eingezogenen Geld[25]. Die verpfändete Forderung erlischt durch Erfüllung, eventuell bestehende weitere Pfandrechte daran erlöschen ebenfalls.

Ist die verpfändete Forderung verzinsbar, so kann der Pfandgläubiger die laufenden Zinsen einziehen und behalten, falls ihm ein Nutzungspfand (§ 1213) bestellt wurde. Andernfalls ergreift das Pfandrecht auch die Zinsforderung, § 1289, 1.

5. Pfandrecht an Wertpapieren

Für *Rektapapiere* bleibt es bei dem Grundsatz des § 1274 I 1, daß die Verpfändung in gleicher Weise erfolgt wie die Übertragung des Rechts. Diese Regel gilt auch für *Orderpapiere*; *Inhaberpapiere* werden gemäß § 1293 wie bewegliche Sachen nach den §§ 1204 ff. verpfändet.

Die Verwertung geschieht nach den allgemeinen Regeln der §§ 1277, 1282, bei Inhaberpapieren nach § 1233. Die Einziehung der Forderung gemäß § 1282 kann bei Order- und Inhaberpapieren nach § 1294 auch dann allein durch den Pfandgläubiger erfolgen, wenn die gesicherte Forderung noch nicht fällig ist; der Schuldner kann sich nur durch Leistung an den Pfandgläubiger befreien. Orderpapiere, die einen Börsen- oder Marktwert haben, können gemäß § 1295 freihändig nach den Regeln des § 1221 verkauft werden. Das Pfandrecht an einem Wertpapier erstreckt sich gemäß § 1296 nicht ohne weiteres auf Nebenpapiere wie Zins-, Renten-, Gewinnanteilscheine; diese Nebenpapiere müssen selbständig verpfändet und dem Pfandgläubiger übergeben werden.

---

[25] Vgl. § 1247, 1; oben § 15 V 4 c, d.

§ 17. Anwartschaft des Vorbehaltskäufers

Anwartschaften sind Erwerbsaussichten, also die begründete Erwartung, ein Recht zu erwerben. „Anwartschaft" ist keineswegs ein fester juristischer Begriff, es gibt Anwartschaften der verschiedensten Art, mit mehr oder weniger sicherer Erwerbsaussicht, und jede dieser „Anwartschaften" folgt ihren eigenen Regeln[1]. Die Anwartschaft des Vorbehaltskäufers ist ein dingliches Erwerbsrecht, welches das Eigentum belastet. Nur von dieser Anwartschaft ist im folgenden die Rede.

I. Entstehung der Anwartschaft

Um alle Konstruktionszweifel aus dem Weg zu räumen, hat das Gesetz in § 449 I eine Vermutung aufgestellt: Hat sich der Verkäufer das Eigentum vorbehalten, so ist darin im Zweifel eine Übereignung unter der aufschiebenden Bedingung zu sehen, daß der Kaufpreis vollständig gezahlt werde. Durch die Vereinbarung über den Eigentumsvorbehalt werden sowohl der Kaufvertrag als auch die Übereignung modifiziert; die Vereinbarung kann auch konkludent getroffen werden[2].

Der Vorbehaltskauf umfaßt somit drei verschiedene Rechtsgeschäfte: 1). einen Kaufvertrag nach §§ 433 ff.; 2). eine Übereignung nach § 929, 1; 3). eine Vorbehaltsabrede, nach welcher die ersten beiden Teile für den Zweck eines Ratenkaufes modifiziert werden: Im Kaufvertrag wird die Pflicht des Käufers zur sofortigen Zahlung des Kaufpreises in eine künftige Verpflichtung zur Zahlung von Raten umgewandelt. Die Pflicht des Verkäufers zur sofortigen Übereignung wird umgewandelt in die Pflicht, die Sache zwar sofort zu übereignen, der Erfolg soll aber erst bei vollständiger Zahlung des Kaufpreises eintreten. Durch die bedingte Übereignung erwirbt der Käufer eine dingliche Anwartschaft, die ihm den Erwerb des Eigentums sichert. Wie immer im deutschen Recht ist die dingliche Verfügung, welche das Eigentum des Verkäufers mit der Anwartschaft des Käufers belastet, gemäß dem Abstraktionsprinzip unabhängig vom Bestehen des Kaufvertrags[3], was von der h.M. allerdings verkannt wird. Die Anwartschaft macht jedoch keine Ausnahme von diesem Grundprinzip des deutschen Zivilrechts.

---

[1] Vgl. etwa unten § 20 I 2 d zu § 873.
[2] Vgl. etwa OLG Köln WM 1996, 214: Nachfolgende Bestellungen nach vorangegangenen Lieferungen mit schriftlichem Eigentumsvorbehalt.
[3] Vgl. unten 2 a und III 2 c cc.

1. Kaufvertrag

Durch den Vorbehaltskauf wird die Pflicht der Parteien zu sofortiger Leistung (§§ 433, 320, 271 I) vertraglich abgeändert. Dem Käufer wird eine Zahlungsfrist gewährt, meist in der Form der Ratenzahlung[4]. Der Verkäufer muß dem Käufer sofort den Besitz der Sache verschaffen, der Käufer hat also gegen den Verkäufer ein vertragliches Recht zum Besitz und zur Nutzung der Sache. Die Verpflichtung zur sofortigen Übereignung der Sache wird aufgehoben und ersetzt durch die Verpflichtung, die Sache sofort, aber unter der aufschiebenden Bedingung zu übereignen, daß der Kaufpreis vollständig gezahlt werde.

Kommt der Käufer mit der Zahlung des Kaufpreises in Verzug, so kann der Verkäufer nicht mehr ohne weiteres vom Kaufvertrag zurücktreten[5]. Er muß vielmehr die Voraussetzungen der §§ 323 f. beachten, insbesondere eine Nachfrist setzen. Bei Verbrauchergeschäften ist § 503 II zu beachten: Der Rücktritt ist nur unter den Voraussetzungen des § 498 möglich.

2. Übereignung

Der Eigentumsvorbehalt dient einmal der Sicherung des Verkäufers. Um sie zu erreichen, hätte es ausgereicht, die Übergabe sofort, die Übereignung erst nach vollständiger Zahlung des Kaufpreises vorzunehmen. Eine solche Regelung wäre aber für den Käufer, insbesondere bei Ratenzahlung, unbefriedigend. Er wäre ungesichert und den Verfügungen des Verkäufers über die Sache sowie dem Zugriff seiner Gläubiger darauf ausgesetzt. Aus diesem Grund sieht das Gesetz in § 449 I im Eigentumsvorbehalt eine sofortige, aber aufschiebend bedingte Übereignung der Sache; Bedingung ist die Zahlung des Kaufpreises. Auf diese Weise soll dem Käufer eine dingliche Rechtsposition eingeräumt werden, welche ihn gegen die genannten Gefahren schützt: die Anwartschaft.

a) Die Anwartschaft entsteht durch die aufschiebend bedingte Einigung über die Eigentumsübertragung und die Übergabe bzw. ein Übergabesurrogat entsprechend den §§ 929 ff. War der Verkäufer nicht Eigentümer, so kann der Käufer die Anwartschaft entsprechend den §§ 932–935 erwerben (gutgläubiger Ersterwerb[6]).

Problematisch ist die Frage nach dem Zusammenhang zwischen dem Entstehen und Fortbestehen der Anwartschaft und dem schuldrechtlichen Grundgeschäft. Nach h.M. besteht ein Abhängigkeitsverhältnis, so daß ohne wirksamen Kauf keine Anwartschaft bestehen kann[7]. Das wird damit begründet, daß ohne einen wirk-

---

[4] Für die Wirksamkeit des Vertrages sind in diesem Fall zu beachten §§ 499 II, 501–503 (Teilzahlungsgeschäfte), § 312 (Haustürgeschäfte), §§ 312 b – 312 d (Fernabsatzverträge). Zum Widerrufsrecht bei Sicherungsgeschäften als Haustürgeschäften vgl. BGH NJW 2006, 845 mit Besprechung Kulke, NJW 2006, 2223 ff.

[5] Zu den Neuerungen der Schuldrechtsreform für den Eigentumsvorbehalt vgl. Habersack-Schürnbrand, JuS 2002, 833 ff.

[6] Dazu und zum gutgläubigen Zweiterwerb unten III 1 b.

[7] Vgl. etwa BGH 75, 225; Westermann-Gursky § 45 III 1 d; Baur-Stürner § 59 Rn. 4; M. Wolf Rn. 680; Wilhelm Rn. 2173 (anders aber Rn. 2161). Gursky, Rez. Minthe, AcP 199 (1999), 373 bezeichnet freilich die Kausalabhängigkeit der Anwartschaft als einen „die Konsistenz des Sachenrechts störenden Faktor".

samen Vertrag mit Sicherungsabrede die Bedingung, daß der Kaufpreis vollständig bezahlt wurde, nicht eintreten könne. Der Schluß ist aber weder logisch zwingend noch praktisch befriedigend. Wenn die Bedingung nicht mehr eintreten kann, so kann aus der Anwartschaft kein Eigentum mehr werden. Wieso folgt aber daraus, daß die Anwartschaft sich nicht mehr in Eigentum verwandeln kann, daß sie auch nicht bestehen kann? Auch der Ersitzungsbesitz soll sich in Eigentum verwandeln; kann er das nicht mehr, weil der Besitzer bösgläubig geworden ist, so bleibt das einmal erworbene dingliche Recht „Ersitzungsbesitz" dennoch bestehen[8]. Es ist aber bereits fraglich, ob der Eintritt der Bedingung überhaupt einen wirksamen Kaufvertrag voraussetzt. Die Bedingung wird in der Vorbehaltsabrede vereinbart, sie besteht in der Zahlung bestimmter Geldsummen an den Verkäufer, so daß man auf die Wirksamkeit des Kaufvertrages durchaus verzichten kann, wenn die Interessenlage dies erfordert[9]. Auch die h.M. kann ihre systemwidrige kausale Verknüpfung von Kauf und Verfügung (Begründung der Anwartschaft) keineswegs durchhalten[10]. Die Anwartschaft wird – wie alle anderen dinglichen Rechte auch – durch einen abstrakten Vertrag begründet und übertragen; sie ist nicht kausal[11]. Fehlt der Kaufvertrag, dann kann der Veräußerer seine Leistung kondizieren, also Rückgabe verlangen und Verzicht auf die Anwartschaft bzw. Rückübereignung der Sache. Der Käufer kann seine Zahlungen kondizieren[12].

b) Ist der Kaufvertrag ohne Eigentumsvorbehalt abgeschlossen, die dingliche Einigung aber unter der Bedingung der Zahlung des Kaufpreises, so wird darin regelmäßig eine entsprechende Abänderung des Kaufvertrages zu sehen sein. Ist der Eigentumsvorbehalt nicht im Kaufvertrag vereinbart, wird er aber eigenmächtig vom Verkäufer bei der Übereignung erklärt[13], so verletzt der Verkäufer damit den Kaufvertrag. Dennoch geht das Eigentum nicht über, da keine unbedingte Einigung i.S.v. § 929 vorliegt. Ist der Käufer mit der Bedingung einverstanden, so erwirbt er eine Anwartschaft, andernfalls kommt eine dingliche Einigung überhaupt nicht zustande[14]. Der Käufer kann unbedingte Übereignung verlangen, der Verkäufer hat die Einrede des nichterfüllten Vertrages, § 320.

---

[8] Vgl. oben § 12 IX 5.

[9] Insoweit zutreffend Flume a.a.O.; Wilhelm Rn. 2159 Fn. 190 (gezahlt wird auf den vereinbarten Kaufpreis, nicht auf eine Kaufpreisforderung), anders aber Rn. 2178 Fn. 218.

[10] Überträgt der Käufer seine Anwartschaft auf einen Dritten und vereinbart er nun mit dem Verkäufer die Aufhebung des Kaufvertrages, so bleibt dem Dritten seine Anwartschaft erhalten; sie wandelt sich durch Zahlung an den Verkäufer in Eigentum um, vgl. unten IV b Fn. 57.

[11] Vgl. Stoll, ZHR 128, 241; Flume II § 42, 2 und AcP 161 (1961), 388; Rinke 113 ff.; Minthe 39 ff.; Bülow Rn. 774, 784 und DB 2002, 2090; Wilhelm Rn. 2159 Fn. 190; HKK-Finkenauer §§ 158 – 163 Rn. 29 ff.

[12] Ebensowenig ist die Anwartschaft akzessorisch, insbesondere hängt sie nicht vom Bestand der Kaufpreisforderung ab. Die Anwartschaft des Käufers kann nicht die Kaufpreisforderung des Verkäufers sichern, wie könnte auch ein Recht des Schuldners die Forderung eines Gläubigers sichern!

[13] Die Bedingung muß spätestens bei der dinglichen Einigung erklärt werden.

[14] Vgl. BGH 64, 397.

II. Inhalt des Anwartschaftsrechts

Nach h.M. ist die Anwartschaft ein dem Eigentum „wesensgleiches Minus"[15]; der Gebrauch solcher Formeln ist ungefährlich, solange man daraus keine Folgerungen zieht oder meint, etwas über das Recht ausgesagt zu haben. Die Anwartschaft ist ein verdinglichtes Recht i.S.d. § 1007[16]. Der dingliche Charakter der Anwartschaft wird von der h.M. anerkannt[17]; auch die Rechtsprechung behandelt die Anwartschaft als dingliches Recht[18]. Die Leugnung der Dinglichkeit der Anwartschaft bringt keine Vorteile, wohl aber dogmatische Schwierigkeiten[19]. In Anbetracht der aus § 1007 sich ergebenden Verdinglichung der Rechtsstellung des Vorbehaltskäufers läßt sich in der Tat die Dinglichkeit der Anwartschaft schlecht leugnen[20]. Mit dem Eintritt der Bedingung erstarkt die Anwartschaft zum Eigentum. Bis zu diesem Zeitpunkt bleibt der Verkäufer Eigentümer, wenn auch – wirtschaftlich gesehen – dieses Eigentum die Funktion eines Pfandrechts hat, indem es die Ansprüche des Verkäufers gegen den Käufer sichert[21].

1. Stellung des Verkäufers

Da der Verkäufer auch nach Übertragung der Sache auf den Käufer Eigentümer bleibt, bleibt er Eigenbesitzer. Der Käufer wird Fremdbesitzer und vermittelt dem Verkäufer den Besitz; dieser ist mittelbarer Eigenbesitzer, der Käufer unmittelbarer Fremdbesitzer. Der Käufer genießt also den possessorischen Besitzschutz nach §§ 861 ff., der Verkäufer hat die Rechte aus § 869. Als Eigentümer genießt der Verkäufer weiter den Eigentumsschutz nach den §§ 985 ff., 823, 812 usw. Pfändet ein Gläubiger des Käufers die Sache, so steht dem Eigentümer die Widerspruchsklage nach § 771 ZPO zu. Im Insolvenzverfahren des Käufers kann der Verkäufer die Sache nach § 47 InsO aussondern.

---

[15] Vgl. z.B. BGH 28, 21; 35, 89. Die Formulierung stammt von Schwister, JW 1933, 1764.

[16] Vgl. dazu oben § 13.

[17] Bülow Rn. 773; Jauernig § 929 Rn. 43; Baur-Stürner § 59 Rn. 32 ff.; Westermann-Westermann § 39 III 2 a, IV 1; Schwab-Prütting Rn. 392; Jauernig § 929 Rn. 43; HKK-Finkenauer §§ 158–163; Müller-Laube, JuS 1993, 529 f.

[18] Vgl. etwa RG 140, 23; BGH 34, 124, wonach die Anwartschaft zwar kein dingliches Recht ist, diesem aber doch nahe kommt; anders noch BGH 10, 69 ff.

[19] Vgl. etwa Lux, Jura 2004, 145 ff.

[20] Neuerdings ist die Ansicht vertreten worden, die Anwartschaft sei als Pfandrecht zu verstehen, Harke, JuS 2006, 385. Indessen ist das Pfandrecht kein Erwerbsrecht, wie die Anwartschaft, sondern ein Verwertungsrecht. Wie das Pfandrecht bewirken könnte, bei der Zahlung der letzten Kaufpreisrate zum Eigentum zu werden, ist unklar. Das Pfandrecht gibt auch kein Recht zur Nutzung der Sache, das doch dem Anwartschaftsberechtigten zusteht. Insgesamt bringt die Annahme eines Pfandrechts keinerlei Vorteile gegenüber der traditionellen Lehre.

[21] Wolff-Raiser § 2 Fn. 13.

Kommt der Käufer mit der Zahlung der vereinbarten Raten in Verzug, so kann der Verkäufer unter den Voraussetzungen der §§ 323 f. vom Vertrag zurücktreten[22]. Durch den Rücktritt wird der Kaufvertrag in ein Rückabwicklungsverhältnis umgewandelt, das Anwartschaftsrecht wird – entgegen der h.M. – in seinem Bestand davon nicht betroffen[23]. Neben dem Rücktrittsrecht steht dem Verkäufer gemäß § 449 II nicht mehr das Recht zu, wahlweise den Eigentumsvorbehalt geltend machen und seine Sache gemäß § 985 vom Käufer herauszuverlangen.

2. Stellung des Käufers

a) Der Käufer hat als Inhaber eines dinglichen Anwartschaftsrechts ein Recht zum Besitz gegenüber jedermann[24]; er kann die Sache nach § 1007 von jedem Besitzer herausverlangen[25], es sei denn, dieser habe die Sache gemäß § 936 frei von der Anwartschaft erworben.

Der Käufer als Inhaber der dinglichen Anwartschaft ist aber nicht nur durch den Herausgabeanspruch aus § 1007 geschützt, sondern auch gegen andere Störungen entsprechend den §§ 1004–1006[26]. Gegen Beschädigungen ist er nach den §§ 823 ff. geschützt bzw. nach den §§ 1007 III 2, 989 ff., wenn der Schädiger die Sache im Besitz hatte.

b) In der Anwartschaft ist die Erwerbsaussicht des Käufers vollständig abgesichert, sie kann ihm nicht entzogen werden, solange er die Sache in seinem unmittelbaren Besitz behält. Der Verkäufer kann den Bedingungseintritt und den Eigentumserwerb des Käufers nicht verhindern.

aa) Verfügt der Verkäufer während der Schwebezeit über die Sache, veräußert er sie etwa nach §§ 930, 931 an einen Dritten, so ist die Verfügung zunächst wirksam, der Dritte wird Eigentümer. Der Käufer kann aber dem Erwerber sein Besitzrecht aus dem Kaufvertrag entgegenhalten, § 986 II; darüber hinaus gibt ihm die Anwartschaft als dingliches Recht ein Besitzrecht gegenüber jedermann, § 986 I 1. Zahlt der Käufer den Kaufpreis vollständig an den Verkäufer, so tritt die Bedingung ein, der Inhaber der Anwartschaft wird Eigentümer: Mit Eintritt der Bedingung wird die zweite Verfügung unwirksam, § 161 I 1, das Eigentum fällt an den Verkäufer zurück und geht auf den Käufer über.

bb) Wie steht es mit dem Vertrauensschutz des dritten Erwerbers, dessen guter Glaube nach § 161 III zu berücksichtigen ist? Der Erwerber erwirbt vom Verkäufer als Berechtigtem; er erlangt aber Eigentum, das mit der Anwartschaft des Käufers

---

[22] Vgl. dazu Bülow Rn. 723.

[23] Bülow Rn. 783 f.

[24] Das war früher streitig, heute ist das dingliche Besitzrecht weitgehend anerkannt, vgl. die Literatur oben in Fn. 17. Wer ein dingliches Besitzrecht des Käufers leugnet, kann ihm nur ein Besitzrecht aus dem Kaufvertrag zugestehen, das aber nicht gegen Dritte und gegen den Eigentümer wirkt, wenn dieser nicht der Verkäufer ist; so jetzt aber wieder Zeranski, AcP 203 (2003), 693 ff.

[25] So auch Rinke 73 ff.; Bülow Rn. 773.

[26] Vgl. oben § 13 III c bei Fn. 18.

belastet ist. Es käme also ein gutgläubig lastenfreier Erwerb nach §§ 936 I, 934 in Betracht, da der Verkäufer als Veräußerer mittelbaren Besitz hatte. Aufgrund des Prinzips aber, daß gutgläubiger Erwerb gegen den unmittelbaren Besitzer nicht möglich ist, schließt § 936 III einen solchen Erwerb aus.

c) Wird der Verkäufer insolvent, so ist der Käufer durch seine Anwartschaft gesichert. Diese kann der Insolvenzverwalter auch nicht dadurch zu Fall bringen, daß er gemäß § 103 InsO die Erfüllung ablehnt; gemäß § 107 I InsO kann der Käufer Erfüllung des Vertrages verlangen. Die Anwartschaft ist also insolvenzfest[27].

d) Eine oft betonte Schwäche der Anwartschaft ergibt sich dann, wenn man mit der h.M. annimmt, sie sei in Entstehung und Bestand von der Wirksamkeit des Kaufvertrages abhängig[28]. Die Übereignung sei durch die vollständige Zahlung des wirksam vereinbarten Kaufpreises bedingt, die Bedingung könne also nicht eintreten, wenn der Kaufpreisanspruch infolge Unwirksamkeit des Kaufvertrages nicht entstanden sei oder wegen Anfechtung, Rücktritt oder Aufhebung des Kaufvertrages erlösche. Danach ist also die Anwartschaft ein kausales dingliches Recht, eine Auffassung, welche dem im deutschen Recht generell herrschenden Abstraktionsprinzip widerspricht. Diese Ansicht ist abzulehnen, ein dingliches Recht kann nicht durch eine schuldrechtliche Einwirkung auf den Kaufvertrag verlorengehen. Auch nach dem Sinn und Zweck des Eigentumsvorbehalts gibt es keinen Grund, von den anerkannten Grundsätzen des Sachenrechts abzugehen und die Bedingung an die Wirksamkeit eines Kaufvertrags anzuknüpfen. Denn die Bedingung wird in der dinglichen Einigung vereinbart, genauer in der der Einigung zugefügten Vorbehaltsabrede. Im Kaufvertrag modifiziert sie nur die Leistungspflichten, seine Wirksamkeit ist für die bedingte Einigung irrelevant. Zwar kann infolge der Vertragsfreiheit auch die Wirksamkeit der Ratenvereinbarung zur Bedingung der Übereignung gemacht werden, davon ist aber keineswegs allgemein auszugehen[29].

III. Verfügungen über die Anwartschaft; Pfändung

Über die Anwartschaft kann in gleicher Weise verfügt werden wie über das Eigentum an der Sache; hierin liegt die wirtschaftliche Bedeutung des Anwartschaftsrechts, das auf diese Weise finanziell genutzt werden kann.

---

[27] Vgl. zur Anwartschaft in der Zwangsvollstreckung und im Konkurs Haas-Beiner, JA 1998, 23 ff.

[28] So die h.M., vgl. etwa Medicus, BürgR, Rn. 479; Jauernig, JuS 1994, 721, 723; MünchenerK-Westermann § 455 Rn. 2, 25, 50, 59 f. Dagegen zu Recht Rinke, passim; Bülow Rn. 783 f.

[29] Vgl. oben § 1 III 3 c bb.

1. Übertragung der Anwartschaft

a) Der Vorbehaltskäufer kann seine Anwartschaft nach den §§ 929–931 übertragen[30]. Veräußert der Vorbehaltskäufer nicht seine Anwartschaft, sondern die Sache selbst, d.h. überträgt er deren Eigentum, so handelt er als Nichtberechtigter. Der Erwerber kann das Eigentum gutgläubig erwerben. Geschieht das nicht, so ist zu prüfen, ob die Übereignung nach dem hypothetischen Willen der Parteien in eine Übertragung der Anwartschaft umgedeutet werden kann, § 140; das wird in der Regel zu bejahen sein[31].

Hat der Vorbehaltskäufer die Anwartschaft nach § 930 auf einen Dritten übertragen, z.B. zur Sicherung einer Forderung, so entsteht Nebenbesitz[32]: Der Käufer als unmittelbarer Fremdbesitzer vermittelt dem Verkäufer mittelbaren Eigenbesitz, dem Erwerber der Anwartschaft mittelbaren Fremdbesitz.

b) Der Käufer kann die Anwartschaft auch gutgläubig gemäß §§ 1007 III 1 (1), 932–935 erwerben, wenn der Verkäufer sich als Eigentümer ausgibt[33]. Natürlich darf die Sache dem Berechtigten nicht abhanden gekommen sein, andernfalls ist ein gutgläubiger Erwerb nicht möglich und der Berechtigte behält seinen Anspruch auf Herausgabe der Sache, § 1007 II. Dieser *gutgläubige Ersterwerb* der Anwartschaft ist allgemein anerkannt. Umstritten ist dagegen die Frage, ob ein nichtbestehendes oder ein zwar bestehendes, aber nicht dem Verfügenden zustehendes Anwartschaftsrecht gutgläubig erworben werden kann. Man spricht hier vom *gutgläubigen Zweiterwerb*, weil die Absicht der Parteien nicht darauf geht, eine Anwartschaft erst zu begründen, sondern ein angeblich bestehendes Anwartschaftsrecht weiter zu übertragen. Dabei sind verschiedene Fallgestaltungen möglich.

aa) Denkbar ist es, daß jemand sich fälschlich als Inhaber einer einem anderen zustehenden Anwartschaft ausgibt: Der Vorbehaltskäufer K hat die Sache an M verliehen, M behauptet, er habe die Sache unter Eigentumsvorbehalt gekauft und überträgt dem Erwerber D die Anwartschaft. Ob D gutgläubig eine Anwartschaft erwerben kann, ist streitig.

Nach einer Ansicht ist hier gutgläubiger Erwerb nicht möglich[34]: M habe den Rechtsschein aus seinem Besitz selbst zerstört, als er dem D mitgeteilt habe, daß er nicht Eigentümer, sondern nur Inhaber einer Anwartschaft sei. Das geht jedoch von der irrigen Prämisse aus, daß der Besitz als Rechtsschein immer nur für das Eigen-

---

[30] Davon ist die Frage zu unterscheiden, ob er gemäß dem Vertrag mit dem Verkäufer verpflichtet ist, nur mit Zustimmung des Verkäufers über die Anwartschaft zu verfügen. Das kann im Interesse des Verkäufers liegen, weil dieser ohne Schwierigkeit auf die Sache nur zugreifen kann, wenn sie sich noch beim Käufer befindet. Ob eine solche Verpflichtung des Käufers gegeben ist, ist durch Auslegung der Vereinbarungen mit dem Verkäufer zu ermitteln. Nur wenn sich Anhaltspunkte dafür finden, ist von einem Verfügungsverbot nach § 137, 1 auszugehen, das aber lediglich eine schuldrechtliche Bindung des Käufers bewirkt; vgl. dazu Bülow Rn. 780; Rinke 96.

[31] Vgl. Serick I 257; BGH 35, 91; Palandt-Bassenge § 929 Rn. 45.

[32] Vgl. oben § 6 III 3 b; a.A. z.B. BGH 28, 27.

[33] Vgl. etwa Bülow Rn. 793; Rinke 195 f.

[34] Etwa Medicus, BürgR Rn. 475; Flume II § 42, 4 c; Wiegand, JuS 1974, 211; MünchenerK-Westermann § 455 Rn. 67.

tum spreche. In Wirklichkeit spricht der Besitz für das dingliche Recht, das der Besitzer für sich in Anspruch nimmt[35]. Behauptet der Besitzer, ein Pfandrecht zu haben, so spricht der Besitz dafür, vgl. §§ 1227, 1006; nimmt der Besitzer eine dingliche Anwartschaft für sich in Anspruch, so ist der Besitz Rechtsschein für diese. Auf diesen Rechtsschein hat der Erwerber vertraut, daher sind gemäß § 1007 III 1 (1) die §§ 932–936 anwendbar; gutgläubiger Erwerb ist möglich[36]. Guter Glaube muß zur Zeit der Einigung und Übergabe bestehen, aber nicht mehr zur Zeit des Bedingungseintritts[37].

bb) Die h.M.[38] schließt einen gutgläubigen Erwerb dann aus, wenn kein wirksamer Vorbehaltskauf besteht. In einem solchen Fall entstehe keine Anwartschaft, und auch die Bedingung – vollständige Zahlung des Kaufpreises – könne nicht eintreten. Wenn M sich etwa vom Eigentümer eine Sache ausleiht und behauptet, er habe sie unter Eigentumsvorbehalt von E gekauft, und wenn er nun seine angebliche Anwartschaft an D veräußert, so soll gutgläubiger Erwerb nicht möglich sein. Diese Ansicht ist abzulehnen, sie beruht auf der irrigen Annahme der Kausalität der Anwartschaft. Aber die Anwartschaft ist nicht abhängig vom Kaufvertrag, sie entsteht mit der bedingten Übereignung, und die Bedingung, die Zahlung der in der dinglichen Einigung vereinbarten Raten, kann sehr wohl noch eintreten.

Baur nennt das Ergebnis der h.M. mit Recht verblüffend[39]: Hätte der Verfügende sich als Eigentümer ausgegeben, so hätte der Erwerber gutgläubig nach § 932 Eigentum erworben. Das zeigt, daß das Ergebnis der h.M. den Prinzipien der gesetzlichen Regelung widerspricht. Es entspricht unserer Rechtsordnung, daß dingliche Rechte vom Nichtberechtigten erworben werden können, wenn der Erwerber gutgläubig ist, die Sache nicht abhanden gekommen ist und ein Rechtsschein besteht. Rechtsschein ist der Besitz des Veräußerers, er spricht für das Recht, das der Veräußerer zu haben behauptet. Behauptet also der Besitzer, die Sache unter Eigentumsvorbehalt gekauft zu haben, also eine Anwartschaft zu haben, so kann der Erwerber gutgläubig eine Anwartschaft erwerben[40]. Eine Nachforschungspflicht obliegt dem Erwerber nur in dem Umfang, wie sie allgemein erforderlich ist, um eine grobe Fahrlässigkeit auszuschließen[41].

cc) Letztlich soll nach h.M. dem Erwerber sein guter Glaube nicht helfen, wenn der Vorbehaltskäufer, der erst eine von zehn Raten gezahlt hat, behauptet, er habe schon neun Raten gezahlt. Auch hier muß aber ein gutgläubiger Erwerb möglich sein. Der Käufer erwirbt eine Anwartschaft bestimmten Inhaltes, der Inhalt wird durch die in der Einigung enthaltene Bedingung bestimmt. Veräußert er die Anwartschaft mit der Behauptung eines anderen Inhalts an einen gutgläubigen Erwerber, so

---

[35] Vgl. oben § 12 VIII 1 e.
[36] So zutreffend z.B. Schwab-Prütting Rn. 393; Baur-Stürner § 59 Rn. 39; Soergel-Henssler § 929 Anh. Rn. 86; Hager 315 ff.; Rinke 196 ff.; Bülow Rn. 796 ff.
[37] Vgl. oben § 10 II 3 a.
[38] Vgl. Medicus, BürgR, Rn. 475; Baur-Stürner § 59 Rn. 40; Westermann-Gursky § 45 III 1 d; Serick I 271 f.; Brox, JuS 1984, 662.
[39] Baur-Stürner § 59 Rn. 40.
[40] So zutreffend Bülow Rn 795 ff.; Minthe 130 ff.
[41] Vgl. oben § 10 II 1 e; Minthe 142 ff.

muß dieser nach den allgemeinen Regeln entsprechend seinem guten Glauben geschützt werden.

Behauptet also der Veräußerer, eine Anwartschaft des Inhalts zu haben, daß bereits neun von zehn Raten gezahlt seien, so kann ein gutgläubiger Erwerber eine Anwartschaft solchen Inhalts erwerben. § 1007 III 1 geht ganz allgemein von der Möglichkeit gutgläubigen Erwerbs verdinglichter Rechte aus[42]: Die Vorschrift schließt den Erwerb solcher Rechte und deren Geltendmachung nur aus, wenn der Besteller des Rechts nichtberechtigt und der Erwerber bösgläubig war. Er kann durch die Zahlung der ausstehenden Raten an den Eigentümer Eigentum erwerben[43].

c) Die Anwartschaft bewirkt nach zutreffender h.M.[44], daß ihr jeweiliger Inhaber mit Eintritt der Bedingung unmittelbar Eigentum erwirbt. Das Eigentum läuft also nicht durch das Vermögen der früheren Anwartschaftsinhaber bis zum jetzigen Inhaber (Durchgangserwerb), sondern geht unmittelbar vom Verkäufer auf den Anwartschaftsinhaber zur Zeit des Bedingungseintritts über (Direkterwerb). Die früheren Anwartschaftsinhaber werden nicht einmal eine juristische Sekunde lang Eigentümer, wie dies ohne Anwartschaft der Fall wäre. Dadurch wird verhindert, daß die Sache mit Rechten belastet wird, die bei einem früheren Inhaber der Anwartschaft nach deren Veräußerung entstanden sind. Beispiel: K hat Sachen von V unter Eigentumsvorbehalt gekauft, seine Anwartschaft überträgt er zur Sicherung einer Schuld an seinen Gläubiger G. Nunmehr ordnet K die Sachen in einen Haftungsverband ein[45]: Er bringt sie in eine gemietete Wohnung ein, § 562 (Vermieterpfandrecht) oder macht sie zum Zubehör eines hypothekenbelasteten Grundstücks, § 1120 (Hypothekenhaftung). In beiden Fällen ergreift das Pfandrecht die Sachen nicht, weil sie dem Schuldner K nicht gehören[46]. Zahlt K die letzte Rate, so würde er gemäß § 185 II 1 Eigentümer (Durchgangserwerb), das Pfandrecht ergriffe die Sache und nach einer juristischen Sekunde[47] ginge das Eigentum belastet auf den Gläubiger G über. Der Erwerb der Anwartschaft wäre auf diese Weise ein unsicheres Geschäft; geht man dagegen vom Direkterwerb des G aus, so erwirbt dieser das Eigentum unmittelbar von V, also unbelastet. Erst der Direkterwerb gibt der Anwartschaft die Sicherheit, welche ihre wirtschaftliche Bedeutung begründet.

Bei Fällen der genannten Art ist aber zu beachten, daß die Anwartschaft ebenso wie das Eigentum mit Pfandrechten belastet sein kann. Eine solche Belastung der Anwartschaft tritt immer dann ein, wenn bei einem früheren Anwartschaftsinhaber die belastenden Rechte in der Zeit entstehen, in welcher er noch Inhaber der Anwartschaft ist. Ist eine Anwartschaft mit Pfandrechten belastet, so setzen sich diese am Eigentum fort, wenn das Anwartschaftsrecht zum Eigentum erstarkt[48]. Hat also

---

[42] Vgl. dazu mein Handbuch des Sachenrechts I § 13 I 4 b.

[43] Rinke 199 f. mit Literatur in Fn. 293; Bülow Rn. 800.

[44] Vgl. z.B. BGH 20, 88 ff.; 35, 87; Schwab-Prütting Rn. 394; Westermann-Westermann § 39 IV 3 a; Baur-Stürner § 59 Rn. 34; Bülow Rn. 787 ff.

[45] Oder es pfändet ein Gläubiger des K die Sache.

[46] Das Pfandrecht kann auch nicht die Anwartschaft ergreifen, da diese zuvor abgetreten war.

[47] Vgl. dazu oben § 9 VII 4 b, c.

[48] Vgl. Westermann-Westermann § 39 IV 3 b.

im obigen Beispiel K seine Anwartschaft erst dann an G abgetreten, nachdem die Sache gepfändet oder in den Haftungsverband eingeordnet war, so erwirbt G eine belastete Anwartschaft[49], es sei denn, es liege ein Fall gutgläubig lastenfreien Erwerbs nach § 936 vor. Mit dem Erstarken der Anwartschaft zu Eigentum setzen sich die Belastungen am Eigentum fort.

2. Pfändung der Anwartschaft

Bei der Pfändung der Anwartschaft wird nicht die Sache selbst, sondern das Anwartschaftsrecht gepfändet. Das Eigentum des Verkäufers wird dadurch nicht betroffen. Die Pfändung erfolgt entweder nach den Regeln der Rechtspfändung, § 857 ZPO[50], oder nach den Regeln der Sachpfändung, §§ 808 ff. ZPO[51]. Beide Ansichten führen zu ähnlichen Ergebnissen; der Mangel der Publizität bei der Rechtspfändung sowie die Art der Übertragung und Verpfändung der Anwartschaft lassen eine Anwendung der §§ 808 ff. ZPO angemessener erscheinen.

Keinesfalls ist aber – entgegen einer verbreiteten Ansicht[52] – eine Doppelpfändung gemäß § 857 und § 808 ZPO erforderlich. Eine solche Doppelpfändung ist nicht nur kompliziert und teuer, sondern auch überflüssig. Eine Pfändung der Anwartschaft reicht völlig aus, da sich das Pfandrecht an der Anwartschaft automatisch am Eigentum fortsetzt. Die Pfändung der Sache ist zudem ein rechtswidriger Eingriff in das Eigentum des Verkäufers, der dagegen mit der Klage aus § 771 ZPO vorgehen kann.

Die Verwertung ist am einfachsten dadurch möglich, daß der Gläubiger den Restkaufpreis begleicht und so ein Sachpfand erwirbt, das er durch Versteigerung verwertet.

IV. Erlöschen der Anwartschaft

a) Die Anwartschaft erlischt, wenn sie zum Eigentum erstarkt, sei es durch Eintritt der Bedingung, sei es durch Verzicht des Verkäufers auf die Bedingung. Die Anwartschaft kann weiter etwa durch gutgläubig lastenfreien Erwerb erlöschen oder durch Verarbeitung. Die Anwartschaft geht unter durch Verzicht des Inhabers der Anwartschaft, entspr. §§ 1064, 1255, ebenso durch eine entsprechende Vereinbarung zwischen Verkäufer und Inhaber der Anwartschaft. Hat der Käufer die Anwartschaft übertragen, so steht die Verfügungsbefugnis über die Anwartschaft nur dem neuen Inhaber zu. Ist die Anwartschaft übertragen, verpfändet oder nach § 1120 in den Haftungsverband einer Hypothek gekommen, so ist zur Aufhebung der Anwartschaft die Zustimmung des Erwerbers, Pfandgläubigers oder Hypothe-

---

[49] Vgl. oben § 9 VII 4 c; ferner BGH 35, 86 ff.; BGH NJW 1965, 1475 f.; Flume II § 42, 4 h; Brox, JuS 1984, 663.
[50] So z.B. Baur-Stürner § 59 Rn. 41; M. Wolf Rn. 701; Erman-Michalski § 929 Rn. 22.
[51] So vTuhr II 2, 308; Brox, JuS 1984, 665; Hübner, NJW 1980, 733; Bülow Rn. 820.
[52] Vgl. z.B. BGH NJW 1954, 1325 ff.; Serick I 305.

kars erforderlich, entspr. §§ 1071, 1276. Die Ansicht des BGH[53], die von der Hypothekenhaftung ergriffene Anwartschaft könne durch Vereinbarung zwischen dem Verkäufer und dem Käufer aufgehoben und so das Recht des Hypothekars zunichte gemacht werden, ist nicht haltbar[54]. Die vom BGH vorgebrachten Argumente können nicht überzeugen[55]. Ein dingliches Recht kann nicht ohne die Zustimmung des Inhabers durch Rechtsgeschäfte Dritter vernichtet oder beeinträchtigt werden[56]. Verträge zu Lasten Dritter gibt es weder im Schuld- noch im Sachenrecht.

b) Ebensowenig kann eine Aufhebung des Kaufvertrags den Bestand der Anwartschaft beeinträchtigen. Die h.M., welche den Bestand der Anwartschaft kausal vom Kaufvertrag abhängen läßt, schafft sich dadurch erhebliche Probleme, wenn nämlich der Inhaber der Anwartschaft diese auf einen Dritten überträgt und nun durch Vereinbarung mit dem Verkäufer den Kaufvertrag aufhebt. Es sollte selbstverständlich sein, daß die von dem Dritten erworbene Anwartschaft nicht durch einen Vertrag zu Lasten Dritter, durch eine Vereinbarung zwischen Verkäufer und Käufer vernichtet oder verschlechtert werden kann[57]. Die Gegenmeinung, die eine Vertragsaufhebung auch gegen den Erwerber wirken lassen will[58], vernachlässigt in untragbarer Weise dessen Interessen.

Die Unmöglichkeit, die bereits übertragene Anwartschaft nachträglich aufzuheben, kann aber nicht damit begründet werden, in der Aufhebung des Kaufvertrages liege eine Verfügung des Käufers über die Anwartschaft, zu welcher ihm die Verfügungsmacht fehle[59]. In der Aufhebung oder Modifizierung des Kaufvertrags liegt eine Verfügung über den Kaufvertrag, aber sicherlich keine Verfügung über die Anwartschaft. Die Aufhebung oder Abänderung des Kaufvertrags betrifft nicht das dingliche Recht der Anwartschaft, ebensowenig wie die Aufhebung eines Kaufvertrags ein danach übertragenes Eigentum zurückfallen läßt.

---

[53] BGH 92, 280 ff.

[54] Dagegen zu Recht etwa Kollhosser, JZ 1985, 370 ff.; Marotzke, AcP 186, 490 ff.; Tiedtke, NJW 1988, 28; Rinke 224–245.

[55] Vgl. mein Handbuch des Sachenrechts I § 17 V Fn. 41, 42.

[56] Vgl. etwa Motive 3, 541 zu § 1071.

[57] So zutreffend BGH 75, 221 ff., der nach der Übertragung der Anwartschaft auf einen Dritten dem Verkäufer und Käufer die Möglichkeit verwehrt, durch Vereinbarung die Sache für weitere Forderungen des Verkäufers haften zu lassen. Vgl. auch Rinke 202–224; Kollhosser, JZ 1985, 370 ff.; Bülow Rn. 785; Flume II § 42, 4 b; Baur-Stürner § 59 Rn. 37; vgl. auch oben § 16 I 2 c.

[58] So etwa MünchenerK-Westermann § 455 Rn. 58; Serick I 253; Loewenheim, JuS 1981, 721 ff.

[59] So aber BGH 75, 221 ff.

V. Erweiterungen des Eigentumsvorbehalts

1. Verlängerter Eigentumsvorbehalt

a) Ist der Vorbehaltskäufer Händler, also auf die Veräußerung der erworbenen Sache angewiesen, so nützt ihm seine Anwartschaft wenig. Daher ermächtigt in einem solchen Fall der Verkäufer regelmäßig den Käufer, gemäß § 185 I über die Sache zu verfügen, so daß der Kunde Eigentum erwerben kann[60].

b) Mit der Veräußerung durch den Käufer verliert der Verkäufer seine Sicherheit. Als Ausgleich läßt er sich die Forderung gegen den Kunden aus dem Verkauf der Sache im voraus abtreten. Damit die Vorausabtretung nicht aufgedeckt werden muß, erteilt der Verkäufer dem Käufer eine Einzugsermächtigung nach § 362 II, so daß der Kunde frei wird, wenn er an den Käufer zahlt. Die Ermächtigung ist widerruflich, § 183, der Verkäufer wird sie widerrufen, wenn der Käufer in Zahlungsschwierigkeiten gerät. Er zieht dann die Kundenforderungen selbst ein; ein Kunde, der gutgläubig an seinen Verkäufer zahlt, wird nach § 407 frei.

c) Hat der Kunde im Vertrag mit dem Vorbehaltskäufer die Übertragbarkeit der Kaufpreisforderung nach § 399 ausgeschlossen, so kann die Forderung nicht auf den Verkäufer übergehen[61]. Der Käufer verletzt zwar durch eine solche Abrede den Vertrag gegenüber dem Verkäufer, doch ist die Vereinbarung wirksam. Allerdings wird die Verfügungsermächtigung regelmäßig unter der stillschweigenden Bedingung stehen, daß der Verkäufer die Kundenforderung erwirbt[62]. Ist der Kaufvertrag ein beiderseitiges Handelsgeschäft, so ist die Vereinbarung, die Forderung solle nicht abtretbar sein, gemäß § 354a HGB unwirksam.

d) Zu Problemen kann das Zusammentreffen von verlängertem Eigentumsvorbehalt und einer Sicherungsglobalzession[63] zugunsten eines Geldkreditgebers führen[64]; dabei ist grundsätzlich vom Prioritätsprinzip auszugehen[65]: Wenn die Globalzession vor dem verlängerten Eigentumsvorbehalt vereinbart wurde, was wegen der üblicherweise langen Laufzeit von Geschäftskrediten regelmäßig der Fall sein wird, ist jene wirksam, während dieser ins Leere geht. Zu einer Durchbrechung des Prioritätsprinzips führt die Annahme, daß die Globalzession zugunsten der Bank nach § 138 I unwirksam ist, wenn sie nach dem Willen der Parteien auch solche Forderungen umfaßt, die der Schuldner aufgrund eines branchenüblichen verlängerten Eigentumsvorbehalts künftig abtreten muß[66]. Der Kreditnehmer würde dadurch ge-

---

[60] Literatur zum verlängerten Eigentumsvorbehalt: Bülow vor Rn. 1256; RGRK-Pikart § 929 Rn. 81 ff.; Serick IV 257 ff.

[61] Vgl. BGH 27, 307.

[62] Vgl. BGH 27, 306 ff.; BGH BB 1986, 1673.

[63] D.h. die Vorausabtretung sämtlicher Forderungen aus Geschäftsbeziehungen des Kreditnehmers.

[64] Zu den verschiedenen Lösungsmöglichkeiten dieser Kollisionsproblematik ausführlich Bülow Rn. 1427 ff.

[65] BGH 30, 149 (151); Medicus, BürgR, Rn. 526 m.w.N.; zum Prioritätsprinzip siehe oben § 1 II 3 c; unten § 21 I 1 a, 2 b bb.

[66] BGH 30, 149 (153); BGH ZIP 1991, 807, 811 mit weiteren Nachweisen.

zwungen, dem Vorbehaltsverkäufer die bestehende Globalzession zu verschweigen, um einen Warenkredit zu erhalten (Vertragsbruchtheorie). Bei einer vorformulierten Vereinbarung einer Globalzession Bank ergibt sich die Nichtigkeit darüber hinaus aus § 307 I 1: Eine unangemessene Benachteiligung des Kreditnehmers liegt darin, daß er die Forderungen aus dem Weiterverkauf nicht mehr als Sicherheit für einen Warenkredit verwenden kann, so daß ihm der Erwerb neuer Waren praktisch unmöglich gemacht wird[67].

Die Sittenwidrigkeit und die unangemessene Benachteiligung gemäß § 307 I 1 können die Banken nur durch Vereinbarung einer dinglichen Teilverzichtsklausel vermeiden, durch welche die einem verlängertem Eigentumsvorbehalt unterliegenden Forderungen von der Globalzession ausgenommen werden, indem eine Abtretung an die Bank erst mit Erlöschen des verlängerten Eigentumsvorbehalts wirksam werden soll[68].

e) Bei einer Vorausabtretung künftiger Forderungen kann, da sie sich auch auf die Verdienstspanne des Vorbehaltskäufers erstreckt, leicht eine Übersicherung des Verkäufers eintreten. Im Falle der Übersicherung ist die Vorausabtretung gemäß § 138 I (Sittenwidrigkeit) bzw. § 307 I 1 (unangemessene Benachteiligung) nichtig. Eine Übersicherung wird anhand derselben Maßstäbe wie bei der Sicherungsübereignung festgestellt[69].

2. Erweiterter Eigentumsvorbehalt

Während der normale Eigentumsvorbehalt nur die Kaufpreisforderung der veräußerten Sache sichert, sollen beim erweiterten Eigentumsvorbehalt noch weitere Forderungen abgesichert werden; die Bedingung und der Eigentumserwerb treten also erst ein, wenn alle gesicherten Forderungen getilgt sind. Das zurückbehaltene Eigentum des Verkäufers hat hier die gleiche Funktion wie bei der Sicherungsübereignung einer Sache, weswegen es zutreffend auch wie Sicherungseigentum behandelt wird[70]. Der Verkäufer kann mit dem Käufer z.B. vereinbaren, daß das vorbehaltene Eigentum alle jetzigen oder künftigen Forderungen des Verkäufers gegen den Käufer decken soll: Kontokorrentvorbehalt[71]. Nicht mehr möglich ist gemäß § 449 III der „Konzernvorbehalt", ein Eigentumsvorbehalt zur Absicherung der Forderungen anderer Gläubiger.

---

[57] Wolf, in: Wolf/Horn/Lindacher, § 9 Rn. S 118; Medicus, BürgR, Rn. 527; Wolf, FS Fritz Baur (1981), 147, 156.
[58] BGH NJW 1974, 942; BGH ZIP 1991, 807 (811); eine schuldrechtliche Verzichtsklausel reicht nicht aus (BGH NJW 1968, 1516 f.).
[59] S. unten § 18, 3 c a.E.
[70] Vgl. BGH NJW 1971, 799; WM 1977, 1422; BB 1986, 1740; JZ 1988, 720.
[71] Einzelheiten vgl. bei Bülow Rn. 1302 ff.; Schlosser, Jura 1986, 88 f.

§ 18. Sicherungseigentum

Die Lehre vom Sicherungseigentum gehört zu den am meisten vernachlässigten Gebieten unserer Rechtsordnung. Der Gesetzgeber hat es übergangen, Wissenschaft und Rechtsprechung ist es nicht gelungen, ein einheitliches Rechtsinstitut zu entwickeln. Die Lehre vom Sicherungseigentum setzt sich zusammen aus einer Reihe sich widersprechender Lehrsätze, die auf Zufallsentscheidungen der Gerichte zurückgehen und kein System und keine leitenden Prinzipien erkennen lassen.

Der Ausgangspunkt der Lehre vom Sicherungseigentum ist einfach: Der Sicherungsgeber überträgt sein Eigentum ganz und vollständig auf den Sicherungsnehmer; dieser wird alleiniger Eigentümer des Sicherungsguts, ist aber durch die Sicherungsabrede schuldrechtlich gebunden, in bestimmter Weise mit der Sache zu verfahren. Durch Entscheidungen zu Einzelfragen wird aber diese klare Regelung so sehr verdunkelt, daß die Lehre vom Sicherungseigentum als äußerst verworren und verwirrend bezeichnet werden muß.

Obwohl doch der Sicherungsgeber sein Eigentum auf den Sicherungsnehmer übertragen hat, soll bei Insolvenz des Sicherungsnehmers dem Sicherungsgeber wie einem Eigentümer das Aussonderungsrecht des § 47 InsO zustehen[1]; entsprechend soll er wie ein Eigentümer die Drittwiderspruchsklage nach § 771 ZPO haben, wenn ein Gläubiger des Sicherungsnehmers das Sicherungsgut pfändet. Unklar ist auch, welche rechtliche Stellung der Sicherungsnehmer hat. Sein Eigentum entpuppt sich als ganz normales Eigentum, soweit es dem Sicherungsnehmer bei der Sicherungsübereignung die Klage aus § 771 ZPO gibt, wenn Gläubiger des Sicherungsgebers das Sicherungsgut pfänden. Wird aber der Sicherungsgeber insolvent, so tritt das Sicherungseigentum als Pfandrecht auf und berechtigt den Sicherungsnehmer nur zur Absonderung nach §§ 49 ff. InsO[2]. Andererseits reicht das Eigentum des Sicherungsnehmers aber nach h.M. aus, ihn zu allen Verfügungen über das Sicherungsgut zu legitimieren[3]. Auf irgendeine unklare Weise scheinen also sowohl der Sicherungsgeber als auch der Sicherungsnehmer dingliche Rechte verschiedener Art am Sicherungsgut zu haben.

1. Zulässigkeit

a) In Deutschland waren infolge der Rezeption des römischen Rechts zunächst besitzlose Pfandrechte zulässig, so daß für das Sicherungseigentum kein Bedürfnis

---

[1] Vgl. unten 4 b.
[2] Vgl. unten 4 a bb.
[3] Vgl. dazu unten 4 a aa.

bestand. Eine Tendenz, besitzlose Pfandrechte (Mobiliarhypotheken[4]) zu unterdrücken, führte am Ende des 19. Jh. zu deren Abschaffung. Als Folge davon erwachte erneut das Interesse am Sicherungseigentum, doch war es lange heftig umstritten, ob es als Umgehung des Faustpfandprinzips oder als Simulation unwirksam war. Das BGB verwarf zwar die Mobiliarhypothek in §§ 1205 f., ließ aber die Sicherungsübereignung zu[5]. Sie entspreche dem Kreditbedürfnis „kleiner Leute", die ein Pfand oft nicht geben könnten, weil sie auf den Besitz ihrer Sachen nicht verzichten könnten. Damit zeigt sich, daß die Unterdrückung der Mobiliarhypothek des römischen Rechts ein Irrweg war[6]. Das Sicherungseigentum ist nichts anderes als das besitzlose Pfandrecht, das sich unter anderem Namen wieder durchsetzt. Die Wirtschaft kann auf besitzlose Mobiliarsicherheiten nicht verzichten.

2. Dogmatische Einordnung

Daß das Sicherungseigentum kein normales Eigentum sein kann, ist offenbar; denn dem Sicherungsgeber bleibt eine dingliche Position, die es ihm ermöglicht, den Zugriff von Gläubigern des Sicherungsnehmers unter bestimmten Umständen abzuwehren. Eine Aufteilung der dinglichen Zuordnung ist also unumgänglich. Entsprechend dem Sicherungszweck ist daher die Position des Sicherungsnehmers zu reduzieren: Seine dingliche Position ist wie ein Pfandrecht zu behandeln[7], dem Sicherungsgeber bleibt das Eigentum. Für eine weitergehende Berechtigung des Sicherungsnehmers fehlt jedes schutzwürdige Interesse. Das Gesetz zeigt in den §§ 1208 ff., wie es Sicherungsrechte behandelt wissen will; von dieser gesetzlichen Entscheidung abzuweichen, besteht weder ein Bedürfnis noch eine Berechtigung. Wäre das Sicherungseigentum wirklich normales Eigentum, wie es die h.M. bei einigen Problemen annimmt – bei anderen wiederum nicht –, so wären ihre Entscheidungen nicht zu erklären.

Auf das Sicherungseigentum sind also die Pfandrechtsregeln anzuwenden, soweit sie sich nicht auf die Bestellung des Rechts beziehen. Das hat den schätzenswerten Vorteil, daß damit ein ganzer Regelungskomplex mit Gesetzeskraft zur Verfügung steht, der willkürlich gefundene, sich widersprechende Entscheidungen überflüssig macht. Wollte man die Anwendung der Pfandrechtsregeln ablehnen, so müßte man Gründe vorbringen, warum man von der gesetzlichen Regelung für Sicherungsrechte an beweglichen Sachen abweichen will; solche Gründe gibt es nicht. Auch die h.M. wendet in vielen Fällen diese Regeln an, in allen wird eine sol-

---

[4]   Mit „Hypothek" bezeichnet man besitzlose Pfandrechte.
[5]   Vgl. Protokolle der 2. Kommission 3687 ff. (Mugdan 3, 626 f.).
[6]   Es wird oft behauptet, daß besitzlose Pfandrechte die Wirtschaft gefährdeten, doch hört man in dieser Richtung gerade von den Betroffenen, den Römern selbst, keine Klagen. Auch bei uns hat die Sicherungsübereignung noch nicht bewirkt, die Wirtschaft zu gefährden oder gar zu ruinieren; vgl. dazu auch Hromadka, JuS 1980, 89 ff.
[7]   Vgl. RFH 19 (1926), 126 ff.; J. vGierke § 62 V 1 a ε; Baumbach-Lauterbach-Hartmann, ZPO (63. Aufl. 2005) § 771 Rn. 26 s.v. Treuhand, eigennützige; Simon, Dietrich S., Vermieterpfandrecht und Sicherungsübereignung, in: Quaestiones Iuris, FS für Joseph Georg Wolf zum 70. Geburtstag, 2000, 221 ff.

che Anwendung zumindest vertreten. Dem kann man nicht entgegenhalten, man habe die Sicherungsübereignung gerade deswegen gewählt, um die strengen Schutzvorschriften des Pfandrechts zugunsten des Schuldners zu meiden. Das Gesetz hat, inkonsequent gegenüber dem selbst aufgestellten Faustpfandprinzip, die Bestellung einer Mobiliarhypothek durch Besitzkonstitut zugelassen. Das bedeutet aber nicht, daß es damit auch die Umgehung weiterer Regeln des Mobiliarpfandrechts zugelassen hätte. Will man diese Regeln nicht anwenden, so stellt sich in der Tat die Frage der Nichtigkeit wegen Gesetzesumgehung, die nur insoweit verneint wurde, als es die Zulässigkeit des Besitzkonstituts betrifft.

3. Bestellung des Sicherungseigentums

a) Das Sicherungseigentum (Mobiliarhypothek) wird nach den §§ 929 ff. bestellt. Anders als beim Faustpfandrecht ist auch ein Ersatz der Übergabe durch Besitzkonstitut möglich, so daß der Sicherungsgeber Besitzer bleiben kann; hierin liegt der eigentliche Vorteil des Sicherungseigentums. Ist der Sicherungsgeber nicht Eigentümer der Sache, hat er aber eine Anwartschaft daran, so kann er diese zur Sicherheit übertragen. Ist statt der Anwartschaft Eigentum übertragen, so ist gemäß § 140 zu prüfen, ob darin eine Sicherungsabtretung der Anwartschaft liegt[8]. Verfügt der Sicherungsgeber als Nichtberechtigter, so kann der Sicherungsnehmer das Sicherungseigentum gutgläubig nach den §§ 932 ff. erwerben; bei der üblichen Bestellung durch Besitzkonstitut wird gutgläubiger Erwerb allerdings regelmäßig mangels Übergabe ausgeschlossen sein, vgl. § 933. Auch Sachen, die nach § 811 ZPO unpfändbar sind, können zur Sicherung übereignet werden[9]. Zur Übereignung von Warenlagern vgl. oben § 9 VII 4 b aa.

b) Wie für das Pfandrecht ist auch für das Sicherungseigentum eine zu sichernde Forderung erforderlich. Fehlt es an einer Forderung, so entsteht kein Sicherungseigentum; fällt sie später weg, so erlischt es. Die h.M., die entgegen der gesetzlichen Regelung in § 1204 die Akzessorietät verneint, gefährdet grundlos das Recht des Sicherungsgebers und gibt dem Sicherungsnehmer etwas, worauf er keinen Anspruch hat. Die h.M. gelangt zu den gleichen Ergebnissen wie hier, soweit sie davon ausgeht, daß die Bestellung des Sicherungseigentums bedingt ist durch das Bestehen der Forderung[10]. Die Gegenansicht[11], die von einer unbedingten Sicherungsübereignung ausgeht, kann für diese Vernachlässigung der Schuldnerinteressen keine Gründe angeben. Der Gesetzgeber hat die Akzessorietät zwingend vorgeschrieben, um den Schuldner zu schützen. Wie recht er damit entschieden hat, zeigt

---

[8] Vgl. oben § 17 III 1 a.
[9] Vgl. dazu Gerhardt, JuS 1972, 696 ff.
[10] BGH NJW 1982, 275 ff.; NJW 1986, 977 f.; Thoma, NJW 1984, 1162 f.; Bähr, NJW 1983, 1474; Tiedtke, DB 1982, 1709 ff.; Wolff-Raiser § 179 III pr., § 180 II 2; Heck § 107, 4; Eichler II 1, 129; Baur-Stürner § 57 Rn. 10; Becker-Eberhard, Ekkehard, Die Forderungsgebundenheit der Sicherungsrechte (1993), 343 ff.
[11] Vgl. etwa Jauernig, NJW 1982, 268; Schwab-Prütting Rn. 411; Erman-Michalski § 931 Anh. Rn. 3 und neuerdings BGH JZ 1991, 723 ff. mit einer wertungsfreien, rein begriffsjuristischen Begründung.

die heutige Praxis der übermächtigen Geldgeber, die sich regelmäßig unbedingte Sicherheiten versprechen lassen und so mehr Rechte beanspruchen, als ihnen zustehen. Dies zuzulassen stellt keinen Fortschritt des Rechts dar.

Fehlt es an einer Forderung oder ist sie erloschen, so kann der Sicherungsgeber aus dem Grundgeschäft (Sicherungsvertrag) Rückgabe verlangen, wenn sich die Sache beim Sicherungsnehmer befindet; § 812 kommt nicht in Betracht.

c) Grundgeschäft, also causa der Sicherungsübereignung, ist der (formlose) Sicherungsvertrag, in welchem der Sicherungsgeber die Bestellung der Sicherheit verspricht. Fehlt er oder ist er unwirksam, so ist aufgrund des Abstraktionsprinzips die Sicherungsübereignung wirksam, die Bestellung unterliegt aber der Kondiktion.

Der Sicherungsvertrag regelt weiter die Rechte und Pflichten der Parteien, z.B. die Behandlung des Sicherungsgutes, das Besitzrecht usw. Als Nebenpflicht ergibt sich aus dem Sicherungsvertrag, daß die Parteien verpflichtet sind, die Interessen der Gegenseite zu wahren und Nachteile nach Möglichkeit abzuwehren. Soweit Regelungen fehlen, greifen die dispositiven Vorschriften der §§ 1216 ff. ein, z.B. wegen Verwendungen.

Der Sicherungsvertrag kann wegen Sittenwidrigkeit nichtig sein, § 138 I, wenn der Gläubiger sich über die schutzwürdigen Interessen des Schuldners oder anderer Gläubiger hinwegsetzt[12]. Die Interessen des Schuldners können in sittenwidriger Weise beeinträchtigt werden durch Knebelungsverträge, welche seine wirtschaftliche Dispositionsfreiheit so sehr einengen, daß er weitgehend vom Sicherungsnehmer abhängig wird und ihm eine wirtschaftliche Weiterentwicklung genommen ist[13]. Die Interessen anderer Gläubiger können beeinträchtigt werden etwa durch Täuschung über die Kreditwürdigkeit des Schuldners[14], was auch dann angenommen wird, wenn der Gläubiger aus grober Fahrlässigkeit nicht bemerkt, daß durch sein Verhalten ein anderer Gläubiger getäuscht und geschädigt werden kann.

Eine Unwirksamkeit des Sicherungsvertrages aus §§ 138, 307 kann sich schließlich aus einer Übersicherung ergeben, wenn der Wert der Sicherheiten erheblich über den Sicherungszweck hinausgeht[15]. Nach früherer Rechtsprechung war die Bestellung einer revolvierenden Globalsicherheit[16] im Fall der Übersicherung gemäß §§ 9, 6 II, III AGBG (jetzt §§ 307, 306 II, III) bzw. § 138 I insgesamt von Anfang an unwirksam, wenn sie nicht eine ausdrückliche, ermessensunabhängige Freigabeklausel enthielt mit zahlenmäßig bestimmter fester Deckungsgrenze[17] so-

---

[12] Vgl. dazu RG 136, 253 ff.; Bülow Rn. 1102 ff.; Koller, JZ 1985, 1013 ff.

[13] Vgl. RG 130, 145; BGH NJW 1962, 102 f.; Serick III 73 ff.

[14] Vgl. etwa BGH 10, 233; 20, 50 ff.; Serick III 50 ff., 63 ff.

[15] Vgl. zu diesem Fragenkreis eingehend Bülow Rn. 1106 ff.; Becker, Christoph, Maßvolle Kreditsicherung, 1999. Nach der Rechtsprechung liegt die Grenze bei etwa 20–25% Übersicherung, vgl. BGH 26, 185 ff.; vgl. ferner BGH DB 1977, 949 f.

[16] Revolvere = zurückrollen; je weiter die Kenntnis des Lateinischen zurückgeht, um so beliebter wird die Verwendung lateinischer Wörter. Eine revolvierende Globalsicherheit liegt vor, wenn eine Gesamtheit von Gegenständen übereignet wird, deren Umfang sich laufend verändert, z.B. ein Warenlager.

[17] Das ist der Betrag oder die Quote, bis zu denen die gesicherte Forderung durch den Wert der Sicherheiten gedeckt sein darf, ohne daß eine Übersicherung vorliegt.

wie einer festen Bezugsgröße für die Bewertung des Sicherungsguts („qualifizierte Freigabeklausel")[18].

Dagegen hat der Große Senat des BGH durch Beschluß vom 27.11. 1997[19] festgestellt, daß weder eine ausdrückliche Freigaberegelung noch eine zahlenmäßig bestimmte Deckungsgrenze noch eine Klausel für die Bewertung der Sicherungsgegenstände Wirksamkeitsvoraussetzung eines Globalsicherungsvertrages seien. Ein ermessensunabhängiger Freigabeanspruch ergebe sich „gemäß § 157 BGB aus dem fiduziarischen Charakter der Sicherungsabrede sowie aus der Interessenlage der Vertragsparteien"[20]. Eine ausdrückliche Vereinbarung sei daher nicht erforderlich[21].

Ist keine Vereinbarung getroffen, so ist nach der Rechtsprechung davon auszugehen, daß der Gläubiger zur Freigabe von Sicherheiten verpflichtet ist, wenn der Marktwert der Sicherheiten die Grenze von 110 % der gesicherten Forderungen überschreitet. Der in Anlehnung an § 171 I 2, II 1 InsO festgelegte pauschale Aufschlag von 10% soll die Feststellungs-, Verwertungs- und Rechtsverfolgungskosten abdecken[22]. Da aber der realisierbare Wert der Sicherheiten meist unsicher ist und oft unter dem Marktwert liegt, bestimmt der BGH die zulässige Deckungsgrenze in entsprechender Anwendung des § 237 mit insgesamt 150 % des Marktwertes (Schätzwertes) des Sicherungsgutes[23]. Wird diese Grenze überschritten, hat der Sicherungsgeber einen Anspruch auf Freigabe von Sicherheiten[24].

Eine unangemessene oder ermessensabhängig ausgestaltete Freigabeklausel ist nach § 307 unwirksam[25], läßt die Wirksamkeit der Sicherheitsbestellung aber unbe-

---

[18] Grundsatzurteil des VIII. Zivilsenats vom 29.11.1989, BGH 109, 240 (245); 124, 371 (376 ff.); zur Literaturkritik an dieser Rechtsprechung eingehend Rellermeyer, WM 1994, 1009 ff., 1053 ff.

[19] BGH NJW 1998, 671-677 mit Anm. Eckert, WuB I F 4. – 2.98; Bruchner, WM 1998, 2185; Imping, MDR 1998, 550; Klanten, JA 1998, 737; Serick, BB 1998, 801; Stürner, LM Nr. 86 zu § 138 (Bb) BGB; Ganter, WM 1998, 2045 (2046 f.); Medicus, EWiR § 138 BGB 2/98, 155; Roth, JZ 1998, 462. Vgl. dazu auch die Vorlagebeschlüsse des 9. und 11 Zivilsenats, NJW 1997, 1570 = WuB I F 4. – 9.97 m. Anm. A. Weber; Pfeiffer, EWiR § 9 AGBG 7/97, 483; WM 1997, 1197 = WuB I F 4. – 10.97 m. Anm. Rellermeyer.; Pfeiffer, EWiR § 9 AGBG 12/97, 725.

[20] BGH NJW 1998, 671 (672); Serick, BB 1998, 801 ff. spricht sich für eine gewohnheitsrechtliche Anerkennung des Instituts der Sicherungstreuhand und damit für eine gewohnheitsrechtlich begründete Rückgabepflicht bei Übersicherung aus; Stürner, LM Nr. 86 zu § 138 (Bb) BGB, begründet den „gesetzlichen Freigabeanspruch" unter Heranziehung des Rechtsgedankens der §§ 604, 667, 695 (mit fehlendem Eigeninteresse des Treuhänders lebt der Rückabwicklungsanspruch fremdnütziger Treuhand auf).

[21] BGH NJW 1998, 671 (673); vgl. dazu im einzelnen auch Wolf-Horn-Lindacher § 9 Rn. S 101 f.

[22] BGH NJW 1998, 671 (675).

[23] In diesen 150% ist der Zuschlag von 10% enthalten.

[24] BGH 137, 212 ff.; auch JZ 1998, 456 ff. mit Anmerkung von Roth S. 462 ff., vgl. auch Schwab, JuS 1999, 740 ff.; Bülow Rn. 1116 ff.

[25] Die vom BGH geforderte Ausgestaltung des Freigabeanspruchs ist ein gesetzliches Leitbild i.S.d. § 307 II Nr. 1 bzw. ein wesentliches Recht i.S.d. § 307 II Nr. 2, vgl. Baur-Stürner § 57 Rn. 25.

rührt. An die Stelle der nichtigen Klausel tritt nach § 306 II der jedem Sicherungsvertrag immanente Freigabeanspruch[26].

Der Beschluß des Großen Senats ist ergangen nur für die nachträgliche Übersicherung aufgrund eines formularmäßig vereinbarten Sicherungsvertrages. Eine Nichtigkeit des gesamten Sicherungsgeschäfts gemäß § 138 I kommt bei anfänglicher Übersicherung und bei der Kumulation verschiedener Sicherheiten weiterhin in Betracht[27]. Kann man auf solche Fälle die Prinzipien der Entscheidung des Großen Senats anwenden, kann man gleichzeitig den Sicherungsgeber verpflichten, die Sicherheit zu bestellen, und den Sicherungsnehmer, sie freizugeben? Immerhin verdient das flexible Instrument der Auslegung nach § 157 den Vorzug vor der Keule des § 138. Und eine Vertragsauslegung ist in jeder Situation möglich. Offengelassen hat der Große Senat die Frage, ob die Regeln über den vertragsimmanenten Freigabeanspruch auf den Individualvertrag Anwendung finden. Die Frage ist zu bejahen.

Liegt Sittenwidrigkeit vor, so wird meist nicht nur der schuldrechtliche Sicherungsvertrag, sondern auch die dingliche Einigung von der Nichtigkeit betroffen sein[28], da die Sittenwidrigkeit in der Zwecksetzung des Verhaltens liegt, welche auch beim dinglichen Geschäft gegeben ist.

4. Rechtsstellung der Beteiligten

a) Der Sicherungsnehmer erlangt durch die Sicherungsübereignung ein dem Pfandrecht vergleichbares dingliches Recht. Da er weiß, daß das Recht nur seiner Sicherheit dient, besitzt er als Fremdbesitzer; der Sicherungsgeber bleibt Eigenbesitzer[29]. Bleibt die Sache wie gewöhnlich im Besitz des Sicherungsgebers, so besitzt dieser aufgrund des Besitzmittlungsverhältnisses nach §§ 930, 868 für den Sicherungsnehmer, dieser wiederum besitzt als Fremdbesitzer und mittelbarer Besitzer ersten Grades für den Sicherungsgeber, der Eigenbesitzer als mittelbarer Besitzer zweiten Grades ist.

aa) Der Sicherungsnehmer ist zur Verfügung über die Sache nicht berechtigt, da der Sicherungsgeber Eigentümer bleibt. Dagegen soll er nach h.M. als Berechtigter über die Sache verfügen können. Während der Sicherungsnehmer beim Zugriff seiner Gläubiger nicht als Eigentümer behandelt wird, soll er es bei Verfügungen doch sein, worin ein offener Widerspruch liegt[30]. Veräußert der Sicherungsnehmer die

---

[26] BGH NJW 1998, 671 (673); gegen den Einwand, die Ersetzung einer unangemessenen Klausel durch einen qualifiziertdn Freigabeanspruch verstoße gegen das Verbot der geltungserhaltenden Reduktion (so Imping, MDR 1998, 550 (551 f.); Brandner-UlmerHensen, 8. Aufl. 1997, Anh. §§ 9-11 Rn 658 a) spricht, daß durch die Berücksichtigung des vertragsimmanenten Freigabeanspruchs nicht ein Teil der unwirksamen Regelung aufrechterhalten wird, sondern lediglich ein Rechtszustand herbeigeführt wird, der ohne die unwirksame Freigabeklausel bestehen würde, Canaris, ZIP 1996, 1109, 1113 f. und 1117.

[27] BGH NJW 1998, 671 (674); Wolf-Horn-Lindacher AGBG § 9 Rn. S 101.

[28] Vgl. etwa M. Wolf Rn. 792; Serick III 24; Jauernig § 930 Rn. 57.

[29] So zutreffend BGH LM § 1006 Nr. 8; Wolff-Raiser § 8 Fn. 10; a.A. Palandt-Bassenge § 930 Rn. 13.

[30] Vgl. auch Reinhardt-Erlinghagen, JuS 1962, 46.

Forderung, so geht nach §§ 401, 1250 I 1 infolge der Akzessorietät das Sicherungs-eigentum auf den Zessionar über[31].

bb) Als Inhaber eines dinglichen Rechts ist der Sicherungsnehmer nach §§ 812, 823, 1227 i.V.m. §§ 985 ff. usw. geschützt. Als Inhaber eines pfandähnlichen Rechts kann er im Falle einer Insolvenz des Sicherungsgebers die Sache abson-dern[32], § 51, 1 InsO. Das wird auch von der h.M. anerkannt[33], die so ihre Ansicht, der Sicherungsnehmer sei Eigentümer, aufgibt. Was hier aber als richtig erkannt wird, soll nicht mehr gelten, wenn Gläubiger des Sicherungsgebers in die Sache vollstrecken. Hier soll dem Sicherungsnehmer nicht nur das Recht auf vorzugs-weise Befriedigung aus § 805 ZPO zustehen, sondern die Drittwiderspruchsklage aus § 771 ZPO auf Freigabe der Sache. Die Begründung ist erstaunlich: Der Siche-rungsnehmer könne sich auf § 771 ZPO berufen, weil er eben Eigentümer sei, weil er „volles zivilrechtliches Eigentum" habe[34]. Je nachdem, ob es sich um Insolvenz oder Zwangsvollstreckung handelt, werden dem Leser Argumente dafür geboten, daß der Sicherungsnehmer wirklich voll und ganz Eigentümer sei oder daß er das eben doch nicht sei. Richtig und konsequent ist es, den Treunehmer auch hier wie einen Pfandgläubiger zu behandeln und ihm das Recht auf vorzugsweise Befriedi-gung aus § 805 ZPO zu geben, womit seine Interessen hinreichend geschützt sind[35].

b) Wird der Sicherungsnehmer insolvent, so kann der Sicherungsgeber das Si-cherungsgut aussondern[36]. Die h.M. kann das freilich nicht begründen, da sie dem Sicherungsnehmer Eigentum zubilligt, während dem Sicherungsgeber kein dingli-ches Recht an der Sache verbleibt. Das Aussonderungsrecht besteht allerdings nur, wenn die gesicherte Forderung erfüllt und das Sicherungsrecht des Gemeinschuld-ners somit erloschen ist.

Vollstreckt ein Gläubiger des Sicherungsnehmers in das Sicherungsgut, so steht dem Sicherungsgeber die Erinnerung nach §§ 766, 809 ZPO zu, da sich die Sache regelmäßig in seinem Besitz befindet. Ist die Sache ausnahmsweise beim Siche-rungsnehmer, so hat der Sicherungsgeber die Drittwiderspruchsklage nach § 771 ZPO, wenn Gläubiger des Sicherungsnehmers in sie vollstrecken[37].

---

[31] Vgl. Lange, NJW 1950, 570; auch oben 3 b.

[32] Das *Aussonderungsrecht* nach §§ 47 ff. InsO ermöglicht es dem Berechtigten, z.B. dem Eigentümer, die Sache endgültig aus der Insolvenzmasse herauszuholen. Dagegen hat das *Absonderungsrecht* den Inhalt, daß der Berechtigte, etwa ein Pfandgläubiger, die Sache zum Zweck der Verwertung aus der Insolvenzmasse herausholen kann; bleibt ein Über-schuß, so fließt er wieder in die Insolvenzmasse.

[33] Vgl. etwa BGH NJW 1978, 632 f; Westermann-Westermann § 44 IV 2 a; Wolff-Raiser § 180 IV 1; Baur-Stürner § 57 Rn. 31.

[34] H.M., vgl. etwa RG 91, 15 und 280; 118, 209; 124, 73; BGH 11, 37 ff.; 12, 234; dazu BGH NJW 1980, 227: „Das Sicherungseigentum ist gerade kein volles, ungebundenes Eigen-tum".

[35] Vgl. etwa Baumbach-Lauterbach-Hartmann, ZPO § 771 Rn. 26; J. vGierke § 62 V 1 a ε; H. Westermann (5. Aufl.) § 43 IV 1; Wolff-Raiser § 180 IV 1.

[36] H.M., vgl. etwa RG 91, 14; 94, 305; Wolff-Raiser § 180 IV 2; Soergel-Henssler § 930 Rn. 142.

[37] RG 79, 122; 91, 14; 153, 369; Wolff-Raiser § 180 IV 2.

5. Verwertung des Sicherungsgutes

Mit der Pfandreife, d.h. mit der Fälligkeit der gesicherten Forderung, wird die Verwertung des Sicherungsgutes zulässig. Die Verwertung hat zum Schutz des Schuldners nach den Regeln zu geschehen, welche der Gesetzgeber für die Pfandverwertung aufgestellt hat[38]; soweit sie zwingend sind, können sie im Sicherungsvertrag nicht abgeändert werden. Die Sicherungsübereignung ist nur deshalb als zulässig anerkannt worden, um das Faustpfandprinzip auszuschalten, keineswegs aber, damit die Gläubiger den vom Gesetz angeordneten Schuldnerschutz umgehen können[39].

Für die Verwertung des Sicherungsgutes sind also die §§ 1233 ff. anzuwenden[40]. Entgegen der h.M.[41] ist der Sicherungsnehmer nicht ohne weiteres zur freien Verwertung berechtigt, sie muß vielmehr im Wege der öffentlichen Versteigerung erfolgen. Eine freie Verwertung ist nur möglich, wenn sie vereinbart wurde[42], und zwar nach Eintritt der Pfandreife, § 1245 II. Besonders auffällig zeigt sich die Mißachtung des Schuldnerschutzes in der Ansicht, daß beim Sicherungseigentum entgegen § 1229 eine Verfallsklausel vereinbart werden könne[43], doch scheint sich in diesem Punkt die Meinung durchzusetzen, daß die gesetzliche Interessenregelung der Gläubigerwillkür vorzuziehen ist[44].

6. Verlängerte und erweiterte Sicherungsübereignung

a) Ebenso wie der Eigentumsvorbehalt kann auch die Sicherungsübereignung „verlängert" werden[45]: Ist ein Warenlager übereignet, so können die Parteien vereinbaren, daß der Schuldner über die Sachen verfügen darf, § 185 I, und daß dafür dem Gläubiger im voraus die Kaufpreisforderungen abgetreten sein sollen[46]. Der Gläubiger erwirbt die Forderungen nicht endgültig, sondern nur zu seiner Sicherheit; es handelt sich also um eine Sicherungszession.

---

[38] Dies wird auf Umwegen auch von der h.M. anerkannt, welche das Verbot, zu viele Sachen zu verwerten (§ 1230, 2), das Gebot der Androhung der Verwertung (§ 1234) usw. auf eine vertragliche Pflicht zur Rücksichtnahme zurückführt. Auffällig ist der bisweilen anzutreffende Versuch, den Sinnzusammenhang zwischen Sicherungseigentum und Pfandrecht dadurch zu verschleiern, daß man statt der Pfandrechtsregeln die des Pfändungspfandrechts bemüht, z.B. statt des § 1210 II den § 788 ZPO, statt des § 1230, 2 den § 818 ZPO usw.

[39] So zutreffend OLG (Dresden) 35 (1917), 327; Enneccerus-Lehmann § 79 IV 1; Planck-Strecker § 930 N. 5 a 2; vTuhr II 2, 193; Schwab-Prütting Rn. 412.

[40] Vgl. oben § 15 V 4, 5.

[41] Vgl. etwa BGH NJW 1980, 226; Palandt-Bassenge § 930 Rn. 19.

[42] So zutreffend Westermann-Westermann § 44 V 2 b; Baur-Stürner § 57 Rn. 44.

[43] Vgl. BGH NJW 1980, 226 f.; Bülow Rn. 1221; Erman-Michalski § 931 Anh. 15; E. Wolf § 7 E II c; RGRK-Pikart § 930 Rn. 72.

[44] Vgl. etwa Planck-Strecker § 930 N. 5 a 2; Heck § 107, 7; Lange § 62 IV 4; Gaul, AcP 168, 351 ff.; Jauernig § 930 Rn. 37.

[45] Vgl. Jauernig § 930 Rn. 25.

[46] Vgl. oben § 17 V 1.

b) Die Sicherungsübereignung kann – ebenso wie der Eigentumsvorbehalt – auch dahin erweitert werden, daß nicht nur eine Forderung gesichert wird, sondern z.B. alle, auch künftige Forderungen des Sicherungsnehmers gegen den Sicherungsgeber (Kontokorrentklausel). Dagegen ist die „Konzernklausel", wonach das Sicherungseigentum auch die Forderungen anderer Gläubiger sichern soll, entsprechend § 449 III unwirksam[47].

---

[47] Vgl. oben § 17 VI 2; Jauernig § 930 Rn. 28.

Teil 6

Allgemeiner Teil des Grundstücksrechts

§ 19. Formelles Grundbuchrecht

I. Grundbuch

Gemäß § 873 I bedarf grundsätzlich jede Verfügung über ein Grundstück oder über ein Grundstücksrecht der Einigung und Eintragung in das Grundbuch[1]. Die Grundbucheintragung ist daher unentbehrlicher Teil der Verfügung. Während das Grundbuch dazu dient, Rechte am Grundstück offen zu legen, werden im Kataster die tatsächlichen Verhältnisse eines Flurstücks (der Parzelle) erfaßt. Das Kataster gibt Auskunft insbesondere über die Lage des Flurstücks, seine Größe und Bewirtschaftungsart; es wird von den Katasterbehörden geführt.

1. Grundbuchamt

Die Grundbücher werden von den Amtsgerichten geführt, § 1 I 1 GBO; die Grundbuchämter sind besondere Abteilungen bei den Amtsgerichten[2]. Die Erledigung der Grundbuchsachen ist den Grundbuchbeamten zugewiesen.

Grundbuchbeamter ist der *Grundbuchrichter*; er jedoch wird nur noch tätig, wenn der Rechtspfleger ihm eine Sache gemäß § 5 RpflG vorlegt. Grundbuchbeamter ist weiter der *Rechtspfleger*, vgl. § 3 Nr. 1 Buchst. h RpflG, ihm sind die Aufgaben des Grundbuchrichters im vollen Umfang übertragen; ferner der *Urkundsbeamte der Geschäftsstelle*, der insbesondere die Eintragungsverfügungen ausführt und Abschriften erteilt, § 12 c GBO. Grundbuchbeamter ist auch der *Präsentatsbeamte* nach § 13 III GBO, dem es obliegt, Eintragungsanträge entgegenzunehmen und den Zeitpunkt des Eingangs zu beurkunden.

2. Grundstück und Buchungsgegenstände

a) Das Grundstück als Sache im Sinne des sachenrechtlichen Spezialitätsprinzips[3] muß bestimmt sein, d.h. seine Flächengrenzen müssen genau bestimmbar sein. Diese Bestimmung geschieht mit Hilfe des Katasters, in welchem die Grenzen exakt vermessen sind. Ein Grundstück ist, was als solches im Grundbuch geführt wird.

---

[1] Literatur: Schmitz, Wegweiser durch das Grundbuchverfahren, JuS 1994, 962 ff., 1054 ff.
[2] In Baden-Württemberg gibt es staatliche Grundbuchämter bei den Gemeinden, Grundbuchbeamte sind die Notare.
[3] Vgl. oben § 1 II 3 a.

aa) Jedes Grundstück erhält im Grundbuch ein eigenes Grundbuchblatt, § 3 I 1 GBO, es besteht also „Buchungszwang". Voraussetzung ist, daß das Grundstück zuvor vermessen und in das Kataster aufgenommen wurde, da das Grundbuch zur Kennzeichnung des Grundstücks hierauf Bezug nimmt, § 2 II GBO.

Nicht buchungspflichtig, aber *buchungsfähig* sind die Grundstücke des Bundes, der Länder, der Gemeinden, der Kirchen usw., § 3 II GBO.

bb) Eine besondere Behandlung erfahren Grundstücke, die den wirtschaftlichen Zwecken mehrerer anderer Grundstücke zu dienen bestimmt sind. Bei solchen Grundstücken kann das Grundbuchamt von der Anlage eines eigenen Grundbuchblattes absehen, § 3 IV GBO, sofern daraus keine „Verwirrung oder eine wesentliche Erschwerung des Rechtsverkehrs oder der Grundbuchführung" zu besorgen ist. In diesem Fall wird lediglich der Miteigentumsanteil gebucht, und zwar beim herrschenden Grundstück[4], § 3 V GBO.

b) Im Grundbuch können nicht beliebige Vermerke eingetragen werden. Eintragungsfähig sind etwa dingliche Grundstücksrechte und Rechte an solchen Rechten; Vormerkungen und Widersprüche, §§ 883 ff., 899; Verfügungsbeschränkungen, vgl. § 892 I 2. Generell sind eintragbar alle Vermerke, an deren Vorhandensein das Recht Rechtsfolgen knüpft[5].

aa) Nicht eintragbar sind obligatorische Rechte, wie z.B. die Miete oder Pacht eines Grundstücks. Ebenso sind alle überflüssigen Vermerke im Interesse der Übersichtlichkeit des Grundbuchs nicht eintragbar. Ist eine unzulässige Eintragung vorgenommen worden, so äußert sie keinerlei Wirkung; das Grundbuchamt muß sie gemäß § 53 I 2 GBO von Amts wegen löschen.

bb) Nicht eintragbar im Grundbuch sind öffentliche Lasten, § 54 GBO. Es ist ohnehin bekannt, daß Grundstücke mit öffentlichen Abgaben belastet sind; hinzu kommt, daß solche Belastungen durch einen gutgläubigen Erwerb nicht beeinträchtigt werden können. „Öffentliche Lasten" i.S.v. § 54 GBO sind öffentlich-rechtliche Verpflichtungen zur Zahlung einer Geldsumme, für welche nicht nur der Eigentümer des Grundstücks persönlich haftet, sondern auch das Grundstück selbst[6]. In Betracht kommen etwa Grundsteuern, Zahlungsverpflichtungen im Umlegungsverfahren, Erschließungsbeiträge, Schornsteinfegergebühren.

cc) § 54 GBO bezieht sich auf öffentliche Lasten, nicht dagegen auf öffentliche Belastungen anderer Art[7]. Dennoch können solche Belastungen – z.B. Vorkaufsrechte, Verfügungsbeschränkungen[8], öffentlich-rechtliche Baulasten, etwa des Inhalts, auf dem eigenen Grundstück Zufahrten, Versorgungsleitungen oder eine Garage zu dulden[9] – nach einer verbreiteten Ansicht grundsätzlich nicht im Grundbuch

---

[4] Vgl. das Beispiel im amtlichen Grundbuchmuster, Anhang S. 2 lfd. Nr. 7: 1/10 Miteigentum am Weg „Alte Neußer Landstraße". Der Anteil gehört zu dem unter lfd. Nr. 6 verbuchten Grundstück.

[5] Eintragbar ist z.B. die Einrede gegen eine Forderung, welche durch eine Hypothek gesichert ist, vgl. §§ 1137, 1138, vgl. unten § 27 III 2 b aa.

[6] Vgl. BGH DRpfl 1981, 349; Demharter § 54 Rn. 2; Weirich-Mackeprang Rn. 458.

[7] Ertl, DRpfl 1980, 6.

[8] Vgl. etwa Ertl a.a.O.; Walter, JA 1981, 322 ff.

[9] Vgl. etwa BGH NJW 1981, 980 ff.

eingetragen werden[10]. Das Argument, das Grundbuch sei nur für privatrechtliche Eintragungen bestimmt, trifft jedoch nicht zu. Sogar der Gesetzgeber hat eine Reihe von öffentlich-rechtlichen Belastungen für eintragungsbedürftig oder eintragungsfähig erklärt[11]. Zudem ist zu beachten, daß jede öffentliche Grundstücksbelastung den Inhalt des Grundeigentums ändert[12], und dies zu manifestieren ist die Aufgabe des Grundbuchs. Daher muß grundsätzlich jede öffentlich-rechtliche Grundstücksbelastung eintragbar sein[13]; darüber hinaus besteht eine Eintragungspflicht. Zwar sind öffentliche Grundstücksbelastungen in ihrer Entstehung nicht von einer Eintragung abhängig[14], jedoch ist eine Verpflichtung der zuständigen Behörde anzunehmen, unverzüglich um die Eintragung der Belastung beim Grundbuchamt zu ersuchen. Der Bürger darf erwarten, daß der Staat bei der Durchführung seiner Maßnahmen seine Interessen nach Möglichkeit schont und ihm keinen unnötigen Schaden zufügt. Dazu gehört auch die Kundbarmachung von Grundstücksbelastungen. Wird ihre Eintragung versäumt und so dem Bürger eine Lastenfreiheit vorgegaukelt, so greift die Amtshaftung nach Art. 34 GG, § 839 ein: Der Betroffene kann Schadensersatz verlangen[15]. Eine Eintragung öffentlicher Grundstücksbelastungen im Baulastbuch ist kein vollwertiger Ersatz für die Grundbucheintragung; sie ist nicht konstitutiv und auch nicht in allen Ländern zwingend vorgeschrieben.

Eine Baulast gibt dem faktisch Begünstigten, dem etwa ein Fahrrecht oder ein Stellplatz auf einem fremden Grundstück zugewiesen wurde, kein Recht auf Eintragung der Baulast[16]. Ist eine Baulast im Baulastbuch eingetragen, so steht dem Eigentümer ein Recht auf Löschung zu, wenn die Bestellung der Baulast fehlerhaft war; die Löschung ist mit einer Verpflichtungsklage geltend zu machen[17]. Streitig ist die Frage, inwieweit der Begünstigte einer Baulast einen eigenen Anspruch gegen den Eigentümer des belasteten Grundstücks hat[18].

3. Einrichtung des Grundbuchs[19]

Die Grundbücher werden von den Amtsgerichten geführt, und zwar nach Bezirken, § 2 I GBO; Bezirke sind die Gemeindebezirke, § 1 GBVerf. Jedes dieser Grundbücher besteht aus mehreren Bänden. Diese Bände mußten bis 1961 fest gebunden sein, seit 1961 kann das Grundbuch wahlweise auch aus Bänden oder Hef-

---

[10] RG 55, 273; Baur-Stürner § 15 Rn. 40; Jauernig § 873 Rn. 4.
[11] Vgl. Staudinger-Gursky 60 vor § 873.
[12] Vgl. VG Schl.-H. DNotZ 1986, 95.
[13] KG DNotZ 1962, 559; Quack, DRpfl 1979, 283; Walter, JA 1981, 322 ff.
[14] Das öffentliche Recht befindet sich damit auf dem Stand, den das Zivilrecht im 18. Jh. einnahm.
[15] Weitergehend wollen Eickmann Rn. 7 und Habscheid § 39 II 2 einen gutgläubig lastenfreien Erwerb zulassen, was den Vorteil eines konsequenten Verkehrsschutzes für sich hat.
[16] Vgl. OVG Münster, NJW-RR 1998, 1240.
[17] Vgl. Weisemann, NJW 1997, 2857 ff.
[18] Vgl. dazu Lorenz, NJW 1996, 2612.
[19] Die folgenden Erörterungen werden durch das Muster eines Grundbuchblattes im Anhang der Grundbuchverfügung (GBVerf) veranschaulicht; das Muster findet sich auch im Anhang dieses Buches.

ten mit losen Einlegebögen bestehen, § 1 I 1 GBO. Es kann auch als „maschinell geführtes Grundbuch" in Form einer Computerdatei geführt werden, vgl. §§ 126 ff. GBO und unten h.

Jedes Grundstück erhält ein Grundbuchblatt[20], § 3 I 1 GBO, welches „das Grundbuch" im Sinne des BGB ist, z.B. in § 873 I, vgl. § 3 I 2 GBO. Die Grundbuchblätter in den Bänden eines Bezirks erhalten fortlaufende Nummern, vgl. §§ 2, 3 GBVerf. Jedes Grundbuchblatt besteht aus der Aufschrift, dem Bestandsverzeichnis und drei Abteilungen, vgl. § 4 GBVerf.

a) Die erste Seite des Grundbuchblattes ist die *Aufschrift*, die das Amtsgericht, den Bezirk, die Nummer des Bandes und die fortlaufende Nummer des Grundbuchblattes angeben muß[21].

b) Auf die Aufschrift folgt das *Bestandsverzeichnis*, welches das verbuchte Grundstück bezeichnet und die damit verbundenen subjektiv-dinglichen Rechte; es ist in acht Spalten aufgeteilt[22].

aa) Die Grundbuchordnung kennt nur noch das *Realfolium*, vgl. § 3 I 1 GBO, geordnet nach Grundstücken, nicht mehr das *Personalfolium*, geordnet nach Personen. Das Personalfolium wurde nach den Grundstückseigentümern geführt, jeder Eigentümer erhielt ein Grundbuchblatt, auf welchem alle seine Grundstücke aufgeführt wurden. Im Realfolium ist auf einem Grundbuchblatt ein einzelnes Grundstück verzeichnet; gemäß § 4 I GBO können auf einem Grundstücksblatt aber auch mehrere Grundstücke desselben Eigentümers verzeichnet werden, wenn davon keine Verwirrung zu besorgen ist. In diesem Fall spricht man vom *gemeinschaftlichen Grundbuchblatt*. Es handelt sich dabei nicht um ein Personalfolium, denn die Aufzeichnung erfolgt nach Grundstücken, nicht nach Personen. Zudem können in einem gemeinschaftlichen Grundbuchblatt mehrere Grundstücke desselben Eigentümers erfaßt werden, keineswegs aber müssen alle erfaßt werden, wie beim Personalfolium[23].

bb) Im Bestandsverzeichnis werden auf Antrag auch die subjektiv-dinglichen Rechte vermerkt, die dem jeweiligen Eigentümer des Grundstücks zustehen, § 9 GBO, etwa Grunddienstbarkeiten (§ 1018) und Reallasten (§ 1105 II). Der Vermerk hat keine materiellrechtliche Wirkung, für die Entstehung des Rechts genügt die Eintragung beim belasteten Grundstück.

c) Auf das Bestandsverzeichnis folgt die *erste Abteilung* des Grundbuchblattes[24], in welcher der Eigentümer des jeweiligen Grundstücks vermerkt ist sowie die dingliche Grundlage seiner Eintragung, z.B. Auflassung, Erbschein, Testament, usw., vgl. § 9 GBVerf.; ferner ist der Tag der Eintragung zu vermerken.

---

[20] Jedes „Grundbuchblatt" besteht nach § 10 I a GeschO normalerweise aus 10 Blättern = 20 Seiten. Bei geringerem Platzbedarf kann das „Grundbuchblatt" aber auch nur aus sechs Blättern mit 12 Seiten bestehen, § 10 I b GeschO, wie auch das amtliche Muster im Anhang.

[21] Vgl. Anhang S. 1.

[22] Vgl. Anhang S. 2 f.

[23] Auch das amtliche Muster (Anhang S. 2) ist ein solches gemeinschaftliches Grundbuchblatt mit drei Grundstücken.

[24] Vgl. das Muster im Anhang S. 4 f.

d) In der *zweiten Abteilung* werden die Belastungen des Grundstücks[25] eingetragen, ausgenommen die Grundpfandrechte und die sich auf diese beziehenden Vormerkungen und Widersprüche, § 10 I a GBVerf.; ferner werden hier Verfügungsbeschränkungen, Vormerkungen und Widersprüche eingetragen, die sich auf das Eigentum beziehen, § 10 I b GBVerf.

e) In der *dritten Abteilung* des Grundbuchs werden Hypotheken, Grundschulden und Rentenschulden (Grundpfandrechte) eingetragen sowie die sich auf diese beziehenden Vormerkungen und Widersprüche, § 11 GBVerf.

f) Alle Urkunden, auf welche eine Grundbucheintragung sich gründet oder bezieht, werden vom Grundbuchamt aufbewahrt, § 10 I 1 GBO, und zwar in den zum betroffenen Grundstück gehörenden *Grundakten*, § 24 GBVerf. Urkunden, auf welche sich die Eintragung gründet, sind etwa Eintragungsanträge und -bewilligungen (§§ 13, 19 GBO), Auflassungserklärungen (§ 20 GBO), Vollmachten, Testamente, Erbscheine.

g) Grundbuch im Sinne des materiellen Rechts, etwa des § 873, ist das gesamte Grundbuchblatt eines Grundstücks. Nach dem formellen Recht der Grundbuchordnung und der Grundbuchverfügung sollen die Buchungen in bestimmter Form und an bestimmter Stelle erfolgen, jedoch ist das für das materielle Recht ohne Bedeutung. Eine in Abteilung 1 oder auf der Aufschrift eingetragene Hypothek wäre wirksam.

h) Durch das „Registerverfahrensbeschleunigungsgesetz" von 1993 ist die Möglichkeit der elektronischen Grundbuchführung eröffnet werden. Die Einzelheiten finden sich in dem neugeschaffenen 7. Abschnitt der Grundbuchordnung, §§ 126–134 GBO; vgl. auch die §§ 61–86 GBVerf. Gemäß § 126 GBO bestimmen die Länder, ob sie von dieser Möglichkeit Gebrauch machen wollen. An die Stelle des bisherigen Grundbuchblatts tritt die in den Datenspeicher aufgenommene Information, § 128 GBO, die Eintragung ist vollendet, wenn sie im Speicher aufgezeichnet ist, § 129 GBO; an die Stelle von Abschriften treten Ausdrucke der gespeicherten Informationen, § 128 GBO. Die Einsicht erfolgt auf Bildschirmen, auch bei einem anderen als dem örtlich zuständigen Grundbuchamt, § 132 GBO, § 79 GBVerf. Der Sicherung der Daten gegen Mißbrauch und Verlust dienen die §§ 62–66 GBVerf. und die Anlage zu § 126 GBO.

i) Grundbücher werden nicht nur für das Grundeigentum geführt, sondern auch für grundeigentumsähnliche Rechte: Es gibt Grundbücher für das Erbbaurecht, § 14–17 ErbbRVO, §§ 54 ff. GBVerf. mit Anlage 9; für das Wohnungseigentum, § 7 WEG, Muster als Anlage zur WEGGBVerf.[26]; für das selbständige Gebäudeeigentum in der ehemaligen DDR, Art. 233 § 2b II, § 2c EGBGB, § 144 I Ziffer 4 GBO[27]. Für das Bergwerkseigentum ist die Einrichtung und Führung der Berggrundbücher landesrechtlich geregelt, vgl. § 176 II BBergG.

---

[25] Etwa Erbbaurechte, Dienstbarkeiten, Reallasten, Nießbrauch.
[26] Verfügung über die grundbuchmäßige Behandlung von Wohnungseigentumssachen, vom 1. 8. 1951.
[27] Vgl. auch die Gebäudegrundbuchverfügung vom 15. Juli 1994, BGBl. I S. 1606.

II. Grundbuchverfahren

Das Grundbuchverfahren ist ein Verfahren der freiwilligen Gerichtsbarkeit, subsidiär sind neben der GBO die Vorschriften des FGG anzuwenden.

1. Antrag

a) Nach § 13 I 1 GBO erfolgt eine Eintragung im Grundbuch nur auf Antrag. Antragsberechtigt ist gemäß § 13 I 2 GBO jeder, dessen Recht von der Eintragung betroffen wird oder zu dessen Gunsten die Eintragung erfolgen soll. Dabei bezieht sich das Betroffen- bzw. Begünstigtsein auf die dingliche Rechtsstellung. Betroffener ist etwa, wer ein Recht verliert oder sein Recht belastet, aber auch, wer bezüglich seines Rechts eine Vormerkung oder einen Widerspruch eintragen läßt; Begünstigter ist etwa, wer ein Recht erwirbt, wer von einer Belastung seines Rechts befreit wird, zu wessen Schutz ein Widerspruch eingetragen wird u.s.w.

b) Antragsberechtigt nach § 13 I 2 GBO ist nur, wer von der zu beantragenden Eintragung betroffen ist, und zwar *unmittelbar* betroffen[28]; auf diese Weise wird verhindert, daß das Antragsrecht zu weit ausgedehnt wird[29]. Unmittelbar betroffen ist der, dessen eingetragenes Recht oder dessen eingetragene Rechtsposition gelöscht werden soll oder bei dessen Recht eine Eintragung erfolgen soll, durch welche dieses Recht belastet oder nachteilig verändert wird.

Erfolgt die Eintragung zum Zweck der Berichtigung, so ist antragsberechtigt einmal der Betroffene, welcher seine bisherige Buchposition einbüßt, dann aber auch der, dessen eingetragenes Recht durch die berichtigende Eintragung beeinträchtigt wird[30].

c) *Begünstigter* ist der, „zu dessen Gunsten die Eintragung erfolgen soll". Antragsberechtigt ist nur der unmittelbar Begünstigte[31], also der, für den ein Recht eingetragen wird oder dessen Recht durch die Eintragung selbst von einer Belastung befreit wird. Mittelbar Begünstigte haben kein Antragsrecht, wie etwa der Inhaber einer Auflassungsvormerkung, der nach der Löschung einer Belastung unbelastetes Eigentum erwerben würde[32], oder ein nachrangig Berechtigter, der beim Löschen einer Belastung im Rang vorrücken würde; unmittelbar begünstigt ist nur der Eigentümer. Bei Grundbuchberichtigungen ist jeder antragsberechtigt, der einen Berichtigungsanspruch (§ 894) hat.

d) Ein mittelbar Begünstigter kann nach § 14 GBO einen Antrag auf Berichtigung des Grundbuchs stellen, wenn er aufgrund eines vollstreckbaren Titels gegen den Berechtigten eine Eintragung im Grundbuch verlangen kann, diese aber nicht

---

[28] Vgl. etwa KEHE-Herrmann § 13 Rn. 55; Soergel-Stürner 11 vor § 873.

[29] Anders ist der Begriff des „Betroffenen" in §§ 19, 39 I und § 55 GBO zu verstehen, vgl. unten 2 b aa, 4 b, 5 c.

[30] Etwa der Grundstückseigentümer, wenn ein nicht eingetragenes belastendes Recht im Wege der Berichtigung eingetragen wird.

[31] Vgl. Güthe-Triebel § 13 Rn. 42 a α; KEHE-Herrmann § 13 Rn. 57; Demharter § 13 Rn. 42, 47.

[32] OLG Frankfurt, FGPrax 1996, 208 f.

erreichen kann, weil der Schuldner und wirklich Berechtigte nicht eingetragen ist, vgl. § 39 GBO. Hat etwa H einen titulierten Anspruch auf Eintragung einer Hypothek gegen den Eigentümer E, ist aber im Grundbuch zu Unrecht B als Eigentümer eingetragen, so kann H die Eintragung nicht erzwingen, solange E nicht eingetragen ist[33]. Er kann gemäß § 14 GBO die Berichtigung des Grundbuchs durch Eintragung des E beantragen. § 14 GBO ist auch anwendbar, wenn der vollstreckbare Eintragungsanspruch auf Berichtigung geht.

e) Ein Eintragungsantrag kann durch einen Bevollmächtigten gestellt werden, die Vollmacht ist formlos nachzuweisen, § 30 GBO. Ist eine zur Eintragung erforderliche Erklärung[34] von einem Notar beurkundet oder beglaubigt worden, so gilt dieser als ermächtigt, den Eintragungsantrag im Namen eines Antragsberechtigten zu stellen, § 15 GBO.

aa) Der Antrag kann schriftlich gestellt werden oder mündlich zur Niederschrift des zuständigen Beamten[35], § 13 II GBO. Die Einhaltung einer besonderen Form ist nicht erforderlich. Der Antrag kann mit dem Vorbehalt versehen werden, daß eine Eintragung nicht ohne eine andere beantragte Eintragung erfolgen soll, § 16 II GBO; Vorbehalte (Bedingungen) anderer Art sind nicht möglich.

bb) Der Antrag wird gemäß § 13 II 2 GBO wirksam, wenn er einem zur Entgegennahme zuständigen Beamten[36] vorgelegt wird, d.h. wenn er in dessen Besitz gelangt, § 19 II b GeschO. Es genügt nicht der Eingang beim Amtsgericht[37], insbesondere nicht das Einwerfen in den Briefkasten[38]. Der Antrag wird nur wirksam, wenn er einem zuständigen Beamten vorgelegt wird, nicht aber erst, wenn dieser ihn zur Kenntnis nimmt[39].

Die Reihenfolge des Eingangs von Anträgen ist von großer Bedeutung, weil die beantragten Eintragungen in der Reihenfolge der Antragseingänge erfolgen, § 17 GBO, und weil die Reihenfolge der Eintragungen entscheidend ist z.B. für den Rang der Rechte. Daher ist auf dem Antrag der Zeitpunkt des Eingangs genau anzugeben, § 13 II 1 GBO, d.h. nach Tag, Stunde und Minute, § 19 II a GeschO. Ein Antrag ist aber nur dann geeignet, einen zeitlichen Vorrang i.S.d. des § 17 GBO zu begründen oder einen vorteilhaften Zeitpunkt zu fixieren, etwa i.S.v. §§ 878, 879, 892 II, wenn ihm alle zur Eintragung erforderlichen Unterlagen beigefügt sind. Werden die erforderlichen Unterlagen nachgereicht, so ist mit diesem Zeitpunkt ein neuer Antrag gegeben. Wird ein Antrag wegen mangelnder Unterlagen rechtmäßig abgewiesen und wird dagegen Beschwerde eingelegt unter Beifügung der erforderlichen Anlagen, so ist die Beschwerde als neuer Antrag zu werten[40].

---

[33] Vgl. dazu unten 4.
[34] Etwa eine Auflassung, eine Einigung nach § 873.
[35] Vgl. oben I 1.
[36] Vgl. oben I 1.
[37] Vgl. § 19 I GeschO.
[38] Daher soll sich am Briefkasten ein entsprechender warnender Hinweis befinden, § 18 II GeschO.
[39] Vgl. § 19 II b GeschO.
[40] Vgl. BGH NJW 1997, 2751 und LM § 878 Nr. 7 mit Anmerkung Wieling.

cc) Der Antrag kann von dem, welcher ihn gestellt hat, zurückgenommen werden. Die Rücknahme bedarf gemäß § 31 GBO der Form des § 29 GBO, d.h. der notariellen Beglaubigung.

2. Bewilligung des Betroffenen

a) Die Grundbuchordnung fordert für die Eintragung weder den Nachweis des Kausalgeschäfts noch den der dinglichen Einigung: Ausreichend ist die einseitige Bewilligung des Betroffenen, § 19 GBO. Diesem formellen Konsensprinzip setzt das materielle Recht das materielle Konsensprinzip entgegen, das zum Rechtserwerb grundsätzlich eine dingliche Einigung fordert, § 873 I. Fehlt es an der Einigung, so tritt trotz Bewilligung und Eintragung keine Rechtsänderung ein; ist sie vorhanden, erfolgt aber die Eintragung ohne Bewilligung, so tritt die eingetragene Rechtsänderung ein. § 19 GBO ist nur eine Verfahrensvorschrift, welche für das materielle Recht keine Bedeutung hat.

b) Die Eintragungsbewilligung ist in notariell beglaubigter Form zu erklären, § 29 I GBO, und zwar vom Betroffenen; betroffen ist sowohl der, dessen materielle Rechtsstellung von der geplanten Eintragung beeinträchtigt wird, als auch der, dessen Buchstellung davon beeinträchtigt wird.[41] Nur ein solcher Betroffener ist berechtigt, die Bewilligung nach § 19 GBO zu erklären.

aa) Betroffen i.S.d. § 19 GBO ist auch, wer nur mittelbar betroffen ist[42]. Dazu gehören alle, die einer Verfügung über ein Recht zustimmen müssen, vgl. §§ 876, 877, 880 II, III. Wer ein Pfandrecht an einer Hypothek hat, muß eine beabsichtigte Löschung der Hypothek bewilligen.

bb) Von der Eintragung einer Grundbuchberichtigung ist der Buchberechtigte betroffen, dessen angebliches, eingetragenes Recht gelöscht werden soll; er muß die Bewilligung erklären[43].

c) Eine Bewilligung ist für eine Grundbucheintragung ausnahmsweise nicht erforderlich, wenn bei einer beantragten Grundbuchberichtigung die Unrichtigkeit des Grundbuchs in der Form des § 29 GBO nachgewiesen wird, §§ 22–27 GBO; ferner wenn eine Behörde aufgrund gesetzlicher Ermächtigung um eine Eintragung ersucht, § 38 GBO, oder das Beschwerdegericht eine Eintragung anordnet, § 76 GBO.

3. Nachweis der Auflassung

Wegen der besonderen wirtschaftlichen Bedeutung der Grundstücksübereignung begnügt sich die GBO in diesem Fall nicht mit der Bewilligung des Veräußerers, sondern fordert gemäß § 20 GBO den Nachweis der Auflassung (der dingli-

---

[41] Steht fest – etwa auf Grund eines Urteils – daß nicht der Eingetragene, sondern ein Dritter wirklicher Eigentümer ist, so muß der Dritte die Bewilligung erklären und natürlich auch die Einigung nach § 873 erklären, vgl. NJW-RR 2006, 888 ff.
[42] Vgl. Demharter § 19 Rn. 52; KEHE-Munzig § 19 Rn. 54 ff.
[43] Sie kann von ihm gemäß § 894 verlangt werden.

chen Einigung, §§ 873 I, 925). Die Eintragung einer Grundstücksübereignung infolge Auflassung darf also nur dann vorgenommen werden, wenn dem Grundbuchamt die dingliche Einigung (Auflassung) nachgewiesen wird. Das geschieht durch Vorlage der notariellen Urkunde, die nach § 925 regelmäßig über die Auflassung errichtet wird.

Der Nachweis der dinglichen Einigung erbringt aber noch keine absolute Sicherheit, ob der Veräußerer mit einer sofortigen Eintragung einverstanden ist. Daher entspricht es den Interessen der Rechtssicherheit, zum Nachweis der Auflassung nach § 20 GBO zusätzlich eine Bewilligung nach § 19 GBO zu fordern[44]. Liegt sie vor, so weiß das Grundbuchamt mit Sicherheit, daß die Eintragung erfolgen kann.

4. Voreintragung des Betroffenen

So wie das Grundbuchverfahren sich grundsätzlich mit der Bewilligung des Betroffenen begnügt, ohne das materiellrechtliche Rechtsgeschäft zu prüfen, so begnügt es sich auch mit der Voreintragung des Betroffenen, ohne dessen materiellrechtliche Berechtigung zu prüfen.

a) Gemäß § 39 I GBO soll eine Eintragung nur erfolgen, wenn derjenige, dessen Recht von der Eintragung betroffen wird, als Berechtigter eingetragen ist. Ist etwa statt des Eigentümers ein anderer als Berechtigter eingetragen und will der Eigentümer das Grundstück veräußern, so kann nicht unmittelbar der Erwerber eingetragen werden. Zunächst muß im Wege der Berichtigung der wahre Eigentümer eingetragen werden, erst dann kann die Umbuchung auf den Erwerber erfolgen. Auf diese Weise dokumentiert das Grundbuch genau die Geschichte und Entwicklung der Grundstücksrechte.

b) Der Begriff des Betroffenen ist in § 39 I GBO ebenso zu verstehen wie in § 19 GBO für die Bewilligung[45]. Von einer Rechtsänderung ist der Inhaber des Rechts betroffen, von einer Berichtigung der Buchberechtigte. Bei Briefgrundpfandrechten steht es gemäß § 39 II GBO der Eintragung gleich, wenn der Gläubiger sich durch den Brief legitimiert, der gemäß § 1155 durch eine ununterbrochene Kette beglaubigter Abtretungserklärungen auf die Grundbucheintragung zurückführt[46].

c) Eine Ausnahme vom Grundsatz der Voreintragung ordnet § 40 I (1) GBO an für den Fall, daß der Erbe des eingetragenen Berechtigten sein ererbtes Recht übertragen oder aufheben will; dadurch soll ihm das zwecklose Eintragungsverfahren erspart werden, wenn er sein Recht ohnehin alsbald wieder verliert. Wer ein Grundstück etwa geerbt hat, kann es veräußern, ohne vorher selbst eingetragen werden zu müssen. Will der Erbe dagegen sein ererbtes Recht behalten und anderweitig darüber verfügen, etwa es belasten, so muß er vorher eingetragen werden.

Die Voreintragung des Erben ist weiterhin dann nicht erforderlich, wenn die Einigung aufgrund einer Bewilligung des Erblassers erfolgt, aufgrund einer Bewilli-

---

[44] So etwa E. Wolf § 9 D IV b; Staudinger-Gursky § 873 Rn. 221; Eickmann Rn. 120; Demharter § 19 Rn. 6; BGH 90, 327.
[45] Vgl. oben 2 b.
[46] Für die Eintragung von Grundpfandrechten vgl. weiter §§ 41-43 GBO.

gung eines Nachlaßpflegers oder aufgrund eines vollstreckbaren Titels gegen den Erblasser oder Nachlaßpfleger, § 40 I (2) GBO.

5. Eintragung

a) Das Eintragungsverfahren beginnt mit dem Antrag, dessen Eingangszeit genau festzuhalten ist[47]. Werden mehrere Anträge gestellt, die dasselbe Recht betreffen, so darf die später beantragte Eintragung nicht erfolgen, bevor der frühere Antrag erledigt ist, § 17 GBO.

aa) Durch die Anträge muß dasselbe Recht betroffen werden. Das ist immer dann anzunehmen, wenn die Reihenfolge der Eintragungen rechtlich relevant ist. Das ist dann der Fall, wenn die Eintragung zweier Rechte beantragt ist, die in einem Rangverhältnis stehen; wenn eine beantragte Eintragung die andere ausschließt; wenn die zuerst beantragte Eintragung die zweite erst möglich macht. Nicht dasselbe Recht, sondern verschiedene Rechte sind z.B. betroffen, wenn die Eintragung der Abtretung der Hypothek des A beantragt wird und die Eintragung einer zweitrangigen Hypothek für B.

bb) Ist dasselbe Recht betroffen, so muß erst der erste Antrag erledigt werden, bevor aufgrund des zweiten eine Eintragung erfolgen kann. Die Erledigung des ersten Antrags kann bestehen in der Eintragung, in der Zurückweisung des Antrags oder in der Eintragung einer Amtsvormerkung oder eines Amtswiderspruchs[48] nach § 18 II GBO.

cc) Die Anträge müssen zu verschiedenen Zeiten gestellt sein. Werden verschiedene Anträge gleichzeitig gestellt, so sind sie gleichzeitig zu erledigen, falls erforderlich mit Gleichrangvermerk nach § 45 I GBO. Anträge, die nicht miteinander vereinbar sind, sind zurückzuweisen, etwa die gleichzeitig gestellten Anträge des Eigentümers, das Eigentum auf K umzuschreiben und für G eine Hypothek zu bestellen.

dd) Wird eine Eintragung entgegen § 17 GBO vorgenommen, so beeinträchtigt dieser Verstoß die materiellrechtliche Wirksamkeit der Eintragung nicht. Ist die nachträglich beantragte Hypothek für B vor der vorher beantragten des A eingetragen worden, so hat B den Vorrang vor A. A kann wegen Verletzung des § 17 GBO Schadensersatz gemäß § 839, Art. 34 GG wegen Amtspflichtverletzung verlangen[49].

b) Eintragungen von Amts wegen sind vorgesehen in § 53 GBO[50]. Ist unter Verletzung gesetzlicher Vorschriften eine Eintragung vorgenommen worden, durch welche das Grundbuch unrichtig geworden ist, so ist von Amts wegen ein Widerspruch einzutragen, § 53 I 1 GBO. Ist eine ihrem Inhalt nach unzulässige Eintra-

---

[47] Vgl. oben 1 e bb; zum Eintragungsverfahren auch Weirich-Mackeprang Rn. 464 ff.

[48] Vgl. dazu unten b.

[49] Dagegen kann A den Vorrang nicht von B mit der Eingriffskondiktion herausverlangen, da B ihn nicht ohne Rechtsgrund erlangt hat.

[50] Ferner etwa in §§ 84–89 GBO (Löschung gegenstandsloser Eintragungen) und in §§ 90–115 GBO (Verfahren zur Klarstellung des Ranges).

gung erfolgt, so ist sie von Amts wegen zu löschen, § 53 I 2 GBO, etwa wenn rein obligatorische Rechte eingetragen wurden.

Besteht ein Eintragungshindernis, so ist der Eintragungsantrag zurückzuweisen; ist das Hindernis behebbar, so hat das Grundbuchamt nach pflichtgemäßem Ermessen zu entscheiden, ob nicht statt der Zurückweisung eine Zwischenverfügung gemäß § 18 I GBO angemessener wäre. Darin werden dem Antragsteller die Eintragungshindernisse benannt sowie die Mittel zu ihrer Behebung, ferner wird eine Frist für die Behebung gesetzt. Die Zwischenverfügung hat für den Antragsteller den Vorteil, daß ihm der Zeitpunkt der Antragstellung gewahrt bleibt. Soll daher vor Erledigung des Antrags eine später beantragte Eintragung erfolgen, die dasselbe Recht betrifft, so muß gesichert werden, daß die Vorteile aus der früheren Beantragung gewahrt bleiben. Das geschieht dadurch, daß von Amts wegen eine Vormerkung oder ein Widerspruch zugunsten des einzutragenden Rechts eingetragen wird, welches wegen der Zwischenverfügung noch nicht eingetragen wird, § 18 II GBO.

Das Grundbuchamt ist im Antragsverfahren nicht verpflichtet, Untersuchungen dahin anzustellen, ob eine beantragte Eintragung dem materiellen Recht entspricht. Es darf aber nicht bewußt eine Eintragung vornehmen, die das Grundbuch unrichtig macht[51]. Dagegen darf das Grundbuchamt eine Eintragung nicht deshalb ablehnen, weil die beantragte Eintragung nur im Wege des gutgläubigen Erwerbs wirksam werden kann[52]. Das Grundbuchamt ist nicht dazu berufen, zwischen den Interessen des wahren Berechtigten und denen des gutgläubigen Erwerbers zu entscheiden[53]. Diese Frage gehört dem materiellen Recht an und ist vom Gesetzgeber in § 892 entschieden.

c) Die Löschung eines Rechts geschieht gemäß § 46 GBO durch einen Löschungsvermerk in der dafür vorgesehenen Spalte der Abteilungen zwei und drei; zudem ist gemäß § 17 II GBVerf die gelöschte Eintragung rot zu unterstreichen. Die Rötung dient der Übersichtlichkeit, sie hat aber keine rechtliche Bedeutung; die Löschung wird allein durch den Löschungsvermerk herbeigeführt[54]. Besteht das Recht in Wirklichkeit noch und wird es irrig gelöscht, so wird das Grundbuch unrichtig; das Recht besteht trotz Löschung weiter. Es besteht aber die Gefahr, daß ein Gutgläubiger das Grundstück lastenfrei erwirbt und so das Recht nach § 892 untergeht.

---

[51] Legalitätsprinzip, vgl. etwa Demharter § 13 Anh. Rn. 41; KEHE-Dümig Einl. C 66 ff.; Schwab-Prütting Rn. 278.

[52] Vgl. Staudinger-Gursky § 892 Rn. 203; MünchenerK-Wacke § 892 Rn. 69 f., beide mit weiterer Literatur zum Streitstand; ferner Mülbert, AcP 1997, 348; Lenenbach, Guter Glaube des Grundbuchamtes als ungeschriebene Voraussetzung des Gutglaubenserwerbs?, NJW 1999, 923 ff. mit Literatur in Fn. 2; Piechotta, Carola, Die Stellung des gutgläubigen Immobiliarerwerbers vor seiner Eintragung im Grundbuch, Diss. Freiburg 1998.

[53] Anders die früher h.M., nach welcher das Grundbuchamt einen Antrag zurückzuweisen hatte, wenn es wußte, die Eintragung nur über § 892 wirksam werden konnte, vgl. etwa KG, KGJ 27 (1904), S. A 27 ff.; KGJ 28 (1905), S. A 92 ff.; RG 71, 38 ff.; KG DNotZ 1973, 301, 302 f.; Schönfeld, Verfügungsbeschränkungen und öffentlicher Glaube des Grundbuchs, JZ 1959, 140 ff. sowie die ältere Kommentarliteratur. Ferner BayObLG, NJW 1954, 1120 f.; OLG Karlsruhe NJW-RR 1998, 445 ff.

[54] Vgl. das amtliche Muster im Anhang.

Die Eintragung ist dem Antragsteller, dem Eigentümer, allen Begünstigten und Betroffenen bekannt zu machen, § 55 GBO, §§ 39–42 GBVerf.

d) Gegen die Entscheidungen des Rechtspflegers ist gemäß § 11 I RpflG die Beschwerde möglich, über welche das Landgericht entscheidet, §§ 71–77 GBO; gegen die Entscheidung des Landgerichts findet die weitere Beschwerde als Rechtsbeschwerde statt, über welche das Oberlandesgericht entscheidet, §§ 78–80 GBO. Rechtsmittel gegen Eintragungen sind jedoch unzulässig, § 71 II 1 GBO; demjenigen, der auf diesen Rechtsschein vertraut, soll nicht nachträglich die Vertrauensbasis entzogen werden, indem man aufgrund eines Rechtsmittels die Eintragung wieder löscht.

e) Jeder, der ein berechtigtes Interesse daran hat, kann gemäß § 12 I GBO in das Grundbuch und in die Grundakten einsehen[55]. Dazu gehören zunächst alle, die ein Recht am Grundstück haben oder erwerben wollen; sie haben ein rechtliches Interesse an der Einsicht. Ausreichend zur Begründung des Einsichtsrechts sind auch wirtschaftliche Interessen, wenn etwa ein Pflichtteilsberechtigter sich über den Wert eines Grundstücks im Nachlaß informieren will, um zu entscheiden, ob er seinen Anspruch geltend machen soll.[56] Daneben sollten auch wissenschaftliche und historische Interessen zur Einsicht berechtigen, wenn jemand etwa Statistiken erstellen will oder eine Chronik von Gebäuden oder Grundstücken[57]. Ein berechtigtes Interesse zur Grundbucheinsicht ist auch dann anzunehmen, wenn nur so die Presse ihre demokratische Kontrollfunktion erfüllen kann[58]. Dagegen wird man z.B. Auskunfteien und Maklern nicht generell ein berechtigtes Interesse an der Grundbucheinsicht zugestehen können. Auch persönliche Motive, wie etwa die Aussicht auf ein gedeihliches Zusammenleben in der Familie, oder gar reine Neugier, begründen kein Einsichtsrecht[59].

f) Die Regeln der Grundbuchordnung und des Verfahrensrechts haben keinen Einfluß auf die Gestaltung des materiellen Rechts. Sind sie eingehalten, liegen aber die Voraussetzungen des materiellen Rechts nicht vor, so tritt eine Rechtsänderung nicht ein. Liegen die Voraussetzungen des materiellen Rechts vor, so tritt die Rechtsänderung ein, auch wenn die Regeln des Verfahrensrechts nicht eingehalten sind. Die Verletzung des Verfahrensrechts kann jedoch zu Schadensersatzansprüchen führen.

---

[55] Vgl. auch § 46 GBVerf.
[56] Vgl. KG NJW-RR 2004, 1316 ff.
[57] So zutreffend Güthe-Triebel a.a.O.; Lange § 19 II 2 b Fn. 8; a.A. Demharter § 12 Rn. 11. Vgl. auch § 35 GeschO.
[58] Vgl. OLG Hamm NJW 1988, 2482.
[59] BayObLG NJW-RR 1998, 1241 f.

§ 20. Materielles Liegenschaftsrecht

Während das BGB keinen allgemeinen Teil des Sachenrechts insgesamt hat und auch keinen für das Mobiliarsachenrecht, hat es in den §§ 873–902 allgemeine Regeln für das Liegenschaftsrecht aufgestellt: Die §§ 873–878 regeln die Verfügungen über Grundstücksrechte im allgemeinen, §§ 879–882 den Rang der Grundstücksrechte; §§ 883–888 betreffen die Vormerkung, §§ 889, 890 die Konsolidation von Grundstücksrechten und die Vereinigung von Grundstücken; §§ 891–893 schaffen den öffentlichen Glauben des Grundbuchs, §§ 894–899 geben Rechtsbehelfe gegen Unrichtigkeit des Grundbuchs; §§ 900–902 regeln die Ersitzung und Verjährung im Liegenschaftsrecht.

I. Verfügungen über Grundstücke und Grundstücksrechte

Gemäß § 873 I sind zur Verfügung über Grundstücke und Grundstücksrechte die Einigung und Eintragung in das Grundbuch erforderlich, soweit das Gesetz nichts anderes vorschreibt. Es handelt sich also um einen Doppeltatbestand, ähnlich der Übereignung beweglicher Sachen durch Einigung und Übergabe.

1. Betroffene Geschäfte nach § 873 I

a) Durch Einigung und Eintragung wird zunächst das Grundeigentum übertragen;[1] in gleicher Weise werden beschränkte dingliche Rechte am Grundstück bestellt. In Betracht kommen nur die gesetzlich vorgesehenen Rechte, da im Liegenschaftsrecht das aus dem römischen Recht kommende Prinzip des numerus clausus der dinglichen Rechte streng durchgeführt ist[2]. Dazu gehören etwa die aus dem römischen Recht stammenden Dienstbarkeiten, der Nießbrauch und die Grundpfandrechte, ferner die aus dem germanischen Recht stammende Reallast und das Vorkaufsrecht, weiter etwa das Erbbaurecht.

In der gleichen Weise durch Einigung und Eintragung werden diese beschränkten dinglichen Rechte übertragen, soweit sie übertragbar sind, und belastet. Als Belastungen eines Rechts kommen nur Nießbrauch und Pfandrecht in Betracht[3]. Die

---

[1] Wobei die Form des § 925 zu beachten ist, vgl. dazu unten § 23 I 1 a.

[2] Dagegen gilt dieses Prinzip nicht im Mobiliarsachenrecht, oben § 1 II 3 e.

[3] Vgl. oben § 16. Etwas anderes gilt bei grundeigentumsähnlichen Rechten, wie etwa dem Erbbaurecht. Sie können mit allen Rechten belastet werden, mit welchen auch ein Grundstück belastet werden kann.

Verpfändung einer Hypothek erfolgt daher durch Einigung und Eintragung[4]. Dagegen fällt die Übertragung, Aufhebung oder Änderung eines Rechts an einem beschränkten Liegenschaftsrecht nicht mehr unter § 873 I, das Pfandrecht an einer Hypothek wird z.B. nach § 1250 ohne Eintragung übertragen[5]; eine berichtigende Eintragung ist aber möglich.

b) § 873 ist nicht anwendbar, wenn der Inhaber eines Grundstücksrechts durch Staatsakt oder von Gesetzes wegen wechselt, z.B. durch Erbfolge. Das Recht geht ohne Grundbucheintragung über, das Grundbuch wird falsch und kann berichtigt werden.

2. Einigung nach § 873 I

Die Einigung nach § 873 I ist ein Vertrag, auf welchen die Regeln für dingliche Rechtsgeschäfte anzuwenden sind[6]. Die Einigung ist grundsätzlich formlos[7], sie kann auch konkludent erfolgen, etwa indem der Berechtigte dem Begünstigten eine Eintragungsbewilligung übergibt; Bedingungen und Befristungen sind zulässig[8]. Die Einigung muß bestimmt sein, sie muß das betroffene Grundstück genau bezeichnen, ebenso die Art der gewollten Verfügung. Die Wirkung der dinglichen Einigung ist unabhängig von der Existenz oder Wirksamkeit eines Verpflichtungsgeschäfts; sie ist abstrakt[9].

a) Die Einigung nach § 873 I ist grundsätzlich nicht bindend[10], sie ist frei und formlos widerruflich. Die Widerrufsmöglichkeit kann vertraglich nicht ausgeschlossen werden[11], da die Möglichkeit des Widerrufs den Vertragschließenden gerade vor übereilten Verfügungen schützen soll.

aa) Die Einigung wird gemäß § 873 II bindend, wenn sie notariell beurkundet wird oder wenn sie beim Grundbuchamt eingereicht wird; ferner, wenn sie vor dem Grundbuchamt erklärt wird[12].

Die Einigung wird schließlich bindend, wenn der Berechtigte seinem Vertragspartner eine beglaubigte Eintragungsbewilligung aushändigt. Die Übergabe muß nicht persönlich vom Berechtigten an den Begünstigten erfolgen, beide können sich eines Vertreters oder Boten bedienen. Es ist auch möglich, daß sich beide Par-

---

[4]   Vgl. Anhang S. 9.

[5]   Vgl. oben § 15 VI 1 a.

[6]   Vgl. oben § 1 III 1 und § 9 I 1. Zur Anwendung der §§ 305–310 auf die dingliche Einigung vgl. etwa MünchenerK-Wacke § 873 Rn. 29.

[7]   Die Behauptung des 2. Zivilsenats des BGH in NJW 2004, 2736 ff., 2739, nach deutschem Recht müsse die Bestellung eines Grundpfandrechts beurkundet werden, ist offenbar ein Versehen und falsch; der 11. Senat hat das in NJW 2005, 664 ff., 666 f. richtig gestellt. Wegen § 29 I 1 GBO muß nur die formelle Bewilligung beglaubigt werden, der Gang zum Notar ist also unvermeidbar.

[8]   Eine Ausnahme findet sich in § 925 II.

[9]   Vgl. oben § 1 III 3 c.

[10] Anders die Einigung bei beweglichen Sachen nach § 929, vgl. oben § 1 III 1 b.

[11] Vgl. etwa MünchenerK-Wacke § 873 Rn. 39 ff.; Müller Rn. 963.

[12] Zur Entgegennahme und Beurkundung von Erklärungen sind aber nur noch die Notare zuständig, so daß § 873 II insoweit obsolet ist.

teien des amtierenden Notars als Vertreters bedienen. Die bindende Wirkung tritt in diesem Fall ein, sobald die Ausfertigung des Vertrages durch den Notar angefertigt ist.

bb) Ist die Einigung bindend geworden, so ist ein Widerruf nicht mehr möglich. Es tritt damit aber keine Verfügungsbeschränkung ein; hat E sein Grundstück notariell an K_1 aufgelassen, so kann er weiterhin wirksam darüber verfügen. Läßt er etwa das Grundstück an K_2 auf und stellt dieser zuerst den Eintragungsantrag, so wird er als erster eingetragen und damit Eigentümer. Vertraglich kann auch eine bindend gewordene Einigung jederzeit formlos wieder aufgehoben werden.

b) Die Einigung nach § 873 I fordert Geschäftsfähigkeit, beim Erwerber nur beschränkte, § 107; sie muß zur Zeit der Vornahme der Einigung vorliegen. Eine später eintretende Geschäftsunfähigkeit schadet ebensowenig wie der Tod eines Vertragschließenden, §§ 130 II, 153[13].

c) Die Einigung ist nach den allgemeinen Regeln (§§ 133, 157) auszulegen; auch eine Konversion nach § 140 ist möglich. Der auf diese Weise ermittelte Inhalt des Geschäfts ist für die Parteien verbindlich. Für Dritte, welche die näheren Umstände der Einigung nicht kennen, gilt sie so, wie ein objektiver Dritter sie verstehen muß[14].

d) Der Auflassungsempfänger hat eine Erwerbsaussicht, er kann den Antrag auf Eintragung stellen, er wird dann eingetragen und damit Eigentümer. Sicher ist diese Erwerbsaussicht freilich nicht, da der Veräußerer nochmals über das Grundstück verfügen kann; verstärkt, aber immer noch nicht völlig sicher wird die Erwerbsaussicht des Auflassungsempfängers dadurch, daß er den Eintragungsantrag stellt. Seine Stellung kann jetzt durch nachträglich beantragte Eintragungen nur noch beeinträchtigt werden, wenn die Vorschrift des § 17 GBO verletzt wird. Das geschieht selten, ist aber nicht ausgeschlossen.

aa) Diese Erwerbsaussicht des Auflassungsempfängers, die in der Möglichkeit besteht, sich unabhängig von der Mitwirkung des Veräußerers eintragen zu lassen, kann man als „Anwartschaft" bezeichnen, wenn man sich vor einer Begriffsverwirrung hütet. Gefahrlos kann man von einer Anwartschaft nur dann sprechen, wenn man sich bewußt bleibt, daß „Anwartschaft" hier nichts anderes bedeutet als eben die Erwerbsaussicht des Auflassungsempfängers, die in der selbständigen Möglichkeit liegt, sich eintragen zu lassen. Diese Anwartschaft hat nichts zu tun mit jener anderen Anwartschaft, welche der Vorbehaltskäufer aus einer bedingten Übereignung hat und die ein dingliches Recht darstellt[15].

Nach h.M. stellt auch die Erwerbsaussicht des Auflassungsempfängers ein dingliches Recht dar, ein Anwartschaftsrecht[16]. Das kann jedoch schon deshalb nicht zutreffen, weil nach dem Willen des Gesetzes Grundstücksrechte grundsätzlich nur durch Einigung und Eintragung entstehen, keinesfalls allein durch die Einigung, auch

---

[13] Vgl. oben § 1 III 2.
[14] Riedel, DRpfl 1966, 360; Palandt-Bassenge § 873 Rn. 10, 14.
[15] Vgl. oben § 17 pr. Bedenklich BGH JZ 1991, 1086 ff.
[16] Vgl. etwa BGH 106, 111; Wolff-Raiser § 38 III 1; Baur-Stürner § 19 Rn. 15; M. Wolf Rn. 459 ff.; Müller Rn. 1026.

nicht wenn ein Eintragungsantrag hinzukommt[17]. Dingliche Anwartschaftsrechte entstehen nicht dadurch, daß man mehr oder minder gewisse Aussichten hat, sondern dadurch, daß die jeweiligen Verfügungsvoraussetzungen eingehalten werden.

bb) Es ist freilich wünschenswert, daß der Auflassungsempfänger oder seine Gläubiger seine Position bereits dahin verwerten können, daß der Auflassungsempfänger sie veräußern und verpfänden kann, daß die Gläubiger sie pfänden können. Hierfür muß aber kein Anwartschaftsrecht erfunden werden. Will der Auflassungsempfänger K_1 das gekaufte Grundstück an K_2 weiterveräußern, so daß dieser unmittelbar im Grundbuch eingetragen wird – also ohne Voreintragung des K_1 –, so kann man das so konstruieren, daß man in der Auflassung die Ermächtigung des Veräußerers zu Verfügungen über das Grundstück durch K_1 sieht[18].

Die Annahme einer solchen Ermächtigung wird freilich regelmäßig eine Fiktion sein. Einfacher erscheint es daher, wenn der Erwerber seine durch die Auflassung begründete Rechtsposition überträgt, d.h. wenn K_1 dem K_2 die Möglichkeit verschafft, sich eintragen zu lassen. Dazu ist eine Auflassung i.S.v. §§ 873, 925 zwischen K_1 und K_2 erforderlich, da K_2 ohne dingliche Einigung kein Eigentum erwerben kann und da § 20 GBO die Vorlage der Auflassungsurkunde für die Eintragung fordert. Gestützt auf die Kette der Auflassungen V-K_1 und K_1-K_2 kann K_2 sich eintragen lassen, K_1 hat die in der Möglichkeit der Eintragung liegende Erwerbsaussicht auf K_2 übertragen; eine Zwischeneintragung des K_1 ist nicht erforderlich. Wenn man mag, kann man das als Übertragung einer Anwartschaft bezeichnen; ein dingliches Recht stellt diese Anwartschaft jedenfalls nicht dar.

cc) Der Auflassungsempfänger kann seine Position als Mittel der Kreditsicherung einsetzen, indem er den obligatorischen Anspruch auf Eigentumsverschaffung nach § 1274 verpfändet[19]. Zur Verpfändung dieses Anspruchs ist nach § 1280 eine Anzeige an den Veräußerer erforderlich. Mit der Eintragung des Eigentums erwirbt der Pfandgläubiger gemäß § 1287, 2 eine Sicherungshypothek[20]; eine Anwartschaft wird nicht benötigt[21]. Entsprechend kann die Forderung auch gepfändet werden, § 848 ZPO. Demgegenüber bietet die Annahme einer Anwartschaft, die nach § 857 ZPO zu pfänden wäre und auf die § 848 II ZPO analog angewandt werden müßte, keinen Vorteil[22].

dd) Auch zum Schutz des Käufers gegen Beschädigungen des Grundstücks ist die Erfindung einer Anwartschaft nicht erforderlich. Beschädigt der Verkäufer oder ein Dritter das verkaufte Grundstück vor der Besitzüberlassung an den Käufer, so kann dieser die Rechte des § 437 geltend machen, der Verkäufer kann aufgrund sei-

---

[17] So zutreffend etwa Planck-Brodmann § 873 N. III 6; Hieber, DNotZ 1959, 350; E. Wolf § 10 B III h.

[18] Vgl. etwa BGH NJW 1989, 522; Westermann-Eickmann § 75 I 4 a.

[19] Ein solcher Anspruch besteht auch noch nach der Auflassung, wovon das Gesetz in § 1287 ausgeht.

[20] Vgl. oben § 16 II 4 a.

[21] So zutreffend MünchenerK-Wacke § 873 Rn. 43; Westermann-Eickmann § 75 I 4 a und 6; Medicus, DNotZ 1990, 283 ff.

[22] So zutreffend Kuchinke, JZ 1964, 151; Löwisch-Friedrich, JZ 1972, 304; Habersack, JuS 2000, 1145 ff. gegen die h.M., vgl. etwa Palandt-Bassenge § 925 Rn. 25.

nes Eigentums gegen den Dritten vorgehen. Bei Beschädigungen nach der Besitzübergabe hat der Käufer einen Anspruch aus § 823 I, wenn man mit der h.M. dem Grundstücksbesitzer mit Besitzrecht den Schutz des § 823 I zugesteht; jedenfalls aber kann er gemäß § 446 im Wege der Drittschadensliquidation Ersatz vom Schädiger verlangen.

Aus alledem folgt, daß die Annahme einer dinglichen Anwartschaft des Auflassungsempfängers abzulehnen ist[23].

3. Eintragung in das Grundbuch

So wie eine Verfügung über bewegliche Sachen erst wirksam wird, wenn der Publizitätsakt der Besitzübertragung erfolgt, so wird eine Verfügung über Grundstücksrechte erst mit der Eintragung im Grundbuch wirksam, § 873 I. Die Eintragung ist konstitutiv, erst sie begründet zusammen mit der Einigung die Rechtsänderung; eine Eintragung ohne dingliche Einigung bewirkt keine Rechtsänderung und macht das Grundbuch unrichtig. Dagegen ist die Besitzübergabe bei Grundstücksrechten ohne Bedeutung für die Wirksamkeit einer Verfügung[24].

a) Eingetragen werden muß die Rechtsänderung, wie sie von den Parteien vereinbart worden war. Weil die Eintragung der gesamten Vereinbarung jedoch sehr umfangreich sein kann, bringt § 874 eine Erleichterung: Wird ein Recht eingetragen, welches das Grundstück belastet, so kann zur „näheren Bezeichnung des Inhalts des Rechts" auf die Eintragungsbewilligung Bezug genommen werden. Die Regelung gilt also nur bei der Bestellung beschränkter Grundstücksrechte, die Bezugnahme muß im Grundbuch eingetragen werden[25]. Die Regelung gilt ferner nur, soweit es um die nähere Bezeichnung des Inhalts des Rechts geht; alles andere muß aus dem Grundbuch selbst ersichtlich sein, etwa die Art des Rechts oder die Person des Berechtigten. Soweit danach eine Bezugnahme zulässig ist, gilt der Inhalt der Eintragungsbewilligung als Grundbuchinhalt; soweit sie nicht gestattet ist, kann sie keine Wirkung äußern.

b) Damit die Rechtsänderung eintreten kann, müssen sich Einigung und Eintragung decken; ist das nicht der Fall, entsteht das Recht nicht. Entsprechen sich Einigung und Eintragung nur teilweise, so kann die Rechtsänderung nur insoweit erfolgen, als Übereinstimmung besteht. Ist eine Grundschuld über 100.000 € vereinbart, ist sie aber nur über 50.000 € eingetragen, so entsteht nur eine Grundschuld über 50.000 €[26]; ebenso wäre es, wenn eine Grundschuld über 50.000 € vereinbart wäre, aber über 100.000 € eingetragen worden wäre[27].

---

[23] Hieber, DNotZ 1959, 350 ff.; Eichler II 2, 340; Kuchinke, JZ 1966, 798; Wolfsteiner, JZ 1969, 154.

[24] Eine systemwidrige Ausnahme findet sich in § 566 I, nach welchem die Verdinglichung der Grundstücksmiete eine Übergabe des Grundstücks voraussetzt wie bei beweglichen Sachen. Von Bedeutung ist der Besitz des Grundstücks auch bei §§ 900, 927.

[25] Vgl. dazu Anhang S. 6, 8 und 10.

[26] Vgl. etwa RG 108, 146.

[27] Vgl. BGH NJW 1990, 114.

c) Üblicherweise erfolgt zunächst die Einigung über die Verfügung bezüglich eines Grundstücksrechts, die Eintragung schließt sich an. Denkbar ist aber auch, daß die Eintragung der Einigung vorangeht, vgl. §§ 879 II, 892 II, etwa wenn die Eintragung aufgrund einer unwirksamen Einigung erfolgt und diese später wirksam nachgeholt wird. In diesem Fall ist das Grundbuch zunächst unrichtig, mit der nachgeholten Einigung wird die Verfügung wirksam und das Grundbuch richtig[28]. Ein aufgrund der nachträglichen Einigung entstehendes Recht hat den Rang nach der Zeit der Eintragung, nicht den Rang aus der Zeit der Einigung, vgl. § 879 II; denn nur der Zeitpunkt der Eintragung ist mit Sicherheit feststellbar[29].

d) Grundbucheintragungen sind wie alle Erklärungen auslegungsfähig, doch muß die Auslegung zum Schutz Dritter eingeschränkt werden. Zugrunde zu legen ist der objektive Sinn, wie er sich aus der Eintragung selbst ergibt, weitere Urkunden dürfen nur dann zur Auslegung herangezogen werden, wenn auf sie im Grundbuch zulässigerweise Bezug genommen wurde. Andere Tatsachen dürfen zur Auslegung nur insoweit herangezogen werden, als sie allgemein bekannt sind[30].

e) Da nur die Einigung, aber nicht die Eintragung ein rechtsgeschäftlicher Vorgang ist, muß Geschäftsfähigkeit nur bei ersterer gegeben sein, nicht mehr bei der Eintragung[31]. Dagegen muß die Verfügungsmacht des Verfügenden noch bei der Eintragung vorhanden sein[32], denn erst damit vollendet sich die Verfügung. Der Verfügende muß also noch bei der Eintragung der Inhaber des betroffenen Rechtes sein.

Erfolgt die Einigung erst nach der Eintragung, so muß die Verfügungsbefugnis noch bei der Einigung vorliegen[33]. Stirbt der Verfügende nach der Einigung und erfolgt dann die Eintragung, so wird dennoch mit der Eintragung die Verfügung wirksam, § 130 II[34]. Stirbt der Erwerber nach der Einigung und wird er dennoch im Grundbuch eingetragen, so wird die Verfügung im Interesse der Erben wirksam[35].

Nicht erforderlich für die Wirksamkeit der dinglichen Einigung ist es, daß das Recht des Verfügenden im Grundbuch eingetragen ist; auch der noch nicht eingetragene Erbe etwa kann wirksam die Einigung erklären[36]. Ausnahmsweise kann auch ein Nichtberechtigter wirksam verfügen, wenn der Berechtigte gemäß § 185 zustimmt; andernfalls ist nur ein gutgläubiger Erwerb möglich.

f) Entfällt die Verfügungsbefugnis nicht deshalb, weil der Verfügende das Recht verliert, über welches er verfügt, sondern weil vor der Eintragung eine Verfügungsbeschränkung wirksam wird, so ist grundsätzlich ebenfalls davon auszugehen, daß die Verfügungsbefugnis noch beim Wirksamwerden der Verfügung vorhanden sein muß. Ist etwa zuerst die Eintragung erfolgt und ist vor der Einigung eine Verfü-

---

[28] BGH NJW 2000, 805 ff.
[29] So zutreffend Wacke, DNotZ 2000, 639 ff.; irrig dagegen BGH NJW 2000, 805 ff., 807.
[30] BGH DNotZ 1976, 529; MünchenerK-Wacke § 873 Rn. 53; BGH NJW-RR 1991, 527.
[31] Vgl. oben 2 b.
[32] Vgl. BGH 27, 366; BayObLG DRpfl 1987, 111.
[33] Vgl. Baur-Stürner § 19 Rn. 40.
[34] H.M., vgl. etwa Baur-Stürner § 19 Rn. 32.
[35] So Heck § 38, 12 c; Demharter § 19 Rn. 99.
[36] Für die Eintragung ist dagegen die Voreintragung des Verfügenden erforderlich, § 39 GBO.

gungsbeschränkung wirksam geworden, so kann die Verfügung nicht mehr wirksam werden, es sei denn, daß gutgläubiger Erwerb nach § 892 möglich ist.

Erfolgt jedoch die Einigung vor der Eintragung, so trifft § 878 bezüglich zwischenzeitlicher Verfügungsbeschränkungen eine besondere Regelung. Sie beruht auf der Überlegung, daß die Eintragung sich verzögern kann, ohne daß der Antragsteller darauf einen Einfluß hat und daß sich dadurch seine Situation durch eintretende Verfügungsbeschränkungen verschlechtern kann[37]. Daher steht es gemäß § 878 einer Verfügung nach § 873, einer Rechtsaufhebung nach § 875 und einer Rechtsänderung nach § 877 nicht entgegen, wenn eine Verfügungsbeschränkung wirksam wird, nachdem die Einigung nach § 873 II bindend geworden ist und der Eintragungsantrag gestellt ist.

§ 878 ist gleichermaßen auf absolute wie auf relative Verfügungsverbote anwendbar, aber nur auf solche, die außerhalb des Grundbuches ohne Eintragung entstehen[38]. Es kommen in Betracht etwa Verfügungsbeschränkungen durch Eröffnung des Insolvenzverfahrens, §§ 32 f., 80 f. InsO, Pfändung in der Zwangsvollstreckung, Beschlagnahme eines Grundstücks, §§ 20, 23 ZVG, durch gerichtliche Anordnung nach §§ 135 f. Keine Verfügungsbeschränkung stellt die Vormerkung dar, die durch eine Eintragung im Grundbuch begründet wird. Gegen Verfügungsbeschränkungen, die durch Eintragung entstehen, schützt § 17 GBO, es bedarf des Schutzes aus § 878 nicht.

Dagegen ist § 878 nicht auf die Fälle anzuwenden, in welchen keine Verfügungsbeschränkung vorliegt, sondern der Verfügende vor der Eintragung sein Recht verliert[39], vgl. oben e. Der Sinn der Vorschrift, die Parteien gegen die Folgen einer nicht steuerbaren Verzögerung zu schützen, greift hier nicht ein, weil die Fälle des Rechtsverlustes auf dem Verhalten des Verfügenden selbst beruhen.

g) In einigen Fällen läßt das Gesetz Verfügungen über Grundstücksrechte ohne Eintragung zu, etwa bei Briefgrundpfandrechten, §§ 1154, 1192, 1200. Insgesamt besteht das Erfordernis der Eintragung nach § 873 nur für die Rechtsänderungen, welche durch Rechtsgeschäft eintreten, nicht dagegen für diejenigen, die sich aufgrund des Gesetzes vollziehen. So wird der Erbe ohne Eintragung Eigentümer der Grundstücke des Erblassers, denn er rückt mit dem Erbfall in dessen gesamte Rechtsstellung ein; eine später erfolgende Eintragung bedeutet nur noch eine Grundbuchberichtigung. Von Gesetzes wegen, ohne Eintragung, treten auch die Rechtsfolgen der Gütergemeinschaft ein, § 1416 II. Auch für Rechtsänderungen durch Staatsakt gilt § 873 nicht, eine Eintragung ist nicht erforderlich; das gilt etwa für Enteignungen und Rechtsänderungen im Wege der Zwangsvollstreckung und Zwangsversteigerung.

---

[37] Vgl. Motive 3, 190 ff.
[38] Palandt-Bassenge § 878 Rn. 10; MünchenerK-Wacke § 878 Rn. 19.
[39] Schwab-Prütting Rn. 155; Westermann-Eickmann § 75 III 3 b; a.A.: Müller Rn. 1017 f.

4. Einseitige Begründung von Grundstücksrechten

In einigen Ausnahmefällen läßt das Gesetz eine Begründung von Rechten durch einseitige Erklärung und Eintragung zu. So kann z.b. der Eigentümer für sich selbst eine Eigentümergrundschuld bestellen, vgl. § 1196[40]; die Bestellung geschieht durch einseitige Erklärung gegenüber dem Grundbuchamt sowie Eintragung[41]. Bei anderen Rechten erwähnt das Gesetz die Bestellung als Eigentümerrechte nicht, doch sollte man dem Eigentümer die Bestellung solcher Rechte nicht verwehren[42].

Durch einseitige Erklärung und Eintragung werden auch die Vormerkung und der Widerspruch gegen die Richtigkeit des Grundbuchs begründet, §§ 885, 899.

5. Beendigung und Änderung von Grundstücksrechten

a) Zur Aufhebung von Grundstücksrechten ist keine Einigung nach § 873 erforderlich; es genügt gemäß § 875 I 1 die einseitige Erklärung des Berechtigten, daß er das Recht aufgebe, sowie die Löschung des Rechts im Grundbuch[43]. Es handelt sich also um einen abstrakten, einseitigen und rechtsgeschäftlichen Verzicht, wie er auch bei anderen dinglichen Rechten vorgesehen ist, z.B. in §§ 1064, 1072 beim Nießbrauch und in §§ 1255, 1273 II 1 für das Pfandrecht[44]. § 875 bezieht sich auf die Aufhebung beschränkter dinglicher Grundstücksrechte; dazu gehören aber nicht die Eigentumsaufgabe nach § 928 sowie die Beseitigung beschränkter dinglicher Rechte durch Staatsakt, etwa durch Zuschlag in der Zwangsversteigerung, §§ 52 I 2, 91 I ZVG.

aa) Die Verzichtserklärung ist empfangsbedürftig, sie muß gegenüber dem Begünstigten oder gegenüber dem Grundbuchamt erfolgen, § 875 I 2; sie ist formfrei. Regelmäßig jedoch wird sie in der Form der Löschungsbewilligung erteilt und bedarf daher der notariellen Beglaubigung nach § 29 GBO[45]; in diesem Fall enthält die Erklärung sowohl die verfahrensrechtliche Löschungsbewilligung nach § 19 GBO wie die materiellrechtliche Verzichtserklärung nach § 875. Eine Bindung an die Erklärung tritt stets mit ihrem Vollzug durch Eintragung ein; vorher ist sie grundsätzlich widerruflich. Der Widerruf ist jedoch nach § 875 II ausgeschlossen, wenn die Verzichtserklärung gegenüber dem Grundbuchamt abgegeben wurde oder wenn der Verzichtende dem Begünstigten eine Löschungsbewilligung ausgehändigt hat. Nach Abgabe der Erklärung bis zur Löschung gilt auch hier § 878, vgl. oben 3 f. Die Wirkung der Verzichtserklärung tritt erst mit der Löschung des Rechts im Grundbuch ein.

---

[40] Vgl. auch §§ 1188, 1195.
[41] Vgl. unten § 33 III 1 a.
[42] Vgl. oben § 1 II 2 b, auch MünchenerK-Wacke § 873 Rn. 18.
[43] Die Löschung eines Rechts im Grundbuch geschieht durch den konstitutiven Löschungsvermerk in der dafür vorgesehen Spalte sowie durch die deklaratorische Rötung der gelöschten Eintragung, vgl. oben § 19 II 5 c.
[44] Schuldrechtliche Ansprüche können dagegen nur durch Erlaßvertrag aufgehoben werden, vgl. § 397.
[45] Vgl. oben § 19 II 2 b; diese Formvorschrift hat nur verfahrensrechtliche, keine materiellrechtliche Bedeutung.

bb) Ist das Recht an einem Grundstück mit dem Recht eines Dritten belastet, so ist zur Aufhebung des belasteten Rechts die Zustimmung des Dritten erforderlich, § 876, 1. Die Zustimmung ist gegenüber dem Grundbuchamt oder gegenüber dem Begünstigten abzugeben, sie ist unwiderruflich, § 876, 3.

Das Grundbuchamt wird die Löschung eines Rechts wegen Verzichts nicht eintragen, wenn nicht auch der Inhaber des belastenden Rechtes zustimmt; denn dadurch würde das Grundbuch unrichtig, da das belastete Recht gemäß § 876, 1 nicht erlischt. Wird das belastete Recht aber dennoch aus Versehen gelöscht, so soll dies nach h.M. die absolute Unwirksamkeit zur Folge haben, so daß das Recht in jeder Beziehung weiter besteht[46]. Hat etwa R seine Reallast (§§ 1105 ff.) an G verpfändet und will er auf sie verzichten, so muß G zustimmen; stimmt G nicht zu und wird die Reallast dennoch im Grundbuch gelöscht, so würde danach das Recht nicht erlöschen. R könnte berichtigende Eintragung seiner Reallast verlangen und diese gegen den Eigentümer geltend machen. Nur § 242 könnte noch gegen das venire contra factum proprium des R helfen. Richtiger ist es daher, in solchen Fällen nur eine relative Unwirksamkeit des Verzichts anzunehmen[47]: Der Verzicht ist allen gegenüber wirksam, auch gegenüber R selbst; nur gegenüber dem durch § 876 geschützten G ist er unwirksam, dieser kann sein Pfandrecht so gegen den Eigentümer geltend machen, als bestünde die Reallast noch[48].

cc) § 876, 2 behandelt den Fall, daß der Grundstückseigentümer auf ein subjektiv-dingliches Recht verzichtet. Solche Rechte stehen nicht einer Person als solcher zu, sondern dem jeweiligen Eigentümer eines Grundstücks, vgl. etwa die Grunddienstbarkeit, § 1018, wahlweise das Vorkaufsrecht nach § 1094 II und die Reallast nach § 1105 II. Da die mit dem Grundstück verbundenen subjektiv-dinglichen Rechte den Wert des Grundstücks erhöhen, müssen dem Verzicht darauf alle zustimmen, die Rechte an dem Grundstück haben.

b) Schuldrechtliche Forderungen erlöschen durch *Konfusion*, wenn Gläubiger und Schuldner zusammenfallen, wenn etwa der Gläubiger den Schuldner beerbt. Entsprechend erlöschen beschränkte dingliche Rechte durch *Konsolidation*, wenn sie mit dem Eigentum zusammen in eine Hand geraten, wenn etwa der Nießbraucher den Eigentümer beerbt. Gemäß § 889 gilt das jedoch nicht für Grundstücksrechte: Erwirbt der Eigentümer des Grundstücks das belastende Recht oder der Inhaber des belastenden Rechts das Grundstück, so tritt keine Konsolidation ein; das Recht steht vielmehr dem Eigentümer zu, es besteht als Eigentümerrecht weiter. Auf diese Weise wird ein Nachrücken der im Rang nachfolgenden Rechte verhindert. Hat etwa E dem R eine Reallast (§§ 1105 ff.) bestellt und dann dem H eine Hypothek und beerbt E den R, so erwirbt er eine Eigentümerreallast; die Hypothek des H bleibt zweitrangig. E kann die Reallast nach § 873 veräußern; veräußert E das Grundstück, so behält er die Reallast.

---

[46] Vgl. etwa Palandt-Bassenge § 876 Rn. 1; MünchenerK-Wacke § 876 Rn. 13 mit Lit.
[47] So richtig z.B. Wolff-Raiser § 39 IV; Baur-Stürner § 19 Rn. 49. Wieso eine relative Unwirksamkeit zu Komplikationen führen könnte, wie die Gegenmeinung behauptet, ist nicht ersichtlich.
[48] Vgl. zur gleichen Problematik in § 1071 oben § 16 I 2 c, in § 1276 oben § 16 II 3 d.

c) Soll der Inhalt eines bestehenden Grundstücksrechts geändert werden, so sind gemäß § 877 die Vorschriften der §§ 873, 874 und 876 entsprechend anzuwenden; die Änderung erfolgt also durch Einigung und Eintragung.

aa) Eine Inhaltsänderung ist nur soweit möglich, als das bestehende Recht den neuen Inhalt aufnehmen kann. Die Zufügung oder Abänderung einer Bedingung oder Befristung ist eine mögliche Inhaltsänderung eines Grundstücksrechts, ebenso die Verabredung oder Abänderung einer Kündigungsklausel z.B. bei einer Hypothek, die Verlängerung eines Erbbaurechts[49]; die Erhöhung des gesicherten Kapitals bei einer Hypothek. Nicht möglich ist es dagegen, ein Recht in ein anderes umzuwandeln[50], etwa eine Hypothek in eine Reallast oder eine Grunddienstbarkeit in eine persönliche Dienstbarkeit; hier ist nur eine Neubestellung möglich.

bb) Ist das Grundstücksrecht, das geändert werden soll, mit dem Recht eines Dritten belastet, so muß dieser der Änderung zustimmen, §§ 877, 876[51], außer wenn die Position des Dritten durch die Rechtsänderung nicht tangiert wird[52]; ist das unsicher, so ist eine Zustimmung zu verlangen.

cc) Wird durch die zulässige Inhaltsänderung der Umfang des Rechts erweitert, so werden dadurch die gleich- und nachrangigen Grundstücksrechte betroffen. Eine solche Erweiterung liegt etwa in der Umwandlung eines bedingten oder befristeten Rechts in ein unbedingtes oder unbefristetes, in der Verlängerung des Erbbaurechts, in der Kapitalerhöhung einer Hypothek. Eine solche Änderung ist wie eine Neubestellung zu behandeln. Die Inhaber gleich- und nachrangiger Grundstücksrechte müssen der Änderung zustimmen[53], wenn das Recht mit dem neuen Inhalt im Rang des alten Rechts entstehen soll; geschieht das nicht, so ist die Änderung ihnen gegenüber unwirksam.

6. Verbindung und Teilung von Grundstücken

a) Mehrere Grundstücke können so zusammengeschrieben werden, daß ein einheitliches Grundstück entsteht: *Vereinigung*; ein räumlicher Zusammenhang der Grundstücke ist nicht erforderlich. Voraussetzung der Vereinigung ist zunächst eine entsprechende Erklärung des Eigentümers gegenüber dem Grundbuchamt; sie stellt eine einseitige, materiellrechtliche Willenserklärung dar; erforderlich ist ferner die Eintragung als ein einheitliches Grundstück, § 890 I. Das Grundbuchamt darf die Eintragung nur dann vornehmen, wenn von der Vereinigung der Grundstücke keine Verwirrung zu besorgen ist, § 5 GBO[54].

---

[49] Vgl. die Nachweise bei Erman-Lorenz § 877 Rn. 4.

[50] Zur zulässigen Umwandlung von Hypotheken und Grundschulden vgl. §§ 1116 III, 1186, 1198.

[51] Da die Unterscheidung, ob eine Änderung nur Verbesserungen bringt oder auch Nachteile, meist sehr schwierig ist, ist die Zustimmung in jedem Fall zu fordern, vgl. Erman-Lorenz § 877 Rn. 1.

[52] BGH 91, 343.

[53] Vgl. Palandt-Bassenge § 877 Rn. 6; MünchenerK-Wacke § 877 Rn. 9.

[54] Zum Begriff der „Verwirrung" in § 5 GBO vgl. OLG Düsseldorf NJW 2000, 609 mit Literatur.

Die vorher getrennten, selbständigen Grundstücke stellen nach der Vereinigung eine einzige, einheitliche Sache dar, ein Grundstück. Gemäß dem sachenrechtlichen Grundsatz der Spezialität[55] können an diesem einheitlichen Grundstück Rechte nur derart bestellt werden, daß sie das gesamte Grundstück erfassen[56]. Schon bestehende Rechte bleiben aber auch nach der Vereinigung aus praktischen Gründen auf die früher selbständigen Teile des Grundstücks beschränkt[57], so als wären diese unwesentliche Bestandteile des ganzen Grundstücks, arg. e contrario § 1131.

b) Während bei der Vereinigung zwei rechtlich gleichwertige Grundstücke zu einem neuen Grundstück vereinigt werden, bildet bei der *Zuschreibung* ein Grundstück die Hauptsache, ein anderes seinen Bestandteil; der Bestandteil wird dem Hauptgrundstück zugeschrieben, § 890 II. Voraussetzung ist wie bei der Vereinigung eine entsprechende Erklärung an das Grundbuchamt und die Eintragung der Zuschreibung[58]; das Grundbuchamt darf die Eintragung nur vornehmen, wenn daraus keine Verwirrung zu besorgen ist, § 6 GBO. Ob der Eigentümer zwei Grundstücke vereinigt oder eines dem anderen zuschreibt, liegt allein bei ihm; der Wert der Grundstücke ist unerheblich.

Nach der Zuschreibung kann nur noch über das Grundstück insgesamt verfügt werden. Wie bei der Vereinigung bleiben bestehende Belastungen an den früher selbständigen Teilen erhalten. Eine Besonderheit gilt jedoch für bestehende Grundpfandrechte, §§ 1131, 1192, 1200: Grundpfandrechte am früheren Hauptgrundstück erstrecken sich auch auf den zugeschriebenen Grundstücksteil, § 1131, 1. Dagegen bleiben Rechte, die am zugeschriebenen Teil bestehen, auch weiterhin auf diesen beschränkt; diese Rechte gehen aber den Grundpfandrechten vor.

c) Die *Teilung* von Grundstücken ist nicht im BGB, sondern nur in § 7 GBO geregelt; dennoch ist auch die Teilung ein materiellrechtlicher Vorgang, für den die gleichen Voraussetzungen zu verlangen sind wie in § 890: Erklärung des Eigentümers und Eintragung[59].

aa) Wird das belastete Grundstück geteilt, so ist auf Dienstbarkeiten § 1026 anzuwenden, auf Reallasten § 1108 II; aus der Hypothek wird eine Gesamthypothek an den neuen Grundstücken, § 1132. Bei einer Teilung des herrschenden Grundstücks greift bei Grunddienstbarkeiten § 1025 ein, bei einer subjektiv-dinglichen Reallast (vgl. § 1105 II) die Regelung des § 1109.

bb) Soll nicht das ganze Grundstück, sondern nur ein Grundstücksteil mit einem dinglichen Grundstücksrecht belastet werden, so muß das Grundstück gemäß § 7 I GBO vorher geteilt werden. Diese verfahrensrechtliche Regel entspricht auch dem materiellen Recht, da es dingliche Rechte an Grundstücksteilen nicht geben kann, arg. § 93. Eine Ausnahme soll gemäß § 7 II GBO gelten, wenn ein Grundstücksteil

---

[55] Vgl. oben § 1 II 3 a.
[56] Vgl. Motive 3, 55 f.
[57] Vgl. Motive 3, 57 f.
[58] Im Muster (Anhang S. 2 f.) ist das Grundstück Nr. 5 dem Grundstück Nr. 3 zugeschrieben, beide sind zusammen als neues Grundstück Nr. 6 verbucht.
[59] Im Muster wurde das Grundstück aufgeteilt in die Grundstücke Nr. 2 und 3. Die Teilung bedarf der behördlichen Genehmigung nach § 19 BauGB.

mit einer Dienstbarkeit oder Reallast belastet werden soll; eine vorherige Teilung des Grundstücks kann unterbleiben, wenn davon keine Verwirrung zu besorgen ist. Da aber materiellrechtlich Sachteile nicht mit dinglichen Rechten belastet werden können[60], ist § 7 II GBO gegenstandslos.

II. Unrichtigkeit des Grundbuchs und Schutz des guten Glaubens

1. Unrichtigkeit des Grundbuchs und seine Berichtigung

Das Grundbuch soll Auskunft geben über die Rechte an einem Grundstück. Wer sich dafür interessiert, z.B. weil er das Grundstück erwerben oder sich daran eine Hypothek bestellen lassen will, kann sich beim Grundbuchamt informieren, z.B. wem das Grundstück gehört, ob es belastet ist, wie hoch usw. Die Auskunft, die er aus dem Grundbuch erfährt, wird meist zutreffend sein. Ganz sicher kann er freilich nicht sein, das Grundbuch kann auch unrichtig sein. Denn die Rechte entstehen ja nicht einfach deshalb, weil sie eingetragen werden; Voraussetzung ist vielmehr, daß auch eine entsprechende Einigung nach § 873 besteht. Fehlt sie oder ist sie unwirksam, etwa wegen Anfechtung oder mangelnder Geschäftsfähigkeit, so kann das Recht nicht entstehen; die Eintragung, die trotzdem erfolgt, entspricht nicht der Rechtslage; das Grundbuch wird falsch. Weiter kann das Grundbuch etwa deshalb falsch sein, weil eine Rechtsänderung erfolgt ist, die keiner Eintragung in das Grundbuch bedarf, z.B. durch Erbschaft oder durch Tilgung einer Hypothek. Selten sind Fehler durch einen Irrtum des Grundbuchbeamten bei der Eintragung.

Die Berichtigung des Grundbuchs überläßt das Gesetz demjenigen, der durch die Unrichtigkeit des Grundbuchs in seinen Rechten verletzt ist. Das Grundbuchamt nimmt Berichtigungen nicht von Amts wegen vor, es wird grundsätzlich nur auf Antrag tätig[61]; zudem wird es selten die Unrichtigkeit erkennen können, was auch für den Dritten gilt, der ein Recht am Grundstück erwerben will. Der durch die Unrichtigkeit des Grundbuchs Betroffene dagegen ist in der Lage, gegen die Unrichtigkeit des Grundbuchs vorzugehen; er hat auch den meisten Grund dazu. Denn infolge der Möglichkeit des gutgläubigen Erwerbs von einem Nichtberechtigten hat er regelmäßig den Nachteil davon, wenn auf der Grundlage eines unrichtigen Grundbuchs eine Verfügung zugunsten eines Gutgläubigen getroffen wird, vgl. §§ 892 f.; zudem ist die Unrichtigkeit des Grundbuchs für den Rechtsinhaber lästig, weil er über sein Recht nicht verfügen kann, wenn er nicht im Grundbuch eingetragen ist, § 39 GBO.

a) Das Gesetz gibt in § 894 einen Grundbuchberichtigungsanspruch, der als dinglicher Anspruch dem nicht richtig eingetragenen dinglichen Recht entspringt. Es handelt sich um einen Spezialfall des Abwehranspruchs aus § 1004, denn die unrichtige Eintragung beeinträchtigt das dingliche Recht. Der Anspruch aus § 894

---

[60] So zutreffend MünchenerK-Wacke § 890 Rn. 13; MünchenerK-Eickmann § 1114 Rn. 8 ff.
[61] Die Ausnahmefälle des § 53 GBO sind selten, vgl. oben § 19 II 5 b.

kann ebenso wie der aus §§ 985, 1004 nicht selbständig abgetreten werden, er kann vom Eigentum bzw. vom sonstigen dinglichen Recht nicht getrennt werden[62].

aa) Voraussetzung des Berichtigungsanspruchs aus § 894 ist, daß das Grundbuch ein Grundstücksrecht oder ein Recht an einem solchen Recht nicht richtig wiedergibt; das gleiche gilt, wenn eine Verfügungsbeschränkung nicht oder unrichtig eingetragen ist. Ein solcher Fall liegt etwa vor, (1) wenn E sein Grundstück an K veräußert hat, K im Grundbuch eingetragen wurde, die Veräußerung aber wegen Anfechtung gemäß § 123 unwirksam ist[63]; (2) wenn H_1 auf dem Grundstück des E eine erstrangige Hypothek hat, H_2 eine zweitrangige und das Recht des H_1 zu Unrecht gelöscht wird, obwohl es weiter besteht; (3) wenn E eine Hypothek des H abbezahlt hat, so daß aus der Hypothek eine Eigentümergrundschuld des E geworden ist[64]; (4) wenn ein Nießbrauch des N auf dem Grundstück des E wegen Zeitablaufs erloschen ist; (5) wenn im Grundbuch nicht vermerkt ist, daß der Eigentümer E des Grundstücks nur Vorerbe ist, so daß die Verfügungsbeschränkung aus § 2113 I nicht erkennbar ist; (6) wenn im Grundbuch eine Testamentsvollstreckung verzeichnet ist, aus welcher sich die Verfügungsbeschränkung des § 2211 ergibt, eine Testamentsvollstreckung aber nicht mehr besteht.

bb) Inhaber des Anspruchs ist der, dessen Recht nicht oder nicht richtig eingetragen ist; das ist im Beispiel (1) E, dessen Eigentum nicht eingetragen ist. Im Beispiel (2) ist es H_1, dessen Hypothek nicht eingetragen ist; im Beispiel (3) ist es wiederum E, dessen Eigentümergrundschuld nicht eingetragen ist. Den Anspruch aus § 894 hat ferner, wer durch eine Verfügungsbeschränkung geschützt ist, wenn diese nicht eingetragen ist, etwa in Beispiel (5) der Nacherbe, der durch § 2113 geschützt ist, vgl. § 51 GBO. Den Anspruch hat schließlich auch der, für dessen Recht eine in Wahrheit nicht bestehende Belastung oder Verfügungsbeschränkung eingetragen ist. In Beispiel (3) ist zum Nachteil des E für dessen Eigentum eine nicht mehr bestehende Hypothek als Belastung eingetragen, in Beispiel (4) ist ein nicht mehr bestehender Nießbrauch als Belastung des Eigentums des E eingetragen; in beiden Fällen kann E Berichtigung verlangen. Berichtigung kann E auch in Beispiel (6) verlangen, weil für sein Eigentum eine nicht mehr bestehende Verfügungsbeschränkung eingetragen ist; er kann die Löschung verlangen.

Verpflichtet aus § 894 ist derjenige, dessen Recht oder Rechtsposition durch die berichtigende Eintragung betroffen, d.h. verschlechtert wird. Das ist im Beispiel (1) der K, in (2) der E, aber auch der H_2, welcher zustimmen muß, daß das Recht des H_1 mit Vorrang vor seinem Recht eingetragen wird; in (3) ist es der H, in (4) der N, in (5) der E, in (6) der angebliche Testamentsvollstrecker.

cc) Kraft des Anspruchs aus § 894 kann der Gläubiger vom Schuldner verlangen, daß dieser eine Berichtigungsbewilligung nach § 19 GBO abgebe, und zwar in beglaubigter Form, § 29 GBO. Gibt er sie nicht freiwillig ab, so ersetzt das rechtskräftige Urteil seine Erklärung, § 894 ZPO. Die Kosten der Berichtigung trägt der Berechtigte, der sie beantragt, § 897.

---

[62] Vgl. oben § 1 II 1 b; § 12 I 2 d.
[63] Zur Anfechtung des dinglichen Geschäfts vgl. oben § 1 III 3 c aa.
[64] Vgl. unten § 26 III c.

Der Anspruch aus § 894 verjährt nach dem Wortlaut des § 898 nicht. Deshalb kann er nach h.M. auch dann noch geltend gemacht werden, wenn der gleichzeitig bestehende Anspruch aus § 985 verjährt ist[65]. Der Eigentümer kann also seine Wiedereintragung im Grundbuch erreichen, doch führt das nicht etwa zu einem Wiederaufleben des verjährten Herausgabeanspruchs gemäß § 902; Eigentum und Besitz fallen auf Dauer auseinander, es entsteht ein *dominium sine re*. Die Formulierung in § 898 ist jedoch ungenau, sie beruht auf einem Redaktionsversehen. Ausgeschlossen werden sollte nur die *selbständige Verjährung* des § 894, eine Verjährung zusammen mit der Verjährung des Herausgabeanspruchs nach § 985 sollte durchaus möglich sein[66]. Der Berichtigungsanspruch verjährt also nicht, wenn der Eigentümer im Besitz des Grundstücks ist, und er ist verjährt, wenn auch der Herausgabeanspruch verjährt ist. Das bietet den Vorteil, daß dem Besitzer nach 30 Jahren in vielen Fällen das Aufgebotsverfahren nach § 927 ermöglicht und so das unwillkommene *dominium sine re* verhindert werden kann. In anderen Fällen ist das nach Verjährung der Ansprüche entstandene *dominium sine re* dadurch aufzulösen, daß man dem Besitzer eine Aneignungsmöglichkeit entsprechend § 927 gewährt[67].

Nach h.M. kann der Berichtigungsanspruch nach § 242 verwirkt werden[68]. Das ist jedoch abzulehnen, weil dadurch bewirkt wird, daß auf Dauer ein Nichtberechtigter im Grundbuch als Berechtigter ausgewiesen wird[69].

Gegen den Anspruch aus § 894 kann der Schuldner ein Zurückbehaltungsrecht aus § 273 geltend machen, etwa wegen seines Anspruchs auf Rückzahlung des bereits geleisteten Kaufpreises. Er kann nach § 242 auch geltend machen, er habe gegen den Gläubiger einen Anspruch auf Verschaffung des Eigentums (*dolo facit qui petit quod statim redditurus est*). Dagegen hat er entgegen einer verbreiteten Meinung kein Zurückbehaltungsrecht nach §§ 994, 996, 1000 wegen gemachter Verwendungen auf das Grundstück. Als Besitzer des Grundstücks kann der Schuldner dem Herausgabeanspruch die Verwendungen entgegenhalten, wodurch er hinreichend gesichert ist. Gibt er das Grundstück trotz seinem Zurückbehaltungsrecht heraus, so zeigt er damit, daß er die Verwendungen als Anspruch gemäß § 1001 geltend machen will. Ein Zurückbehaltungsrecht kommt daneben nicht in Betracht[70].

dd) Problematisch gestaltet sich die Grundbuchberichtigung, wenn der Verpflichtete selbst nicht mehr eingetragen ist, wenn etwa im obigen Beispiel (2) der E verstorben und von X beerbt worden ist. Der Berichtigungsanspruch richtet sich gegen X, die Berichtigung kann aber gemäß § 39 GBO nicht erfolgen, solange X nicht als Eigentümer im Grundbuch eingetragen ist. H_1 hat zwei Möglichkeiten: Er kann von X gemäß § 895 verlangen, daß dieser sich im Wege der Grundbuchberichtigung als Eigentümer eintragen lasse[71]; dann kann er aufgrund der von X abzugebenden

---

[65] Vgl. Erman-Lorenz § 898 Rn. 2; Palandt-Bassenge § 898 Rn. 1.
[66] Vgl. dazu Finkenauer 69 ff.
[67] Vgl. Finkenauer 200 f.; auch unten § 23 III 2 c.
[68] Vgl. Köbler, JuS 1982, 184; BGH NJW 1979, 1656.
[69] Vgl. oben § 1 I 2 und insbesondere Finkenauer 222 ff.
[70] Vgl. dazu meine Besprechung zu BGH NJW 2000, 278 in LM § 273 Nr. 54.
[71] Zum Anspruch auf Vorlage des Hypothekenbriefes vgl. § 896.

Bewilligung seine Hypothek wieder eintragen lassen. Oder aber er kann selbst nach § 14 GBO die berichtigende Eintragung des X beantragen; dann muß er die Unrichtigkeit des Grundbuchs gemäß § 22 GBO beweisen[72].

b) Ein Anspruch auf Bewilligung der Grundbuchberichtigung kann sich nicht nur aus § 894 als dinglicher Anspruch ergeben, sondern auch als schuldrechtlicher Anspruch aus anderen Vorschriften[73]. Beispiel: E hat sein Grundstück an K veräußert, K ist im Grundbuch als Eigentümer eingetragen, Kaufvertrag und Übereignung sind unwirksam. E hat gegen K den dinglichen Berichtigungsanspruch aus § 894 und den schuldrechtlichen Berichtigungsanspruch aus § 812 (Leistungskondiktion); das geleistete Etwas ist die Buchstellung des K.

Daneben kann freilich die Leistungskondiktion auf Herausgabe einer Buchstellung auch dann gegeben sein, wenn kein dinglicher Berichtigungsanspruch besteht, weil der Gläubiger selbst kein Recht am Grundstück hat; man kann in diesem Fall nicht von einem schuldrechtlichen „Berichtigungsanspruch" sprechen. Beispiel: E hat sein Grundstück an K veräußert, K hat es an X weiterveräußert. Beide Veräußerungen sind unwirksam, etwa weil K geschäftsunfähig ist. Das Grundbuch ist falsch, weil X als Eigentümer eingetragen ist, während das Eigentum in Wirklichkeit noch bei E ist. K hat keinen Berichtigungsanspruch aus § 894 gegen X, weil er nicht Eigentümer des Grundstücks ist. Er kann aber nach § 812 von X die Bewilligung verlangen, daß er, K, als Eigentümer eingetragen werde[74]. Denn K hat dem X die Buchposition, ein „etwas" i.S.d. § 812, verschafft. K selbst haftet dann dem E aus § 894 und § 812 auf Bewilligung der Berichtigung.

c) Der Berechtigte kann eine Grundbuchberichtigung nicht nur auf dem Wege über die Bewilligung des Betroffenen erreichen; er kann nach § 22 GBO auch die Unrichtigkeit des Grundbuchs beweisen und aufgrund dieses Nachweises die Berichtigung beantragen[75]. Im obigen Beispiel unter a dd kann H_1 die Unrichtigkeit des Grundbuchs dadurch nachweisen, daß er einen Erbschein vorlegt, nach welchem X Erbe des E ist. Einen solchen Erbschein kann er nach § 792 ZPO vom Nachlaßgericht verlangen.

2. Richtigkeitsvermutung des § 891

Die Grundbucheintragung ist der Publizitätstatbestand für Grundstücksrechte, so wie es der Besitz für Rechte an beweglichen Sachen ist. Entsprechend der Norm des § 1006 stellt daher § 891 bei Grundstücksrechten zwei Vermutungen auf: Ist ein Recht eingetragen, so wird vermutet, daß es besteht und dem eingetragenen Inhaber zusteht; ist ein Recht gelöscht, so wird vermutet, daß es nicht besteht. Daß ein früher eingetragenes Recht bestanden hat, kann dagegen nur vermutet werden, wenn feststeht, daß die Löschung nicht zum Zweck der Grundbuchberichtigung erfolgte[76].

---

[72] Vgl. dazu unten c.
[73] Vgl. Motive 3, 234.
[74] Vgl. dazu etwa MünchenerK-Wacke § 894 Rn. 35.
[75] Vgl. oben § 19 II 2 c.
[76] Vgl. Wolff-Raiser § 45 I; BGH 52, 355.

Keine Vermutung besteht dafür, daß das Grundbuch vollständig sei, daß also andere Rechte als die eingetragenen nicht bestünden. Die Vermutung bezieht sich nur auf Rechte, nie auf Tatsachen wie etwa die Größe und Lage des Grundstücks. Ein Widerspruch gegen eine Eintragung beseitigt die Vermutung nach § 891 nicht.

§ 891 ist eine rein verfahrensrechtliche Vorschrift, ebenso wie § 1006; sie betrifft nicht das materielle Recht. Sie regelt die Beweislast, wenn nicht feststellbar ist, ob ein Recht besteht. Wer entgegen § 891 behauptet, daß ein Recht nicht bestehe oder bestehe, muß das beweisen. § 891 wirkt sowohl für als gegen den Rechtsinhaber. Er kann sich darauf berufen, daß sein Recht bestehe, weil es eingetragen sei. Umgekehrt muß er sich aber auch als Rechtsinhaber behandeln lassen, er muß beweisen, daß das Recht ihm nicht zusteht, wenn er das behauptet.

Die Vermutung des § 891 kann durch den Beweis des Gegenteils widerlegt werden, § 292 ZPO. Eigentlich müßte dazu der Beweisführer jede denkbare Möglichkeit für die Richtigkeit der Eintragung widerlegen, was unmöglich wäre. Daher muß man vom Eingetragenen die substantiierte Angabe eines oder mehrerer Erwerbsgründe verlangen. Der Beweisführer hat den vollen Beweis zu erbringen, daß der Erwerb auf die behauptete Weise nicht stattgefunden hat[77].

3. Gutgläubiger Erwerb nach §§ 892, 893

Ebenso wie bei Mobilien wird auch bei Grundstücksrechten die Sicherheit des Rechtsverkehrs durch die Möglichkeit des gutgläubigen Erwerbs geschützt; den §§ 932–936 entsprechen hier die §§ 892, 893. Wie sich bei Mobilien ein Erwerber auf den Besitz des Verfügenden als Rechtsschein verlassen kann, so kann er sich bei Grundstücksrechten auf die Eintragung verlassen; die Eintragung genießt öffentlichen Glauben[78].

a) Ausgangspunkt für den gutgläubigen Erwerb ist die Grundbucheintragung; soweit gemäß § 874 zulässigerweise auf die Eintragungsbewilligung Bezug genommen ist, gilt auch sie als Basis des geschützten Rechtsscheins[79]. Gemäß § 892 I 1 gilt dieser Inhalt des Grundbuchs zugunsten eines Erwerbers als richtig: Eingetragene Rechte gelten als bestehend, nicht eingetragene Rechte und Verfügungsbeschränkungen als nicht bestehend. Geschützt ist nach dem Wortlaut des Gesetzes nur der rechtsgeschäftliche Erwerb, kein Erwerb von Gesetzes wegen oder durch Staatsakt; ein Erbe kann also nicht gutgläubig ein dem Erblasser nicht gehörendes Grundstück „erben"[80]. Am öffentlichen Glauben nehmen aber nur die zulässigen Grundbucheintragungen über Rechte und Verfügungsbeschränkungen teil, nicht Eintragungen über tatsächliche Verhältnisse des Grundstücks, wie etwa die Größe des Grundstücks, die sich im Bestandsverzeichnis des Grundbuchblattes finden. Keinen öffentlichen Glauben genießen auch Angaben über die persönlichen Verhältnisse von Rechtsinhabern, aus denen auf deren Rechts- oder Geschäftsfähig-

---

[77] Vgl. auch oben § 12 VIII 2.
[78] Vgl. Wiegand, JuS 1975, 205 ff.
[79] Vgl. oben I 3 a.
[80] Vgl. Motive 3, 214.

keit oder Verfügungsbefugnis geschlossen werden könnte[81]. Ist etwa als Eigentümer ein Verein als „e. V." eingetragen, so wird nicht vermutet, daß er rechtsfähig sei[82].

Der öffentliche Glaube wird zerstört bei in sich widersprüchlichen Eintragungen[83], ein Vertrauensschutz kommt hier nicht in Betracht. Die erkennbare Widersprüchlichkeit der Eintragungen läßt einen schutzwürdigen Rechtsschein nicht entstehen. Anders ist die Rechtslage bei Doppelbuchungen. Ist ein Grundstück mehrfach gebucht und ist dies aus den Eintragungen nicht erkennbar, so begründet jede Eintragung einen schutzwürdigen Rechtsschein, der bei gutem Glauben eines Erwerbers zu schützen ist. Ist etwa bei einer Eintragung A zutreffend als Eigentümer genannt, in der andern fälschlicherweise B, und überträgt dieser das Eigentum an den gutgläubigen X, so wird X Eigentümer. Der Interessenkonflikt zwischen A und X ist in § 892 entschieden, und es besteht kein Grund, von der gesetzlichen Regelung abzuweichen. Die Widersprüchlichkeit der Eintragungen ist schließlich für X nicht erkennbar. Daß X sein Eigentum verlieren kann, wenn A seinerseits das Eigentum auf einen gutgläubigen Erwerber überträgt, berechtigt nicht dazu, dem X den Schutz des § 892 zu versagen. Es ist auch nicht zu erkennen, wieso die beiden Eintragungen sich in ihrer Wirkung „aufheben" sollen, wie die h.M. argumentiert[84]. Weder der Rechtsschein einer Buchung noch der schutzwürdige gute Glaube des Erwerbers werden durch die andere, nicht erkennbare Buchung beeinträchtigt.

Ein gutgläubiger Erwerb ist dann ausgeschlossen, wenn gegen die Richtigkeit des Grundbuchs ein Widerspruch gemäß § 899 eingetragen ist, § 892 I 1. Der öffentliche Glaube des Grundbuchs ist gemäß §§ 1140, 1, 1192 I auch dann zerstört, wenn die Unrichtigkeit des Grundbuchs aus dem Hypothekenbrief hervorgeht[85]. Andererseits erfordert der gutgläubige Erwerb aber nicht, daß der Erwerber wirklich auf die Richtigkeit des Grundbuchs vertraut hat. Gutgläubiger Erwerb ist sogar dann möglich, wenn der Erwerber überhaupt nicht in das Grundbuch geschaut hat, solange er nur nicht weiß, daß das Grundbuch unrichtig ist[86].

b) Der Schutz des guten Glaubens nach §§ 892 f. greift nur ein bei Verkehrsgeschäften, nicht bei Rechtsgeschäften, bei denen nur ein formaler Wechsel des Inhabers stattfindet. Kein Verkehrsgeschäft liegt etwa vor, wenn bei einer Ein-Mann-GmbH ein Grundstück vom Inhaber auf die Gesellschaft übertragen wird und umgekehrt oder wenn eine Erbengemeinschaft im Wege der Auseinandersetzung Grundstückseigentum auf die Mitglieder überträgt[87]. Ein gutgläubiger Erwerb ist in diesen Fällen nicht möglich; ebensowenig, wenn ein Gesellschafter einen Anteil an

---

[81] Vgl. etwa Müller Rn. 1075 f.
[82] Vgl. etwa MünchenerK-Wacke § 891 Rn. 12.
[83] RG 130, 64 ff., 67.
[84] So aber etwa RG 56, 58 ff.; BGH DB 1969, 1458; BGH NJW-RR 1993, 1295, 1297; Demharter, GBO § 3 Rn. 25; Baur-Stürner § 23 Rn. 14; Müller Rn. 1125; zutreffend dagegen Rosenberg § 892 II 1 b γ; Finkenauer 108 ff.
[85] Vgl. unten § 27 II 4 d.
[86] Vgl. oben § 10 II 2, ferner Motive 3, 212 f.; Schwab-Prütting Rn. 215; M. Wolf Rn. 504.
[87] Vgl. dazu oben § 10 I 1.

einer Gesellschaft überträgt, deren Vermögen nur aus einem Grundstück besteht[88]. Auch wenn ein Bucheigentümer[89], der sich für den Eigentümer hält, eine Eigentümergrundschuld nach § 1196 bestellt, ist gutgläubiger Erwerb ausgeschlossen.

c) Die Anwendung des § 892 setzt voraus, daß das Grundbuch, auf welches sich der Erwerber verlassen hat, falsch ist. Der Erwerber erhält diejenige Position, die er erworben hätte, wenn die Eintragung im Grundbuch korrekt der Rechtslage entspräche. Durch den öffentlichen Glauben geschützt sind gemäß § 892 I 1 etwa folgende Geschäfte:

Erwerb des Grundeigentums; ein gutgläubiger Erwerber kann vom Bucheigentümer das Eigentum erwerben.

Erwerb von Grundstücksrechten; ein Gutgläubiger kann vom Bucheigentümer ein Grundstücksrecht, etwa einen Nießbrauch erwerben; ist im Grundbuch eine in Wirklichkeit nicht bestehende Grundschuld eingetragen, so kann ein Gutgläubiger sie ebenfalls erwerben.

Erwerb von Rechten an Grundstücksrechten; ist im Grundbuch ein nicht bestehendes Recht, z.B. eine Grundschuld eingetragen, so kann ein Gutgläubiger z.B. ein Pfandrecht daran erwerben.

Erwerb entgegen einer relativen Verfügungsbeschränkung; ist der Eigentümer als Vorerbe gemäß § 2113 I nicht zur Verfügung über das Grundstück berechtigt, so kann dennoch ein Gutgläubiger das Grundeigentum oder ein Recht daran erwerben, wenn die Vorerbschaft nicht als Verfügungsbeschränkung im Grundbuch vermerkt ist, § 892 I 2. Gutgläubiger Erwerb ist aber nach § 892 I 2 nur möglich bei relativen Verfügungsbeschränkungen, welche nur zugunsten bestimmter Personen errichtet sind; man versteht darunter solche, welche einen gutgläubigen Erwerb zulassen[90], wie etwa §§ 135 f., 161, 2113, § 80 InsO.

Erwerb der Lastenfreiheit; ist eine Belastung, etwa eine Hypothek oder ein Nießbrauch, nicht im Grundbuch eingetragen, etwa zu Unrecht gelöscht oder außerhalb des Grundbuchs nach §§ 1287, 2 BGB, § 848 II ZPO entstanden, so kann ein Gutgläubiger das Grundstückseigentum unbelastet erwerben[91].

---

[88] Vgl. BGH JuS 1997, 565 mit Anmerkung von Karsten Schmidt.

[89] Als Bucheigentümer bezeichnet man den, der im Grundbuch als Eigentümer eingetragen ist, der in Wirklichkeit aber nicht Eigentümer des Grundstücks ist. Allgemein ist „Buchberechtigter" der, für den zwar ein Recht im Grundbuch eingetragen ist, dem das Recht aber nicht zusteht.

[90] Vgl. zur Terminologie oben § 1 III 4 a b.

[91] Grunddienstbarkeiten, die vor dem Inkrafttreten des BGB ohne Eintragung ins Grundbuch entstanden sind und auch später nicht eingetragen werden („altrechtliche Dienstbarkeiten"), können nicht durch gutgläubig lastenfreien Erwerb nach § 892 untergehen, Art. 187 I 1 EGBGB; sie stellen daher für den Grundeigentümer gefährliche Irregularitäten dar. Daher kann gemäß Art. 187 II EGBGB der Landesgesetzgeber anordnen, daß sie in das Grundbuch einzutragen seien, was aber bisher nur in Baden-Württemberg geschehen ist, vgl. Finkenauer, Eintragungszwang für Dienstbarkeiten, ZNR 2001, 220 ff., 238 f. – Entsprechend können auch Nutzungsrechte, welche in der früheren DDR nach §§ 287 II, 291 ZGB außerhalb des Grundbuchs entstanden sind, nicht durch gutgläubig lastenfreien Erwerb nach § 892 untergehen, vgl. Art. 233 § 4 II EGBGB.

Erwerb des Vorrangs; ist die erstrangige Grundschuld des G_1 zu Unrecht gelöscht worden und hat nun G_2, der davon nichts weiß, eine Grundschuld erworben, so ist sein Recht erstrangig, das des G_1 ist zweitrangig geworden. Auf diese Weise kann auch ein relativer Rang entstehen[92].

Erwerb des Rechts mit dem eingetragenen Inhalt; Hypothekar H hatte dem Grundeigentümer die Hypothek für fünf Jahre gestundet, die Stundung war nicht im Grundbuch eingetragen. Z, der nichts davon weiß, erwirbt die Hypothek von H; er erwirbt sie so, wie sie eingetragen war, die Stundung wirkt ihm gegenüber nicht.

d) § 893 erweitert gegenüber § 892 den Schutz des guten Glaubens. Geschützt wird danach, wer an einen im Grundbuch eingetragenen Rechtsinhaber eine Leistung erbringt; der Leistende wird frei, auch wenn das Recht in Wirklichkeit dem Eingetragenen nicht zustand. Hat etwa der Hypothekar H seine Hypothek an Z übertragen, welcher im Grundbuch eingetragen wurde, war aber die Übertragung aus irgendeinem Grund unwirksam, so daß H noch Inhaber des Rechts ist, so kann der Eigentümer E mit befreiender Wirkung an Z zahlen.

Geschützt nach § 893 wird weiter der gute Glaube bei allen Verfügungsgeschäften mit dem Eingetragenen, soweit diese nicht schon unter § 892 fallen. „Verfügung" ist jede Übertragung, Inhaltsänderung und Aufhebung eines Rechts; die Begründung eines Rechts ist keine Verfügung[93]. Da Übertragungen bereits in § 892 geschützt sind, kommen für § 893 Inhaltsänderungen und Aufhebungen in Betracht. Geschützt nach § 893 ist also etwa der Verzicht auf ein Recht nach § 875. Würde im obigen Beispiel Z auf die Hypothek verzichten und der Verzicht eingetragen, so würde die Hypothek erlöschen, obwohl H ihr Inhaber war. Würde Z dem Eigentümer die Hypothek stunden, so läge darin eine Inhaltsänderung der Hypothek, § 877, also eine Verfügung darüber; die Verfügung wäre auch gegenüber dem Berechtigten H wirksam, so daß dieser daran gebunden wäre; ebenso würde etwa die Kündigung des E gegenüber Z auch gegen H wirken.

e) Der gutgläubige Erwerb nach §§ 892 f. setzt voraus, daß der Erwerber nicht bösgläubig ist. Bösgläubig ist, wer weiß, daß das Grundbuch unrichtig ist; nicht erforderlich ist, daß er weiß, wie die richtige Eintragung lauten müßte. Anders als bei beweglichen Sachen schadet grobe Fahrlässigkeit dem Erwerber nicht; während der Besitz nur einen unsicheren Schluß auf die Rechtslage zuläßt, so daß das Gesetz dem Erwerber einer beweglichen Sache eine Nachforschungspflicht auferlegt, § 932 II, kann man sich auf das Grundbuch verlassen[94]. Die Gutgläubigkeit des Erwerbers wird in § 892 ebenso vermutet wie in § 932 I 1[95]: Der gute Glaube wird nicht als Voraussetzung des gutgläubigen Erwerbs genannt, der böse Glaube viel-

---

[92] Beispiel: A hat eine erste Hypothek an einem Grundstück, B eine zweitrangige; die Hypothek des A wird zu Unrecht im Grundbuch gelöscht. C erwirbt eine dritte Hypothek am Grundstück, er weiß nicht, daß die Hypothek des A noch besteht: A geht vor B, B vor C, aber C geht vor A. Zum relativen Rang vgl. unten § 21 I 2.

[93] Vgl. oben § 1 III 1 Fn. 25. Die Bestellung etwa einer Hypothek bedeutet aber eine Inhaltsänderung des Eigentums am Grundstück, also eine Verfügung darüber.

[94] Vgl. Motive 3, 346.

[95] Vgl. § 10 II 3 b.

mehr als Voraussetzung für den Ausschluß gutgläubigen Erwerbs; wer ihn behauptet, muß ihn beweisen.

Dem Erwerber schadet nach §§ 892 f. nur die positive Kenntnis von der Unrichtigkeit des Grundbuchs. Auch erhebliche Zweifel an der Richtigkeit des Grundbuchs schaden nicht; wer aus noch so grober Fahrlässigkeit die Unrichtigkeit des Grundbuchs nicht bemerkt, ist gutgläubig. Der Versuch, § 892 in solchen Fällen durch die Anwendung des § 826 zu umgehen und bösen Glauben auch bei grober Fahrlässigkeit anzunehmen, ist abzulehnen; den Erwerber trifft keine Nachforschungspflicht. Wenn aber der Erwerber bewußt Tatsachen nicht zur Kenntnis nimmt in der Absicht, sich so seinen guten Glauben zu erhalten, ist er in entsprechender Anwendung des § 162 als bösgläubig anzusehen[96].

Eine Kenntnis der Unrichtigkeit der Eintragung ist noch nicht gegeben, wenn der Erwerber zwar alle Tatsachen kennt, aus denen sich die Unrichtigkeit ergibt, wenn er aber falsche rechtliche Schlüsse daraus zieht[97]. Der öffentliche Glaube berechtigt dazu, sich auf die Eintragung zu verlassen, er verpflichtet nicht zu einer zutreffenden juristischen Wertung bekanntgewordener Tatsachen. Weiß etwa der Erwerber K eines Grundstücks, daß der eingetragene Veräußerer V es von einem Verheirateten erworben hat, dessen nahezu ganzes Vermögen dieses Grundstück ausmachte, glaubte er aber entgegen § 1365, auch ein Verheirateter könne über sein ganzes Vermögen verfügen, so ist er gutgläubig. V ist wegen § 1365 zwar nicht Eigentümer geworden, K wußte das aber nicht, eine Erkundungspflicht (etwa bei einem Rechtsanwalt) legt ihm das Gesetz nicht auf; K kann das Eigentum am Grundstück gutgläubig erwerben. Im übrigen unterliegt die Beurteilung, ob der Erwerber die Unrichtigkeit des Grundbuchs kannte, der freien Beweiswürdigung des Gerichts, § 286 ZPO[98].

f) Wird der Erwerber durch einen Bevollmächtigten vertreten, so entscheidet die Gut- oder Bösgläubigkeit des Vertreters, § 166 I. Nur wenn der Vertreter nach bestimmten Weisungen gehandelt hat, etwa ein bestimmtes Grundstück zu erwerben, müssen sowohl der Vertretene als auch der Vertreter gutgläubig sein, damit gutgläubiger Erwerb möglich ist, § 166 II.

g) Der gute Glaube muß zu dem Zeitpunkt vorhanden sein, in welchem der gesamte Erwerbstatbestand vorliegt. Da regelmäßig die Eintragung der Einigung nachfolgt, ist also die Zeit der Eintragung entscheidend[99]. Ist das Geschäft bedingt oder befristet, so ändert das nichts; zum Zeitpunkt des Bedingungseintritts oder des Fristablaufs muß der gute Glaube nicht mehr vorhanden sein[100].

Von diesem Grundprinzip macht § 892 II eine Ausnahme zugunsten eines gutgläubigen Erwerbers. Da der Erwerber den Zeitpunkt der Eintragung nicht bestimmen kann, welcher sich aus Gründen, die er nicht zu vertreten hat, weit verschieben kann, verlegt das Gesetz den für die Gutgläubigkeit entscheidenden Zeitpunkt nach

---

[96] Vgl. oben § 12 II c.
[97] Vgl. die Beispiele bei Baur-Stürner § 23 Rn. 30 f.; Müller Rn. 1107 f.
[98] Vgl. Protokolle der 2. Kommission 8531 (Mugdan 3, 547).
[99] Vgl. Motive 3, 221.
[100] Vgl. oben § 10 II 3 a; Baur-Stürner § 23 Rn. 33.

vorn – wie es das auch in § 878 tut, vgl. oben I 3 f. Entscheidend ist danach die Zeit der Stellung des Antrags auf die Eintragung (§ 13 GBO)[101]; damit hat der Erwerber alles Erforderliche für den Rechtserwerb getan, das in seiner Macht steht. Diese Vorverlegung begünstigt aber nicht nur den Erwerber, sondern ist auch für den Veräußerer vorteilhaft. Da nach der Antragstellung nicht mehr zu befürchten ist, daß der Erwerb an einer nachträglichen Bösgläubigkeit des Erwerbers scheitert, kann eine Auszahlung des Kaufpreises an den Veräußerer nach diesem Zeitpunkt gefahrlos erfolgen[102]. Aus diesem Grund ändert auch eine nach öffentlichem Recht erforderliche Genehmigung nichts daran, daß es für den guten Glauben auf den Zeitpunkt der Vollendung des Erwerbstatbestands ankommt; zur Zeit der Genehmigung muß der gute Glaube nicht mehr vorliegen[103]. Die öffentlich-rechtliche Genehmigung gestattet die Verfügung vom Gesichtspunkt des öffentlichen Interesses; mit der Frage des gutgläubigen Erwerbs hat sie nichts zu schaffen[104].

Wird das Grundbuch erst nach der Stellung des Eintragungsantrages unrichtig[105], so entscheidet für den guten Glauben der Zeitpunkt, in welchem die Eintragung vorgenommen wird, welche das Grundbuch unrichtig macht[106]. Ist der Veräußerer selbst noch nicht eingetragen in dem Zeitpunkt, in welchem der Erwerber den Eintragungsantrag stellt, so ist die Zeit der Eintragung des Veräußerers der entscheidende Zeitpunkt für den guten Glauben[107]; denn erst zu diesem Zeitpunkt entsteht der öffentliche Glaube des Grundbuchs.

§ 892 II ist nicht anwendbar, wenn nach der Eintragung noch weitere Entstehungsvoraussetzungen erforderlich sind[108], z.B. die Briefübergabe bei der Briefhypothek, vgl. § 1117. In solchen Fällen ist der Zeitpunkt entscheidend, in welchem alle Entstehungsvoraussetzungen vorliegen.

h) Das Grundbuchamt darf eine Eintragung, die zu einem gutgläubigen Erwerb führt, nicht verweigern; es ist nicht die Aufgabe des Grundbuchamtes, zwischen dem wirklichen, aber nicht oder nicht richtig eingetragenen Rechtsinhaber und dem gutgläubigen Erwerber zu entscheiden[109].

i) Der gutgläubige Erwerber erwirbt aufgrund des öffentlichen Glaubens des Grundbuchs das Recht so, als wäre das Grundbuch richtig gewesen. Ob in einem solchen gutgläubigen Erwerb ein originärer oder ein abgeleiteter Erwerb zu sehen ist, ist streitig; da von der Frage nichts abhängt, kann sie dahinstehen. Der Erwerb ist endgültig, nachfolgende Bösgläubigkeit kann dem Erwerber nicht mehr schaden;

---

[101] Nur wenn ausnahmsweise die Einigung auf die Eintragung folgt, bleibt es dabei, daß der Zeitpunkt der Einigung entscheidet, § 892 II.

[102] Vgl. Protokolle der 2. Kommission 3440 ff. (Mugdan 3, 545).

[103] So zu Recht Soergel-Stürner § 892 Rn. 38. Zur Genehmigung nach §§ 177, 185 vgl. Finkenauer, AcP 203 (2003), 293 ff., 319 ff.

[104] Anders Baur-Stürner § 23 Rn. 33 ff.; vgl. auch die Nachweise in MünchenerK-Wacke § 892 Rn. 57 Fn. 183.

[105] Vgl. den Fall BGH NJW 1980, 2413 = JuS 1981, 225.

[106] MünchenerK-Wacke § 892 Rn. 59 mit Lit. in Fn. 188; Soergel-Stürner § 892 Rn. 42.

[107] Vgl. MünchenerK-Wacke § 892 Rn. 59 mit Lit. in Fn. 189.

[108] Planck-Strecker § 892 N. II 2 d ε; Palandt-Bassenge § 892 Rn. 25.

[109] Vgl. MünchenerK-Wacke § 892 Rn. 69 f.; Müller Rn. 1127; a.A. Palandt-Bassenge § 892 Rn. 1.

verfügt er über das erworbene Recht, so verfügt er als Berechtigter, auf einen guten Glauben des nächsten Erwerbers kann es nicht mehr ankommen[110].

aa) Der Erwerb kann auch nicht mit Hilfe schuldrechtlicher Ansprüche rückgängig gemacht werden, etwa nach § 823 oder nach § 812 (Eingriffskondiktion)[111]. Der Vorgang, der auf der einen Seite zum gutgläubigen Erwerb führt, kann nicht auf der anderen Seite ein Delikt oder ein unberechtigter Eingriff sein. Wohl aber kann der frühere Rechtsinhaber *vom Verfügenden* herausverlangen, was dieser durch die unberechtigte Verfügung erlangt hat[112], also den Gegenwert, § 816 I 1. Wußte der Verfügende, daß er zur Verfügung über das Recht nicht berechtigt war, oder wußte er das fahrlässig nicht, geschah die Verfügung über das fremde Recht also schuldhaft, so hat der frühere Berechtigte gegen den Verfügenden einen Schadensersatzanspruch nach § 823 I; bei positiver Kenntnis von der Fremdheit des Rechts hat er auch die Ansprüche aus § 687 II wegen bewußter Führung eines fremden Geschäft als eines eigenen.

bb) Einen Rückerwerb des früheren Berechtigten nach der Rückabwicklung eines Vertrages, wie sie bei beweglichen Sachen möglich ist[113], kann es bei Grundstücken nicht geben, da ein Rechtserwerb im Grundstücksrecht eine Eintragung im Grundbuch voraussetzt.

4. Widerspruch gegen die Richtigkeit des Grundbuchs

a) Von der Unrichtigkeit des Grundbuchs gehen wegen der Möglichkeit des gutgläubigen Erwerbs erhebliche Gefahren aus für den, dessen Recht überhaupt nicht oder nicht richtig eingetragen ist. Er hat zwar gemäß § 894 einen Anspruch auf Bewilligung der berichtigenden Eintragung, dieser Anspruch muß aber erst gegen den Verpflichteten durchgesetzt werden; darüber kann viel Zeit vergehen, was die Gefahr erheblich erhöht. Eine Abhilfe, eventuell auch aufgrund einer einstweiligen Verfügung, bringt der Widerspruch, der ein vorläufiges Sicherungsmittel darstellt; er beseitigt zwar nicht die Unrichtigkeit des Grundbuchs, er schließt jedoch die Möglichkeit des gutgläubigen Erwerbs aus, vgl. § 892 I 1. Der Widerspruch sichert also den Anspruch auf Berichtigung des Grundbuches, er verhindert, daß der Berichtigungsanspruch dadurch überholt wird, daß das Grundbuch durch gutgläubigen Erwerb richtig wird. Er ist möglich in allen Fällen der Unrichtigkeit des Grundbuchs, § 899 I, vgl. die Beispiele oben 1 a aa, 3 c[114].

aa) Bereits im 19. Jahrhundert tritt eine Schwierigkeit auf, welche bis heute insbesondere Anfängern zu schaffen macht; wenn sie auch alt ist, so werden doch Verstöße noch immer als schwere Mängel geahndet und sollten deshalb vermieden werden. Es handelt sich um die Unterscheidung von Widerspruch und Vormerkung[115].

---

[110] Vgl. oben § 10 V 1.
[111] Vgl. oben § 10 V 1.
[112] Vgl. oben a.a.O.
[113] Vgl. oben § 10 V 2.
[114] Vgl. auch oben § 1 III 4 c a.E., unten § 27 III 2 b; § 33 IV pr.
[115] Motive 3, 239 f.; Protokolle der 2. Kommission 3506 ff. (Mugdan 3, 564 f.).

Der Widerspruch protestiert gegen die angebliche Richtigkeit des Grundbuchs mit der Behauptung, daß es unrichtig sei. Durch den Widerspruch wird also der dingliche, aus dem verletzten dinglichen Recht stammende Berichtigungsanspruch nach § 894 geschützt[116]. Die durch den Widerspruch vorbereitete Eintragung hat berichtigende, deklaratorische Wirkung; niemals wird durch die Eintragung ein Recht begründet, übertragen oder sonstwie darüber verfügt. In den oben 1 a genannten Fällen kann der Inhaber des Berichtigungsanspruchs diesen durch einen Widerspruch sichern lassen.

bb) Dagegen protestiert die Vormerkung keineswegs gegen das Grundbuch. Eine Vormerkung wird eingetragen, wenn das Grundbuch richtig ist; eine Vormerkung protestiert nicht, sie prophezeit: Sie kündigt das Entstehen eines dinglichen Rechts an oder das Wirksamwerden einer sonstigen Verfügung; sie sichert einen schuldrechtlichen Anspruch auf Vornahme einer solchen Verfügung[117].

cc) Es gibt freilich Fälle, in welchen man kaum vorhersagen kann, ob die Rechtsprechung einen Berichtigungsanspruch geben wird, so daß ein Widerspruch angebracht wäre, oder einen Anspruch auf Übereignung anerkennen wird, welcher nur durch eine Vormerkung gesichert werden kann. Das ist etwa der Fall bei der Anwendung des § 138 I, wenn sich die Frage stellt, ob nur der schuldrechtliche Vertrag nichtig ist oder ob auch die dingliche Verfügung von der Sittenwidrigkeit betroffen ist. In solchen Fällen rechtlicher Unsicherheit kann der Antragsteller Schaden nehmen, wenn er einen Widerspruch eintragen läßt und nach Ansicht des Gerichts eine Vormerkung erforderlich gewesen wäre und umgekehrt. Solche Unsicherheiten dürfen nicht zu Lasten des Antragstellers gehen, es muß ihm gestattet werden, beide Behelfe eintragen zu lassen[118]. Haben die Parteien aus Unkenntnis das falsche Sicherungsmittel gewählt, so sollte es soweit als möglich als wirksam angesehen werden[119].

b) Voraussetzung für die Eintragung des Widerspruchs ist die einseitige Bewilligung des Schuldners des Berichtigungsanspruchs (des Betroffenen), § 899 II 1; sie ist zugleich die materiellrechtliche Einwilligung zur Eintragung des Widerspruchs wie die formelle nach § 19 GBO. Stimmt der Betroffene der Eintragung nicht zu, so kann der Widerspruch aufgrund einer einstweiligen Verfügung des Gerichts eingetragen werden, § 899 II 1[120]. Das Verfahren ist in den §§ 935 ff. ZPO geregelt. Während bei der einstweiligen Verfügung normalerweise der zu schützende Anspruch und der Arrestgrund, d.h. die Gefährdung dieses Anspruchs, glaubhaft zu machen sind, §§ 935 f., 920 II ZPO, werden diese Erfordernisse in § 899 II 2 herabgesetzt:

---

[116] Gegebenenfalls aber auch ein schuldrechtlicher Berichtigungsanspruch, wenn ein solcher besteht, vgl. oben 1 b.

[117] Vgl. unten § 22 I 1 b.

[118] Ebenso Heck § 47 II 8; Baur-Stürner § 20 Rn. 13; Palandt-Bassenge § 883 Rn. 6.

[119] So hat etwa das Reichsgericht in RG 139, 355 eine Vormerkung als wirksam angesehen, obwohl ein Widerspruch das richtige Sicherungsmittel gewesen wäre, vgl. unten § 22 I 1 a Fn. 5.

[120] In den Fällen der §§ 18 II 1, 53 I 1 GBO kann die Eintragung eines Widerspruchs von Amts wegen erfolgen; nach § 1139 genügt ein Antrag des Grundstückseigentümers auf einen Widerspruch gegen die Buchhypothek.

Es muß nur das Bestehen des Berichtigungsanspruchs aus § 894 glaubhaft gemacht werden, nicht eine Gefährdung dieses Anspruchs; sie ist infolge der Möglichkeit des gutgläubigen Erwerbs offensichtlich[121].

Ein Widerspruch ist möglich gegen jede Unrichtigkeit des Grundbuchs, durch welche ein gutgläubiger Erwerb zu befürchten ist; dagegen soll er schützen und so den Berichtigungsanspruch sichern. Daher kann ein Widerspruch nicht mehr eingetragen werden, wenn der Berichtigungsanspruch verjährt ist[122]. Ein Widerspruch ist z.B. möglich gegen eine Vormerkung[123]. Dagegen ist ein Widerspruch gegen einen Widerspruch oder eine Verfügungsbeschränkung nicht zulässig, da beide keinen gutgläubigen Erwerb ermöglichen[124].

Der Widerspruch wird in der Abteilung eingetragen, in welcher auch die berichtigende Eintragung erfolgt; ein Widerspruch gegen eine Reallast erfolgt also in Abteilung zwei, ein Widerspruch gegen ein Grundpfandrecht in Abteilung drei[125]. Lediglich ein Widerspruch gegen den eingetragenen Eigentümer erfolgt nicht in der ersten, sondern in der zweiten Abteilung[126].

c) Der Widerspruch ist kein Recht am Grundstück oder an einem Grundstücksrecht, sondern ein Sicherungsmittel eigener Art, eine Schutzeintragung[127]; er bewirkt keine Verfügungsbeschränkung, er begründet auch keine Grundbuchsperre. Es können weiterhin Eintragungen erfolgen, sie sind auch wirksam, soweit sie nicht einen gutgläubigen Erwerb voraussetzen. Ist etwa gegen das Eigentum des E ein Widerspruch eingetragen und hat E das Grundstück an K veräußert, so ist K Eigentümer geworden, wenn E wirklich der Eigentümer war und der Widerspruch daher unrichtig.

aa) Der Widerspruch vernichtet den öffentlichen Glauben des Grundbuchs[128], er wirkt in gleicher Weise, als sei dem Erwerber die Unrichtigkeit des Grundbuchs bekannt[129]. Ob der Erwerber von der Existenz des Widerspruchs weiß, spielt keine Rolle, der eingetragene Widerspruch entfaltet seine Wirkung auf jeden Fall. Der gutgläubige Erwerb wird ausgeschlossen, § 892 I 1, was das Recht faktisch zur „res extra commercium" macht, denn der Dritte geht das Risiko ein, daß der Widerspruch begründet ist, sein Erwerb damit verhindert wird.

bb) Der Widerspruch entfaltet seine Wirkung nur zugunsten des durch den Widerspruch Geschützten. Ist etwa gegen das Eigentum des B ein Widerspruch für X eingetragen, ist aber in Wirklichkeit E der Eigentümer, so ist E nicht geschützt. Veräußert B das Grundstück an K, so kann K gutgläubig von B das Eigentum erwerben[130]. Ferner wirkt der Widerspruch nur bezüglich des Rechts, gegen das er gerich-

---

[121] Motive 3, 244.
[122] Zur Möglichkeit der Verjährung des Berichtigungsanspruchs entgegen § 898 vgl. oben II 1 a cc, zur Eintragung eines Widerspruchs in einem solchen Fall vgl. Finkenauer 103.
[123] Sie kann gutgläubig erworben werden, vgl. unten § 22 III 1 b.
[124] Vgl. etwa Planck-Strecker § 899 N. 2 b; Schwab-Prütting Rn. 246.
[125] Vgl. oben § 19 I 3 d, e.
[126] Vgl. das amtliche Muster im Anhang S. 6.
[127] Vgl. Planck-Strecker § 899 N. 1.
[128] Vgl. Wolff-Raiser § 47 III 1.
[129] Motive 3, 240.
[130] Vgl. Baur-Stürner § 18 Rn. 23; M. Wolf Rn. 510; Müller Rn. 1093 f.

tet ist. Ist ein Widerspruch gegen das Eigentum des Nichtberechtigten B eingetragen und hat B dem G eine Hypothek bestellt, so wirkt der Widerspruch nicht gegen die Hypothek. G hat das Recht zwar nicht erworben, wenn er aber darüber verfügt, so kann es von einem Gutgläubigen erworben werden.

cc) Der Widerspruch beseitigt nicht die Vermutung nach § 891. Ist gegen die Eintragung des E als Eigentümer ein Widerspruch zugunsten des X eingetragen, so muß X sein Eigentum beweisen, wenn er das Grundbuch berichtigen lassen will; E kann sich auf die Vermutung des § 891 berufen. Ebensowenig begründet der Widerspruch eine Vermutung für das gesicherte Recht, hier für das Eigentum des X[131].

dd) Ein Widerspruch schließt eine Verjährung aus, § 902 II; er hemmt die Buchersitzung nach § 900 I 3 und macht ein Aufgebot des Eigentümers nach § 927 III relativ unwirksam.

ee) Die Wirkung des Widerspruchs tritt mit dem Augenblick der Eintragung ein; vorausgegangene Verfügungen bleiben unberührt. Für den Widerspruch gilt § 892 II nicht, er verhindert einen gutgläubigen Erwerb auch dann, wenn er erst nach der Antragstellung eingetragen wird: B ist im Grundbuch als Eigentümer eingetragen, in Wirklichkeit ist E Eigentümer. B veräußert das Grundstück an den gutgläubigen K, dieser stellt den Eintragungsantrag, danach wird ein Widerspruch gegen das Eigentum des K zugunsten des E eingetragen[132]. K wird nicht Eigentümer, § 892 II gilt nur für die Kenntnis von der Unrichtigkeit des Grundbuchs; für den Widerspruch gilt die Vorschrift nicht. Der Widerspruch verhindert einen gutgläubigen Erwerb bei allen Verfügungen, die sich erst nach der Eintragung des Widerspruchs vollenden[133].

d) Der Widerspruch verliert seine Wirkung, wenn die durch ihn gesicherte Grundbuchberichtigung erfolgt ist oder wenn das geschützte Recht erlischt, etwa ein Nießbrauch durch den Tod des Inhabers. Der Widerspruch wird gelöscht, wenn der dadurch Begünstigte die Löschung (freiwillig oder nach § 894 ZPO) bewilligt. Wird die einstweilige Verfügung aufgehoben, auf welcher der Widerspruch beruht, so ist er auf Antrag des vom Widerspruch Betroffenen zu löschen, § 25 GBO.

Der durch einen unrichtigen Widerspruch Betroffene kann dessen Löschung verlangen, § 894[134]. Mit der Löschung verliert der Widerspruch seine Geltung, und zwar ex nunc[135].

---

[131] Schwab-Prütting Rn. 249; Wolff-Raiser § 47 III 3.

[132] Etwa weil er schon vor dem Antrag auf Eigentumsumschreibung beantragt war; das zeigt, daß es sich empfiehlt, nicht nur in das Grundbuch, sondern auch in die Grundakten zu schauen.

[133] Vgl. etwa Planck-Strecker § 892 N. II 2 c α; M. Wolf Rn. 509.

[134] Eine verbreitete Meinung gibt den Anspruch nur analog, weil der unrichtige Widerspruch keine rechtliche, sondern nur eine faktische Beeinträchtigung des betroffenen Rechts sei, vgl. etwa MünchenerK-Wacke § 899 Rn. 30; Baur-Stürner § 18 Rn. 26; Westermann-Eickmann § 72 III 5. Weder aus dem Wortlaut noch aus dem Zweck des § 894 ergibt sich jedoch eine Beschränkung des Anspruchs auf rechtliche Beeinträchtigungen.

[135] Vgl. Wolff-Raiser § 47 IV 3; Staudinger-Gursky § 899 Rn. 75 (mit Lit.); für rückwirkende Unwirksamkeit (ex tunc) z.B. MünchenerK-Wacke § 899 Rn. 31.

III. Ersitzung und Verjährung der Grundstücksrechte

1. Tabularersitzung

§ 900 regelt die Tabularersitzung, die praescriptio secundum tabulas, welche eine Eintragung des Ersitzenden im Grundbuch voraussetzt. Dagegen betrifft § 927 die praescriptio contra tabulas, die eine solche Eintragung nicht verlangt, vgl. unten § 23 III 2.

a) Voraussetzung für die Tabularersitzung des Eigentums ist, daß der Ersitzende seit 30 Jahren zu Unrecht im Grundbuch als Eigentümer eingetragen ist und seit dieser Zeit das Grundstück im Eigenbesitz gehabt hat; mittelbarer Eigenbesitz reicht aus. In dieser Zeit ist der Herausgabeanspruch des wirklichen Eigentümers aus § 985 verjährt, §§ 194, 197 I 1; der Eigentümer hätte ein nudum ius, ein von allen praktischen Einwirkungsmöglichkeiten entblößtes Eigentum, das für ihn von keinerlei Nutzen mehr wäre[136]. Um ein solches Ergebnis zu vermeiden, also ein dauerndes Auseinanderfallen des wertlosen Eigentums (dominium sine re) und des berechtigten Besitzes, ordnet das Gesetz in § 900 I 1 den Eigentumserwerb des Besitzers nach 30 Jahren durch Ersitzung an. Die Ersitzung erleichtert aber auch dem wirklichen Eigentümer den Beweis seines Rechtserwerbs; er kann auf die Ersitzung verweisen, ohne die Wirksamkeit eines lange zurückliegenden Erwerbsakts nachweisen zu müssen[137].

Da es allein auf den Fristablauf ankommt, ist eine irgendwie geartete Gutgläubigkeit für die Ersitzung nicht gefordert. Der eingetragene Besitzer ersitzt das Eigentum auch dann, wenn er weiß, daß er nicht Eigentümer ist; auch eine Doppelbuchung des Grundstücks schließt eine Ersitzung ebensowenig aus wie einen gutgläubigen Erwerb[138]. In besonderen Fällen kann die Berufung auf die Ersitzung einen Rechtsmißbrauch darstellen[139]. Der Vorerbe kann das Recht des Nacherben nicht durch 30jährigen Besitz wegerwerben[140].

b) Ersessen werden kann aber nicht nur das Eigentum; ersessen werden können auch Grundstücksrechte, welche ein Recht zum Besitz geben bzw. welche durch Rechtsbesitz[141] geschützt sind, § 900 II. Durch Rechtsbesitz geschützt sind Grunddienstbarkeiten und persönliche Dienstbarkeiten, §§ 1018, 1029, 1090; Voraussetzung für den Rechtsbesitz ist gemäß § 1029, daß die Dienstbarkeit jährlich ausgeübt wurde. Ist etwa für X ein Wegerecht eingetragen und übt X es regelmäßig aus, so

---

[136] Vgl. dazu Wieling, Nuda proprietas, in: Sodalitas, Scritti in onore di Antonio Guarino (1984), S. 2524 ff.; auch Finkenauer 158 ff.

[137] Vgl. Protokolle der 2. Kommission 3673 f. (Mugdan 3, 573). Zu den Zwecken der Tabularersitzung vgl. Finkenauer 103 ff.

[138] Vgl. oben II 3 a; auch Finkenauer 108 ff.

[139] Nach Luthra, NJW 1996, 364 ff., ist die Buchersitzung von Grundstücken durch den Staat immer ein Rechtsmißbrauch. Das ist in dieser Allgemeinheit nicht haltbar, Luthras Ausgangspunkt sind Vorgänge in der ehemaligen DDR vor der Wende; gegen Luthra auch Finkenauer 126 ff.; Staudinger-Gursky § 900 Rn. 7.

[140] Vgl. BGH NJW 1994, 1152, allerdings mit fehlerhafter Begründung, dazu Staudinger-Gursky § 900 Rn. 15; Finkenauer 104 f.

[141] Zum Rechtsbesitz vgl. oben § 7.

kann er es infolge seines Besitzes an der Dienstbarkeit in 30 Jahren ersitzen. Gemäß §§ 900 I 2, 938 muß der Ersitzende aber nur die Voraussetzungen für den Rechtsbesitz zu Anfang und zum Ende der Ersitzungszeit beweisen; eine kurze Besitzunterbrechung nach § 940 II schadet nicht[142].

Dienstbarkeiten können auch ein Recht zum Sachbesitz geben, wenn sie etwa den Inhaber dazu berechtigen, auf dem belasteten Grundstück einen Betrieb bestimmter Art zu unterhalten. Ein Recht zum Sachbesitz gibt auch der Nießbrauch, § 1036 I[143], das Wohnrecht, § 1093, sowie das Erbbaurecht, § 1 ErbbRVO. Dagegen können Vorkaufsrechte, Grundpfandrechte und Reallasten nicht nach § 900 II ersessen werden[144], da sie kein Recht zum Besitz des Grundstücks geben; ebensowenig können Rechte an Grundstücksrechten nach § 900 II ersessen werden.

Die Gründe für die Zulassung der Ersitzung von Grundstücksrechten sind dieselben wie beim Eigentum: Es sollte nicht zugelassen werden, daß einerseits der Eigentümer sich wegen Verjährung des Anspruchs aus § 1004 nicht mehr gegen die Ausübung der Rechte wehren kann, andererseits aber dem Ausübenden ein entsprechendes Recht nicht zusteht.

c) Die Ersitzung bewirkt den originären Erwerb des Eigentums oder Grundstücksrechts, der Rang ersessener Grundstücksrechte richtet sich nach der Zeit der Eintragung, nicht nach der Zeit der Vollendung der Ersitzung, § 900 II 2. § 900 ist der Rechtsgrund für den Erwerb, so daß keine bereicherungsrechtlichen Ausgleichsansprüche des Betroffenen gegen den Erwerber in Betracht kommen[145]. Erwerb der Lastenfreiheit ist nach § 901 möglich, vgl. unten 2.

d) Die Ersitzungsfrist berechnet sich nach den §§ 938–944, vgl. § 900 I 2[146]; ein Widerspruch gegen das zu Unrecht eingetragene Recht hemmt den Lauf der Frist, § 900 I 3; das gilt allerdings nur für den Widerspruch zugunsten des wirklich Berechtigten[147].

2. Verjährung und lastenfreier Erwerb

a) Grundstücksrechte als dingliche Rechte können nicht verjähren, denn der Verjährung unterliegen nur Ansprüche, vgl. § 194 I. Ansprüche aber, welche aus im Grundbuch eingetragenen Rechten hervorgehen, unterliegen gemäß § 902 I der Verjährung nicht; dasselbe gilt für Ansprüche aus nicht eingetragenen Rechten, zu deren Gunsten aber ein Widerspruch eingetragen ist, § 902 II. Während normalerweise der Ablauf der langen Verjährungsfrist den weiteren Bestand des Rechtes zweifelhaft erscheinen läßt, ist bei eingetragenen Rechten deren Bestand durch die Eintragung gesichert[148].

---

[142] Vgl. Wolff-Raiser § 49 I 3.
[143] Vgl. Protokolle der 2. Kommission 3895 f., 4059 (Mugdan 3, 573 f.).
[144] Vgl. Protokolle der 2. Kommission 4370 ff., 4764 (Mugdan 3, 574 ff.).
[145] Vgl. Müller Rn. 1281; Finkenauer 120 f.
[146] Vgl. oben § 11 I 1 c, auch Finkenauer 130 ff.
[147] Vgl. Finkenauer 114.
[148] Vgl. Motive 3, 251 ff.

Ausgeschlossen ist danach etwa die Verjährung der Ansprüche nach §§ 894, 985, 1004[149] aus dem eingetragenen Eigentum oder der Anspruch auf Duldung der Zwangsvollstreckung nach §§ 1113, 1147 aus der eingetragenen Hypothek[150]. Der Verjährung dagegen unterliegen gemäß § 902 I 2 Ansprüche auf Rückstände wiederkehrender Leistungen und Ansprüche auf Schadensersatz, mögen sie auch aus eingetragenen Grundstücksrechten stammen; über solche Ansprüche kann das Grundbuch keine Auskunft geben[151]. Der normalen Verjährung unterliegen danach die Ansprüche aus §§ 989 ff., die Ansprüche auf die Hypothekenzinsen[152], die Ansprüche auf die einzelnen Raten einer Reallast.

Eine Sonderregelung gilt für Grunddienstbarkeiten und persönliche Dienstbarkeiten nach §§ 1028, 1090. Ist auf dem belasteten Grundstück eine Anlage errichtet worden, welche die Dienstbarkeit beeinträchtigt, so unterliegt der Beseitigungsanspruch aus § 1004 der Verjährung; mit der Verjährung des Anspruchs erlischt die Dienstbarkeit.

b) Während die Eintragung des Rechts die Verjährung der daraus hervorgehenden Ansprüche verhindert, steht der Verjährung nichts im Weg, wenn die Rechte nicht eingetragen sind. Sind aber die Ansprüche aus den nicht eingetragenen Rechten verjährt, so sind diese Rechte nichts anderes als nuda iura, wertlose Rechte. Es liegt in der Konsequenz des § 900, solche Rechte erlöschen zu lassen[153]. Daher bestimmt § 901, 1, daß ein zu Unrecht im Grundbuch gelöschtes Recht erlischt, wenn der daraus entstehende Anspruch des Berechtigten gegen den Eigentümer verjährt ist. Ist etwa eine Hypothek zu Unrecht im Grundbuch gelöscht worden und ist deshalb der Anspruch auf Duldung der Zwangsvollstreckung nach §§ 1113, 1147 verjährt, so erlischt die Hypothek, sie wird zur Eigentümergrundschuld; der Eigentümer ersitzt so die Lastenfreiheit des Grundstücks.

Aufgrund der Verjährung der Ansprüche erlöschen nicht nur solche Rechte, die zu Unrecht gelöscht sind, sondern auch solche, welche kraft Gesetzes ohne Eintragung entstanden sind, § 901, 2. Dazu gehört etwa ein Nießbrauch nach § 1075 I oder eine Hypothek nach § 1287, 2[154], § 848 II 2 ZPO. Dagegen ist § 901, 2 nicht anzuwenden auf Rechte, die überhaupt nicht eintragbar sind, wie die Überbau- oder Notwegrente, §§ 914 II 1, 917 II.

c) Gemäß dem Wortlaut des § 898 unterliegt der Berichtigungsanspruch aus § 894 nicht der Verjährung. Ausgeschlossen werden sollte damit aber nur die *selbständige Verjährung* des § 894, eine Verjährung zusammen mit der Verjährung des Herausgabeanspruchs nach § 985 sollte durchaus möglich sein[155].

---

[149] Das ist für § 1004 streitig, vgl. BGH 60, 235 ff. mit Literatur; vgl. dazu Picker, JuS 1974, 357 ff.

[150] Der gesicherte schuldrechtliche Anspruch fällt nicht unter § 902, er unterliegt der normalen Verjährung.

[151] Vgl. Motive 3, 253 f.

[152] Nicht die Tilgungsraten der Hypothek, sie sind keine „wiederkehrenden Leistungen", sondern tilgen das Kapital.

[153] Vgl. Protokolle der 2. Kommission 3936, 4107, 4525, 4770, 6041 (Mugdan 3, 576); vgl. dazu auch Finkenauer 92 ff.

[154] Vgl. oben § 16 I 4 a; § 16 II 4 a.

[155] Vgl. oben II 1 a cc.

§ 21. Rang der Grundstücksrechte

I. Rangverhältnis

1. Bedeutung des Ranges

a) Im Wirtschaftsleben spielen die Fragen des Ranges dinglicher Rechte insbesondere im Rahmen der Kreditsicherheiten eine erhebliche Rolle[1]. Der Grundeigentümer ist nicht gehindert, sein Grundstück mehrfach mit Hypotheken oder Grundschulden zu belasten. Kommt es zur Zwangsversteigerung und reicht der Erlös nicht zur Befriedigung aller Grundpfandgläubiger aus, so stellt sich rechtspolitisch die Frage, in welchem Verhältnis die Gläubiger zu befriedigen seien. Es könnte etwa eine Berücksichtigung nach Kopfteilen erfolgen oder nach dem Verhältnis des Wertes der einzelnen Rechte zueinander. Solche Modelle würden es jedoch dem Grundeigentümer gestatten, durch eine Vielzahl gewährter Sicherheiten deren Wert praktisch aufzuheben. Das ginge zu Lasten der Verkehrssicherheit und derjenigen, denen zuerst ein Grundpfandrecht eingeräumt wird[2]; ein schutzwürdiges Interesse an solchen Gestaltungsmöglichkeiten ist nicht zu erkennen. Deshalb hat sich die Rechtsordnung dafür entschieden, demjenigen eine Vorrangstellung einzuräumen, der zeitlich vor den anderen ein Grundstücksrecht erwirbt: Prioritätsprinzip, prior tempore potior iure[3].

Das Rangverhältnis unter mehreren Rechten, mit denen eine Sache belastet ist, bestimmt sich also grundsätzlich nach der Zeit der Entstehung[4]; für Grundstücke gilt diese Regel im Prinzip auch, doch ist sie in § 879 modifiziert, entsprechend den Gegebenheiten des Grundbuchs, in welches die Rechte eingetragen werden müssen.

b) Nur dingliche Rechte stehen in einem Rangverhältnis; demgegenüber haben schuldrechtliche Ansprüche keinen Rang. Ist etwa eine Sache mehrfach verkauft, so ist das Recht des letzten Käufers ebenso gut wie das des ersten. Bei dinglichen Rechten ist es anders. Bestellt etwa der Eigentümer E dem Gläubiger G eine Hypothek über 100.000 €, so bestehen zwei Verwertungsrechte am Grundstück: das Eigentum und die Hypothek. Im Verhältnis Eigentum – beschränkte dingliche Rechte

---

[1] Vgl. unten § 26 I 4; zur Bedeutung des Rangs im Grundstücksrechts auch Weirich, Jura 1983, 337 ff.

[2] Vgl. Baur-Stürner § 17 Rn. 2.

[3] So entschied im Jahr 213 n. Chr. der Kaiser Antoninus Caracalla aufgrund einer bereits damals uralten Regel in einem Streit eines Privatmannes mit dem Fiskus, und zwar zugunsten des Privaten, C 8, 17, 3; vgl. auch Wacke, Wer zuerst kommt, mahlt zuerst, JA 1981, 94.

[4] Vgl. oben § 15 IV.

gehen die beschränkten Rechte immer im Rang vor, das Eigentum steht an letzter Stelle[5]. Wird das Grundstück etwa verwertet und werden 110.000 € erlöst, so wird zuerst G voll befriedigt: Er erhält 100.000 €. Was übrig bleibt, erhält der Eigentümer.

Werden zwei dingliche Rechte an einer Sache bestellt, so stellen sich dieselben Fragen für das Verhältnis der beiden Rechte zueinander. Wird eine erste und eine zweite Hypothek für jeweils 100.000 € bestellt und werden bei der Verwertung des Grundstücks 150.000 € erlöst, so erhält der Inhaber der erstrangigen Hypothek seine 100.000 €, der Inhaber der nachrangigen Hypothek das, was übrigbleibt.

c) Nicht alle Eintragungen im Grundbuch nehmen an der Rangordnung teil: § 879 bezieht sich ausdrücklich nur auf eingetragene dingliche Rechte. Daher haben z.B. Nacherbenvermerke (§ 51 GBO) und Insolvenzvermerke (§ 32 InsO) und sonstige Verfügungsbeschränkungen sowie Widersprüche (z.B. §§ 899, 1139) keinen Rang, weder im Verhältnis zueinander noch zu den im Grundbuch eingetragenen Rechten. Einen Rang hat dagegen die Vormerkung, die ein dingliches Recht darstellt[6]; gemäß § 883 III bestimmt sie zudem den Rang des einzutragenden Rechts. Darüber hinaus ist § 879 auch auf Belastungen der Grundstücksrechte anzuwenden[7].

2. Gesetzliche Rangordnung

a) Der Rang dinglicher Rechte wird durch das Verfahren seiner Eintragung in das Grundbuch bestimmt. Die Eintragung, nicht die Einigung oder die Entstehung des Rechts ist für den Rang entscheidend, § 879 II; denn nur für die Eintragung läßt sich eine genaue Zeit nachweisen. Ist also zuerst ein Nießbrauch für N eingetragen worden, aber mangels wirksamer Einigung nicht entstanden, ist dann für H eine Hypothek eingetragen worden, so ist die Hypothek das einzige bestehende Recht am Grundstück. Wiederholen nun aber der Eigentümer und N die Einigung, diesmal wirksam, so entsteht ein erstrangiger Nießbrauch, die Hypothek wird zweitrangig. § 879 II gilt entsprechend, wenn das Recht aus anderen Gründen erst nach der Eintragung wirksam wird, etwa wenn nachträglich eine erforderliche Genehmigung beigebracht wird oder wenn bei einem bedingt bestellten Recht die Bedingung eintritt[8].

Die Eintragung ist auch dann für den Rang des Rechtes entscheidend, wenn sie unter Verstoß gegen die Ordnungsvorschrift der §§ 17, 45 GBO erfolgt[9].

b) Das Rangverhältnis zweier *Rechte, die in derselben Abteilung* eingetragen sind, bestimmt sich gemäß § 879 I 1 nach der Reihenfolge der Eintragungen. Das gilt auch dann, wenn die Rechte eigentlich in verschiedene Abteilungen gehören, wenn etwa eine Dienstbarkeit und eine Hypothek in derselben Abteilung eingetra-

---

[5] Vgl. Motive 3, 225.
[6] Vgl. unten § 22 I 2.
[7] Planck-Strecker § 879 N. 7 d; Wolff-Raiser § 41 VI.
[8] Vgl. Protokolle der 2. Kommission 3462 (Mugdan 3, 550).
[9] Vgl. oben § 19 II 5 a.

gen sind[10]. „Reihenfolge der Eintragung" bedeutet die räumliche Aufeinanderfolge der Eintragungen im Grundbuch[11], so daß das räumlich vorangehende Recht auch den Vorrang hat. Beispiel: A beantragt eine Hypothek am 5. Juni, B eine Grundschuld am 7. Juni. Die Eintragung erfolgt am 20. Juli in Abteilung III gemäß der Reihenfolge der Anträge, so daß die Hypothek des A räumlich vor der des B eingetragen wird.

aa) Werden zwei Rechte gleichzeitig beantragt, so müssen sie so eingetragen werden, daß sie den gleichen Rang erhalten. Sie können aber weder auf dem gleichen Raum noch zeitlich zugleich eingetragen werden. § 45 I (2) GBO bestimmt daher, daß bei der Eintragung vermerkt werden muß, daß die Rechte gleichen Rang haben.

bb) Grundsätzlich gilt gemäß § 879 I 1 die räumliche Folge der Rechte als Maßstab des Ranges. Dabei darf aber nicht außer acht gelassen werden, daß das Gesetz auf diese Weise das Prioritätsprinzip zur Geltung bringen wollte. Grundsätzlich sollte die zeitliche Reihenfolge entscheidend sein; die räumliche Folge war nur als eine einfache Erscheinungsform der zeitlichen herangezogen worden. Dabei ging man stillschweigend davon aus, daß die Eintragungen räumlich nacheinander erfolgten, und zwar ohne Zwischenräume, welche eine nachträgliche Eintragung vor anderen, bereits eingetragenen Rechten ermöglichen könnten[12]. Diese Art der Eintragung ist auch in § 21 II GBVerf vorgeschrieben. Die andere Möglichkeit, auf das angegebene Eintragungsdatum abzustellen[13], wurde abgelehnt, weil der Grundbuchbeamte sich leicht bei der Angabe des Datums irren könne, während die räumliche Reihenfolge für einen Irrtum keinen Raum lasse; zudem sei die Angabe des Eintragungsdatums nicht erforderlich für die Entstehung des Rechts, § 44 I 1 GBO[14].

Daraus folgt, daß bei irregulären Eintragungen, in welchen die räumliche Folge der zeitlichen nicht entspricht, der zeitlichen Folge die Priorität zuzuweisen ist, soweit sie feststellbar ist. Nur so bleibt das vom Gesetz anerkannte Prioritätsprinzip gewahrt. Beispiel[15]: Zugunsten des A war eine Vormerkung für die Eintragung einer Hypothek eingetragen worden, für B wurde nun eine Hypothek eingetragen. Dabei wurde ein Platz für die Eintragung der Hypothek des A freigelassen, damit diese neben der Vormerkung eingetragen werden konnte[16], denn der Rang der Hypothek richtet sich nach der Eintragung der Vormerkung, § 883 III. Da der Schuldner die Forderung tilgte, kam es nicht mehr zur Eintragung der Hypothek für A. Danach wurde dem A für eine andere Forderung eine Hypothek bestellt und an dem freien Platz neben der Vormerkung eingetragen, räumlich vor der Hypothek des B[17].

---

[10] Vgl. oben § 19 I 3 d, e, g.
[11] Vgl. Motive 3, 225 ff.; Protokolle der 2. Kommission 3458 (Mugdan 3, 549).
[12] Vgl. Motive 3, 225 f.
[13] Vgl. dazu unten c.
[14] Vgl. Protokolle der 2. Kommission 3458 (Mugdan 3, 549).
[15] KGJ 41 (1912), 223 f.
[16] Die Vormerkung wird nur halbspaltig eingetragen, § 19 I GBVerf.
[17] Bei der Eintragung der Hypothek des A hätte entsprechend § 45 GBO vermerkt werden müssen, daß die Hypothek des A der des B im Range nachgeht.

Käme es allein auf die räumliche Folge an, so ginge die später eingetragene Hypothek des A der des B vor[18]. Richtig ist es jedoch, auch hier das Prioritätsprinzip anzuwenden[19], die räumliche Folge kann keine Bedeutung haben, da sie mit der zeitlichen nicht übereinstimmt.

Die räumliche Folge der Eintragungen gemäß § 879 I 1 entscheidet also zwar grundsätzlich über den Rang der Rechte, das gilt jedoch nicht, wenn – z.B. anhand der angegebenen Eintragungsdaten, der Daten des Eintragungsantrags und der Eintragungsverfügung in den Grundakten – nachgewiesen wird, daß die zeitliche Reihenfolge anders war. Ist die zeitliche Reihenfolge nicht sicher bestimmbar, so bleibt es bei der Rangbestimmung durch die räumliche.

Veräußert im obigen Beispiel A seine zweitrangige Hypothek an K, so stellt sich die Frage, ob K gutgläubig den Vorrang vor B gemäß § 892 erwerben kann. Die räumliche Stellung des Rechts begründet einen Rechtsschein für dessen ersten Rang, das angegebene spätere Datum der Eintragung könnte ihn jedoch wieder zerstören. Indessen ist die räumliche Folge ein leicht zu erkennendes Faktum, auf dieses hat das Gesetz abgestellt; wer sich darauf verläßt, ist gerechtfertigt, er muß nach dem Willen des Gesetzes nicht auch noch die angegebenen Daten prüfen. Ein gutgläubiger Erwerb des Vorrangs ist daher möglich[20].

cc) Ist die räumliche Eintragungsfolge der Rechte richtig, ist jedoch bei einem Recht ein falsches Datum angegeben, so ist ein gutgläubiger Erwerb des Vorrangs nicht möglich. Beispiel: Für A ist am 2. 5. 1992 eine erstrangige Hypothek eingetragen worden, zehn Tage später wird für B eine zweitrangige Hypothek eingetragen mit dem Datumsvermerk 12. 5. 1991. Diese Datumsangabe begründet zwar den Rechtsschein für den Vorrang des Rechts des B, sie ist jedoch nicht maßgebend; die räumliche Folge zerstört den Rechtsschein. Ein Erwerber des Rechts kann also nicht gutgläubig den Vorrang vor dem des A erwerben[21].

c) Zwischen *Rechten, die in verschiedenen Abteilungen eingetragen* sind, gibt es keine räumliche Folge. Hier kann für die Rangbestimmung nur die Zeitfolge entscheidend sein. Gemäß § 879 I 2 hat das Recht den Vorrang, das unter der Angabe eines früheren Tages eingetragen ist; Rechte, die unter Angabe desselben Tages eingetragen sind, haben gleichen Rang. Das Gesetz stellt also nicht auf das wirkliche Datum der Eintragung ab, sondern auf das bei der Eintragung angegebene Datum. Dabei geht es aber davon aus, daß beides übereinstimmt und daß eine falsche Datumsangabe so selten ist, daß deswegen keine gesetzliche Regelung erfolgen muß[22]. Auch hier soll die gesetzliche Regelung also für den Normalfall gelten, wenn nämlich die Eintragung richtig erfolgt. In den anderen Fällen ist auch hier nach dem Prioritätsprinzip zu entscheiden.

---

[18] So in der Tat Planck-Strecker § 879 N. 1; RG HRR 1935 Nr. 1016; E. Wolf § 10 C III b; Westermann-Eickmann II § 80 II 2.

[19] So das Kammergericht, vgl. oben Fn. 15, ferner etwa Wolff-Raiser § 41 I 1; H. Westermann, 5. Aufl. § 81 II 2; Baur-Stürner § 17 Rn. 20; MünchenerK-Wacke § 879 Rn. 15 ff.

[20] MünchenerK-Wacke § 879 Rn. 18.

[21] A.A. Erman-Lorenz § 879 Rn. 12.

[22] Motive 3, 226.

aa) Grundsätzlich ist also für den Rang der Rechte in verschiedenen Abteilungen das angegebene Datum entscheidend. Etwas anderes gilt nur, wenn das angegebene Datum nachweisbar falsch ist; wer sich auf die Unrichtigkeit beruft, muß sie beweisen. Beispiel: Für A ist am 1. 6. 1992 eine erstrangige Reallast eingetragen, 10 Tage später wird für B eine Hypothek eingetragen mit der irrigen Datumsangabe 10. 6. 1991. Würde man allein auf die Datumsangabe abstellen, so wäre das Recht des B erstrangig[23]; damit wäre aber das Prioritätsprinzip verletzt, dem das Gesetz folgen wollte. Richtig ist es daher, dem Recht des A den ersten Rang zuzuerkennen, wenn A nur beweisen kann, daß sein Recht vorher eingetragen wurde[24]. Das Grundbuch ist bezüglich der Datumsangabe beim Recht des B falsch; A kann Berichtigung nach § 894 verlangen und einen Widerspruch gemäß § 899 eintragen lassen. Geschieht das nicht, so kann ein Erwerber mit dem Recht des B gutgläubig auch den Vorrang vor A erwerben.

Der Rückgriff auf das Prioritätsprinzip bei unrichtigen Datumsangaben empfiehlt sich auch, um den relativen Rang zu vermeiden, der andernfalls entstehen kann und erhebliche Schwierigkeiten mit sich bringt[25]. Beispiel: Für A wird am 1. 6. 1991 eine Hypothek eingetragen mit der irrigen Datumsangabe 1. 6. 1992; am 1. 4. 1992 wird für B eine weitere Hypothek eingetragen. Am 2. 5. 1992 wird für C eine Dienstbarkeit eingetragen. Die Hypothek des A geht trotz der irrigen Datumsangabe der des B vor, § 879 I 1. B geht gemäß den Datumsangaben dem C vor, § 879 I 2. C wiederum geht gemäß den Datumsangaben dem A vor. Wir haben also keine lineare Rangfolge A-B-C oder B-C-A, sondern einen relativen Rang in der Form eines Kreises: A-B-C-A-B u.s.w. Das führt zu erheblichen Schwierigkeiten bei einer Verwertung des Grundstücks. Wenn etwa alle drei Rechte einen Wert von je 50.000 € haben und 75.000 € erzielt worden sind, wer soll voll befriedigt werden, wer nur teilweise, wer soll leer ausgehen? Diese Schwierigkeiten lassen es erstrebenswert erscheinen, einen relativen Rang nach Möglichkeit zu vermeiden.

bb) Da es für den Rang nicht auf die Zeit der Eintragung, sondern grundsätzlich auf das angegebene Datum ankommt, haben Rechte mit demselben Eintragungsdatum den gleichen Rang, § 879 I 2 (2). Sollen sie verschiedenen Rang erhalten, so muß bei ihnen ein Rangvermerk eingetragen werden, § 45 II GBO. Beispiel: A hat am 1. 6. die Eintragung einer Dienstbarkeit beantragt, B am 2. 6. die Eintragung einer Hypothek; am 1. 7. sollen beide Rechte eingetragen werden. Zuerst muß gemäß § 17 GBO das Recht des A eingetragen werden, so daß es den Vorrang vor dem des B erhält. Aus der Datumsangabe ist aber der Vorrang nicht erkennbar, eine räumliche Folge der Rechte existiert nicht. Erfolgt kein Vermerk, so haben beide Rechte gleichen Rang. Eine solche Eintragung würde aber gegen § 45 II verstoßen und einen Ersatzanspruch des A nach § 839, Art. 34 GG begründen. Beim Recht des A ist also der Vorrang vor dem Recht des B zu vermerken.

---

[23] So z.B. Wolff-Raiser § 41 I 2; Baur-Stürner § 17 Rn. 21; Müller Rn. 1238.

[24] Vgl. etwa Heck, Exkurs 4 S. 496 ff.; Westermann-Eickmann § 80 II 3; Erman-Lorenz § 879 Rn. 11; MünchenerK-Wacke § 879 Rn. 23; Gursky, 20 Probleme aus dem BGB, Das Eigentümer-Besitzer-Verhältnis, Fall 2 I.

[25] Zum relativen Rang dinglicher Rechte vgl. unten f.

Sind zwei Rechte in verschiedenen Abteilungen mit demselben (richtigen) Datum eingetragen, so ist gegen die Regelung des § 879 I 2 (2) kein Beweis zulässig, daß eines der Rechte vor dem anderen eingetragen sei und deshalb den Vorrang haben müsse[26]. Anders ist zu entscheiden, wenn das Datum falsch angegeben wurde. Beispiel: Für A ist am 1. 6. 1991 eine Dienstbarkeit eingetragen worden, für B ein Jahr später eine Hypothek mit der falschen Angabe 1. 6. 1991. Käme es nur auf das angegebene Datum an, so hätten die Rechte des A und des B gleichen Rang. Auch hier muß (wie oben unter aa) der Nachweis der Unrichtigkeit des angegebenen Datums möglich sein, so daß das Recht des A den Vorrang hat.

cc) Ist ein Recht ohne Datumsangabe eingetragen, so ist es dennoch entstanden, die Angabe des Datums ist keine zwingende Voraussetzung für die Gültigkeit der Eintragung, vgl. § 44 I 1 GBO. Die Feststellung des Ranges eines solchen Rechts im Verhältnis zu Rechten in anderen Abteilungen macht jedoch Schwierigkeiten. Läßt sich der Zeitpunkt der Eintragung nachweisen, so erhält das Recht den entsprechenden Rang[27], das Datum ist im Wege der Berichtigung im Grundbuch einzutragen. Läßt sich das Eintragungsdatum nicht feststellen, so geht das undatierte Recht allen anderen Rechten in anderen Abteilungen nach[28], mehrere undatierte Rechte in verschiedenen Abteilungen haben den gleichen Rang. Im Verhältnis zu anderen Rechten in derselben Abteilung bestimmt sich der Rang des undatierten Rechts nach der räumlichen Folge. Beispiel: In Abteilung II ist für A eine Dienstbarkeit ohne Datumsangabe eingetragen, dann für B eine Reallast unter dem Datum 1. 6. 1980. Das Recht des A geht dem des B vor. In Abteilung III ist für C eine Hypothek eingetragen unter dem Datum 1. 6. 1979, für D eine Hypothek unter dem Datum 1. 6. 1992. Die undatierte Dienstbarkeit des A steht der Hypothek des C im Rang nach; es ist zwar möglich, daß das Recht des A vor dem des C eingetragen wurde, aber das ist nicht nachweisbar, und den Nachteil davon trägt A. Dagegen geht das undatierte Recht des A dem Recht des D vor: Denn das Recht des A steht im Rang vor dem des B (räumliche Folge), das Recht des B steht im Rang vor dem des D (früheres Datum); also kommt auch A vor D.

d) Das Grundbuch kann nur Auskunft geben über den Rang dort eingetragener Rechte. Zu Unrecht gelöschte Rechte behalten den ursprünglichen Rang, wenn sie ihn nicht durch gutgläubigen Erwerb des Vorranges verloren haben. Bei Rechten, die ohne Eintragung entstehen, kann das Grundbuch über den Rang keine Sicherheit verschaffen, auch wenn das Recht nachträglich im Wege der Grundbuchberichtigung eingetragen wird. Entscheidend kann hier nur die Zeit der Entstehung des Rechts sein[29]. Diesen Rang kann das Recht durch gutgläubigen Erwerb des Vorranges verlieren, wenn es nicht eingetragen wird. Beispiel: V hat dem K sein Grundstück verkauft, K verpfändet dem G seinen Anspruch auf Auflassung aus § 433 I.

---

[26] Vgl. auch Gursky, 20 Probleme aus dem BGB, Das Eigentümer-Besitzer-Verhältnis, Fall 2 I.
[27] Vgl. etwa Palandt-Bassenge § 879 Rn. 9; MünchenerK-Wacke § 879 Rn. 23.
[28] Vgl. z.B. Planck-Strecker § 879 N. 2; Palandt-Bassenge § 879 Rn. 9.
[29] Vgl. etwa Planck-Strecker § 879 N. 7 e; Palandt-Bassenge § 879 Rn. 3; Wolff-Raiser § 41 IV; Erman-Lorenz § 879 Rn. 7.

Wird K als Eigentümer eingetragen, so erlangt G gemäß § 1287, 2[30] eine Sicherungshypothek am Grundstück. Bewilligt K später weitere Grundstücksrechte, so gehen sie der Hypothek des G nach, wenn nicht § 892 eingreift[31].

Hätte im obigen Beispiel K den Anspruch zuerst an G_1 und dann an G_2 verpfändet, so würden mit der Eintragung des K als Eigentümer die Sicherungshypotheken des G_1 und des G_2 gleichzeitig entstehen. Trotzdem hätte das Recht des G_1 den Vorrang aufgrund des Surrogationsprinzips[32], da seine Hypothek das Surrogat ist für sein erstrangiges Pfandrecht an der Auflassungsforderung.

e) In einigen Fällen gewährt die Rechtsordnung bestimmten Rechten ein Rangprivileg derart, daß sie ihm unabhängig von der Eintragung oder Entstehung einen Vorrang vor anderen Rechten gewährt[33]. Ein solches Rangprivileg gewährt etwa § 914 I dem dinglichen Rentenrecht für einen Überbau, das ohne Eintragung im Grundbuch kraft Gesetzes entsteht, § 914 II, und den Vorrang vor allen bereits bestehenden dinglichen Belastungen erhält; dasselbe gilt vom Rentenrecht für einen Notweg, § 917 II.

f) Dingliche Rechte stehen in einem Rangverhältnis, das sich im Grundsatz nach der zeitlichen Priorität richtet. Entsprechend dem Rang sind die Rechte wie auf einer geraden Linie hintereinander aufgereiht: Zuerst erscheint das Recht mit dem ersten Rang, dahinter das Recht mit dem zweiten Rang usw. Dagegen ist der relative Rang eine Anomalie: Hier gibt es keine gradlinige Rangfolge, die Rechte sind vielmehr wie in einem geschlossenen Kreis angeordnet, so daß man nicht sagen kann, welches Recht in der Rangfolge vorne und welches hinten steht. Wie in einem Kreis steht vielmehr jedes Recht vor jedem anderen und gleichzeitig auch hinter jedem anderen: A geht vor B, B geht vor C, C geht vor A usw. Solche relativen Rangfolgen können eintreten bei Rangprivilegien[34] und beim gutgläubigen Erwerb des Vorranges eines Rechts, ferner infolge eines materiell unrichtigen Urteils[35] und bei unrichtigen Eintragungen in das Grundbuch, wenn man nicht nach dem Prioritätsprinzip entscheidet[36].

Damit man nach einer Verwertung der Sache den Erlös verteilen kann, muß man eine eindeutige Rangfolge schaffen, indem man den Kreis aufbricht. Dabei ist zunächst zu beachten, daß B in unseren Beispielen von der Relativität des Ranges nicht betroffen war; sein Recht geht dem des A nach und dem des C vor; B darf durch den relativen Rang keinen Nachteil erleiden. Er bekommt also von dem Erlös den Teil, der nach Abzug des Rechtes des A noch übrig bleibt, in Höhe seines Rechts. Die Relativität des Ranges betraf in unseren Beispielen nur A und C, es

---

[30] Ähnliche Regelungen finden sich in § 1075 I sowie in § 848 II 2 ZPO.

[31] Ausgenommen ist eine von K bestellte Restkaufpreishypothek, die der Sicherungshypothek des G vorgeht, vgl. mein Handbuch des Sachenrechts I § 16 II 4 a bb.

[32] Wolff-Raiser § 41 IV Fn. 15; Erman-Lorenz § 879 Rn. 7.

[33] Vgl. etwa MünchenerK-Wacke § 879 Rn. 9; auch unten f.

[34] Vgl. oben § 15 IV, § 20 II 3 c.

[35] A, B und C haben Pfandrechte an einer Sache. C erwirkt gegen A ein Urteil, in welchem festgestellt wird, daß sein Recht dem des A vorgehe. A geht vor B, B geht vor C, C geht vor A.

[36] Vgl. oben c aa.

bleibt zu entscheiden, wer von beiden dem anderen vorgeht. Das kann nur durch eine Wertung geschehen, es sollte der zurückgesetzt werden, dem der störende Umstand zuzurechnen ist, welcher die Relativität verursacht hat. Das ist in unseren Beispielen A, dessen Recht nicht eingetragen oder nicht bekannt war, dessen Recht unter der Angabe eines falschen Datums eingetragen war, dessen Recht durch das Rangprivileg zurückgesetzt wurde, gegen den das unrichtige Urteil ergangen ist. C ist also mit Vorrang vor A zu befriedigen[37]. Anders dagegen ist zu verteilen im gesetzlich geregelten Fall der Rangvorbehalts nach § 881, vgl. unten III 2.

3. Vertragliche Rangordnung

a) Die gesetzliche Regelung des Ranges nach § 879 I und II greift nur ein, wenn die Parteien bei der Bestellung des Rechts nichts anderes vereinbaren; eine solche Vereinbarung ist als Teil der dinglichen Einigung nach § 873 I formlos und auch konkludent möglich, sie bedarf zu ihrer Wirksamkeit der Eintragung im Grundbuch, § 879 III. Beispiel: E vereinbart mit A die Bestellung einer erstrangigen Hypothek, mit B die Bestellung einer zweitrangigen. B stellt zuerst den Eintragungsantrag, dann A; das Recht des B wird zuerst eingetragen mit dem Vermerk, daß es zweitrangig sei, dann wird das Recht des A eingetragen mit dem Vermerk, daß es den ersten Rang habe[38]. Das Recht des A ist kraft Vereinbarung und Eintragung erstrangig, das des B zweitrangig, unabhängig von der Eintragungsfolge.

aa) Hätte das Grundbuchamt infolge eines Versehens die Rangvermerke nicht eingetragen, so könnte die Hypothek des A der des B nicht vorgehen. Andererseits kann auch die Hypothek des B der des A nicht vorgehen, weil die dingliche Einigung dahin lautet, daß A den Vorrang haben solle. Einigung und Eintragung stimmen nicht überein, so daß überhaupt keine Hypotheken für A und B entstanden sind. Etwas anderes kann man nur annehmen, wenn man gemäß dem hypothetischen Willen der Parteien zu dem Ergebnis kommt, die Parteien hätten Hypotheken ohne Rangvereinbarungen bestellt, wenn sie gewußt hätten, daß die vereinbarte Rangbestimmung nicht eingetragen würde, § 139. Für den Eigentümer ist das zu bejahen, ihm kann es gleichgültig sein, ob A oder B den Vorrang erhält. Aber auch dem A wird eine zweitrangige Hypothek lieber sein als gar keine[39]; der Rang der Hypotheken richtet sich dann nach § 879 I 1.

---

[37] Vgl. dazu Wieling, Der relative Rang, in: Prace Prawnicze wydane dla uczczenia pracy naukowej Karola Gandora, Prace naukowe Universytetu Slaskiego w Katowicach nr. 1271 (Juristische Arbeiten, herausgegeben zu Ehren des wissenschaftlichen Werks von Karl Gandor, in der Reihe: Wissenschaftliche Arbeiten der Schlesischen Universität in Kattowitz, Nr. 1271), 1992, 235 ff. 246 ff. Anders die h.M., welche die Situation unnötig weiter kompliziert, indem sie vom Erlös erst noch das Recht des B in voller Höhe abzieht und erst dann C befriedigt.

[38] Gemäß § 18 GBVerf ist der Rangvermerk bei beiden Rechten einzutragen. Materiellrechtlich reicht aber auch ein Vorrangvermerk bei A oder ein Nachrangvermerk bei B, vgl. Westermann-Eickmann § 80 III 2 b.

[39] Vgl. Wolff-Raiser § 41 III; Baur-Stürner § 17 Rn. 26; Schwab-Prütting Rn. 163.

bb) Da aber anzunehmen ist, daß die Rangvereinbarungen schon in den schuldrechtlichen Hypothekenbestellungsverträgen enthalten waren, kann A aus seiner schuldrechtlichen Vereinbarung mit E verlangen, daß E ihm den ersten Rang einräume; E seinerseits hat gegen B einen vertraglichen Anspruch darauf, daß B auf den ersten Rang verzichte und sich mit dem zweiten zufrieden gebe, denn so war es vereinbart. E kann seinen Anspruch gegen B dem A abtreten[40], so daß A von B eine Rangänderung gemäß § 880 verlangen kann.

b) Eine Rangvereinbarung ist nicht möglich mit der Folge, daß dadurch ein Dritter benachteiligt wird[41]. Ist etwa für A eine erstrangige Hypothek eingetragen, so kann E nicht wirksam mit B vereinbaren, daß B eine erstrangige Hypothek erwerben solle. Die Hypothek des B wird zweitrangig, es bleibt nur eine Rangänderung nach § 880[42].

Eine Rangvereinbarung bei der Bestellung zweier Rechte kann auch unter deren Erwerbern erfolgen, wobei § 880 entsprechend anzuwenden ist[43]. Hat also E dem A und dem B jeweils eine Hypothek ohne Rangabrede bestellt, so können A und B den Rang mit dinglicher Wirkung vereinbaren; die Wirkung tritt mit der Eintragung ein. Da dem E die Reihenfolge der Rechte offenbar gleichgültig war, erübrigt sich seine Zustimmung nach § 880 II 2.

II. Rangänderung

a) Der Rang der Grundstücksrechte kann nachträglich geändert werden, § 880 I. Erforderlich für eine solche Rangänderung (Rangtausch) ist eine Einigung des Rechtsinhabers, dessen Recht im Rang zurücktreten soll, mit dem Inhaber des Rechts, das im Rang vorrücken soll; stehen beide Rechte demselben Inhaber zu, so ist eine einseitige Erklärung des Rechtsinhabers an das Grundbuchamt erforderlich[44], entsprechend § 875. Zudem muß die Rangänderung im Grundbuch eingetragen werden, § 880 II 1, was gemäß § 18 GBVerf durch einen Rangvermerk bei beiden beteiligten Rechten zu erfolgen hat; materiellrechtlich würde entsprechend § 881 II ein Vermerk allein beim zurücktretenden Recht die dingliche Rangänderung herbeiführen[45]. Bei der Rangänderung handelt es sich um einen Spezialfall der Inhaltsänderung von Rechten (vgl. § 877), die Einigung ist ein dingliches Rechtsgeschäft. Beispiel: E hat dem A, dann dem B und schließlich dem C eine Reallast bestellt. A und C vereinbaren einen Rangtausch, der im Grundbuch eingetragen wird; C hat nun das erstrangige Recht, A ein drittrangiges.

---

[40] A kann aus dem schuldrechtlichen Hypothekenbestellungsvertrag diese Abtretung von E verlangen.

[41] Vgl. Müller Rn. 1242 f.

[42] Würde trotzdem B mit einem Vermerk des Vorrangs vor A eingetragen, so wäre das Grundbuch falsch.

[43] Vgl. RG 157, 24 ff.

[44] Vgl. Wolff-Raiser § 42 I 1; MünchenerK-Wacke § 880 Rn. 7.

[45] Vgl. Planck-Strecker § 880 N. II 3 f β; Wolff-Raiser § 42 I 2; MünchenerK-Wacke § 880 Rn. 9.

Besteht das vorrückende oder das zurücktretende Recht nicht, so kann die Rangänderung keine Wirkung haben. Davon ist gemäß § 892 eine Ausnahme zu machen,
wenn das eingetragene Recht, das zurücktreten soll, zwar nicht besteht, der Inhaber
des Rechts, das vorrücken soll, dies aber nicht weiß. Dieser kann gutgläubig den
Vorrang erwerben[46]. Besteht im obigen Beispiel die für A eingetragene Reallast
nicht, so kann C doch gutgläubig den ersten Rang durch Rangtausch erwerben.

b) Eine besondere Regelung enthält das Gesetz für den Fall, daß eine Hypothek
oder Grundschuld im Range zurücktritt. Hiervon werden die Interessen des Grundeigentümers betroffen, der ja nach der Tilgung des Grundpfandrechts eine Eigentümergrundschuld erwirbt[47], die nun infolge des Rangrücktritts weniger wert sein
wird. Daher bestimmt das Gesetz in § 880 II 2 für einen solchen Fall, daß zur Wirksamkeit der Rangänderung die Zustimmung (§§ 182–184) des Eigentümers erforderlich ist; sie ist gegenüber einem Beteiligten oder gegenüber dem Grundbuchamt
zu erklären, § 880 II 3. Wäre im obigen Beispiel also A Inhaber einer Hypothek
oder Grundschuld gewesen, so wäre zum Rangtausch die Zustimmung des E erforderlich gewesen.

c) Ist das zurücktretende Recht mit dem Recht eines Dritten belastet, so wird
dessen Rechtsstellung durch den Rangrücktritt verschlechtert, etwa wenn im obigen
Beispiel G an der Reallast des A ein Pfandrecht hat. Daher bestimmt § 880 III, daß
in entsprechender Anwendung des § 876 der Dritte (G) der Rangänderung zustimmen muß[48].

d) Stehen die beiden Rechte, deren Rang geändert wird, nicht unmittelbar im
Rang hintereinander, so tritt die Frage nach dem Schicksal der *Zwischenrechte* auf.
Beispiel: A hat auf dem Grundstück des E eine erstrangige Hypothek in Höhe von
50.000 €, B eine zweitrangige in gleicher Höhe, C hat eine drittrangige Grundschuld in Höhe von 80.000 €. A und C vereinbaren, daß das Recht des C an die erste
Stelle kommen soll, während das Recht des A auf den dritten Rang zurücktreten
soll. Durch diesen Rangtausch würde sich die Situation des Zwischenrechts B verschlechtern, dem nun 80.000 € vorangingen statt vorher 50.000 €. Man könnte
daran denken, für den Rangtausch in solchen Fällen auch die Zustimmung der Inhaber von Zwischenrechten zu verlangen[49], das Gesetz hat jedoch anders entschieden.
Inhaber von Zwischenrechten müssen dem Rangtausch nicht zustimmen, jedoch bestimmt § 880 V, daß Zwischenrechte durch die Rangänderung nicht berührt werden.
Die Rangänderung soll also allein die Parteien betreffen; das kann nur dahin verstanden werden, daß das begünstigte Recht lediglich bis zum Betrag des zurücktretenden vor das Zwischenrecht rücken kann. Die Rangfolge nach der Rangänderung
würde also lauten: C 50.000 €, B 50.000 €, C 30.000 €, A 50.000 €.

Da die Stellung der Zwischenrechte durch den Rangtausch nicht berührt werden
soll, so darf sie dadurch auch nicht günstiger gestaltet werden. Hat A etwa eine
Hypothek über 80.000 €, B eine über 50.000 €, C eine Grundschuld über 50.000 €,

---

[46] Vgl. Planck-Strecker § 880 N. II 4 a und b pr.; MünchenerK-Wacke § 880 Rn. 20.
[47] Vgl. § 26 III a.
[48] Vgl. oben § 20 I 5 b bb.
[49] So noch E 1 § 841.

und vereinbaren A und C einen Rangtausch, so ist die Reihenfolge wie folgt: C 50.000 €, A 30.000 €, B 50.000 €, A 50.000 €.

e) Der Rangtausch soll nach dem Willen des Gesetzes eine Angelegenheit zwischen den Parteien bleiben und die Zwischenrechte nicht berühren[50]. Erlischt das vorgerückte Recht oder wird es aufgehoben, so verliert der Rangtausch seine Wirkung; andernfalls würde das Zwischenrecht begünstigt[51]. Beispiel: A hat eine erstrangige Dienstbarkeit am Grundstück des E, B eine zweitrangige Reallast, C einen drittrangigen, auf 20 Jahre befristeten Nießbrauch. A und C haben den Rang getauscht, so daß der Nießbrauch des C erstrangig ist; nun erlischt der Nießbrauch durch Zeitablauf. Dadurch würde das Recht des B erstrangig, aber nur, weil A den Rang mit C getauscht hat. Damit B durch den Tausch nicht begünstigt wird, rückt vielmehr die Dienstbarkeit des A wieder an den ersten Rang.

aa) Dasselbe muß gelten, wenn das zurückgetretene Recht erlischt, und zwar zum Schutz der Zwischenrechte. Beispiel: A hat einen erstrangigen, auf 20 Jahre befristeten Nießbrauch am Grundstück des E, B eine zweitrangige Hypothek, C eine unbefristete Dienstbarkeit. A und C nehmen einen Rangtausch vor. B hat sich vielleicht deshalb mit dem zweiten Rang seiner Hypothek begnügt, weil er wußte, daß nach einiger Zeit der ihm vorrangige Nießbrauch erlöschen und sein Recht damit erstrangig werde. Diese sichere Erwartung darf durch den Rangtausch nicht vereitelt werden: Erlischt der im Rang zurückgetretene Nießbrauch, so wird der Rangtausch rückgängig gemacht[52]; C rückt wieder an den letzten Platz, die Hypothek des B wird erstrangig. Dem C geschieht dadurch kein Unrecht, denn das Recht, dem er im Rang vorgehen wollte, ist ja nicht mehr vorhanden.

bb) Diese Regeln hat das Gesetz gewollt, aber nicht ausdrücklich ausgesprochen; indirekt bestätigt es sie durch § 880 IV, wonach der dem vortretenden Recht eingeräumte Rang nicht verloren geht, wenn das zurückgetretene aufgrund eines Rechtsgeschäfts aufgehoben wird. Würde das durch Rangtausch vorgerückte Recht auch in diesem Fall seinen Rang verlieren, so könnte der Inhaber des zurückgetretenen Rechts durch Verzicht ein Rechtsgeschäft zu Lasten Dritter vornehmen. Hätte im obigen Beispiel A vorzeitig auf seinen Nießbrauch verzichtet, so würde C seinen ersten Rang behalten, aber nur bis zu der Zeit, zu welcher der Nießbrauch ohnehin durch Fristablauf erlöschen würde[53]. Denn B konnte nicht erwarten, daß A auf seinen Nießbrauch vorzeitig verzichten würde; wohl durfte er davon ausgehen, daß der Nießbrauch mit Fristablauf verschwinden würde.

f) Abgesehen von einer dinglich wirkenden Rangänderung können die Parteien durch formlosen schuldrechtlichen Vertrag vereinbaren, der nachrangige Gläubiger (im Beispiel unter d: C) solle schuldrechtlich so gestellt werden, als habe er den Vorrang vor dem Vorrangigen (im Beispiel: A). Daraus ergibt sich ein Anspruch des C gegen A, bei der Verwertung des Grundstücks vorrangig vor A befriedigt zu werden. Würden bei einer Versteigerung etwa 100.000 € erlöst, so würden die ersten

---

[50] Vgl. Protokolle der 2. Kommission 3472 ff. (Mugdan 3, 552 f.).
[51] Vgl. Planck-Strecker § 880 N. II 4 a.
[52] Vgl. Planck-Strecker § 880 N. II 4 a.
[53] Vgl. Wolff-Raiser § 42 II 2 Fn. 20.

50.000 € an A fallen, die weiteren an B. A wäre aber verpflichtet, seine 50.000 €
dem C zu überlassen.

III. Rangvorbehalt

Wenn der Eigentümer sein Grundstück belastet, etwa mit einer Hypothek, so
kann er ein Interesse daran haben, daß dieses Recht nicht den ersten Rang ein-
nimmt, daß dieser erste Rang vielmehr für einen anderen Gläubiger reserviert
bleibt. Wenn etwa ein Bauherr einer Bausparkasse eine Hypothek für ein Darlehen
einräumt, so wird er ein Interesse daran haben, die erste Rangstelle für einen weiteren Kredit freizuhalten. Denn Sparkassen z.B. geben Geld nur gegen erstrangige
Hypotheken oder Grundschulden, während gerade Bausparkassen sich auch mit
zweitrangigen Rechten begnügen[54]. Er kann daher der Bausparkasse die Hypothek
mit einem Rangvorbehalt für ein anderes Recht bestellen.

Der Rangvorbehalt ist in der Praxis selten, weil er zu erheblichen rechtlichen
Komplikationen führen kann. Dasselbe Ergebnis kann einfacher dadurch erreicht
werden, daß der Grundeigentümer zunächst eine Eigentümergrundschuld bestellt
und dann die zweite Hypothek. Die Grundschuld kann er dann als erstrangiges
Recht an einen weiteren Gläubiger abtreten.

Der Rangvorbehalt ist möglich zugunsten von dinglichen Grundstücksrechten
aller Art, ebenso können auch dingliche Rechte aller Art damit belastet werden.

1. Entstehung und Ausübung des Rangvorbehalts

a) Der Rangvorbehalt erfordert als Abweichung von der gesetzlichen Rangordnung zunächst eine entsprechende Vereinbarung des Grundeigentümers und des Inhabers des Rechts, das später zurücktreten soll, §§ 879 III, 881 I. Inhalt der Vereinbarung muß sein, daß ein in seinem Inhalt bestimmtes Recht vor dem jetzt bestellten
Recht vorrangig eingetragen werden kann; hinzukommen muß die Eintragung des
Vorbehalts, und zwar beim Recht, das zurücktreten soll, § 881 II[55]. Möglich ist auch
ein Vorbehalt für mehrere später einzutragende Rechte.

aa) Das begünstigte Recht muß seiner Art und seinem Umfang nach in der dinglichen Einigung bestimmt sein, damit der Inhaber des beschwerten Recht weiß, welche Werte seinem Recht vorangehen können. Bei einer Hypothek oder Grundschuld
ist also zu vereinbaren, wie hoch das gesicherte Kapital einschließlich der Zinsen
und anderer Nebenforderungen höchstens sein darf. Dagegen muß der Inhaber des
künftigen Rechts nicht festgelegt werden.

Der Rangvorbehalt kann als eine Art Rechtsänderung auch nachträglich erfolgen, wenn das mit dem Vorbehalt zu belastende Recht bereits entstanden ist[56].

---

[54] Vgl. unten § 26 I 4.
[55] Vgl. das Muster im Anhang S. 8 lfd. Nr. 2 der Eintragungen.
[56] Vgl. Wolff-Raiser § 43 Fn. 4; MünchenerK-Wacke § 881 Rn. 4.

bb) Ob der Vorbehalt nur einmal ausgeübt werden kann oder mehrere Male, richtet sich nach der Vereinbarung. Ist etwa der Vorbehalt zugunsten eines Nießbrauchs ausgeübt und ist der Nießbrauch durch Zeitablauf erloschen, so ist nach dem Vertrag zu entscheiden, ob der Eigentümer den Vorbehalt nochmals zugunsten eines anderen Nießbrauchs ausüben kann. Nach h.M. soll im Zweifel eine mehrfache Ausnutzung möglich sein[57]. Das ist aber nicht zutreffend: Ist der Umfang eines Rechtes ungewiß, so trägt der die Beweislast, der dessen weiteren Umfang für sich in Anspruch nimmt. Es ist also im Zweifel anzunehmen, daß nur eine einmalige Ausnutzung des Vorbehalts möglich ist; wer etwas anderes behauptet, muß eine entsprechende Vereinbarung beweisen[58]. Wird das begünstigte Recht auf eine bestimmte oder doch absehbare Zeit bestellt, wie im Beispiel der Nießbrauch, so wird nur eine einmalige Ausübung des Rangvorbehalts vereinbart sein. Der zurücktretende Gläubiger wird nur zugestimmt haben, weil er wußte, daß der Nießbrauch nach einiger Zeit erlöschen und sein eigenes Recht wieder vorrücken würde. Wird dagegen das begünstigte Recht auf Dauer oder doch auf unabsehbare Zeit bestellt, wie etwa eine Grunddienstbarkeit oder ein Grundpfandrecht, so hat sich der zurücktretende Gläubiger damit abgefunden, daß sein Recht auf Dauer zurücktritt; es wird eine mehrfache Ausübung des Rangvorbehalts vereinbart sein.

b) Die Ausübung des Rangvorbehalts steht dem jeweiligen Eigentümer des Grundstücks zu, also nicht nur dem, der ihn vereinbart hat, § 881 III. Der Inhaber des belasteten Rechts muß bei der Ausübung des Rangvorbehalts nicht mitwirken. Die Ausübung geschieht durch Vereinbarung des Grundstückseigentümers und dessen, der das rangbegünstigte Recht erwerben soll; zudem muß die Ausübung im Grundbuch eingetragen werden, und zwar durch einen Vermerk beim begünstigten Recht, daß dieses den Vorrang habe infolge Ausübung des Rangvorbehalts[59].

2. Zwischenrechte

Zu komplizierten relativen Rangverhältnissen kommt es, wenn zwischen der Begründung des vorbehaltsbelasteten Rechts und der Ausübung des Vorbehalts weitere Rechte ohne Vorbehalt bestellt werden. Beispiel: E hat für A eine Hypothek über 100.000 € bestellt mit einem Rangvorbehalt für eine Hypothek über 100.000 €. Dann hat er dem B eine Hypothek über 100.000 € bestellt, ohne Rangvorbehalt. Schließlich bestellt er dem C eine weitere Hypothek über 100.000 € unter Ausnutzung des Rangvorbehalts. A geht gemäß § 879 I 1 dem B vor. B geht dem C vor, da bei B kein Rangvorbehalt vereinbart war. Aber C geht wiederum aufgrund des Rangvorbehaltes dem A vor. Wie ist ein Versteigerungserlös zu verteilen, wenn es keinen ersten Rang gibt, vielmehr jedem Recht ein anderes vor- oder nachgeht? Dafür hat das Gesetz in § 881 IV die Regel aufgestellt, daß durch die Eintragung des Zwischenrechts die Situation des mit dem Vorbehalt belasteten Rechts nicht verschlechtert werden darf. In unserem Beispiel also muß sich A nur das Recht C vor-

---

[57] Vgl. etwa Baur-Stürner § 17 Rn. 37; Palandt-Bassenge § 881 Rn. 8.
[58] So z.B. Planck-Strecker § 881 N. 6.
[59] Vgl. das amtliche Muster im Anhang S. 8 lfd. Nr. 3 der Eintragungen.

gehen lassen, nicht auch noch das Recht B, obwohl ja B dem Recht C im Rang vorgeht. Die Reihenfolge darf also nicht einfach C-B-A lauten[60]. Selbstverständlich ist ferner, daß das Zwischenrecht B, das mit dem Rangvorbehalt nichts zu schaffen hat, sich nur das Recht A vorgehen lassen muß[61]. Die Verteilung geschieht demnach so, daß zunächst B den ihm zustehenden Betrag bekommt, soweit mehr als der Betrag des Rechtes A erlöst ist; daß dann A in Höhe seines Rechts befriedigt wird aus der Summe, die höher als das Recht C ist. Den verbleibenden Rest erhält C. Im obigen Beispiel ergibt sich also:

Erlös	50.000	100.000	120.000	150.000	180.000	200.000	250.000
A	–	–	20.000	50.000	80.000	100.000	100.000
B	–	–	20.000	50.000	80.000	100.000	100.000
C	50.000	100.000	80.000	50.000	20.000	–	50.000

Daß diese gesetzlich vorgeschriebene Art der Verteilung jedenfalls aus der Sicht des C an ein Glücksspiel erinnert, ist schon oft betont worden.

3. Beendigung des Rangvorbehalts

Der noch nicht ausgenutzte Rangvorbehalt kann rechtsgeschäftlich aufgehoben werden. Nach einer Auffassung sind dazu Einigung und Eintragung erforderlich, wie bei einer Rechtsänderung gemäß § 877[62]; richtiger erscheint es, eine einseitige Aufgabeerklärung des Grundeigentümers und die Eintragung ausreichen zu lassen, entsprechend § 875[63]. Denn die Aufhebung dinglicher Rechte geschieht regelmäßig durch einseitige Aufgabeerklärung, nicht durch Vertrag.

IV. Ende des Ranges

Da der Rang an das Recht geknüpft ist, so erlischt er auch mit dessen Untergang (z.B. Tod des Nießbrauchers, § 1061, 1), so daß die nachfolgenden Rechte aufrücken: Prinzip der *gleitenden (beweglichen) Rangordnung*[64]. Etwas anderes gilt bei den Grundpfandrechten[65]: Erlöschen sie, so gehen sie nicht ersatzlos unter, sondern verwandeln sich in Eigentümerrechte; auf diese Weise erhalten sie dem Eigentümer ihren Rang, der ihm für ein neu zu bestellendes Recht zur Verfügung steht. Man spricht hier vom Prinzip der *festen Rangordnung*[66]. Außer bei den Grundpfandrechten gilt das Prinzip der festen Rangordnung immer dann, wenn Grundstücksrechte sich mit dem Eigentum in einer Person vereinigen[67], § 889.

---

[60] Vgl. Protokolle der 2. Kommission 3482 ff. (Mugdan 3, 555 f.).
[61] Vgl. Protokolle der 2. Kommission 3482.
[62] Baur-Stürner § 17 Rn. 37.
[63] Westermann-Eickmann § 82 II 3.
[64] Vgl. auch oben § 15 IV.
[65] Vgl. unten § 30, 1 a.
[66] Vgl. dazu Heck § 24, 4 ff.
[67] Vgl. dazu oben § 20 I 5 b.

Ein Recht und sein Rang bleiben bestehen, wenn das Grundbuchamt das Recht oder auch den Vermerk eines Vorranges irrig löscht. Der Rang erlischt in diesen Fällen aber dann, wenn ein redlicher Erwerber geschützt werden muß. Beispiel: A hat auf dem Grundstück des E eine Dienstbarkeit. Sie wird aufgrund einer unwirksamen Verzichtserklärung des A gelöscht. Trotz der Löschung besteht die Dienstbarkeit weiter, da die Voraussetzung des § 875 (wirksame Verzichtserklärung) nicht vorliegt; A kann Berichtigung des Grundbuchs verlangen. Geschieht das nicht und erwirbt B eine Hypothek am Grundstück, ohne von der Dienstbarkeit zu wissen, so erlangt er den Vorrang vor A. Erwirbt K das Grundstück von E, ohne von der Dienstbarkeit zu wissen, so erlischt sie.

§ 22. Vormerkung

I. Bedeutung und Rechtsnatur der Vormerkung

1. Bedeutung der Vormerkung

a) Während der Widerspruch den Bestand eines dinglichen Grundstücksrechts absichert, soll die Vormerkung eine künftige Verfügung über ein solches Recht sichern. Beides ist streng auseinanderzuhalten[1]: Der Widerspruch protestiert dagegen, daß ein bestehendes Recht nicht oder nicht richtig eingetragen ist; er verhindert damit einen gutgläubigen Erwerb aufgrund der unrichtigen Eintragung. Die Vormerkung dagegen „prophezeit", sie kündet eine Verfügung an[2]. Durch sie wird ein obligatorischer Anspruch auf Änderung, Übertragung oder Aufhebung eines Rechts dinglich abgesichert, so daß spätere Verfügungen den Anspruch nicht beeinträchtigen können.

Widerspruch und Vormerkung haben also unterschiedliche Ziele: Eine Eintragung, welche den Zustand berichtigt, gegen den der Widerspruch protestiert, ist immer eine Grundbuchberichtigung; sie ist deklaratorisch. Eine Eintragung, welche die von der Vormerkung angekündigte Verfügung vollzieht, ist konstitutiv; sie überträgt, ändert oder beendet ein dingliches Recht[3]. Dagegen kommt es nicht entscheidend darauf an, welcher Art der mit beiden Sicherungsmitteln verfolgte Anspruch ist. Man kann nicht so unterscheiden, daß ein dinglicher Anspruch immer durch einen Widerspruch, ein schuldrechtlicher immer durch eine Vormerkung gesichert werden kann und muß; entscheidend ist allein das Ziel des Anspruchs. Auch ein schuldrechtlicher Anspruch auf Grundbuchberichtigung kann nur durch einen Widerspruch gesichert werden. Beispiel: E hat dem K sein Grundstück verkauft und übereignet, K ist im Grundbuch eingetragen, Kauf und Übereignung sind unwirksam. E hat sowohl den dinglichen Berichtigungsanspruch aus § 894 wie auch den schuldrechtlichen aus § 812 (Leistungskondiktion)[4]. Dennoch stehen ihm deswegen nicht sowohl ein Widerspruch als auch eine Vormerkung zur Verfügung, wie bisweilen angenommen wird[5]. Denn es handelt sich bei beiden Ansprüchen um eine

---

[1] Zum Widerspruch vgl. oben § 20 II 4 a.
[2] Zur „Verfügung" vgl. oben § 1 III 1 pr.
[3] Zur Unterscheidung Widerspruch – Vormerkung vgl. Protokolle der 2. Kommission 3507 (Mugdan 3, 564).
[4] Vgl. oben § 20 II 1 b.
[5] Vgl. etwa RG 139, 355; MünchenerK-Wacke § 883 Rn. 13; Erman-Lorenz § 883 Rn. 10. Das Reichsgericht hat in der genannten Entscheidung die Vormerkung nur deswegen gebilligt, weil die Parteien sie im irrigen Glauben erwirkt hatten, es sei ein Anspruch auf Rückübereignung zu sichern, vgl. oben § 20 II 4 a cc.

Berichtigung, die durch das fortbestehende Eigentum des Verkäufers dinglich abgesichert ist und durch den Widerspruch gegen Verlust durch gutgläubigen Erwerb gesichert wird. Einer weiteren dinglichen Absicherung durch eine Vormerkung bedarf es nicht.

b) Zweck der Vormerkung ist die Sicherung eines schuldrechtlichen Anspruchs auf Vornahme einer Verfügung. Wer sich zur Verfügung über ein Grundstücksrecht verpflichtet hat, etwa zur Übertragung des Eigentums oder zur Bestellung einer Hypothek, ist weiterhin zur Verfügung über das Grundstück berechtigt. Beispiel: E hat sein Grundstück an K_1 verkauft; er ist nicht gehindert, es auch an K_2 zu verkaufen. Wird das Grundstück an K_2 aufgelassen und dieser eingetragen, so wird er Eigentümer. K_1 ist auf Schadensersatzansprüche gegen E angewiesen; Eigentümer kann er nicht mehr werden. Besser wäre die Situation des K_1, wenn er eine Vormerkung für seinen Anspruch aus § 433 I 1 erlangt hätte. Dann wären Verfügungen, die seine Erwerbsaussicht beeinträchtigen, ihm gegenüber unwirksam; er könnte seinen Anspruch aus dem Kaufvertrag gegen E und K_2 durchsetzen.

2. Rechtsnatur der Vormerkung

Die Vormerkung sichert einen schuldrechtlichen Anspruch auf Übertragung, Inhaltsänderung oder Aufhebung eines dinglichen Rechts, und zwar mit dinglicher Wirkung, so daß dieser Anspruch gegen jeden Dritten geltend gemacht werden kann, welcher der Verwirklichung des Anspruchs entgegenstehen könnte. Schon in der zweiten Kommission, welche die Vormerkung einführte, war ihre Rechtsnatur umstritten. Ist sie ein dingliches Recht oder nur „ein dingliches Verhältnis zum Grundstück", welches „lediglich einen bestehenden Anspruch verlautbart"?[6]

Nach h.M. ist die Vormerkung kein dingliches Recht, sondern nur die Absicherung einer Forderung; die Forderung bleibe eine schuldrechtliche Forderung, die sich immer nur gegen den Schuldner richte und für die z.B. die Vermutung des § 891 nicht gelte[7]. Dieselben Argumente, die man heute anführt, um der Vormerkung die Eigenschaft eines dinglichen Rechts abzusprechen, hat eine verbreitete Lehre gegen Ende des 19. Jahrhunderts zu der Behauptung verführt, Pfandrecht und Hypotheken seien keine dinglichen Rechte[8]. Wie heute bei der Vormerkung stellte man einseitig die gesicherte Forderung in den Vordergrund und vernachlässigte die Bedeutung der dinglichen Absicherung.

Daß das Pfandrecht oder die Hypothek keine dingliche Rechte seien, erscheint heute absurd, obwohl auch sie nur einen schuldrechtlichen Anspruch sichern, wie dies die Vormerkung tut. Und auch für die hypothekarisch gesicherte Forderung gilt, daß sie sich immer nur gegen den Schuldner richtet und daß § 891 nicht auf sie

---

[6] Protokolle der 2. Kommission 4738 ff. (Mugdan 3, 569 f.).
[7] Vgl. etwa Wolff-Raiser § 48 VII; Baur-Stürner § 20 Rn. 60 ff.; Hager, JuS 1990, 439; Assmann 277 ff.; noch anders Trupp, JR 1990, 184.
[8] Vgl. die Angaben bei Johow, Begründung 1425 ff.

anwendbar ist; diesen „Mischcharakter" zwischen schuldrechtlichem und dinglichem Recht hat die Vormerkung mit der Hypothek gemein[9].

Wie die Hypothek ist die Vormerkung ein dingliches Recht[10], und zwar am jeweils betroffenen Recht; die Auflassungsvormerkung belastet das Grundstück. Wie die Hypothek gibt auch die Vormerkung einen Anspruch gegen Dritte, § 888 I, welche der Durchsetzung des Rechts entgegenstehen könnten[11]. Die wissenschaftliche Erkenntnis über die Rechtsnatur der Hypothek, die inzwischen längst unstreitig ist, wird sich auch für die Vormerkung durchsetzen; alles braucht freilich seine Zeit.

Im übrigen kommt der Frage nach der Rechtsnatur der Vormerkung keine große praktische Bedeutung zu, aber allein deshalb, weil die Vormerkung immer wie ein dingliches Recht behandelt wird, z.B. bei der Anwendung des § 823 I.

Die Vormerkung als dingliches Recht kann gutgläubig erworben werden[12], sie ist nach §§ 823 I, 1004 geschützt[13]. Eingriffe in die Substanz des Grundstücks etwa können einen Schadensersatzanspruch des Inhabers der Vormerkung zur Folge haben[14].

II. Gesicherter Anspruch

a) Gemäß § 883 I 1 kann jeder Anspruch auf Einräumung, d.h. Bestellung oder Übertragung eines Rechts an einem Grundstück vorgemerkt werden, ebenso ein Anspruch auf Aufhebung eines solchen Rechts, auf Inhalts- oder Rangänderung. Vormerkungsfähig ist also z.B. der Anspruch auf Übertragung des Eigentums, einer Hypothek, auf Bestellung oder Aufhebung einer Hypothek, einer Dienstbarkeit usw. Vormerkungsfähig sind weiter Ansprüche auf Bestellung oder Aufhebung eines Rechts an einem Grundstücksrecht, z.B. ein Anspruch auf Bestellung eines Pfandrechts an einer Hypothek. Nicht vormerkbar ist etwa ein Anspruch auf Abschluß eines Miet- oder Pachtvertrages, da es dabei nach h. M. nicht um dingliche Rechte am Grundstück geht.

---

[9] Dasselbe gilt auch vom dinglichen Vorkaufsrecht, das eine Forderung sichert und dennoch ein dingliches Recht ist.

[10] Vgl. Heck § 47 IV; E. Wolf § 13 A k; Schwab-Prütting Rn. 203; Kempf, JuS 1961, 22 ff.; Wunner, NJW 1969, 113 ff.; Kestler, Matthias, Löschung und Umschreibung von Vormerkungen von Grundstücksrechten, Diss. Würzburg 2000, S. 51.

[11] Dagegen wird behauptet, der Anspruch aus § 888 I sei nur ein unselbständiger Hilfsanspruch, vgl. etwa Hager, JuS 1990, 38 mit Lit. Aber auch der Anspruch aus einer Sicherungshypothek ist unselbständig, d.h. vom Bestehen der Forderung abhängig, und niemand ist gehindert, ihn als „Hilfsanspruch" zu titulieren; dennoch ist die Sicherungshypothek ein dingliches Recht.

[12] Vgl. unten III 1 b; III 2 b.

[13] Vgl. M. Wolf Rn. 364.

[14] Nach BGH JZ 1991, 1096 kann der Inhaber der Vormerkung Schadensersatz nach §§ 823 II, 909 verlangen, wenn ein Nachbar sein Grundstück im Sinne dieser Vorschrift vertieft. Er vergleicht die Vormerkung mit einem Nießbrauch, einem Erbbaurecht und mit einer Dienstbarkeit und macht so die dingliche Position dessen deutlich, der als Inhaber einer Vormerkung eine „Anwartschaft" hat.

Der Schuldgrund des Anspruchs ist gleichgültig, doch muß es sich auf jeden Fall um einen schuldrechtlichen Anspruch handeln; dingliche Ansprüche, d.h. Ansprüche, die aus der Verletzung eines dinglichen Rechts entstehen[15] (z.B. aus § 894), sind nicht vormerkungsfähig; sie können durch einen Widerspruch gesichert werden. Durch eine Vormerkung gesichert werden können also z.B. vertragliche Ansprüche auf Bestellung oder Übertragung eines Rechts, aber auch andere Ansprüche, z.B. aus einem Vermächtnis, oder Ansprüche aus Gesetz, etwa ein Bereicherungsanspruch, der eine Rückübertragung des Eigentums wegen einer rechtsgrundlosen Übereignung zum Inhalt hat. Auch ein Anspruch aus einem Vertrag zugunsten Dritter kann durch eine Vormerkung gesichert werden[16].

aa) Da die Vormerkung einen Anspruch sichert, kann sie ohne gültigen Anspruch nicht bestehen: Sie ist streng akzessorisch, ohne Forderung wäre eine Vormerkung sinnlos[17]. Besteht keine Forderung, so kann keine Vormerkung entstehen; erlischt der Anspruch, so erlischt auch die Vormerkung. Ficht etwa der Verkäufer oder der Käufer den Kaufvertrag an, so geht mit der Forderung auch die Vormerkung unter. Erwirbt der Schuldner selbst den gesicherten Anspruch auf dingliche Rechtsänderung, etwa weil er den Gläubiger beerbt, so erlischt regelmäßig der Anspruch durch Konfusion und mit ihm auch die Vormerkung[18]. § 889 ist nicht anwendbar, weil ohne Forderung keine Vormerkung bestehen kann. Aufgrund der Akzessorietät geben auch dauernde Einreden des Schuldners gegen den gesicherten Anspruch ein Recht auf Beseitigung der Vormerkung, § 886.

Ein Anspruch, z.B. auf Eigentumsverschaffung aus § 433 I 1, erlischt aber nicht bereits mit der dinglichen Einigung, in unserem Fall mit der Auflassung; zwar hat der Schuldner (Verkäufer) alles getan, was der Käufer von ihm verlangen kann, er schuldet aber noch den Eintritt des Erfolges, zu welchem er sich verpflichtet hat: daß nämlich der Käufer das Eigentum erwirbt. Ein solcher Anspruch kann durch eine Vormerkung gesichert werden[19]; die „Auflassungsvormerkung" sichert also nicht unbedingt einen Anspruch auf Auflassung, sie kann bereits vorgenommen worden sein; sie sichert dann den Anspruch auf Eintritt des Auflassungserfolges: des Eigentumserwerbs.

bb) Die Vormerkung kann nur zugunsten des Gläubigers der zu sichernden Forderung bestellt werden; sie kann nur ein solches Liegenschaftsrecht betreffen, das dem Schuldner des gesicherten Anspruchs zusteht. Der Schuldner muß also im Augenblick der Eintragung der Vormerkung Inhaber des betroffenen Rechtes sein oder Verfügungsmacht kraft Einwilligung des Berechtigten haben, § 185 I. Eine Ausnahme gilt für die Löschungsvormerkung, mit welcher der Inhaber einer künftigen Eigentümergrundschuld einen Anspruch auf deren Löschung sichert, vgl. unten § 30, 3.

---

[15] Zu den dinglichen Ansprüchen vgl. oben § 1 II 1 b.
[16] Vgl. Ludwig, NJW 1983, 2792 ff.
[17] Vgl. unten Fn. 57.
[18] Vgl. M. Wolf Rn. 473; BGH NJW 1981, 447, vgl. aber unten V c Fn. 92.
[19] Vgl. Wolff-Raiser § 48 Fn. 4.

b) Gemäß § 883 I 2 kann auch ein bedingter Anspruch durch eine Vormerkung gesichert werden. Beispiel: V überträgt seiner Tochter T sein Grundstück mit der Abrede, daß sie ihn pflege und daß sie andernfalls das Grundstück zurückgeben müsse; für den aufschiebend bedingten Rückübertragungsanspruch des V wird eine Vormerkung zugunsten des V bestellt. Kommt T ihren Pflichten nicht nach, so hat V einen durch eine Vormerkung gesicherten Rückübereignungsanspruch. In gleicher Weise ist ein Auflassungsanspruch vormerkbar unter der aufschiebenden Bedingung, daß der Eigentümer abredewidrig darüber verfügt[20].

Vormerkbar sind also auflösend und aufschiebend bedingte Ansprüche. Ein auflösend bedingter Anspruch besteht bereits und ist daher vormerkbar; ein aufschiebend bedingter Anspruch besteht zwar noch nicht, ist also insofern ein künftiger, doch ist hier ein gültiges Rechtsgeschäft bereits abgeschlossen, so daß der Anspruch sich insoweit von sonstigen künftigen Ansprüchen unterscheidet. Auch ein aufschiebend bedingter Anspruch ist immer vormerkbar[21]. Tritt die Bedingung ein, dann wirkt die Vormerkung auf den Zeitpunkt ihrer Eintragung zurück.

c) Gemäß § 883 I 2 ist auch ein künftiger Anspruch vormerkbar[22]. Das soll jedoch nach überwiegender Ansicht nur möglich sein, wenn der Anspruch schon gegenwärtig eine feste Rechtsgrundlage, einen sicheren „Rechtsboden" hat, die seine Entstehung derart vorbereiten, daß sie nicht mehr einseitig vom potentiellen Schuldner verhindert werden kann[23]. Aus dem Gesetz, das allgemein und ohne Einschränkung von „künftigen Ansprüchen" redet, ergibt sich diese Einschränkung nicht; sie wird begründet mit der Schutzbedürftigkeit der Grundbuchämter vor einer Antragsflut von Vormerkungen zur Sicherung von Ansprüchen, welche in ungewisser Zukunft vielleicht entstehen könnten[24]; es bestehe die Gefahr, daß die Grundbücher mit Vormerkungen vollgeschrieben und so auch unübersichtlich würden. Das kann nicht überzeugen[25]. Der Grundstückseigentümer wird nicht leichtfertig die Eintragung einer Vormerkung bewilligen, sondern das nur tun, wenn er ernsthafte Absichten zur Verfügung über das Grundstück hat. Denn durch eine Auflassungsvormerkung etwa wird das Grundstück praktisch unveräußerlich und entsprechend

---

[20] Vgl. etwa BGH JuS 1997, 564; OLG Zweibrücken DRpfl 1981, 189 f.; MünchenerK-Wacke § 883 Rn. 23; Merrem, Sicherung vertraglicher Verfügungsverbote, JR 1993, 53 ff.; Stadler, JA 1998, 189 ff.; Wieling, Handbuch des Sachenrechts I § 18 III 4 b; M. Wolf Rn. 471; auch oben § 1 III 4; a.A. (Verstoß gegen § 137, 1) Timm, JZ 1989, 21. Wegen einer Vormerkung auf Rückgabe einer Schenkung bei grobem Undank vgl. BayObLG NJW-RR 2002, 1529 f.

[21] Vgl. Lichtenberger, NJW 1977, 1758 f.; Palandt-Bassenge § 883 Rn. 17; Tiedtke, Jura 1981, 354 f.

[22] Auch die Vormerkung für einen künftigen Anspruch ist insolvenzfest, vgl. BGH NJW 2002, 213 ff.

[23] Vgl. etwa Staudinger-Gursky § 883 Rn. 176; Soergel-Stürner § 883 Rn. 6; Westermann-Eickmann § 83 II 1 c; Knöpfle, JuS 1981, 157, 161; Preuß, AcP 201 (2001); 580 ff.; zum Entstehen dieser Ansicht vgl. Assmann 50 ff.

[24] RGRK-Augustin § 883 Rn. 78; Lichtenberger, NJW 1977, 1755, 1758; vgl. dazu auch MünchenerK-Wacke § 883 Rn. 24.

[25] Vgl. auch Planck-Strecker § 883 N. 1 e; E. Wolf § 13 A II i.

in seinem Wert vermindert[26]; denn wer wird ein Grundstück erwerben wollen, das ihm mit Hilfe der Vormerkung wieder entzogen werden kann! Den gleichen Effekt hat die Vormerkung zur Eintragung eines Rechtes, etwa einer Hypothek; sie mindert den Wert des Grundstücks um den Betrag der Hypothek; denn ein Erwerber des Grundstücks oder eines Rechtes daran muß diesen Wert vom Grundstück abziehen, weil er damit rechnen muß, daß die Hypothek mit Wirkung gegen ihn eingetragen wird. Weiter wird niemand die Kosten und Umstände auf sich nehmen, die für die Eintragung einer Vormerkung erforderlich sind, wenn er nicht von einer erheblichen Wahrscheinlichkeit für das Entstehen des künftigen Rechtes ausgeht[27].

Schließlich zeigt ein Vergleich mit der Hypothek, daß die Gefahr der Antragsflut und Überlastung des Grundbuchs nichts weiter ist als eine ganz unbegründete Unterstellung. Bei der Hypothek läßt man die Bestellung für jede künftige Forderung zu, wenn sie nur bestimmbar ist[28] oder eine „gewisse Gewähr" für das Entstehen gegeben ist[29]; das entspricht dem Gesetz, vgl. § 1113 II[30]. Dennoch kann von einer großen Anzahl schließlich überflüssig eingetragener Hypotheken keine Rede sein. Aus den genannten Gründen wird der Eigentümer sich hüten, leichtfertig überflüssige Rechte zu bewilligen. Die Einschränkung der h.M. für die Zulassung von Vormerkungen für künftige Forderungen ist nicht zu begründen, und die Privatautonomie sollte nicht ohne zwingende Gründe eingeschränkt werden; eine Bevormundung des Bürgers ist nicht angebracht.

aa) Darüber hinaus verschärft eine verbreitete Ansicht noch die Voraussetzungen für die Vormerkung einer künftigen Forderung, indem sie verlangt, daß ihre Entstehung nur noch vom Willen des demnächst Berechtigten abhängt[31]. Diese Ansicht wird zu Recht überwiegend abgelehnt[32].

bb) Eine künftige Forderung liegt auch vor, wenn ein Kaufvertrag nach § 311 b I 1 formnichtig ist, wenn aber zu erwarten ist, daß die Unwirksamkeit gemäß § 311 b I 2 geheilt werden wird. Beispiel: V und K sind einig, daß K das Grundstück des V für 300.000 € erwerben soll. Um Steuern zu sparen, vereinbaren sie, einen Kaufpreis von 100.000 € beurkunden zu lassen, was auch geschieht. Für den Anspruch

---

[26] Vgl. RG 151, 77.

[27] Natürlich schreckt die Vormerkung auch Bieter ab, wenn das Grundstück versteigert werden muß. Das ist ein zwangsläufiger Effekt jeder Vormerkung und kann nicht als Argument dafür verwendet werden, daß die Bestellung einer Vormerkung i.S.d. h.M. eingeschränkt werden müsse; so aber z.B. Staudinger-Gursky § 883 Rn. 123. Es ist kaum anzunehmen, daß ein Eigentümer Vormerkungen eintragen läßt, damit die künftige Versteigerung des Grundstücks erschwert wird. Sollte es aber doch einmal geschehen, so ist zu bedenken, daß jede rechtliche Möglichkeit auch mißbraucht werden kann.

[28] Vgl. etwa Wolff-Raiser § 134 I; Baur-Stürner § 37 Rn. 19 ff.; Schwab-Prütting Rn. 637; Palandt-Bassenge § 1113 Rn. 18.

[29] RG 60, 243 ff.; BGH NJW 1955, 544; Soergel-Konzen § 1113 Rn. 15; Jauernig § 1113 Rn. 9.

[30] Vgl. auch §§ 765 II, 1204 II.

[31] BGH 12, 118; BGH WM 1981, 1358; M. Wolf Rn. 471; Schwab-Prütting Rn. 178; Tiedtke, Jura 1981, 354.

[32] Vgl. etwa MünchenerK-Wacke § 883 Rn. 24; Jauernig § 883 Rn. 8; Lichtenberger, NJW 1977, 1759.

des K wird eine Vormerkung eingetragen. Der Kaufvertrag über 100.000 € ist als Scheingeschäft nach § 117 I nichtig, der Vertrag über 300.000 € ist gemäß § 125 wegen Formmangels nichtig. Solche Verträge kommen nicht allzu selten vor und werden in der Regel auch erfüllt. Es besteht also eine Wahrscheinlichkeit, daß der Kaufvertrag gemäß § 311 b I 2 geheilt wird. Es besteht also eine künftige Forderung, welche durch eine Vormerkung gesichert werden kann[33]. Dagegen kommt die h.M. aufgrund ihrer überhöhten Voraussetzungen an die Vormerkbarkeit künftiger Forderungen zu dem Ergebnis, daß die Vormerkung in solchen Fällen unwirksam sei[34].

III. Entstehung und Übertragung der Vormerkung

1. Entstehung der Vormerkung

a) Wer einen vormerkbaren Anspruch hat, der hat auch einen Anspruch auf eine Vormerkung, wie § 885 I zeigt: Er kann ohne weitere Voraussetzungen eine Vormerkung durch einstweilige Verfügung erwirken. Einer besonderen Sicherungsabrede als causa für die Vormerkung bedarf es nicht[35]. Die Voraussetzungen für das Entstehen der Vormerkung sind in § 885 geregelt. Es sind die Bewilligung oder eine einstweilige Verfügung und die Eintragung im Grundbuch.

aa) Die Vormerkung entsteht einmal durch *Bewilligung* des Betroffenen und Eintragung im Grundbuch, § 885 I 1; eine Einigung gemäß § 873 I ist also nicht erforderlich. Aufgrund der Bewilligung kann der Gläubiger die Vormerkung im Grundbuch eintragen lassen. Die Bewilligung nach § 885 I 1 ist nicht lediglich die formelle Bewilligung nach § 19 GBO; sie ist eine materiellrechtliche Willenserklärung, die Voraussetzung für die Vormerkung als dingliches Recht ist[36]. Ob sie zugleich die formelle Bewilligung gemäß § 19 GBO enthält, ist durch Auslegung zu ermitteln; regelmäßig wird das der Fall sein. Die einseitige Bewilligung ist formlos wirksam[37], sie kann – entsprechend § 875 I 2 – gegenüber dem Grundbuchamt oder gegenüber dem Begünstigten erklärt werden. Sie ist vom Inhaber des Rechts zu erklären, über welches verfügt werden soll.

Auf die Vormerkung ist § 878 anzuwenden: Wenn die Bewilligung der Vormerkung entsprechend § 875 II bindend geworden und der Eintragungsantrag beim Grundbuchamt gestellt ist, so kann ein darauf wirksam werdendes Verfügungsverbot das Entstehen der Vormerkung nicht mehr verhindern[38].

---

[33] Vgl. Lüke, JuS 1971, 341.
[34] BGH 54, 56, 63; Baur-Stürner § 20 Rn. 16 f.; MünchenerK-Wacke § 883 Rn. 12; Schwab-Prütting Rn. 179; Assmann 63 ff.
[35] Vgl. Wolff-Raiser § 48 II pr.; Schwab-Prütting Rn. 194; MünchenerK-Wacke § 885 Rn. 3 mit Literatur.
[36] Vgl. Staudinger-Gursky § 885 Rn. 2.
[37] Nach formellem Recht bedarf sie der notariellen Beglaubigung, § 29 GBO, vgl. oben § 19 II 2 b pr.
[38] H.M., vgl. etwa BGH 28, 182; Palandt-Bassenge § 885 Rn. 11.

bb) Die Eintragung der Vormerkung kann auch aufgrund einer *einstweiligen Verfügung* erfolgen, § 885 I 1 i.V.m. §§ 935, 936 ZPO; zuständig ist das Amtsgericht, in dessen Bezirk sich das Grundstück befindet, § 942 ZPO. Alleinige Voraussetzung für das Erlangen der einstweiligen Verfügung ist, daß der Antragsteller seinen Anspruch glaubhaft macht, §§ 920 II, 294 ZPO, etwa durch Vorlage des Grundstückskaufvertrages. Eigentlich muß für die Erlangung einer einstweiligen Verfügung auch die Gefährdung des Rechts glaubhaft gemacht werden, §§ 920 II, 917, 935 ZPO; gemäß § 885 I 2 bedarf es dessen jedoch nicht, wenn eine Vormerkung beantragt wird. Die Gefahr ist immer vorhanden, da der Schuldner nicht gehindert ist, anderweitig über das Grundstücksrecht zu verfügen und so das Recht des Gläubigers zu vereiteln[39]. Die Vormerkung entsteht, wenn sie aufgrund der einstweiligen Verfügung im Grundbuch eingetragen wird: Der Gläubiger kann die Eintragung unter Vorlage der einstweiligen Verfügung beantragen, er hat dafür eine Frist von einem Monat, § 929 II ZPO.

cc) Von Amts wegen kann eine Vormerkung in den Fällen des § 18 II GBO eingetragen werden, vgl. oben § 19 II 5 b.

b) Eine Vormerkung kann auch gutgläubig vom Nichtberechtigten erworben werden, wenn etwa der Buchberechtigte B dem K das Grundstück verkauft und ihm für seinen Anspruch aus § 433 I 1 eine Vormerkung bestellt. Man spricht in solchen Fällen vom Ersterwerb, da eine noch nicht existierende Vormerkung durch den gutgläubigen Erwerb begründet werden soll. Der gutgläubige Erwerb erfolgt nach § 892 I 1[40], da die Vormerkung ein dingliches Recht ist. Die Ansicht, die in der Vormerkung kein dingliches Recht sieht, kommt über § 893 zum gleichen Ergebnis[41]: Die Bestellung der Vormerkung ist eine Verfügung über das betroffene Recht, da durch die Vormerkung der Inhalt des Rechts eingeschränkt und damit verändert wird.

Voraussetzung für den gutgläubigen Erwerb ist guter Glaube des Erwerbers bei Eintragung der Vormerkung und das Fehlen eines Widerspruchs. Gutgläubiger Erwerb einer Vormerkung ist aber ausgeschlossen, wenn keine zu sichernde Forderung besteht. Ohne eine solche Forderung kann keine Vormerkung bestehen[42], die Forderung kann auch nicht gutgläubig erworben werden.

Ob gutgläubiger Erwerb möglich ist, wenn die Vormerkung aufgrund einer einstweiligen Verfügung eingetragen wird, ist streitig. Betrachtet man die einstweilige Verfügung zutreffend als erzwungene Bewilligung des Betroffenen, so muß man die Frage bejahen[43].

---

[39] Vgl. Protokolle der 2. Kommission 3513 f. (Mugdan 3, 566).

[40] Vgl. Furtner, NJW 1963, 1484 ff. und oben Fn. 7.

[41] BGH 25, 23; BGH NJW 1981, 446, 448; Erman-Lorenz § 883 Rn. 24.

[42] Vgl. oben II a aa.

[43] So auch MünchenerK-Wacke § 883 Rn. 70; Hager, JuS 1990, 438; a.A. Baur-Stürner § 20 Rn. 31; Schwab-Prütting Rn. 199.

2. Übertragung der Vormerkung

a) Die Übertragung der Vormerkung ist im Gesetz nicht geregelt, die Regelung der Vormerkung ist – da sie erst von der zweiten Kommission geschaffen wurde – stark lückenhaft; die Lücken sind unter Heranziehung der gesetzlichen Wertungen und Entscheidungen zu schließen[44]. Nach h.M. geschieht die Übertragung der Vormerkung durch Zession der gesicherten Forderung, wobei die Vormerkung automatisch der Forderung folgt, §§ 398, 401, ohne daß es einer Eintragung im Grundbuch bedürfte[45]. Das Grundbuch kann später berichtigt werden. Obwohl die Vormerkung ein dingliches Recht ist oder nach h.M. doch eine irgendwie dingliche Rechtsposition, soll sie also nach schuldrechtlichen Regeln übertragen werden. Das ist wenig einleuchtend und auch unpassend; es führt folgerichtig zu Schwierigkeiten.

Die richtige Art der Übertragung dinglicher Grundstücksrechte, die einen Anspruch sichern, zeigt die Regelung des Hypothekenrechts. Das Recht wird durch Zession der Forderung übertragen, die aber in der Form der sachenrechtlichen Verfügung zu erfolgen hat, § 1154, also grundsätzlich durch Einigung und Eintragung im Grundbuch, § 873 I. Das entspricht auch dem sachenrechtlichen Grundsatz, daß Verfügungen über ein Recht in gleicher Weise geschehen wie die Bestellung des Rechts. Wenn nach zutreffender Ansicht ein gutgläubiger Zweiterwerb der Vormerkung möglich ist, so ist damit vorausgesetzt, daß die Übertragung der Vormerkung eine Verfügung über ein Grundstücksrecht ist; dafür ist in § 873 I die Form der Eintragung ins Grundbuch vorgeschrieben.

Dagegen verletzt die h.M. den Grundsatz, daß Verfügungen über Grundstücksrechte nur wirksam werden, wenn sie im Grundbuch eingetragen sind. Davon kann man nicht ohne zwingenden Grund abgehen, ohne daß Schwierigkeiten auftauchen, die der genannte Grundsatz gerade vermeiden will. Überträgt etwa der Käufer K die Auflassungsvormerkung an A und überträgt A sie an B, und zwar gemäß der h.M. durch einfache Zession, so kann B nicht wissen, ob A Inhaber der Vormerkung ist; es gibt für ihn keine Sicherheit, wie sie gerade das Grundbuch bieten soll. Wird die Vormerkung dagegen gemäß § 873 I übertragen, so kann B sicher sein, daß dem eingetragenen A die Vormerkung zusteht, wenn nur der gesicherte Anspruch besteht.

b) Ob ein gutgläubiger Zweiterwerb bei der Übertragung der Vormerkung möglich ist, ist streitig. Die Verkehrssicherheit und der Vertrauensschutz, den das Grundbuch genießt, fordern eine solche Möglichkeit[46]. Auf eine eingetragene Vormerkung muß ein Erwerber sich verlassen können, wenn nicht schwere Nachteile für den Verkehr mit Grundstücksrechten auftreten sollen. Beispiel: Der bösgläubige K hat vom Buchberechtigten B ein Grundstück gekauft, für den Auflassungsanspruch ist eine Vormerkung bestellt worden. K veräußert das Grundstück an den gutgläubigen X und tritt ihm die Vormerkung ab. Obwohl beim Ersterwerb der Vormerkung gutgläubiger Erwerb möglich war, hat K wegen seiner Bösgläubigkeit keine Vormerkung erworben. Hat X sie gutgläubig von K erworben?

---

[44] Vgl. Heck § 47, 3 f.; Reinicke, NJW 1964, 2373 f.
[45] Vgl. etwa RG 142, 330; Baur-Stürner § 20 Rn. 51; Jauernig § 883 Rn. 24.
[46] Vgl. Weirich-Ivo Rn. 955; Tiedtke, Jura 1981, 361; Mülbert, AcP 197 (1997), 381 ff.

Die Möglichkeit eines gutgläubigen Zweiterwerbs bei der Übertragung der Vormerkung wird von einer Ansicht verneint mit der Begründung, der gute Glaube sei nur bei rechtsgeschäftlichem Erwerb geschützt; hier aber werde nur die Forderung rechtsgeschäftlich übertragen, die Vormerkung gehe nach § 401 von Gesetzes wegen über. In solchen Fällen sei gutgläubiger Erwerb ausgeschlossen[47]. Daß das nicht zutrifft, ist bereits oben beim gutgläubigen Zweiterwerb des Pfandrechts ausgeführt[48]. § 401 besagt nur das, was die Parteien ohnehin wollen; außerdem zeigt § 1155, daß auch beim Erwerb kraft Gesetzes der gute Glaube geschützt sein kann. Daher läßt eine andere Ansicht einen gutgläubigen Zweiterwerb gemäß § 893 zu[49]; da die Vormerkung aber als dingliches Recht anzusehen ist, ist § 892 anzuwenden[50].

Ein anderer Einwand geht dahin, daß der gutgläubige Zweiterwerb nicht möglich sei, weil er sich außerhalb des Grundbuchs vollziehe[51]. Dieser Einwand läßt die Probleme deutlich werden, die aus der Ansicht entstehen, die Vormerkung werde durch einfache Zession der gesicherten Forderung übertragen. Er ist von vornherein ausgeschlossen, wenn man der richtigen Ansicht folgend für die Abtretung der Vormerkung die Form des § 873 fordert. Man sollte den gutgläubigen Erwerber nicht die Folgen einer verfehlten juristischen Entscheidung tragen lassen. Immerhin kann man auch von der h.M. aus die Möglichkeit des gutgläubigen Zweiterwerbs bejahen, allerdings nur in beschränktem Umfang: Ein gutgläubiger Erwerb ist selbstverständlich nur dann möglich, wenn das Grundbuch einen entsprechenden Rechtsschein bietet[52]. Im obigen Beispiel kann X von K gutgläubig die Vormerkung erwerben, weil K als deren Inhaber im Grundbuch eingetragen ist. Wäre X aber bösgläubig, so daß er die Vormerkung nicht erwerben könnte, und würde er sie an den gutgläubigen Y nach § 398 abtreten, so könnte Y nicht gutgläubig erwerben, weil X nicht im Grundbuch eingetragen ist. Die Mängel der h.M., welche die Vormerkung durch einfache Forderungszession übertragen will, werden offenbar.

Zu beachten ist auch hier, daß ein gutgläubiger Erwerb das Bestehen einer zu sichernden Forderung voraussetzt, die selbst nicht durch gutgläubigen Erwerb entstehen kann.

---

[47] Vgl. etwa Baur-Stürner § 20 Rn. 52; Palandt-Bassenge § 885 Rn. 20; Medicus, AcP 163 (1964), 9 ff.; Canaris, Die Verdinglichung absoluter Rechte, FS Werner Flume I (1978), 371 ff., 398 f.; Müller Rn. 1161.

[48] Vgl. § 15 VI 1 b.

[49] Vgl. etwa BGH 25, 16, 23 f.; 57, 343; Westermann-Eickmann § 84 IV 1; E. Wolf § 13 B c 1; RGRK-Augustin § 883 Rn. 19; Wunner, NJW 1969, 113; MünchenerK-Wacke § 883 Rn. 66 mit Lit.; Jauernig § 883 Rn. 28; Hager, JuS 1990, 438.

[50] Diese Ansicht wird von den Autoren vertreten, die zutreffend die Vormerkung als dingliches Recht behandeln, vgl. oben bei Fn. 10.

[51] Reinicke, NJW 1964, 2378; Staudinger-Gursky § 892 Rn. 51 f.

[52] Vgl. etwa BGH 25, 23; MünchenerK-Wacke § 883 Rn. 66; Hager, JuS 1990, 439.

IV. Wirkung der Vormerkung

1. Sicherungswirkung der Vormerkung

a) Die Vormerkung sichert die künftige Verfügung, welche der gesicherte Anspruch herbeiführen soll. Die Gefahr vorheriger anderweitiger Verfügungen wird dadurch gebannt, daß der Vormerkung die Wirkung eines Verfügungsverbotes beigelegt wird, § 883 II 1: Diese Verfügungen sind insoweit unwirksam, als sie den gesicherten Anspruch vereiteln oder beeinträchtigen würden.

Der verpflichtete Rechtsinhaber kann also als Berechtigter über sein Recht verfügen; seine Verfügung ist aber gegenüber dem geschützten Inhaber des vorgemerkten Anspruchs unwirksam[53]. Es handelt sich nicht um eine absolute Unwirksamkeit; sie besteht nur gegenüber dem Inhaber des vorgemerkten Anspruchs, und zwar soweit, als die vormerkungswidrige Verfügung die Durchsetzung des vorgemerkten Anspruchs vereiteln oder beeinträchtigen würde. Die vormerkungswidrige Verfügung ist somit relativ unwirksam, ebenso wie eine Verfügung, die gegen ein Verfügungsverbot nach §§ 135, 136 verstößt[54]. Verzichtet der Begünstigte auf das Geltendmachen seiner Rechte aus der Vormerkung, so ist die vormerkungswidrige Verfügung gegenüber jedermann wirksam. Diese Wirkung wird aber aus dem Grundbuch nicht ersichtlich, wenn nur die Vormerkung und das später begründete Recht eingetragen sind. Damit diese absolute Wirksamkeit auch gegen einen gutgläubigen Erwerb gesichert ist[55], muß ein entsprechender Vermerk bei dem gegenüber der Vormerkung wirksamen Recht eintragbar sein[56].

Beispiel: E hat dem K sein Grundstück verkauft und ihm für den Auflassungsanspruch eine Vormerkung bestellt. 1) E veräußert das Grundstück an X, X wird als Eigentümer eingetragen. 2) E bestellt dem G eine Hypothek. Die Veräußerung an X ist dem K gegenüber unwirksam; X ist also Eigentümer des Grundstücks gegenüber jedermann, nur im Verhältnis zu K gilt E noch als Eigentümer. Ebenso ist die Hypothek des G gegenüber jedermann wirksam, nur im Verhältnis zu K gilt sie als nicht existierend.

b) Um den vorgemerkten Anspruch durchzusetzen und die Verfügung vorzunehmen, bedarf es zunächst einer dinglichen Einigung gemäß § 873 I. Diese kann der Inhaber der Vormerkung nur von seinem Schuldner erzwingen, und zwar aufgrund des gesicherten Anspruchs[57]. Im obigen Beispiel 1) hat K gegen E einen Anspruch auf Auflassung. Allerdings ist E nicht mehr Eigentümer, sondern X. Infolge der

---

[53] Entscheidender Zeitpunkt ist die Vollendung der Verfügung, i.d.R. also die Eintragung; ist zu diesem Zeitpunkt die Vormerkung eingetragen, so ist die Verfügung nach § 888 II unwirksam, vgl. Wolff-Raiser § 48 Fn. 21.

[54] Vgl. oben § 1 III 4 b.

[55] Wenn etwa der Inhaber der Vormerkung diese an einen gutgläubigen Erwerber überträgt, der nichts von der absoluten Wirksamkeit des später eingetragenen Rechtes weiß.

[56] Vgl. oben § 20 II 4 a pr. a.E., Gursky, DNotZ 1998, 273 ff.

[57] Besteht kein Anspruch, so kann der Berechtigte die für die Verfügung erforderliche Einigung nach § 873 nicht erhalten; eine Vormerkung wäre in einem solchen Fall sinnlos, sie kann nicht bestehen.

relativen Unwirksamkeit der Veräußerung gilt aber gegenüber K der E weiter als Eigentümer, so daß K von E als Berechtigtem die Auflassung verlangen und erzwingen kann.

aa) Um die Verfügung zu vollenden, muß noch die Eintragung im Grundbuch erfolgen. Da im Beispiel 1) X als Eigentümer im Grundbuch eingetragen ist, kann nur er die Bewilligung zur Eintragung des K erteilen, §§ 19, 39 GBO. Hier muß die Vormerkung ihre Wirkung als dingliches Recht entfalten und dem Inhaber einen Anspruch gegen einen Dritten, den X, geben. Das ist in § 888 I geregelt: Der Inhaber der Vormerkung kann von dem, der ihm gegenüber relativ unwirksam ein Recht erworben hat, Zustimmung zur Eintragung oder Löschung verlangen, soweit dies zur Durchsetzung des vorgemerkten Anspruchs erforderlich ist. K kann also gemäß § 888 I von X verlangen, daß dieser die Eintragung des K als Eigentümer bewillige[58]. Mit der Eintragung wird K absoluter Eigentümer, die Vormerkung hat ihre Aufgabe erfüllt. In Beispiel 2) kann K, nachdem er als Eigentümer eingetragen ist, von G die Löschung der Hypothek verlangen, § 894, da sie ihm gegenüber nicht existiert; der Löschungsanspruch ist auch aus § 888 I begründet. Mit der Löschung erlischt die Hypothek des G.

bb) § 888 I gibt dem Inhaber des vorgemerkten Anspruchs einen Anspruch auf Bewilligung der Eintragung gegen den jetzigen Berechtigten, der aber ihm gegenüber nicht der Berechtigte ist. Streitig ist die Rechtsnatur der Bewilligung, zu deren Abgabe § 888 I den Berechtigten verpflichtet. Wenn in unserem Beispiel 1) X die Bewilligung erklärt, handelt es sich dann um eine Genehmigung der Auflassung des E nach § 185 II 1 (1), weil E als Nichtberechtigter verfügt hat? Oder handelt E als Berechtigter, wenn er dem K die Auflassung erklärt, weil er ihm gegenüber ja noch Berechtigter ist? In diesem Fall ist die Bewilligung eine rein formale Erklärung nach § 19 GBO, ein technisches Hilfsmittel, das für die Eintragung des K erforderlich ist. Aus der Sicht des K ist Letzteres richtig, da ihm gegenüber nicht X Eigentümer ist, sondern E[59]; die Bewilligung führt eine Berichtigung des Grundbuchs herbei. Aus der Sicht der übrigen bewirkt die Bewilligung aber eine Rechtsänderung, indem sie das Recht des X, soweit es besteht, zum Erlöschen bringt[60].

cc) Der Anspruch aus § 888 I steht auch dem zu, zu dessen Gunsten ein Verfügungsverbot über ein Grundstücksrecht besteht, § 888 II.

dd) § 883 II 2 erweitert den Schutz des Vormerkungsgläubigers; er ist danach nicht nur gegen rechtsgeschäftliche Verfügungen des Schuldners gesichert, sondern auch gegen solche im Wege der Zwangsvollstreckung, des Arrestvollzugs oder gegen Verfügungen durch den Insolvenzverwalter. Wird im obigen Beispiel 2) auf dem Grundstück des E etwa eine Zwangs- oder Arresthypothek (§§ 866, 867, 932 ZPO) für G eingetragen, so ist sie dem K gegenüber unwirksam. Er kann auch hier von G gemäß § 888 I Zustimmung zur Löschung verlangen. Wird das Grundstück versteigert, so kann K vom Ersteigerer die Bewilligung verlangen, daß er als Eigen-

---

[58] Weigert sich X, so kann die Eintragungsbewilligung durch ein rechtskräftiges Urteil ersetzt werden, § 894 ZPO.
[59] H.M., vgl. etwa Schwab-Prütting Rn. 193.
[60] Vgl. Wolff-Raiser § 48 III 1.

tümer eingetragen werde[61]. Wird E insolvent, so kann K vom Insolvenzverwalter Erfüllung seines Anspruchs verlangen.

ee) Umstritten ist die Frage, ob die Auflassungsvormerkung ihren Inhaber auch gegen eine Vermietung oder Verpachtung des Grundstücks durch den Schuldner schützt. Ist also die Vermietung bzw. Verpachtung eine beeinträchtigende Verfügung über das Grundstück i.S.d. § 883 II? Dann müßte der Inhaber der Vormerkung eine solche Verpachtung oder Vermietung nicht gegen sich gelten lassen.

Nach h.M. kommt allenfalls eine analoge Anwendung der §§ 883 ff. in Betracht, da die Vermietung bzw. Verpachtung keine Verfügung sei, sondern ein rein schuldrechtlicher Vorgang. Das ist aber keineswegs unbestritten, und einige Autoren, deren historische Kenntnisse bis 1900 zurückreichen, halten die Grundstücksmiete und -pacht für ein dingliches Recht und die Vermietung entsprechend für eine Verfügung[62]. Denn im germanisch beeinflußten preußischen Recht hatte der Mieter ein dingliches Recht an der Sache, das er nicht nur gegen den Vermieter, sondern auch gegen Dritte geltend machen konnte. Dagegen wollte die BGB-Kommission im Gefolge der historischen Rechtsschule den veralteten römischen Grundsatz des „Kauf bricht Miete" durchsetzen, sah sich aber durch den öffentlichen Druck gezwungen, in §§ 566, 581 die deutschrechtliche Regel des „Kauf bricht nicht Miete" anzuordnen und so zu einer angemessenen Interessenbewertung zu kommen.[63]

Die Grundstücksmiete und -pacht sind durch die §§ 566, 581 II verdinglicht, so daß sie auch gegen den Rechtsnachfolger wirken; die Vermietung oder Verpachtung eines Grundstück kann den Rechtsnachfolger in gleicher Weise treffen wie die Bestellung eines Nießbrauchs. Eine entsprechende Anwendung auf die Vormerkung ist daher möglich; sie ist auch geboten, der Mieter oder Pächter eines Grundstücks kann nicht besser stehen als etwa ein Nießbraucher, welcher die Vormerkung gegen sich gelten lassen müßte[64]. Dem kann man nicht entgegenhalten, durch die Anwendung der §§ 883 ff. würde die soziale Schutzvorschrift des § 566 umgangen[65]. § 566 greift erst ein, wenn der Vertrag abgeschlossen und das Grundstück an den Mieter oder Pächter übergeben ist, bevor es veräußert wird. Die Vormerkung bewirkt eine

---

[61] Vgl. Weirich-Ivo Rn. 929.

[62] Vgl. etwa Flume II § 11, 5 a; Diederichsen, Das Recht zum Besitz aus Schuldverhältnissen; Otte, Vermietung als Verfügung, GS Jürgen Sonnenschein (2003) 181 ff.; Canaris, Die Verdinglichung absoluter Rechte, FS Werner Flume I (1978), 371 ff., 403. Die Praxis hat die dingliche Wirkung der Miete seit der Zeit des Reichsgerichts anerkannt, indem sie dem Mieter, dem die Sache überlassen wurde, wie einem dinglich Berechtigten die Schutzansprüche aus § 823 I gewährt.

[63] Vgl. dazu Wieling, Die Grundstücksmiete als dingliches Recht, GS Jürgen Sonnenschein (2003) 201 ff.

[64] So auch Wolff-Raiser § 48 III 1; Schwab-Prütting Rn. 190; Palandt-Bassenge § 883 Rn. 20; Staudinger-Gursky § 883 Rn. 196 mit Lit.; Tiedtke, Jura 1981, 365. Zur Gegenmeinung, welche unbewußt im Banne des insoweit überholten römischen Rechts die Vormerkung nicht auf die Miete anwenden will, vgl. etwa Müller Rn. 1167 c; Baur-Stürner § 20 Rn.41; Staake, Jura 2006, 561 ff. und die bei Staudinger-Gursky § 883 RN.196 aufgeführte Literatur.

[65] So aber BGH NJW 1954, 953 und NJW 1989, 451; Baur-Stürner § 20 Rn. 41; M. Wolf Rn. 477; Wertheimer, Jura 1991, 206 ff.; Finger, JR 1974, 8, jeweils zu § 571 a.F. = § 566.

Vorverlegung des entscheidenden Zeitpunkts: Statt der Veräußerung ist das nun das Entstehen der Vormerkung. Ist ein dingliches Recht vorher bestellt, ist das Grundstück vorher vermietet und übergeben worden, so kann die Vormerkung diese Vorgänge nicht mehr beeinträchtigen; ist das dingliche Recht nach der Eintragung der Vormerkung bestellt oder ist das Grundstück erst nachher vermietet oder übergeben worden, so sind diese Vorgänge dem Inhaber der Vormerkung gegenüber unwirksam.

ff) Der Anspruch aus § 888 I ist auf Abgabe der formellen Eintragungsbewilligung gerichtet; er entstammt dem dinglichen Recht „Vormerkung" und kann nicht von ihm getrennt werden[66]. Dennoch handelt es sich um einen schuldrechtlichen Anspruch, auf den die Vorschriften des allgemeinen Schuldrechts anwendbar sind, etwa die Vorschriften des Schuldnerverzuges[67].

gg) Der Inhaber der Vormerkung hat ein dingliches Erwerbsrecht, das den Erwerb des Rechts aufgrund des vorgemerkten Anspruchs sichert. Wer gegen dieses Erwerbsrecht ein Grundstücksrecht erwirbt, muß damit rechnen, daß ihm sein Recht wieder entzogen wird. Ob auf das Verhältnis des Inhabers der Vormerkung zum verpflichteten Dritten das Eigentümer-Besitzer-Verhältnis entsprechend anzuwenden ist, ist umstritten. Die zweite BGB-Kommission hat die Vorschrift des ersten Entwurfs, der eine Anwendung des Eigentümer-Besitzer-Verhältnisses vorsah, als überflüssig gestrichen[68]. Eine entsprechende Anwendung dieser Vorschriften entspricht jedoch deren Zweck: Einmal ist aufgrund des relativen Verfügungsverbots der Vormerkung der dritte Erwerber gegenüber dem Inhaber der Vormerkung nicht Eigentümer geworden, zum anderen steht dem Inhaber der Vormerkung ein dingliches Erwerbsrecht zu, das im Verhältnis zum Dritten dem bereits erworbenen Eigentum gleichgestellt werden kann. Gegenüber der Anwendung des detailliert geregelten Eigentümer-Besitzer-Verhältnisses ist die von der zweiten Kommission vorgeschlagene Abwicklung über die jeweiligen Vertragspartner[69] umständlich und unbefriedigend[70].

Hat der dritte Erwerber Nutzungen aus dem Grundstück gezogen, so steht dem Vormerkungsberechtigten ein Herausgabeanspruch entsprechend § 987 zu[71]. Hat der dritte Erwerber Schäden verursacht, etwa ein Gebäude abgerissen, so kann der Inhaber der Vormerkung Schadensersatz entsprechend §§ 989 ff. verlangen[72]. Hat umgekehrt der dritte Erwerber Verwendungen auf das Grundstück gemacht, so kann

---

[66] Vgl. oben § 1 II 1 b.

[67] Vgl. etwa Schwab-Prütting Rn. 193 Fn. 21; MünchenerK-Wacke § 888 Rn. 10; Palandt-Bassenge § 888 Rn. 4; Baur-Stürner § 20 Rn. 37; a.A. mit nicht überzeugender Begründung BGH 49, 263.

[68] Vgl. Protokolle der 2. Kommission 4787 (Mugdan 3, 571); vgl. dazu MünchenerK-Wacke § 888 Rn. 16 ff. mit Lit.

[69] Bei der Erörterung des Vorkaufsrechts, vgl. Protokolle der zweiten Kommission, Mugdan 3, 716.

[70] Gegen die entsprechende Anwendung des Eigentümer-Besitzer-Verhältnis aber Assmann 447 ff.; 462 ff.

[71] Vgl. BGH NJW 2000, 2899 ff.

[72] BGH NJW 1983, 2024.

er vom Vormerkungsinhaber gemäß § 994 II Ersatz verlangen, soweit es sich um notwendige Verwendungen handelte[73].

Der Anspruch aus § 888 I gegen den dritten Erwerber dient dazu, den mit der Vormerkung gesicherten Anspruch dinglich abzusichern und durchzusetzen. Der Anspruch kann daher nicht weitergehen als der geschützte Anspruch selbst. Entsprechend § 1137 kann der Dritte alle Einreden geltend machen, die auch dem Schuldner des gesicherten Anspruchs zustehen[74].

c) Gemäß § 883 III wirkt die Vormerkung rangwahrend. Entsteht das vorgemerkte Recht, so richtet sich sein Rang nach dem Zeitpunkt der Eintragung der Vormerkung. Es geht also anderen Belastungen vor, die zeitlich nach der Vormerkung eingetragen wurden. Gegen deren Bestellung muß der Inhaber der Vormerkung also nicht besonders vorgehen.

Werden mehrere Vormerkungen eingetragen, so ist die zweite dem Inhaber der ersten gegenüber unwirksam[75]. Werden zwei Vormerkungen mit gleichem Rang eingetragen, z.B. für Hypotheken, so erhalten die Rechte bei der Eintragung den gleichen Rang, § 883 III. Werden mehrere Auflassungsvormerkungen eingetragen, so richtet sich ihr Rang nach § 879 I 1; sie haben also einen Rang, obwohl das Eigentum selbst keinen Rang hat[76]. Werden mehrere Auflassungsvormerkungen mit gleichem Rang eingetragen, so entfalten sie Dritten gegenüber ihre Wirkung; untereinander paralysieren sie sich; keine kann gegen die andere eine Wirkung entfalten. Die Rechtslage ist dieselbe wie auch sonst bei einem Doppelverkauf ohne Vormerkung: Wer zuerst die Eintragung erreicht, wird Eigentümer[77]. Die Ansicht, welche den Vormerkungsinhabern Miteigentum verschaffen will[78], gibt den Beteiligten etwas, was kaum in ihrem Interesse liegen wird.

2. Wirkung der gutgläubig erworbenen Vormerkung

a) Lücken der gesetzlichen Regelung der Vormerkung werden deutlich, wenn es darum geht, eine gutgläubig erworbene Vormerkung durchzusetzen; an die hier auftretenden Schwierigkeiten hat der Gesetzgeber nicht gedacht.

Beispiel: K hat vom Bucheigentümer B ein Grundstück gekauft, für ihn ist auf Bewilligung des B eine Vormerkung eingetragen worden. Bevor die Auflassung und Eintragung des K als Eigentümer erfolgen, erfährt K, daß in Wirklichkeit E der Eigentümer des Grundstücks ist. Abwandlung: E wird im Wege der Grundbuchberichtigung als Eigentümer eingetragen.

---

[73] Vgl. RG 139, 356; BGH 75, 288 ff.; BGH NJW 2000, 2899 ff.; Tiedtke, Jura 1981, 357; Kohler, NJW 1984, 2849 ff.

[74] Vgl. BGH NJW 1989, 221; Westermann-Eickmann § 83 IV 4 c; Erman-Lorenz § 888 Rn. 8; Tiedtke, Jura 1981, 356 f.

[75] Vgl. Lüke, JuS 1971, 341 ff.; Olshausen, JuS 1976, 522 f.; Espenhain, JuS 1981, 438 ff.

[76] Vgl. Holderbaum, JZ 1965, 713.

[77] Vgl. Palandt-Bassenge § 883 Rn. 28; MünchenerK-Wacke § 883 Rn. 59 mit Lit.

[78] Vgl. Lemke, JuS 1980, 517.

K hat die Vormerkung gutgläubig erworben[79]. Jetzt allerdings ist er bösgläubig; das Eigentum kann er nicht mehr gutgläubig erwerben, es sei denn, daß ihm die bereits erworbene Vormerkung dies ermöglicht. Wenn das möglich ist, dann muß eine Verfügung vorgenommen werden des Inhalts, daß das Eigentum von E auf K übergeht. § 883 II greift nicht ein, es ist keine vormerkungswidrige Verfügung vorgenommen worden; auch die berichtigende Eintragung des E ist keine Verfügung, auf welche § 883 II angewandt werden könnte. Es stellt sich also die Frage, ob man aufgrund der Vormerkung dem K einen Eigentumserwerb ermöglichen soll.

Die Entscheidung ist noch nicht damit gefallen, daß man überhaupt einen gutgläubigen Erwerb einer Vormerkung zuläßt; man könnte die Wirkung der Vormerkung darauf beschränken, daß K gegen weitere Verfügungen des B geschützt ist, daß er aber weiterhin gutgläubig sein müßte, um Eigentum zu erwerben. Eine solche Einschränkung würde aber den Wert der Vormerkung erheblich einschränken und die Verkehrssicherheit gefährden. Wie derjenige, der eine Anwartschaft aufgrund eines Vorbehaltskaufs hat[80], so soll auch der Inhaber einer Vormerkung sicher sein können im Erwerb seines Rechts. Er soll etwa in der Lage sein, nach dem Erwerb einer Vormerkung den Kaufpreis für das Grundstück ohne Bedenken zu zahlen[81]. Die Vormerkung muß den Inhaber also auch gegen die Folgen einer nachträglichen Bösgläubigkeit schützen. K muß Eigentum erwerben können.

b) K kann den Antrag auf Eintragung als Eigentümer selbst stellen, eine Auflassung kann er sich aufgrund des Kaufvertrages von B beschaffen. Allerdings ist B Nichtberechtigter, was K nun weiß. Um dem K die Vorteile der Vormerkung zu sichern, muß für den Zeitpunkt der Gutgläubigkeit allein auf die Zeit des Erwerbs der Vormerkung abgestellt werden[82]. K kann also gutgläubig erwerben, wenn er eingetragen wird[83]. Wenn B noch als Eigentümer eingetragen ist, stehen der Eintragung des K aufgrund der Auflassung des B keine Schwierigkeiten entgegen; einer Mitwirkung (Zustimmung) des E bedarf es nicht.

Schwieriger gestaltet sich die Situation, wenn E im Wege der Grundbuchberichtigung als Eigentümer eingetragen ist. Eine Eintragung des K setzt die Bewilligung des E voraus, welche K nach § 888 I von E verlangen kann. Diese Bewilligung ist eine formalrechtliche Erklärung gemäß § 19 GBO, keine materiellrechtliche Zustimmung nach § 185; einer solchen bedarf es auch hier nicht.

---

[79] Vgl. oben III 1 b.
[80] Vgl. § 17 II 2 c.
[81] Vgl. Weirich-Ivo Rn. 958.
[82] Vgl. etwa Planck-Strecker § 883 N. 3 k; Weirich-Ivo Rn. 947; BGH NJW 1981, 446 f.; Tiedtke, Jura 1981, 361 f.; Schwab-Prütting Rn. 197; Canaris JuS 1969, 82; a.A. Wiegand, JuS 1975, 212; Goetzke-Habermann, JuS 1975, 82 ff.
[83] Gemäß § 892 II ist entscheidend für den guten Glauben der Zeitpunkt des Antrags auf Eintragung der Vormerkung, vgl. oben § 20 II 3 g.

V. Aufhebung und Erlöschen der Vormerkung

a) Die Vormerkung wird entsprechend § 875 durch Verzicht des Inhabers und Eintragung des Verzichts im Grundbuch aufgehoben[84]. Einen Anspruch auf Verzicht hat der Schuldner gemäß § 886 dann, wenn ihm eine dauernde Einrede gegen den gesicherten Anspruch zusteht. Wird die gesicherte Forderung abgetreten und vereinbart, daß die Vormerkung nicht mit übergehen solle, so erlischt die Vormerkung; auch Schuldübernahme führt entsprechend § 418 zum Erlöschen der Vormerkung.

b) Die Vormerkung erlischt, wenn das gesicherte Recht eingetragen und entstanden ist und der Zweck der Vormerkung somit erreicht ist. Sind allerdings vormerkungswidrig Zwischenrechte eingetragen, so bleibt die Vormerkung bestehen, bis die Zwischenrechte gelöscht sind. Beispiel: V hat dem K eine Auflassungsvormerkung bestellt; danach ist K als Eigentümer eingetragen worden; der Zweck der Vormerkung ist erreicht, sie ist erloschen. Hat allerdings V noch vor Eintragung des K als Eigentümer dem G eine Hypothek bestellt, so ist diese gemäß § 883 II dem K gegenüber unwirksam. Um die Beseitigung durchzusetzen, benötigt K die Vormerkung, die bestehen bleibt, bis alle vormerkungswidrigen Rechte gelöscht sind[85].

Aufgrund der Akzessorietät geht die Vormerkung unter, sobald das gesicherte Recht auf irgendeine Art erlischt. Ist der Gläubiger der gesicherten Forderung unbekannt, so erlischt die Vormerkung durch Ausschlußurteil, § 887. Die Vormerkung erlischt weiter, wenn die einstweilige Verfügung aufgehoben wird, welche die Vormerkung begründet hat. Der Betroffene kann gemäß § 25 GBO die Vormerkung im Wege der Berichtigung löschen lassen[86].

c) Die Vormerkung erlischt gemäß § 889 nicht durch Konsolidation, wenn sie mit dem Eigentum zusammenfällt. Sie erlischt in diesem Fall aber aufgrund ihrer Akzessorietät[87], weil in diesem Fall Schuldner und Gläubiger der zu sichernden Forderung zusammenfallen und durch Konfusion erlöschen. Das Erlöschen der Rechte durch Konsolidation und Konfusion ist aber kein logisch zwingend eintretendes Ereignis und auch kein Vorgang, der mit naturwissenschaftlich notwendiger Konsequenz erfolgen müßte. Es ist vielmehr ein normalerweise sinnvoller Vorgang, der ausnahmsweise aber den Interessen der Beteiligten nicht gerecht wird und dann nicht eintritt. Das zeigt § 1163 für das Hypothekenrecht, § 889 für das gesamte Grundstücksrecht und insbesondere §§ 1063 II, 1256 II, wonach ein Nießbrauch und ein Pfandrecht nicht durch Konsolidation erlöschen, wenn deren Inhaber ein rechtliches Interesse an ihrem weiterem Bestand hat[88]. Diese Regelung ist entsprechend den Anforderungen der Interessenjurisprudenz zu verallgemeinern, Konfusion und Konsolidation treten nicht ein, wenn der Rechtsinhaber ein berechtigtes

---

[84] BGH 60, 50.
[85] Vgl. auch Wacke, NJW 1981, 1577 ff., 1579.
[86] Vgl. etwa Wolff-Raiser § 48 VI 5; Schwab-Prütting Rn. 195.
[87] Vgl. oben II a aa.
[88] Vgl. oben § 1 II 2 b Fn. 15; § 15 VI Fn. 38.

rechtliches Interesse am Fortbestand des beschränkten Rechts hat[89], vgl. auch das soeben genannte Beispiel unter b. Diese Selbstverständlichkeit hat der BGH in seiner Entscheidung NJW 2000, 1033 f. nicht beachtet, in welcher er mit begriffsjuristischer Argumentation einem vormerkungsgesicherten Käufer den Erwerb vorenthält, weil dieser später das Eigentum geerbt hat. Aufgrund dieses Erbschaftserwerbs nimmt der BGH ein Erlöschen der Vormerkung an und entzieht deshalb dem Berechtigten das Eigentum, indem er die Erwerbsmöglichkeit dem Dritterwerber und Inhaber einer nachrangigen Vormerkung zuspricht. Das verletzt die berechtigten Interessen des Inhabers der vorrangigen Vormerkung, nur weil er zugleich Eigentümer geworden ist[90].

Fraglich ist, ob der Entscheidung im Ergebnis nicht doch zuzustimmen ist, weil der Inhaber der vorrangigen Vormerkung mit dem Eigentum auch die Verpflichtung geerbt hat, das Grundstück an den Inhaber der zweitrangigen Vormerkung zu übereignen. Kann der Erbe dem Anspruch des Dritterwerbers entgegenhalten, daß er ein vorrangiges Recht auf das Eigentum habe? Wenn man das verneint[91], kommt man zu der oben abgelehnten Folgerung, daß der Berechtigte durch das Hinzuerwerben der Erbschaft in seinen Rechten geschmälert wird. Ohne die Erbschaft könnte er seine erstrangige Auflassungsvormerkung gegen jeden durchsetzen; sollte er das nach dem Hinzuerwerb der Erbschaft nicht mehr können? Wenn der Dritterwerber seinen Eigentumserwerb durchsetzen könnte, dann könnte wiederum der Berechtigte seine erstrangige Vormerkung, die nicht durch Konfusion untergegangen ist, gegen den Dritterwerber durchsetzen! Die erstrangige Vormerkung muß stärker sein als die zweitrangige. Oder sollte etwa der Grundstückseigentümer, der das Grundstück vertragswidrig zweimal verkauft und zwei Vormerkungen bestellt, den gesicherten Anspruch des erstrangigen Vormerkungsberechtigten dadurch vereiteln können, daß er ihn zum Erben einsetzt?[92]

---

[89] Ebenso schon Wacke, NJW 1981, 1577 ff.
[90] So im Ergebnis auch Gebauer-Haubold, JZ 2000, 680 ff.
[91] So Gebauer-Haubold a.a.O. 682 f.
[92] Vgl. dazu Wieling, Urteilsanmerkung, JR 2002, 147, 148 ff. Freilich darf auch der Dritterwerber nicht dadurch benachteiligt werden, daß der Inhaber der erstrangigen Vormerkung Erbe und Eigentümer wurde. Hätte der Erblasser diesem das Eigentum durch Rechtsgeschäft übertragen, so hätte der Dritterwerber einen Schadensersatzanspruch gegen ihn erworben, den er auch gegen den Erben geltend machen kann. Der Anspruch kann aber nicht auf Naturalrestitution gehen, da sonst die Vorrangigkeit der Vormerkung des Erben beeinträchtigt würde.

Teil 7

Grundeigentum

§ 23. Grundeigentum

I. Inhalt und Schranken des Grundeigentums

Der Inhalt des Eigentums findet seine Grenze dort, wo die Eigentumsschranken beginnen; Inhaltsbestimmung und Schrankenbestimmung sind daher identisch, nur der Blickwinkel ist verschieden.

1. Privatrechtliche Schranken

a) Für das Grundeigentum gelten dieselben Bestimmungen und Einschränkungen, die oben in § 8 I für bewegliche Sachen dargestellt sind.

b) Gemäß § 905, 1 erstreckt sich das Grundstückseigentum nicht nur auf die Erdoberfläche, sondern auch auf den Raum darüber und den Erdkörper darunter[1]. So kann der Eigentümer das Führen einer Seilbahn über sein Grundstück oder das Anbringen von Einrichtungen, die in den Luftraum des Grundstücks ragen, nach § 1004 verbieten.

Allerdings kann der Eigentümer Einwirkungen nicht verbieten, die in solcher Höhe oder Tiefe vorgenommen werden, daß er an der Ausschließung kein Interesse hat, § 905, 2. Ein Anspruch des Eigentümers aus § 1004 ist in diesen Fällen ausgeschlossen. Ist eine Einwirkung nach § 905, 2 zu dulden, so kann sich daraus kein Ersatzanspruch als Aufopferungsanspruch ergeben; denn wenn die zu duldende Maßnahme die Interessen des Eigentümers nicht berührt, kann er keinen Schaden haben[2]. Einwirkungen, die nicht zu dulden sind, können gemäß § 1004 untersagt werden; sie können auch einen Schadensersatzanspruch nach § 823 begründen.

Sonderregeln für das Gewinnen von Bodenschätzen finden sich im Bergrecht, vgl. unten § 24 III.

2. Öffentlich-rechtliche Schranken

Das öffentliche Recht enthält zahlreiche Beschränkungen des Eigentums im Sinne des Art. 14 I 2 GG. Die Regelungen sind wegen der unterschiedlichen Zielrichtungen der verschiedenen Gesetze sehr vielfältig und müssen hier nicht im ein-

---

[1] Vgl. dazu Goeke, Ulf, Das Grundeigentum im Luftraum und im Erdreich, 1999; für ein „oberflächenorientiertes Eigentum" Turner, JZ 1968, 250 ff.

[2] Baur-Stürner § 25 Rn. 3. Vgl. aber auch MünchenerK-Säcker § 905 Rn. 19; Erman-Lorenz § 905 Rn. 9.

zelnen dargestellt werden[3]; nur einige wichtige Bereiche des öffentlichen Rechts, in denen sich eigentumsbeschränkende Normen finden, sollen hier erwähnt werden.

a) Das Bauordnungsrecht stellt als wichtigste Beschränkung der durch Art. 14 GG gewährleisteten Baufreiheit das Erfordernis einer Baugenehmigung auf.

b) Im Bauplanungsrecht wird die Baufreiheit ebenfalls beschränkt, z.B. durch die Festsetzung von Baugebieten in den gemeindlichen Bebauungsplänen, in denen nur bestimmte Bebauungen zulässig sind.

c) Erhebliche Nutzungsbeschränkungen enthält auch das Natur- und Denkmalschutzrecht[4].

d) Das Verkehrsrecht bringt Beschränkungen für Eigentümer öffentlicher Sachen, etwa des Eigentümers einer öffentlichen Straße, dessen Recht aus § 903, mit der Sache nach Belieben zu verfahren, durch die öffentliche Widmung beschränkt ist. Andere Beschränkungen für den Grundeigentümer ergeben sich etwa aus § 1 LuftVG (der Grundeigentümer muß das Überfliegen durch Flugzeuge dulden), in der Umgebung von Flughäfen gelten nach den §§ 12 ff. LuftVG Baubeschränkungen. Das Bundesfernstraßengesetz beschränkt die Nutzung und Bebauung von Grundstücken entlang der Bundesstraßen.

II. Nachbarrecht

1. Nachbarliches Gemeinschaftsverhältnis

Ein wichtiger Fall der Beschränkung des Eigentums ist das Nachbarrecht. Ein rücksichtsloses Beharren auf dem Eigentümerrecht, insbesondere auf dem Ausschließungs- und Verbotsrecht nach §§ 903, 1004, führt hier sehr leicht und schnell zu Zwistigkeiten[5]. Zwischen den Nachbarn bestehen – latent oder aktuell – vielfache Rechtsbeziehungen. Die Gesamtheit dieser Beziehungen ist das nachbarliche Gemeinschaftsverhältnis[6]. Aus ihm entwickelten sich in der Vergangenheit die Eigentumsbeschränkungen, die heute in den §§ 906 – 924 gesetzlich geregelt sind, doch geht es über diese punktuellen gesetzlichen Regelungen hinaus und begründet ein allgemeines Gebot der Rücksichtnahme und Toleranz[7], aus dem sich in konkre-

---

[3] Vgl. etwa den Katalog bei MünchenerK-Säcker § 903 Rn. 29; Palandt-Bassenge § 903 Rn. 14-22 und die ausführliche Erörterung bei Baur-Stürner § 26.

[4] Zu Duldungspflichten aus dem Gesichtspunkt des Naturschutzes vgl. Endres, Thomas, Eigentumsfreiheitsklage contra Naturschutz, 1997.

[5] „Die Parteien sind Nachbarn, also verfeindet." Des Themas „Nachbarfeindschaft" hat sich bereits ein Autor angenommen: Bergmann, Thomas, Giftzwerge, 1992. Zur Gattung der „Frustzwerge" vgl. AG Grünstadt JuS 1995, 1029.

[6] Johow, Begründung 551, spricht von der „Grenzgemeinschaft".

[7] Vgl. BGH 28, 114; BGH NJW 1991, 1672; H. Westermann (5. Aufl.) § 63 I 2; MünchenerK-Säcker § 912 Rn. 20 ff.; Palandt-Bassenge § 903 Rn. 13; Mühl, AcP 189, 190 ff.; Schwab-Prütting Rn. 350 f.; Erman-Lorenz § 906 Rn. 74 ff.; ablehnend Wolff-Raiser § 53 Fn. 1; Baur-Stürner § 5 Rn. 16; E. Wolf § 2 F IV; BGH NJW 1990, 2468.

ten Fällen neue Unterlassungs- oder Duldungspflichten ergeben können[8]. Es ist letztlich ein besonderer Anwendungsfall des § 242 und ebenso schwierig zu handhaben wie dieser. Das nachbarliche Gemeinschaftsverhältnis ist keineswegs ein Freibrief dafür, emotionale Billigkeitsvorstellungen als geltendes Recht auszugeben[9]. Erforderlich ist vielmehr, die Interessen der Nachbarn anhand der gesetzlich vorgegebenen Entscheidungen und Wertungen gegeneinander abzuwägen; nur wenn sich dabei zeigt, daß ein Verbot einen Nachbarn in unbilliger Weise beeinträchtigen würde, kann sich aus dem nachbarlichen Gemeinschaftsverhältnis ein Duldungsanspruch ergeben. Einige Beispiele aus der Rechtsprechung sind unten unter 4 h angeführt.

Aus dem Bestehen des Gemeinschaftsverhältnisses zwischen Nachbarn folgt die Anwendbarkeit des § 278 auf Hilfspersonen[10].

2. Überbau

Baut jemand von seinem Grundstück (Stammgrundstück) aus so, daß das Gebäude in ein Nachbargrundstück hinübergreift, so liegt ein Überbau vor; dabei spielt es keine Rolle, ob nur ein wenig über die Grenze gebaut wird oder ob das Gebäude zum größeren Teil auf dem Nachbargrundstück errichtet wurde. Durch den Überbau wird das Eigentum des Nachbarn gestört, er kann nach § 1004 I 1 Beseitigung verlangen. Andererseits können durch den Abbruch des Gebäudes erhebliche Werte vernichtet werden, während die Beeinträchtigung für den Nachbarn möglicherweise gering ist. Das Gesetz sucht in den §§ 912-916 einen Interessenausgleich, wobei entscheidend das Verschulden des Überbauenden ist[11].

a) Ist der Überbau berechtigt, etwa weil dem Überbauenden eine entsprechende Dienstbarkeit zusteht, so greifen die §§ 912 ff. nicht ein. Dasselbe gilt, wenn eine schuldrechtliche Erlaubnis zum Überbauen vorliegt[12], doch ist daran nur der Gestattende selbst gebunden, nicht ein Rechtsnachfolger, an welchen er etwa das Grundstück veräußert; der Geldausgleich richtet sich nach der Vereinbarung. Ist da-

---

[8] Die Ansicht, welche ein nachbarliches Gemeinschaftsverhältnis als Grund neuer Rechte und Pflichten ablehnt, begreift dieses offenbar als ein früher lebendes, jetzt aber abgestorbenes Institut. Das ist nicht haltbar. Weitergehend lehnt Neuner, JuS 2005, 386 schon die Benutzung des Ausdrucks „Gemeinschaftsverhältnis" ab, weil er in der nationalsozialistischen Eigentumsdoktrin wurzele (vgl. dazu oben Fn. 6) und weil es außer der räumlichen Nähe nichts Verbindendes gebe. Ersteres besagt nichts zur Sache; letzteres stimmt offenbar nicht, es gibt eine gemeinsame Grenze mit vielerlei gemeinsamen oder gegensätzlichen Interessen, wovon man sich durch das Studium der einschlägigen Judikatur überzeugen kann. Auch die Tatsache schließlich, daß das Eigentum ein individuelles Freiheitsrecht sei, ändert an den vielfältigen Bindungen des Eigentums nichts.
[9] So muß die Nutzung eines Grundstücks durch den Nachbarn nicht etwa deswegen geduldet werden, weil der Eigentümer es längere Zeit ungenutzt gelassen hatte, vgl. BGH NJW 2000, 1719 f.
[10] Vgl. Brox, JA 1984, 185 ff.
[11] Motive 3, 283 f.
[12] Vgl. etwa Wolff-Raiser § 55 Fn. 8; Jauernig § 912 Rn. 1; a.A. zu Unrecht BGH NJW 1974, 794; Westermann-Westermann § 63 I 2; RGRK-Augustin § 912 Rn. 2.

gegen der gestattete Überbau schon errichtet, so ist auch der Rechtsnachfolger des Gestattenden nach § 912 I daran gebunden, es besteht eine Ausgleichspflicht nach § 912 II[13]. Hat der Eigentümer sich vertraglich verpflichtet, nicht über die Grenze zu bauen, so muß er den Überbau auf jeden Fall beseitigen, die §§ 912 ff. sind nicht anzuwenden[14].

b) Zum Abriß verpflichtet ist der Eigentümer, der rechtswidrig und unentschuldigt überbaut. Unentschuldigt ist, wer vorsätzlich oder grob fahrlässig über die Grenze baut oder wer einen Widerspruch des Nachbarn nicht beachtet[15], § 912 I. In beiden Fällen ist der Überbauende nicht schutzwürdig, sein Interesse an der Erhaltung der geschaffenen Werte hat hinter dem Integritätsinteresse des Nachbarn zurückzustehen.

Der unentschuldigte Überbau fällt gemäß §§ 946, 94 I 1 in das Eigentum des Nachbarn, dem das überbaute Grundstück gehört; das Eigentum am Gebäude wird also entlang der Grundstücksgrenze geteilt[16]. Der Nachbar kann Herausgabe dieses Gebäudeteils verlangen und ihn nutzen, falls das möglich sein sollte. Verwendungsersatz kann der Überbauende gemäß § 996 nicht verlangen, er kann allerdings den Überbau gemäß § 997 (Wegnahmerecht) beseitigen. Einen Anspruch auf Beseitigung gemäß § 1004 hat auch der Nachbar; der Überbauende muß den Überbau abreißen[17].

c) Geduldet werden muß dagegen der entschuldigte Überbau, der in den §§ 912-916 geregelt ist. Unter „Gebäude" i.S.v. § 912 sind Bauwerke aller Art zu verstehen, z.B. auch Brücken; die ratio legis der §§ 912 ff. trifft auch auf sie zu[18]; ferner nicht nur Bauwerke auf der Erde, sondern auch solche unter der Erde (z.B. ein Keller); der Überbau kann auch in der Luft geschehen, etwa durch einen hinüberragenden Balkon.

aa) Ein Überbau ist entschuldigt, wenn er ohne Vorsatz oder grobe Fahrlässigkeit geschehen ist und wenn der Nachbar dem Überbau nicht vor oder sofort nach der Grenzüberschreitung widersprochen hat[19].

bb) Liegen diese Voraussetzungen vor, so hat der Grundstücksnachbar[20] den Überbau zu dulden; sein Abwehranspruch aus § 1004 ist also durch § 912 I ausgeschlossen. Man kann sich das vorstellen als eine durch § 912 I begründete Legal-

---

[13] BGH NJW 1983, 1112 f.
[14] RGRK-Augustin § 912 Rn. 4.
[15] Das gilt auch dann, wenn der Widersprechende vom Überbau noch gar keine Kenntnis hatte oder wenn er den Widerspruch falsch oder gar nicht begründete, BGH 59, 191.
[16] H.M., vgl. BGH NJW 1985, 790; Schwab-Prütting Rn. 346; Baur-Stürner § 25 Rn. 11.
[17] Es sei denn, daß das Abreißen des Gebäudes unter Abwägung der Interessen dem Überbauenden billigerweise nicht zugemutet werden kann, wobei der Gedanke des § 251 II herangezogen werden kann, vgl. BGH 62, 291; 68, 350; Staudinger-Roth § 912 Rn. 39; Erman-Lorenz § 912 Rn. 10; die Höhe der Entschädigung richtet sich nach § 912 II.
[18] Vgl. Wolff-Raiser § 55 Fn. 2; Jauernig § 912 Rn. 5.
[19] Ob der Nachbar Kenntnis von der Grenzüberschreitung hatte, ist unerheblich, vgl. Schwab-Prütting § 28 Rn. 343. Der Widerspruch muß sofort erfolgen, damit nicht bei vorangeschrittenem Bau größere Werte zerstört werden müssen, Motive 3, 284 f.
[20] D.h. der Eigentümer, aber auch ein Erbbauberechtigter oder der Inhaber einer Dienstbarkeit, § 916.

servitut, die dem Überbauenden das Recht gibt, das Bauwerk auf dem fremden Grundstück zu halten[21]; die Duldungspflicht kann aber nicht als Belastung des überbauten Grundstücks im Grundbuch eingetragen werden[22]. Der Überbau wird nicht wesentlicher Bestandteil des überbauten Grundstücks, sondern des Stammgrundstücks, fällt also ganz in das Eigentum des Überbauenden[23]. Dagegen bleibt der überbaute Grund im Eigentum des Nachbarn; er kann vom Überbauenden verlangen, daß dieser ihm den überbauten Grundstücksteil abkaufe, und zwar zu dem Wert, den er zur Zeit der Grenzüberschreitung hatte, § 915.

cc) Als Ausgleich für die Duldungspflicht steht dem Nachbarn ein Anspruch auf eine jährlich im voraus zu entrichtende Geldrente zu, §§ 912 II, 913 II. Sie wirkt wie ein subjektiv-dingliches Recht, d.h. sie steht dem jeweiligen Eigentümer des überbauten Grundstücks zu und richtet sich gegen den jeweiligen Eigentümer des Stammgrundstücks, § 913 I. Sie geht allen anderen Rechten am Stammgrundstück vor, kann aber nicht im Grundbuch eingetragen werden, § 914 I, II. Sie verpflichtet den jeweiligen Eigentümer des Stammgrundstücks auch persönlich, §§ 914 III, 1108 I, so daß der Gläubiger nicht nur in das Grundstück, sondern auch in das übrige Vermögen des Schuldners vollstrecken kann. Die Höhe der Rente richtet sich nach der Zeit der Grenzüberschreitung, § 912 II 2, eine Anpassung an gestiegene Preise ist nicht vorgesehen und nicht möglich[24].

dd) Die §§ 912 ff. sind entsprechend anzuwenden auf den sogenannten Eigengrenzüberbau[25]: Wird ein Gebäude auf zwei zusammenhängenden Grundstücken eines Eigentümers errichtet, so hat der spätere Erwerber eines dieser Grundstücke den Überbau zu dulden. Welches Grundstück das „Stammgrundstück" ist, von welchem aus überbaut wurde, bestimmt sich nach dem Willen des Erbauers[26], sonst nach der Größe, Lage und wirtschaftlichen Bedeutung der Gebäudeteile[27]. Ist ein Stammgrundstück nicht zu ermitteln, so wird das Eigentum am Gebäude entlang der Grundstücksgrenze geteilt[28]. Gleiches gilt bei einer Grundstücksteilung, die ein Gebäude durchschneidet. Grundsätzlich verläuft die Eigentumsgrenze am Gebäude vertikal über der Grundstücksgrenze, doch kann das bei abweichender Interessenlage auch anders sein, ebenso wie beim entschuldigten Überbau[29]. Gehören Räume im Inneren des Gebäudes eindeutig zu einem bestimmten Teil des geteilten Grundstücks, so erstreckt sich das Eigentum daran auch auf diese inneren Räume[30].

---

[21] Baur-Stürner § 25 Rn. 13; Schwab-Prütting Rn. 344; vgl. aber auch Wolff-Raiser § 55 II 1.
[22] Wolff-Raiser a.a.O.
[23] Motive 3, 287; BGH 27, 197.
[24] Motive 3, 286.
[25] RG 160, 181; BGH NJW 1989, 221; BGH NJW 1990, 1791; Palandt-Bassenge § 912 Rn. 14.
[26] BGH NJW 1990, 1791.
[27] BGH NJW 1974, 794; BGH NJW 1989, 221 f.; Palandt-Bassenge § 912 Rn. 15.
[28] BGH NJW 1985, 790.
[29] Dabei kann das Gebäudeeigentum in das fremde Grundstück hineinragen, vgl. oben c bb.
[30] BGH JuS 2003, 290. Ein Grundstück mit Gaststätte und angebautem Wohnbereich war geteilt wurden, der Eigentümer veräußerte den Grundstücksteil mit der Gaststätte. Im Inneren des Gebäudes verlief die Grenze zwischen Gaststätte und Wohnbereich aber keineswegs vertikal auf der neuen Grundstücksgrenze. Käufer und Käufer stritten um das Eigentum im Inneren des Gebäudes.

ee) Sehr umstritten ist die Frage, ob und wie dem Eigentümer des Stammgrundstücks das Verschulden von Hilfspersonen beim Überbauen angerechnet werden kann. Baut ein Erbbauberechtigter über, so haftet er wie der Eigentümer selbst[31]; geschieht der Überbau durch einen Pächter oder durch einen nichtberechtigten Besitzer, so haftet der Eigentümer nicht, es sei denn, daß er dem Bau zugestimmt habe[32]. Nach der Ansicht des BGH haftet der Eigentümer nur für seine „Repräsentanten", z.B. für seinen Architekten, und zwar gemäß § 166; für andere Personen wie Bauunternehmer, Arbeiter usw. hafte er nicht[33]. Eine andere Ansicht will § 831 anwenden[34].

Auszugehen ist davon, daß Überbauender derjenige ist, in dessen wirtschaftlichem Interesse das Gebäude errichtet wird[35], nicht derjenige, der die handwerkliche Tätigkeit des Bauens verrichtet. Auf Verschulden des Überbauenden kommt es in erster Linie an. Bedient er sich beim Bauen einer oder mehrerer Hilfspersonen, so haftet er dem Nachbarn für ihr Verschulden gemäß § 278; denn er hat seine Verpflichtung aus dem nachbarlichen Gemeinschaftsverhältnis durch sie verletzt[36].

3. Notweg

a) Fehlt einem Grundstück die erforderliche Verbindung zu einem öffentlichen Weg, so kann der Eigentümer[37] von den Nachbarn verlangen, daß sie die Benutzung ihrer Grundstücke zur Herstellung der notwendigen Verbindung dulden, § 917 I 1. Das Gesetz räumt dem Betroffenen ein Notwegrecht ein, wenn dies zur ordnungsgemäßen Nutzung des Grundstücks erforderlich ist[38]; da es aber die Einzelheiten des Notweges nicht generell bestimmen kann[39], etwa welches Nachbargrundstück belastet sein soll und in welchem Umfang, wie der Weg verlaufen soll usw., muß das Recht durch richterliches Urteil konkretisiert werden, wenn die Parteien sich nicht einigen können, § 917 I 2. Weder der Eigentümer des umschlossenen noch der des belasteten Grundstücks kann den Verlauf des Notwegs einseitig bestimmen[40]. Auch wenn mehrere Nachbargrundstücke gleich geeignet sind, die Anbindung an die öffentliche Straße zu gewähren, so steht doch die Auswahl nicht dem Eigentümer des umschlossenen Grundstücks zu, sondern

---

[31] Vgl. etwa Westermann-Westermann § 63 I 1.
[32] Vgl. BGH 15, 216; Wolff-Raiser § 55 I 2.
[33] BGH 42, 69; BGH NJW 1977, 375.
[34] Baur-Stürner § 5 Rn. 18; M. Wolf Rn. 366.
[35] BGH LM § 912 Nr. 7.
[36] H. Westermann (5. Aufl.) § 64 II 3; Mühl, NJW 1960, 1133; MünchenerK-Säcker § 912 Rn. 20.
[37] Auch einem dinglich Berechtigten steht ein Notweg zu, MünchenerK-Säcker § 917 Rn. 16, nicht aber sonstigen Besitzern, BGH NJW-RR 2006, 1160.
[38] Das OLG Saarbrücken hält einen Notweg nicht für erforderlich, wenn der PKW in 120 m Entfernung parken könne, NJWE-MietR 1996, 217 f. Das Einkaufen schwerer Objekte kann dann freilich zum Problem werden.
[39] Vgl. Motive 3, 292.
[40] RG 160, 185.

dem Richter[41]; bei seiner Entscheidung hat der Richter aber die geäußerten Interessen der Beteiligten zu beachten[42].

Das Notwegrecht wirkt wie eine subjektiv-dingliche Dienstbarkeit zugunsten des jeweiligen Eigentümers des berechtigten Grundstücks gegen den jeweiligen Eigentümer des belasteten Grundstücks; es kann nicht im Grundbuch eingetragen werden.

b) Als Ausgleich kann der jeweilige Eigentümer des belasteten Grundstücks eine Geldrente verlangen; wegen deren Ausgestaltung verweist das Gesetz auf die Überbaurente, § 917 II. Der Anspruch auf die Notwegrente entsteht erst, wenn der Eigentümer des umschlossenen Grundstücks die Einräumung des Notwegs verlangt[43].

c) Das Recht auf einen Notweg besteht nicht, wenn der Eigentümer eine bestehende Verbindung zu einem öffentlichen Weg selbst durch eine willkürliche Handlung aufgehoben hat, § 918 I; auch sein Rechtsnachfolger ist daran gebunden[44]. Wird ein Grundstück zum Zweck der Veräußerung geteilt, so daß ein Teil vom öffentlichen Weg abgeschnitten wird, so trifft die Notwegpflicht den Eigentümer des anderen Teils, nicht einen sonstigen Nachbarn, § 918 II 1. Dasselbe gilt, wenn einem Grundstück die Verbindung zu einem öffentlichen Weg dadurch abgeschnitten wird, daß der Eigentümer zweier nebeneinander liegender Grundstücke eines davon veräußert, § 918 II 2.

4. Immissionen

a) Der Eigentümer kann Störungen aller Art gemäß § 1004 abwehren, er kann sich also auch gegen Immissionen zur Wehr setzen, d.h. dagegen, daß von anderen Grundstücken aus auf sein Grundstück störend eingewirkt wird. Eine Ausnahme bestimmt § 906 für die *Immission von Imponderabilien*. Darunter sind unwägbare Gegenstände zu verstehen, wie z.B. Erschütterungen, Wärme, Geräusche, Licht, Gase, Dämpfe, Rauch, Ruß, Gerüche[45]; weiter etwa Elektrizität und Funken. Dabei spielt es keine Rolle, ob die Immission vom Nachbargrundstück ausgeht oder von einem weiter entfernten Grundstück[46]. Grobimmissionen, also die Einwirkung fester Körper, fallen nicht unter § 906; gegen sie kann sich der Eigentümer immer nach § 1004 wehren. Eine Ausnahme kann sich allenfalls aus dem nachbarlichen Gemeinschaftsverhältnis ergeben[47].

---

[41] So auch RG 160, 185; a.A. Soergel-Baur § 917 Rn. 8.
[42] Vgl. Wolff-Raiser § 56 II b; MünchenerK-Säcker § 917 Rn. 25 ff.; Westermann-Westermann § 64 II 2.
[43] Vgl. BGH NJW 1985, 1952.
[44] Vgl. Motive 3, 291.
[45] Vgl. Motive 3, 264; Protokolle der 2. Kommission 3530 (Mugdan 3, 580). Zur Bedeutung des § 906 für die Haftung nach dem Umwelthaftungsgesetz und nach dem Bundesimmissionsschutzgesetz vgl. Petersen, Jens, Duldungspflicht und Umwelthaftung, 1996.
[46] RG 105, 216.
[47] Vgl. unten h.

aa) Natürliche Vorgänge und menschliche Tätigkeiten sind von physikalischen Wirkungen begleitet, die sich im Luftraum auf natürliche Weise fortpflanzen und unkontrollierbar sind. Würde das Eigentum generell Schutz gegen solche Immissionen gewähren, so würden menschliche Tätigkeiten, insbesondere wirtschaftliche und gewerbliche, erheblich behindert werden. Das Gesetz schränkt daher das Grundeigentum dahin ein, daß es gegen die Immission von Imponderabilien kein Abwehrrecht gibt, solange diese nicht zu wesentlichen und ortsunüblichen Beeinträchtigungen führen[48].

bb) Aus dem Ausgeführten ergibt sich, daß nur gegen die natürliche Einwirkung von Imponderabilien kein Abwehrrecht besteht, daß aber niemand berechtigt ist, Imponderabilien durch besondere Vorrichtungen (z.B. Leitungen) auf ein anderes Grundstück zu leiten[49], § 906 III. Nicht erlaubt ist es etwa, Gase, Wärme oder Gerüche auf ein anderes Grundstück zu leiten oder eine Lichtreklame auf die Außenfassade des Nachbarhauses zu projizieren[50].

cc) Als *negative Immissionen* werden solche Einwirkungen bezeichnet, welche einem Grundstück z.B. Licht, Luft, Sonne, Radio- und Fernsehwellen oder die Aussicht entziehen. Da es sich aber nicht um Immissionen auf das Nachbargrundstück handelt, ist § 906 auf sie nicht anwendbar. Da § 906 das Abwehrrecht des § 1004 einschränkt, bedeutet das, daß § 1004 ohne Einschränkung anwendbar ist, wenn seine Voraussetzungen vorliegen[51]. Entscheidend ist also, ob das Eigentum das Recht auf ungehinderten Zugang von Sonne, Licht, Rundfunkwellen usw. umfaßt sowie das Recht auf eine unverbaute Aussicht. Das ist nicht der Fall[52]. Jeder darf sein Grundstück im Rahmen der Gesetze nach Belieben nutzen, wenn er die Grundstücksgrenzen dabei nicht überschreitet[53]. Wenn keine öffentlich-rechtliche Vorschrift besteht[54], die als Schutzgesetz i.S.v. § 823 II fungieren kann, gibt es also gegen „negative Immissionen" keinen Abwehranspruch. Allerdings kann auch hier das nachbarliche Gemeinschaftsverhältnis die Nutzungsmöglichkeiten einschränken, wenn sonst den Nachbarn erhebliche Nachteile drohen[55].

dd) Unter *ideellen Immissionen* versteht man solche Einwirkungen, die das sittliche oder ästhetische Empfinden des Nachbarn verletzen. Dazu gehört ein störend häßlicher Anblick auf dem Nachbargrundstück oder die Verletzung moralischer Empfindungen durch den Betrieb eines FKK-Clubs oder eines Bordells. Auch „ideelle Immissionen" sind keine wirklichen Immissionen, § 906 ist nicht auf sie an-

---

[48] Vgl. Motive 3, 268 ff.; Protokolle der 2. Kommission 3531 (Mugdan 3, 580).

[49] Vgl. Motive 3, 265.

[50] Berg, JuS 1962, 74.

[51] Das Problem liegt in § 1004, nicht in § 906, wie Baur-Stürner § 25 Rn. 18 zu Recht betont.

[52] RG 98, 15; BGH 88, 344; BGH NJW 1991, 1672; OLG Düsseldorf NJW 1979, 2618; Palandt-Bassenge § 903 Rn. 8 f.; Baur-Stürner § 25 Rn. 26; Hinz, JR 1997, 139; vgl. aber auch Ostendorf, JuS 1974, 756 ff.; Reetz, Wolfgang, Der Schutz vor negativen Immissionen als Regelungsaufgabe des zivilrechtlichen und des öffentlichrechtlichen Nachbarschutzes, 1996.

[53] Vgl. MünchenerK-Medicus § 1004 Rn. 34.

[54] Vgl. etwa die Grenzregelungen unten 6.

[55] Vgl. etwa RGRK-Augustin § 1004 Rn. 24; Staudinger-Gursky § 1004 Rn. 67.

wendbar. Ob ein Abwehranspruch nach § 1004 gegen ideelle Immissionen geltend gemacht werden kann, ist umstritten. Gemäß der Rechtsprechung des BGH ist ein Abwehranspruch ausgeschlossen[56]. In der Tat kann man es nicht zulassen, daß jemand mit Hilfe des Abwehranspruchs aus § 1004 anderen seine ästhetischen oder auch übertrieben prüden Ansichten aufzwingt. Wer keine Gartenzwerge mag, sie für kitschig und geschmacklos hält, hat deswegen noch nicht das Recht, anderen das Aufstellen eines Gartenzwerges zu verbieten[57].

Andererseits besteht keine Berechtigung, die Anwendung des § 1004 generell auszuschließen, wenn die ideelle Immission eine objektive Beeinträchtigung des Eigentums darstellt[58]. Dabei liegt es nahe, die Wertung des § 906 entsprechend heranzuziehen und den Abwehranspruch bei wesentlichen, ortsunüblichen Störungen zu bejahen[59].

Ein Abwehranspruch ist immer dann zu bejahen, wenn durch die Störung der Wert des betroffenen Grundstücks in ortsunüblicher Weise vermindert wird. Wer in einer teuren und ruhigen Villengegend ein Haus gekauft hat, muß keinen Schrottplatz in seiner Nachbarschaft dulden[60]; durch den Schrottplatz wird er praktisch so gestellt, als hätte er im Industriegebiet gebaut, was der Gestörte nicht hinnehmen muß. Ähnlich ist es, wenn in einer Wohngegend ein Eros-Center seinen Betrieb aufnimmt[61]. Voraussetzung ist aber immer, daß der störende Betrieb nach außen in Erscheinung tritt. Ein Bordellbetrieb, der nach außen überhaupt nicht in Erscheinung tritt, mag zwar die Nachbarn empören, stellt jedoch keine Störung i.S.d. § 1004 dar[62]. Ein FKK-Betrieb, der nur unter bestimmten Voraussetzungen einsehbar ist, stört nicht; die Nachbarn müssen nicht aufs Dach steigen und müssen auch nicht ihr Fernglas mitnehmen, um sich zu entrüsten; sie können wegsehen. Spielt sich die Kultur der Freikörper jedoch unmittelbar vor den Wohnungsfenstern ab, so daß der Wohnungsinhaber in der warmen Jahreszeit nicht aus dem Fenster sehen kann, ohne mehr oder minder ästhetische Nackedeis zu sehen, so darf er sich mit Recht gestört fühlen.

Wird der Wert des Grundstücks durch die Störung nicht oder nur unwesentlich beeinträchtigt, so kann dennoch ein Abwehranspruch gegeben sein. Dabei sind sorgfältig die Interessen der Nachbarn gegeneinander abzuwägen; letztlich handelt es sich um eine Entscheidung nach dem lebendigen, sich stetig weiterentwickeln-

---

[56] RG 76, 130; BGH 95, 307; ebenso etwa Palandt-Bassenge § 903 Rn. 10; MünchenerK-Säcker § 906 Rn. 29; MünchenerK-Medicus § 1004 Rn. 35 ff.; Soergel-Mühl § 1004 Rn. 33; Staudinger-Gursky § 1004 Rn. 76.

[57] So zu Recht AG Hamburg-Harburg JZ 1988, 1032 f.; anders für gemeinschaftlich genutztes Miteigentum OLG Hamburg JZ 1988, 1033 f. Allgemein zum Gartenzwerg in der Rechtsprechung vgl. Schmittmann, Gartenzwerge vor Gericht – Tendenzen und Entwicklungen in der Neueren Rechtsprechung, MDR 2000, 753 f.

[58] So zu Recht die h.M., vgl. etwa AG Münster NJW 1983, 2886; Staudinger-Gursky § 1004 Rn. 55 ff.; Erman-Ebbing § 1004 Rn. 22 f.; Baur-Stürner § 25 Rn. 26; M. Wolf Rn. 212.

[59] Vgl. Schwab-Prütting Rn. 330.

[60] Vgl. Baur, JZ 1969, 432 f.; Grunsky, JZ 1970, 785 f.

[61] Vgl. Baur-Stürner § 25 Rn. 26; Jauernig, JZ 1986, 606 ff.

[62] BGH JZ 1986, 145.

den Institut des nachbarlichen Gemeinschaftsverhältnisses[63]. Lagert etwa jemand in schikanöser Weise Unrat an der Grundstücksgrenze ab, so daß nur der Nachbar, nicht aber er selbst den häßlichen Anblick hat, so kann Beseitigung verlangt werden[64].

b) Der Eigentümer kann die Einwirkung von Imponderabilien nicht verbieten, wenn sie die Benutzung seines Grundstücks nicht oder nicht wesentlich beeinträchtigen, § 906 I 1. Eine Einwirkung ist wesentlich, wenn sie nach ihrer Eigenart, Stärke, Häufigkeit und Dauer in besonderem Maße geeignet ist, negative Auswirkungen hervorzurufen; wenn sie dem Nachbarn billigerweise nicht mehr zugemutet werden kann. Maßstab ist dabei nicht das subjektive Empfinden des – vielleicht besonders empfindlichen – Gestörten, sondern das objektive Empfinden einer verständigen Durchschnittsperson[65]. Dabei sind die Natur und die Zweckbestimmung des Nachbargrundstücks zugrunde zu legen: Ein Krankenhaus wird regelmäßig in höherem Maße schutzwürdig sein als ein Wohnhaus, ein Wohnhaus schutzwürdiger als eine Fabrik[66]. Auf die Schutzwürdigkeit der emittierenden Anlage kommt es dagegen für die Frage der Wesentlichkeit nicht an[67]. Wird die Zweckbestimmung eines Grundstücks geändert, so kann das, was vorher eine unwesentliche Störung war, nunmehr eine wesentliche sein.

In der Regel ist eine Immission von Imponderabilien gemäß § 906 I 2 dann unwesentlich und zu dulden, wenn die in Gesetzen oder Rechtsverordnungen des Bundes oder der Länder festgelegten Grenz- oder Richtwerte nicht überschritten werden. Ausnahmsweise kann eine wesentliche Beeinträchtigung aber auch in diesem Fall vorliegen[68]. Die gleiche Regelung gilt nach § 906 I 3 auch dann, wenn die Grenz- und Richtwerte von Verwaltungsvorschriften nach § 48 BImSchG[69] nicht überschritten werden[70]. Die so bestimmten Richtwerte stellen den aktuellen Stand der Technik dar; sind sie überholt, so können sie keine Verbindlichkeit beanspruchen. Andere Richtwerte können als Erfahrungswerte im Rahmen des § 906 I 1 von Bedeutung sein für die Beurteilung der Wesentlichkeit der Störung[71].

---

[63] Vgl. oben 1.

[64] AG Münster NJW 1983, 2886 f.

[65] Vgl. BGH JZ 1993, 1112 ff. Zur Brauchbarkeit dieses Kriteriums vgl. einerseits Vieweg, NJW 1999, 969 ff., andererseits Marburger, Zur Reform des § 906, FS für Wolfgang Ritter 1997, S. 901, 914.

[66] So Wolff-Raiser § 53 II 1; Palandt-Bassenge § 906 Rn. 20; Erman-Lorenz § 906 Rn. 17.

[67] BVerwG NVwZ 1983, 155 ff. Vgl. dazu aber das umstrittene Urteil des OLG Köln, NJW 1998, 764, das den Aufenthalt der in einem Heim für geistig Behinderte Untergebrachten im Freien zeitlich beschränkt, um die Lärmbelästigung der Anwohner in erträglichen Grenzen zu halten, sowie die Stellungnahmen dazu, etwa Quambusch, ZfS 1998, 161; Lachwitz, NJW 1998, 881 einerseits, Wassermann, NJW 1998, 730, andererseits. Das Urteil versucht in besonnener Weise, ein Zusammenleben von geistig behinderten und gesunden Menschen erträglich und auf diese Weise möglich zu machen.

[68] Zur Frage der Beweislast vgl. Marburger (o. Fn. 65) S. 901 ff.

[69] Vgl. dazu Kloepfer § 6 Rn. 22 ff.; Marburger, DJT 56 (1986) I C 106 ff.

[70] § 906 I Satz 2 und 3 wurden 1994 eingefügt, vgl. dazu die Kritik an dieser Neuregelung bei Marburger (o. Fn. 65) S. 901 ff.; Hagen, ZfIR 1999, 413, 414 f.

[71] Vgl. Müller Rn. 328.

c) Ist eine Beeinträchtigung zwar wesentlich, wird sie aber durch eine ortsübliche Nutzung herbeigeführt, so besteht kein Anspruch auf Unterlassen, es sei denn, daß sie durch wirtschaftlich zumutbare Maßnahmen verhindert werden könnte, § 906 II 1. Die Ortsüblichkeit wird durch einen Vergleich mit der Nutzung anderer Grundstücke des gleichen Bezirks ermittelt; sie ist dann gegeben, wenn im gleichen Bezirk eine Mehrheit von Grundstücken mit nach Art und Umfang annähernd gleich beeinträchtigender Wirkung auf andere Grundstücke genutzt wird[72]. Die Ortsüblichkeit ist also nicht vom betroffenen, sondern vom emittierenden Grundstück aus zu beurteilen; auf die zeitliche Priorität kommt es für die Frage der Ortsüblichkeit nicht an[73]. Eine Schweinemästerei in einem Dorf kann also ortsunüblich werden, wenn sich das Dorf in Stadtnähe zu einem reinen Wohnbezirk entwickelt[74].

aa) Ist die Störung ortsüblich, kann sie aber durch wirtschaftlich zumutbare Maßnahmen des Störers verhindert werden, so muß der Nachbar sie nicht dulden. Er kann vielmehr verlangen, daß der Störer diese Schutzmaßnahmen ergreift. Entscheidend für die Zumutbarkeit sind nicht die wirtschaftlichen Möglichkeiten des konkreten Störers, vielmehr richtet sich die Zumutbarkeit nach objektiven Maßstäben (vgl. § 906 II 1: „... Benutzern dieser Art ...")[75]. Die Kosten der Schutzmaßnahmen dürfen nicht unverhältnismäßig hoch sein und nicht zu einer wesentlichen Beeinträchtigung der Grundstücksnutzung führen.

bb) Ist die Beeinträchtigung ortsüblich und nicht durch wirtschaftlich zumutbare Maßnahmen zu verhindern, so ist sie zu dulden; dafür kann der Eigentümer vom Benutzer des störenden Grundstücks einen angemessenen Ausgleich in Geld verlangen, falls die Einwirkung eine ortsübliche Nutzung seines Grundstücks oder dessen Ertrag über das zumutbare Maß hinaus beeinträchtigt, § 906 II 2; es handelt sich um einen Aufopferungsanspruch.

cc) Gegen wesentliche und ortsunübliche Beeinträchtigungen besteht der Unterlassungsanspruch nach § 1004[76], ebenso gegen Immissionen von Gegenständen, die keine Imponderabilien sind[77].

d) Ein Duldungsanspruch kann sich außer aus § 906 auch aus § 14 BImSchG ergeben. Nach §§ 4 ff. BImSchG bedürfen bestimmte Betriebe einer behördlichen

---

[72] Palandt-Bassenge § 906 Rn. 20; zum Begriff der Ortsüblichkeit vgl. auch Fehn-Laschet, UPR 1998, 7 ff.

[73] BGH 15, 148; RGRK-Augustin § 906 Rn. 51; MünchenerK-Säcker § 906 Rn. 96; anders BGH JZ 2002, 244 f., der auf die Billigkeit abstellt.

[74] Vgl. BGH 15, 146; 67, 252.

[75] Erman-Lorenz § 906 Rn. 34; Baur-Stürner § 25 Rn. 28.

[76] Wesentlich und ortsunüblich ist etwa die Geruchsbelästigung durch eine Schweinemästerei in einem Wohngebiet, BGH 48, 31; die Geräuschbelästigung durch Freiluft-Operettenaufführungen in Wohngebieten, BGH JZ 1969, 635.

[77] Dagegen will der BGH den § 906 II 2 als Anspruchsgrundlage für Schadensersatzansprüche auch bei grobkörperlichen Immissionen anwenden und immer dann, wenn der Geschädigte nicht in der Lage war, die Immission zu verhindern, vgl. etwa NJW 2004, 3701 und dazu Wieling, LMK 2005, 26 f. (vgl. auch LMK 2004, 82 f.; LMK 2003, 183 f.) Das verstößt gegen das Prinzip des BGB, wonach Schadensersatz nur bei schuldhaften Rechtsverletzungen gewährt wird; dagegen zu Recht auch Neuner, JuS 2005, 497 ff., 491.

Genehmigung[78]; ist sie unanfechtbar geworden, so kann nicht mehr die Einstellung des Betriebes nach § 1004 verlangt werden. Die Nachbarn können im Genehmigungsverfahren ihre Interessen geltend machen; nachher können nur noch schützende Vorkehrungen verlangt werden. Soweit sie zum Schutz nicht ausreichen, muß der Grundeigentümer die Beeinträchtigungen dulden; er kann dafür Schadensersatz verlangen, § 14, 2 BImSchG.

aa) Es bleibt noch die Möglichkeit nachträglichen Einschreitens der Behörde, etwa nach §§ 17-21 BImSchG. Ein solches Einschreiten kann der Nachbar zwar anregen, aber nur dann mit der Verpflichtungsklage erzwingen[79], wenn eine drittschützende Norm verletzt ist und das Ermessen der Behörde auf Null reduziert ist.

bb) Aber nicht jede behördliche Genehmigung eines Vorhabens schafft eine Duldungspflicht für die Nachbarn. Eine Baugenehmigung z.B. schließt Abwehransprüche der Nachbarn nach § 1004 keineswegs aus[80]. Bei der Erteilung einer Baugenehmigung wird nur geprüft, ob Vorschriften des öffentlichen Rechts entgegenstehen; die Belange der Nachbarn werden nicht in Betracht gezogen. Daher werden Baugenehmigungen aufgrund der landesrechtlichen Gesetze unter dem Vorbehalt privater Rechte Dritter erteilt.

Eine behördliche Genehmigung kann zivilrechtliche Abwehransprüche also nur ausschließen, wenn dies ausdrücklich gesetzlich angeordnet ist. Für die Baugenehmigung fehlt es jedoch an einer dem § 14 BImSchG entsprechenden Regelung.

e) Ein Duldungsanspruch kann sich aus einem *Bauleitplan* ergeben[81]. Ist etwa ein bisheriges Wohngebiet als Gewerbegebiet ausgewiesen, so fragt sich, ob ein Nachbar nach § 1004 gegen einen neuangesiedelten Gewerbebetrieb vorgehen kann wegen wesentlicher und ortsunüblicher Immissionen; die Frage ist streitig. Der BGH läßt den Abwehranspruch zu, indem er für die Ortsüblichkeit allein auf die tatsächlich vorhandenen Umgebungsverhältnisse abstellt. Die planerische Zulässigkeit könne allenfalls Anhaltspunkt für die Ermittlung der ortsüblichen Nutzung sein[82].

Bauleitpläne regeln aber nicht nur das Verhältnis des Eigentümers zur öffentlichen Gewalt, sondern auch das Verhältnis der Nachbarn untereinander[83]; sie enthalten folglich bereits den Interessenausgleich, der nach § 906 angestrebt wird. Daher müssen Bauleitpläne als Inhalts- und Schrankenbestimmungen des betroffenen Eigentums angesehen werden[84], so daß der privatrechtliche Abwehranspruch demnach beim Vorliegen eines Bauleitplans ausgeschlossen ist[85].

---

[78] Vgl. dazu Kloepfer § 14 Rn. 88 ff.; Marburger, DJT 56 (1986) I C 54 ff.

[79] Kloepfer § 14 Rn. 186.

[80] Vgl. etwa BayObLG, NJW-RR 1991, 19; MünchenerK-Medicus § 1004 Rn. 6756; Baur, JZ 1974, 660; M. Wolf Rn. 387; Schmitz, NVwZ 1991, 1132 f. mit Literatur.

[81] Vgl. dazu Marburger, DJT 56 (1986) I C 102 ff.

[82] BGH 41, 269 f.; BGH NJW 1983, 751; Baur JZ 1974, 660; MünchenerK-Säcker § 906 Rn. 91.

[83] BVerwG NVwZ 1983, 155; Trzaskalik, DVBl 1981, 72; Schmitz, NVwZ 1991, 1131 f.

[84] Kleinlein, NVwZ 1982, 669; Peine, JuS 1987, 173; Breuer, DVBl 1983, 435.

[85] Friauf, DVBl 1971, 718; Breuer, DVBl 1983, 438; Schmitz, NVwZ 1991, 1132.

f) Eine Duldungspflicht kann sich aus öffentlich-rechtlichen Eigentumsbeschränkungen ergeben, oben I 2; ferner dann, wenn der störende *Eingriff auf einem hoheitlichen Handeln* beruht, das nicht abgewehrt werden kann; in diesen Fällen steht dem Betroffenen ein Aufopferungsanspruch zu[86].

g) Eine Duldungspflicht kann sich aus einem *überwiegenden Allgemeininteresse* ergeben. Aus der Tatsache, daß der Betrieb einer störenden Anlage im allgemeinen Interesse liegt, kann sich wegen der Sozialbindung des Eigentums eine Duldungspflicht ergeben, so daß der gestörte Grundstücksnachbar jedenfalls nicht Betriebseinstellung, sondern allenfalls schützende Vorkehrungen verlangen kann[87]. Sogenannte „gemeinwichtige Betriebe", bei denen die Rechtsprechung eine solche Duldungspflicht annimmt, sind z.B. öffentliche Straßen oder Versorgungseinrichtungen.

h) Eine Duldungspflicht der Nachbarn kann sich aus dem *nachbarlichen Gemeinschaftsverhältnis* ergeben, vgl. oben 1.

aa) Das nachbarliche Gemeinschaftsverhältnis kann etwa die Duldung auch grobkörperlicher Immissionen verlangen. So kann ein Nachbar den Abbau von Gips durch Sprengungen nicht verbieten, auch wenn dabei bisweilen Gipsbrocken auf sein Haus fallen, wenn durch die Stillegung des Abbaubetriebes die Existenz des Nachbarn vernichtet würde, während die Schäden am Haus des Betroffenen relativ gering sind. Der Betroffene kann aber im Rahmen eines Aufopferungsanspruchs vollen Ersatz seiner Schäden verlangen[88].

bb) Andere Duldungspflichten ergeben sich etwa bei – wirklichen oder eingebildeten – Störungen durch Tiere und Pflanzen. So muß der Nachbar es in Wohngegenden mit Gärten und Grünflächen dulden, wenn bisweilen ein Kater – und sei es ein schwarzer[89] – sein Grundstück betritt[90]; einen PKW darf der Kater freilich nicht betreten, denn der ist dem Bürger heilig[91]. Auch das Eindringen von Bienen kann der Nachbar nicht verbieten, soweit es ortsüblich ist[92]; die Abwägung der beiderseitigen Interessen kann freilich auch ergeben, daß der Nachbar die Bienen nicht auf seinem Grundstück dulden muß, wenn er etwa an einer gefährlichen Bienengiftallergie leidet und sein Nachbar 20 Bienenvölker hält[93].

---

[86] Vgl. BGH 59, 378 (Beeinträchtigung durch Militärflugzeuge); ferner BGH 48, 94; BGH 97, 114 ff.; BGH NJW 1990, 978 ff.; Papier, NJW 1974, 1797 ff.; MünchenerK-Säcker § 906 Rn. 127 ff.

[87] BGH 64, 220; BGH 54, 384; BGH NJW 1984, 1242; Palandt-Bassenge § 906 Rn. 35; Soergel-Baur § 906 Rn. 66.

[88] Vgl. BGH 28, 225 ff.; auch BGH 58, 149 ff.

[89] LG Oldenburg NJW-RR 1986, 883.

[90] Vgl. OLG Celle NJW-RR 1986, 821; OLG Köln NJW 1985, 2338; OLG Schleswig NJW-RR 1988, 1360; LG Augsburg NJW 1985, 499 f. (dagegen Dieckmann, NJW 1985, 2311 ff. mit dem Vergleichsfall, ein Nachbar gehe durch den Garten und werfe Knallerbsen ins Schlafzimmer, ein Verhalten, das man bei Katzen freilich bisher noch nicht beobachtet hat); AG Dietz NJW 1985, 2239 f.; AG Rheinsberg NJW-RR 1992, 408; a.A. zu Unrecht AG Passau NJW 1983, 2885. Zu Nachbarstreitigkeiten um sonstige Tiere vgl. Palandt-Bassenge § 906 Rn. 10.

[91] LG Lüneburg, NZM 2000, 271 ff.

[92] RG 161, 406; BGH 16, 366.

[93] LG Ellwangen NJW 1985, 2339 f.

Ebenso kann der Nachbar sich nicht gegen das Herüberfallen von Blättern, Nadeln, Blüten, Blütenstaub und Samen von Bäumen wehren, wenn der Baumbewuchs ortsüblich ist[94]. Ein Ausgleich, z.B. für die Dachreinigung, kann nur verlangt werden, wenn die Beeinträchtigung sonst unzumutbar wäre[95].

cc) Nochmals sei hier darauf hingewiesen, daß das Institut des nachbarlichen Gemeinschaftsverhältnisses kein Freibrief für Willkür ist, sondern eine sorgfältige Abwägung der Interessen anhand der gesetzlichen Wertung verlangt. Zu einer Duldungspflicht kann man nur kommen, wenn dadurch die Interessen des Pflichtigen nur unerheblich beeinträchtigt werden im Verhältnis zu den Interessen des einwirkenden Nachbarn, die bei einem Verbot unbillig betroffen würden.

i) Sowohl bei einer Duldungspflicht aus Gründen überwiegenden Allgemeininteresses als auch bei einer solchen kraft nachbarlichen Gemeinschaftsverhältnisses ist die Frage nach einem Anspruch auf Geldersatz zu prüfen. Ein Ausgleichsanspruch in Form eines privatrechtlichen Aufopferungsanspruchs kann abgeleitet werden aus dem Rechtsgedanken der §§ 904, 2, 906 II 2, § 14, 2 BImSchG[96]. Dabei ist § 906 entsprechend heranzuziehen, so daß ein Ausgleichsanspruch nur in Betracht kommt bei wesentlichen Beeinträchtigungen, welche nicht durch zumutbare Maßnahmen verhindert werden können und welche das zumutbare Maß übersteigen. Ein Ausgleichsanspruch analog § 906 II 2 kommt auch dann in Betracht, wenn der Betroffene einer rechtswidrigen Einwirkung tatsächlich nicht in der Lage war, dagegen vorzugehen[97].

5. Grenzprobleme

Die folgenden Rechte zwischen den Nachbarn stehen nicht nur dem Grundstückseigentümer zu, sondern jedem berechtigten Grundstücksbesitzer, z.B. auch einem Mieter oder Pächter.

a) Gemäß § 907 braucht der Grundstückseigentümer sogenannte „gefahrdrohende Anlagen" nicht zu dulden, d.h. solche, von denen mit Sicherheit vorauszusehen ist, daß ihr Bestand oder ihre Benutzung eine unzulässige Einwirkung auf sein Grundstück zur Folge hat. Die Beeinträchtigung selbst braucht noch nicht vorzuliegen, § 907 gibt einen von § 1004 unabhängigen vorbeugenden Abwehranspruch; nach Errichtung der Anlage richtet sich der Anspruch auf Beseitigung. Beruht die Gefährdung lediglich auf einem Mangel der Anlage, so kann Beseitigung des Mangels verlangt werden. Der Begriff der „Einwirkung" ist wie in § 906 zu verstehen. Der Anspruch wird ausgeschlossen durch § 907 I 2 und § 14 BImSchG.

---

[94] OLG Stuttgart NJW-RR 1988, 204; OLG Düsseldorf NJW-RR 1990, 145; OLG Frankfurt NJW 1988, 2619; OLG Karlsruhe NJW 1983, 2886; LG Stuttgart NJW 1985, 2340; Müller, NJW 1988, 2587.

[95] OLG Frankfurt, OLG Düsseldorf und OLG Karlsruhe a.a.O.; anders Britz, DÖV 1996, 505 ff., nach der § 906 I 1 lediglich Duldung der Zuführung von Imponderabilien vorschreibt, nicht aber die Duldung des Verbleibs.

[96] BGH 90, 262; Palandt-Bassenge § 906 Rn. 35.

[97] Vgl. dazu etwa MünchenerK-Säcker § 906 Rn. 137; Süß, Philip, Die verschuldensunabhängige Haftung analog § 906 Absatz 2 Satz 2 BGB, 1998; BGH NJW 1999, 2896.

Bäume und Sträucher gelten nicht als gefährliche Anlagen, auf sie sind §§ 910, 923 und die Regelungen in den Nachbargesetzen der Länder anzuwenden[98].

b) Ein vorbeugender Abwehranspruch besteht weiter, wenn eine Gefahr durch Gebäudeeinsturz auf dem Nachbargrundstück droht, § 908[99]. Der Anspruch richtet sich gegen den, der nach erfolgter Schädigung gemäß §§ 836-838 haften würde; er verpflichtet den Schuldner dazu, vorkehrende Maßnahmen gegen die drohende Gefahr zu treffen.

c) Einen vorbeugenden Unterlassungsanspruch sowie einen Beseitigungsanspruch gibt schließlich § 909, und zwar für den Fall, daß ein Nachbar sein Grundstück so vertieft, daß Nachbargrundstücke bzw. darauf befindliche Gebäude dadurch ihren Halt verlieren. Hauptanwendungsfälle sind Ausschachtungen auf einem Grundstück, außerdem bauliche Veränderungen, die zu einer Absenkung des Grundwasserspiegels führen[100].

d) § 910 I 1 gibt ein Selbsthilfe- und Aneignungsrecht für den Fall, daß Wurzeln von Bäumen oder Sträuchern in ein Nachbargrundstück eindringen. Sie gehören dem Nachbarn, von dessen Grundstück die Störung ausgeht; der Gestörte kann von ihm Beseitigung in einer angemessenen Frist verlangen. Erfolgt die Beseitigung nicht innerhalb dieser Frist, so kann der Gestörte die Beseitigung nicht etwa gerichtlich durchsetzen. Statt dessen gibt § 910 dem Gestörten ein Selbsthilferecht, die Wurzeln eigenmächtig abzuschneiden und zu behalten, soweit sie in sein Grundstück eingedrungen sind[101]. Die Kosten dafür kann er nicht nach § 683 (Geschäftsführung ohne Auftrag) oder nach § 812 ersetzt verlangen, da er nur ein eigenes Recht wahrnimmt. Für überhängende Zweige gilt dasselbe, doch muß der gestörte Nachbar dem anderen vor der Ausübung der Selbsthilfe eine angemessene Frist setzen, die Störung selbst zu beseitigen, § 910 I 2[102]. Das Selbsthilferecht muß schonend ausgeübt werden und nicht zur Unzeit, damit die Pflanzen nicht über das erforderliche Maß beeinträchtigt werden. Das Selbsthilferecht besteht nicht, wenn die eingedrungenen Wurzeln oder Zweige die Benutzung des Grundstücks nicht beeinträchtigen.[103]

e) Gemäß § 911, 1 gelten Früchte, die auf ein Nachbargrundstück hinüberfallen, als Früchte dieses Grundstücks; sie gehören also dessen Eigentümer. § 911 regelt daher eine Ausnahme von § 953, wonach abgetrennte Früchte dem Eigentümer der

---

[98] Vgl. unten 6.

[99] Daneben kann der Nachbar auf baupolizeiliches Einschreiten klagen.

[100] BGH 57, 370; 69, 1.

[101] So Protokolle der 2. BGB-Kommission 3562 ff., 3568, Mugdan 3, 592 f. § 910 schließt also nach dem Willen der Gesetzgebungskommission den Anspruch aus § 1004 aus. Anders aber die h.M., vgl. BGH 60, 241 ff.; 97, 231; BGH JZ 1992, 310 ff.; BGH JZ 2004, 627 ff. MünchenerK-Säcker § 910 Rn. 11. Nach Ansicht der Kommission ist ein Beseitigungsanspruch unpraktisch und unbegründet, denn es liege kein widerrechtlicher Eingriff in das Eigentum vor; der Baum wachse einfach aus natürlichen Gründen. So auch zutreffend Wilhelm, JZ 2004, 629 f. und im Ergebnis auch Gursky, JZ 1992, 312 ff.

[102] Schneidet der Nachbar die Zweige ohne Fristsetzung ab, so ist er nicht zum Schadensersatz verpflichtet, soweit der Schaden auch bei ordnungsgemäßer Fristsetzung eingetreten wäre, LG Gießen NJW-RR 1997, 655.

[103] Vgl. etwa AG Würzburg NJW-RR 2001, 953.

Hauptsache gehören. Fallen die Früchte auf ein öffentliches Grundstück, so gilt die Regel des § 953, vgl. § 911, 2.

§ 911 gibt dem Nachbarn nicht das Recht, die Früchte zu pflücken oder herabzuschütteln. Hängen die Früchte in sein Grundstück hinüber, so kann er sie sich nur zusammen mit dem Ast aneignen, wenn die Voraussetzungen des § 910 gegeben sind.

f) Die Nachbarn sind gegenseitig verpflichtet, an der Errichtung oder Instandsetzung fester Grenzeichen mitzuwirken, § 919 I. Wie die Abmarkung zu erfolgen hat, entscheiden die Landesgesetze, subsidiär die Ortsüblichkeit, § 919 II. Sofern die Nachbarn nichts anderes vereinbart haben, trägt jeder anteilig die Kosten.

g) Sind sich die Eigentümer der Nachbargrundstücke über den Grenzverlauf uneins, so kann jeder auf Feststellung der Grenze klagen, § 920. Diese „Grenzscheidungsklage" hat durch die katastermäßige Erfassung der Grundstücke zu Anfang dieses Jahrhunderts erheblich an Bedeutung verloren. Für die Grenzfeststellung ist zunächst die Besitzgrenze entscheidend, § 920 I 1. Ist auch die Besitzgrenze nicht zu ermitteln, so wird von der streitigen Fläche jedem Nachbarn ein gleich großes Stück zugeteilt, § 920 I 2. Ergeben Umstände, daß die so ermittelte Grenze nicht korrekt sein kann, ist entsprechend diesen Umständen nach billigem Ermessen zu korrigieren, § 920 II[104]. Das Urteil wirkt konstitutiv[105], es begründet das Eigentum am Grundstück ohne Eintragung im Grundbuch.

h) Stehen Grenzanlagen ganz auf einem Grundstück, so gehören sie dem Grundeigentümer. Stehen sie auf der Grenze, so sind die §§ 912 ff. anzuwenden, soweit es sich um Bauwerke handelt. Ansonsten ist das Eigentum auf der Grenze geteilt.

Als Beispiele für Grenzanlagen nennt das Gesetz Zwischenräume, Raine, Winkel, Gräben, Mauern, Hecken, Planken; auch ein gemeinsam benutzter Weg kann eine Grenzanlage sein[106]. § 921 stellt die Vermutung auf, daß Grenzanlagen, die auf beiden Grundstücken stehen und dem Vorteil beider Grundstücke dienen, beiden Eigentümern zur Nutzung zur Verfügung stehen; etwas anderes gilt dann, wenn äußere Merkmale darauf hinweisen, daß die Einrichtung einem der Nachbarn gehört. Die gemeinsame Grenzanlage darf jeder Nachbar nutzen, und zwar ganz, nicht nur den auf seinem Grundstück befindlichen Teil, solange die Benutzung dem Zweck der Anlage entspricht und den Nachbarn in dessen Nutzung nicht beeinträchtigt, § 922, 1. Die Unterhaltungskosten sind von den Nachbarn zu gleichen Teilen zu tragen, § 922, 2. Eine Änderung oder gar Beseitigung der Anlage bedarf der Zustimmung des anderen, solange er ein Interesse am Fortbestand der Anlage hat, § 922, 3. Die Regeln der §§ 741 ff. (Gemeinschaft) sind anzuwenden.

i) Ein Baum oder Strauch, der auf der Grenze steht, gehört beiden Nachbarn, und zwar soweit er auf dem jeweiligen Grundstück steht. Die Früchte gebühren den Nachbarn zu gleichen Teilen, ebenso der Baum, wenn er gefällt wird, § 923 I, III; dabei spielt es keine Rolle, ob er mehr auf dem einen oder anderen Grundstück gestanden hat. § 923 II regelt den Anspruch auf Beseitigung des Baumes.

---

[104] Vgl. das Beispiel bei Wolff-Raiser § 57 II.
[105] Vgl. etwa Wolff-Raiser § 57 II; Staudinger-Roth § 920 Rn. 17.
[106] BGH NJW 2003, 1731.

j) Die nachbarrechtlichen Ansprüche aus den §§ 907, 908, 909, 915, 917 I, 918 II, 919, 920 und 923 II sind gemäß § 924 unverjährbar.

6. Nachbarrecht der Länder

Gemäß Art. 124 EGBGB steht die Regelung des Nachbarrechts den Ländern zu[107].

a) Die Nachbarrechtsgesetze der Länder enthalten u.a. Regelungen über gemeinsame Giebelmauern auf der Grenze (Nachbarwand, Kommunmauer usw.)[108] sowie über die Grenzwand, die nur auf einem der Nachbargrundstücke steht[109], über Zäune und sonstige Einfriedungen[110] sowie über Grenzabstände für Pflanzen[111]. Stehen etwa Bäume zu nahe an der Grenze, so sind sie zu entfernen, und zwar mit Stumpf, Stiel und Wurzeln[112].

b) Der Eigentümer eines höheren Gebäudes muß unter bestimmten Voraussetzungen dulden, daß der Nachbar, der ein niedrigeres Gebäude besitzt, Schornsteine, Lüftungsschächte oder Antennen an seinem Gebäude befestigt[113].

c) Den Nachbarn steht das Hammerschlags- und Leiterrecht zu, wonach geduldet werden muß, daß ein Nachbar das andere Grundstück betritt und auch Leitern darauf aufstellt, um Reparatur- oder Reinigungsarbeiten an seinem Gebäude auszuführen[114].

d) Nachbarn müssen das Führen von Wasser-, Abwasser- und Fernheizungsleitungen über ihr Grundstück dulden, wenn dies erforderlich ist, um den Anschluß des Nachbarn an diese Leitungen zu ermöglichen[115].

e) Fenster dürfen zum Nachbargrundstück hin angebracht werden, wenn das Gebäude einen bestimmten Abstand zur Grenze hat; andernfalls ist die Zustimmung des Nachbarn erforderlich[116].

f) Die Nachbarn müssen die Dachtraufe so anlegen, daß kein Regenwasser auf das Nachbargrundstück fließt. Aus besonderen Gründen kann aber ein Nachbar verpflichtet sein, die Zuleitung des Wassers zu dulden (Traufrecht)[117].

---

[107] Zu den einzelnen Gesetzen und der Literatur dazu vgl. Palandt-Bassenge Art. 124 EGBGB. Zum Nachbarrecht der neuen Bundesländer vgl. Dehner, DDRZ 1991, 108 ff.

[108] Vgl. etwa §§ 3–12 rhpf. Nachbarrechtsgesetz (NachbRG); dazu auch MünchenerK-Säcker § 921 Rn. 7 ff.

[109] §§ 13–16 rhpf. NachbRG.

[110] Vgl. etwa §§ 39-42 rhpf. NachbRG; auch Hinz, JR 1997, 138.

[111] Etwa §§ 44–52 rhpf. NachbRG.

[112] Vgl. LG Bielefeld, NJW-RR 2002, 525.

[113] §§ 17–20 rhpf. NachbRG.

[114] Vgl. etwa §§ 21–24 rhpf. NachbRG.

[115] §§ 26–33 rhpf. NachbRG.

[116] Vgl. etwa §§ 34–36 rhpf. NachbRG.

[117] §§ 37 f. rhpf. NachbRG; Dehner § 26.

III. Erwerb und Verlust des Grundeigentums

1. Rechtsgeschäftlicher Erwerb des Grundeigentums

a) Das Grundeigentum wird gemäß § 873 I durch Einigung und Eintragung im Grundbuch übertragen[118]. Die Einigung über die Grundeigentumsübertragung hat in der Form des § 925 I zu erfolgen und wird in dieser Vorschrift traditionsgemäß als *Auflassung* bezeichnet. Die Auflassung ist bei gleichzeitiger Anwesenheit beider Parteien vor dem Notar zu erklären[119], § 925 I 1, 2; die Parteien können sich dabei durch Bevollmächtigte vertreten lassen. Auch Vertretung durch Vertreter ohne Vertretungsmacht ist möglich, das Geschäft wird durch Genehmigung des Vertretenen wirksam, § 177 I. Der Notar wird die Erklärungen regelmäßig gemäß §§ 8 ff. BeurkG beurkunden, erforderlich ist das jedoch für die Wirksamkeit der Auflassung nicht[120]; ohne Beurkundung ist aber eine Eintragung im Grundbuch nicht zu erreichen, vgl. § 20 GBO.

Die Auflassung kann nicht unter einer Bedingung oder Befristung erklärt werden, § 925 II; geschieht das doch, so ist die Auflassung insgesamt unwirksam. Die vom Grundbuch zu fordernde Klarheit verträgt solche Nebenbestimmungen nicht. Eine Regelung wie beim Eigentumsvorbehalt an beweglichen Sachen ist also beim Grundstückskauf nicht möglich; als Sicherung des Käufers kann statt dessen die Vormerkung dienen. Auch können die Parteien den Notar anweisen, die für die Eintragung erforderlichen Unterlagen (Auflassungsurkunde) erst nach Eintritt bestimmter Umstände herauszugeben.

b) Aufgrund des Abstraktionsprinzips ist für die Auflassung das Bestehen eines wirksamen Verpflichtungsvertrages nicht erforderlich. Nach § 925a soll jedoch die Auflassung vom Notar nicht entgegengenommen werden, wenn die Urkunde über das Verpflichtungsgeschäft gemäß § 311 b nicht vorgelegt oder gleichzeitig errichtet wird[121]. Es handelt sich um eine Ordnungsvorschrift; wird eine Auflassung entgegen § 925a vorgenommen, so ist sie doch wirksam. Regelmäßig werden der Grundstückskaufvertrag, die Auflassung sowie die Eintragungsbewilligung gleichzeitig beurkundet.

c) Eine Auflassung und Eintragung ist erforderlich, wenn im Wege der Auseinandersetzung einer Gesamthandsgemeinschaft (Erbengemeinschaft, Gesellschaft) das Grundstückseigentum auf einen Gesamthänder zu Alleineigentum übertragen wird, wenn es auf mehrere oder alle zu Miteigentum nach Bruchteilen übertragen wird oder wenn es auf eine andere Gesamthandsgemeinschaft mit den gleichen Personen übertragen wird, etwa von der Erbengemeinschaft A, B und C auf die Gesell-

---

[118] Vgl. das amtliche Grundbuchmuster im Anhang S. 4.

[119] Weiter kann die Auflassung auch wirksam in einem gerichtlichen Vergleich erklärt werden, § 925 I 3. Ist eine Partei zur Abgabe der Auflassungserklärung verurteilt worden, so reicht es aus, wenn der Kläger mit dem rechtskräftigen Urteil zum Notar geht und dort seine Erklärung abgibt, vgl. Wolff-Raiser § 61 I 2.

[120] Vgl. BGH 22, 312.

[121] Zum Grundstückskaufvertrag vgl. Weirich Rn. 90–122, 157–170.; Reithmann, NJW 1992, 649 ff.

schaft, bestehend aus A, B und C. Dagegen bedarf es keiner Übereignung, wenn ein Grundstück einem rechtsfähigen Verein oder einer Gesellschaft gehört und Mitglieder (Gesellschafter) ein- oder austreten[122].

d) Der Kaufvertrag umfaßt im Zweifel auch das Grundstückszubehör, § 311 c; wenn es nicht verkauft sein soll, müssen die Parteien dies ausdrücklich erklären. Die Parteien können das Zubehör nach den §§ 929 ff. übereignen. § 926 I 1 erleichtert die Übereignung, indem er den Eigentumsübergang am Grundstückszubehör schon in dem Zeitpunkt anordnet, in welchem der Erwerber das Grundeigentum erwirbt; eine Übergabe oder ein Übergabesurrogat ist also nicht erforderlich. Vorausgesetzt ist dabei, daß die Parteien den Eigentumsübergang wollen, was vermutet wird, § 926 I 2. Vorausgesetzt ist ferner, daß das Zubehör dem Veräußerer gehört; andernfalls wird der Erwerber erst mit dem Erwerb des Besitzes am Zubehör Eigentümer, und zwar gemäß den §§ 932-936, wenn er zur Zeit des Besitzerwerbs noch gutgläubig ist, vgl. § 926 II.

e) Der Grundstückserwerb ist abhängig von einer Reihe öffentlich-rechtlicher Genehmigungen. Gemäß dem Grundstücksverkehrsgesetz sind Kauf und Auflassung eines landwirtschaftlichen Grundstücks genehmigungspflichtig; vor der Genehmigung durch die Landwirtschaftsbehörde sind die Verträge schwebend unwirksam, wird die Genehmigung versagt, so sind sie nichtig. Gemäß den §§ 24 ff. BauGB steht den Gemeinden an den Grundstücken in ihrem Bezirk ein Vorkaufsrecht zu; der Notar holt das „Negativattest" der Gemeinde ein, d.h. den Verzicht auf das Vorkaufsrecht. Die Unbedenklichkeitsbescheinigung des Finanzamtes[123] nach § 22 Grunderwerbsteuergesetz ist keine Wirksamkeitsvoraussetzung für den Grundeigentumserwerb; das Grundbuchamt nimmt aber die Übertragung nicht vor, wenn sie nicht vorgelegt wird.

2. Ersitzung des Grundeigentums

a) Ein eingetragener Grundstücksbesitzer kann das Grundeigentum sowie andere, zum Besitz berechtigende Grundstücksrechte durch Tabularersitzung gemäß § 900 I in 30 Jahren ersitzen, vgl. oben § 20 III 1. Daneben gibt es gemäß § 927 die Ersitzung contra tabulas, wenn ein anderer als der Besitzer im Grundbuch als Eigentümer eingetragen ist, wenn kein Eigentümer eingetragen ist oder wenn das Grundstück nicht verbucht ist. Dadurch soll nach dem Willen des Gesetzgebers einem Käufer, der sich nicht ins Grundbuch hat eintragen lassen, auch nach längerer Zeit die Möglichkeit gegeben werden, das Eigentum am Grundstück zu erwerben[124]. Voraussetzung dieser Ersitzung ist ein 30jähriger Eigenbesitz am Grundstück, § 927 I 1; die Besitzzeit wird nach den §§ 938-944 berechnet, § 927 I 2. Guter Glaube des Besitzers ist nicht erforderlich; Voraussetzung ist aber weiter, daß entweder gar kein Eigentümer aus dem Grundbuch ersichtlich ist oder daß ein bloßer Bucheigentümer eingetragen ist. War der Eingetragene wirklich Eigentümer, so ist

---

[122] Vgl. etwa MünchenerK-Wacke § 873 Rn. 15.
[123] Sie bescheinigt die Unbedenklichkeit der Eintragung, weil die Grunderwerbssteuer bezahlt, sichergestellt oder gestundet ist.
[124] Motive 3, 329. Vgl. zum Zweck des Aufgebotsverfahrens Finkenauer 129 ff.

eine Ersitzung nur möglich, wenn er inzwischen gestorben[125] oder verschollen ist und wenn eine Grundbucheintragung, welche der Zustimmung des Eigentümers bedurfte, seit 30 Jahren nicht erfolgt ist, § 927 I 3. Dieses letztere Erfordernis ist gemäß der *ratio legis* dahin zu verstehen, daß ein Aufgebotsverfahren nur dann ausgeschlossen ist, wenn der wirkliche Eigentümer seine Zustimmung zu einer Grundbucheintragung gegeben hat[126].

b) Die Ersitzung vollendet sich nicht einfach mit Zeitablauf, das Gesetz hat in § 927 I, II ein anderes Vorgehen gewählt. Nach Vollendung der Ersitzungszeit kann der Besitzer das Aufgebotsverfahren durchführen, durch welches der Eigentümer mit seinem Recht ausgeschlossen wird, also sein Eigentum verliert, § 927 I 1. Das Verfahren ist in den §§ 946 ff., 977 ff. ZPO geregelt. Das Ausschlußurteil wirkt nicht gegen den, der vor Erlaß als Eigentümer eingetragen wurde oder für den ein Widerspruch eingetragen wurde, § 927 III. Durch das wirksame Ausschlußurteil wird das Grundstück herrenlos, der Besitzer erhält ein dingliches Aneignungsrecht, er kann sich als Eigentümer eintragen lassen und wird damit Eigentümer[127]. Rechte, die das Grundstück belasten, bleiben bestehen.

Das Verfahren nach § 927 ist umständlich, die gesetzliche Regelung erscheint mißglückt[128]. Zwar hat der Gesetzgeber § 927 damit gerechtfertigt, daß er mit dieser Vorschrift dem Käufer, dem das Grundstück nicht aufgelassen wurde, die Möglichkeit zum Eigentumserwerb eröffnen wolle. Gleichzeitig jedoch hat er ein Aufgebotsverfahren des Käufers ausgeschlossen, solange der Verkäufer noch als Eigentümer eingetragen ist, obwohl der Käufer nach der Verjährung der gegen ihn gerichteten Ansprüche ein Recht zum Besitz hat und dem Verkäufer nur ein *nudum ius* geblieben ist. Auch die Möglichkeit des Eigentümers, sein zum *nudum ius* gewordenes Eigentum noch durch Anmeldung im Aufgebotsverfahren geltend zu machen, steht dem Zweck der Vorschrift entgegen[129].

c) Ein *außerordentliches Aneignungsrecht* analog § 927 ist dann anzunehmen, wenn Eigentum und Besitz dauernd auseinanderfallen und kein Eigentumserwerb des Besitzers nach § 900 gegeben ist. In solchen Fällen, etwa in einem Dreipersonenverhältnis von Eigentümer, Bucheigentümer und Besitzer, kann der Besitzer nach § 927 vorgehen und den Eigentümer mit seinem Recht ausschließen, ohne daß dieser sein „nacktes Recht" noch anmelden kann. Gleiches muß auch gelten, wenn der Käufer und Besitzer eines Grundstücks nach 30 Jahren seinen Anspruch auf Übereignung wegen Verjährung nicht mehr geltend machen kann. Er hat ein dauerndes Besitzrecht. Könnte der Eigentümer im Aufgebotsverfahren sein Eigentum noch anmelden, so würde ein Erwerb des Käufers verhindert, und Eigentum und Besitz fielen dauernd auseinander[130]; das aber sollte § 927 gerade verhindern.

---

[125] D.h. also, wenn der Erblasser des jetzigen Eigentümers eingetragen ist.
[126] Finkenauer 139. Auch der eingetragene Besitzer kann nach § 927 I 1 ein Aufgebot beantragen, wenn er noch nicht 30 Jahre eingetragen ist und daher eine Tabularersitzung nach § 900 I noch nicht vollendet ist; zu den einzelnen Fallgestaltungen Finkenauer 135 ff.
[127] Zu diesem Aneignungsrecht vgl. Finkenauer 143 ff.
[128] Vgl. dazu auch Finkenauer 156 f., 206 ff.
[129] Vgl. dazu unten c.
[130] Vgl. dazu Finkenauer 197 ff.

3. Dereliktion und Okkupation von Grundstücken

a) Der Grundstückseigentümer kann sein Recht durch Verzichtserklärung gegenüber dem Grundbuchamt aufgeben, etwa um den damit verbundenen künftigen Lasten (z.B. der Grundsteuer) zu entgehen. Die Rechtsaufgabe wird wirksam, wenn der Verzicht im Grundbuch eingetragen wird; damit wird das Grundstück herrenlos, § 928 I. Einer Besitzaufgabe bedarf es nicht. Sonstige Rechte am Grundstück bleiben bestehen[131]. Auch ein Miteigentumsanteil am Grundstück kann gemäß § 928 derelinquiert werden[132].

b) Herrenlose Grundstücke sind nicht frei okkupierbar, vielmehr steht dem Fiskus des Bundeslandes, in dessen Gebiet das Grundstück liegt, ein dingliches Aneignungsrecht zu[133], vgl. §§ 928 II, 958 II; die Aneignung geschieht durch Eintragung als Eigentümer aufgrund eines Antrages. Der Fiskus kann sein Aneignungsrecht auf einen Dritten übertragen, und zwar formlos[134]; verzichtet der Fiskus auf sein Aneignungsrecht, so wird das Grundstück frei okkupierbar, entsprechend § 958 I. Der Verzicht geschieht durch Erklärung gegenüber dem Grundbuchamt oder einem Interessenten. Eigentümer wird, wer infolge seines Antrages als erster im Grundbuch eingetragen wird[135].

IV. Schutz des Grundeigentums

Das Grundeigentum ist wie das Eigentum an beweglichen Sachen gemäß den §§ 985–1003 geschützt, vgl. dazu oben § 12 I–V. Zu beachten ist dabei, daß Bösgläubigkeit, etwa im Sinne des § 990, bei Grundstücken nur positive Kenntnis des Rechtsmangels bedeuten kann; grobe Fahrlässigkeit schadet dem Besitzer also nicht, wie sich aus § 892 ergibt[136]: Ein Verschulden, das einem gutgläubigen Erwerb nicht im Wege steht, kann dem Besitzer, der auf die Richtigkeit des Grundbuchs vertraut, nicht vorgeworfen werden.

1. Anspruch auf Beseitigung und Unterlassung, § 1004

Der Beseitigungs- und Unterlassungsanspruch des § 1004 geht auf die römische actio negatoria zurück, betrifft allerdings im Gegensatz zu dieser nicht nur Grund-

---

[131] Vgl. RG 82, 74.

[132] Vgl. etwa MünchenerK-Kanzleiter § 928 Rn. 2a; Kanzleiter, NJW 1996, 905 ff.; Finkenauer 56, 154 f.; dagegen wollen KG NJW 1989, 42 f. und BGH NJW 1991, 2488 ff.; BGH JuS 1992, 154 f. dem Eigentümer dieses Recht absprechen, mit nicht überzeugenden Gründen.

[133] Zu dessen Inhalt vgl. Finkenauer 143 ff.

[134] RG 82, 74.

[135] Vgl. BGH NJW 1990, 251.

[136] Vgl. oben § 12 II Fn. 25.

stücke, sondern auch bewegliche Sachen[137]. Allerdings liegt sein Hauptanwendungsgebiet im Grundstücksrecht, so daß er hier dargestellt werden soll.

§ 1004 ordnet nur an, was sich aus dem Wesen des Eigentums als eines dinglichen Rechts ohnehin ergibt[138], vgl. § 903. Der Anspruch auf Herausgabe aus § 985 schützt den Eigentümer gegen jeden, der ihm den Besitz der Sache vorenthält; er schützt das Recht des Eigentümers, mit der Sache nach Belieben zu verfahren, wozu in erster Linie das Recht gehört, die Sache zu besitzen. § 1004 schützt das Recht des Eigentümers, jeden Dritten von Einwirkungen auf die Sache auszuschließen. Er gibt einen Anspruch auf Beseitigung und Unterlassung von Störungen.

a) Der negatorische Anspruch steht dem Eigentümer zu, auch ein Miteigentümer kann ihn geltend machen, § 1011. Der Grundstücksbesitzer (Mieter usw.) ist nach § 862 geschützt[139]. Der Anspruch aus § 1004 setzt zunächst einen Eingriff in die gemäß § 903 dem Eigentümer zustehenden Rechte voraus, d.h. ein störendes menschliches Verhalten[140]; dabei spielt es keine Rolle, ob der Störer behauptet, zum Eingriff berechtigt zu sein oder nicht. Der Eingriff darf nicht in einer Besitzentziehung oder -vorenthaltung bestehen, sonst greift § 985 ein, nicht § 1004. Beeinträchtigungen i.S.d. § 1004 sind etwa Immissionen[141], Ablagern von Material oder Unrat auf fremden Grundstücken, Beschmieren fremder Wände, Hereinragen von Gegenständen in ein Grundstück[142], Betreten fremder Grundstücke, Bekleben von Sachen mit Reklamepapieren, Einwerfen unerwünschten Reklamematerials in den Briefkasten[143] usw.[144]

Der Störer kann nach einer traditionellen Unterscheidung entweder Handlungsstörer (Verhaltensstörer) oder Zustandsstörer sein. Handlungsstörer ist, wer durch sein Tun unmittelbar oder mittelbar die Störung verursacht oder verursacht hat. Zustandsstörer ist, wer die Störung zwar nicht verursacht hat, aber Eigentümer (oder Besitzer) der störenden Sache ist; Voraussetzung ist, daß ihm die Störung zugerechnet werden kann; er haftet, weil er als Eigentümer (oder Besitzer) in der Lage ist, die Störung zu beseitigen.

aa) Die Störung kann in einer störenden Handlung selbst bestehen, z.B. im Erzeugen von Lärm; sie kann aber auch in einem störenden Zustand bestehen, der durch die Störungshandlung hervorgerufen wurde[145], etwa in einer auf fremdem Grundstück errichteten Anlage[146]. Der Störende ist in beiden Fällen *Handlungsstörer*. Die Störung muß vom Störer adäquat verursacht worden sein.

---

[137] Zur geschichtlichen Entwicklung vgl. mein Handbuch des Sachenrechts I, § 12 VI.

[138] Vgl. Motive 3, 423.

[139] Nach Marburger, DJT 56 (1986) I C 115 ff. steht der Schutz auch Arbeitnehmern zu, die auf dem Grundstück beschäftigt sind.

[140] Einer Einwirkung, die lediglich auf dem Wirken von Naturkräften beruht, kann nicht mit § 1004 begegnet werden, vgl. unten bb.

[141] Vgl. oben II 4.

[142] Schwenkkran, OLG Karlsruhe JuS 1993, 420 f.

[143] Vgl. BGH NJW 1989, 902.

[144] Zur Störung durch Herstellen von Fotoaufnahmen vgl. M. Wolf Rn. 314; Soergel-Mühl § 1004 Rn. 71.

[145] Diese Unterscheidung hat nichts mit dem obigen in Handlungs- und Zustandsstörer zu tun.

[146] Vgl. auch oben § 5 IV 2 a.

Unerheblich ist es, ob der Störer die Störung durch eigene Handlungen unmittelbar verursacht oder ob das mittelbar durch andere Personen geschieht[147]. Wer mit seinem Sportflugzeug im Tiefflug über Wohngebiete fliegt, stört unmittelbar durch Lärmerzeugung; wer eine Fliegerschule oder einen Sportflugplatz betreibt, stört durch mittelbare Lärmerzeugung, wenn die Flugschüler oder die startenden und landenden Flieger die Anwohner durch Lärm beeinträchtigen. Ebenso stört mittelbar durch Lärm, wer einen geräuschvollen Tennisbetrieb unterhält[148]. Handlungsstörer ist auch, wer seinen Gasthausbetrieb an einen Wirt verpachtet, der daraus eine lärmende Diskothek macht[149]; der Verpächter hat die Störung durch sein eigenes Verhalten herbeigeführt. Ob in einer reinen Eigentumsanmaßung eine Störung i.S.d. § 1004 liegt, ist umstritten[150].

Handlungsstörer ist weiter, wer eine Anlage, von der laufend Störungen ausgehen, zwar nicht selbst geschaffen hat, sie aber weiter betreibt, z.B. der Käufer, der eine übernommene störende Schweinemästerei oder eine Diskothek fortführt.

Dem Handlungsstörer wird die störende Handlung und ein dadurch eingetretener störender Zustand allein deswegen zugerechnet, weil er durch sein Verhalten die Störung verursacht hat. Er muß die störende Handlung nicht in eigener Person vorgenommen haben; es reicht aus, wenn sie durch Gehilfen geschehen ist[151]. Dem Stören durch aktives Tun ist gleichgestellt ein Unterlassen, wenn eine Pflicht besteht, die Störung zu verhindern[152], etwa wenn eine Gefahrensituation geschaffen wurde[153].

---

147 Vgl. MünchenerK-Medicus § 1004 Rn. 47.
148 Vgl. BGH NJW 1977, 1920; BGH NJW 1983, 751.
149 BGH 82, 440 sieht den Verpächter als Zustandsstörer, was nicht korrekt ist, im Ergebnis freilich auf dasselbe hinausläuft.
150 Wenn z.B. jemand behauptet, er habe eine Dienstbarkeit des Inhalts, seinen PKW auf dem Nachbargrundstück zu parken, so steht nach MünchenerK-Medicus § 1004 Rn. 29 dem Nachbarn immer ein Unterlassungsanspruch zu. Dagegen will der BGH NJW 2006, 689 ff. (ihm folgend Ulrici, Jura 2006, 692 ff.) den Anspruch versagen und den Gestörten auf eine Feststellungsklage verweisen, wenn der Störer seine Behauptung nur gegenüber dem Gestörten geäußert hat, nicht gegenüber Dritten. Die Unterscheidung erscheint mir nicht begründet. Mag auch bei der Feststellungsklage die Frage der dinglichen Berechtigung rechtskräftig entschieden werden, so berechtigt das nicht dazu, die Leistungsklage abzuweisen.
151 Vgl. BGH NJW 1989, 902. Die Hilfspersonen selbst sind nur zum Unterlassen von Störungen verpflichtet, nicht aber zur Beseitigung, vgl. MünchenerK-Medicus § 1004 Rn. 43.
152 Vgl. Wolff-Raiser § 87 I 2 c.
153 Vgl. die Fälle der mittelbaren Störung oben nach Fn. 147. Handlungsstörer durch Unterlassen ist etwa der Verpächter der Gaststätte, der gegen den Pächter und Betreiber der lärmenden Diskothek nicht vorgeht. Handlungsstörer ist aber nicht, wer sich ein Elektrogerät kauft; selbst wenn das Gerät im Laufe der Zeit ohne besondere Einwirkung des Eigentümers defekt wird und einen Brand auslöst, der auch das Nachbarhaus schädigt, ist der Käufer nicht Störer. Handlungsstörer ist nur, wer die Störung adäquat verursacht, im gegebenen Fall war mit der eingetretenen Störung nicht zu rechnen. Wenn der BGH NJW 1999, 2896 dennoch eine Haftung bejaht, weil der Käufer auf das Geschehen Einfluß nehmen konnte, so schließt er sich im Ergebnis der Eigentumstheorie an, vgl. dazu unten bei Fn. 171. Der BGH entscheidet sich freilich nicht für diese Theorie, sondern betont, der Störerbegriff sei begrifflich nicht zu klären, sondern nur von Fall zu Fall wertend zu festzustellen. Da das Gericht aber auch keine Wertungskriterien angibt, ist die Rechtsprechung des BGH für die Weiterentwicklung des Störerbegriffs wertlos.

Eine Handlungsstörung kann auch dann gegeben sein, wenn zunächst überhaupt keine rechtswidrige Störungshandlung vorgenommen wurde, wenn vielmehr aus einer ursprünglich rechtmäßigen Handlung und aus einem rechtmäßigen Zustand später eine rechtswidrige Störung wurde. Wird an der Grundstücksgrenze fachmännisch ein geeigneter und gesunder Baum angepflanzt, so liegt darin keine Störung des Nachbareigentums. Wird der Baum bei einem Orkan unvorhersehbarer Weise auf das Nachbargrundstück geschleudert, so stört er nun das Eigentum des Nachbarn. Diese Störung geht zwar auf das Anpflanzen des Baumes zurück, doch war diese Handlung zwar kausal, aber nicht adäquat kausal, weil der Störungseintritt außerhalb jeder normalen Erwartung lag[154]. Eine Störung i.S.v. § 1004 ist nicht gegeben. Stürzt ein solcher Baum aber infolge Alters oder Krankheit auf das Nachbargrundstück, so liegt eine adäquat kausale Störung vor, denn eine solche Entwicklung ist üblich und war zu erwarten.

Es ist also ausreichend, wenn der durch eine Handlung adäquat verursachte störende Zustand zur Zeit des Geltendmachens des negatorischen Anspruchs rechtswidrig ist[155]. Ein solcher Fall ist etwa gegeben, wenn der Eigentümer einem Energieversorgungsunternehmen das Aufstellen eines Leitungsmastes gestattet, der spätere Käufer des Grundstücks aber Beseitigung verlangt; die Gestattung bindet den Käufer als Rechtsnachfolger des gestattenden früheren Eigentümers nicht, er kann Beseitigung gemäß § 1004 verlangen[156]. Die Zurechenbarkeit ergibt sich aus dem Herstellen des − aktuell zwar rechtmäßigen, potentiell aber rechtswidrigen − störenden Zustandes.

Die Haftung aus § 1004 entfällt nicht dadurch, daß der Handlungsstörer das Eigentum an der störenden Sache aufgibt bzw. auf einen anderen überträgt. Hat etwa der Eigentümer E eines Grundstücks dieses durch auslaufendes Öl so sehr verseucht, daß die Beeinträchtigung auf andere Grundstücke übergreift, so haftet er als Handlungsstörer den Nachbarn auch dann noch auf Beseitigung, wenn er das Grundstück veräußert oder dereliquiert. Nur wenn E zur Beseitigung der Störung nicht mehr in der Lage ist, weil etwa ein neuer Eigentümer ihm dies nicht gestattet, so endet seine Haftung. Geldersatz, etwa nach § 280, kann aufgrund des § 1004 nicht verlangt werden[157].

Mehrere Handlungsstörer haften kumulativ, als Gesamtschuldner[158]. Beseitigt einer die Störung, so kann er von den anderen einen Ausgleich gemäß § 426 verlangen, nach Maßgabe des jeweiligen Tatbeitrages.

bb) Neben dem Handlungsstörer haftet auch der *Zustandsstörer* nach § 1004, d.h. der Eigentümer (oder Besitzer) der störenden Sache, der die Störung zwar nicht verursacht hat, dem sie aber doch zuzurechnen ist. Wer aber Zustandsstörer ist, ist nicht leicht zu bestimmen.

---

[154] Vgl. BGH JA 1993, 340 f.; auch MünchenerK-Medicus § 1004 Rn. 49.

[155] Vgl. Motive 3, 424; RGRK-Pikart § 1004 Rn. 54; Palandt-Bassenge § 1004 Rn. 12; Erman-Ebbing § 1004 Rn. 32; BGH JZ 1970, 702.

[156] Vgl. BGH JZ 1976, 369 ff.

[157] Vgl. Motive 3, 425; M. Wolf Rn. 320; Olzen, Jura 1991, 281.

[158] Erman-Ebbing § 1004 Rn. 137; Jauernig § 1004 Rn. 18; OLG Celle NJW 1988, 425.

Als Zustandsstörer scheiden zunächst alle Personen aus, welche die Störung durch ihr Tun selbst verursacht haben, also Handlungsstörer sind. Das gilt auch für die mittelbaren Handlungsstörer, obwohl sie häufig auch als Zustandsstörer bezeichnet werden; ein solcher Sprachgebrauch macht aber eine Definition des Zustandsstörers unmöglich[159]. Wer also etwa einen Flugplatz betreibt, ist wegen des Lärms der startenden und landenden Flugzeuge nicht Zustands-, sondern Handlungsstörer[160].

Anders als im Polizeirecht[161] ergibt sich im Zivilrecht nach zutreffender h.M. eine Haftung aus § 1004 nicht allein daraus, daß jemand Eigentümer einer störenden Sache ist; Voraussetzung ist vielmehr, daß ihm die Störung zuzurechnen ist[162]. Keinesfalls kann aus dem Eigentum die generelle Verpflichtung abgeleitet werden, Störungen, welche durch die Sache verursacht werden, zu beseitigen. Daher haftet der Eigentümer nicht für Störungen, die von seinem Grundstück infolge natürlicher Vorgänge ausgehen; gegen eindringendes Ungeziefer vom Nachbargrundstück etwa gibt es keinen Abwehranspruch[163]. Fallen von einem Felshang infolge Verwitterung Steinbrocken auf das Nachbargrundstück, so haftet der Eigentümer dafür nicht nach § 1004[164]. Fließt Wasser aufgrund des natürlichen Gefälles vom höher gelegenen Grundstück auf das darunterliegende, so trifft den Eigentümer des oberen Grundstücks keine Verpflichtung aus § 1004, selbst wenn das Wasser bei einem Wolkenbruch zu schweren Beeinträchtigungen des unteren Grundstücks führt. Etwas anderes würde gelten, wenn der Eigentümer des oberen Grundstücks das Wasser durch Gräben oder sonstige Vorrichtungen umleiten würde[165]. Wenn in einen Naturtümpel Frösche einziehen und durch ihr Gequake die Nachbarn stören, haftet der Eigentümer des Tümpelgrundstücks dafür nicht; er haftet aber, wenn er (oder sein Rechtsvorgänger) den Tümpel angelegt hat, wobei aber § 906 zu beachten ist: Froschgequake in einem angelegten Teich können Nachbarn nicht verbieten, wenn die Störung unwesentlich oder ortsüblich ist[166]; übermäßiges Gequake kann dagegen unterbunden werden[167], wenn nicht das Naturschutzrecht (§ 20 f I 1 BNatSchG) ein Entfernen der Frösche verhindert[168].

---

[159] Vgl. unten bei Fn. 178.
[160] Vgl. oben aa.
[161] Vgl. unten ee.
[162] Vgl. Baur-Stürner § 12 Rn. 12.
[163] BGH NJW 1995, 2633; Staudinger-Gursky § 1004 Rn. 53, 58; Erman-Ebbing § 1004 Rn. 127.
[164] Vgl. BGH NJW 1985, 1773 f.; M. Wolf Rn. 316; Palandt-Bassenge § 1004 Rn. 19.
[165] Vgl. BGH JuS 1992, 258; das bedeutet aber nicht, daß der Eigentümer keinerlei Veränderungen mehr auf dem Grundstück vornehmen dürfte; er darf z.B. – wie im BGH-Fall – die Art der landwirtschaftlichen Nutzung ändern.
[166] OLG Schleswig NJW-RR 1986, 884.
[167] RG JW 1910, 654 f.
[168] LG Hanau NJW 1985, 500; BGH NJW 1993, 925 ff.; Karsten Schmidt, JuS 1993, 691. Eine Verurteilung ist möglich, wenn eine Ausnahmegenehmigung nach § 31 I 1a BNatSchG in Betracht kommt, insbesondere ist eine Verurteilung des Störers zur Stellung dieses Antrags möglich. Scheidet eine Verurteilung des Störers aufgrund des Naturschutzes aus, so soll dem Gestörten nach BGH NJW 1993, 928 auch kein Ausgleichsanspruch nach § 906 II 2 analog zustehen; das erscheint fraglich, da so die Interessen des Gestörten unberücksichtigt bleiben. Zum Anspruch aus § 823 vgl. BGH NJW 1993, 927.

Man kann den Gegensatz zu Störungen durch natürliche Vorgänge aber auch nicht einfach in Störungen durch menschliches Handeln sehen; nicht jedes menschliche Handeln löst eine Haftung des Eigentümers nach § 1004 aus. Das entscheidende Haftungskriterium liegt nicht in der Unterscheidung Naturereignis-menschliches Handeln, sondern in der Zurechenbarkeit der Störung. Gelangt etwa ein Tankwagen infolge überhöhter Geschwindigkeit auf das Grundstück des E und läuft hier so viel Öl aus, daß die Nachbargrundstücke beeinträchtigt werden, so haften zwar der Eigentümer und der Fahrer des Tankwagens. E haftet aber zivilrechtlich nicht nach § 1004[169], er ist weder Handlungs- noch Zustandsstörer, ihm ist der Unfall nicht zuzurechnen. Es genügt also nicht, daß irgendwer die Störung durch sein Verhalten herbeigeführt hat, dieses Verhalten muß dem E auch zuzurechnen sein; das ist hier aus keinem Gesichtspunkt der Fall. Aus diesem Grund haftet auch der Eigentümer eines Gebäudes, das im Krieg zerstört wurde und das deshalb die Nachbargrundstücke beeinträchtigt, nicht aus § 1004[170]; der Krieg kann ihm nicht zugerechnet werden.

Zur Zurechnung der Störung reicht es also im Zivilrecht entgegen der sog. *Eigentumstheorie*[171] nicht aus, daß jemand Eigentümer (oder Besitzer) der störenden Sache ist[172]. Zwar verpflichtet das Eigentum, vgl. Art. 14 II 1 GG, aber damit ist die Sozialbindung des Eigentums festgestellt, nicht die Pflicht zur Beseitigung von Störungen nach § 1004. Eine „Garantenstellung" aus Eigentum besteht nicht, auch das nachbarliche Gemeinschaftsverhältnis kann keine Pflicht des Eigentümers zur Beseitigung der Störung begründen. Soweit die Billigkeit das fordert, wird man aber dem Gestörten das Recht zugestehen können, die Störung selbst zu beseitigen, was der Eigentümer dulden muß[173].

Nach der *Usurpationstheorie* liegt eine Störung dann vor, wenn sich der Störer Eigentümerbefugnisse anmaßt[174]. Das ist der römischrechtlichen *actio negatoria* nachempfunden, der Klage des Eigentümers gegen den, der eine Dienstbarkeit an der Sache zu haben behauptete. Aber schon das gemeine Recht des 19. Jh. gab die Klage bei jeder Eigentumsstörung, gleich ob sie auf einer Rechtsanmaßung beruhte oder nicht. Warum dieser Ansatz geeignet sein soll, den Störerbegriff überzeugender zu bestimmen als die h.M., ist mir nicht klar. Maßt sich E in unserem obigen Beispiel Eigentümerrechte an den Nachbargrundstücken an, die doch durch das Öl

---

[169] Anders das Polizeirecht, vgl. unten ee.

[170] Vgl. etwa BGH 19, 130; 28, 112; Wolff-Raiser § 87 I 2; Baur-Stürner § 12 Rn. 12 ff.; MünchenerK-Medicus § 1004 Rn. 49.

[171] Sie wird vertreten u.a. von Pleyer, AcP 156 (1957), 290; Kübler, AcP 159 (1960/61), 237 ff., 276 ff.; Schwab-Prütting Rn. 574. Nach Herrmann, JuS 1994, 273, 278 ff., NJW 1997, 153 ff. soll sogar jeder Besitzer für die Beschaffenheit des Grundstücks haften. Im obigen Beispiel würde danach E den Nachbarn aus § 1004 haften, ein nichtakzeptables Ergebnis.

[172] So zutreffend etwa BGH 28, 112; 41, 399; 90, 266; Baur, AcP 160, 477; Palandt-Bassenge § 1004 Rn. 19; RGRK-Pikart § 1004 Rn. 55, 71; MünchenerK-Medicus § 1004 Rn. 40; Erman-Ebbing § 1004 Rn. 14, 18.

[173] Vgl. Baur, AcP 160, 477.

[174] Vgl. dazu Picker, Der negatorische Beseitigungsanspruch, 1972; Westermann-Gursky § 36 I 1; vgl. dazu MünchenerK-Medicus 1004 Rn. 25 ff.

auf seinem Grundstück gestört werden? Auch wie auf diese Weise Schadensersatz und Störungsbeseitigung besser unterschieden werden können, ist nicht ersichtlich. Das Gesetz ist von keiner dieser Theorien ausgegangen, sondern hat eine eigenständige Regelung getroffen. Solche Theorien sind wohl verbindlich für den, der sie aufgestellt hat; andernfalls muß er sich nach ihrem Sinn fragen lassen. Ansonsten können solche Theorien keine verbindlichen Lösungsvorschläge geben, sonst würden sie nichts anderes als wiederauferstandene Begriffsjurisprudenz bedeuten, die nicht auf die Angemessenheit der Ergebnisse schaut.

Eine „vermittelnde Lösung" hat neuerdings das Bundesverfassungsgericht für das öffentliche Recht vorgeschlagen und Neuner sogar für das Zivilrecht übernommen, wonach die Haftung des Störers einzugrenzen ist. Danach darf dem störenden Grundstücksnachbarn eine Haftung nur etwa bis zum Verkehrswert des störenden Grundstücks zugemutet werden. Dabei sei aber noch der Grad der Fahrlässigkeit des Störers zu berücksichtigen[175]. Es wäre jedoch durchaus nicht angebracht, diese Entscheidung im Zivilrecht zu übernehmen[176]. Denn der Zustandsstörer kann einfach sein Eigentum aufgeben, um seiner Haftung zu entgehen[177]; das gilt für den ersten der dort entschiedenen Fälle. Beim zweiten Fall handelt es sich dagegen nicht um einen Zustandsstörer, sondern um einen mittelbaren Handlungsstörer, was das Gericht nicht erkannt hat. Eine Haftungsbeschränkung ist hier durchaus unangebracht.

Widersprüchlich ist es, wenn die h.M. einerseits die Eigentumstheorie ablehnt, andererseits aber jeden als Zustandsstörer bezeichnet, der einen störenden Zustand aufrechterhält, den er nicht selbst geschaffen hat und den er abstellen könnte[178]; mit solchen Formulierungen wird praktisch doch eine generelle Zustandshaftung des Eigentümers und Besitzers begründet.

Als Zurechnungskriterium für Zustandsstörer, welche also die Störung nicht selbst verursacht haben, ist im Zivilrecht nur die Rechtsnachfolge bekannt. Hat E sein Grundstück durch Öl so verseucht, daß die Nachbargrundstücke beeinträchtigt werden, so ist er Handlungsstörer. Veräußert er das Grundstück an K, so ist dieser als Rechtsnachfolger eines Handlungsstörers selbst Zustandsstörer; veräußert K das Grundstück an X, so ist X als Rechtsnachfolger eines Zustandsstörers selbst wieder Zustandsstörer. Die Zurechnung ergibt sich aus der Tatsache, daß jemand als Rechtsnachfolger eines Handlungs- oder Zustandsstörers den störenden Zustand aufrechterhält[179] und nicht beseitigt. Der Rechtsnachfolger eines Handlungsstörers

---

[175] BVerfG NJW 2000, 2573 ff. Die Berücksichtigung verschiedener Verschuldens- und Fahrlässigkeitsgrade bei der Bemessung des finanziellen Ausgleichs gehört in die Zeit des vorwissenschaftlichen Rechts und ist seit der historischen Rechtsschule aus dem deutschen Zivilrecht verschwunden, vgl. Wieling, Interesse und Privatstrafe vom Mittelalter bis zum Bürgerlichen Gesetzbuch, 1970, 26 ff.

[176] So aber Neuner, JuS 2005, 385 ff, 390.

[177] Vgl. unten Fn. 181, was freilich wegen § 4 III 4 BBodSchG für das öffentliche Recht nicht zutrifft, vgl. unten bei Fn. 189.

[178] Vgl. etwa Palandt-Bassenge § 1004 Rn. 25; Müller Rn. 749.

[179] Vgl. etwa Jauernig § 1004 Rn. 19; Erman-Ebbing § 1004 Rn. 130.

ist aber wieder Handlungsstörer, wenn er eine störende Anlage selbst weiter betreibt; wer eine störende Schweinemästerei kauft und betreibt, ist Handlungsstörer.

Zustandsstörer ist auch ein Rechtsnachfolger in den Besitz, der den störenden Zustand aufrechterhält, z.B. ein Mieter, Pächter oder sonstiger Besitzer. Da sich der Eigentümer durch Übertragung der tatsächlichen Sachherrschaft nicht der Verantwortlichkeit für sein Eigentum entziehen kann, haften Eigentümer und Besitzer nebeneinander[180].

Die zivilrechtliche Haftung des Zustandsstörers endet, wenn er als Eigentümer das Eigentum aufgibt oder auf einen anderen überträgt oder wenn er als Besitzer den Besitz aufgibt[181]. Da die Zustandshaftung an das Eigentum oder den Besitz der störenden Sache geknüpft ist, welche die Möglichkeit zur Beseitigung der Störung geben, endet die zivilrechtliche Haftung, wenn sie nicht mehr vorliegen. Zur Problematik im Polizeirecht vgl. unten ee.

cc) Wem eine Störung somit weder als Verursacher (Handlungsstörer) noch als Rechtsnachfolger eines Störers (Zustandsstörer) zuzurechnen ist, haftet nicht nach § 1004. Daher haftet im obigen Beispiel des Tankwagenunfalls[182] E zivilrechtlich nicht für die Störungen, die das ausgelaufene Öl verursacht; er hat die Störung weder selbst verursacht noch ist er Rechtsnachfolger eines Störers.

dd) Die Beeinträchtigung muß *rechtswidrig* sein[183]. Grundsätzlich ist jeder störende Eingriff in das Eigentum rechtswidrig, beim Vorliegen einer Störung ist die Rechtswidrigkeit indiziert, vgl. § 1004 II[184]. Etwas anderes gilt nur, wenn den Eigentümer ausnahmsweise eine Duldungspflicht trifft. Eine Duldungspflicht kann auf einer Vielzahl von Gründen beruhen, sie kann privatrechtlicher oder öffentlichrechtlicher Natur sein, sich aus Vertrag oder aus Gesetz ergeben. Der Eigentümer kann etwa aufgrund eines Vertrages zur Duldung des Eingriffs verpflichtet sein, aufgrund einer Dienstbarkeit oder aufgrund nachbarrechtlicher Regelungen[185].

Die Beeinträchtigung muß *nicht schuldhaft* erfolgen. Dem Handlungsstörer wird die störende Handlung und ein dadurch eingetretener störender Zustand allein deswegen zugerechnet, weil er durch sein Verhalten die Störung verursacht hat, dem Zustandsstörer deswegen, weil er Rechtsnachfolger des Störers ist.

ee) Dagegen haftet nach *Polizeirecht* als Zustandsstörer jeder Eigentümer einer störenden Sache, nach den neueren Polizeigesetzen auch und primär der Inhaber der tatsächlichen Gewalt[186]. Das Polizeirecht nimmt im Interesse der öffentlichen Si-

---

[180] BGH NJW 1959, 2013; BGH NJW 1967, 246.
[181] Vgl. Müller Rn. 754a; Staudinger-Gursky 1004 Rn. 120; a.A. zu Unrecht die h.M. Das gilt aber nur für die Haftung des Zustandsstörers, nicht für die des Handlungsstörers. Wer Giftmüll auf ein fremdes Grundstück bringt, kann seiner Haftung aus § 1004 nicht dadurch entgehen, daß er den Müll dereliquiert; so aber die Usurpationstheorie, vgl. nur Staudinger-Gursky § 1004 Rn. 113. Dazu auch MünchenerK-Medicus § 1004 Rn. 25.
[182] Oben vor Fn. 170.
[183] H.M., vgl. etwa Wolff-Raiser § 87 I 2; Baur-Stürner § 12 Rn. 12; Westermann-Gursky § 36 I 1; Palandt-Bassenge § 1004 Rn. 12.
[184] Baur-Stürner § 12 Rn. 8.
[185] Vgl. oben II.
[186] Vgl. etwa Götz, Allg. Polizei- und Ordnungsrecht (12. Aufl. 1995) Rn. 218.

cherheit keine Rücksicht darauf, ob jemandem der störende Zustand zuzurechnen ist[187]; es hält sich daher auch ohne weiteres an den Eigentümer oder Besitzer der störenden Sache, der die Störung beseitigen kann, vgl. etwa § 5 rhpf. POG. Nach Polizeirecht könnte also E im obigen Beispiel auf Beseitigung der Störung in Anspruch genommen werden. Veräußert der Handlungsstörer die störende Sache, so endet nach Polizeirecht die Haftung[188]. Dagegen besteht die polizeirechtliche Haftung fort, wenn der Zustandsstörer die störende Sache derelinquiert, vgl. etwa § 5 III rhpf. POG. Die gesetzliche Formulierung freilich, daß bei herrenlosen Sachen polizeilich der hafte, der das Eigentum aufgegeben hat, ist viel zu weit. Die Haftung als Zustandsstörer setzt voraus, daß jemand bei Eintritt der Störung Eigentümer oder Besitzer der störenden Sache ist. Hat dagegen jemand etwa das Eigentum und den Besitz an einem Grundstück aufgegeben und wird nun infolge eines Tankwagenunfalls das Grundstück mit Öl verseucht, so kann der frühere Eigentümer auch nach Polizeirecht nicht in Anspruch genommen werden; er ist für die Störung ebensowenig haftbar zu machen wie ein vorübergehender Passant. Nach öffentlichem Recht ist jeder Handlungsstörer sowie jeder Grundeigentümer und Besitzer verpflichtet, den Boden von Schadstoffen zu befreien und zu sanieren; die Eigentumsaufgabe befreit von dieser Pflicht nicht[189].

ff) Zwischen Handlungs- und Zustandshaftung besteht nach h.M. keine Rangfolge; das ist jedenfalls für das Außenverhältnis richtig. Wenn also ein Handlungs- und ein Zustandsstörer zur Beseitigung der Störung verpflichtet sind, so haften sie nebeneinander. Immerhin ist aber der, der den störenden Zustand geschaffen hat, näher daran, die Störung zu beseitigen, als der, der die störende Anlage nur übernommen hat; ihn muß also im Innenverhältnis die Beseitigungspflicht letztlich treffen. Beispiel: Das Grundstück des V ist durch dessen Gewerbebetrieb mit Öl verseucht worden, so daß die Nachbargrundstücke dadurch beeinträchtigt werden; V hat das Grundstück an K veräußert, V ist Handlungs- und K Zustandsstörer. Die Nachbarn nehmen den K auf Beseitigung in Anspruch, nachdem die Ansprüche des K wegen Sachmangels gegen V verjährt sind, § 438. Der Schaden bliebe dem K, wenn er keinen Regreßanspruch gegen V hätte. Ein solcher Anspruch ergibt sich aber aus §§ 433 I 2, 435, 437 Nr. 3, 280, 281 (Schadensersatz wegen Rechtsmangels), da V dem K das Grundstück nicht frei von Rechten Dritter verschafft hat.

Generell ist eine vorrangige Haftung des Handlungsstörers zu bejahen, so daß der Zustandsstörer einen Rückgriff gegen ihn aus § 683 oder § 812 hat, wenn er die Störung selbst beseitigt. Das ist besonders wichtig in den Fällen, in welchen ein polizeilicher Zustandsstörer gezwungen wird, die Störung auf seine Kosten zu beseitigen. Zwar wird die Polizei gemäß ihrem pflichtgemäßen Ermessen vorrangig

---

[187] Vgl. Kloepfer-Thull, DVBl 1989, 1121. Daher ist auch der Versuch von Stickelbrock, AcP 197 (1997), 456 ff., den Störerbegriff des Zivilrechts dem des öffentlichen Rechts anzugleichen, wenig überzeugend; er berücksichtigt nicht die durchaus verschiedenen Ziele beider Rechtsordnungen.

[188] Vgl. Drews-Wacke-Vogel-Martens, Gefahrenabwehr (9. Aufl. 1985) § 21, 2 c.

[189] Vgl. § 4 III Bundesbodenschutzgesetz.

den Handlungsstörer in Anspruch nehmen[190], doch ist das nicht zwangsläufig so[191], wenn etwa der Handlungsstörer zunächst nicht zu ermitteln ist. Verpflichtet die Polizei den Zustandsstörer zur Beseitigung, so kann dieser nach Bereicherungsrecht vom Handlungsstörer Ersatz verlangen. Zu flexibleren Ergebnissen kommt man mit der Anwendung des § 426, indem man im Außenverhältnis von einer Gesamtschuld des Handlungs- und Zustandsstörers ausgeht[192]. Auf diese Weise können die Tatbeiträge der Beteiligten untereinander in Anschlag gebracht werden; regelmäßig wird dabei die Haftung im Innenverhältnis allein dem Handlungsstörer zukommen. Die Einwände gegen diese Lösung überzeugen nicht. Nimmt also im obigen Beispiel (oben vor Fn. 170) die Polizei den E als Zustandsstörer auf Beseitigung in Anspruch, so kann er beim Eigentümer oder Fahrer des verunglückten Tankwagens Regreß nehmen. Für die Fälle der Bodenverschmutzung hat § 24 II BBodSchG eine dem § 426 entsprechende Rückgriffsmöglichkeit auf mehrere Störer (vgl. dazu 4 III BBodSchG) bereits angeordnet[193].

gg) Der Anspruch aus § 1004 ist an das Eigentum gekoppelt, er kann also nur dem jeweiligen gestörten Eigentümer zustehen und ist nicht abtretbar. Veräußert der Eigentümer das beeinträchtigte Grundstück, so hat nur noch der neue Eigentümer den Anspruch aus § 1004[194]. Bei Veräußerung nach Rechtshängigkeit des Anspruchs aus § 1004 sind die §§ 265, 266 ZPO zu beachten.

b) § 1004 gewährt einen Anspruch auf Beseitigung der eingetretenen Beeinträchtigungen, § 1004 I 1. Wenn weitere Störungen zu befürchten sind, kann auf Unterlassung geklagt werden, § 1004 I 2.

aa) Der *Beseitigungsanspruch* nach § 1004 I 1 setzt zunächst voraus, daß eine Beeinträchtigung bereits vorliegt. Sie kann entweder in einer gegenwärtigen Störung liegen oder in einem Zustand, aus dem sich jederzeit Beeinträchtigungen ergeben können. Der Anspruch richtet sich auf Beseitigung der Beeinträchtigung; problematisch ist die Abgrenzung von Störungsbeseitigung und Schadensersatz. Ist etwa der Blechschaden an einem PKW eine Beeinträchtigung oder ein Schaden i.S.d. § 249? Wäre sie eine Beeinträchtigung i.S.d. § 1004, so könnte ohne Verschulden des Verletzers die Reparatur (Beseitigung der Beeinträchtigung) verlangt werden[195].

§ 1004 greift nur dann ein, wenn eine *gegenwärtige Störung* oder Beeinträchtigung vorliegt[196]. Er bezweckt nicht die Wiederherstellung des vorigen Zustandes,

---

[190] Vgl. BGH NJW 1981, 2458; Götz a.a.O. Rn. 237.

[191] Vgl. Kloepfer-Thull a.a.O.

[192] So überzeugend Kloepfer-Thull a.a.O.; Finkenauer, NJW 1995, 432; Stickelbrock (o. Fn. 74), AcP 197 (1997), 503 f. gegen BGH NJW 1981, 2457 f. Harms, NJW 1999, 3668, will dem sanierenden Grundstückseigentümer nur den Anspruch aus Geschäftsführung ohne Auftrag zugestehen, und zwar nach der bedenklichen h.M. selbst dann, wenn er die Sanierung als eigenes Geschäft betrieben hat.

[193] Vgl. dazu Pützenbacher, NJW 1999, 1137 ff.; zum Bundesbodenschutzgesetz allgemein Vierhaus, NJW 1998, 1262 ff.

[194] Vgl. BGH 18, 223 ff.

[195] Vgl. Medicus, Schuldrecht II Rn. 946; zur Abgrenzung auch Taupitz, FS Horst Hagen (1999) 469 ff.

[196] RGRK-Pikart § 1004 Rn. 33; MünchenerK-Medicus § 1004 Rn. 24; Soergel-Mühl § 1004 Rn. 107, 112.

sondern Beseitigung der Störungsquelle für die Zukunft[197]. Beeinträchtigungen durch Lärm oder Geruch, ein häßlicher Anblick im Sinne der ideellen Immission sind solange Störungen, wie sie vorliegen; hören sie auf, so endet auch die Störung. Ebenso bedeutet die Kontaminierung des Bodens mit schädlichen Stoffen eine dauernde Gefahr und Beeinträchtigung[198]. Eine gegenwärtige Störung liegt auch dann vor, wenn Sachen gegen den Willen des Eigentümers auf dessen Grundstück gebracht werden bzw. sich dort befinden, etwa Abfall, heruntergeschwemmter Sand, eingedrungenes Öl[199], ein umgefallener Baum des Nachbarn, ein Überbau usw. Ist durch ein störendes Ereignis aber eine Sache beschädigt worden, ist etwa der Nachbarbaum auf ein Dach gefallen und hat es beschädigt, so sind die Zerstörungen am Dach zwar Schäden, sie stellen aber keine Störung dar[200]. Der Zustand des Dachs, wie er gegenwärtig ist, ist zwar gestört, er stört aber das Eigentum nicht weiter. Auch der Blechschaden an einem PKW stellt keine gegenwärtige Störung dar, ebensowenig ein vom Störer auf fremdem Grund aufgeworfener Graben[201]. Wird durch einen Stein eine Fensterscheibe eingeworfen, so kann der Gestörte nach § 1004 die Beseitigung des Steines, aber nicht das Einsetzen einer neuen Scheibe verlangen. Dringen Wurzeln von angepflanzten Bäumen auf das Nachbargrundstück vor und beschädigen einen Tennisplatz, so kann der Nachbar Beseitigung der Wurzeln verlangen, aber nicht die Instandsetzung des Tennisplatzes[202]. Entsteht ein Schaden aber zwangsläufig erst bei der nach § 1004 geschuldeten Beseitigung der Störung, so ist dieser Schaden zu ersetzen[203].

Schadensersatz kann aus § 1004 nicht verlangt werden, doch ist die Geltendmachung eines Schadensersatzanspruchs, etwa aus § 823 I, neben § 1004 möglich, wenn Verschulden vorliegt; § 1004 ist auch ein Schutzgesetz i.S.d. § 823 II. Hat der Eigentümer die Beeinträchtigung mitverschuldet oder auch nur mitverursacht, so ist § 254 entsprechend anwendbar[204].

---

[197] Vgl. Baur-Stürner § 12 Rn. 7; M. Wolf Rn. 329; Erman-Ebbing § 1004 Rn. 82.

[198] Vgl. BGH NJW 1996, 845. Dagegen zu Unrecht Lobinger, NJW 1997, 981, der in der Beseitigung des kontaminierten Erdreichs einen Schadensersatz sieht. Das wäre richtig, wenn sich die schädlichen Substanzen nicht mehr auf dem Grundstück befänden und nur das Erdreich beeinträchtigt wäre. Es geht indessen um die Beseitigung der schädlichen Stoffe selbst, die sich freilich mit dem Erdreich verbunden haben. Sie müssen nach § 1004 beseitigt werden.

[199] Ebenso Baur, JZ 1964, 354 ff.; Soergel-Mühl § 1004 Rn. 29; a.A. Gursky, JR 1989, 397 ff.

[200] Baur, AcP 160, 490.

[201] Vgl. Picker, JZ 1976, 371.

[202] So zutreffend Medicus, FS Horst Hagen (1999), S. 157 ff.; Roth; JZ 1998, 94 ff.; anders BGH NJW 1997, 2234.

[203] Vgl. BGH NJW 2005, 1366 f.

[204] Vgl. etwa RG 138, 329; BGH WM 1964, 1104; BGH JuS 1997, 1042; Palandt-Bassenge § 1004 Rn. 44; a.A. Staudinger-Gursky § 1004 Rn. 157; MünchenerK-Medicus § 1004 Rn. 81 und Medicus (o. Fn. 202), 157 ff. mit der Begründung, der Beseitigungsanspruch sei unteilbar. Da es entscheidend aber um die Kosten der Beseitigung geht, die sehr wohl teilbar sind, liegt eine Anwendung des § 254 nahe.

Da § 1004 keinen Anspruch auf Schadensersatz gibt, sind die §§ 249 II 2 und 251 nicht anwendbar[205]. Bei der Zerstörung einer Sache mag auch ein Geldersatz als Ausgleich in Frage kommen, für die Beseitigung einer andauernden Störung kann das nicht gelten.

bb) Was gemäß § 1004 konkret verlangt werden kann, hängt von der gegebenen Situation ab. Wird etwa ein Nachbar durch den von einem Sportplatz ausgehenden Lärm gestört, so daß er gegen den Sportplatzbetreiber einen Abwehranspruch hat, so kommt etwa das Anbringen lärmmindernder Einrichtungen in Betracht; weiter das Verbot bestimmter Betätigungen, etwa der Benutzung von Megaphonen und Startschußpistolen; ferner die zeitliche Beschränkung der lärmerzeugenden Tätigkeit; schließlich kommt im Extremfall auch die völlige Einstellung des Sportbetriebes als Abhilfemaßnahme in Betracht[206]. Der Störer kann unter diesen Möglichkeiten, soweit sie zum Schutz des gestörten Nachbarn ausreichen, wählen. Der gestörte Grundstücksnachbar kann also nur allgemein Beseitigung der Beeinträchtigung verlangen, nicht aber bestimmte Maßnahmen[207], außer wenn nur eine Maßnahme in Betracht kommt[208].

cc) Die Kosten der Beseitigung trägt der Störer[209]. Ist der Eigentümer auf eigene Kosten tätig geworden, haftet ihm der Störer nach Bereicherungsrecht, gegebenenfalls auch nach den Regeln der Geschäftsführung ohne Auftrag[210].

c) § 1004 I 2 gibt einen *Anspruch auf Unterlassung*. Der Eigentümer muß eine rechtswidrige Störung seines Eigentums nicht dulden, er muß auch nicht warten, bis eine Störung sich verwirklicht. Vielmehr kann er vorbeugend vom Störer Unterlassung verlangen und gegen ihn klagen, § 1004 I 2. Nach zutreffender h.M. besteht diese Möglichkeit entgegen dem Wortlaut des § 1004 I 2 („... weitere Beeinträchtigungen ...") nicht nur dann, wenn bereits Störungen eingetreten sind; es kann auch zur Verhinderung der ersten Störung auf Unterlassen geklagt werden[211]. Voraussetzung für den Anspruch ist, daß bereits eine Beeinträchtigung droht, daß also die konkrete Gefahr einer unmittelbar bevorstehenden Störung bzw. der Wiederholung einer Störung besteht. Andernfalls besteht kein Rechtsschutzinteresse.

Über die Rechtsnatur des Unterlassungsanspruchs besteht Streit. Eine Meinung sieht in ihm einen normalen materiellrechtlichen Anspruch[212], nach anderer Ansicht soll es sich um eine prozessuale Klagemöglichkeit ohne einen zugrunde lie-

---

[205] BGH LM § 1004 Nr. 14; Baur-Stürner § 12 Rn. 21; Staudinger-Gursky § 1004 Rn. 156; MünchenerK-Medicus § 1004 Rn. 77. A.A. BGH 62, 391; BGH DB 1974, 673; BGH DB 1977, 908; Soergel-Mühl § 1004 Rn. 198; Erman-Ebbing § 1004 Rn. 100.

[206] Vgl. Schmitz, NVwZ 1991, 1128 f.

[207] BGH 67, 253; Mattern, WM 1979, 34; Schwab-Prütting Rn. 576.

[208] Vgl. Jauernig § 1004 Rn. 9.

[209] Im Tennisplatzfall, oben bei Fn. 202, will Vollkommer, NJW 1999, 3539 f. dem Gestörten einen Ersatzanspruch analog § 867, 2 gegen den Störer geben. Da es sich bei § 867 aber nicht um eine Eigentumsstörung handelt, ist das *tertium comparationis* unklar.

[210] BGH 60, 243; 97, 231; Palandt-Bassenge § 1004 Rn. 30; Baur-Stürner § 12 IV 1 b.

[211] Vgl. etwa BGH 2, 394; BayObLG NJW-RR 1987, 1040; Münzberg, JZ 1967, 689; M. Wolf Rn. 317.

[212] H.M., vgl. etwa Münzberg, JZ 1967, 692 f.; Larenz-Canaris II 2 § 87 I 2; Jauernig § 1004 Rn. 10; Baur, JZ 1966, 382.

genden Anspruch handeln[213]. Nach der Vorstellung des Gesetzgebers handelt es sich um einen künftigen Anspruch, der eigentlich noch nicht fällig und klagbar ist, §§ 257–259 ZPO, aber in § 1004 I 2 durch positive Bestimmung für klagbar erklärt wird[214]. Praktische Bedeutung hat der Streit nicht.

d) Auf den Anspruch aus § 1004 können bei Leistungsstörungen ebensowenig wie auf den § 985 die Vorschriften der § 275 ff. angewandt werden[215]. Kommt etwa der Störer mit der Beseitigung der Störung in Verzug, so kommt ein Anspruch auf Schadensersatz nur in Betracht, wenn die Voraussetzungen des § 990 gegeben sind.

e) Der Anspruch aus § 1004 auf Beseitigung verjährt in 3 Jahren, § 195, 199; bei einem Anspruch auf Unterlassen ist eine Verjährung nicht denkbar; entweder endet im Laufe der Jahre die drohende Gefahr, oder aber sie besteht weiter und begründet immer wieder neu einen Unterlassungsanspruch.

f) Ebenso wie das Eigentum sind auch alle anderen dinglichen Rechte nach § 1004 geschützt. Das ergibt sich bereits daraus, daß § 1004 nur den Zustand herstellen will, der dem Inhalt des dinglichen Rechts entspricht, vgl. oben vor Fußnote 138. Bei einigen dinglichen Rechten verweist das Gesetz auf den Schutz des Eigentums durch § 1004, etwa bei der Dienstbarkeit, §§ 1027, 1090 II, beim Nießbrauch, § 1065, beim Pfandrecht, § 1227, beim Erbbaurecht, § 11 I 1 ErbbRVO, beim Wohnungseigentum, § 34 II WEG. In anderen Fällen gibt das Gesetz eigene Unterlassungsansprüche, die dem aus § 1004 entsprechen, so in § 1053 dem Eigentümer gegen den Nießbraucher, in § 1134 dem Hypothekar gegen den Eigentümer. Darüber hinaus ist § 1004 auf alle dinglichen Rechte anwendbar, auch z.B. auf verdinglichte Rechte nach § 1007[216].

Weiter sind auch absolute Rechte, die keine dinglichen Rechte sind, gegen Beeinträchtigungen geschützt. Das ergibt sich aus der absoluten Natur dieser Rechte, deren Inhalt die Abwehrmöglichkeit gegen Eingriffe von außen umschließt. Geschützt sind durch positive Regelung etwa das Namensrecht, § 12, das Patent, § 139 PatG, das Urheberrecht, § 97 UrhG, das Warenzeichen, §§ 24 f. WZG, der Firmenname, § 37 HGB. Darüber hinaus sind alle absoluten Rechte in analoger Anwendung des § 1004 gegen Beeinträchtigungen geschützt[217].

Schließlich sind auch alle absolut geschützten Rechtsgüter und Rechtspositionen in analoger Anwendung des § 1004 geschützt, etwa das allgemeine Persönlichkeitsrecht[218] und der „eingerichtete und ausgeübte Gewerbebetrieb"[219].

Geschützt gemäß § 1004 (eventuell in analoger Anwendung) sind also alle Rechtsgüter, die auch in § 823 I geschützt sind, weswegen der Unterlassungsan-

---

[213] Vgl. etwa Esser-Weyers II § 62 IV.
[214] Vgl. Motive 3, 426 f.
[215] Vgl. zu § 985 oben § 1 I 2 und Wieling, Handbuch des Sachenrechts, § 12 V 4 b. Dagegen will Bezzenberger, JZ 2005, 373 ff. den Anspruch aus § 1004 wie einen schuldrechtlichen Leistungsanspruch behandeln und auf ihn die §§ 275 ff. anwenden.
[216] Vgl. oben § 13 III c.
[217] H.M., vgl. etwa M. Wolf Rn. 304.
[218] Vgl. etwa BGH NJW 1984, 1886; Palandt-Bassenge § 1004 Rn. 2.
[219] Vgl. Jauernig § 1004 Rn. 2.

spruch bisweilen auch aus dieser Norm begründet wird, wobei auf ein Verschulden zu verzichten ist.

Darüber hinaus gibt die Rechtsprechung einen vorbeugenden Unterlassungsanspruch immer dann, wenn eine nach Deliktsrecht geschützte Rechtsposition bedroht ist, z.B. gemäß §§ 823 II, 824. Man spricht in solchen Fällen von einem *quasinegatorischen Anspruch*[220].

Geschützt gegen Beeinträchtigungen ist auch der Besitz, § 862, vgl. oben § 5 IV 2.

g) Für den Anspruch aus § 1004 ist regelmäßig der ordentliche Rechtsweg gemäß § 13 GVG eröffnet. Geht jedoch die Störung von der öffentlichen Hand aus – z.B. von dem öffentlichen Sportplatz einer Gemeinde –, so ist zu unterscheiden. Die öffentlich-rechtlichen Körperschaften haben auf dem Gebiet der Daseinsvorsorge die Wahl, ob sie sich bei der Verwendung und Nutzung eines Grundstücks des Privatrechts oder des öffentlichen Rechts bedienen wollen[221]. Im zweiten Fall stellt sich der Gebrauch des Eigentums als ein öffentlich-rechtliches Verwaltungshandeln dar; die Verwaltungsgerichte, nicht die ordentlichen Gerichte, sind zur Entscheidung über den Folgenbeseitigungsanspruch zuständig[222].

2. Öffentlich-rechtliche Abwehransprüche

Der Gestörte kann privatrechtlich aus § 1004 gegen den Störer vorgehen; daneben hat er in einigen Situationen auch aufgrund eines öffentlich-rechtlichen Anspruchs die Möglichkeit, von der zuständigen Behörde ein Vorgehen gegen den Störer zu verlangen[223].

a) Wird z.B. eine Baugenehmigung für einen Bau erteilt, welcher das Eigentum des Nachbarn rechtswidrig stören würde, so kann der Nachbar gemäß § 42 I (1) VwGO die Baugenehmigung anfechten (Nachbarklage)[224]. Voraussetzung für den Erfolg der Klage ist, daß die Baugenehmigung gegen eine drittschützende Vorschrift verstößt, also gegen eine Vorschrift, die nicht nur dem Schutz der Allgemeinheit, sondern wenigstens auch dem Schutz des Nachbarn zu dienen bestimmt ist[225]. Dazu gehören z.B. die Bestimmungen über Bauabstände oder die Festsetzungen in einem Bebauungsplan, die erkennbar den Schutz des Nachbarn bezwecken (z.B. Ausweisung eines Gebietes als reines Wohngebiet, Festsetzung von Lärmschutzeinrichtungen).

b) Daneben kann der Grundstückseigentümer versuchen, gegen die störende Nutzung direkt vorzugehen: Er kann mit einer Verpflichtungsklage gemäß § 42 I (2) VwGO ein behördliches Einschreiten verlangen, wenn die Errichtung einer stören-

---

[220] Vgl. etwa Palandt-Bassenge § 1004 Rn. 2; M. Wolf Rn. 304.

[221] BGH 41, 264 ff.; BGH DVBl 1968, 148; RGRK-Pikart § 1004 Rn. 16 ff.

[222] Vgl. Baur-Stürner § 12 Rn. 26; Palandt-Bassenge § 1004 Rn. 50 f.; Schmitz, NVwZ 1991, 1127.

[223] Ausführlich hierzu Schlotterbeck, NJW 1991, 2669 ff.; auch Schoch, Jura 2004, 317 ff.

[224] Die Baugenehmigung ist ein begünstigender Verwaltungsakt mit belastender Drittwirkung; zum einstweiligen Rechtsschutz vgl. die §§ 80, 80a VwGO.

[225] Palandt-Bassenge § 903 Rn. 14 ff.; Marburger, DJT 56 (1986) I C 17 ff.; Schmitz, NVwZ 1991, 1135; weitergehend M. Wolf Rn. 325.

den Anlage genehmigt worden ist, obwohl sie materiell baurechtswidrig ist. Wenn die Baugenehmigung jedoch bestandskräftig geworden ist, kann eine Betriebseinstellung nicht mehr verlangt werden, wohl aber das Anbringen immissionsmindernder Einrichtungen[226].

c) Dem gestörten Eigentümer steht ferner ein öffentlich-rechtlicher Unterlassungsanspruch zu, wenn die störende Nutzung eines Grundstücks nicht mehr von der Baugenehmigung gedeckt ist. Die materiellen Anspruchsvoraussetzungen sind dieselben wie beim privatrechtlichen Anspruch aus § 1004[227]. Voraussetzung des öffentlich-rechtlichen Unterlassungsanspruchs ist, daß die Nutzung des Grundstücks in öffentlich-rechtlicher Form erfolgt; andernfalls greift der privatrechtliche Unterlassungsanspruch ein.

d) Privatrechtliche und öffentlich-rechtliche Abwehransprüche können nebeneinander geltend gemacht werden[228].

3. Anspruch auf Schadensersatz

Ebenso wie das Eigentum an beweglichen Sachen ist auch das Grundeigentum nach den §§ 823 ff. geschützt. Fraglich ist, ob dieser Schutz auch für Fremdbesitzer eines Grundstücks gilt. Die Fremdbesitzer einer beweglichen Sache haben gemäß § 1007 ein dingliches Recht und sind daher nach § 823 I geschützt; denn § 823 schützt absolute Rechte, zu denen auch die dinglichen Rechte gehören. Für Grundstücke gilt § 1007 aber nicht, durch Besitzübertragung kann an Grundstücken kein dingliches Recht begründet werden, auch wenn ein obligatorischer Anspruch auf Besitz besteht; dingliche Rechte an Grundstücken entstehen nur durch Einigung und Eintragung im Grundbuch, § 873 I[229]. Daher kann ein Fremdbesitzer bei Beschädigungen des Grundstücks keinen Schadensersatzanspruch aus § 823 I haben.

Eine Ausnahme wird man aber zugunsten des Mieters oder Pächters eines Grundstücks machen müssen. Der Gesetzgeber hat in §§ 566, 581 II zu erkennen gegeben, daß er – aus sozialen Gründen – die Position des Grundstücksmieters und -pächters verdinglichen will. Aus diesem Grund ist es angemessen, den Grundstücksbesitz des Mieters oder Pächters auch unter den Schutz des § 823 I zu stellen[230].

---

[226] Vgl. Schmitz NVwZ 1991, 1135.

[227] Vgl. OVG Hamburg NJW 1986, 2333.

[228] Palandt-Bassenge § 903 Rn. 26; Breuer, DVBl 1983, 433 f.

[229] Das wird von der h.M. übersehen, wonach ein berechtigter Fremdbesitzer generell nach § 823 I geschützt sei, gleich ob es sich um eine bewegliche Sache handele oder um ein Grundstück; vgl. etwa Palandt-Thomas § 823 Rn. 13; Brox-Walker II § 41 Rn. 13; Medicus II Rn. 809.

[230] So im Ergebnis auch BGH 79, 237; BGH NJW 1984, 2569 f.

Teil 8

Grundeigentumsähnliche Rechte

§ 24. Erbbaurecht, Wohnungseigentum und Bergwerkseigentum

a) Als „grundstücksgleiche Rechte" bezeichnet man ungenau solche Grundstücksrechte, welche wie das Eigentum ein umfassendes und dauerndes oder doch länger andauerndes Nutzungsrecht am Grundstück geben und die dadurch rechtlich dem Grundeigentum so angenähert werden, daß für sie ein eigenes Grundbuch geführt wird[1]. Es handelt sich um das Erbbaurecht, um das Wohnungseigentum und um das Bergwerkseigentum. Dazu gehören ferner die in der ehemaligen DDR nach §§ 286–295 ZGB begründeten Nutzungsrechte, welche das Errichten und Halten eines Gebäudes auf fremdem Boden gestatteten[2]. Natürlich kann ein Recht einem Grundstück weder gleich noch ähnlich sein, wohl aber kann es dem Grundeigentum ähnlich sein, weshalb die genannten Rechte hier als „grundeigentumsähnlich" bezeichnet werden.

b) Die Wohnung ist das räumliche Lebenszentrum des Menschen, sie bildet regelmäßig den Mittelpunkt seines persönlichen Daseins. Daher resultiert das verständliche Interesse des wohnenden Menschen, diese Räumlichkeiten möglichst nicht nur aufgrund eines schuldrechtlich eingeräumten Rechts zu haben, das vom Vermieter unter mehr oder weniger einfachen Voraussetzungen kündbar ist. Erstrebenswert ist vielmehr eine sichere und dauerhafte, möglichst auf Lebenszeit angelegte absolute Rechtsposition wie die des Eigentümers. Andererseits gehört Wohnraum zu den knappen Wirtschaftsgütern und hat deshalb einen entsprechend hohen Wert; nicht jeder ist in der Lage oder bereit, das Geld für den Erwerb eines Grundstücks aufzubringen. Die Rechtsordnung hat sich diesem Bedürfnis nach dinglichen Wohnrechten nicht verschlossen.

Das rechtliche Problem liegt dabei darin, daß nach § 94 I 1 Gebäude grundsätzlich wesentliche Bestandteile des Grundstücks sind, auf dem sie errichtet sind, und daß nach § 93 wesentliche Bestandteile einer Sache nicht Gegenstand besonderer Rechte sein können. Das bedeutet, daß grundsätzlich der Eigentümer des Grundstücks auch Eigentümer des darauf errichteten Wohngebäudes ist. Ferner kann es am Grundstück und am gesamten Gebäude als einer einheitlichen Sache nur eine einheitliche Rechtslage geben, § 93; besondere Rechte an Teilen davon sind grundsätzlich nicht möglich. Ausnahmen hiervon sind nur aufgrund ausdrücklicher gesetzlicher Regelung möglich.

---

[1] Vgl. dazu Motive 3, 36 f.; auch Heß, AcP 198 (1998), 489, 497 ff. Sie entsprechen in etwa dem dominium utile, dem Untereigentum der alten Aufteilung des Eigentums in dominium directum und dominium utile, Ober- und Untereigentum, vgl. mein Handbuch des Sachenrechts § 8 II 1b.

[2] Diese Nutzungsrechte bestehen gemäß Art. 233 § 4 I EGBGB weiter, auch wenn sie nicht im Grundbuch eingetragen sind, vgl. Abs. 2. Die Gebäude stehen im Eigentum des Inhabers des Nutzungsrechts, für sie ist ein Gebäudegrundbuchblatt anzulegen; vgl. dazu Weimar, DDRZ 1991, 50 ff.; vCraushaar, DDRZ 1991, 359 ff.

I. Erbbaurecht

1. Begründung des Erbbaurechts

Das Erbbaurecht ermöglicht dem Inhaber das Errichten und Halten eines Gebäudes auf fremdem Grund. Dadurch spart der Erbbauberechtigte den Kaufpreis für das Grundstück, hat aber andererseits ein Entgelt in wiederkehrenden Leistungen zu entrichten (Erbbauzins), § 9 ErbbRVO[3]. Das Erbbaurecht ist ein veräußerliches und vererbliches dingliches Recht an einem Grundstück, § 1 I ErbbRVO[4]. Es wird bestellt gemäß § 873 I durch Einigung und Eintragung, und zwar entweder zeitlich unbeschränkt oder (regelmäßig) auf eine bestimmte Zeit, meist auf 66 oder 99 Jahre. Die Bestellung bedarf nicht der Form des § 925, vgl. § 11 I ErbbRVO, das Erbbaurecht kann nur an der ersten Rangstelle begründet werden, § 10 I 1 ErbbRVO. Eine auflösende Bedingung ist unzulässig, § 1 IV ErbbRVO, ein Verstoß macht die Bestellung unwirksam[5]; ebenfalls unwirksam ist eine schuldrechtliche Vereinbarung, daß der Erbbauberechtigte beim Eintreten bestimmter Umstände auf das Erbbaurecht verzichten müsse. Eine aufschiebend bedingte Bestellung des Erbbaurechts ist möglich, ebenso ist eine aufschiebende und auflösende Befristung möglich. Ein Vertrag, mit welchem sich jemand zur Bestellung des Erbbaurechts verpflichtet, bedarf der Form des § 311 b, vgl. § 11 II ErbbRVO.

Das Erbbaurecht wird grundbuchrechtlich wie das Grundeigentum behandelt. Für das Erbbaurecht wird ein besonderes Grundbuchblatt (Erbbaugrundbuch) angelegt, § 14 ErbbRVO; darin werden Übertragungen und Belastungen des Erbbaurechts eingetragen.

2. Inhalt des Erbbaurechts

a) Das Erbbaurecht berechtigt den Inhaber, das Grundstück in Besitz zu nehmen und darauf ein Gebäude zu errichten oder zu haben. Die Art und der Umfang der Bebauung müssen in etwa festgelegt sein. Das Erbbaurecht kann auch auf die Teile des Grundstücks erstreckt werden, die nicht bebaut werden sollen, die aber dem Inhaber als Garten, Wiese, Parkplatz, Abstellfläche usw. dienen sollen, § 1 II ErbbRVO. Eine entsprechende Vereinbarung wird Inhalt des Erbbaurechts und bedarf daher der Eintragung. Unterbleibt eine solche Vereinbarung, so bleibt das Nutzungsrecht für den nicht bebauten Teil des Grundstücks dem Eigentümer.

---

[3] Vgl. Schönfelder Nr. 41.

[4] Die §§ 1012–1017 sind durch das Schuldrechtsmodernisierungsgesetz von 2001 aufgehoben worden, gelten aber gemäß § 38 ErbbRVO weiter für Erbbaurechte, die vor dem 22. 1. 1919 bestellt worden sind.

[5] Nach BGH 52, 269; Palandt-Bassenge ErbbRVO § 1 Rn. 13 kann ein Erbbaurecht auch nicht auf Lebenszeit des Berechtigten bestellt werden. Das gewünschte Ergebnis kann aber durch die Vereinbarung eines Heimfallanspruchs für den Fall des Todes des Berechtigten erreicht werden, vgl. unten 4 c.

Inhalt des Erbbaurechts werden auch die in § 2 ErbbRVO aufgezählten Vereinbarungen zwischen dem Grundeigentümer und dem Inhaber des Erbbaurechts, wenn sie im Grundbuch eingetragen werden. Das bedeutet, daß diese Abreden auch für und gegen Rechtsnachfolger des Bestellers und Erwerbers des Erbbaurechts gelten. Ebenfalls wird die Vereinbarung über den Erbbauzins Inhalt des Erbbaurechts, doch haftet der Inhaber des Erbbaurechts dafür nicht nur mit diesem Recht, sondern nach den Regeln der Reallast auch persönlich, § 9 I 1 ErbbRVO, § 1108 BGB. Wegen der Erhöhung des Erbbauzinses vgl. § 9a ErbbRVO.

b) Das vom Erbbauberechtigten errichtete oder gehaltene Gebäude ist gemäß § 95 I 1 kein wesentlicher Bestandteil des Grundstücks; es ist vielmehr nach der Fiktion des § 12 I 1 ErbbRVO wesentlicher Bestandteil des Erbbaurechts, die Vorschrift entspricht dem § 95 I 1[6]. Der Inhaber des Erbbaurechts wird also Eigentümer des Gebäudes, selbst wenn es mit fremdem Material erbaut wird, §§ 946, 94 I 1, 95 I 2, § 12 II (1) ErbbRVO. Wenn das Gesetz in § 12 II (2) ErbbRVO sagt, Bestandteile des Erbbaurechts seien nicht Bestandteile des Grundstücks, so ist damit ein richtiger Gedanke inkorrekt ausgedrückt. Das aufgrund des Erbbaurechts errichtete Gebäude ist sehr wohl Bestandteil des Grundstücks, aber nicht bezogen auf das Eigentum, sondern bezogen auf das Erbbaurecht: Der Inhaber des Erbbaurechts, nicht der Grundstückseigentümer wird Eigentümer der wesentlichen Grundstücksbestandteile. Hier wie auch an anderen Stellen spricht das Gesetz von der Sache statt vom Eigentum daran.

c) Das Erbbaurecht ist wie das Eigentum geschützt, § 11 I 1 ErbbRVO, der Berechtigte kann also die Rechte aus den §§ 985-1004 geltend machen. Bei deliktischen Eingriffen sind die §§ 823 ff. anzuwenden.

3. Übertragung, Belastung und Inhaltsänderung des Erbbaurechts

a) Das Erbbaurecht ist übertragbar, die Übertragung geschieht gemäß § 873 I durch Einigung und Eintragung im Erbbaugrundbuch. Die Übertragung kann nicht unter einer Bedingung oder Befristung erfolgen, andernfalls ist sie unwirksam, § 11 I 2 ErbbRVO. Die Verpflichtung zur Übertragung des Erbbaurechts unterliegt der Formvorschrift des § 311 b, vgl. § 11 II ErbbRVO. Als Inhalt des Erbbaurechts kann vereinbart werden, daß die Veräußerung des Erbbaurechts nur mit Zustimmung des Grundeigentümers erfolgen kann, §§ 5 f. ErbbRVO; unter den Voraussetzungen des § 7 ErbbRVO besteht ein Anspruch auf Zustimmung.

b) Da gemäß § 11 I 1 ErbbRVO das Erbbaurecht wie das Grundeigentum behandelt wird, kann es mit beschränkten dinglichen Rechten belastet werden, § 873 I, durch Einigung und Eintragung im Erbbaugrundbuch. Es kann etwa eine Dienstbarkeit oder eine Hypothek am Erbbaurecht bestellt werden; das Grundeigentum wird dadurch nicht belastet. Für Mündelhypotheken gelten die §§ 18–20 ErbbRVO. Es kann als Inhalt des Erbbaurechts vereinbart werden, daß der Inhaber

---

[6] Vgl. oben § 2 III 6 b.

des Erbbaurechts dieses nur mit Zustimmung des Grundeigentümers belasten darf, §§ 5 II ff. ErbbRVO.

Kommt es zur Vollstreckung in das Erbbaurecht, so wird dadurch das Grundeigentum nicht betroffen, § 8 ErbbRVO. Bei der Zwangsversteigerung wird das Erbbaurecht versteigert, nicht das Eigentum am Grundstück.

c) Der Inhalt des Erbbaurechts kann nachträglich geändert werden, und zwar durch Einigung und Eintragung im Erbbaugrundbuch, vgl. § 11 I 1 ErbbRVO, § 877.

4. Erlöschen des Erbbaurechts

a) Das Erbbaurecht erlischt durch Zeitablauf[7]. Mit dem Erlöschen geht das Eigentum am Gebäude auf den Grundstückseigentümer über, § 12 III ErbbRVO. Der Eigentümer muß dem früheren Inhaber des Erbbaurechts eine Entschädigung zahlen, § 27 I 1 ErbbRVO. Vereinbarungen über die Höhe der Entschädigung sowie über deren Ausschluß können zum Inhalt des Erbbaurechts gemacht werden, § 27 I 2 ErbbRVO[8]. Zur Abwendung der Entschädigungspflicht kann der Grundeigentümer dem Erbbauberechtigten vor Ablauf des Erbbaurechts eine Verlängerung des Rechts auf die voraussichtliche Lebensdauer des Bauwerks anbieten; lehnt der Erbbauberechtigte die Verlängerung ab, so erlischt die Entschädigungspflicht, § 27 III ErbbRVO.

b) Das Erbbaurecht kann gemäß § 875 aufgehoben werden, aber nur mit Zustimmung des Grundstückseigentümers, § 26 ErbbRVO. Durch Zerstörung des Gebäudes erlischt das Erbbaurecht nicht, § 13 ErbbRVO.

c) Als Inhalt des Erbbaurechts kann ein *Heimfallrecht* des Grundeigentümers vereinbart werden. Es bedeutet, daß der Grundeigentümer beim Eintreten bestimmter Voraussetzungen vom Erbbauberechtigten verlangen kann, daß dieser das Erbbaurecht auf ihn übertrage, § 2 Nr. 4 ErbbRVO. Der Heimfall stellt somit ein dingliches Erwerbsrecht dar, welches das Erbbaurecht belastet und das mit dem Grundeigentum untrennbar verbunden ist, § 3 ErbbRVO.

Ein solches Heimfallrecht kann etwa vereinbart werden bei Rückstand mit dem Erbbauzins[9], Verzögerung der Bebauung, Vernachlässigung des Bauwerks, unbefugter Nutzungsänderung, Insolvenz des Erbbauberechtigten, Tod des Grundeigentümers oder Erbbauberechtigten. Der Heimfallanspruch verjährt in sechs Monaten, § 4 ErbbRVO.

Verlangt der Grundeigentümer Erfüllung, so muß der Erbbauberechtigte ihm das Recht gemäß § 873 I durch Einigung und Eintragung übertragen. Er hat dafür einen Anspruch auf eine angemessene Vergütung, § 32 I 1 ErbbRVO; im übrigen

---

[7] Wegen der zu diesem Zeitpunkt bestehenden Belastungen des Erbbaurechts vgl. § 29 ErbbRVO, wegen der laufenden Miet- und Pachtverträge vgl. § 30 ErbbRVO.

[8] Dient das Gebäude zur „Befriedigung des Wohnbedürfnisses minderbemittelter Bevölkerungskreise", so beträgt die Entschädigung zwingend mindestens 2/3 des Wertes, § 27 II ErbbRVO.

[9] Vgl. aber § 9 IV ErbbRVO.

gilt dasselbe wie bei der Beendigung des Erbbaurechts durch Zeitablauf, §§ 32, 33 ErbbRVO. Mit der Übertragung auf den Grundeigentümer erlischt das Erbbaurecht nicht, der Grundeigentümer kann es auf einen Dritten übertragen. Auch die Grundpfandrechte, welche das Erbbaurecht belasten, bleiben bestehen, soweit sie nicht dem Grundeigentümer zustehen, § 33 ErbbRVO.

II. Wohnungseigentum

Das Wohnungseigentum nach dem Gesetz über das Wohnungseigentum (WEG)[10] ermöglicht es, an einem Teil eines Gebäudes, der Wohnung, ein Sondereigentum zu begründen. Der Wohnungseigentümer muß also weder das ganze Grundstück noch das ganze Gebäude zu Eigentum erwerben. Damit ist eine Ausnahme von der Regel der §§ 93, 94 geschaffen, daß an einer einheitlichen Sache nur ein einheitliches Eigentum bestehen kann und daß das Gebäude dem Grundeigentümer gehört. Die Wohnungseigentümer haben alleiniges Sondereigentum an ihren Wohnungen sowie Miteigentum am Grundstück, § 1 WEG. Wohnungseigentum kann auch auf der Grundlage eines Erbbaurechts bestellt werden, § 30 WEG.

1. Entstehung des Wohnungseigentums

Wohnungseigentum kann auf zweierlei Art entstehen, durch einen Vertrag mehrerer Miteigentümer oder durch Teilung.

a) Gehört das Grundstück mehreren Miteigentümern, so können sie Wohnungseigentum dadurch begründen, daß sie sich dahin einigen, daß jedem von ihnen Sondereigentum an einer bestimmten, abgeschlossenen Wohnung eingeräumt wird, § 3 I, II WEG; das Sondereigentum entsteht gemäß § 4 I WEG mit der Eintragung im Grundbuch. Der räumliche Umfang des Sondereigentums ist durch eine Bauzeichnung zu bestimmen, welche der Eintragungsbewilligung gemäß § 7 IV WEG beizufügen ist. Die Einigung folgt den Regeln der Auflassung[11], sie ist bedingungsfeindlich und in der Form des § 925 zu erklären, § 4 II WEG; für den Verpflichtungsvertrag gilt § 311 b entsprechend, § 4 III WEG. Für jeden Miteigentumsanteil mit Sondereigentum wird von Amts wegen ein besonderes Grundbuchblatt angelegt (Wohnungsgrundbuch), § 7 I WEG, jedoch ist das Entstehen des Wohnungseigentums nicht davon abhängig.

b) Steht das Grundstückseigentum einem Alleineigentümer zu, so kann er das Wohnungseigentum durch einseitige Erklärung gegenüber dem Grundbuchamt begründen, § 8 WEG; die Erklärung bedarf keiner Form. Die Begründung wird wirksam, sobald die Wohnungsgrundbücher angelegt sind, § 8 II 2 WEG.

---

[10] Schönfelder Nr. 37.
[11] Vgl. oben § 23 III 1 a.

2. Inhalt des Wohnungseigentums

a) Sondereigentum kann an Wohnräumen bestehen sowie an sonstigen Räumen, etwa Kellerräumen und Garagenstellplätzen, schließlich auch an den zu diesen Räumen gehörenden Gebäudeteilen, soweit sie nicht für den Bestand oder die Sicherheit des Gebäudes erforderlich sind, §§ 1 I, II, 3, 5 I, II WEG.

Miteigentum nach Bruchteilen besteht am Grundstück[12], § 1 V WEG, ferner an allen Gebäudeteilen, die für den Bestand und die Sicherheit des Gebäudes erforderlich sind, etwa an Fundamenten, Außenwänden, tragenden Mauern, Kaminen, Dach. Selbst wenn diese Gebäudeteile zu Räumen in Sondereigentum gehören, wie etwa Außenwände, sind sie zwingend Miteigentum aller Gemeinschafter, § 5 II WEG; dem Sondereigentümer soll dagegen die Tapete und der Innenanstrich gehören[13]. Die Außenseite der Wohnungseingangstür soll mit Rahmen und Schloß zum gemeinschaftlichen Eigentum gehören, wohingegen die Innenseite einschließlich Innenfurnier und Farbanstrich Sondereigentum sein soll[14].

Miteigentum besteht schließlich an allen dem gemeinschaftlichen Gebrauch dienenden Anlagen und Einrichtungen, § 5 II WEG, z.B. am Treppenhaus, am Flur, an den Kellergängen, am Speicher und am Fahrstuhl. Auch die Zentralheizung und die zentralen Versorgungsleitungen stehen bis zum jeweiligen Einzelabzweig in gemeinschaftlichem Eigentum, ab dort jedoch im Sondereigentum. Sondereigentum sind auch die innerhalb einer Wohnung verlaufenden Leitungen, soweit sie ausschließlich für diese bestimmt sind.

Das Sondereigentum ist untrennbar mit dem dazugehörigen Miteigentum verbunden, beides zusammen bildet das Wohnungseigentum, §§ 1 II, 6 I WEG. Das Sondereigentum ist wesentlicher Bestandteil des Miteigentumsanteils, es kann nur zusammen mit dem Miteigentum veräußert oder belastet werden, Rechte am Miteigentumsanteil erstrecken sich automatisch auch auf das Sondereigentum an der Wohnung, § 6 II WEG. Das Wohnungseigentum kann gemäß §§ 873 I, 925 übertragen werden, durch Einigung und Eintragung im Wohnungsgrundbuch[15], gemäß § 873 I kann es auch belastet werden, etwa mit einem Grundpfandrecht. Die Veräußerung kann von der Zustimmung der anderen Miteigentümer abhängig gemacht werden, § 12 WEG.

b) Wird das Wohnungseigentum beeinträchtigt, so ist der Wohnungseigentümer durch die Ansprüche aus §§ 823 ff., 985-1004 geschützt, da es sich beim Wohnungseigentum um echtes Eigentum im Sinne des § 903 handelt, vgl. § 13 WEG.

c) Auf das Verhältnis der Miteigentümer untereinander sind subsidiär die Vorschriften über die Gemeinschaft anzuwenden, §§ 741-758, doch gehen ihnen die Sonderregelungen der §§ 10-29 WEG vor, vgl. § 10 I 1 WEG.

Kein Gemeinschafter kann Auflösung der Gemeinschaft verlangen, § 11 WEG, nur alle Miteigentümer gemeinsam können die Aufhebung beschließen.

---

[12] Auch an seinen unbebauten Flächen wie Garten und Hof.
[13] Vgl. etwa Weitnauer § 5 Rn. 17.
[14] Vgl. LG Stuttgart DRpfl 1973, 401 f.
[15] Der Verpflichtungsvertrag bedarf der Form des § 311 b.

Die Pflichten der Wohnungseigentümer regelt § 14 WEG, gemäß § 15 WEG können Pflichten durch Mehrheitsbeschluß begründet werden. Verletzt ein Miteigentümer in grober Weise seine Pflichten, so daß den anderen die Gemeinschaft mit ihm nicht mehr zugemutet werden kann, so können sie von ihm verlangen, daß er sein Wohnungseigentums veräußert, §§ 18 f. WEG. Die Gemeinschafter können ihr Verhältnis mit dinglicher Wirkung regeln, so daß die Regelung auch für und gegen Rechtsnachfolger wirkt; die Regelung ist im Wohnungsgrundbuch einzutragen, § 10 II WEG.

Die Verwaltung des gemeinschaftlichen Eigentums geschieht z.T. durch die Eigentümerversammlung, z.T. durch den zu bestellenden Verwalter. Der Verwalter wird auf fünf Jahre bestellt, er führt die laufenden Geschäfte, §§ 26-29 WEG. Die wesentlichen Entscheidungen werden durch die Wohnungseigentümerversammlung getroffen, §§ 21-25 ff. WEG. Die Beschlüsse werden mit Stimmenmehrheit beschlossen, § 21 III WEG, jedoch bedürfen Beschlüsse über bauliche Veränderungen oder über außerordentliche Aufwendungen der Einstimmigkeit, § 22 WEG.

Über Streitigkeiten der Miteigentümer untereinander entscheidet gemäß §§ 43 ff. WEG das Amtsgericht im Verfahren der freiwilligen Gerichtsbarkeit.

III. Bergwerkseigentum

Grundsätzlich erstreckt sich das Recht eines Grundstückseigentümers auch auf die unterirdischen Teile seines Grundstücks, § 905, 1, also auch auf die dort befindlichen Bodenschätze. Davon macht jedoch das Bergrecht, geregelt im Bundesberggesetz (BBergG) von 1980[16], eine Ausnahme. Nach § 3 ist zwischen grundeigenen und bergfreien Bodenschätzen zu unterscheiden: Grundeigene Bodenschätze gehören dem Grundstückseigentümer, z.B. Ton, Dachschiefer, Quarz, ferner etwa Kies und Torf, vgl. § 3 IV BBergG. Bergfreie Bodenschätze dagegen gehören dem Grundeigentümer nicht, es handelt sich um die wertvolleren, sie sind abschließend in § 3 III BBergG aufgezählt, etwa Gold, Platin, Silber, Kupfer, Zink, Zinn, Stein- und Braunkohle. An ihnen besteht ein Aneignungsrecht des Bergwerkseigentümers.

Das Bergwerkseigentum ist nach § 9 BBergG das ausschließliche Recht, auf bestimmten Grundstücken Bodenschätze aufzusuchen, zu gewinnen und sich anzueignen. Es entsteht durch staatliche Verleihung, auf welche der Antragsteller einen Anspruch hat, §§ 6, 13, 17 BBergG. Das Bergwerkseigentum wird im Grundbuch eingetragen, § 17 III BBergG, für das Bergwerkseigentum wird ein eigenes Grundbuchblatt (Berggrundbuch) angelegt, die Vorschriften des BGB über dingliche Rechte (§§ 873 ff.) sind anwendbar. Die Übertragung des Bergwerkseigentums etwa geschieht durch dingliche Einigung und Eintragung in das Berggrund-

---

[16] BGBl. I 1310.

buch, gutgläubiger Erwerb nach § 892 ist möglich[17], ebenso eine Ersitzung nach § 900[18]. Geschützt ist das Bergwerkseigentum nach den §§ 985 ff.

Durch das Bergwerkseigentum werden die Rechte des Grundeigentümers weitgehend eingeschränkt. Der Bergwerksberechtigte kann auf dem Grundstück etwa Gruben anlegen und Einrichtungen schaffen für die Lagerung und den Transport der gewonnen Bodenschätze; er kann sogar Abtretung des Grundstückseigentums verlangen, vgl. §§ 8 f., 77 ff. BBergG.

Für Bergschäden haftet der Bergwerkseigentümer auf Schadensersatz, §§ 114 ff. BBergG; es handelt sich um eine Gefährdungshaftung.

---

[17] Vgl. Boldt-Weller, Bundesberggesetz (1984) § 9. Rn. 7.
[18] Vgl. Finkenauer 118.

Teil 9

Nutzungs- und Erwerbsrechte an Grundstücken

§ 25. Nutzungs- und Erwerbsrechte an Grundstücken

I. Grunddienstbarkeiten

Dienstbarkeiten sind dingliche Rechte an einem Grundstück, kraft derer der Inhaber berechtigt ist, das Grundstück in gewisser Weise zu nutzen[1]. Die Dienstbarkeit schränkt also den Gebrauch des Grundeigentums ein und überträgt das Gebrauchsrecht insoweit auf den Inhaber der Dienstbarkeit; dieser kann verlangen, daß der Eigentümer ihm den Gebrauch gestatte oder einen bestimmten Gebrauch unterlasse. Als dingliches Recht lastet die Dienstbarkeit auf dem Grundstück; sie kann aber nicht eine persönliche Verpflichtung des Eigentümers begründen, irgendeine Leistung zu erbringen oder etwas zu tun: servitus in faciendo consistere nequit.

a) Die Dienstbarkeit kann das Recht zum Inhalt haben, gewisse Handlungen vorzunehmen (positive Dienstbarkeiten), etwa über das Grundstück zu gehen, Kies abzubauen (servitus faciendi) oder dort eine Anlage zu halten (servitus habendi)[2]. Oder sie kann den Inhalt haben, gewisse Handlungen des Eigentümers verbieten zu dürfen (negative Dienstbarkeiten), etwa ein Gebäude zu errichten[3] (servitus prohibendi)[4]. Die Dienstbarkeiten werden gemäß der römischen Terminologie auch Servituten genannt.

b) Das Gesetz unterscheidet gemäß dem römischen Recht zwischen Grunddienstbarkeiten (Prädialservituten) und den persönlichen Dienstbarkeiten (Personalservituten). Die persönlichen Dienstbarkeiten stehen einer bestimmten Person als solcher zu, die Grunddienstbarkeiten sind mit dem Eigentum an einem Grundstück verbunden: Sie stehen dem jeweiligen Eigentümer des herrschenden Grundstücks zu und belasten das dienende Grundstück; sie können vom Eigentum am herrschenden Grundstück nicht getrennt werden[5]. Das alte deutsche Recht nannte Rechte, die mit einem Grundstück verknüpft sind, Gerechtigkeiten. Eine Grunddienstbarkeit, über ein fremdes Grundstück zu gehen, ist demnach eine Wegegerechtigkeit, eine Dienstbarkeit, auf einem fremden Grundstück Kies abzubauen,

---

[1] Vgl. dazu Heß, Dienstbarkeit und Reallast im System dinglicher Nutzungs- und Verwertungsrechte, AcP 198 (1998), 489 ff.

[2] Man faßt diese Dienstbarkeiten, vom Eigentümer aus gesehen, zusammen als servitutes, quae in patiendo consistunt, die auf ein Dulden gehen.

[3] Als völliges Bauverbot für bestimmte Grundstücksteile, OLG Neustadt NJW 1958, 635; als beschränktes Bauverbot, z.B. für bestimmte Bebauungsart mit Bauhöhenbegrenzung, BGH JZ 1967, 322.

[4] Servitutes, quae in non faciendo consistunt, die auf ein Nichttun gehen.

[5] Die Grunddienstbarkeit gilt gemäß § 96 als Bestandteil des herrschenden Grundstücks, vgl. oben § 2 III 1 d.

eine Kiesabbaugerechtigkeit. Der Umfang der Gerechtigkeiten ging aber über den Inhalt der Dienstbarkeiten hinaus, insbesondere bezeichneten sie das mit einem Grundstück verbundene Recht, eine bestimmte Tätigkeit (Beruf) auszuüben, die nicht jedermann freistand; so gab es etwa Apothekengerechtigkeiten, Barbiergerechtigkeiten, Bierbrauergerechtigkeiten usw.

Rechte, die mit einem Grundstück verbunden sind, werden als subjektiv-dingliche Rechte bezeichnet[6]; sie sind nicht nur objektiv dinglich, weil sie als dingliches Recht auf dem betroffenen Objekt (Sache) lasten, sondern sind auch subjektiv dinglich, weil das Subjekt des Rechts, d.h. sein Inhaber, dinglich dadurch bestimmt ist, daß er Eigentümer des herrschenden Grundstücks sein muß. Subjektiv-dinglich sind immer die Grunddienstbarkeiten, § 1018; Vorkaufsrechte und Reallasten können als subjektiv-dingliche Rechte bestellt werden, §§ 1094 II, 1105 II.

1. Bestellung der Grunddienstbarkeit

a) Die Grunddienstbarkeit wird durch formlose Einigung des Eigentümers und des Erwerbers sowie Eintragung in das Grundbuch bestellt; die Eintragung erfolgt wie immer beim belasteten Grundstück. Die Grunddienstbarkeit soll auch im Grundbuchblatt des herrschenden Grundstücks vermerkt werden[7], doch hat dies für die Entstehung der Grunddienstbarkeit keine Bedeutung[8]. Der Eigentümer kann die Grunddienstbarkeit auch für sich selbst bestellen, wenn er Eigentümer des herrschenden und des dienenden Grundstücks ist[9]. Das geschieht durch Erklärung des Grundeigentümers gegenüber dem Grundbuchamt und Eintragung, entsprechend § 1196 II.

Die Bestellung kann unter einer Bedingung oder Befristung erfolgen, geschieht das nicht, so ist die Grunddienstbarkeit zeitlich unbegrenzt; der zugrundeliegende schuldrechtliche Bestellungsvertrag bedarf keiner Form.

b) Die Grunddienstbarkeit kann nicht an einem Miteigentumsanteil des dienenden Grundstücks bestellt werden, wohl aber an allen Miteigentumsanteilen zugleich. Die Grunddienstbarkeit belastet das gesamte dienende Grundstück, eine Bestellung nur für einen realen Grundstücksteil ist gemäß dem Spezialitätsprinzip nicht möglich[10]. Der Inhalt der Grunddienstbarkeit kann aber so vereinbart werden, daß das Nutzungsrecht sich auf einen Teil des Grundstücks beschränkt, etwa an bestimmter Stelle des Grundstücks ein Gebäude halten zu dürfen[11].

---

[6] Sie werden auch Realrechte genannt, vgl. Wolff-Raiser § 2 IV 2.

[7] Vgl. oben § 19 I 3 b bb.

[8] Auch ein gutgläubiger Erwerb ist nur aufgrund der Eintragung der Dienstbarkeit beim dienenden Grundstück möglich, nicht aufgrund des Vermerks beim herrschenden, vgl. BayObLG NJW-RR 1987, 790; Lüke, JuS 1988, 524 f.; Schmidt, JuS 1988, 154.

[9] Vgl. oben § 20 I 4; auch BGH 41, 209; M. Wolf Rn. 732.

[10] Vgl. oben § 1 II 3 a.

[11] Vgl. etwa MünchenerK-Falckenberg § 1018 Rn. 14, 24.

2. Inhalt der Grunddienstbarkeit

a) Die Grunddienstbarkeit kann in der Berechtigung bestehen, bestimmte Handlungen auf dem dienenden Grundstück vornehmen zu dürfen, z.B. darüber zu gehen und zu fahren (Wegegerechtigkeit), Kies, Torf oder Holz zu entnehmen, Wasser zu schöpfen und abzuleiten, Abwässer zuzuleiten, auf dem Grundstück Waren entladen zu dürfen, Kraftwagen waschen oder reparieren zu dürfen. Sie kann darin bestehen, bestimmte Anlagen auf dem Grundstück halten zu dürfen, etwa Leitungsmasten, Schienen, Gebäude.

Die Grunddienstbarkeit kann schließlich das Recht geben, bestimmte Handlungen des Eigentümers zu verbieten, z.B. Gebäude überhaupt zu errichten, Gebäude bestimmter Art (z.B. eine Fabrik) zu errichten oder Gebäude in bestimmter Weise, etwa Höhe, zu errichten, Grenzanlagen (Mauern, Zäune, Hecken) zu errichten, ein Gewerbe oder bestimmte Gewerbe auf dem Grundstück zu betreiben. Die Grunddienstbarkeit schränkt also die Handlungsfreiheit ein, welche das Grundeigentum dem Eigentümer gibt.

b) Grundsätzlich kann die Grunddienstbarkeit den Eigentümer des belasteten Grundstücks nicht zu einem positiven Tun verpflichten. Dieses Prinzip ist in § 1021 dahin aufgelockert, daß der Eigentümer des dienenden Grundstücks zur Unterhaltung einer Anlage verpflichtet werden kann, welche aufgrund der Dienstbarkeit dort gehalten wird.

c) Die Grunddienstbarkeit muß einen Inhalt haben, der für das herrschende Grundstück von Vorteil ist[12] (praedio utilis), § 1019; ein Vorteil nur für den Eigentümer reicht nicht aus. Das bedeutet, daß der Inhalt der Grunddienstbarkeit für jeden Eigentümer vorteilhaft muß, nicht nur gerade für den jetzigen; das Bedürfnis, dem die Grunddienstbarkeit nachkommen will, muß also in der Beschaffenheit des herrschenden Grundstück eine objektive Grundlage haben[13]. Die Grunddienstbarkeit etwa, Holz, Wasser usw. zu entnehmen, geht nur soweit, als die Materialien für das herrschende Grundstück benötigt werden, um etwa dort ein Gebäude zu errichten. Die Abgrenzung nach den genannten Kriterien ist aber schwierig und unsicher. Kann etwa die Grunddienstbarkeit auch zugunsten eines auf dem herrschenden Grundstück betriebenen Gewerbebetriebs bestellt werden, etwa daß der Inhaber einer Baustoffhandlung für diese Kies vom dienenden Grundstück entnehmen darf? Der entnommene Kies dient nicht dem herrschenden Grundstück, sondern dem darauf betriebenen Gewerbe. Die Dienstbarkeit dient sicherlich dem jetzigen Eigentümer, aber nicht einem anderen, der auf dem herrschenden Grundstück vielleicht ein anderes oder gar kein Gewerbe ausüben will. Dennoch soll nach dem Willen des Gesetzgebers auch zugunsten eines auf dem herrschenden Grundstück betriebenen Gewerbebetriebes eine Grunddienstbarkeit möglich sein[14]; Voraussetzung dafür ist

---

[12] Es muß sich aber nicht um einen wirtschaftlichen Nutzen handeln, auch Annehmlichkeiten reichen aus, Motive 3, 481.
[13] Vgl. Motive 3, 481; RG 30, 207.
[14] Vgl. Motive a.a.O.

aber, daß das Gewerbe im herrschenden Grundstück eine objektive Verkörperung gefunden hat, etwa in einer Anlage oder in Gebäuden.

aa) Streitig ist im einzelnen, wieweit Konkurrenzbeschränkungen und -verbote mit Hilfe von Grunddienstbarkeiten durchgesetzt werden können. Nach dem Ausgeführten kann jedenfalls zugunsten eines Villengrundstücks die Grunddienstbarkeit bestellt werden, daß auf einem Nachbargrundstück überhaupt kein Gewerbe betrieben werden darf; das wäre zum Vorteil eines jeden Eigentümers. Eine Grunddienstbarkeit, keine Tankstelle zu betreiben, kann zwar zugunsten eines Grundstücks mit einer Tankstelle bestellt werden, nicht zugunsten eines Ziegeleigrundstücks[15]; denn es fehlt auf dem Ziegeleigrundstück an jedem objektiven Hinweis auf ein Bedürfnis für dieses Verbot. Zugunsten eines Brauereigrundstücks kann die Grunddienstbarkeit bestellt werden, daß auf dem dienenden Grundstück nur eine Gastwirtschaft als Gewerbe betrieben werden darf oder daß nur der Eigentümer des herrschenden Grundstücks dort eine Gaststätte betreiben darf[16].

bb) Unzulässig ist dagegen nach h M. eine Grunddienstbarkeit des Inhalts, daß der Eigentümer des dienenden Grundstücks Waren einer bestimmten Sorte nur vom Eigentümer des herrschenden Grundstück beziehen darf[17]; daß etwa der Inhaber einer Gaststätte sein Bier nur von der Brauerei beziehen darf, die sich auf dem herrschenden Grundstück befindet. Das Argument, hier werde nicht ein Recht ausgeschlossen, das aus dem Eigentum entspringe, sondern die allgemeine Handlungsfreiheit[18], kann freilich nicht überzeugen. Zwar ist es ein Ausdruck der allgemeinen Handlungsfreiheit, daß der Gastwirt Bier eines beliebigen Brauers umsetzen kann, aber auf seinem Grundstück kann er das nur, weil er dessen Eigentümer ist; er übt damit sowohl die allgemeine Handlungsfreiheit wie sein Recht aus dem Grundstückseigentum aus[19]. Auf einem fremden Grundstück würde ihm die allgemeine Handlungsfreiheit nichts nützen, er bedürfte einer besonderen Berechtigung, dort ein Gewerbe überhaupt und in der gewünschten Art zu betreiben. Sein Eigentum gibt ihm diese Möglichkeit, sie kann durch eine Dienstbarkeit untersagt werden.

Dennoch ist der h.M. im Ergebnis zuzustimmen; die Unzulässigkeit einer Grunddienstbarkeit, in einem bestimmten Betrieb (Gaststätte, Tankstelle) nur Produkte eines bestimmten Lieferanten zu vertreiben, ist deswegen unwirksam, weil sie im Ergebnis auf ein positives Tun des Eigentümers des dienenden Grundstücks gerichtet ist[20], daß nämlich der Betriebsinhaber die Ware von dem bestimmten Produzenten beziehen soll. Umgehungsversuche derart, daß man durch eine Grunddienstbarkeit jedes Gewerbe untersagt, schuldrechtlich aber davon eine Ausnahme macht mit der Verpflichtung, nur Produkte eines bestimmten Produzenten zu ver-

---

[15] Vgl. OLG München NJW 1957, 1765; Baur-Stürner § 33 Rn. 13.
[16] Vgl. BGH 29, 244.
[17] Vgl. etwa Baur-Stürner § 33 Rn. 14 ff.; Palandt-Bassenge § 1018 Rn. 24.
[18] Vgl. BGH 29, 244, ebenso M. Wolf Rn 1018; Erman-Grziwotz § 1018 Rn. 17.
[19] Vgl. Planck-Strecker § 1018 N. 2 b; Wolff-Raiser § 106 II 2; MünchenerK-Falckenberg § 1018 Rn. 33; Joost, NJW 1981, 309.
[20] So zu Recht BayObLG MDR 1980, 579; MünchenerK-Falckenberg § 1018 Rn. 43 mit Literatur in Fn. 215; Schwab-Prütting Rn 893 f.

treiben, führen im Ergebnis wiederum zu einer unzulässigen Verpflichtung zu positivem Tun; Dienstbarkeiten solchen Inhalts sind unwirksam[21].

d) Die Grunddienstbarkeit muß so ausgeübt werden, daß dabei die Interessen des Eigentümers des dienenden Grundstücks tunlichst geschont werden, § 1020. Daher kann dieser gemäß § 1023 verlangen, daß die Ausübung auf dem Grundstück dort erfolgt, wo sie für ihn am wenigsten beschwerlich ist, § 1024.

e) Der Inhalt der Grunddienstbarkeit, d.h. ihr Umfang, ist durch Auslegung zu ermitteln. Ist etwa für ein Wohnhaus eine Fahr- und Wegegerechtigkeit bestellt, so kann nicht nur der Eigentümer des herrschenden Grundstücks über das dienende Grundstück fahren und gehen; dieses Recht steht auch seinen Familienmitgliedern zu, aber auch Mietern, Besuchern, Lieferanten im üblichen Umfang usw. Ein Wegerecht für einen Gasthausbetrieb erlaubt auch den Gästen und Lieferanten den Zugang.

Der Inhalt der Grunddienstbarkeit ist nicht ein für allemal festgelegt, sondern kann sich im Laufe der Zeit nach den jeweiligen Bedürfnissen des herrschenden Grundstücks ändern. Allerdings darf der Eigentümer des herrschenden Grundstücks die Bedarfssteigerung nicht durch eine Nutzungsänderung seines Grundstücks willkürlich herbeiführen[22]. Ein Wegerecht zu einem Gasthaus, zu welchem vor 70 Jahren nur vereinzelte Pferdedroschken und ansonsten Spaziergänger kamen, berechtigt nun zum Zugang mit Kraftwagen. Hat der Eigentümer aber sein Wohngrundstück in einen Campingplatz umgestaltet, so muß der Eigentümer des belasteten Grundstücks nicht das Befahren durch die Campinggäste dulden. Eine Bewirtschaftungsänderung ist aber nicht willkürlich, wenn sie üblich ist oder auf sachbezogenen Gründen beruht. Daher gilt ein Wegerecht für einen früheren Mühlenbetrieb jetzt für eine dort betriebene Gaststätte, weil viele Mühlenbesitzer, die den Betrieb nicht aufrechterhalten konnten, ihre oft schön gelegenen Gebäude als Ausflugsgasthäuser nutzen.[23]

3. Schutz der Grunddienstbarkeit

a) Wird der Inhaber einer Dienstbarkeit in deren Ausübung gestört, so stehen ihm die in § 1004 bezeichneten Rechte auf Beseitigung und Unterlassen der Störung zu, § 1027. Wird etwa eine Wegeservitut dadurch beeinträchtigt, daß der Eigentümer des dienenden Grundstücks den Durchgang sperrt, so kann der Berechtigte Beseitigung verlangen. Der Anspruch auf Verschaffung des Besitzes entsprechend § 985 ist dem Inhaber der Dienstbarkeit nicht gewährt, weil er regelmäßig keinen Besitz am Grundstück hat[24]. Hat aber der Inhaber der Grunddienstbarkeit ein

---

[21] So zu Recht BayObLG MDR 1980, 579; BayObLG MDR 1982, 936; Palandt-Bassenge, Schwab-Prütting a.a.O. gegen BGH NJW 1979, 2149; BGH NJW 1981, 343; BGH NJW 1985, 2475; BGH NJW 1988, 2364 f.

[22] H.M., vgl. etwa MünchenerK-Falckenberg § 1018 Rn. 51 ff.

[23] Vgl. dazu Rinken, Grunddienstbarkeiten bei Veränderungen der tatsächlichen Verhältnisse, WM 2001, 979 ff.

[24] Vgl. Motive 3, 489.

Recht zum Besitz, etwa ein Recht zum Halten eines Gebäudes auf dem fremden Grundstück, so ist ihm auch der Anspruch auf Einräumung des Besitzes entsprechend § 985 zu gewähren[25]. Bei schuldhafter Beeinträchtigung ist der Schadensersatzanspruch nach § 823 I gegeben.

b) An Dienstbarkeiten ist unter den Voraussetzungen des § 1029 ein Rechtsbesitz möglich. Wird dieser Rechtsbesitz gestört, so stehen dem Besitzer der Dienstbarkeit die possessorischen Ansprüche nach §§ 861, 862 zu, vgl. oben § 7.

4. Beendigung der Grunddienstbarkeit

Die Grunddienstbarkeit erlischt, wenn der Inhaber nach § 875 darauf verzichtet und sie im Grundbuch gelöscht wird. Weitere Erlöschensgründe können der Eintritt einer auflösenden Bedingung oder eines Endtermins gemäß §§ 158 II, 163 sein. Die nicht eingetragene Dienstbarkeit erlischt mit der Verjährung des Anspruchs des Berechtigten gegen den Eigentümer aus der Grunddienstbarkeit, etwa auf Duldung, § 901[26]. Die Verjährung tritt entsprechend § 197 I Nr. 1 in 30 Jahren ein, denn dieser Anspruch aus der Grunddienstbarkeit „zielt auf die Verwirklichung des dinglichen Rechts", ebenso wie beim Eigentum der Anspruch aus § 985[27]. Das gleiche gilt für den Anspruch aus § 1028, wenn eine eingetragene Dienstbarkeit durch eine Anlage gestört wird. Der Beseitigungsanspruch aus § 1027, 1004 verjährt in 30 Jahren, damit erlischt gemäß § 1028 auch die Grunddienstbarkeit.

II. Persönliche Dienstbarkeiten und Nießbrauch

a) Die persönliche Dienstbarkeit wird für eine bestimmte Person bestellt; sie ist an diese Person gebunden und kann weder veräußert noch vererbt werden, §§ 1090, 1092[28]. Nur die Ausübung der Dienstbarkeit kann – wie beim Nießbrauch – einem anderen überlassen werden, aber nur, wenn das gestattet ist, § 1092 I 2.

b) Auf die persönliche Dienstbarkeit sind die Regeln über Grunddienstbarkeiten entsprechend anzuwenden, § 1090 II. Statt des § 1019 gilt aber § 1092: Der Umfang der persönlichen Dienstbarkeit bestimmt sich nach den persönlichen Bedürfnissen des Berechtigten. Der Inhalt ist somit flexibler, da die Voraussetzung fehlt, daß die

---

[25] Vgl. MünchenerK-Falckenberg § 1027 Rn. 1, 9; M. Wolf Rn. 1023.

[26] Vgl. oben § 20 III 2 b.

[27] Vgl. BT-Drucksache 14/6040 S. 105 zu § 197: „Herausgabeansprüche aus dinglichen Rechten ... zielen auf die Verwirklichung des dinglichen Rechts ab. Die Verjährung dieser Ansprüche in kurzen Fristen würde die Verwirklichung des Stammrechts in Frage stellen". Ebenso Finkenauer in Ehmann-Sutschet S. 292 f.

[28] Steht die persönliche Dienstbarkeit einer juristischen Person zu, so ist sie wie ein Nießbrauch gemäß § 1092 II übertragbar. Gemäß dem 1996 eingeführten Absatz 3 dieser Vorschrift sind persönliche Dienstbarkeiten, die ein Durchleitungsrecht für Strom, Wasser usw. begründen und einer juristischen Person oder einer rechtsfähigen Personengesellschaft zustehen, übertragbar; vgl. dazu Bassenge, NJW 1997, 2777 ff.

Dienstbarkeit den Bedürfnissen eines Grundstücks dienen muß. Im übrigen gilt für den Inhalt der Dienstbarkeit das oben zu I 2 Ausgeführte[29].

c) Die persönliche Dienstbarkeit erlischt spätestens mit dem Tod des Berechtigten. Für juristische Personen gelten die §§ 1092 II, 1059a-d.

d) Als persönliche Dienstbarkeit versteht die Rechtsordnung auch den Nießbrauch. Er wird gemäß § 873 I durch Einigung zwischen dem Grundstückseigentümer und dem Nießbraucher sowie durch Eintragung im Grundbuch bestellt. Im übrigen sind die gemeinsamen Regeln für bewegliche Sachen und Grundstücke in den §§ 1030-1066 anzuwenden, vgl. oben § 14.

III. Wohnrecht und Dauerwohnrecht

a) Ein Wohnrecht kann als persönliche Dienstbarkeit bestellt werden, § 1093. Es ist ein dingliches Recht, das durch Einigung und Eintragung im Grundbuch entsteht und weder veräußerlich noch vererblich ist. Anders als ein Nießbrauch berechtigt das Wohnrecht nur zum eigenen Wohnen, nicht zum Vermieten; immerhin darf der Berechtigte seine Familie und Pflegepersonal in die Wohnung aufnehmen, § 1093 II. Andere Personen darf er gemäß § 1092 I 2 nur aufnehmen, wenn dies gestattet ist. Die Nutzungsbefugnis erstreckt sich nach § 1093 III auf die zum gemeinschaftlichen Gebrauch der Bewohner bestimmten Anlagen und Einrichtungen. Im übrigen ist gemäß § 1093 I 2 weitgehend Nießbrauchsrecht anzuwenden.

Das Wohnrecht nach § 1093 ist insbesondere geeignet als Teil eines Altenteilsvertrages, der dem Berechtigten ein auf seine Person zugeschnittenes Wohnrecht gibt; in diesem Fall sind gemäß Art. 96 EGBGB die landesrechtlichen Vorschriften über Altenteilsverträge zu beachten[30].

b) Gemäß §§ 31-42 WEG kann ein *Dauerwohnrecht* als vererbliches und veräußerliches dingliches Wohnrecht an einer abgeschlossenen Wohnung bestellt werden. Die Bestellung geschieht gemäß § 873 I durch formlose Einigung und Eintragung, ebenso die Veräußerung des Dauerwohnrechts; das Grundgeschäft bedarf nicht der Form des § 311 b. Der Berechtigte darf die Wohnung unter Ausschluß des Grundstückseigentümers nutzen, insbesondere bewohnen, aber auch vermieten. Das Dauerwohnrecht stellt eine besondere Art Dienstbarkeit dar.

IV. Reallasten

Die Reallast war dem römischen Recht nicht bekannt, sie stammt aus dem mittelalterlichen deutschen Recht[31]. Sie bedeutet ein dingliches Recht am Grundstück, kraft dessen dem Berechtigten wiederkehrende Leistungen aus dem Grundstück zu

---

[29] Zum Verbot bestimmter Tätigkeiten vgl. Göz, Philipp, Die beschränkte persönliche Verbotsdienstbarkeit, 1997.

[30] Vgl. zu den landesrechtlichen Regelungen MünchenerK-Habersack Art. 96 EGBGB Rn. 2.

[31] Zur Geschichte der Reallast vgl. Motive 3, 572 ff.

entrichten sind, § 1105 I. Bei den wiederkehrenden Leistungen kann es sich um Geld- oder Sachleistungen handeln. Praktische Bedeutung hat die Reallast insbesondere im Altenteilsrecht, das Recht ging früher oft auf Sachleistungen: Der Berechtigte erhielt von den Früchten des belasteten Gutes ein bestimmtes Quantum zum Lebensunterhalt; heute wird die Reallast meist auf Geldrenten bestellt.

Die wiederkehrenden Leistungen sind aus dem Grundstück zu entrichten. Das bedeutet ebenso wie in §§ 1113, 1191, 1199 lediglich, daß das Grundstück für die Verpflichtung haftet; der Berechtigte kann das Grundstück durch Zwangsversteigerung oder Zwangsverwaltung verwerten[32]; die Reallast ähnelt somit, wenn sie auf eine Geldrente geht, der Rentenschuld. Anders als bei der Rentenschuld haftet aber bei der Reallast der Eigentümer auch persönlich für die einzelnen Leistungen, wenn nichts anderes bestimmt ist; er kann dafür nicht nur auf Duldung der Zwangsvollstreckung in das Grundstück in Anspruch genommen werden, er haftet auf Leistung, vgl. § 1108[33]. Das bedeutet, daß - anders als bei der Rentenschuld - dem Inhaber der Reallast nicht nur das belastete Grundstück haftet, sondern das ganze Vermögen des Eigentümers des belasteten Grundstücks.

1. Bestellung der Reallast

Die Reallast entsteht durch formlose Einigung und Eintragung im Grundbuch. Sie wird in der Regel nicht als isoliertes dingliches Recht bestellt, sondern zur Sicherung einer vorher getroffenen schuldrechtlichen Vereinbarung, in welcher der Grundstückseigentümer sich zur Erbringung bestimmter Leistungen verpflichtet (Sicherungsreallast)[34]. Bedingte und befristete Bestellung sind möglich, aber auch zeitlich unbeschränkte Reallasten können bestellt werden. Die Reallast kann für eine bestimmte Person bestellt werden oder als subjektiv-dingliches Recht für den jeweiligen Eigentümer eines Grundstücks, § 1105 II[35].

Ist die Reallast für eine bestimmte Person bestellt, so kann sie veräußert und vererbt werden. Die Vererbbarkeit entfällt, wenn die Reallast auf Lebenszeit des Inhabers, also auflösend bedingt bestellt ist; die Veräußerlichkeit entfällt gemäß § 1111 II, wenn der Anspruch auf die einzelnen wiederkehrenden Leistungen nicht übertragbar ist, etwa nach §§ 399 f. Die subjektiv-dingliche Reallast kann als wesentlicher Bestandteil des Grundstücks, § 96, nur zusammen mit diesem veräußert werden.

2. Inhalt der Reallast

Von der Reallast selbst ist der Anspruch auf die einzelnen Leistungen zu unterscheiden; die Reallast ist – bildlich gesprochen – die Mutter der einzelnen wieder-

---

[32] Vgl. unten § 29 III 3 und 4.
[33] Dieser Anspruch aus § 1108 ist nicht zu verwechseln mit dem schuldrechtlichen Anspruch, der durch die Reallast gesichert ist, vgl. unten 1 bei Fn. 34.
[34] Vgl. dazu Preißmann, Kai, Die Reallast, Diss. Bonn 1995, insb. S. 171 ff.
[35] Eine nachträgliche Umänderung ist nicht möglich, §§ 1110, 1111 I.

kehrenden Leistungen. Eine Kapitalisierung und Ablösung der Reallast kann der Verpflichtete – anders als bei einer Rentenschuld, vgl. § 1201 – nach dem BGB nicht verlangen.

Für die einzelnen wiederkehrenden Leistungen gelten entsprechend die Vorschriften für Hypothekenzinsen, § 1107; sie können etwa gemäß § 398 abgetreten werden, § 1159. Für sie haftet das Grundstück, aber auch derjenige Eigentümer persönlich, dem das Grundstück zur Zeit der Entstehung des Leistungsanspruchs gehörte.

V. Vorkaufsrecht

Ein schuldrechtliches Vorkaufsrecht für Kaufgegenstände aller Art ist in den §§ 463-473 geregelt. Für Grundstücke ist in den §§ 1094-1104 die Möglichkeit eines dinglichen Vorkaufsrechts begründet; es stammt aus dem mittelalterlichen deutschen Recht („Näherrecht")[36].

a) Das Vorkaufsrecht ist ein beschränktes dingliches Recht an einem Grundstück. Es wird nach § 873 I durch Einigung und Eintragung bestellt, entweder zugunsten einer bestimmten Person[37] oder als subjektiv-dingliches Recht zugunsten des jeweiligen Eigentümers eines Grundstücks, § 1094 II; eine nachträgliche Änderung ist nicht möglich, § 1103. Das Vorkaufsrecht kann auf das Zubehör erstreckt werden, was im Zweifel anzunehmen ist, § 1096; es kann für lediglich einen Verkaufsfall bestellt werden (was im Zweifel anzunehmen ist) oder für mehrere oder alle, § 1097; es greift ein, wenn der Eigentümer oder ein Rechtsnachfolger das Grundstück verkauft[38]; ein Verkauf durch einen Bucheigentümer ist dem gleichzustellen[39]. Das subjektiv-dingliche Vorkaufsrecht ist nur zusammen mit dem Grundstück übertragbar[40], das subjektiv-persönliche ist nicht übertragbar, es sei denn, daß etwas anderes vereinbart wäre, §§ 473, 1098 I 1.

b) Auf das dingliche Vorkaufsrecht sind gemäß § 1098 I 1 die Regeln über das schuldrechtliche Vorkaufsrecht, also die §§ 463-473 anzuwenden. Das Vorkaufsrecht gibt seinem Inhaber ein Gestaltungsrecht, so daß er durch einseitige, formlose Erklärung den Grundeigentümer zur Übereignung des Grundstücks an ihn verpflichten kann. Das Gestaltungsrecht entsteht, wenn der Eigentümer, der das Vorkaufsrecht bestellt hat, oder ein Rechtsnachfolger das Grundstück verkauft[41], § 463;

---

[36] Näherrechte sind Erwerbs- und Vorkaufsrechte für Familienangehörige, die „näher" an einer Sache sind, welche an einen Familienfremden veräußert wurde, vgl. Mitteis-Lieberich, Deutsches Privatrecht, 9. Aufl. 1981, § 34.

[37] Es ist dann im Zweifel nicht übertragbar und vererbbar, vgl. §§ 1098, 473.

[38] Beispiel: E hat dem K ein Vorkaufsrecht eingeräumt, dann verschenkt er das Grundstück an S; das Vorkaufsrecht greift nicht ein. S verkauft das Grundstück an X; K kann jetzt das Vorkaufsrecht ausüben.

[39] So Wolff-Raiser § 126 V 1 nach Fn. 29.

[40] Es gilt nach § 96 als wesentlicher Bestandteil des Grundstücks.

[41] Ein Verkauf an einen gesetzlichen Erben mit Rücksicht auf sein Erbrecht löst im Zweifel das Vorkaufsrecht nicht aus, § 470.

ein anderer Veräußerungsvertrag, etwa Schenkung oder Tausch, löst das Gestaltungsrecht nicht aus. Das Gestaltungsrecht wird ausgeübt durch formlose Erklärung gegenüber dem Grundstückseigentümer, der das mit dem Vorkaufsrecht belastete Grundstück verkauft hat, § 464; dieser hat den Abschluß des Kaufvertrages dem Berechtigten unverzüglich mitzuteilen, doch genügt auch die Mitteilung des Käufers, § 469. Durch die Ausübung des Vorkaufsrechts kommt zwischen dem verkaufenden Eigentümer und dem Vorkaufsberechtigten ein Kaufvertrag mit dem gleichen Inhalt zustande, wie er mit dem ursprünglichen Käufer abgeschlossen wurde, § 464 II; der Verkäufer wird beiden verpflichtet. Das Vorkaufsrecht sichert die Forderung des Vorkaufsberechtigten aus § 433 I 1 in gleicher Weise ab wie eine Vormerkung, § 1098 II. Der Vorkaufsberechtigte hat dem Verkäufer den Kaufpreis zu zahlen. Ist aber der Käufer bereits Eigentümer, so muß ihm der Vorkaufsberechtigte den Kaufpreis, soweit er ihn dem Verkäufer gezahlt hat, erstatten; andernfalls kann der Käufer die Zustimmung zur Eintragung des Vorkaufsberechtigten verweigern, § 1100.

c) Hat der Verkäufer das Grundstück nicht an den Vorkaufsberechtigten, sondern an den Käufer übereignet, so kann sich der Vorkaufsberechtigte das Eigentum in gleicher Weise beschaffen wie beim Vorliegen einer Vormerkung[42], § 1098 II: Er kann vom Verkäufer nach § 433 I 1 die Erklärung der Auflassung verlangen, auch wenn dieser nicht mehr Eigentümer ist; die Veräußerung ist ihm gegenüber unwirksam, § 883 II; vom jetzigen Eigentümer kann er nach § 888 I die Bewilligung seiner Eintragung verlangen, doch hat dieser wegen des schon gezahlten Kaufpreises ein Zurückbehaltungsrecht nach § 1100. Ist das Eigentum nach der Übereignung an den Käufer an dritte Personen gelangt oder ist es mit dinglichen Rechten belastet worden, so sind ebenfalls die Regeln über die Vormerkung anzuwenden.

d) Ist das Grundstück vor dem Eintritt des Vorkaufsfalls mit dinglichen Rechten belastet worden, so sollen diese nach h.M. absolut wirksam sein und nicht von der Vormerkungswirkung des § 1098 II erfaßt werden. Danach tritt die Vormerkungswirkung des Vorkaufsrechts also erst mit dem Vorkaufsfall ein[43]. Das wird damit begründet, daß der Kaufpreis wegen der Belastung gemindert und der Vorkaufsberechtigte deswegen nicht schutzbedürftig sei: Er solle nicht berechtigt sein, aufgrund der Vormerkung die Beseitigung der Belastung zu verlangen und zugleich nur zur Zahlung des geminderten Kaufpreises verpflichtet sein. Aus dem Gesetz läßt sich eine solche erst verspätet einsetzende Wirksamkeit der Vormerkung nicht ableiten, sie beachtet nicht die gesetzliche Regelung: Das Vorkaufsrecht läßt zwischen dem Vorkaufsberechtigten und dem Käufer einen Kaufvertrag so entstehen, wie er zwischen dem Verkäufer und dem Käufer verabredet war. Hat der Verkäufer das Grundstück dem Käufer als unbelastet zu einem erhöhten Kaufpreis verkauft, so kann der Vorkaufsberechtigte nach Eintritt in den Vertrag aufgrund seiner Vormerkung die Beseitigung der Belastung verlangen, §§ 1098 II, 883 II, 888. Er hat den

---

[42] Vgl. oben § 22 IV 1.
[43] Allg. Ansicht, vgl. etwa RG 53, 162, 110, 27; BGH 60, 275, 293 f.; Planck-Strecker § 1098 N. 3 b β; Soergel-Stürner § 1098 Rn. 4; Staudinger-Mader § 1098 Rn. 16; RGRK-Roth § 1098 Rn. 11; Erman-Grziwotz § 1098 Rn. 7.

Anspruch auf Auflassung eines unbelasteten Grundstücks und muß den erhöhten Kaufpreis zahlen. Hat der Verkäufer dagegen das Grundstück als belastet zu einem geminderten Kaufpreis verkauft, so tritt der Vorkaufsberechtigte in diesen Vertrag ein. Die Beseitigung der Belastung kann er aufgrund der Vormerkungswirkung des Vorkaufsrechts nicht verlangen, da er keinen Anspruch auf Beseitigung der Belastung hat, der durch eine Vormerkung gesichert sein könnte.

Aus den geschilderten Wirkungen des Vorkaufsrechts ergibt sich, daß kein Grund besteht, die Vormerkungswirkung des Vorkaufsrechts anders zu behandeln als jede andere Vormerkung auch. Das Vorkaufsrecht sichert einen bedingten Anspruch auf Übereignung eines Grundstücks, es entfaltet seine Wirkung vom Zeitpunkt der Eintragung an, sobald die Bedingung eintritt[44], ebenso wie eine Vormerkung für einen bedingten Anspruch ihre Wirkung vom Zeitpunkt der Eintragung entfaltet, wenn die Bedingung eintritt[45].

e) Gesetzliche Vorkaufsrechte werden z.B. durch die §§ 24-28 BauGB begründet, vgl. oben § 23 III 1 e.

---

[44] So Wieling-Klinck, Die Vormerkungswirkung des Vorkaufsrechts nach § 1098 II BGB, AcP 2002, 745–756; dem folgend jetzt auch MünchenerK-Westermann § 1098 Rn. 8, freilich mit unhaltbarer Begründung.
[45] Vgl. oben §§ 22 II b.

Teil 10

Grundpfandrechte

§ 26. Bedeutung, Regeln und Arten der Grundpfandrechte

Der Ausdruck „Grundpfandrecht" findet sich im BGB nicht; er hat sich als Oberbegriff zu Hypothek, Grund- und Rentenschuld erst später herausgebildet[1]. Johows Vorentwurf regelte in Anlehnung an das preußische Recht nur die nicht-akzessorische Grundschuld, die er als „Hypothek" bezeichnete. Die erste Kommission schuf daneben die akzessorische Hypothek und faßte das Mobiliarpfand, die akzessorische Hypothek und die nicht-akzessorische Grundschuld im 9. Abschnitt unter der Überschrift „Pfandrecht und Grundschuld" zusammen[2]. Dabei war man sich bewußt, daß die Grundschuld zwischen Hypothek und Fahrnispfand eigentlich systemwidrig eingeordnet ist[3], da sie kein Pfandrecht im strengen Sinne darstellt; aus Gründen des Sachzusammenhangs und weil die Grundschuld denselben wirtschaftlichen Zwecken dient wie die Hypothek, hat man dies in Kauf genommen. Die zweite Kommission führte schließlich auch die Rentenschuld ein. Was die Systematik der Regelung betrifft, so hielt die erste Kommission die Aufstellung eines allgemeinen Teils für alle Pfandrechte zwar für möglich, doch meinte man, daß damit die Regelung weder übersichtlicher noch brauchbarer werde[4]. Statt dessen regelte man zunächst die Hypothek und verwies bei der Grundschuld unter Hervorhebung der Abweichungen hierauf, § 1192 I; für die Rentenschuld als Unterfall der Grundschuld verwies man auf diese, § 1200 I.

Den Grundpfandrechten kommt im Wirtschaftsleben eine herausragende Bedeutung zu; bei nahezu jedem privaten Bauvorhaben werden zur Finanzierung Grundpfandrechte herangezogen, ebenso beim Erwerb eines Hauses oder einer Eigentumswohnung. Aber auch größere Kredite, die sich nicht auf ein Grundstück beziehen, werden durch Grundpfandrechte gesichert, etwa Investitions- und Produktionskredite. Ein ganzer Bankenzweig, die Hypothekenbanken und Pfandbriefanstalten, betreibt die Ausgabe von Krediten gegen Grundpfandrechte als Geschäft, welches im Hypothekenbankgesetz (HypoBG) näher geregelt ist. Die nötigen Geldmittel beschaffen sich diese Banken durch die Ausgabe von Pfandbriefen, die an der Börse gehandelt werden. Dabei handelt es sich um Inhaberschuldverschreibungen (§ 793), die darin verbrieften Forderungen werden durch die von der Bank erworbenen Grundpfandrechte gesichert.

---

[1] Eine Übersicht über das Hypothekenrecht mit Fällen findet sich bei Reischl, JuS 1998, 125 ff.
[2] Motive 3, 595.
[3] Motive 3, 596 f.
[4] Motive 3, 596.

I. Gemeinsame Regeln für Grundpfandrechte

1. Verwertungsrecht

Grundpfandrechte geben dem Inhaber nach herrschender und zutreffender Ansicht ein dingliches Verwertungsrecht; er kann daraus die Zwangsvollstreckung in das belastete Grundstück betreiben, § 1147, falls er nicht anderweitig befriedigt wird. Die Grundpfandrechte geben dem Inhaber also nicht etwa einen Zahlungsanspruch gegen den Eigentümer des belasteten Grundstücks[5]; ein solcher Anspruch kann sich allenfalls aus der mit dem Grundpfandrecht gesicherten Forderung ergeben[6]. Das Grundpfandrecht gibt dem Inhaber nur ein Verwertungsrecht, kraft dessen er die Duldung der Zwangsversteigerung oder Zwangsverwaltung[7] verlangen kann[8]. Man kann das auch so ausdrücken: Der Eigentümer des belasteten Grundstücks schuldet dem Inhaber des Grundpfandrechts nichts, er haftet nur, und zwar mit dem belasteten Grundstück, nicht mit seinem restlichen Vermögen[9].

Ein durch dingliche Rechte gesicherter Kredit wird als Realkredit bezeichnet, der Gläubiger vertraut auf den Wert der ihm als Sicherheit dienenden Sachen; Grundpfandrechte stellen die wirtschaftlich bedeutendste Art des Realkredits dar. Weil es sich um dingliche Sicherheiten handelt, spielt es keine Rolle, wer Eigentümer des belasteten Grundstücks ist, ob das Grundstück nach der Bestellung des Grundpfandrechts veräußert oder ob sonstwie darüber verfügt wurde. Dagegen kann sich der Gläubiger beim Personalkredit nur auf die Kreditwürdigkeit von Personen verlassen; er vertraut auf die Zahlungsfähigkeit seines Schuldners, eines Bürgen, eines der Schuld Beitretenden u.s.w.

Grundpfandrechte bieten somit dem Gläubiger beachtliche Vorteile. Einmal braucht er regelmäßig nicht zu befürchten, daß das Grundstück an Wert verliert und

---

[5] Die abweichende Ansicht (vgl. etwa Westermann-Eickmann § 93, 2), welche eine Zahlungspflicht des Eigentümers bejaht, die allerdings nur durch die Vollstreckung in das Grundstück durchgesetzt werden könne, ist abzulehnen. Die Kontroverse ist nicht ohne praktische Bedeutung, wie bisweilen angenommen wird: Beispiel: E hat sein Grundstück im Wert von 100.000 € bereits mit Hypotheken zu 100.000 € belastet. Sein Freund F bittet ihn, seinem Gläubiger G eine weitere Hypothek über 20.000 € zu bestellen; das geschieht. Als die Forderung des G fällig wird, glaubt E, beraten im Sinne der Mindermeinung, er sei zur Zahlung von 20.000 € an G verpflichtet; er zahlt. Das Grundstück wird für 100.000 € versteigert und das Geld an die vorrangigen Hypothekare ausgezahlt. Nach der Mindermeinung kann E die 20.000 € nicht von G kondizieren, da er zur Zahlung verpflichtet war. Gemäß der zutreffenden h.M. kann er das gezahlte Geld von G kondizieren. Das ist auch richtig, ein dingliches Recht wie die Hypothek ergreift nur die damit belastete Sache, es begründet aber keine persönliche Verpflichtung des Eigentümers, den Hypothekar aus seinem sonstigen Vermögen zu befriedigen. Eine Ausnahme macht kraft gesetzlicher Anordnung (§ 1108) lediglich die Reallast, vgl. oben § 25 IV.

[6] Das ist nicht anders als beim Fahrnispfand.

[7] Gemäß §§ 866 I ff. ZPO und den Regeln des Gesetzes über die Zwangsversteigerung und die Zwangsverwaltung (ZVG), Schönfelder Nr. 108.

[8] Das ist mit der etwas undeutlichen Formulierung „aus dem Grundstück zahlen" in §§ 1113, 1191, 1199 gemeint.

[9] Weirich-Ivo Rn. 1295.

seine Sicherheit dadurch gefährdet wird; zum anderen muß er sich nicht um das rechtliche Schicksal seiner Sicherheit kümmern. Schließlich kann er im Falle der Insolvenz des Schuldners vor den nicht dinglich gesicherten Gläubigern Befriedigung aus dem Grundstück verlangen, vgl. §§ 10 I Nr. 4, 5 ZVG, 49 InsO.

2. Arten der Tilgung

Gemeinsam ist den Grundpfandrechten weiter, daß sie die Grundstücke immer mit einer bestimmten Geldsumme belasten, vgl. §§ 1113 I, 1191 I, 1199 I: „... eine bestimmte Geldsumme aus dem Grundstück zu zahlen". Der Umfang der Belastung und Haftung ist also von vornherein festgelegt[10]. Um diese Belastung zu tilgen, hat man verschiedene Modelle entwickelt.

a) Die Tilgungshypothek: Sie ist bei Hypothekenbanken[11] und Sparkassen[12] der vorgeschriebene Regelfall. Man unterscheidet dabei die Abzahlungshypothek und die Amortisationshypothek. In beiden Fällen kann der Gläubiger das Recht nicht kündigen, solange der Schuldner seiner Verpflichtung zur Zahlung der Raten nachkommt[13].

aa) Bei der Abzahlungshypothek zahlt der Schuldner monatlich (oder jährlich) eine feste Summe zur Tilgung (Amortisation) des Kredits und eine weitere Summe zur Tilgung der angefallenen Zinsen. Mit fortschreitender Tilgung fallen weniger Zinsen an, die monatliche Belastung wird geringer.

bb) Bei der Amortisationshypothek zahlt der Schuldner durchgehend gleichbleibende Monatsbeträge (oder Jahresbeträge, Annuitäten), die gleichzeitig der Tilgung der angefallenen Zinsen sowie des Kapitals dienen. Mit fortschreitender Amortisation fallen immer weniger Zinsen an, die dadurch ersparten Zinsen werden der Amortisation zugeschlagen, die Kapitaltilgung wird mit jeder Zahlung höher. Die Belastung wird folglich schneller abgetragen als bei der Abzahlungshypothek.

b) Die Fälligkeitshypothek: Hier werden keine Tilgungsraten gezahlt, vielmehr wird das gesamte Kapital zu einem bestimmten, vereinbarten Datum fällig; dann ist das gesamte Grundpfandrecht auf einmal zu tilgen. In der Zwischenzeit sind nur die Zinsen zu entrichten. Gewählt wird diese Variante, wenn der Grundpfandgläubiger das Geld bis zur Fälligkeit nicht benötigt und der Schuldner zu diesem Zeitpunkt einen Geldeingang erwartet, z.B. die Auszahlung einer Lebensversicherung, Abfindung oder dergleichen. Diese Art der Rückzahlung können Sparkassen nur in besonderen Fällen vereinbaren[14].

c) Die Kündigungshypothek: Bei ihr muß die Fälligkeit erst durch eine Kündigung herbeigeführt werden[15]; die Schuld ist dann auf einmal zu tilgen. Da hierbei

---

[10] Vgl. aber unten § 27 V a.
[11] § 6 II 1 HypoBG schreibt die Amortisationshypothek vor, § 10 II 1 SchiffsbankG begnügt sich mit jeder Tilgungshypothek.
[12] Vgl. etwa die Verwaltungsvorschrift 7621 Nr. 1.1.6., Ministerialblatt der Landesregierung von Rheinland-Pfalz, 1983, 390 ff.
[13] Vgl. Jauernig 9 vor § 1113.
[14] Vgl. Verwaltungsvorschrift 7621 Nr. 1.1.6, a.a.O.
[15] Kündigungsmöglichkeiten durch den Schuldner regelt § 489.

aber weder der Gläubiger noch der Schuldner sicher disponieren können, wann mit dem Geldeingang bzw. mit der Zahlungspflicht zu rechnen ist, wird diese Art der Tilgung in der Praxis kaum noch vereinbart.

d) Eine besondere Tilgungsregelung gilt für die Rentenschuld. Durch die Rentenschuld kann eine dauernde Rente (z.B. eine Leibrente nach §§ 759 ff.) gesichert werden, aber auch eine Zahlungspflicht über eine feste Summe, die in gleichmäßigen Raten zu tilgen ist[16]. Auf jeden Fall muß ein Betrag bestimmt werden, durch welchen die Rentenschuld abgelöst werden kann, § 1199 II; durch Zahlung dieser Ablösesumme wird die Rentenschuld getilgt.

e) Eine Sonderstellung schließlich nimmt die Höchstbetragshypothek ein, § 1190. Hier wird bei der Bestellung der Hypothek lediglich der Höchstbetrag festgelegt, innerhalb dessen sich die Hypothek bewegen soll; bestimmt ist also nur die obere Grenze. Die Bestimmung der zu sichernden Forderung bleibt einem späteren Zeitpunkt vorbehalten. Die Höchstbetragshypothek wurde früher bestellt, um Kontokorrentkredite abzusichern, deren Saldo naturgemäß wechselt. Sie ist heute weitgehend von der Grundschuld verdrängt.

3. Hypotheken- und Grundschuldbrief

Für die Grundpfandrechte gilt wie für alle dinglichen Rechte das Prinzip der Publizität[17], § 873 I. Sie können grundsätzlich nur entstehen, wenn sie im Grundbuch eingetragen werden[18]. Der Grundpfandgläubiger darf der Eintragung in das Grundbuch Vertrauen schenken, §§ 892, 893, er wird in seinem guten Glauben an die Richtigkeit des Grundbuchs geschützt.

Außer dem Grundbuch gibt es bei Grundpfandrechten als Publizitätstatbestand den Hypotheken- und Grundschuldbrief, § 1116 I, wenn nämlich das Recht als Briefrecht bestellt wurde, was nach § 1116 II 1 im Zweifel der Fall ist[19]. Der Brief erleichtert Verfügungen über das Grundpfandrecht und macht es damit verkehrsfreundlicher. Der Inhaber des Hypothekenbriefes kann sich z.B. schnell flüssige Mittel verschaffen, indem er seine Forderung gegen den Hypothekenschuldner abtritt und den Brief übergibt, § 1154 I; eine Eintragung im Grundbuch ist nicht erforderlich. Diese einfache Verfügungsmöglichkeit erhöht die Zirkulationsfähigkeit des Grundpfandrechtes[20]. Der Brief hat auch Teil am öffentlichen Glauben des Grundbuchs, er ermöglicht einen gutgläubigen Erwerb, die §§ 1140, 1155 ergänzen insofern die §§ 892, 893, 1138. Über das Verfahren der Brieferteilung vgl. §§ 56 ff. GBO.

---

[16] Im letzteren Fall wird die Rentenschuld regelmäßig befristet bestellt werden.

[17] Vgl. oben § 1 II 3 d, III 3 b.

[18] Vgl. aber die Ausnahmen in § 1287, 2; § 848 II 2 ZPO.

[19] Lediglich bei der Sicherungshypothek ist die Erteilung des Hypothekenbriefes ausgeschlossen, § 1185 I.

[20] Andererseits braucht der Hypothekenschuldner den Brief nur Zug um Zug gegen Valutierung des Darlehens auszuhändigen.

Die heutige Praxis der Banken und Sparkassen zieht jedoch weitgehend das Buchrecht vor[21]. Die Kreditinstitute erhalten die Grundpfandrechte nur fiduziarisch, dürfen sie also nicht weiterveräußern; damit verlieren aber die Vorteile des Briefrechts ihre Bedeutung. Da die Kreditinstitute auch die Kosten der Herstellung des Briefes und dessen Aufbewahrung vermeiden wollen, wird daher meist nach § 1116 II 1 die Erteilung des Briefes ausgeschlossen. Schließlich haben die Kreditinstitute andere Wege der Refinanzierung als die Veräußerung des Grundpfandrechts, z.B. durch die Spareinlagen, die ihnen mittel- und langfristig zur Verfügung stehen[22].

Die Umwandlung eines Briefrechts in ein Buchrecht und umgekehrt ist möglich, § 1116 III.

4. Sicherheit der Grundpfandrechte

Wichtig für den wirtschaftlichen Wert eines Grundpfandrechtes ist dessen Rang, der sich nach den §§ 879 ff. bestimmt[23]. Das höherrangige Recht wird vor dem nachrangigen befriedigt; so wird zunächst die erste Hypothek voll befriedigt, bevor die zweite überhaupt zum Zuge kommt, §§ 10 I Nr. 4, 11 I ZVG. Erstrangigkeit eines Grundpfandrechts allein genügt jedoch nicht, um dem Gläubiger eine vollständige Sicherheit zu geben. Vielmehr muß hinzukommen, daß im Falle der Zwangsvollstreckung neben dem Grundpfandrecht auch die Kosten des Verfahrens durch den Versteigerungserlös gedeckt sind, vgl. §§ 44 I, 109 I ZVG. Um dies sicherzustellen, sollte das Grundpfandrecht den Beleihungswert des Grundstücks nicht überschreiten, d.h. nicht über den Wert hinausgehen, der einem Grundstück unter Berücksichtigung aller Umstände beigemessen werden kann[24]. Darüber hinaus dürfen Hypothekenbanken[25] und Sparkassen[26] nur Grundpfandrechte im Rahmen der Beleihungsgrenze akzeptieren, d.h. innerhalb der ersten drei Fünftel des Beleihungswertes. Geschäftsbanken haben ebenfalls Richtlinien für die Beleihung von Grundstücken, die aber eine größere Flexibilität ermöglichen.

Bausparkassen sind vertragsgemäß bereit, auf eine erstrangige Sicherheit für ihre Bauspardarlehen zu verzichten, um so den Sparern die Finanzierung ihrer Bauvorhaben zu erleichtern. Die Belastung darf allerdings auch hier den Beleihungswert nicht übersteigen. Das verbleibende Risiko eines Ausfalls tragen die Bausparer solidarisch, indem sie durch ihre Leistungen es der Bausparkasse ermöglichen, Gel-

---

[21] Privatleute als Geldgeber kommen kaum noch in Betracht.

[22] Im Oktober 1995 waren angelegt 509.800 Millionen € als Sichteinlage, 1.084.700 Millionen € als Termineinlage und 996.600 Millionen € als Spareinlage; hinzu kommen 226.300 Millionen € in Sparkassenbriefen; vgl. die „Monatsberichte der Deutschen Bundesbank", Dezember 1995, Nr. 11 S. 32.

[23] Vgl. oben § 21 I.

[24] Vgl. etwa die Verwaltungsvorschrift für Sparkassen, 7621 Nr. 1.1.1.1., Ministerialblatt der Landesregierung von Rheinland-Pfalz, 1983, 390 ff.; § 12 I HypoBG.

[25] § 11 II HypoBG, vgl. auch § 10 II 1 SchiffsbankG.

[26] Vgl. Verwaltungsvorschrift 7621 Nr. 1.1.4.2., Ministerialblatt der Landesregierung von Rheinland-Pfalz, 1983, 390 ff., § 6 I 1 bay. VO über Beleihungsgrundsätze für Sparkassen.

der zu erwirtschaften, die solche Einbußen abdecken. Der Staat begnügt sich bisweilen mit einem drittrangigen Grundpfandrecht, um den Wohnungsbau zu fördern; das Ausfallrisiko trägt der Steuerzahler.

Da die erste Hypothek im Regelfall große Sicherheit bietet, ist sie meist zu relativ günstigen Bedingungen zu bekommen; je unsicherer ein Grundpfandrecht ist, um so ungünstiger sind die Kreditbedingungen. Auf jeden Fall ist jedoch eine Hypothek an dritter Rangstelle innerhalb der Beleihungsgrenze wirtschaftlich besser als eine an erster Stelle, die den Beleihungswert überschreitet.

II. Unterschiede zwischen Hypothek und Grundschuld

1. Hypothek

a) Voraussetzung für das Bestehen einer Hypothek ist eine Forderung, vgl. § 1113 I: „... wegen einer ihm zustehenden Forderung ..."; die Forderung soll durch die Hypothek gesichert werden[27]. Die Hypothek ist akzessorisch[28], d.h. in ihrem Bestand abhängig von einer zu sichernden Forderung. Ohne Belang ist der Entstehungsgrund der Forderung, auch muß der Eigentümer des belasteten Grundstücks nicht der Schuldner der gesicherten Forderung sein, vgl. etwa §§ 1142 I, 1143 I; die Hypothek kann also auch für die Schuld eines anderen bestellt werden. Die gesicherte Forderung muß auf die Leistung einer bestimmten Geldsumme gerichtet sein.

Die Höhe der Hypothek richtet sich aufgrund der Akzessorietät nach dem Bestand der Forderung. Entsteht diese gar nicht, so entsteht auch keine Hypothek; der Eigentümer erwirbt die eingetragene Hypothek als Eigentümergrundschuld, §§ 1163 I 1, 1177 I 1. Verringert sich die Forderung, so ermäßigt sich entsprechend auch der Wert der Hypothek; erlischt die Forderung, so entsteht auch hier eine Eigentümergrundschuld, §§ 1163 I 2, 1177 I 1.

Wächst die gesicherte Forderung über die für die Hypothek vereinbarte und im Grundbuch eingetragene Geldsumme hinaus, etwa durch die Aufstockung eines Darlehens, so wächst die Hypothek nicht mit, da sie nur für die vereinbarte Summe bestellt worden ist. Die Hypothek kann allerdings dadurch über die vereinbarte Haftungsgrenze hinausgehen, daß sie auch Nebenforderungen sichert, §§ 1118, 1146.

b) Der Grundsatz der Akzessorietät ist jedoch aufgelockert, um der Hypothek so die gewünschte Verkehrsfähigkeit zu verschaffen. Der öffentliche Glaube des Grundbuchs würde dem Erwerber einer eingetragenen Hypothek wenig nützen, wenn die dazugehörige Forderung nicht besteht, vgl. § 1153 II. Daher bestimmt § 1138, daß die §§ 891 bis 899 für die Hypothek auch in Ansehung der Forderung

---

[27] Einige Landesrechte vor dem BGB bezeichneten nicht akzessorische Grundstücksbelastungen als „Hypothek", vgl. Motive 3, 604 ff.

[28] Die Akzessorietät der Hypothek zeigt sich z.B. in § 1153: Wird die Forderung abgetreten, geht die Hypothek automatisch über, Forderung und Hypothek sind untrennbar miteinander verbunden.

Anwendung finden. Somit darf der Gutgläubige vom Bestand der Forderung ausgehen, zu seinen Gunsten wird das Bestehen einer Forderung fingiert, damit er die Hypothek kraft seines guten Glaubens erwerben kann. Hypotheken, für die § 1138 gilt, besitzen daher eine besondere Umlauffähigkeit. Sie werden folglich Verkehrshypotheken genannt.

Streng durchgeführt wird dagegen der Grundsatz der Akzessorietät bei der Sicherungshypothek; sie ist nicht auf Verkehrsfähigkeit ausgelegt und kann daher nicht als Briefrecht bestellt werden, § 1185 I. Das Recht aus der Sicherungshypothek bestimmt sich ausschließlich nach der Forderung, § 1184[29]; § 1138 ist nicht anwendbar.

c) Für dieselbe Forderung kann an einem Grundstück nur eine Hypothek bestellt werden[30]. Dagegen kann für ein und dieselbe Forderung eine Hypothek an mehreren Grundstücken bestellt werden: Gesamthypothek[31], § 1132 I 1. Es besteht nur eine einzige Hypothek, die aber mehrere Grundstücke umfaßt[32]. Die belasteten Grundstücke können verschiedenen Eigentümern gehören. Der Hypothekengläubiger (Hypothekar) kann seinen Anspruch aus der Gesamthypothek in beliebiger Weise durchsetzen, das Gesetz läßt ihm alle Möglichkeiten offen, vgl. § 1132 I 2. Er kann die Zwangsvollstreckung wahlweise in ein einzelnes Grundstück betreiben, und zwar auf den ganzen Betrag oder aber nur auf einen Teilbetrag. Er kann die Zwangsvollstreckung aber auch in mehrere oder alle Grundstücke betreiben. Der Gesamthypothekar hat damit eine erheblich größere Sicherheit als der Inhaber einer Verkehrshypothek an einem einzelnen Grundstück.

2. Grundschuld

Im Gegensatz zur Hypothek setzt die Grundschuld keine zu sichernde Forderung voraus, § 1191 I; sie ist nicht akzessorisch, obwohl auch sie regelmäßig zur Sicherung einer Forderung bestellt wird: Sicherungsgrundschuld[33]. Außer Anwendung bleiben somit diejenigen Vorschriften des Hypothekenrechts, die auf der Verknüpfung zwischen Forderung und Pfandrecht beruhen, § 1192 I. So ist es für den Bestand der Grundschuld unschädlich, wenn die Forderung, zu deren Sicherung die Grundschuld bestellt ist, geringer wird oder auch gänzlich erlischt. Auch zur Entstehung der Grundschuld ist das Bestehen einer Forderung nicht erforderlich. Dieser Umstand macht die Grundschuld für die Kreditinstitute interessant, die aus diesem Grund weitgehend die Grundschuld der Hypothek vorziehen. Ihnen steht

---

[29] Vgl. zur Sicherungshypothek unten § 31 I 1.
[30] Es kann aber neben der Hypothek für dieselbe Forderung noch eine Grundschuld bestellt werden.
[31] Vgl. dazu unten § 31 II.
[32] Statt einer Gesamthypothek besteht auch die Möglichkeit, die Forderung aufzuteilen und für jeden Teilbetrag eine Hypothek eintragen zu lassen.
[33] Der Ausdruck „Sicherungsgrundschuld" ist ungeschickt gewählt, da er dazu verführt, an eine Parallele zur Sicherungshypothek zu denken. Jedoch ist die Sicherungsgrundschuld im Gegensatz zur Sicherungshypothek weder streng noch überhaupt akzessorisch.

damit ein Sicherungsmittel zur Verfügung, das die verschiedensten Verbindlichkeiten eines Kunden sichern kann[34].

Die Grundschuld kann auch zugunsten des Grundstückseigentümers bestellt werden, § 1196 I, es entsteht eine Eigertümergrundschuld. Sie kann auch zugunsten des jeweiligen Briefinhabers bestellt werden, § 1195, 1. Das bietet den Vorteil erhöhter Umlauffähigkeit, da eine Übertragung der Grundschuld einfach durch Einigung und Übergabe des Briefes nach § 929 erfolgt, § 1195, 2. Praktische Bedeutung hat diese Art der Grundschuld aber nicht erlangt.

III. Eigentümergrundpfandrecht

Normalerweise wird ein Grundpfandrecht zugunsten eines Gläubigers bestellt, um dessen Forderung zu sichern. Das Verwertungsrecht steht also nicht dem Eigentümer, sondern einer anderen Person zu; man spricht von einem Fremdgrundpfandrecht.

a) Ist die Verbindlichkeit aus einer Hypothek aber nie entstanden oder auch erloschen, so steht dem Dritten das eingetragene Recht nicht zu; es wird dem Eigentümer selbst zugeordnet[35]. Man spricht dann von einem Eigentümergrundpfandrecht. Das Eigentümergrundpfandrecht steht dem zu, der im Augenblick der Vollendung seines Entstehungstatbestandes wirklicher Eigentümer des Grundstücks ist, also nicht dem Bucheigentümer. Veräußert der Eigentümer später das Grundstück, so bleibt er weiter Inhaber des Eigentümergrundpfandrechts, das sich zum Fremdgrundpfandrecht wandelt; ein einmal begründetes Eigentümergrundpfandrecht steht also nicht dem jeweiligen Eigentümer zu. Das Eigentümergrundpfandrecht kann entweder rechtsgeschäftlich oder gesetzlich begründet werden.

b) Der Eigentümer kann gemäß § 1196 I eine Eigentümergrundschuld für sich selbst bestellen[36]. Diese Eigentümergrundschuld kann er dadurch verwerten, daß er sie später einem Gläubiger zur Sicherung einer Forderung abtritt, eventuell unter Umwandlung in eine Hypothek. Das ist z.B. sinnvoll, um eine Rangstelle für einen späteren Gläubiger zu sichern.

c) Eigentümergrundpfandrechte entstehen gesetzlich einmal infolge von Mängeln bei der Begründung der Hypothek, aber auch aus anderen Gründen. So steht die Hypothek dem Eigentümer zu, solange die Forderung, für die sie bestellt worden ist, nicht entstanden ist, § 1163 I 1, oder der Hypothekenbrief dem Hypothekar nicht ausgehändigt wurde, § 1163 II. Können diese Hemmnisse noch beseitigt werden, handelt es sich um eine vorläufige Eigentümerhypothek. Endgültig steht dem Eigentümer die Hypothek zu, sobald die Forderung getilgt[37] ist oder sonstwie er-

---

[34] Probleme ergeben sich aus der Nichtakzessorietät, wenn Sicherungsgrundschuld und Forderung getrennt werden (isolierte Grundschuld), vgl. dazu unten § 33 IV 3 b.

[35] Der Eigentümer kann verlangen, daß seine Eigentümergrundschuld im Wege der Grundbuchberichtigung eingetragen wird.

[36] Vgl. unten § 33 III 1 a.

[37] Bei der Tilgungshypothek wird mit jeder gezahlten Rate die Hypothek des Gläubigers geringer und die Eigentümergrundschuld des Eigentümers größer.

lischt, § 1163 I 2, wenn der Kredit nicht mehr valutiert wird oder wenn der Hypothekar auf das Grundpfandrecht verzichtet, § 1168 I. Ebenso erwirbt der Eigentümer die Hypothek, wenn er selbst an Stelle des Schuldners den Gläubiger befriedigt, §§ 1143 I 1, 412, 401 I, 1153. Eine Eigentümergrundschuld entsteht auch dann, wenn das beabsichtigte Fremdgrundpfandrecht nicht entstehen kann, weil etwa der Erwerber nicht geschäftsfähig ist.

Die dem Eigentümer zustehende Hypothek verwandelt sich in eine Eigentümergrundschuld, wenn diesem nicht auch die Forderung zusteht, § 1177 I 1. Ist der Eigentümer gleichzeitig Gläubiger der Forderung[38], so bleibt zwar die Hypothek als Eigentümerhypothek bestehen, doch sind auch hier die Vorschriften über die Eigentümergrundschuld anzuwenden, § 1177 II.

---

[38] Etwa wenn der Eigentümer anstelle des Schuldners den Gläubiger befriedigt. Der Eigentümer erwirbt nach § 1143 durch cessio legis die Forderung und damit gemäß §§ 412, 401 die Hypothek am eigenen Grundstück.

§ 27. Hypothek[1]

Das BGB behandelt im achten Abschnitt des dritten Buchs in den §§ 1113–1203 die Grundpfandrechte, im ersten Titel des achten Abschnitts die Hypothek, §§ 1113–1190. Davon regeln die §§ 1113–1183 die normale Hypothek (Verkehrshypothek), die §§ 1184–1190 den Sonderfall der Sicherungshypothek.

I. Bestellung der Hypothek

1. Objekte der Hypothek

Mit einer Hypothek belastet werden können Grundstücke, vgl. § 1113 I, ferner Miteigentumsanteile nach Bruchteilen an einem Grundstück, § 1114. Dagegen kann ein Gesamthandseigentümer sein Recht nicht belasten, weil es beim Gesamthandseigentum keine gesonderten Anteile gibt[2]. Gemäß dem Spezialitätsprinzip kann ein realer Grundstücksteil nicht mit einer Hypothek belastet werden[3], vgl. auch § 7 I GBO. Es können aber mehrere Grundstücke oder Miteigentumsanteile mit der Hypothek belastet werden, es entsteht dann eine Gesamthypothek. Daneben können auch grundeigentumsähnliche Rechte[4] mit einer Hypothek belastet werden, z.B. das Erbbaurecht, §§ 11, 18 ff. ErbbRVO, oder das Wohnungseigentum, §§ 6 f. WEG.

2. Forderung

Die Hypothek ist wie das Pfandrecht akzessorisch, d.h. sie ist in ihrem Bestand von der zu sichernden Forderung abhängig; ohne eine Forderung kann die Hypothek nicht entstehen. Die Forderung muß auf die Leistung einer bestimmten Geldsumme gerichtet sein, vgl. §§ 1113 I, 1115 I[5], sie kann auch künftig oder bedingt sein, § 1113 II. Für eine Forderung kann an einem Grundstück nur eine Hypothek bestellt werden[6]. Die Forderung, für welche die Hypothek bestellt ist, kann nach-

---

[1] Hypotheka bedeutet im Griechischen das Daruntergesetzte, also das, was unter ein Pfandrecht gesetzt wurde, ebenso wie man im deutschen Recht das Pfandrecht „Satzung" nannte und noch heute von „versetzen" spricht. Einen kurzen Überblick über das Hypothekenrecht gibt Büdenbender in JuS 1996, 665 ff.

[2] Vgl. oben § 8 III 1.

[3] So zu Recht MünchenerK-Eickmann § 1114 Rn. 8 ff. mit Literatur.

[4] Vgl. dazu oben § 24 pr. a.

[5] Eine Ausnahme bildet die Höchstbetragshypothek, § 1190.

[6] Vgl. oben § 26 II 1 c.

träglich ausgewechselt werden, § 1180 I, durch Einigung zwischen Gläubiger und Eigentümer und Eintragung im Grundbuch[7].

a) Gläubiger der Forderung und Inhaber der Hypothek müssen identisch sein, die Forderung des Gläubigers wird durch die ihm zustehende Hypothek gesichert. Dies gilt nicht nur bei der Bestellung der Hypothek, sondern gemäß § 1153 II auch für ihre Übertragung; die Hypothek kann nicht ohne die Forderung, die Forderung nicht ohne die Hypothek übertragen werden. Gläubiger der Forderung kann auch eine Gläubigermehrheit sein, etwa im Falle einer Gesamtgläubigerschaft, §§ 428 ff.; die Hypothek steht dann der Gläubigermehrheit zu.

Dagegen können Schuldner der Forderung und Eigentümer des belasteten Grundstücks verschiedene Personen sein. So kann etwa der Grundstückseigentümer E für die Schuld des Schuldners S eine Hypothek an seinem Grundstück bestellen. Zu einem Auseinanderfallen von Schuldner und Grundstückseigentümer kommt es auch, wenn der persönliche Schuldner sein mit einer Hypothek belastetes Grundstück veräußert, ohne daß eine Schuldübernahme erfolgt. Zahlt in diesen Fällen einer der beiden, so entstehen gegebenenfalls Ausgleichsansprüche, wenn im Innenverhältnis der andere zur Zahlung verpflichtet war[8].

b) Die Forderung muß nach Gläubiger, Schuldner und Schuldgrund bestimmt sein. Der Gläubiger der zu sichernden Forderung und damit der Inhaber der Hypothek muß feststehen, er muß im Grundbuch eingetragen werden, § 1115 I. Ebenso muß der Schuldner der Forderung vertraglich festgelegt sein. Das gleiche gilt auch vom Schuldgrund, die Art der zu sichernden Forderung muß also bestimmt sein[9]. Gesichert werden können Forderungen aller Art, z.B. aus Darlehen, Kaufvertrag, abstraktem Schuldanerkenntnis, Delikt. Bereicherung u.s.w.; auch öffentlich-rechtliche Ansprüche können gesichert werden. Die Forderung muß primär nicht auf eine Geldleistung gehen, vgl. § 1113 I: „... zur Sicherung einer ihm zustehenden Forderung ...". Die Forderung muß aber in eine Geldforderung übergehen können, etwa indem sie sich bei Verletzung der Primärobligation in eine Schadensersatzforderung umwandelt, z.B. nach §§ 275, 280 ff., 323; sie muß in eine Geldforderung übergegangen sein, bevor die Hypothek in der Zwangsvollstreckung verwertet werden kann, vgl. § 14 ZVG[10]. Dabei gibt der gemäß § 1113 I zu bestimmende und gemäß § 1115 I im Grundbuch einzutragende Geldbetrag die Grenze der Haftung des Grundstücks an. Es handelt sich in solchen Fällen um eine Hypothek für eine bedingte Forderung[11].

Gemäß § 1113 II kann die Forderung künftig oder bedingt sein. Auch in diesem Fall muß aber die Forderung bezüglich des Gläubigers, des Schuldners, des Schuldgrundes und des Geldbetrages durch die dingliche Einigung bestimmt sein.

---

[7] Vgl. unten II 3 c.
[8] Vgl. unten IV.
[9] Die mit dem Bestimmtheitsgrundsatz verbundenen Probleme können dadurch vermieden werden, daß der Schuldner ein abstraktes Schuldversprechen abgibt und dieses hypothekarisch sichert, vgl. Baur-Stürner § 37 Rn. 18.
[10] Es gilt nichts anderes als beim Pfandrecht, vgl. oben § 15 II a.
[11] Vgl. MünchenerK-Eickmann § 1113 Rn. 39.

Bedingt ist eine Forderung, wenn ihr Entstehungstatbestand bereits vorliegt, das Entstehen der Forderung aber noch von einer Bedingung abhängt. Bei einem künftigen Anspruch fehlen noch die Voraussetzungen für die Entstehung. Dennoch kann nach dem Willen des Gesetzes auch ein solcher Anspruch durch eine Hypothek gesichert werden, wenn nur Gläubiger, Schuldner, Schuldgrund (etwa: Darlehen) und Geldbetrag feststehen. Dagegen will eine verbreitete Lehre eine Forderung nur dann als „künftige Forderung" i.S.v. § 1113 II gelten lassen, wenn bereits sichere Voraussetzungen für ihr Entstehen geschaffen sind[12]. Das widerspricht dem Gesetz und ist hier ebenso abzulehnen wie bei § 883 I 2 und § 1204 II[13].

Die Hypothek für eine künftige oder bedingte Forderung kann erst dann entstehen, wenn die Forderung entsteht[14]. Vorher steht sie gemäß §§ 1163 I 1, 1177 I 1 dem Grundstückseigentümer als Eigentümergrundschuld zu; mit Entstehen der Forderung verwandelt sie sich in eine Fremdhypothek.

c) Ist die Forderung aus irgendwelchen Gründen nicht entstanden, so entsteht wegen des Akzessorietätsgrundsatzes keine Fremdhypothek; statt dessen entsteht gemäß §§ 1163 I 1, 1177 I eine Eigentümergrundschuld. Ist ein Darlehen gegeben, der Darlehensvertrag aber unwirksam, so fragt sich, ob statt des Darlehensanspruchs der Bereicherungsanspruch durch die Hypothek gesichert ist. Die besseren Gründe sprechen für eine derartige Sicherung, tritt doch der Bereicherungsanspruch gerade an die Stelle der nicht entstandenen Forderung und stellt wirtschaftlich genau ihren Wert dar[15]. Entscheidend ist freilich, ob nach dem hypothetischen Willen der Parteien die Hypothek auch den Bereicherungsanspruch sichern sollte; ob also die Parteien die Sicherung des Bereicherungsanspruchs vereinbart hätten, wenn sie gewußt hätten, daß der Darlehensvertrag nichtig ist[16], vgl. § 140.

Die Forderung ist nicht die causa der Hypothek, diese findet ihren Rechtsgrund nicht in der Forderung. Rechtsgrund der Hypothek ist vielmehr ein Verpflichtungsvertrag, durch welchen sich der Grundstückseigentümer verpflichtet, eine Hypothek zu bestellen; ein solcher Vertrag kann konkludent geschlossen werden. Liegt er nicht vor, so kann auch die wirksam bestellte Hypothek kondiziert werden.

3. Dinglicher Bestellungsvertrag

a) Die Hypothek entsteht durch Einigung und Eintragung, § 873 I; die Einigung ist formlos wirksam[17]. Gemäß § 1115 müssen der Gläubiger, der Geldbetrag der Forderung, der Zinssatz[18] und gegebenenfalls der Geldbetrag anderer Nebenleistungen im Grundbuch eingetragen werden. Geschieht das nicht, so kann die Hypothek

---

[12] Vgl. etwa MünchenerK-Eickmann § 1113 Rn. 48 f.
[13] Vgl. oben § 22 II c und § 15 II c.
[14] Von künftigen oder bedingten Forderungen zu unterscheiden sind noch nicht fällige Forderungen; hier entsteht die Hypothek sofort mit Eintragung.
[15] Heck § 84 II 4; Baur-Stürner § 37 Rn. 48.
[16] Vgl. Palandt-Bassenge § 1113 Rn. 16; Jauernig § 1113 Rn. 8.
[17] Die Eintragungsbewilligung des Eigentümers ist dem Grundbuchamt jedoch in öffentlich beglaubigter Form nachzuweisen, § 29 I 1 GBO.
[18] Auch die Angabe eines Höchstzinssatzes ist zulässig, vgl. BGH NJW 1983, 2262 f.

nicht entstehen; es entsteht eine Eigentümergrundschuld. Wegen sonstiger Inhalts-
bestimmungen der Hypothek kann auf die Eintragungsbewilligung Bezug genommen werden, § 874, und zwar gemäß § 1115 I (2) auch zur Bezeichnung der Forderung. Aus der Eintragungsbewilligung ergeben sich z.B. die Tilgungsmodalitäten
und die Kündigungsmöglichkeiten. Bezugnahmen werden aber nur insoweit Inhalt
des Grundbuches, als sie das dingliche Recht in seinem Inhalt konkretisieren, nicht
soweit es sich um rein schuldrechtliche Abreden handelt[19].

Ist die dingliche Einigung aus irgendeinem Grund unwirksam, so kann keine
Hypothek entstehen. Streitig ist, ob wenigstens eine Eigentümergrundschuld entsteht, wenn die Erklärung des Eigentümers wirksam ist. Es setzt sich zunehmend
die Ansicht durch, daß eine solche Eigentümergrundschuld anzunehmen sei, damit
dem Eigentümer der Rang des Rechts gewahrt bleibt[20].

b) Wenn eine Buchhypothek bestellt werden soll, so müssen die Parteien weiter im dinglichen Vertrag vereinbaren, daß die Erteilung eines Briefes ausgeschlossen sein soll; der Ausschluß muß im Grundbuch eingetragen werden, § 1116 II[21].
Die Bestellung einer Buchhypothek ist nach der gesetzlichen Regelung die Ausnahme; ist nichts vereinbart, so entsteht eine Briefhypothek, vgl. § 1116 I, II 1. Die
Buchhypothek kann nachträglich in eine Briefhypothek umgewandelt werden, und
zwar durch Einigung, Eintragung und Erstellung sowie Übergabe des Hypothekenbriefes, §§ 1116 III, 1117.

Bei der Buchhypothek, die für ein Darlehen bestellt wird, gewährt das Gesetz
dem Schuldner eine einfache Form der Sicherung für den Fall, daß das Geld vom
Gläubiger nicht ausgezahlt wird. In dieser Situation entsteht zwar mangels Forderung nur eine Eigentümergrundschuld, vgl. §§ 1163 I 1, 1177 I, es besteht aber die
Gefahr, daß bei der Abtretung der angeblichen Hypothek ein gutgläubiger Erwerber die Hypothek nach §§ 892, 1138 erwirbt. § 1139 ermöglicht dem Eigentümer
auf einfache Weise die Eintragung eines Widerspruchs, der den gutgläubigen Erwerb ausschließt: Der Eigentümer kann ohne weitere Voraussetzung innerhalb eines Monats nach Eintragung der Hypothek die Eintragung eines Widerspruchs
verlangen mit der Begründung, das Darlehen sei nicht ausgezahlt worden[22]. Einer
Bewilligung des Widerspruchs durch den Gläubiger oder einer einstweiligen Verfügung wie in § 899 II bedarf es nicht. Wird der Widerspruch noch innerhalb des
Monats eingetragen, so wirkt er sogar auf den Zeitpunkt der Eintragung der Hypothek zurück. Es handelt sich bei dieser Regelung um einen Anwendungsfall der
römischen exceptio non numeratae pecuniae; bei einer Briefhypothek besteht für
sie kein Bedürfnis, weil der Eigentümer bis zur Auszahlung des Geldes den Brief
zurückbehalten kann.

---

[19] Vgl. BGH 21, 34 ff.
[20] Vgl. etwa Gerhardt, Immobiliarsachenrecht § 8 Fall 46. Nach Heck § 84 I entsteht eine Eigentümergrundschuld immer dann, wenn ein nichtiges Grundpfandrecht im Grundbuch
eingetragen ist und eine nachfolgende Hypothek eingetragen wurde.
[21] Vgl. das amtliche Muster im Anhang S. 3 lfd. Nr. 1.
[22] Nach Ablauf eines Monats ist ein Widerspruch nur noch nach der allgemeinen Vorschrift
des § 899 möglich.

c) Wird nichts Gegenteiliges vereinbart, so entsteht eine Briefhypothek, § 1116 I, II 1; sie ist der Regelfall der Hypothek. Die Briefhypothek vereinfacht Verfügungen über die Hypothek und erhöht so die Umlauffähigkeit. Die Entstehung der Briefhypothek verlangt zusätzlich zur Einigung und Eintragung gemäß §§ 873 I, 1115 I die Übergabe des Hypothekenbriefes durch den Grundstückseigentümer an den Gläubiger, § 1117 I 1[23]. Das Grundbuchamt händigt den Brief dem Eigentümer aus, § 60 I GBO, dieser hat die Möglichkeit, den Brief bis zur Auszahlung des Darlehens zurückzuhalten. Vor der Briefübergabe entsteht die Hypothek nicht, das eingetragene Recht steht dem Eigentümer als Eigentümergrundschuld zu, §§ 1163 II, 1177 I. Vor der Briefübergabe kann der Gläubiger auch nicht als Nichtberechtigter über die Hypothek verfügen, vgl. § 1154 I.

Den Inhalt des Hypothekenbriefes regeln die §§ 56 ff. GBO. Damit Grundbuch und Brief auch in der Folge übereinstimmen, bestimmt die GBO, daß Eintragungen im Grundbuch auch auf dem Brief vermerkt werden sollen und der Brief hierzu vorzulegen ist, vgl. §§ 41 f., 61 ff. GBO.

Der Eigentümer des Grundstücks muß dem Gläubiger den Hypothekenbrief übergeben, § 1117 I 1. Ausreichend sind aber gemäß § 1117 I 2 auch Übergabesurrogate: die brevi manu traditio, § 929, 2; die Vereinbarung eines Besitzkonstituts, § 930; die Abtretung des Herausgabeanspruchs, § 931; auch ein Geheißerwerb ist möglich[24]. Die Übergabe wird vermutet, wenn der Gläubiger im Besitz des Hypothekenbriefes ist, § 1117 III. Weiter kann die Übergabe auch durch die Vereinbarung ersetzt werden, daß der Gläubiger berechtigt sein soll, sich den Brief vom Grundbuchamt aushändigen zu lassen, § 1117 II. Bereits diese Abrede, nicht erst die Aushändigung des Briefes durch das Grundbuchamt an den Gläubiger, ersetzt nach dem Gesetz die Briefübergabe. Falls es also für die Entstehung der Hypothek nur noch an der Briefübergabe fehlt, entsteht das Grundpfandrecht bereits mit der Aushändigungsabrede. Die Aushändigungsvereinbarung bedarf keiner Form, die entsprechende Anweisung an das Grundbuchamt muß aber in einer notariell beglaubigten Urkunde nachgewiesen werden, § 60 II GBO[25]. Die Kreditinstitute bestehen regelmäßig auf einer solchen Aushändigungsvereinbarung.

Die Briefhypothek kann nachträglich in eine Buchhypothek umgewandelt werden, § 1116 II 2; dazu ist die Einigung darüber sowie die Eintragung erforderlich. Wollten die Parteien ursprünglich eine Buchhypothek bestellen, erfolgte aber keine entsprechende Eintragung gemäß § 1116 II, so entsteht gemäß § 140 eine Briefhypothek. Haben die Parteien umgekehrt eine Briefhypothek vereinbart, ist aber eine Buchhypothek eingetragen, so entsteht mangels Einigung über den Ausschluß des Briefes keine Buchhypothek; eine Briefhypothek kann aber erst mit der

---

[23] Es handelt sich um eine reine Besitzübertragung am Hypothekenbrief, nicht um eine Übereignung. Das Eigentum richtet sich nach § 952.

[24] Geheißerwerb am Brief reicht auch zum gutgläubigen Erwerb der Hypothek aus, vgl. Reinicke-Tiedke, NJW 1994, 345.

[25] Zu den Fällen, in denen keine Aushändigungsabrede besteht, das Grundbuchamt aber entsprechend angewiesen worden ist, oder in denen zwar eine Aushändigungsvereinbarung getroffen worden ist, aber keine Anweisung an das Grundbuchamt erfolgt ist, vgl. Baur-Stürner § 37 Rn. 34 f.

Übergabe des Briefes entstehen; bis dahin besteht gemäß § 1163 II eine Eigentümergrundschuld[26].

d) Eine Hypothek kann nicht ersessen werden, § 900 II. Sie kann aber von Gesetzes wegen entstehen, z.B. wenn ein Anspruch auf Übereignung eines Grundstücks ver- oder gepfändet wird, § 1287, 2; § 848 II 2 ZPO; das Pfandrecht am Übereignungsanspruch wandelt sich mit der Erfüllung um in eine Sicherungshypothek am Grundstück; eine Eintragung dieser Hypothek ist nicht erforderlich, aber als Berichtigung möglich. Eine Hypothek entsteht weiter, wenn gemäß § 866 I ZPO wegen einer Geldforderung eine Zwangshypothek auf ein Grundstück des Schuldners eingetragen wird. Ein Bauunternehmer erwirbt für seine Forderungen von Gesetzes wegen zwar keine Hypothek am Baugrundstück, wohl aber einen Anspruch auf eine solche Hypothek, § 648 I.

4. Gutgläubiger Erwerb der Hypothek

Bei der Hypothek ist ein gutgläubiger Ersterwerb möglich, d.h. ein gutgläubiger Erwerb einer Hypothek bei ihrem ersten Bestellungsakt[27]. Dabei spielt es keine Rolle, ob es sich um eine Brief- oder Buchhypothek handelt, um eine Verkehrs- oder Sicherungshypothek. Voraussetzung ist nach § 892 I, daß der Besteller der Hypothek, der als Nichtberechtigter verfügt, im Grundbuch als Eigentümer eingetragen ist. Besteht allerdings die zu sichernde Forderung nicht, so kommt ein gutgläubiger Erwerb nicht in Betracht, da eine Forderung nicht gutgläubig erworben werden kann und ohne Forderung die Hypothek nicht bestehen kann[28]. Hat in einem solchen Fall (wenn keine Forderung besteht) ein nichtberechtigter Bucheigentümer eine Hypothek bestellt, so entsteht gemäß §§ 1163 I, 1177 I eine Eigentümergrundschuld; sie steht dem wirklichen Eigentümer des Grundstücks zu, nicht dem Bucheigentümer.

II. Übertragung, Belastung und Inhaltsänderung der Hypothek

Die Hypothek kann nicht selbständig übertragen werden. Gemäß der gesetzlichen Regelung, die auf dem Grundsatz der Akzessorietät beruht, wird nicht die Hypothek, sondern die gesicherte Forderung übertragen; die Hypothek geht als ein Akzidens der Forderung von Gesetzes wegen mit über, § 1153 I. Forderung und Hypothek können also immer nur zusammen abgetreten werden, § 1153 II. Eine Vereinbarung, wonach nur die Forderung, nicht aber die Hypothek auf den Erwerber übertragen werden soll, ist unwirksam. Wirtschaftlich wird dagegen die Hypothek als die Hauptsache und die Forderung als etwas Nebensächliches angesehen[29],

---

[26] Vgl. etwa Baur-Stürner § 37 Rn. 39; Wolff-Raiser § 133 V 2.

[27] Zum gutgläubigen Zweiterwerb vgl. unten II 4; zum entscheidenden Zeitpunkt für den guten Glauben oben § 20 II 3 g a.E.

[28] § 1138 ist nur beim Zweiterwerb einer Hypothek anwendbar, vgl. unten II 4 b aa.

[29] Was die Verfasser des BGB keineswegs verkannt haben, vgl. Motive 3, 705.

man spricht unbefangen von der Übertragung der Hypothek. Die Abtretung der Hypothek wird regelmäßig als Abtretung der Forderung i.S.v. § 1153 zu verstehen sein. Obwohl also die Hypothek durch Forderungszession übertragen wird, folgt die Form der Übertragung den Regeln des Sachenrechts (§ 873), nicht den Regeln der Forderungszession[30].

Eine Forderung kann nicht abgetreten werden, wenn die Parteien das vereinbart haben, § 399. In einem solchen Fall kann auch die Hypothek nicht übergehen. Die Vereinbarung über den Ausschluß der Abtretbarkeit kann im Grundbuch eingetragen werden. Unterbleibt das, so wirkt die Abrede nicht gegen einen gutgläubigen Erwerber, der Forderung und Hypothek erwerben kann[31].

1. Form der Abtretung

Die Übertragung der Hypothek geschieht durch Zession der gesicherten Forderung, für welche § 1154 die Einhaltung besonderer Formvorschriften vorschreibt.

a) Die Buchhypothek wird gemäß § 1154 III entsprechend § 873 übertragen. Erforderlich ist also neben der dinglichen Einigung über die Zession der Forderung auch deren Eintragung im Grundbuch. Die Übertragung der Briefhypothek erfordert zunächst ebenfalls eine Einigung über den Übergang der hypothekarisch gesicherten Forderung, wobei die Erklärung des Zedenten, die Abtretungserklärung, schriftlich erfolgen muß, während die des Erwerbers formlos sein kann. Die Abtretungserklärung muß den Zedenten, den Zessionar sowie die Forderung bezeichnen, so daß deren Identität mit der im Grundbuch eingetragenen feststellbar ist; sie muß ferner den Abtretungswillen erkennen lassen. Hinzukommen muß die Übergabe des Hypothekenbriefes, § 1154 I 1 (1). Eine Eintragung im Grundbuch ist nicht erforderlich, wohl aber zur Berichtigung möglich. Gemäß § 1154 I 1 (2) ist auf die Briefübergabe § 1117 anwendbar, d.h. die Übergabe kann durch die Übergabesurrogate ersetzt werden[32]; die Briefübergabe kann auch durch die Aushändigungsvereinbarung nach § 1117 II ersetzt werden, wenn sich das Grundbuchamt im Besitz des Briefes befindet.

Die Schriftform der Abtretungserklärung (nicht also diese selbst) kann dadurch ersetzt werden, daß die Abtretung im Grundbuch eingetragen wird, § 1154 II[33].

b) Die Abtretungserklärung kann statt in Schriftform auch in öffentlich beglaubigter Form erfolgen, der Gläubiger kann Erteilung in dieser Form verlangen, § 1154 I 2, sie gewährt ihm erhebliche Vorteile. Die Beglaubigung der Abtretungserklärung erhöht die Legitimationswirkung des Hypothekenbriefes, vgl. etwa §§ 1160 f., sie ermöglicht sogar einen gutgläubigen Erwerb außerhalb des Grundbuchs, vgl. § 1155[34].

---

[30] Vgl. Motive 3, 705.
[31] Vgl. Schwab-Prütting Rn. 682.
[32] Vgl. oben § 27 I 3 c.
[33] Vgl. das Muster im Anhang S. 8 f. lfd. Nr. 3a.
[34] Vgl. unten 4 c.

2. Belastung der Hypothek

Eine Hypothek kann nicht nur übertragen, sondern auch mit Rechten belastet werden; in Betracht kommen Pfandrecht und Nießbrauch. Die Belastung erfolgt dadurch, daß die hypothekarisch gesicherte Forderung verpfändet oder mit einem Nießbrauch belastet wird[35]. Das geschieht gemäß §§ 1069, 1274 unter entsprechender Anwendung der Vorschriften über die Abtretung der Hypothek. Eine Briefhypothek wird z.B. verpfändet durch schriftliche Verpfändungserklärung und Briefübergabe an den Gläubiger, § 1154 I 1. Die Pfändung der Hypothek erfolgt nach §§ 829, 830 ZPO[36].

3. Inhaltsänderung der Hypothek

Inhaltsänderungen bedeuten eine Verfügung über die Hypothek und sind zulässig; sie erfolgen gemäß der allgemeinen Regel des § 877 durch Einigung und Eintragung, wenn nicht besondere Vorschriften eingreifen.

a) Jedes Grundpfandrecht kann in ein anderes Grundpfandrecht umgewandelt werden, z.B. eine Hypothek in eine Grundschuld (§ 1198), eine Buchhypothek in eine Briefhypothek (§ 1116 III), eine Sicherungshypothek in eine Verkehrshypothek (§ 1186) u.s.w. Die Umwandlung geschieht gemäß § 877 durch Einigung und Eintragung; die Zustimmung ranggleicher oder nachstehender Rechtsinhaber ist nicht erforderlich.

b) Eine Inhaltsänderung der Hypothek stellt auch die Änderung der Zahlungsbedingungen dar, z.B. des Zinssatzes, der Modalität der Kündigung, der Abzahlung u.s.w.; auch die vertragliche Herabsetzung oder Aufstockung der gesicherten Forderung gehört hierher. Solche Verfügungen geschehen ebenfalls durch Einigung und Eintragung, § 877[37]. Soweit die Inhaltsänderung das Recht abschwächt, so daß es geringer wird, ist gemäß §§ 877, 876 die Zustimmung Dritter, die ein Recht an der Hypothek haben[38], erforderlich; man kann eine solche Änderung auch als Teilaufhebung des Rechts gemäß § 875 verstehen. Wird das Recht durch die Änderung verstärkt oder erweitert, so steht das einer teilweisen Neubegründung des Rechts gleich; dadurch werden die gleich- und nachstehenden Rechtsinhaber beeinträchtigt. Die Wirksamkeit der Rechtsänderung ihnen gegenüber hängt also von ihrer Zustimmung ab. Ist zweifelhaft, ob ein Beteiligter durch die Verfügung betroffen ist, so ist seine Zustimmung zu fordern.

c) Die Forderung, welche durch die Hypothek gesichert wird, kann ausgewechselt werden, so daß die Hypothek nun eine andere Forderung sichert. Es handelt sich um eine besondere Art der Inhaltsänderung, die in § 1180 geregelt ist. Die Auswechslung geschieht durch Einigung und Eintragung im Grundbuch, § 1180 I

---

[35] Vgl. oben § 16 II 2 a, § 16 I 1 a.

[36] Vgl. dazu Baur-Stürner § 38 Rn. 126.

[37] Bei Briefrechten muß gemäß §§ 41 f. GBO der Brief vorgelegt werden, doch ist das lediglich eine Ordnungsvorschrift, die keinen Einfluß auf das materielle Recht hat.

[38] Z.B. ein Pfandrecht.

2. Soweit ein Dritter ein Recht an der Hypothek hat, muß er der Forderungsauswechslung zustimmen, §§ 1180 II 2 (2), 876. Gleich- und nachstehende Berechtigte müssen nicht zustimmen, wenn die neue gesicherte Forderung nicht höher ist als die alte. Ist sie höher, so rückt die Hypothek nur in dem Umfang an den alten Rang, den sie vorher hatte; der Rest kommt an die letzte Stelle. Nur wenn alle Zwischenberechtigten zustimmen, kann die Hypothek ganz den alten Rang einnehmen. Steht die neue gesicherte Forderung nicht dem bisherigen Hypothekengläubiger zu, so muß dieser der Forderungsauswechslung zustimmen, weil er seine Hypothek verliert, § 1180 II. Die alte Forderung ist nun ein ungesicherter Anspruch, auf den nur das Schuldrecht anzuwenden ist.

d) Eine Hypothek kann dadurch geteilt werden, daß man die Forderung teilt, § 1151. Bei einer Briefhypothek treten Teilbriefe an die Stelle des bisherigen Briefes. Die Teilung geschieht etwa durch Teilabtretung, Teilpfändung, Teilinhaltsänderung, Teilübergang auf einen Dritten nach §§ 268 III, 426 II, 1123. Ein eigenes Rechtsgeschäft für die Teilung gibt es nicht[39]. Beide Teilrechte haben gleichen Rang, eine Rangänderung kann erfolgen durch einseitige Erklärung des Hypothekars gegenüber dem Grundbuchamt und Eintragung, solange er noch Inhaber beider Teilhypotheken ist; andernfalls ist Einigung und Eintragung erforderlich, § 880 II 1. Die gemäß § 880 II 2 erforderliche Zustimmung des Eigentümers ist jedoch nach § 1151 in jedem Fall entbehrlich.

4. Gutgläubiger Erwerb vom Nichtberechtigten

Wie jedes andere dingliche Recht kann auch eine Hypothek gutgläubig erworben werden[40], wovon § 1138 als selbstverständlich ausgeht. Dem gutgläubigen Erwerb steht keineswegs die Tatsache entgegen, daß die Hypothek nicht rechtsgeschäftlich übertragen wird[41]; übertragen wird die gesicherte Forderung, die Hypothek geht von Gesetzes wegen mit über.

a) Der gutgläubige Erwerb der Hypothek macht keine Schwierigkeiten, wenn dem veräußernden Nichtberechtigten zwar die Forderung, nicht aber die Hypothek zusteht: G hat eine Forderung gegen S, B bestellt ihm dafür eine Hypothek. G weiß, daß der als Eigentümer im Grundbuch eingetragene B nur Bucheigentümer, nicht wirklicher Eigentümer ist. G hat die Hypothek nach § 892 I nicht erworben; tritt er sie an den gutgläubigen Z ab, so erwirbt dieser die Forderung und auch gutgläubig gemäß § 892 I die Hypothek. Dabei macht es keinen Unterschied, ob es sich um eine Buch- oder Briefhypothek handelt, um eine Verkehrs- oder Siche-

---

[39] Daraus schließt die h.M., daß es eine Teilung nur in den erwähnten Formen der Abtretung u.s.w. geben könne, nicht als bloße Teilung. Es gibt jedoch keinen Grund, dem Hypothekar die Teilung seines Rechts zu verwehren, durch Erklärung gegenüber dem Grundbuchamt und Eintragung.

[40] Gemeint ist der gutgläubige Zweiterwerb einer angeblich bereits bestehenden Hypothek; zum gutgläubigen Ersterwerb vgl. oben I 4.

[41] Vgl. oben § 15 VI 1 b.

rungshypothek, oder in welcher Form (bei einer Briefhypothek) die Abtretung erfolgt.

b) Schwieriger gestaltet sich die Rechtslage, wenn dem Veräußerer auch die Forderung nicht zusteht; dabei sind die Fälle zu unterscheiden, daß die Forderung überhaupt nicht besteht oder daß sie (mit der Hypothek) einem anderen als dem Veräußerer zusteht.

aa) Da nach der Regelung des Gesetzes nicht die Hypothek, sondern nur die gesicherte Forderung übertragen wird, käme ein gutgläubiger Erwerb beim Fehlen der Forderung eigentlich nicht in Betracht, zumal eine nicht bestehende Forderung grundsätzlich nicht gutgläubig erworben werden kann. Jedoch hat das Gesetz aus Gründen der Verkehrssicherheit bei Verkehrshypotheken gemäß § 1138 auch hier einen gutgläubigen Erwerb zugelassen. Allerdings gilt das nur für die Verkehrshypothek; auf die Sicherungshypothek ist § 1138 nicht anwendbar, vgl. § 1185 II.

Beispiel: G hat dem E ein Darlehen versprochen, E hat für G eine Hypothek bestellt und dem G den Brief übergeben. G zahlt das Darlehen nicht aus, sondern tritt die Hypothek an den gutgläubigen Z ab. Z kann die nicht existierende Forderung nicht gutgläubig erwerben. Damit ist eigentlich auch der Erwerb der akzessorischen Hypothek ausgeschlossen, da diese nicht ohne die Forderung erworben werden kann, § 1153 II. Hier hilft jedoch § 1138, wonach für die Hypothek auch in Ansehung der Forderung § 892 gilt. Diese Vorschrift wird oft mißverstanden, man muß sie genau beachten. Sie ermöglicht keinen gutgläubigen Erwerb der Forderung, denn § 892 soll nur für die Hypothek gelten, allerdings in Ansehung der Forderung. Das bedeutet zunächst, daß Z nicht die Forderung erworben hat[42], § 892 gilt gemäß § 1138 nicht für die Forderung. Z hat also keinen Zahlungsanspruch gegen E. Für den Erwerb der Hypothek aber gilt § 892 I auch in Ansehung der Forderung, d.h. der gutgläubige Erwerber wird für den Erwerb der Hypothek so gestellt, als bestünde die Forderung. Dann steht § 1153 II dem Erwerb der Hypothek nicht mehr im Wege; die Forderung wird also für den Zweck des Erwerbs der Hypothek fingiert. Z hat zwar nicht die Forderung erworben, wohl aber die Hypothek; er hat also keinen Zahlungsanspruch gegen E, wohl aber einen Anspruch auf Duldung der Zwangsvollstreckung. Die Hypothek besteht also ohne eine zu sichernde Forderung; nach dem Zweck des § 1138 ist sie wie eine forderungsbekleidete Hypothek zu behandeln, z.B. bei einer weiteren Veräußerung durch Z[43].

bb) Noch problematischer ist der Fall, daß eine Forderung zwar besteht, Hypothek und Forderung aber einem anderen als dem Veräußerer zustehen. Beispiel: Schuldner E hat dem G für eine Forderung eine Hypothek bestellt, G hat sie an den geschäftsunfähigen A übertragen, A an den gutgläubigen B, B an den gutgläubigen C. A und B haben wegen der Geschäftsunfähigkeit des A weder die Forderung noch die Hypothek erworben; beide standen noch dem G zu. Was hat C erworben?

---

[42] Vgl. Motive 3, 694.
[43] Eine andere Meinung nimmt an, es entstehe eine Grundschuld, vgl. etwa Wolff-Raiser § 137 II 3.

Würde man es hier dabei belassen, daß C nach §§ 1138, 892 die Hypothek ohne die Forderung gutgläubig erwirbt[44], so bliebe die Forderung bei G. Dem Schuldner E stünden zwei Gläubiger gegenüber: G hätte einen Zahlungsanspruch gegen ihn, C den Anspruch auf Duldung der Zwangsvollstreckung. Damit geriete der Schuldner in die Gefahr, zweimal in Anspruch genommen zu werden.

Nach einer Ansicht kann es bei diesem Ergebnis bleiben, denn die angebliche Gefahr der doppelten Inanspruchnahme bestehe in Wirklichkeit nicht[45]. Zwar müsse E die Zwangsvollstreckung durch C dulden, aber er müsse keineswegs auch an G zahlen. Das ist richtig, denn gemäß § 1161 müßte G zum Geltendmachen der Forderung den Hypothekenbrief vorlegen, was er nicht kann, da dieser sich bei C befindet. Zudem ergibt sich aus der schuldrechtlichen Sicherungsabrede zwischen E und G, daß E nur gegen Rückerstattung der Hypothek zur Zahlung verpflichtet sein soll. Die Forderung ist also für G ohne Wert, E muß sie nicht fürchten.

Da jedoch die Forderung für G ohne Wert ist, so kann man sie auch dem C zusprechen[46], wobei die Gründe hierfür eher ästhetischen Charakter haben: Es wird so der Normalzustand einer forderungsbekleideten Hypothek hergestellt, während die Trennung von Forderung und Hypothek ganz ungewöhnlich wäre. Den kleinen Schönheitsfehler, daß damit eine Forderung gutgläubig erworben wird, kann man getrost in Kauf nehmen, da auch sonst gutgläubiger Forderungserwerb nicht gänzlich ausgeschlossen ist[47]. Voraussetzung für den gutgläubigen Erwerb ist auch hier, daß es sich um eine Verkehrshypothek handelt.

§ 1138 verweist außer auf §§ 892, 893 auch auf § 891 und auf §§ 894 ff. Das bedeutet, daß für die Geltendmachung der Hypothek auch die Existenz der eingetragenen Forderung widerleglich vermutet wird. Wird dagegen die Forderung selbst geltend gemacht, so ist § 891 nicht anwendbar; der Gläubiger muß die Forderung nachweisen. Auch die Existenz der dem Eigentümer gemäß § 1137 zustehenden Einreden wird vermutet, soweit sie eingetragen sind. Wenn die Forderung nicht besteht, so hat der Eigentümer deswegen einen Berichtigungsanspruch, § 894; ebenso, wenn eine Einrede nicht oder fehlerhaft eingetragen ist. In diesen Fällen kann der Eigentümer gemäß § 899 auch einen Widerspruch eintragen lassen.

c) Die Briefhypothek kann ohne Eintragung im Grundbuch übertragen werden, so daß der Inhaber der Hypothek nicht im Grundbuch ausgewiesen ist; das Grundbuch ist in diesen Fällen unrichtig. Wie ist in solchen Fällen ein gutgläubiger Erwerb möglich, wenn der gute Glaube sich nicht auf den Rechtsschein des Grundbuchs stützen kann? Nehmen wir wie im obigen Beispiel an, E habe dem G für eine Forderung eine Hypothek bestellt, G habe sie durch Einigung, schriftliche Abtretungserklärung und Briefübergabe an den geschäftsunfähigen A übertragen,

---

[44] Was voraussetzt, daß B im Grundbuch eingetragen ist. Zum gutgläubigen Erwerb für den Fall, daß die Hypothek außerhalb des Grundbuchs übertragen wird, vgl. unten c.

[45] Vgl. etwa Heck § 96, 7 und neuerdings Petersen-Rothenfußer, Schuldnerschutz bei Trennung von Hypothek und Forderung, WM 2000, 657 ff.

[46] So die heute h.M., vgl. etwa Gottwald Fall 151.

[47] So etwa nach § 405, nach § 2366 und im Wertpapierrecht.

A in gleicher Weise an B, B in gleicher Weise an den gutgläubigen C. Was kann dem C sein guter Glaube nutzen, da B nicht im Grundbuch eingetragen ist und es somit an einem Rechtsschein für dessen Berechtigung fehlt? § 892 ist jedenfalls nicht anwendbar.

aa) Wenn die Briefhypothek aus Gründen der Verkehrserleichterung auch außerhalb des Grundbuchs übertragen werden kann, so wäre die gesetzliche Regelung unvollständig, wenn es nicht auch einen Schutz des guten Glaubens gäbe; er findet sich in § 1155, 1. Danach steht der nicht im Grundbuch eingetragene Eigenbesitzer eines Hypothekenbriefes einem Eingetragenen gleich, wenn eine zusammenhängende Reihe öffentlich beglaubigter Abtretungserklärungen von ihm bis auf einen eingetragenen Gläubiger zurückführt (Legitimationskette)[48]. Entscheidend ist also die Beglaubigung der Abtretungserklärungen und deren lückenlose Rückführung auf einen im Grundbuch Eingetragenen. Die letzte Abtretungserklärung, also die an den jetzigen Inhaber des Briefes und potentiellen gutgläubigen Erwerber, muß nicht öffentlich beglaubigt sein; es reicht als Rechtsschein für einen gutgläubigen Erwerb, daß die Legitimationskette bis zum Vormann des gutgläubigen Erwerbers reicht. Waren also die Abtretungserklärungen öffentlich beglaubigt, so wird C so behandelt, als wäre B im Grundbuch als Hypothekar eingetragen. Er kann also gutgläubig gemäß §§ 1155, 892, 1138 die Hypothek erwerben, auch wenn die Zession B-C nur privatschriftlich erfolgte[49]; Kenntnis des C vom Rechtsscheinstatbestand, d.h. von der Existenz der Legitimationskette, ist für den gutgläubigen Erwerb auch hier nicht erforderlich[50].

Ist die Legitimationskette durch eine nur privatschriftliche Abtretungserklärung unterbrochen, so bleibt die Legitimationswirkung jedenfalls bis zu dieser Abtretung erhalten. Fraglich ist die Legitimationswirkung nachfolgender beglaubigter Abtretungen. War die privatschriftliche Zession unwirksam, so ist durch sie die Legitimationskette endgültig unterbrochen; war sie nachweislich wirksam, d.h. hat sie die Hypothek übertragen, so kommt nachfolgenden beglaubigten Zessionen wieder die Legitimationswirkung des § 1155 zu. Entsprechendes gilt, falls die Kette durch einen Erbfall unterbrochen wird.

bb) Streitig ist die Lage, wenn eine der beglaubigten Urkunden gefälscht war, d.h. wenn die Beglaubigung nicht von einem Notar stammt. Nach einer Ansicht zerstört eine solche Fälschung die Legitimationswirkung und schließt einen gutgläubigen Erwerb aus[51]. Die Gegenmeinung, welche auch einer gefälschten Urkunde die Legitimationswirkung zuspricht, wenn die Fälschung nur unerkennbar ist, kann aber gute Gründe für ihr Ergebnis vorbringen[52]. Allerdings hat ein Au-

---

[48] Gemäß § 1155, 2 steht der öffentlich beglaubigten Abtretungserklärung gleich ein gerichtlicher Überweisungsbeschluß sowie ein beglaubigtes Anerkenntnis eines gesetzlichen Übergangs der Hypothek.

[49] Von C könnte in diesem Fall aber keiner gutgläubig erwerben.

[50] Vgl. oben § 10 II 2.

[51] Vgl. etwa Palandt-Bassenge § 1155 Rn. 4.

[52] Vgl. Westermann-Eickmann § 105 IV 2; Bülow Rn. 292; auch RG 85, 61; 86, 263; 93, 44.

ßenstehender, der keinen Zugang zu einem Notariatsbüro hat, wenig Aussicht auf Erfolg bei der Fälschung einer notariell beglaubigten Urkunde[53].

cc) § 1155 verweist nicht allein auf §§ 892 f., sondern auf die §§ 891–899 insgesamt. Der nach § 1155 Legitimierte kann sich also auf die Vermutung des § 891 berufen, er kann seine Eintragung im Wege der Berichtigung nach § 894 verlangen sowie die Eintragung eines Widerspruchs nach § 899.

d) Fraglich ist die Legitimationswirkung, wenn Buch und Brief sich widersprechen. Grundsätzlich ist bei einer Abweichung der Inhalt des Grundbuchs maßgebend, denn nur dieses genießt öffentlichen Glauben. Der Brief allein hat keinen Anteil am öffentlichen Glauben, etwas anderes gilt nur im Zusammenhang mit der Legitimationskette beglaubigter Abtretungserklärungen nach § 1155, wobei der öffentliche Glaube letztlich wieder auf dem Grundbuch beruht. Niemand kann sich also gegenüber dem richtigen Grundbuch auf einen abweichenden Hypothekenbrief berufen.

Wenn der Brief auch keinen öffentlichen Glauben begründen kann, so kann er doch andererseits die Rechtsscheinswirkung des Grundbuchs zerstören, § 1140: Ergibt sich aus dem Brief die Unrichtigkeit des Grundbuchs, so ist gutgläubiger Erwerb nach §§ 892 f. ausgeschlossen. Ist etwa H im Grundbuch als Inhaber einer Hypothek verzeichnet, ist diese aber zur Hälfte bereits abgezahlt, so könnte ein gutgläubiger Erwerber von H die Hypothek in vollem Umfang erwerben. Ein solcher Erwerb ist aber ausgeschlossen, wenn der Eigentümer die Teilzahlung auf dem Hypothekenbrief vermerkt hat[54]. Dabei ist unerheblich, ob der Erwerber den Briefinhalt kennt oder nicht.

§ 1140 gilt gemäß § 1157, 2 auch für Einreden gegen die Hypothekenforderung, soweit diese sich aus Grundbuch oder Hypothekenbrief ergeben.

III. Geltendmachen der Hypothek

1. Legitimation des Gläubigers

Zur Geltendmachung der Hypothek ist deren Inhaber berechtigt, doch ist es für den Schuldner und Eigentümer oft nicht leicht erkennbar, wer das ist. Wer sich z.B. aus einer Hypothek gemäß § 1147 durch Zwangsvollstreckung befriedigen will, muß also beweisen, daß er Hypothekengläubiger ist.

a) Bei einer Buchhypothek gilt zugunsten des eingetragenen Hypothekars gemäß § 891 die Vermutung, daß er Inhaber der Hypothek sei; wer etwas anderes behauptet, muß es beweisen. Die Vermutung gilt für die Hypothek gemäß § 1138 auch dahin, daß die Forderung besteht. Will der Hypothekar dagegen den gesicherten Zahlungsanspruch geltend machen, so gelten diese Vermutungen nicht, er muß seinen Anspruch beweisen. Denn gemäß § 1138 gilt § 891 nur für die Hypothek in Ansehung der Forderung, nicht für die Forderung.

---

[53] Vgl. aber auch den Fall RG 93, 41 ff.
[54] Vgl. § 1145.

Wird eine Briefhypothek geltend gemacht, so ergibt sich die Legitimation des Hypothekars aus dem Besitz des Briefes in Verbindung mit der Eintragung im Grundbuch[55]. Der Grundstückseigentümer kann der Geltendmachung der Hypothek nach § 1160 I (1) widersprechen, wenn der Gläubiger nicht den Brief vorlegt. Ist der Gläubiger nicht im Grundbuch eingetragen, so ergibt sich seine Legitimation erst aus der Vorlage des Briefes sowie der beglaubigten Abtretungsurkunden nach § 1155, vgl. § 1160 I (2)[56]. Kann der Gläubiger sich auf diese Weise legitimieren, so kann der Eigentümer ohne Bedenken an ihn leisten, er wird auch dann frei, wenn es sich um einen Nichtberechtigten handelt, vgl. §§ 893, 1155. Wird aber die gesicherte Forderung geltend gemacht, so gelten diese Vorschriften nicht.

b) Ist der Eigentümer gleichzeitig der persönliche Schuldner, so muß der Gläubiger gemäß § 1161 auch dann, wenn er nur die schuldrechtliche Forderung geltend macht, den Hypothekenbrief und eventuell die beglaubigten Abtretungserklärungen vorlegen, wie es § 1160 I für das Geltendmachen der Hypothek bestimmt. Das soll den Eigentümer/Schuldner davor bewahren, zweimal leisten zu müssen, einmal an den durch den Brief ausgewiesenen Hypothekar und dann an den Gläubiger der Forderung.

c) Der Eigentümer kann also sowohl bei der Buch- wie bei der Briefhypothek sicherstellen, daß er mit befreiender Wirkung an den Hypothekengläubiger leistet oder an den, der als solcher ausgewiesen ist. Daher verwehrt ihm § 1156 bei einer Verkehrshypothek die Berufung auf die §§ 406–408[57]: Beispiel: G hat gegen S eine Forderung über 50.000 €, E hat dem G auf Bitten des S dafür eine Hypothek bestellt. G hat die Hypothek unter Briefübergabe an Z abgetreten. Als Forderung und Hypothek fällig werden, zahlt S, der von der Abtretung nichts weiß, die 50.000 € an G. S ist gemäß § 407 freigeworden, Z hat gegen ihn keinen Anspruch mehr. Gemäß § 1156, 1 kann sich jedoch E gegen die Hypothekenforderung nicht auf § 407 berufen, die Hypothek besteht weiter, und auch die zu sichernde Forderung gilt gegenüber E als weiterbestehend[58]. Z kann von ihm die Duldung der Zwangsvollstreckung verlangen.

Nach § 1156 gehen also Forderung und Hypothek bei der Erfüllung durch den persönlichen Schuldner getrennte Wege; die Forderung erlischt nach § 407, die Hypothek bleibt bestehen, die Akzessorietät der Hypothek ist aufgehoben. Das Weiterbestehen der Hypothek kann aber auch für den persönlichen Schuldner gefährlich werden, wenn der Gläubiger die Hypothek gegen den Eigentümer geltend macht und dieser beim persönlichen Schuldner Regreß nimmt. Wird in unserem Beispiel E von G in Anspruch genommen und zahlt er, so kann er nach § 670 bei S Regreß nehmen, da er dem G die Hypothek im Auftrag des S bestellt hat. S muß

---

[55] Kündigt der Gläubiger die Hypothek oder mahnt er den Eigentümer, so kann dieser die Erklärungen unverzüglich zurückweisen, wenn der Gläubiger nicht den Brief und eventuell die beglaubigten Abtretungserklärungen vorlegt, § 1160 II.

[56] Kann der Hypothekar diese beglaubigten Erklärungen nicht beibringen, so kann er die Hypothek erst geltend machen, wenn er sich im Wege der Grundbuchberichtigung im Grundbuch hat eintragen lassen!

[57] Bei einer Sicherungshypothek ist § 1156 nicht anwendbar, vgl. § 1185 II.

[58] Vgl. Palandt-Bassenge § 1156 Rn. 1.

also die Möglichkeit haben sicherzustellen, daß mit der Zahlung nicht nur die Forderung erlischt, sondern auch die Hypothek sich nach §§ 1163 I 2, 1177 in eine Eigentümergrundschuld verwandelt. Er kann also von G den Nachweis verlangen, daß er Inhaber der Hypothek sei. S kann entweder ins Grundbuch sehen, wenn G darin als Inhaber der Hypothek eingetragen ist, oder aber von G die Aushändigung des Hypothekenbriefes und der beglaubigten Abtretungserklärungen verlangen, § 1167. Mit der Zahlung durch S werden S und E frei.

Fraglich ist die Rechtslage, wenn in unserem Fall G die Hypothek gemäß §§ 1154, 1155 an G_1 abgetreten hat, dann G_1 an G_2, wobei G_1 den Brief bei sich behält und den Besitz des Briefes gemäß §§ 1154, 1117, 930 durch Besitzkonstitut auf G_2 überträgt. Was geschieht, wenn nun G_1 die Forderung gegen S geltend macht unter Vorlage des Hypothekenbriefes und der beglaubigten Abtretungserklärung des G und wenn S zahlt? G_1 ist durch den Brief und die beglaubigte Abtretungserklärung des G als Inhaber der Hypothek ausgewiesen, also muß die Leistung an G_1 gemäß §§ 1155, 893 wie eine Leistung an den wirklichen Gläubiger G_2 gelten, S wird frei und die Hypothek wird zur Eigentümergrundschuld.

Eine Ausnahme von der Regel des § 1156, 1 gilt für die Kündigung. Wird sie dem alten Gläubiger gegenüber erklärt, muß sie der neue Gläubiger gemäß § 1156, 2 gegen sich gelten lassen, falls nicht die Übertragung zur Zeit der Kündigung dem Eigentümer bekannt oder im Grundbuch eingetragen ist.

2. Einreden gegen die Hypothekenforderung

a) Daß der Schuldner der gesicherten Forderung die ihm dagegen zustehenden Einreden gegen den Gläubiger geltend machen kann, ist selbstverständlich; ebenso, daß der Eigentümer die ihm gegen die Hypothek zustehenden Einreden geltend machen kann. Aufgrund der Akzessorietät kann aber auch der Eigentümer gegen die Hypothekenforderung die Einreden erheben, die dem Schuldner gegen die Forderung zustehen, § 1137[59]. Es ist also zu unterscheiden zwischen den Einreden gegen die Hypothekenforderung, die dem Eigentümer unmittelbar zustehen, und den Einreden, die gegen die gesicherte Forderung bestehen und die der Eigentümer gemäß § 1137 geltend machen kann[60].

aa) Einreden gegen die Hypothekenforderung können mit dinglicher Wirkung begründet werden durch Einigung und Eintragung im Grundbuch, § 877. Hat etwa E dem G für dessen Forderung gegen S eine Hypothek bestellt und hat G dem E die Hypothek auf fünf Jahre gestundet durch Einigung und Eintragung, so ist dadurch der Inhalt der Hypothek abgeändert worden; G kann fünf Jahre nicht gegen E vorgehen[61]; E kann die Einrede der Stundung erheben. Gegen S aber kann G die Forderung geltend machen, da er sie nicht gestundet hat.

---

[59] Vgl. auch § 1211 beim Pfandrecht und § 768 bei der Bürgschaft.
[50] Zu den Einreden gegen eine Hypothek vgl. auch Coester-Waltjen, Jura 1991, 186 ff.
[51] Weitere mögliche Einreden des Eigentümers können etwa sein die Einrede des nicht erfüllten Vertrages (§ 320), der Bereicherung (§ 821), der unerlaubten Handlung (§ 853), des Rücktritts oder der Minderung (§ 438 IV), die Einrede, daß der Gläubiger zuerst Befriedigung aus der Forderung suchen muß oder daß dem Eigentümer ein Zurückbehaltungsrecht zusteht.

Hat G dem E die Hypothek durch einen nur persönlich wirkenden Vertrag – also ohne Eintragung im Grundbuch gemäß § 877 – gestundet, so kann E ebenfalls die Einrede der Stundung erheben. Auch hier wirkt die Stundung nicht gegen den persönlichen Schuldner S.

bb) Hat G umgekehrt nur dem S die Forderung gestundet, so kann S sich darauf berufen, aber gemäß § 1137 I 1 auch E; G kann gegen beide vor dem Ablauf der Stundungsfrist nicht vorgehen. Verzichtet S auf die Einrede, so kann E sie dennoch geltend machen, § 1137 II.

Bestimmte Einreden des persönlichen Schuldners sind allerdings ausgenommen und können vom Eigentümer nicht geltend gemacht werden. Dazu gehören die Einrede der Verjährung, § 216 I, und die Einrede der beschränkten Erbenhaftung, § 1137 I 2. Andererseits kann der Eigentümer gemäß § 1137 I 1 auch die dem Bürgen nach § 770 zustehenden Einreden geltend machen. Er braucht also die Zwangsvollstreckung in sein Grundstück nicht zu dulden, solange der persönliche Schuldner anfechten oder aufrechnen kann[62].

b) Wird die Hypothek übertragen, so kann der Schuldner der gesicherten Forderung gemäß § 404 die gegen den bisherigen Gläubiger bestehenden Einreden auch gegen den Zessionar geltend machen; auch der Eigentümer kann die Einreden gegen die Forderung gegen den neuen Hypothekar geltend machen, § 1137 I 1. Bestanden dinglich wirkende Einreden gegen die Hypothekenforderung, so kann der Eigentümer sie nach einer Übertragung der Hypothek selbstverständlich auch gegen den Erwerber geltend machen. Aber auch nur durch persönliche Vereinbarung begründete Einreden gegen die Hypothekenforderung kann der Eigentümer gegen einen Erwerber geltend machen, § 1157, 1. Die Vorschrift nimmt den Gedanken des § 404 auf, daß sich die Stellung des Schuldners durch eine Zession nicht verschlechtern soll.

Im Interesse des Verkehrsschutzes läßt das Gesetz jedoch einen gutgläubig einredefreien Erwerb der Hypothek zu, §§ 1138, 1157, 2. Um diese Möglichkeit auszuschließen, müssen die Einreden aus dem Grundbuch ersichtlich sein, sie müssen also eintragbar sein. Alle Einreden, sowohl gegen die Hypothekenforderung wie gegen die gesicherte Forderung, können demgemäß im Grundbuch eingetragen werden.

aa) Hat etwa der Gläubiger dem Eigentümer die Hypothek gestundet und ist das nicht im Grundbuch vermerkt, so ist das Grundbuch falsch und kann berichtigt werden; gegen die Unrichtigkeit kann ein Widerspruch eingetragen werden, §§ 1157, 2; 894, 899. Ergibt sich die Einrede nicht aus dem Grundbuch[63], so kann ein gutgläubiger Erwerber die Hypothek einredefrei erwerben, §§ 1157, 2; 892, 1155.

bb) Hat der Gläubiger dem Schuldner die Forderung gestundet und ist die Stundung nicht im Grundbuch eingetragen, so ist das Grundbuch falsch und kann berichtigt werden, §§ 1137, 1138, 894. Ergibt sich die Stundung der Forderung

---

[62] Gleiches gilt für den Rücktritt, Schwab-Prütting Rn. 670.
[63] Und auch nicht aus dem Hypothekenbrief, vgl. § 1140.

nicht aus dem Grundbuch, so ist gutgläubig einredefreier Erwerb möglich, §§ 1138, 892. Der gutgläubige Erwerber erwirbt die Forderung insoweit einredefrei, als es die Hypothek betrifft; d.h. bezüglich der Hypothek wird die Einredefreiheit der Forderung fingiert. Tatsächlich bleibt die Forderung als solche einredebehaftet, der Schuldner der Forderung kann auch dem gutgläubigen Erwerber weiter die Einrede gemäß § 404 entgegenhalten. Macht der gutgläubige Erwerber aber gegen den Eigentümer die Hypothek geltend, so kann dieser nicht gemäß § 1137 die Stundung der Forderung einwenden; für die Hypothek wird gemäß § 1138 von der Einredefreiheit der Forderung ausgegangen. Bei Sicherungshypotheken ist jedoch § 1138 nicht anwendbar, vgl. § 1185 II; es ist vielmehr § 404 anzuwenden.

IV. Gesetzlicher Übergang der Hypothek

a) Die Hypothek geht von Gesetzes wegen auf den jeweiligen Eigentümer des Grundstücks über, wenn und soweit die gesicherte Forderung erlischt, § 1163 I 2; die Hypothek wird Eigentümergrundschuld, § 1177 I 1.

aa) Die Hypothek geht weiter dann auf den Eigentümer über, wenn dieser die gesicherte Forderung erwirbt, § 1153 I. Das geschieht von Gesetzes wegen nach § 1143 I, wenn der vom Schuldner verschiedene Eigentümer den Gläubiger befriedigt, wozu er nach § 1142 berechtigt ist. Das Gesetz geht also davon aus, daß im Innenverhältnis Schuldner-Eigentümer regelmäßig der Schuldner zur Befriedigung des Gläubigers verpflichtet ist und daß daher dem Eigentümer ein Regreßanspruch gegen ihn zustehen muß, falls er den Gläubiger befriedigt. Hat etwa E auf Bitten des Schuldners S dem Gläubiger G eine Hypothek bestellt und zahlt E an G, so erwirbt er nach § 1143 I 1 die gesicherte Forderung gegen S mitsamt der Hypothek am eigenen Grundstück. Die Hypothek wandelt sich nicht nach § 1177 I in eine Eigentümergrundschuld um, da sie weiterhin die Forderung sichert; sie wird zur Eigentümerhypothek, die wie eine Eigentümergrundschuld behandelt wird, § 1177 II. E kann bei S Regreß nehmen[64].

Das muß auch dann gelten, wenn E an G zahlt, der als Hypothekar ausgewiesen ist, in Wirklichkeit aber nicht Inhaber der Hypothek ist. E erwirbt gutgläubig die Hypothek samt Forderung[65]. Daß der Übergang kraft Gesetzes erfolgt, nicht aufgrund eines Rechtsgeschäfts, steht nicht entgegen[66].

---

[64] E hat ferner gegen S den Anspruch aus § 670. Zur historischen Entwicklung des § 1143 vgl. Kim, Hyoung Seok, Zessionsregreß bei nicht akzessorischen Sicherheiten (2003) 31 ff.

[65] Vgl. etwa Wolff-Raiser §§ 103 III 34, 106 II; Baur-Stürner § 38 Rn. 113; Westermann-Eickmann § 105 V 2; Canaris, NJW 1986, 1488; Jauernig § 1143 Rn. 2; Palandt-Bassenge § 1143 Rn. 2; Erman-Wenzel § 1143 Rn. 5; a.A. z.B. BGH NJW 1997, 190.

[66] Vgl. oben § 15 VI 1 b.

bb) Ist jedoch im Innenverhältnis nicht der Schuldner, sondern der Eigentümer zur Befriedigung des Gläubigers verpflichtet, so ist nicht § 1143 I 1 anzuwenden[67], sondern §§ 1163, 1177: Die Forderung erlischt, die Hypothek wird Eigentümergrundschuld[68].

b) Zahlt der Schuldner, so erfüllt er damit seine Verbindlichkeit gegen den Gläubiger und regelmäßig auch gegenüber dem Eigentümer; die Forderung erlischt, die Hypothek wird Eigentümergrundschuld. Ist jedoch im Innenverhältnis zwischen Schuldner und Eigentümer der Eigentümer zur Befriedigung des Gläubigers verpflichtet und zahlt der Schuldner, so kann er Regreß vom Eigentümer verlangen. Im obigen Fall[69] hat S einen Ersatzanspruch gegen E aus §§ 275 I, IV, 280 I, III, 283, 415 III, wenn E sich geweigert hat, den G zu befriedigen. Zur Sicherung dieses Regreßanspruchs geht die Hypothek des G am Grundstück des E auf S über, § 1164 I 1. Es handelt sich um einen gesetzlichen Hypothekenübergang bei gleichzeitiger Forderungsauswechslung: Die Hypothek, die vorher die Forderung des G sicherte, sichert nun den Regreßanspruch des S.

Haftung im Innenverhältnis

	des S	des E
S zahlt	§§ 1163, 1177	§ 1164
E zahlt	§§ 1143, 1153 II	§ 1163, 1177

Dem Schutz des Schuldners, auf welchen nach § 1164 die Hypothek übergehen soll, dient § 1165[70]. Verzichtet der Gläubiger gegenüber dem Eigentümer auf die Hypothek[71] oder hebt er sie nach § 1183 auf, so kann der Schuldner sie nicht mehr erwerben. § 1165 ordnet daher an, daß der Schuldner insoweit frei wird, als er aus der Hypothek Ersatz hätte erlangen können. § 1165 will also Nachteile verhindern, welche aus Geschäften zwischen dem Gläubiger und dem Eigentümer für ihn entstehen können[72].

---

[67] Beispiel: G hat dem S sein Grundstück veräußert und sich darauf eine Restkaufgeldhypothek eintragen lassen. S veräußert das Grundstück an E und vereinbart, daß E die Hypothek in Anrechnung auf den Kaufpreis übernimmt. S teilt dies gemäß § 416 dem G schriftlich mit, G verweigert die Genehmigung der Schuldübernahme. Als die Hypothek fällig wird, zahlt E, da er gegenüber S nach § 415 III 1 dazu verpflichtet ist.

[68] Nach anderer Ansicht geht zwar auch in diesem Fall die Forderung über, dem Schuldner steht jedoch nach §§ 1143 I 2, 774 I 3 eine Einrede zu.

[69] Vgl. oben Fn. 67.

[70] Vgl. auch §§ 1166 f., wonach der Eigentümer den Schuldner benachrichtigen muß, wenn der Gläubiger die Zwangsversteigerung des Grundstücks betreibt; der Schuldner, der die Hypothek erwirbt, kann die Aushändigung der Unterlagen verlangen, die zur Berichtigung des Grundbuchs erforderlich sind.

[71] Nach §§ 1168, 1177 erwirbt sie der Eigentümer als Grundschuld.

[72] Hat z.B. G dem E die Hypothek auf fünf Jahre gestundet, so würde S bei Zahlung gemäß § 1164 eine Hypothek erwerben, die er erst in fünf Jahren geltend machen kann. Um den S vor Schäden zu bewahren, ist davon auszugehen, daß G seine Forderung gegen S erst in fünf Jahren geltend machen kann.

c) Die Hypothek kann auch auf Dritte übergehen, zusammen mit der gesicherten Forderung. Das ist etwa nach § 426 II der Fall, wenn ein Gesamtschuldner den Gläubiger befriedigt, nach § 774, wenn der Bürge an den Gläubiger zahlt, nach § 268 III, wenn ein nach § 268 I Ablösungsberechtigter für den Schuldner leistet[73]. Auch in diesen Fällen des gesetzlichen Übergangs ist ein gutgläubiger Erwerb möglich, da das Gesetz unter Übernahme des Parteiwillens lediglich einen Übergang der Hypothek anordnet, den die Parteien mutmaßlich gewollt haben. In solchen Fällen liegt in Wirklichkeit eine rechtsgeschäftliche Übertragung der Hypothek vor. Die Tatsache, daß der Gesetzgeber diesen Willen in das Gesetz aufgenommen hat, kann an der Möglichkeit des gutgläubigen Erwerbs nicht ändern[74]. Das zeigt allein schon die Tatsache, daß auch eine Hypothek, die bei der Abtretung der gesicherten Forderung gemäß § 1153 I übergeht, gemäß § 892 gutgläubig erworben werden kann[75]. Hat also ein Pächter eine eingetragene, aber nicht valutierte Hypothek abgelöst, so kann er sie nach §§ 268 III, 892 gutgläubig erwerben[76].

V. Zinsen und Nebenleistungen

a) Die Hypothek sichert nicht nur die Hauptforderung, sondern auch vertraglich vereinbarte Zinsen, sofern das im Grundbuch vermerkt ist, § 1115. Die Hypothek sichert weiter die gesetzlichen Zinsen[77] sowie die Kosten der Kündigung und Rechtsverfolgung der Hypothek, § 1118. Für die Hypothek, soweit sie solche Nebenforderungen sichert, hat das Gesetz in §§ 1158, 1159 besondere Regeln aufgestellt, welche den Schutz des Eigentümers verstärken und die Abtretung erleichtern. Sie beruhen auf der Überlegung, daß das Grundbuch zwar Auskunft gibt über das Kapital und die Höhe der Zinsen, jedoch nicht über die einzelnen Zinsraten.

b) Ob die jeweils fälligen Zinsen bereits beglichen sind oder noch ausstehen, ist dem Grundbuch nicht zu entnehmen; es kann daher auch keine Legitimationsbasis bei der Zession solcher Zinsansprüche sein[78]. Ansprüche wegen rückständiger Zinsen werden daher gemäß § 1159 nicht nach den Regeln des Hypothekenrechts (§§ 1154 f.) übertragen, sondern nach den allgemeinen Regeln des Schuldrechts[79]. Der Anspruch auf rückständige Zinsen wird daher nach § 398 abgetreten, die Hypothek geht nach § 401 I mit über, wenn nichts anderes vereinbart

---

[73] § 268 wird bei Hypotheken durch § 1150 dahin modifiziert, daß für das Ablösungsrecht nicht der Beginn der Zwangsvollstreckung erforderlich ist, sondern nur ein einfaches Zahlungsbegehren des Gläubigers.

[74] Vgl. oben § 15 VI 1 b.

[75] Vgl. oben II 4.

[76] Vgl. oben Fn. 65; ferner Reischl, JR 1998, 405 ff.; a.A. BGH NJW 1997, 190 ff. mit Literatur.

[77] Etwa Verzugszinsen.

[78] Vgl. Motive 3, 713.

[79] Zinsforderungen können zusammen mit der Hauptforderung oder auch selbständig zediert werden, ebenso kann auch die Hauptforderung mit oder ohne Zinsen übertragen werden.

ist[80]. Zu seinem Schutz kann sich der Eigentümer auf die §§ 404 ff. berufen; § 1156 wird durch § 1159 für Ansprüche auf rückständige Zinsen aufgehoben. Hat etwa der Eigentümer an den alten statt an den neuen Gläubiger gezahlt, weil er von der Abtretung nichts wußte, so wird er nach § 407 frei. Der Gläubiger dagegen kann sich nicht auf den Rechtsschein des Grundbuchs berufen, vgl. § 1159 II.

c) Zinsforderungen von Hypotheken können auch im voraus abgetreten werden, aber nur in der hypothekenrechtlichen Form der §§ 1154 f.; § 1159 gilt für sie nicht[81]. Auch hier kann der Eigentümer sich zu seinem Schutz auf die §§ 404 ff. berufen, jedoch mit der zeitlichen Beschränkung des § 1158. Weiß der Eigentümer, daß der Anspruch auf die künftigen Zinsen abgetreten ist und zahlt er dennoch an den alten Gläubiger, so wird er nicht frei. Kennt er die Abtretung nicht und zahlt er auf die künftigen Zinsforderungen, so kann er sich für die Zinsen des laufenden und des kommenden Quartals auf § 407 berufen; er wird insoweit frei, und der Gläubiger kann sich dagegen nicht auf § 892 berufen. Falls er aber auf Zinsen gezahlt hat, die erst ab dem übernächsten Quartal entstehen, wird er nicht durch die §§ 404 ff. geschützt. Das bedeutet, daß der Eigentümer sich für die laufenden Zinszahlungen nicht über die Legitimation seines Schuldners in der Weise vergewissern muß, wie er das bei Zahlungen auf das Kapital tun müßte[82]. Zahlt er dagegen freiwillig Zinsen für einen längeren als den in § 1158 genannten Zeitraum im voraus, so geschieht das auf sein Risiko[83].

d) Erlischt eine Zinsforderung, so wandelt sich die Hypothek, die diese Forderung sicherte, entgegen §§ 1163 I 2, 1177 I 1 nicht in eine Eigentümergrundschuld; sie erlischt vielmehr, vgl. § 1178. Auf diese Weise wird verhindert, daß bei jeder Zinszahlung eine weitere Eigentümergrundschuld entsteht, deren Summierung die nachfolgenden Rechte beeinträchtigen könnte.

---

[80] § 401 enthält dispositives Recht, während § 1153 zwingend ist. Ist vereinbart, daß die Hypothek nicht mit übergehen soll, so erlischt sie, §§ 1163 I 2, 1178.

[81] Vgl. Protokolle der 2. Kommission 6065 ff. (Mugdan 3, 837).

[82] Vgl. oben III 1.

[83] Beispiel: G hat am 23. Februar 2002 die Hypothekenzinsen für die Jahre 2002 und 2003 an Z abgetreten. Die Zinsen sind am Ende jeden Vierteljahres zu zahlen. E, Schuldner und Eigentümer des belasteten Grundstücks, zahlt am 8. März 2002 freiwillig die gesamten Zinsen für das Jahr 2002 im voraus an G, da er von der Zession an Z nichts weiß. Am 20. April 2002 erfährt E von der Zession. Für das laufende Quartal (April – Juni 2002) sowie für das kommende (Juli – September 2002) wird E nach §§ 1158, 407 frei; die Zahlung für die spätere Zeit befreit E nicht gegenüber Z.

§ 28. Haftungsobjekte der Hypothek

Die Hypothek erfaßt das belastete Grundstück, aber nicht nur dieses. Wer eine Hypothek auf ein Hotelgrundstück gibt, soll nicht nur den Wert des Grundstücks zu seiner Sicherheit haben, auch nicht nur den Wert des Grundstücks mit dem Hotelgebäude; ihm soll der gesamte Wert des Hotelbetriebes als Sicherheit dienen. Andererseits darf die Bindung des Eigentümers durch die Hypothek nicht so weit gehen, daß man ihn so behandelt, als wäre er nicht mehr Eigentümer seines Grundstücks. Das Gesetz stellt daher nicht nur das Grundstück unter die Hypothekenhaftung, sondern faßt die Bestandteile des Grundstücks, Erzeugnisse, Zubehör sowie Pacht- und Mietforderung zu einem Haftungsverband zusammen. Die Haftung dieser Nebensachen ist freilich zunächst nur potentiell; ob sie sich aktualisiert, hängt von verschiedenen Umständen ab, die in den §§ 1120–1130 geregelt sind; aktuell wird die Haftung der Nebensachen durch die Beschlagnahme des Grundstücks nach §§ 20 ff. ZVG; danach kann eine Befreiung nur noch durch gutgläubigen Erwerb erfolgen. Rechtlich bedeutet die Hypothekenhaftung an beweglichen Sachen ein Pfandrecht.

I. Grundstück

Das primäre Zugriffsobjekt des Hypothekengläubigers ist das Grundstück selbst, daneben haften auch die mit dem Grundstück verbundenen subjektiv-dinglichen Rechte. Wird das Grundstück nach der Belastung in mehrere selbständige Grundstücke aufgeteilt, so entsteht an diesen eine Gesamthypothek i.S.d. § 1132. Wird dem Grundstück ein anderes i.S.v. § 890 II zugeschrieben[1], so erstreckt sich die Hypothek auch auf den zugeschriebenen Teil.

II. Bestandteile, Erzeugnisse und Zubehör

1. Begründung der Haftung

a) Die Hypothek erfaßt die wesentlichen Bestandteile[2] und die noch ungetrennten Erzeugnisse des Grundstücks, da diese gemäß §§ 93 f. das rechtliche Schicksal des belasteten Grundstücks teilen. Werden wesentliche Bestandteile oder Erzeug-

---

[1] Vgl. oben § 20 I 6 b.
[2] Auch wenn sie erst nach der Bestellung der Hypothek mit dem Grundstück verbunden wurden.

nisse vom Grundstück abgetrennt, so haften sie gemäß § 1120 weiter; das gilt aber dann nicht, wenn sie nach der Trennung gemäß den §§ 954–957 in fremdes Eigentum übergehen. Die Haftung dauert also nur dann nach der Trennung fort, wenn die abgetrennten Sachen nach § 953 in das Eigentum des Grundstückseigentümers fallen[3]. Wer die Trennung vornimmt, ist ohne Bedeutung. Auf Bestandteile, die schon vor der Hypothekenbestellung abgetrennt wurden, erstreckt sich die Haftung nicht.

b) Die Hypothekenhaftung erstreckt sich weiter auf das Grundstückszubehör, § 1120. Die Regelung ist zwingend, die Haftung entsteht unabhängig vom Willen der Beteiligten[4]; eine abweichende Vereinbarung kann nur schuldrechtliche Bedeutung zwischen den Parteien haben[5]. Vorausgesetzt ist dabei wiederum, daß sich das Zubehör im Eigentum des Grundstückseigentümers befindet; dabei genügt es, wenn er zu irgendeiner Zeit während des Bestehens der Hypothek Eigentümer des Zubehörs ist.

Die Hypothek erfaßt das Zubehör weiter dann, wenn der Grundstückseigentümer zwar kein Eigentum, aber doch ein Anwartschaftsrecht daran hat[6]. Das Pfandrecht, das infolge der Hypothekenhaftung entsteht, ergreift die Anwartschaft; wandelt sich die Anwartschaft bestimmungsgemäß in Eigentum, so belastet das Pfandrecht die Zubehörsache selbst. Beispiel nach BGH 35, 85 ff.: Unternehmer U will auf seinem eigenen Grundstück ein Hotel betreiben. Er erwirbt Hotelinventar von V unter Eigentumsvorbehalt. Danach nimmt er bei H einen Kredit auf und bestellt ihm dafür eine Hypothek am Hotelgrundstück, schließlich übereignet er das Inventar zur Sicherheit an seinen Gläubiger G. Nachdem die letzte Kaufpreisrate für das Inventar bezahlt ist, streiten H und G um das Verwertungsrecht daran.

G ist mit der Übereignung nicht Eigentümer des Inventars geworden, § 933, wohl aber ist nach § 140 die Anwartschaft auf ihn übergegangen. Diese Anwartschaft ist aber bereits mit der Hypothek des H belastet. Mit der Zahlung der letzten Rate erlangt G Eigentum am Inventar, die Hypothek an der Anwartschaft setzt sich aber am Eigentum fort; H kann das Inventar verwerten. Hätte U das Inventar zuerst an G zur Sicherung übereignet und dann dem H eine Hypothek bestellt, so hätte G zunächst nach § 140 eine unbelastete Anwartschaft am Inventar erworben; diese wäre damit aus dem möglichen Haftungsverband einer Hypothek ausgeschieden. Die nachträglich bestellte Hypothek für H hätte es nicht mehr erfassen können, H hätte kein Verwertungsrecht daran, wohl aber G.

Umstritten ist der Fall, in welchem U dem G das Inventar zur Sicherheit mittels eines antizipierten Besitzkonstituts, etwa eines Raumsicherungsvertrags, übereignete, bevor es von V geliefert wurde. Mit der Lieferung erwirbt U – je nach der Vereinbarung mit V – entweder die Anwartschaft oder das Eigentum. Fraglich ist, ob das dann auf G übergehende Recht gemäß § 1120 mit der Hypothek des H belastet

---

[3] Die Haftung dauert nach § 1120 aber auch dann an, wenn ein Nichtberechtigter im Besitz des Grundstücks ist und das Eigentum an den abgetrennten Teilen nach § 955 erwirbt.
[4] Andernfalls wäre das Grundstückszubehör der Verwertung durch Gläubiger völlig entzogen, da Zubehör nach § 865 II 1 ZPO nicht selbständig gepfändet werden kann.
[5] Vgl. Johow, Begründung 1632 f.; RG 125, 362.
[6] Vgl. Bülow Rn. 127 ff.

ist. Das Sicherungseigentum entsteht gleichzeitig mit der Haftung aus § 1120. Das Problem ist nach denselben Grundsätzen zu lösen, die auch für die Kollision von Sicherungseigentum und Vermieterpfandrecht gelten[7] Nach dem Prioritätsprinzip geht die früher begründete Verfügung vor: Wurde dem H zuerst die Hypothek bestellt, so haftet das Inventar gemäß § 1120; wurde die Sicherungsübereignung mit G vereinbart, bevor die Hypothek bestellt wurde, so erlangt G unbelastetes Sicherungseigentum an dem Inventar.

c) Die Hypothek an Bestandteilen des Grundstücks und Zubehör, also an beweglichen Sachen, ist ein besitzloses Pfandrecht, auf welches die §§ 1204 ff. anwendbar sind, soweit nicht spezielle Regeln bestehen. Speziell geregelt für das Pfandrecht an Grundstückszubehör und Grundstücksbestandteilen ist die Entstehung des Rechts. Das gleiche gilt auch für das Erlöschen nach § 936, das in § 1121 einer besonderen Regelung unterworfen ist, vgl. unten 2. Weiter geschieht die Verwertung nicht nach den Regeln der ZPO, sondern nach denen des ZVG, vgl. unten § 29 III.

2. Enthaftung von Bestandteilen und Zubehör

Die Haftung von Bestandteilen und Zubehör, die rechtlich ein Pfandrecht an diesen Sachen bedeutet, kann den Grundeigentümer unbillig belasten und in seiner wirtschaftlichen Freiheit einschränken, wenn er etwa gewonnene Bodenerzeugnisse veräußern will oder auch Zubehör, das er nicht mehr benötigt; niemand erwirbt Sachen, die mit einem Pfandrecht belastet sind. Eine ordentliche Wirtschaftsführung wäre unter solchen Gegebenheiten unmöglich[8]. Deshalb ordnet das Gesetz in §§ 1121, 1122 für bestimmte Fälle eine Enthaftung an, wenn dies zugunsten des Eigentümers erforderlich erscheint und die Sicherheit des Gläubigers dadurch nicht gefährdet wird; die Sachen werden von der Hypothekenhaftung frei.

a) Gemäß § 1121 I werden Erzeugnisse, Bestandteile und Zubehör von der Haftung frei, wenn sie vor der Beschlagnahme veräußert und vom Grundstück entfernt werden; es handelt sich hier nicht um einen gutgläubig lastenfreien Erwerb, so daß es ohne Bedeutung ist, ob der Erwerber von der Hypothek Kenntnis hat. Ob erst die Veräußerung erfolgt und dann die Entfernung oder ob umgekehrt die Sachen erst vom Grundstück entfernt und dann veräußert werden, spielt für § 1121 I keine Rolle. Eigentlich sollte für die Enthaftung die Veräußerung ausreichen, wobei es gleichgültig sein könnte, wo die Sache sich befindet. Das Gesetz fordert jedoch zusätzlich die Entfernung vom Grundstück, um Scheingeschäfte zu verhindern[9]. Die Entfernung muß auf Dauer gewollt sein, eine nur vorübergehende Entfernung reicht nicht aus; sie muß aufgrund der (beabsichtigten) Veräußerung geschehen. Wenn also der Landwirt L einen Traktor (sonstiges Zubehör, geerntete Feldfrüchte) veräußert und dem Käufer mitgibt und wenn dann das Grundstück aufgrund der Hypothek beschlagnahmt wird, so haftet der Traktor nicht für die Hypothek.

---

[7] Vgl. oben § 15 VII c; auch Wieling, Handbuch des Sachenrechts I § 9 VII 4 b cc.
[8] Vgl. Motive 3, 661.
[9] Johow, Begründung 1634.

b) Bestandteile und Erzeugnisse werden auch ohne Veräußerung frei, wenn sie vor der Beschlagnahme im Rahmen einer ordnungsgemäßen Wirtschaft abgetrennt und auf Dauer vom Grundstück entfernt werden, § 1122 I. Zubehör wird ohne Veräußerung frei, wenn die Zubehöreigenschaft im Rahmen einer ordnungsgemäßen Wirtschaft vor der Beschlagnahme aufgehoben wird, § 1122 II[10]. Lagert etwa ein Landwirt seine Produkte zum Zweck des späteren Verkaufs in einem Lagerhaus ein, legt er seinen Traktor still, weil er einen neuen gekauft hat, so erlischt die Hypothekenhaftung.

3. Haftung nach Beschlagnahme

„Beschlagnahme" ist der Beschluß des Vollstreckungsgerichts, welcher die Zwangsversteigerung oder Zwangsverwaltung des Grundstücks anordnet, §§ 20, 146 I ZVG. Sie wird mit der Zustellung an den Schuldner wirksam, § 22 ZVG, und ist im Grundbuch einzutragen, § 19 ZVG[11]. Die Beschlagnahme des Grundstücks begründet ein relatives Veräußerungsverbot zugunsten des Gläubigers[12], § 23 I 1 ZVG, auch für die mithaftenden beweglichen Sachen[13]. Dieses Veräußerungsverbot kann durch guten Glauben des Erwerbers überwunden werden, §§ 136, 135 II; jedoch ist dabei immer § 1121 I zu beachten, wonach die Enthaftung nur erfolgen kann, wenn die Sachen vom Grundstück entfernt werden. Der gute Glaube beseitigt also die Folgen der Beschlagnahme und führt zur Rechtsfolge des § 1121 I.

a) Erfolgt die Beschlagnahme vor der Veräußerung und Entfernung oder auch zwischen diesen beiden Vorgängen, so kann keine Enthaftung mehr eintreten, §§ 1121 I, 1122 greifen nicht mehr ein; möglich ist nur noch ein gutgläubig lastenfreier Erwerb. Das Gesetz unterscheidet in § 1121 II, ob zuerst die Entfernung vom Grundstück erfolgte und dann die Veräußerung oder ob es umgekehrt war.

aa) Wird die Sache zuerst beschlagnahmt, dann vom Grundstück entfernt und schließlich veräußert, so gelten die allgemeinen Regeln über den Schutz des guten Glaubens[14]; ebenso, wenn zuerst die Entfernung erfolgt, dann die Beschlagnahme und schließlich die Veräußerung. Wird etwa das Grundstück des L beschlagnahmt, gibt dann L den Traktor einem Kfz-Händler zum Verkauf, auf dessen Gelände er ausgestellt wird (Entfernung) und wird er schließlich an K veräußert oder übergibt

---

[10] Vgl. dazu oben § 2 IV 3.

[11] Die Beschlagnahme von Erzeugnissen durch den Hypothekar kann auch im Wege der Zwangsvollstreckung in bewegliche Sachen durch Pfändung durch den Gerichtsvollzieher erfolgen. Voraussetzung ist ein vollstreckbarer Titel bezüglich des dinglichen Anspruchs, § 1147. In Zubehör ist eine solche Vollstreckung nicht möglich, § 865 II 1 ZPO.

[12] Dazu oben § 1 III 4 b.

[13] Zu beachten ist § 23 I 2 ZVG, wonach der Eigentümer auch über beschlagnahmte bewegliche Sachen wirksam verfügen kann, wenn dies im Rahmen einer ordnungsgemäßen Wirtschaft geschieht; das gilt allerdings nur bei der Beschlagnahme zum Zweck der Zwangsversteigerung; bei der Zwangsverwaltung besteht dieses Verfügungsrecht nicht, vgl. § 148 I 2 ZVG. Die Beschlagnahme zum Zweck der Zwangsversteigerung umfaßt auch nicht die bereits vom Boden getrennten Erzeugnisse, § 21 I ZVG; diese werden aber von der Beschlagnahme zum Zweck der Zwangsverwaltung erfaßt, vgl. § 148 I 1 ZVG.

[14] Vgl. Motive 3, 661 mit Verweis auf § 107 E 1 = § 135.

L zunächst den Traktor und erfolgt dann die Beschlagnahme und schließlich die Veräußerung, so kommt es darauf an, ob K gutgläubig war. Entscheidend ist der gute Glaube daran, daß das Grundstück nicht beschlagnahmt ist[15]. War K gutgläubig, so kann er 1. trotz dem Veräußerungsverbot aus § 23 I 1 ZVG gemäß §§ 136, 135 II, 932 II Eigentum erwerben; 2. kann er den Traktor lastenfrei erwerben, § 936. Die Hypothekenhaftung des Traktors erlischt, der Hypothekengläubiger kann nicht mehr auf ihn zugreifen. War er dagegen bösgläubig, d.h. wußte er von der Beschlagnahme oder wußte er aus grober Fahrlässigkeit nichts davon, so bleibt die Hypothekenhaftung bestehen, der Traktor wird mit versteigert. Ist die Beschlagnahme (vgl. § 20 ZVG) im Grundbuch eingetragen, so gilt ein Erwerber immer als bösgläubig, § 23 II 2 ZVG[16].

bb) Erfolgt die Veräußerung vor der Entfernung, so greift § 1121 II ein. Ist die Sache nach der Beschlagnahme veräußert, aber nicht vom Grundstück entfernt worden, so kann eine Enthaftung nicht eintreten; eine Enthaftung durch Veräußerung setzt immer auch eine Entfernung vom Grundstück voraus. § 1121 II regelt die Fälle, in denen entweder zuerst die Beschlagnahme, dann die Veräußerung und schließlich die Entfernung erfolgte, oder in welchen die Sache zuerst veräußert, dann beschlagnahmt und zuletzt vom Grundstück entfernt wurde. Wenn also L nach der Beschlagnahme des Grundstücks den Traktor an K veräußert hat, oder wenn er ihn veräußert hat und dann die Beschlagnahme erfolgte, und wenn erst dann K den Traktor abgeholt hat, so ist nach § 1121 II zu entscheiden. Nach Satz 1 kann sich K nicht darauf berufen, daß er von der Hypothek und der Hypothekenhaftung nichts gewußt habe; gegenüber einem eingetragenen Recht kann es keinen Schutz des guten Glaubens geben[17]. Wenn also K zur Zeit der Veräußerung, aber nicht mehr zur Zeit der Entfernung gutgläubig war, so kann er sich nicht darauf berufen, gemäß § 936 gutgläubig lastenfrei erworben zu haben. Da das Gesetz zur Enthaftung neben der Veräußerung auch die Entfernung vom Grundstück verlangt, ist diese, nicht die Veräußerung entscheidend, wenn nämlich die Veräußerung vor der Entfernung erfolgt. Eine Enthaftung kann also gemäß § 1121 II 2 nur erfolgen, wenn K noch zur Zeit der Entfernung vom Grundstück gutgläubig bezüglich der Beschlagnahme war.

Veräußerung + Entfernung + Beschlagnahme =	§ 1121 I
Entfernung + Veräußerung + Beschlagnahme =	§ 1121 I
Beschlagnahme + Entfernung + Veräußerung =	§§ 136, 135 II
Entfernung + Beschlagnahme + Veräußerung =	§§ 136, 135 II
Beschlagnahme + Veräußerung + Entfernung =	§ 1121 I
Veräußerung + Beschlagnahme + Entfernung =	§ 1121 II

---

[15] Ob K vom Bestehen der Hypothek etwas wußte, spielt keine Rolle, wie § 1121 I zeigt.

[16] Das führt zu der sicherlich überraschenden Erkenntnis, daß auch beim Erwerb beweglicher Sachen ein Blick ins Grundbuch lohnt, immer dann nämlich, wenn es sich um Zubehör und abgetrennte Erzeugnisse oder Bestandteile eines Grundstücks handelt; das Gesetz will es so.

[17] Motive 3, 662.

b) Die gesetzliche Regelung geht davon aus, daß die Hypothek eingetragen ist, die §§ 1120, 1121 I, 1122 gelten aber auch für nicht eingetragene Hypotheken. Etwas Abweichendes muß aber für den Fall des gutgläubig lastenfreien Erwerbs gelten, da sich die Existenz der Hypothek und damit die Haftung der Nebensachen nicht aus dem Grundbuch ergibt. In den Fällen, in welchen zuerst die Veräußerung und dann die Entfernung erfolgt, vgl. oben a bb, muß entgegen § 1121 II 1 der gute Glaube an das Nichtbestehen der Hypothek geschützt werden, so daß die Nebensachen nach § 936 gutgläubig lastenfrei erworben werden können. Die Enthaftung tritt allerdings erst mit der Entfernung vom Grundstück ein, doch kann es dem Erwerber nicht mehr schaden, wenn er nach der Veräußerung der Sache und vor deren Entfernung bösgläubig wird; § 1121 II 2 wird bedeutungslos.

III. Haftung von Forderungen

1. Miet- und Pachtzinsforderungen

a) Wenn der Eigentümer das Grundstück selbst nutzt, so haften dem Hypothekar die Erzeugnisse. Wenn der Eigentümer das Grundstück verpachtet, so können die Rechte des Pächters durch die Hypothek nicht beeinträchtigt werden. Die abgetrennten Früchte fallen nicht in den Haftungsverband der Hypothek, vgl. §§ 1120, 956 BGB, §§ 21 III, 146 I, 148 I 1 ZVG. Statt der Erzeugnisse (unmittelbare Sachfrüchte, § 99 I) haften dem Hypothekar aber die mittelbaren Sachfrüchte (§ 99 III), d.h. die Pachtzinsen, § 1123 I; in gleicher Weise haften ihm die Mietzinsen. Auch diese Haftung ist zunächst nur potentiell, sie kann nachträglich wegfallen. Aktuell wird die Haftung der Miet- und Pachtzinsforderungen durch die Beschlagnahme zum Zweck der Zwangsverwaltung; die Beschlagnahme zum Zweck der Zwangsversteigerung erfaßt diese Forderungen nicht, §§ 148 I, 21 II ZVG. Die Beschlagnahme allein der Forderungen ist auch hier möglich, durch Forderungspfändung nach §§ 829, 835 ZPO.

b) Da auch die Hypothekenhaftung der Miet- und Pachtzinsforderungen nicht unbegrenzt weiterbestehen kann und auch Verfügungen über die Forderung möglich sein müssen, ordnet das Gesetz unter bestimmten Voraussetzungen die Befreiung an.

aa) § 1123 II 1 regelt die Enthaftung durch Zeitablauf: Die Befreiung tritt ein, wenn seit der Fälligkeit der Miet- oder Pachtzinsforderung ein Jahr verstrichen ist und wenn nicht vorher die Beschlagnahme erfolgte. Hat etwa M die im nachhinein am Monatsende zu zahlende Miete seit dem Mai 2005 nicht mehr gezahlt und erfolgt die Beschlagnahme im Laufe des Oktober 2006, so sind die Mietzinsraten von Mai bis September 2005 von der Hypothekenhaftung frei geworden, die weiteren nicht[18].

---

[18] Das bedeutet etwa, daß M den Mietzins für die Zeit vom Mai bis zum September 1995 mit befreiender Wirkung an den Eigentümer zahlen kann, die weiteren Mietraten muß er an den Hypothekar zahlen, § 1282 (vgl. oben § 16 II 4 b), sonst wird er nicht frei.

Ist die Zahlung im voraus zu leisten, so schränkt § 1123 II 2 diese Regel ein. Erfolgt die Beschlagnahme[19] in der Zeit vom 1. bis 15. Tag eines Monats, so tritt die Befreiung höchstens bis zu diesem Monat ein; erfolgt die Beschlagnahme in der Zeit vom 16. bis zum letzten Tag des Monats, so kann die Befreiung höchstens bis zum darauffolgenden Monat eintreten. War im obigen Beispiel die Miete monatlich im voraus zu zahlen, so ist die Mietzinsforderung vom Mai bis zum Oktober 2005 haftungsfrei geworden, gleich an welchem Tag die Beschlagnahme erfolgte. Ist etwa die Beschlagnahme am 20. Oktober 2006 erfolgt, so kann doch die Mietforderung für den November 2005 nicht frei werden, weil sie bei der Beschlagnahme noch kein Jahr lang fällig war.

Weiteres Beispiel: M ist verpflichtet, am 1.1.2004 im voraus für drei Jahre 36.000 € Pacht an E zu zahlen, er hat aber nicht gezahlt; das Grundstück wird am 25. Oktober 2005 zugunsten des Hypothekars H beschlagnahmt. Gemäß § 1123 II 1 wäre die Forderung enthaftet; gemäß § 1123 II 2 wird aber die Forderung aufgeteilt, d.h. in Monatsraten unterteilt: Für die Zeit vom Januar 2004 bis zum November 2005 ist die Forderung enthaftet, also in Höhe von 23.000 €. Der Rest der Forderung für die Zeit vom Dezember 2005 bis zum Dezember 2006 (13.000 €) ist weiter im Haftungsverband der Hypothek.

bb) § 1124 regelt die Wirksamkeit von Verfügungen über die haftenden Miet- und Pachtzinsforderungen vor der Beschlagnahme; solche Verfügungen sind nach § 1124 I wirksam. Hat etwa der Gläubiger/Grundstückseigentümer vor der Beschlagnahme die Forderung eingezogen, sie erlassen, mit ihr aufgerechnet, sie abgetreten, verpfändet u.s.w., so ist das gegenüber dem Hypothekar wirksam. Die erloschene bzw. abgetretene Forderung scheidet aus dem Haftungsverband der Hypothek aus[20], das bestellte Pfandrecht geht der Hypothek im Rang vor.

Für Vorausverfügungen, d.h. für Verfügungen über Forderungen, die erst nach der Beschlagnahme fällig werden, schränkt § 1124 II die Enthaftung ein. Eine Vorausverfügung liegt nach dem Willen des Gesetzes auch dann vor, wenn sich der Mieter oder Pächter dazu verpflichtet hatte[21], nicht nur wenn er freiwillig im voraus leistet. Vorausverfügungen dürfen den Hypothekar nicht benachteiligen.

Vorausverfügungen sind dem Hypothekar gegenüber nur wirksam bis zum Monat der Beschlagnahme, wenn diese in der Zeit vom 1. bis zum 15. Tag des Monats erfolgt; erfolgt die Beschlagnahme in der Zeit vom 16. bis zum letzten Tag eines Monats, so tritt die Befreiung auch noch für den folgenden Monat ein. Hätte im obigen Beispiel (unter aa am Ende) M am 1.1.2004 vertragsgemäß die Pacht für drei Jahre im voraus in Höhe von 36.000 € an E gezahlt, so würde er nur für die Zeit vom 1.1.2004 bis zum November 2005 frei; für die restliche Zeit bis Ende 2006 müßte M die Pacht in Höhe von 13.000 € nochmals an H entrichten. Dasselbe würde gelten, wenn die Pacht monatlich zu zahlen war, M aber freiwillig für drei Jahre im voraus

---

[19] D.h. die Zustellung des Zwangsverwaltungsbeschlusses an den Eigentümer, §§ 22 I 1, 146 I ZVG.

[20] Die Hypothekenhaftung an der eingezogenen Forderung setzt sich also nicht etwa am Geld fort.

[21] Vgl. Motive 3, 664.

gezahlt hätte[22]. § 1125 erklärt eine Aufrechnung des Mieters oder Pächters gegen die Miet- oder Pachtzinsforderung für unwirksam gegenüber dem Hypothekengläubiger, soweit auch eine Einziehung der Miet- oder Pachtzinsforderung ihm gegenüber unwirksam wäre.

Die Regelung zeigt, daß es für den Mieter oder Pächter gefährlich ist, den Zins für länger als einen Monat freiwillig im voraus zu zahlen oder sich gar dazu zu verpflichten.

c) Ist die Beschlagnahme der genannten Forderungen erfolgt, so begründet das ein relatives Verfügungsverbot zugunsten des Hypothekengläubigers gemäß §§ 136, 135 BGB, vgl. §§ 23 I 1, 146 I ZVG. Ein gutgläubiger Erwerb nach § 135 II scheidet bei Forderungen aus.

2. Wiederkehrende Leistungen und Versicherungsforderungen

a) Ähnlich aber nicht gleich wie Miet- und Pachtzinsforderungen behandelt das Gesetz in § 1126 Ansprüche auf wiederkehrende Leistungen, die aus einem mit dem belasteten Grundstück verbundenen Recht stammen. In Betracht kommen also Ansprüche aus subjektiv-dinglichen Rechten, z.B. Reallasten, § 1105 I und II, Überbaurenten, § 913 I, oder Notwegrenten, § 917 II; auch sie unterliegen der Hypothekenhaftung[23], § 1126, 1.

Die Befreiung dieser Forderungen tritt gemäß § 1126, 2 wie bei Miet- und Pachtzinsforderungen nach Ablauf eines Jahres nach Fälligkeit ein (entsprechend § 1123 I 1) sowie durch Einziehen der Forderung oder Verfügung darüber (entsprechend § 1124 I). An die Stelle der zeitlichen Beschränkung in § 1124 II tritt § 1126, 3 mit einer Frist von drei Monaten.

b) Die Hypothek erstreckt sich gemäß § 1127 I auch auf Forderungen aus Versicherungsverträgen, die der Eigentümer zugunsten solcher Gegenstände abgeschlossen hat, welche der Hypothek haften; die Haftung der Versicherungsforderung ersetzt dem Hypothekar die Sicherheit, die er infolge des Untergangs der versicherten Gegenstände verloren hatte. Eine gesetzliche Versicherungspflicht besteht nicht, sie kann aber mit dem Hypothekar vereinbart werden. Praktisch am bedeutendsten ist eine Gebäudeversicherung, die Feuerversicherung von Gebäuden hat in §§ 81 bis 107c VVG eine besondere Regelung gefunden. Der Hypothekar kann z.B. dem Versicherer das Bestehen der Hypothek mitteilen, eine Leistung an den Eigentümer ist dann gegenüber dem Hypothekar nur wirksam, wenn er schriftlich zustimmt oder die Verwendung des Geldes zum Wiederaufbau gesichert ist, § 100 VVG; Obliegenheitsverletzungen des Eigentümers schaden dem Hypothekar nicht, § 102 VVG. Für andere Gebäudeversicherungen gilt § 1128, für die Versicherung beweglicher Sachen § 1129.

Voraussetzung für die Haftung der Versicherungsforderung ist, daß der versicherte Gegenstand zum Zeitpunkt der Zerstörung oder Beschädigung gemäß

---

[22] Zur Problematik der Baukostenzuschüsse vgl. Baur-Stürner § 39 Rn. 55 f.
[23] Das ergibt sich schon aus § 96, wonach ein mit dem Grundstück verbundenes Recht als dessen Bestandteil gilt, und aus § 1120.

§§ 1120–1124 im Haftungsverband der Hypothek stand und daß die Versicherungs-forderung dem Eigentümer (oder Eigenbesitzer) des Grundstücks zusteht.

Mit der Wiederherstellung der Sache oder Ersatzbeschaffung erlischt gemäß § 1127 II die Haftung der Versicherungsforderung; dem Gläubiger steht dann die ursprüngliche Sicherheit wieder zur Verfügung. Ansonsten tritt die Enthaftung der Versicherungsforderung bei einer Gebäudeversicherung dann ein, wenn an den Ei-gentümer mit befreiender Wirkung auch gegenüber dem Hypothekar geleistet wird. Das setzt gemäß § 1128 I voraus, daß der Versicherer oder der Eigentümer den Schadensfall dem Hypothekar angezeigt hat und daß dieser der Auszahlung an den Eigentümer nicht in der Monatsfrist des § 1128 I widerspricht. Hat der Hypothekar der Auszahlung an den Eigentümer widersprochen, so kann der Versicherer mit be-freiender Wirkung nur an den Eigentümer und den Hypothekar gemeinsam leisten, wenn die Hypothek noch nicht fällig ist, §§ 1128 III (1), 1281; nach Fälligkeit muß er an den Hypothekar leisten, § 1282.

Bei der Versicherung beweglicher Sachen tritt eine Befreiung gemäß §§ 1129, 1123 II 1 ein Jahr nach ihrer Fälligkeit ein, wenn nicht vorher die Beschlagnahme erfolgte; ferner gemäß §§ 1129, 1124 I, wenn der Eigentümer die Forderung ein-zieht oder sonst darüber verfügt.

§ 29. Inhalt der Hypothek

I. Schutz der Hypothek

a) Da die Hypothek – anders als das Mobiliarpfand – kein Besitzpfand ist, gibt das Gesetz dem Hypothekar auch keinen Herausgabeanspruch wegen des Grundstücks; § 1227 findet also bei der Hypothek keine Entsprechung. Dagegen gibt die Hypothek als dingliches Recht Abwehransprüche, wenn die Hypothek durch Einwirkung auf das Grundstück gefährdet wird[1]. Es ist allerdings nicht § 1004 entsprechend anzuwenden, vielmehr ordnet das Gesetz in § 1134 einen speziellen Unterlassungsanspruch für die Hypothek an. Danach kann der Hypothekar auf Unterlassung klagen, wenn der Eigentümer oder ein Dritter derart auf das Grundstück einwirkt, daß dadurch das Grundstück verschlechtert und infolgedessen die Sicherheit der Hypothek gefährdet wird, § 1134 I. Das Gericht hat auf Antrag des Hypothekars die erforderlichen Maßregeln anzuordnen, d.h. es muß auf den allgemeinen Antrag hin selbst konkrete Maßnahmen treffen. Vom Eigentümer kann der Hypothekar weiter verlangen, daß er Vorkehrungen gegen Einwirkungen Dritter oder gegen sonstige Beschädigungen trifft, § 1134 II 2.

b) Ist die Verschlechterung des Grundstücks bereits eingetreten und dadurch die Sicherheit der Hypothek gefährdet, so kann der Hypothekar vom Eigentümer Beseitigung der Beeinträchtigung verlangen, § 1133, 1; ein Verschulden des Eigentümers ist nicht erforderlich[2]. Die Gefährdung kann nicht nur durch Wiederherstellung des ursprünglichen Zustandes beseitigt werden, sondern ebenso durch anderweitige Werterhöhung oder auch gemäß § 1133, 2 durch Bestellung einer zusätzlichen Hypothek. Statt Beseitigung zu verlangen kann der Hypothekar dem Eigentümer auch eine Frist zur Beseitigung der Gefährdung setzen. Läßt der Eigentümer die Frist ungenutzt verstreichen, so kann der Hypothekar sofort Befriedigung aus dem Grundstück verlangen, auch wenn sein Anspruch noch nicht fällig ist, § 1133, 2; bei unverzinslichen Hypotheken ist ein Interusurium, Zwischenzins, abzuziehen[3], § 1133, 3.

c) Bei schuldhaften Beeinträchtigungen seiner Hypothek kann der Hypothekar Schadensersatz gemäß § 823 I verlangen[4].

d) Die genannten Rechte stehen dem Hypothekar auch dann zu, wenn die Sicherheit der Hypothek nicht durch eine Verschlechterung des Grundstücks beein-

---

[1] Vgl. Motive 3, 669 f.
[2] Vgl. dazu Bülow Rn. 202 ff.
[3] Zur Berechnung vgl. Motive 3, 673; MünchenerK-Eickmann § 1133 Rn. 16.
[4] Vgl. Müller Rn. 1785 ff.; BGH JuS 1991, 331 f.

trächtigt wird, sondern durch eine Verschlechterung des Zubehörs, § 1135; ebenso, wenn Zubehör entgegen den Regeln einer ordnungsgemäßen Wirtschaft vom Grundstück entfernt wird.

II. Gesetzliches Schuldverhältnis

Wie beim Mobiliarpfand begründet das Gesetz auch bei der Hypothek ein gesetzliches Schuldverhältnis, welches die gegenseitigen Rechte und Pflichten des Eigentümers und des Hypothekars regelt. Aus diesem Rechtsverhältnis entstehen auch Neben- und Treuepflichten, deren schuldhafte Verletzung gemäß § 280 zum Schadensersatz wegen positiver Forderungsverletzung führt.

a) Zum Schutz des Eigentümers und des Rechtsverkehrs erklärt § 1136 einen Vertrag für unwirksam, durch welchen sich der Eigentümer gegenüber dem Hypothekar verpflichtet, das Grundstück nicht zu veräußern oder zu belasten. Eine solche Vereinbarung könnte schon nach § 137, 1 keine dingliche Wirkung haben; § 1136 nimmt ihr auch die schuldrechtliche Wirkung, welche § 137, 2 noch zuläßt; der Hypothekar kann also bei einem Verstoß gegen eine solche Abrede auch keinen Schadensersatz verlangen.

Ein Versuch, diese Vorschrift zu umgehen, liegt darin, ein sofortiges Kündigungsrecht zu vereinbaren, wenn der Eigentümer das Grundstück belastet oder veräußert. Eine solche Vereinbarung ist daher nach § 134 nichtig[5].

b) Die Hypothek wird durch Kündigung erst fällig, wenn die Kündigung vom oder gegenüber dem Eigentümer erklärt wurde, § 1141 I 1[6]; es genügt also nicht eine Kündigung durch oder an den persönlichen Schuldner. Kündigt der Gläubiger nur die Hypothek gegenüber dem Eigentümer, nicht aber die Forderung gegenüber dem Schuldner, so kann der Eigentümer nicht nach § 1137 einwenden, die Forderung sei nicht fällig. Ist statt des wirklichen Eigentümers ein Nichtberechtigter im Grundbuch eingetragen, so gilt dieser zugunsten des Hypothekars als Eigentümer, § 1141 I 2. Bei einer Briefhypothek kann der Eigentümer der Kündigung widersprechen, wenn der Hypothekar nicht den Brief vorlegt, § 1160 II. Für die Sicherungshypothek gilt wegen der strengen Akzessorietät § 1141 nicht, vgl. § 1185 II.

c) Der Eigentümer, der nicht zugleich der Schuldner der gesicherten Forderung ist, schuldet keine Zahlung, sondern Duldung der Zwangsvollstreckung. Er ist aber nicht verpflichtet abzuwarten, bis sein Grundstück versteigert wird und er es so verliert; gemäß § 1142 hat er ein Ablöserecht, d.h. er kann den Hypothekar auszahlen und so der Gefahr des Verlustes des Grundstücks entgehen. Die Vorschrift entspricht dem § 1223 II beim Pfandrecht[7], auf dem gleichen Prinzip beruht auch die Regelung des § 268.

---

[5]   So zutreffend Baur-Stürner § 40 Rn. 15 gegen BGH NJW 1980, 1625.
[6]   Für den Fall, daß der Eigentümer keinen Wohnsitz im Inland hat oder daß sein Aufenthalt nicht bekannt ist, vgl. § 1141 II.
[7]   Vgl. dazu oben § 15 V 2 c aa.

Voraussetzung des Ablöserechts des Eigentümers ist, daß der dingliche Anspruch auf Duldung der Zwangsvollstreckung ihm gegenüber fällig geworden ist, z.B. daß ihm die Hypothek gekündigt worden ist, § 1141, oder daß der persönliche Schuldner zur Leistung berechtigt ist. Entgegen § 271 wird meist eine sofortige Leistungsberechtigung des Schuldners nicht anzunehmen sein, wenn nämlich das gesicherte Darlehen zum Zweck einer längerfristigen Kapitalanlage gegeben wurde. Die Befriedigung des Hypothekars durch den Eigentümer kann auch durch Aufrechnung und, wenn die Voraussetzungen des § 372 vorliegen, auch durch Hinterlegung erfolgen, § 1142 II. Mit der Befriedigung geht die gesicherte Forderung auf den Eigentümer über, § 1143. Der Eigentümer kann gegen die Befriedigung Zug um Zug Aushändigung des Hypothekenbriefes verlangen sowie der Urkunden, die ihm die Berichtigung des Grundbuchs oder die Löschung der Hypothek ermöglichen, § 1144. Zur teilweisen Befriedigung vgl. § 1145.

Dritte Personen, denen infolge der Zwangsvollstreckung in das Grundstück ein Rechts- oder Besitzverlust droht, haben gemäß § 1150 das Ablösungsrecht aus § 268. Voraussetzung ist lediglich, daß der Hypothekar Befriedigung aus der Hypothek verlangt; ein außergerichtliches Verlangen reicht aus. Daß die Zwangsvollstreckung bereits begonnen hat, wie § 268 verlangt, ist hier nicht erforderlich.

d) Soweit der Hypothekar Rechte aus der Hypothek verfolgt, gilt zu seinen Gunsten der im Grundbuch eingetragene Bucheigentümer als Eigentümer, § 1148; die Vorschrift entspricht dem § 1248 beim Pfandrecht, doch spielt es für § 1148 keine Rolle, ob der Hypothekar die Unrichtigkeit des Grundbuchs kennt[8]. Es handelt sich um eine Fiktion, nicht um eine Vermutung, eine Widerlegung ist nicht möglich. Der Hypothekar kann also z.B. den Bucheigentümer auch dann auf Duldung der Zwangsvollstreckung verklagen, wenn er weiß, daß dieser nicht der Eigentümer ist. Der Buchberechtigte kann nicht einwenden, er sei nicht der richtige Beklagte, da er nicht Eigentümer sei; andererseits kann er alle Einreden geltend machen, die dem Eigentümer gegen die Hypothekenforderung zustehen. Das Urteil wirkt gegen den wahren Eigentümer.

III. Verwertung der Hypothek

1. Fälligkeit der Hypothek

Die Fälligkeit der Hypothek richtet sich nach der Fälligkeit der Forderung, ausgenommen bei der Fälligkeit durch Kündigung: Es muß die Hypothek, nicht die Forderung gekündigt werden, vgl. oben II b. Mit der Fälligkeit der Hypothek tritt die Pfandreife ein, so daß die Hypothek verwertet werden kann, wenn der Hypothekar nicht befriedigt wird. Regelmäßig wird die Art der Rückzahlung vertraglich geregelt, so daß die gesetzliche Regelung des § 271 I – sofortige Fälligkeit – nicht eingreift[9].

---

[8] Vgl. Protokolle der 2. Kommission 4429 f. (Mugdan 3, 816).

[9] Auch § 271 II, wonach der Schuldner jederzeit zur Leistung berechtigt ist, wird regelmäßig abbedungen sein.

2. Arten der Verwertung

a) Mit der Fälligkeit der Hypothek kann der Gläubiger sein dingliches Verwertungsrecht am Grundstück und den mithaftenden Gegenständen geltend machen. Die Verwertung des Grundstücks erfolgt regelmäßig im Wege der Zwangsvollstreckkung, § 1147. Daß aber eine andere Art der Verwertung nicht ausgeschlossen ist, zeigt § 1149. Danach ist vor Fälligkeit der Hypothek eine Abrede des Hypothekars mit dem Eigentümer unwirksam, daß die Veräußerung auf andere Weise erfolgen soll oder daß bei Nichtzahlung zur Befriedigung des Gläubigers das Eigentum am Grundstück auf ihn übertragen werden soll. Nach der Pfandreife sind solche Abreden also zulässig. Die Grenzen des § 138 sind jedoch zu wahren, insbesondere im Hinblick darauf, daß der Eigentümer sich regelmäßig in einer wirtschaftlichen Notlage befinden wird, wenn es zur Verwertung des Grundstücks kommt. Nach der Fälligkeit kann der Hypothekar also wirksam vereinbaren, daß die Verwertung des Grundstücks durch freihändigen Verkauf erfolgen soll. Ein Vollstreckungstitel ist hierfür nicht erforderlich.

b) Die regelmäßige Art der Verwertung ist die Zwangsvollstreckung, § 1147. Sie setzt voraus, daß der Hypothekar wegen seiner dinglichen Forderung auf Duldung der Zwangsvollstreckung in das Grundstück einen vollstreckbaren Titel hat. Ein solcher Titel ist etwa die vollstreckbare Urkunde nach §§ 794 I Nr. 5 ZPO; in der Praxis, in welcher Kreditinstitute als Darlehensgeber auftreten, unterwirft sich der Eigentümer regelmäßig der sofortigen Zwangsvollstreckung[10]. Hat der Hypothekar keine vollstreckbare Urkunde, so muß er sich im Prozeß einen vollstreckbaren Duldungstitel erstreiten. Die Vollstreckung geschieht durch Zwangsversteigerung oder Zwangsverwaltung des Grundstücks und der mithaftenden Nebensachen, § 866 I ZPO[11]; in andere Gegenstände kann der Hypothekar nur vollstrecken, wenn er wegen seiner schuldrechtlichen Forderung einen Vollstreckungstitel hat.

Die Zwangsvollstreckung beginnt mit der Beschlagnahme, d.h. mit dem Beschluß des Vollstreckungsgerichts (Amtsgerichts), welcher die Zwangsversteigerung oder Zwangsverwaltung anordnet, §§ 1, 15, 20, 146 ZVG. Voraussetzung sind ein Antrag des Hypothekars und ein vollstreckbarer Titel; ferner muß der Eigentümer im Grundbuch eingetragen sein, § 17 ZVG, doch wird nach § 1148 der Eingetragene unwiderleglich als Eigentümer fingiert, vgl. oben II d. Die Beschlagnahme wird im Grundbuch eingetragen, § 19 ZVG, und mit der Zustellung an den Eigentümer wirksam, § 22 ZVG. Die Beschlagnahme ist mit der Pfändung beweglicher Sachen vergleichbar, sie begründet ein relatives Verfügungsverbot, § 23 ZVG, und an den bis dahin potentiell haftenden Nebensachen ein Pfandrecht.

---

[10] Vgl. dazu Weirich-Ivo Rn. 1327 ff. und das amtliche Muster im Anhang S. 8 lfd. Nr. 1.
[11] Eine Zwangshypothek neben der bereits bestehenden Hypothek kommt nicht in Betracht. Eine solche Zwangshypothek kann sich aber der Gläubiger wegen seiner persönlichen Forderung eintragen lassen.

3. Zwangsversteigerung

a) Die Zwangsversteigerung dient dazu, die Substanz des Grundstücks und der haftenden Nebensachen durch Veräußerung zu verwerten; dagegen verbleibt die Verwaltung und Nutzung des Grundstücks in den Grenzen einer ordnungsgemäßen Wirtschaft bis zum Abschluß der Versteigerung dem Eigentümer, § 24 ZVG. Die Zwangsversteigerung geschieht durch das Vollstreckungsgericht, § 35 ZVG, es ordnet einen Versteigerungstermin an, § 36 ZVG, in welchem zunächst Informationen über den Gläubiger, seinen Anspruch, den Wert des Grundstücks u.s.w. mitgeteilt werden. Danach werden das geringste Gebot und die Versteigerungsbedingungen mitgeteilt, § 66 ZVG. Zum Verfahren vgl. im einzelnen die §§ 66–78 ZVG.

b) Gemäß den gesetzlichen Versteigerungsbedingungen, die in §§ 44–58 ZVG geregelt sind, setzt sich das geringste Gebot zusammen aus dem Wert der Rechte, die dem betreibenden Gläubiger vorgehen[12], sowie aus den Kosten des Versteigerungsverfahrens; ein geringeres Gebot wird nicht zugelassen, § 44 ZVG. Das geringste Gebot kann aber in den Versteigerungsbedingungen auch anders festgesetzt werden, §§ 59 ff. ZVG. Der Ersteigerer muß keineswegs die Summe des geringsten Gebots zahlen, das geringste Gebot deckt sich nicht mit dem Bargebot. Die dem betreibenden Gläubiger vorgehenden dinglichen Rechte werden durch die Zwangsversteigerung nicht beeinträchtigt und werden vom Ersteigerer übernommen, § 91 I ZVG. Das Bargebot umfaßt also die Versteigerungskosten, dann die dem betreibenden Gläubiger vorgehenden Rechte nach § 10 I Nr. 1–3 ZVG, und schließlich den Betrag, den der Ersteher über das geringste Gebot hinaus geboten hat (Meistgebot), § 49 ZVG.

Das Gebot stellt eine Willenserklärung dar, an welche der Bieter gebunden ist; die Bindung erlischt mit einem Übergebot, § 72 ZVG. Dem Meistbietenden wird durch Beschluß des Vollstreckungsgerichts der Zuschlag erteilt, §§ 81 ff. ZVG. Durch den Zuschlag wird das Eigentum am Grundstück und an allen Sachen, auf welche sich die Versteigerung erstreckte, auf den Ersteigerer übertragen, § 90 ZVG. Die in der Zwangsvollstreckung geltend gemachte Hypothek und die im Rang nachstehenden dinglichen Grundstücksrechte erlöschen[13]; sie setzen sich aber am Versteigerungserlös fort, § 92 I ZVG, welcher gemäß § 10 I ZVG zu verteilen ist.

c) Mit dem Zuschlag geht auch das Eigentum an denjenigen beweglichen Sachen auf den Ersteigerer über, auf welche sich die Versteigerung erstreckt hat, § 90 II ZVG. Die Versteigerung erstreckt sich auf alle Gegenstände, die beschlagnahmt sind, § 55 I ZVG, ferner auch auf Zubehör, welches einem Dritten gehört, § 55 II ZVG, wenn dieser nicht sein Recht gemäß § 37 Nr. 5 ZVG durch Drittwiderspruchsklage nach § 771 ZPO geltend gemacht hat. Das fremde Recht setzt sich gemäß § 92 I ZVG am Erlös fort, der Rechtsinhaber kann durch einen Widerspruch nach § 115 ZVG seine Berücksichtigung im Teilungsplan erreichen. Beschlagnahmt sind nach § 20 II ZVG alle beweglichen Sachen und Forderungen, auf wel-

---

[12] Das sind die dem betreibenden Hypothekengläubiger im Rang vorgehenden dinglichen Grundstücksrechte sowie die nach § 10 I Nr. 1–3 ZVG privilegierten Forderungen.

[13] Falls in den Versteigerungsbedingungen nichts anderes bestimmt ist, §§ 91 II, 52 ZVG.

che sich nach §§ 1120–1122, 1127–1130 die Hypothek erstreckt. Gemäß dem Ziel der Zwangsversteigerung, die Substanz zu verwerten, die Nutzung des Grundstücks aber vorläufig dem Eigentümer zu belassen, umfaßt die Beschlagnahme nicht die getrennten Erzeugnisse sowie Forderungen aus der Versicherung solcher Erzeugnisse, § 21 I ZVG; sie umfaßt auch nicht die Miet- und Pachtzinsforderungen und die Forderungen auf wiederkehrende Leistungen, § 21 II, wohl aber Versicherungsforderungen. Über abgetrennte Erzeugnisse und Bestandteile sowie über Zubehör kann der Eigentümer trotz der Beschlagnahme verfügen, soweit dies im Rahmen einer ordnungsgemäßen Wirtschaft geschieht, § 23 I 2 ZVG.

Soweit eine bewegliche Sache gemäß § 20 II ZVG von der Beschlagnahme erfaßt wird, d.h. also soweit sich auch die Versteigerung und der Zuschlag auf sie erstreckt, §§ 55 I, 90 II ZVG, geht das Eigentum auf den Ersteigerer über, gleich wo die Sache sich befindet und wem sie gehört. In den oben § 28 II 2 und 3 behandelten Fällen wird also der Ersteigerer Eigentümer des Traktors, wenn dieser noch im Haftungsverband der Hypothek war; andernfalls behält der Käufer das Eigentum daran.

4. Zwangsverwaltung

Die Zwangsverwaltung soll eine Befriedigung des Gläubigers aus den Nutzungen des Grundstücks bewirken. Die Beschlagnahme erfaßt daher auch die getrennten Erzeugnisse sowie die Miet- und Pachtzinsforderungen; auch das Verfügungsrecht nach § 23 I 2 ZVG wird dem Eigentümer entzogen, § 148 I ZVG. Die Zwangsverwaltung wird regelmäßig zugleich mit der Zwangsversteigerung beantragt und angeordnet. Das Vollstreckungsgericht bestellt einen Zwangsverwalter, der das Grundstück in Besitz nimmt und verwaltet, § 150 ZVG. Aus den Einnahmen werden die Kosten beglichen, § 155 I ZVG, Überschüsse werden auf die Gläubiger in der Rangfolge des § 10 Nr. 1–5 ZVG verteilt, jedoch werden in den Rangklassen 2–4 nur die laufenden wiederkehrenden Leistungen berücksichtigt, § 155 II ZVG. Daher bekommt auch der betreibende Hypothekengläubiger zunächst nur die Zinsen und die Tilgungsraten aus der Zwangsverwaltung bezahlt. Zahlungen auf das sonstige Kapital können unter den Voraussetzungen des § 158 ZVG erfolgen.

§ 30. Erlöschen der Hypothek

1. Umwandlung in ein Eigentümergrundpfandrecht

a) Da die Hypothek grundsätzlich vom Bestehen der Forderung abhängt, so erlischt die Hypothek als solche, wenn die Forderung erlischt; das Recht geht aber nicht unter, vielmehr geht die Hypothek auf den Eigentümer über, § 1163 I 2, indem sie sich in eine Grundschuld umwandelt, § 1177 I. Verzichtet der Hypothekar auf die Hypothek[1], so erwirbt sie ebenfalls der Eigentümer, § 1168. Hat der Eigentümer eine peremptorische (d.h. dauernde) Einrede[2] gegen die Hypothekenforderung, so kann er vom Hypothekar den Verzicht auf die Hypothek verlangen, § 1169[3].

In den genannten Fällen erlischt also das Recht nicht, wie man etwa beim Verzicht nach § 875 erwarten müßte, sondern es bleibt als Eigentümergrundpfandrecht bestehen; man spricht vom Prinzip der festen Rangstelle. Andere Rechte, etwa eine Dienstbarkeit oder eine Reallast, erlöschen, wenn der Rechtsinhaber auf sie verzichtet, die nachrangigen Rechte rücken auf; es gilt das Prinzip der gleitenden Rangstelle. Bei Grundpfandrechten dagegen folgt das Gesetz dem Prinzip der gleitenden Rangstelle nicht; sie erlöschen in den genannten Fällen nicht, sondern stehen als Eigentümerrechte dem Eigentümer zu. Die nachrangigen Rechte können nicht aufrücken, dem Eigentümer bleibt die Rangstelle gewahrt. Er kann die Eigentümergrundschuld wieder verwerten, indem er sie an einen Gläubiger überträgt, eventuell unter Umwandlung wieder in eine Hypothek. Diese Wahrung des Ranges entspricht einem wirtschaftlichen Bedürfnis, bei Abtragung der ersten Hypothek soll die zweite nicht erstrangig werden; der zweite Hypothekar ist die Risiken einer zweiten Hypothek (soweit vorhanden) bewußt eingegangen und hat dafür bessere Konditionen erhalten (höhere Zinsen). Es wäre unbillig, ihm noch dazu die Sicherheit einer erstrangigen Hypothek zu geben. Vielmehr muß der Eigentümer die Möglichkeit haben, die erste Rangstelle erneut zur Aufnahme eines günstigen Kredits zu nutzen. Um dieses wirtschaftliche Bedürfnis zu schützen, hat das Gesetz für Grundpfandrechte die festen Rangstellen eingeführt[4]. Durch den 1978 eingeführten gesetzlichen Löschungsanspruch nach §§ 1179a, 1179b ist diese Regelung allerdings unterlaufen worden, vgl. unten 4.

---

[1] Durch einseitige Erklärung gegenüber dem Eigentümer oder Grundbuchamt; der Verzicht wird wirksam mit Eintragung im Grundbuch, § 1168 II.
[2] Etwa die Einrede der Bereicherung oder unerlaubten Handlung, §§ 821, 853.
[3] Zum Ausschlußverfahren gegen unbekannte Gläubiger vgl. §§ 1170 f.
[4] Protokolle der 2. Kommission 4475 ff. (Mugdan 3, 841 f.).

b) Geht die Hypothek als solche unter und als Eigentümerrecht auf den Eigentümer über, so wandelt sie sich in eine Grundschuld um, § 1177; sie wird Eigentümergrundschuld, zu ihrer Behandlung vgl. unten § 33 III 2–4. Geht die Hypothek nur teilweise auf den Eigentümer über, so geht der dem Gläubiger verbleibende Teil dem des Eigentümers im Rang vor, § 1176. Geht die Hypothek mitsamt der Forderung auf den Eigentümer über, etwa im Fall des § 1143, so erwirbt der Eigentümer eine Eigentümerhypothek, die wie eine Eigentümergrundschuld zu behandeln ist, § 1177 II.

2. Untergang der Hypothek

Die Hypothek erlischt ersatzlos, wenn der Hypothekar gemäß § 875 auf sie verzichtet, wenn weiter der Eigentümer gemäß § 1183 der Aufgabe des Rechts zustimmt und wenn eine entsprechende Eintragung (Löschung) im Grundbuch erfolgt. Das Grundpfandrecht erlischt ferner, wenn aus ihm die Zwangsvollstreckung in das Grundstück erfolgt und der Gläubiger aus dem Erlös befriedigt wird, § 1181. Wird der Gläubiger nicht befriedigt, so erlöschen dennoch mit dem Zuschlag gemäß § 91 I ZVG alle Rechte, die bei der Versteigerung nicht in das geringste Gebot fallen – wie regelmäßig das Recht des betreibenden Gläubigers. Auch durch gutgläubig lastenfreien Erwerb nach § 892 kann ein Grundpfandrecht erlöschen.

3. Löschungsvormerkung

a) Der Eigentümer kann sich verpflichten, die Hypothek löschen zu lassen, wenn sie sich mit dem Eigentum in einer Person vereinigt. Ein Interesse an einer solchen Verpflichtung haben regelmäßig im Rang nachstehende Gläubiger und Interessenten, die ein Recht am Grundstück erwerben wollen. Eine solche Vereinbarung wirkt schuldrechtlich, sie bindet nur den versprechenden Eigentümer, nicht einen Rechtsnachfolger. Einen schuldrechtlichen Anspruch kann man dinglich durch eine Vormerkung absichern, so daß sie auch gegen Rechtsnachfolger wirkt. Die zweite Kommission hatte jedoch Bedenken, ob die §§ 883–888 ohne weiteres anwendbar seien, sie schuf daher den § 1179 in der ursprünglichen Fassung, wonach jeder Anspruch aus einer Löschungsverpflichtung durch eine Löschungsvormerkung gesichert werden konnte. Sie sah in Ausnahmefällen ein berechtigtes Interesse an einem solchen Anspruch[5], obwohl sie generell den Erwerb einer Eigentümergrundschuld durch den Eigentümer als angemessener betrachtete als das völlige Erlöschen des Rechts[6].

Diese Vorschrift wurde 1978 zur jetzigen Fassung erweitert, als man jedem Inhaber eines Grundpfandrechts von Gesetzes wegen einen Löschungsanspruch gab, §§ 1179a, 1179b. Für Löschungsvormerkungen, die vor dem 1.1.1978 bestellt wurden, gilt noch die alte Regelung.

---

[5] Protokolle der 2. Kommission 4492 ff. (Mugdan 3, 846 f.).
[6] Vgl. oben 1 a.

b) Hat der Eigentümer sich verpflichtet, eine Hypothek löschen zu lassen, wenn sie sich mit dem Eigentum in einer Person vereinigt, so kann gemäß § 1179 eine Löschungsvormerkung nur noch zugunsten bestimmter Rechte bestellt werden. Eine Löschungsvormerkung kann für die Inhaber gleich- oder nachrangiger Grundstücksrechte bestellt werden, wenn diese keine Grundpfandrechte sind, § 1179 Nr. 1; Inhaber von Grundpfandrechten haben ohnehin den gesetzlichen Löschungsanspruch. Eine Löschungsvormerkung ist weiter zugunsten dessen möglich, der einen Anspruch auf Einräumung eines Grundstücksrechts hat, ausgenommen Grundpfandrechte, oder einen Anspruch auf Eigentumsübertragung, § 1179 Nr. 2.

4. Gesetzlicher Löschungsanspruch

a) Ein Löschungsanspruch liegt sicherlich im Interesse der nachfolgenden Gläubiger, und da sich die Kreditinstitute in einer stärkeren Position befinden als der Kreditsuchende, konnten sie ihr Interesse auch durchsetzen, indem sie regelmäßig für ihre Grundpfandrechte eine Löschungsvormerkung vereinbarten. Die Vielzahl der einzutragenden Löschungsvormerkungen belasteten die Grundbuchämter und machten die Grundbücher unübersichtlich, so daß der Gesetzgeber einzugreifen beschloß. Dazu hätte es zwei Möglichkeiten gegeben. Man hätte, der Entscheidung des BGB folgend, daß das wirtschaftliche Interesse des Eigentümers am Erwerb der Eigentümergrundschuld zu schützen sei, Löschungsvormerkungen unterbinden können. Die andere Möglichkeit war, den Interessen der Kreditinstitute den Vorrang einzuräumen; dann wäre es konsequent gewesen, das Prinzip der festen Rangstellen bei Grundpfandrechten abzuschaffen[7] und die Hypothek mit dem Erlöschen der Forderung ersatzlos untergehen zu lassen, wie es noch der erste BGB-Entwurf wollte[8]. Der Gesetzgeber hat sich entschlossen, den Interessen der wirtschaftlich stärkeren Kreditinstitute den Vorzug vor den Eigentümerinteressen zu geben, ohne die Konsequenz daraus zu ziehen. Er hat es bei den festen Rangstellen für Grundpfandrechte belassen und den Inhabern von Grundpfandrechten von Gesetzes wegen einen dinglich gesicherten Löschungsanspruch gegeben. Das ist inkonsequent, die Regelung ist unübersichtlich, schwer verständlich und nicht immer unbedenklich.

b) Nach § 1179a I 1 kann jeder Inhaber einer Hypothek (und einer Grundschuld, vgl. § 1192) die Löschung einer gleich- oder vorrangigen Hypothek verlangen[9], sobald sie sich mit dem Eigentum in einer Person vereint[10]. Anspruchsgegner ist der, welcher Eigentümer des Grundstücks war, als die Vereinigung stattfand,

---

[7] Vgl. dazu aber auch Schapp, JuS 1979, 544 ff.

[8] Vgl. § 1092 E 1.

[9] Andere als Grundpfandgläubiger, z.B. Nießbraucher, können sich die Löschung der Eigentümergrundschuld nur dadurch sichern, daß sie sich einen solchen Löschungsanspruch durch Vereinbarung mit dem Grundeigentümer verschaffen und diesen Anspruch dann durch eine Vormerkung sichern, § 1179, vgl. oben 3.

[10] Vgl. Weirich, Löschungsanspruch und Löschungsvormerkung, Jura 1980, 127 ff.; Hadding-Welter, Zum Anspruch auf „Löschung" gemäß § 1179a BGB, JR 1980, 89 ff.

§ 1179a I 2, ebenso sein Rechtsnachfolger; jeder haftet wegen der zur Zeit seines Eigentums bestehenden Vereinigung der Hypothek mit dem Grundeigentum. Beispiel: E hat dem H_1 eine Hypothek über 50.000 € bestellt, dann dem H_2 eine weitere Hypothek. E zahlt an H_1 20.000 € zurück und veräußert das Grundstück an K, der den Rest abzahlt. E hatte eine Eigentümergrundschuld in Höhe von 20.000 €, die ihm auch nach der Veräußerung des Grundstücks geblieben ist, jetzt freilich als Fremdgrundschuld. Wegen der restlichen gezahlten 30.000 € hat K eine entsprechende Eigentümergrundschuld. H_2 kann von beiden die Löschung ihrer Grundschuld verlangen. Hat E mit dem Grundstückseigentum auch seine Eigentümergrundschuld auf K übertragen, so richtet sich der Löschungsanspruch wegen der übertragenen Grundschuld auch gegen K.

Ist eine Eigentümergrundschuld entstanden, weil es an der zu sichernden Forderung fehlt, so kann die Löschung erst verlangt werden, wenn feststeht, daß sie auch später nicht mehr entsteht, § 1179a II 1 (1). Entsteht der Löschungsanspruch, weil feststeht, daß der zu sichernde Anspruch nicht mehr entsteht, so wirkt er zurück auf die Zeit der Vereinigung, auch wenn die Eigentümergrundschuld in der Zwischenzeit abgetreten wurde[11], § 1179a II 1 (2). Ein Löschungsanspruch besteht ebenfalls nicht bezüglich einer Eigentümergrundschuld wegen nicht erfolgter Briefübergabe, § 1179a II 2, 1163 II; die Vereinigung ist nur vorübergehend, der Brief kann jederzeit noch übergeben werden.

Wegen einer Eigentümergrundschuld, die gemäß § 1196 als solche bestellt worden ist, besteht kein Löschungsanspruch; der Eigentümer will sie ja später zur Erlangung eines Kredits verwenden. Hat er das bereits getan, indem er sie einem Gläubiger als Sicherheit übertragen hat, und hat er sie dann zurückerworben, so entsteht der Löschungsanspruch, § 1196 III. Ein Gläubiger, der eine solche Eigentümergrundschuld erwirbt, kann freilich nicht wissen, ob sie bereits abgetreten war und ob sie also dem Löschungsanspruch unterliegt; die Regelung ist bedenklich[12].

Ist das begünstigte Recht selbst eine Eigentümergrundschuld nach § 1163, ist es jedoch nicht als solche auf den Eigentümer im Grundbuch eingetragen, so steht der Löschungsanspruch nicht dem wirklichen Rechtsinhaber zu, sondern dem im Grundbuch als Rechtsinhaber Eingetragenen[13], § 1179a III.

Nach § 1179b kann auch der als Inhaber einer Hypothek im Grundbuch Eingetragene vom Eigentümer die Löschung verlangen, wenn sich die Hypothek mit dem Eigentum in einer Person vereinigt hat.

c) Der Löschungsanspruch verpflichtet den Eigentümer zur Aufhebung der Eigentümergrundschuld nach § 875; er hat die gleiche Wirkung wie ein vormerkungsgesicherter Anspruch, § 1179a I 3. Er kann durch Vereinbarung abbedungen werden, die Vereinbarung bindet mit dinglicher Wirkung auch die Rechtsnachfolger,

---

[11] Zwischenfinanzierer, denen die Eigentümergrundschuld abgetreten wurde, werden dadurch allerdings benachteiligt und verlieren ihre Sicherheit, so daß die Regelung verfehlt erscheint.

[12] Vgl. dazu Hadding-Welter, JR 1980, 91; MünchenerK-Eickmann § 1196 Rn. 21.

[13] Zum Zweck dieser Vorschrift vgl. Westermann-Eickmann § 124 III 3 e.

wenn sie im Grundbuch eingetragen wird, § 1179a V 2, sonst nur die Vertragschließenden.

Hat etwa der Grundeigentümer E eine erstrangige Hypothek abgezahlt und so eine Eigentümergrundschuld erworben, so kann der zweitrangige Hypothekar H die Löschung der Grundschuld verlangen. Hat E die Eigentümergrundschuld an G zur Sicherung eines Darlehens übertragen, so ist das gemäß § 883 II gegenüber H relativ unwirksam, im Verhältnis zu H ist weiterhin E selbst Inhaber der Grundschuld. H kann von E Aufhebung verlangen, von G Zustimmung zur Aufhebung, § 888.

§ 31. Besondere Arten der Hypothek

I. Sicherungshypothek

1. Gesetzliche Regelung der Sicherungshypothek

a) Hypotheken sind zwar grundsätzlich akzessorisch, doch gibt es für die normalen Verkehrshypotheken Ausnahmen von diesem Grundsatz, im Interesse des Verkehrsschutzes. Diese Ausnahmen von der Akzessorietät benachteiligen den Eigentümer, dessen Grundstück etwa mit einer Hypothek belastet ist, ohne daß eine zu sichernde Forderung besteht, z.B. in Fällen des § 1138. Das Gesetz gibt den Parteien daher die Möglichkeit, eine streng akzessorische Hypothek zu bestellen, § 1184 I, die Sicherungshypothek, welche sich „nur nach der Forderung bestimmt". Voraussetzung ist, daß die dingliche Einigung nach § 873 auf eine Sicherungshypothek gerichtet ist und daß im Grundbuch die Hypothek als „Sicherungshypothek" bezeichnet wird, § 1184 II[1].

Im Gegensatz zur Verkehrshypothek ist die Sicherungshypothek nicht zum Umlauf bestimmt; sie kann zwar wie jede Hypothek abgetreten werden, doch ist das nicht ihr Zweck. Der Erwerb ist zudem riskant, da bezüglich der Forderung ein guter Glaube nicht geschützt wird und der Erwerber deshalb den Bestand und die Einredefreiheit der Forderung sorgfältig prüfen muß. Daher ist bei der Sicherungshypothek die Erteilung eines Briefes ausgeschlossen, sie kann nur als Buchhypothek bestehen, § 1185 I. Auch kraft Gesetzes oder in der Zwangsvollstreckung begründete Hypotheken dienen nicht dem Umlauf, sondern allein der Sicherung; sie entstehen daher als Sicherungshypotheken. So ist etwa die nach § 1287, 2 und die nach § 848 II 2 ZPO entstehende Hypothek eine Sicherungshypothek, ebenso die Zwangshypothek in der Zwangsvollstreckung, §§ 866 f. ZPO[2]. Rechtsgeschäftlich wird eine Sicherungshypothek selten bestellt, da sie ungünstig für den Kreditgeber ist.

b) Die Sicherungshypothek ist streng akzessorisch, alle Abweichungen davon, die für die Verkehrshypothek gelten, sind auf die Sicherungshypothek nicht anwendbar; im übrigen gelten für sie die allgemeinen Regeln über Hypotheken. Daher sind die Vorschriften, welche der Hypothek eine von der Forderung unabhängige

---

[1] Vgl. das amtliche Muster im Anhang S. 10 f. lfd. Nr. 5. Widersprechen sich Einigung und Eintragung, so entsteht das Recht so, wie es eingetragen ist, vgl. RG 123, 170; Westermann-Eickmann § 109 II 2.

[2] Vgl. das Muster im Anhang S. 10 lfd. Nr. 4.

Position geben, auf die Sicherungshypothek nicht anwendbar; das gilt gemäß § 1185 II für die §§ 1138, 1139, 1141, 1156.

Gemäß § 1138 wird z.B. für die Verkehrshypothek ein gutgläubiger Erwerb bei fehlender Forderung ermöglicht[3]; das kann für die streng akzessorische Sicherungshypothek nicht gelten, sie kann ohne Forderung auf keinen Fall gutgläubig erworben werden[4]. Ebensowenig ist nach § 1138 ein gutgläubig einredefreier Erwerb der Hypothek möglich, wenn gegen die Forderung eine Einrede besteht. Dagegen ist gutgläubig einredefreier Erwerb nach § 1157 möglich, wenn sich die Einrede gegen die Hypothekenforderung richtet, denn das hat mit der Forderung und der Akzessorietät nichts zu tun.

Unanwendbar ist bei der Sicherungshypothek die exceptio non numeratae pecuniae nach § 1139, sie ist überflüssig, da die Hypothek ohne Forderung ohnehin nicht erworben werden kann. Die Fälligkeit der Sicherungshypothek tritt bereits mit Kündigung der Forderung ein, eine besondere Kündigung der Hypothek nach § 1141 ist nicht erforderlich[5]. Wird die Sicherungshypothek abgetreten, so bestimmt sich das Rechtsverhältnis zwischen Eigentümer und neuem Inhaber entgegen § 1156 allein nach den §§ 406–408.

c) Eine Sicherungshypothek kann in eine Verkehrshypothek umgewandelt werden, eine Verkehrshypothek in eine Sicherungshypothek, § 1186.

2. Höchstbetragshypothek

a) Eine besondere Form der Sicherungshypothek ist die Höchstbetragshypothek, § 1190. Während eine Hypothek normalerweise auf eine bestimmte Geldsumme lauten muß, § 1113 I, reicht es bei der Höchstbetragshypothek aus, wenn ein Höchstbetrag angegeben wird, für welchen das Grundstück haften soll, während „im übrigen die Feststellung der Forderung vorbehalten wird", § 1190 I 1. Eine solche Hypothek ist also geeignet, Forderungen in wechselndem Bestand zu sichern, etwa Kontokorrentforderungen. Die Höchstbetragshypothek ist als Sicherungshypothek für den Gläubiger ungünstig und wird daher selten vereinbart; statt dessen dient die forderungsunabhängige Grundschuld den Gläubigerinteressen besser.

Zur Bestellung einer Höchstbetragshypothek ist erforderlich, daß statt einer festen Geldsumme der Höchstbetrag der Haftung im Grundbuch eingetragen wird, § 1190 I 2. Sie ist auf jeden Fall eine Sicherungshypothek, auch wenn sie nicht als solche im Grundbuch bezeichnet wird, vgl. § 1190 III. Die gesicherte Forderung kann unbestimmt sein, es reicht auch aus, alle künftigen Forderungen des Gläubigers zu sichern; möglich ist es auch, Forderungen gegen verschiedene Schuldner zu sichern[6]. Die Höchstbetragshypothek ist nicht verzinslich, die Zinsen werden in den

---

[3] Vgl. oben § 27 II 4 b aa.
[4] Dennoch kann auch eine Sicherungshypothek gutgläubig erworben werden. Das ist etwa dann der Fall, wenn die zu sichernde Forderung besteht und die Sicherungshypothek zwar eingetragen ist, aber aus irgendwelchen Gründen nicht entstanden ist. In diesem Fall ist ein gutgläubiger Erwerb der Sicherungshypothek nach § 892 möglich.
[5] Vgl. dazu oben § 29 II b.
[6] Baur-Stürner § 42 Rn. 19.

Höchstbetrag eingerechnet, der angegebene Höchstbetrag ist die obere Grenze der Grundstückshaftung.

Die gesicherte Forderung kann auch bei der Höchstbetragshypothek mitsamt der Hypothek nach den allgemeinen Regeln (§§ 1153 f.) abgetreten werden. Da die wechselnden Forderungen jedoch nur in einem lockeren Zusammenhang mit der Hypothek stehen, läßt das Gesetz auch eine Abtrennung der gesamten Forderung oder von Teilforderungen von der Hypothek dadurch zu, daß sie nach den Regeln der Zession (§§ 398 ff.) übertragen werden, § 1190 IV; die Hypothek geht dann nicht mit über, sondern sichert die restlichen oder künftigen Forderungen.

b) Die Höchstbetragshypothek ist jeweils soweit Hypothek, wie die zu sichernde Forderung besteht; der Rest ist Eigentümergrundschuld. Diese steht aber dem Eigentümer nicht zur Verfügung, da die Forderung und damit die Hypothek jederzeit bis zum Höchstbetrag ansteigen kann; der Eigentümer kann also nicht Berichtigung des Grundbuchs oder Löschung verlangen; er kann auch nicht über die vorläufige und bedingte Eigentümergrundschuld verfügen[7]. Der Stand der Höchstbetragshypothek wird endgültig festgestellt, wenn das Rechtsverhältnis enden soll, durch Vertrag oder gerichtliches Urteil.

Die Höchstbetragshypothek kann in eine einfache Sicherungshypothek, eine Verkehrshypothek oder in eine Grundschuld umgewandelt werden; das geschieht nach §§ 1186, 1198 durch Einigung und Eintragung.

3. Wertpapierhypothek

a) Auch für Forderungen aus Inhaberschuldverschreibungen (§ 793) oder für Forderungen aus Orderpapieren kann eine Hypothek bestellt werden, § 1187, 1; gedacht ist dabei nicht an Forderungen aus einzelnen Wertpapieren, sondern an Hypotheken für ganze Anleihen. Als Gläubiger werden nicht bestimmte Personen eingetragen, sondern die Inhaber bzw. durch Indossament ausgewiesenen Inhaber der Papiere. Eine solche Hypothek ist immer Sicherungshypothek, auch wenn sie im Grundbuch nicht so bezeichnet ist, § 1187, 2; das setzt freilich voraus, daß die gesicherte Forderung aus den Inhaber- oder Orderpapieren als solche im Grundbuch bezeichnet wird. Eine praktische Bedeutung hat die Wertpapierhypothek nicht, sie ist von der Grundschuld verdrängt worden.

Über die Wertpapierhypothek wird nach wertpapierrechtlichen Regeln verfügt, die sachenrechtlichen Regeln (Einigung und Eintragung) sind nicht anwendbar, § 1187, 3. Ein Löschungsanspruch nach §§ 1179a, 1179b kann nicht entstehen, § 1187, 4.

b) Bei einer Anleihe sind die Inhaber der Schuldverschreibungen, also die Gläubiger, kaum feststellbar. Daher genügt für die Bestellung der Hypothek eine einseitige Erklärung des Eigentümers gegenüber dem Grundbuchamt sowie die Eintragung, § 1188 I.

---

[7] RG 125, 136.

c) Bei Wertpapierhypotheken nach § 1187 kann für die jeweiligen Gläubiger gemäß § 1189 ein Vertreter bestellt werden, der über die Hypothek verfügen und die Gläubiger beim Geltendmachen der Hypothek vertreten kann; die Bestellung des Vertreters muß im Grundbuch eingetragen werden, § 1189 I 2. Wie weit die Vertretungsmacht des Vertreters im konkreten Fall reicht, bestimmen die Gläubiger bei der Ernennung des Vertreters. Von einem normalen Vertreter unterscheidet sich dieser Vertreter dadurch, daß er nach § 1189 II auch Pflichten gegenüber dem Eigentümer hat: Kann der Eigentümer von den Gläubigern eine Verfügung verlangen, zu welcher der Vertreter befugt ist, so kann er die Vornahme der Verfügung von diesem verlangen.

II. Gesamthypothek

1. Entstehung der Gesamthypothek

a) Für ein und dieselbe Forderung können zwar nicht mehrere Hypotheken an einem Grundstück bestellt werden, wohl aber ist es möglich, verschiedene Grundstücke oder Miteigentumsanteile mit einer Hypothek für eine Forderung zu belasten; es entsteht eine Gesamthypothek, § 1132. Ob die belasteten Grundstücke alle demselben Eigentümer gehören oder verschiedenen, spielt keine Rolle. Gesamthypotheken werden bestellt an kleineren Parzellen von geringerem Wert, die allein keine hinreichende Sicherung für den Gläubiger darstellen würden; auch wenn mehrere Miteigentümer eines Grundstücks dieses mit einer Hypothek belasten, entsteht eine Gesamthypothek; sie kann auch nachträglich durch die Teilung des Eigentums an einem Grundstück entstehen.

Die Hypothek muß auf allen belasteten Grundstücken eingetragen werden, sie muß auf allen Grundstücken von derselben Art sein, z.B. eine Verkehrsbriefhypothek. Der Gläubiger kann die Gesamthypothek auf die einzelnen Grundstücke aufteilen, § 1132 II, so daß jedes einzelne Grundstück nur noch für einen Teilbetrag der Forderung haftet. Das geschieht durch einseitige Erklärung des Gläubigers und Eintragung bei den belasteten Grundstücken[8]. Eine Zwangshypothek kann nicht als Gesamthypothek bestellt werden, § 867 II ZPO. Ist sie durch Teilung des Grundstückseigentums entstanden, so muß sie aufgeteilt werden.

b) Die Gesamthypothek kann als solche bestellt werden, indem für eine Forderung auf mehreren Grundstücken eine Hypothek eingetragen wird und der Gläubiger sich gemäß § 873 mit allen Eigentümern der Grundstücke über die Entstehung der Hypothek einigt. Die Mithaftung der anderen Grundstücke soll bei jedem Grundstück vermerkt werden, § 48, 1 GBO; bei einer Briefhypothek wird nur ein Brief für die gesamte Hypothek erteilt, § 59 GBO. Eine Gesamthypothek kann auch nachträglich entstehen, indem für eine Forderung eine weitere Hypothek auf einem anderen Grundstück bestellt wird; der Mithaftungsvermerk bei dem zuerst belaste-

---

[8]   Zur Brieferteilung vgl. § 63 GBO.

ten Grundstück ist nachträglich anzubringen, § 48, 2 GBO, die Mithaftung ist auf dem Hypothekenbrief zu vermerken, § 63 GBO.

c) Verfügungen über die Gesamthypothek müssen bei allen belasteten Grundstücken eingetragen werden; sie werden nicht wirksam, auch nicht bezüglich einzelner Grundstücke, bevor das geschehen ist[9].

2. Haftung aus der Gesamthypothek

Gemäß § 1132 I haftet jedes Grundstück für die ganze Forderung; der Gläubiger kann nach seinem Belieben Befriedigung aus jedem Grundstück ganz oder zum Teil suchen. Er kann also nur ein Grundstück oder einzelne versteigern lassen, bis er befriedigt ist, oder auch alle, um sich aus dem Erlös aller Grundstücke jeweils zu einem Anteil zu befriedigen[10]. Auf die Interessen der Grundstückseigentümer oder anderer Gläubiger muß er bei seiner Wahl keine Rücksicht nehmen, es sei denn, daß ein spezielles Rechtsverhältnis ihm eine besondere Rücksichtnahme auferlegt[11]. Man kann diese Art der Grundstückshaftung mit einer Gesamtschuld nach § 421 vergleichen[12].

Diese für den Gläubiger günstige Regelung ist für die Eigentümer der Grundstücke ungünstig, da sie kaum einen weiteren Kredit auf die belasteten Grundstücke erhalten werden. Jeder Inhaber eines Grundpfandrechts nach der Gesamthypothek muß damit rechnen, daß der Gläubiger gerade das Grundstück ganz für sich in Anspruch nimmt, auf welchem auch sein Recht eingetragen ist. Die Grundstücke werden daher durch die Gesamthypothek als Kreditgrundlage unbrauchbar; sie kommen allenfalls noch für eine weitere Gesamthypothek in Betracht.

3. Befriedigung des Gläubigers

a) Gehören alle belasteten Grundstücke einem Eigentümer und wird der Gläubiger befriedigt, so geht die Gesamthypothek gemäß § 1163 I 2 auf den Eigentümer über und wandelt sich in eine Gesamteigentümergrundschuld, § 1177 I; er kann sie nach § 1132 II aufteilen. Schwieriger gestaltet sich die Lage, wenn die Grundstücke verschiedenen Eigentümern gehören.

Liegt ein Fall des § 1163 vor, befriedigt etwa der Schuldner den Gläubiger[13], so geht gemäß § 1172 I die Gesamthypothek als Gesamteigentümergrundschuld auf die Eigentümer über[14]; das gleiche gilt, wenn der Gläubiger auf die Hypothek verzichtet, § 1175 I 1. Jeder Eigentümer kann gemäß § 1172 II Aufteilung verlangen, so daß sein Grundstück nur noch mit einem Teilbetrag der Grundschuld belastet ist,

---

[9] Vgl. Protokolle der 2. Kommission 4565 (Mugdan 3, 868).
[10] Vgl. §§ 18, 63 ZVG.
[11] Vgl. Motive 3, 684 ff.
[12] So Schwab-Prütting Rn. 737.
[13] Zum Fall, daß der Schuldner Regreß nehmen kann, vgl. unten d.
[14] Sie steht ihnen gemäß §§ 741 ff. zur Gemeinschaft nach Bruchteilen zu, BGH NJW-RR 1986, 233; Westermann-Eickmann § 108 V 2; a.A. Wolff-Raiser § 148 VII 1 b, die eine Gesamthandsgemeinschaft annehmen.

der sich aus dem Wertverhältnis der Grundstücke zueinander berechnet. Die Aufteilung geschieht durch Erklärung der Eigentümer gegenüber dem Grundbuchamt sowie durch Eintragung.

b) Befriedigen die Eigentümer gemeinsam den Gläubiger, so gelten ebenfalls
die §§ 1172, 1163, wenn sie keinen Regreßanspruch gegen den Schuldner und untereinander haben. Eine solche Situation liegt vor, wenn die Eigentümer selbst
Schuldner waren oder wenn sie im Verhältnis zum Schuldner zur Befriedigung des
Gläubiger verpflichtet waren[15] und zur Befriedigung des Gläubigers den von ihnen
im Innenverhältnis zu tragenden Teil beigetragen haben, im Verhältnis des Wertes
der Grundstücke, vgl. § 1172 II. Die Gesamthypothek geht als Gesamteigentümergrundschuld auf die Eigentümer über, jeder kann Aufteilung verlangen. Hat aber
einer zu wenig beigetragen, ist der Rest von den anderen übernommen worden und
ist ein späterer Ausgleich vereinbart, so ist § 1173 entsprechend anzuwenden, vgl.
unten c.

War im Innenverhältnis der Schuldner zur Leistung verpflichtet, so geht mit der
Zahlung durch die Eigentümer die gesicherte Forderung auf diese über, § 1143 I, so
daß sie beim Schuldner Regreß nehmen können. Im übrigen gilt das Vorhergehende.
Besteht kein Regreßanspruch der Eigentümer untereinander, so erwerben sie die
Gesamthypothek als Eigentümergrundschuld, andernfalls ist § 1173 anzuwenden.

c) Befriedigt einer der Eigentümer den Gläubiger, so ist § 1173 anzuwenden[16].
War er oder ein anderer Eigentümer dem Schuldner gegenüber zur Zahlung verpflichtet oder war er selbst persönlicher Schuldner, so erlischt die Forderung; besteht kein Regreßanspruch gegenüber einem anderen Eigentümer, so erwirbt der
zahlende Eigentümer die Hypothek an seinem Grundstück, wobei sich die Gesamthypothek in eine Eigentümergrundschuld umwandelt. Die Gesamthypothek
an den anderen Grundstücken erlischt, § 1173 I 1, es bleibt also abweichend von
§§ 1163 I 1, 1177 I auch keine Eigentümergrundschuld bestehen[17].

Besteht ein Regreßanspruch des leistenden Eigentümers gegen einen anderen
Eigentümer, so ist § 1173 II anzuwenden. Ein solcher Regreßanspruch kann sich
aus einer Vereinbarung zwischen den Eigentümern ergeben, aber auch aus dem Gesetz, etwa aus § 426.

Der Gesetzgeber wollte keinen Ausgleich der Eigentümer der belasteten Grundstücke untereinander anordnen[18], was freilich im Gesetz keinen Ausdruck gefunden
hat; er ging davon aus, daß die Beteiligten den Ausgleich vertraglich regeln würden;
tatsächlich geschieht das auch fast immer[19]. Dennoch muß auch für die Fälle eine
Regelung gefunden werden, in welchen es nicht geschieht. Es gibt keinen Grund, in
der Art eines Lotteriespiels die endgültige Haftung dem aufzubürden, der vom

---

[15] Vgl. oben § 27 IV a bb.
[16] Der Befriedigung durch einen Eigentümer steht es gleich, wenn das Gläubigerrecht auf den
Eigentümer übertragen wird oder wenn sich Forderung und Schuld in der Person des Eigentümers vereinen, § 1173 I 2.
[17] Das dient dem Schutz nachrangiger Gläubiger, vgl. das Beispiel in den Protokollen der
2. Kommission 4534 f. (Mugdan 3, 859 f.).
[18] Motive 3, 685 ff.
[19] Vgl. Wolff-Raiser § 148 Fn. 22.

Gläubiger nach dessen Willkür zur Zahlung herangezogen wird, unter Androhung der Versteigerung seines Grundstücks. Ein Ausgleich in entsprechender Anwendung des § 426 ist sachgerecht, wenn sich aus Vertrag oder Gesetz nichts anderes ergibt[20], wie auch sonst bei mehreren Sicherungsrechten anerkannt ist[21].

Befriedigt ein Eigentümer, der einen Regreßanspruch gegen einen anderen Eigentümer hat, den Gläubiger, so erwirbt er in Höhe des Ersatzanspruchs die Hypothek am Grundstück dieses Eigentümers; sie ist zusammen mit der Eigentümerhypothek am eigenen Grundstück, die der zahlende Eigentümer nach § 1173 I 1 erwirbt, eine Gesamthypothek, § 1173 II. Die Hypothek an den Grundstücken der Eigentümer, gegen die kein Regreßanspruch besteht, erlischt nach § 1173 I 1 (2).

War der zahlende Eigentümer nicht Schuldner der gesicherten Forderung und auch gegenüber dem Schuldner nicht zur Befriedigung des Gläubigers verpflichtet, so kann er gegen den Schuldner Regreß nehmen: Er erwirbt nach § 1143 I die gesicherte Forderung. Die Gesamthypothek geht aber nicht ohne weiteres auf ihn über, § 1153 ist durch §§ 1143 II, 1173 ersetzt[22]. Die Hypothek geht nur insoweit auf den zahlenden Eigentümer über, wie er Regreß von einem anderen Eigentümer verlangen kann, § 1173 II[23]; ansonsten ist § 1173 I anzuwenden.

d) Befriedigt der Schuldner den Gläubiger, waren aber im Verhältnis zu ihm die Eigentümer zur Leistung an den Gläubiger verpflichtet[24], so kann er von allen Regreß verlangen; gemäß § 1164 geht die Gesamthypothek auf ihn über und sichert nun den Regreßanspruch.

Hat der Schuldner aber nur einen Regreßanspruch gegen einzelne Eigentümer, so ist § 1174 anzuwenden. Die Hypothek am Grundstück der regreßverpflichteten Eigentümer geht auf den Schuldner über und sichert dessen Anspruch; die Hypotheken an den übrigen Grundstücken erlöschen, § 1174 I. Ist der Schuldner nur zum Teil regreßberechtigt, so geht die Hypothek nur in Höhe der Regreßforderung auf ihn über; der Rest steht den Eigentümern als Gesamteigentümergrundschuld zu. Die Eigentümer können diese Gesamteigentümergrundschuld gemäß § 1172 II aufteilen, doch muß sich der regreßpflichtige Eigentümer den Teil anrechnen lassen, der auf den regreßberechtigten Schuldner übergegangen ist, § 1174 II.

e) Verzichtet der Gläubiger auf die ganze Gesamtschuld, so geht sie gemäß § 1175 I 1 als Gesamteigentümergrundschuld auf die Eigentümer über; es gilt § 1172. Verzichtet der Gläubiger nur auf die Hypothek an einem Grundstück, so

---

[20] So zu Recht R. Schmidt, JherJahrb 72 (1922) 98; Ehmann, Die Gesamtschuld (1972) 330, 352; Weitnauer, DNotZ 1974, 85 ff.; ein mutiger Schritt in die richtige Richtung auch in BGH BB 1989, 1509.

[21] Vgl. oben § 15 VII b.

[22] Würde man die Gesamthypothek insgesamt mit der Forderung übergehen lassen, so würde man auf diese Weise einen gesetzlichen Regreß anordnen, was der Gesetzgeber gerade nicht wollte: Der Leistende könnte von jedem der anderen Eigentümer vollen Ersatz verlangen; wäre er von einem befriedigt worden, so könnte dieser von einem der restlichen Ersatz verlangen usw., bis schließlich die ganze Last beim Letzten verbliebe; eine solche Lösung wurde abgelehnt, vgl. Protokolle der 2. Kommission 4558 ff. (Mugdan 3, 866 f.).

[23] Anders etwa MünchenerK-Eickmann § 1173 Rn. 12.

[24] Vgl. oben § 27 IV b.

geht sie nicht etwa nach § 1168 als Eigentümergrundschuld auf den Eigentümer über, sie erlischt vielmehr gänzlich, § 1175 I 2.

f) Wird der Gläubiger im Wege der Zwangsversteigerung aus einem der haftenden Grundstücke befriedigt, so erlischt die Gesamthypothek insgesamt, auch soweit sie an den nicht verwerteten Grundstücken bestand, § 1181 II. Kann aber der Eigentümer des verwerteten Grundstücks von einem anderen Eigentümer Ersatz verlangen, so geht die Hypothek an dessen Grundstück auf ihn über, § 1182, 1; sie nimmt jedoch immer den letzten Rang ein, § 1182, 2. Damit wollte der Gesetzgeber die Erwartung der anderen Rechtsinhaber schützen, im Range vorzurücken, wenn die Gesamthypothek von einem der Eigentümer befriedigt wird[25].

---

[25] Vgl. Protokolle der 2. Kommission 4542 (Mugdan 3, 862).

§ 32. Grundschuld

I. Begriff und Bedeutung der Grundschuld

a) „Die Grundschuld ist ein selbständiges Recht; sie unterscheidet sich dadurch von der Hypothek, daß sie nicht wie diese eine Forderung zur Voraussetzung hat. Die Betheiligten können freilich miteinander verabreden, daß eine Forderung durch die Grundschuld gesichert werden soll. Aber eine solche Abrede kommt nur als Motiv, nicht als Erfordernis der Begründung des Rechts in Betracht ... Hiermit ist allerdings ein Recht anerkannt, dessen Inhalt durch die abstrakte Befugnis zur Vernichtung der Rechte des jeweiligen Eigenthümers gebildet wird. Aber darum ist die Grundschuld nicht unvereinbar mit dem Eigenthume. Denn der Eigenthümer kann die Zwangsvollstreckung in das Grundstück dadurch abwenden, daß er die beizutreibende Summe an den Grundschuldgläubiger zahlt und auf diese Weise die Möglichkeit erlangt, das Grundstück von der Grundschuld zu befreien. Die letztere ist also immer nur ein das Eigenthum beschränkendes Recht, welches der Konsolidation mit demselben fähig ist."[1]

Anders als die Hypothek ist also die Grundschuld in Entstehung und Bestand unabhängig von einer zu sichernden Forderung. § 1191 I umschreibt die Grundschuld fast mit den gleichen Worten, mit denen auch § 1113 die Hypothek beschreibt, unter Weglassung der Worte „zur Befriedigung wegen einer ihm zustehenden Forderung": Ein Grundstück kann in der Weise belastet werden, daß an denjenigen, zu dessen Gunsten die Belastung erfolgt, eine bestimmte Geldsumme aus dem Grundstück zu zahlen ist. Die Grundschuld teilt also nicht das Schicksal der Forderung, sie ist nicht akzessorisch.

b) Der Gesetzgeber wollte keine gemeinsamen Grundsätze für die Grundpfandrechte aufstellen[2], sondern erst eine Art der Grundpfandrechte regeln und bei der Behandlung der anderen Art darauf verweisen. Entsprechend hatte die Redaktionskommission der zweiten Kommission zwei Vorschläge ausgearbeitet, bestehend aus denselben Normen in verschiedener Anordnung; der erste Vorschlag stellte die Hypothek an die Spitze und verwies für die Grundschuld darauf, der zweite regelte zuerst die Grundschuld und verwies für die Hypothek darauf[3]. Die zweite Kommis-

---

[1] Motive 3, 779. Zur Geschichte der Grundschuld, insbesondere der Sicherungsgrundschuld, vgl. Buchholz, AcP 203 (2003), 786 ff. Eine Gegenüberstellung Hypothek – Grundschuld bringen Goertz-Roloff, JuS 2000, 762 ff.

[2] Vgl. oben § 26 pr.

[3] Abgedruckt in den Protokollen der 2. Kommission 4, 501 ff.

sion entschied sich für den ersten Vorschlag[4]. § 1192 verweist daher auf das Hypothekenrecht und erklärt alle Vorschriften für entsprechend anwendbar, ausgenommen die, welche auf der Akzessorietät der Hypothek beruhen. Will man wissen, welche Vorschriften nach dem Willen der zweiten Kommission auf die Grundschuld anwendbar sein sollten, so muß man nur den zweiten Vorschlag betrachten[5]; danach sind folgende Paragraphen anwendbar, wobei statt „Forderung" gegebenenfalls „Grundschuld" oder „Betrag" zu lesen ist: 1114, 1115 I (1) und II, 1116 bis 1136, 1140, 1141 (= 1193), 1142, 1143[6], 1144 bis 1152, 1154, 1155, 1156, 2, 1157 bis 1159, 1160, 1162, 1163 II, 1168 bis 1173, 1175, 1176, 1178, 1179, 1181 bis 1183, 1188, 1189. Weiter muß man §§ 1156, 1, 1179a und 1179b als auf die Grundschuld anwendbar ansehen. Auf die entsprechenden Ausführungen im Vorhergehenden wird hiermit verwiesen. Nicht anwendbar sind dagegen §§ 1115 I (2), 1137 bis 1139, 1153, 1161, 1163 I, 1164 bis 1167, 1174, 1177, 1180, 1184 bis 1187, 1190.

Die Grundschuld ist ein reines Verwertungsrecht und setzt keine zu sichernde Forderung voraus. Das bedeutet aber nicht, daß die Grundschuld nicht geeignet wäre, eine Forderung zu sichern; im Gegenteil ist sogar die Grundschuld das bevorzugte Grundpfandrecht zur Sicherung von Forderungen. Man spricht in diesen Fällen von einer Sicherungsgrundschuld. Es besteht aber keine rechtliche Verbindung zwischen Grundschuld und Forderung, wie das bei der Hypothek der Fall ist; die Verbindung zur Forderung ist rein wirtschaftlich, auch die Sicherungsgrundschuld ist nicht akzessorisch. Neben der Sicherungsgrundschuld gibt es die isolierte Grundschuld, die nicht zur Sicherung einer Forderung dient. Sie ist in der Praxis eher selten, sie kann etwa benutzt werden, wenn jemand einem anderen wirtschaftliche Werte zuwenden will.

Die Forderungsunabhängigkeit der Grundschuld bietet den Vorteil, daß sie zur Sicherung beliebiger Forderungen eingesetzt werden kann, es bedarf dazu nur einer entsprechenden Sicherungsabrede zwischen dem Gläubiger und dem Schuldner. Die zu sichernde Forderung kann so auch formlos ausgewechselt werden, die Grundschuld kann auch problemlos zur Sicherung künftiger oder ständig wechselnder Forderungen eingesetzt werden. Das bringt erhebliche Vorteile gegenüber der Hypothek, aber auch Gefahren für den Eigentümer.

II. Entstehung der Grundschuld

1. Bestellung der Grundschuld

a) Belastbar mit einer Grundschuld sind Grundstücke, Miteigentumsanteile an Grundstücken sowie grundeigentumsähnliche Rechte, §§ 1113, 1114. Die Grundschuld entsteht durch Einigung und Eintragung, § 873. In der Eintragung müssen

---

[4] Vgl. Protokolle der 2. Kommission 4, 497 f.
[5] Abgedruckt auch bei Planck-Strecker § 1192 Rn. 3.
[6] In der Fassung „Soweit der Eigentümer den Gläubiger befriedigt, geht die Grundschuld unbeschadet der Vorschrift des § 1173 auf ihn über".

der Gläubiger, die Haftungssumme, der Zinssatz[7] und der Geldbetrag weiterer Nebenleistungen angegeben werden, §§ 1115 I (1), 1192 II. Die Grundschuld kann als Brief- oder Buchgrundschuld bestellt werden. Der Regelfall ist die Briefgrundschuld; soll eine Buchgrundschuld entstehen, so muß der Ausschluß der Brieferteilung ausdrücklich im Grundbuch verzeichnet werden, § 1116.

Die Briefgrundschuld entsteht erst mit der Übergabe des Briefes an den Gläubiger, § 1117; sie kann durch die Übergabesurrogate ersetzt werden sowie durch die Aushändigungsvereinbarung nach § 1117 II. Solange der Brief nicht übergeben ist, steht die Grundschuld als Eigentümergrundschuld dem Grundstückseigentümer zu, § 1163 II. Eine Buchgrundschuld kann jederzeit in eine Briefgrundschuld umgewandelt werden und umgekehrt, es bedarf dazu einer Einigung hierüber und der Eintragung im Grundbuch, § 1116 III.

b) Die Grundschuld kann gutgläubig nach § 892 erworben werden, wenn der Besteller zwar als Eigentümer eingetragen ist, er aber in Wirklichkeit Nichtberechtigter ist.

2. Umwandlung einer Hypothek

Eine Grundschuld kann auch dadurch entstehen, daß eine bestehende Hypothek in eine Grundschuld umgewandelt wird, § 1198; erforderlich ist dazu, daß sich Grundeigentümer und Gläubiger darüber einigen und daß die Umwandlung im Grundbuch eingetragen wird. So kann etwa der Gläubiger sich mit dem Grundeigentümer dahin einigen, daß mehrere aufeinanderfolgende Hypotheken in eine einheitliche Grundschuld umgewandelt werden[8].

III. Übertragung der Grundschuld

1. Form der Abtretung

Die Briefgrundschuld wird übertragen durch Einigung und Übergabe des Grundschuldbriefes an den neuen Gläubiger; die Erklärung des Zedenten muß in Schriftform erfolgen, sie kann aber durch die Eintragung im Grundbuch ersetzt werden, § 1154 I 1, II[9]. Die Buchgrundschuld wird durch Einigung und Eintragung abgetreten, § 1154 III. Die Forderung wird von dieser Übertragung der Grundschuld nicht betroffen, sie muß gesondert zediert werden, wenn sie ebenfalls übertragen werden soll; § 1153 ist nicht anwendbar. Forderung und Grundschuld können auch

---

[7] Zum Problem überhöhter Grundschuldzinsen (15 %), die formularmäßig vereinbart werden, vgl. Peters, JZ 2001, 1017 ff.
[8] RG 145, 47 ff.
[9] Die Übertragbarkeit einer Grundschuld kann nicht gemäß § 399 ausgeschlossen werden, da die Übertragung nicht nach den Regeln des allgemeinen Schuldrechts geschieht, sondern nach der sachenrechtlichen Regelung des § 873, vgl. Maurer, JuS 2004, 1045 ff. gegen die h.M.

auf verschiedene Personen übertragen werden; ist der Grundeigentümer zugleich der Schuldner, so kann es also geschehen, daß er sich zwei verschiedenen Gläubigern gegenübersieht.

Eine Grundschuld kann wie eine Hypothek belastet und in ihrem Inhalt geändert werden, vgl. oben § 27 II 2, 3.

2. Gutgläubiger Erwerb vom Nichtberechtigten

a) Eine Grundschuld kann gutgläubig erworben werden, wenn sie von einem Nichtberechtigten übertragen wird. Alle Komplikationen, welche sich bei der Hypothek aus der Akzessorietät ergeben, entfallen; die §§ 1137 bis 1139 sind nicht anwendbar. Ist ein Nichtberechtigter als Inhaber einer Grundschuld im Grundbuch eingetragen, so kann ein Gutgläubiger sie erwerben, § 892. Ist der Nichtberechtigte nicht im Grundbuch eingetragen, ist er aber legitimiert durch eine ununterbrochene Kette öffentlich beglaubigter Abtretungserklärungen, so ist gutgläubiger Erwerb nach § 1155 möglich.

b) Der Grundeigentümer kann dem neuen Gläubiger diejenigen Einreden entgegenhalten, die gegenüber dem Zedenten bestanden, § 1157, 1; es handelt sich um eine Einrede gegen den Anspruch aus dem dinglichen Recht, das daher auch der Grundschuld entgegengehalten werden kann[10]. Kannte aber der Erwerber die Einrede nicht und war sie auch nicht im Grundbuch eingetragen, so ist ein gutgläubig lastenfreier Erwerb möglich, § 1157, 2: Die §§ 892, 894 bis 899, 1140 sind anwendbar.

Dagegen sind die §§ 406 bis 408 auch auf die Grundschuld nicht anwendbar, ein Schutz des Eigentümers nach diesen Vorschriften ist nicht erforderlich, § 1156 I. Zahlt etwa der vom Schuldner verschiedene Grundeigentümer die mit der Grundschuld gesicherte Kaufpreissumme an den Veräußerer des Grundstücks statt an die Bank, an welche Kaufpreisforderung und Grundschuld abgetreten wurden, so wird er entgegen § 407 nicht frei, selbst wenn er von der Übertragung keine Kenntnis hatte[11]. Der Grundeigentümer ist durch § 1160 geschützt; er kann mit befreiender Wirkung leisten, wenn der Gläubiger durch den Grundschuldbrief, eventuell mit den Dokumenten gemäß § 1155, ausgewiesen ist.

---

[10] Gegen eine Anwendung des § 1157 auf die Grundschuld Buchholz, AcP 187 (1987), 107 ff. Das OLG Köln, JuS 1970, 141 meint, der Grundschuld könnten nach § 1157 nur „dingliche Einreden" entgegengehalten werden, nicht aber Einreden aus dem Sicherungsvertrag. Es gibt aber keine dinglichen Einreden, auch keine Einreden gegen dingliche Rechte, sondern allenfalls Einreden gegen Ansprüche aus dinglichen Rechten. Der Anspruch, der hier in Betracht kommt, ist der Anspruch aus der Hypothek bzw. der Grundschuld, mit welchem diese Rechte gemäß §§ 1113, 1147 geltend gemacht werden. Diesem Anspruch kann auch der gutgläubige Zessionar diejenigen Einreden nach § 1157 entgegenhalten, welche dem Zedenten zustanden, wodurch die Einrede in gewisser Weise „verdinglicht" wird. Nach den Materialien zum BGB ist § 1157 gerade für die Grundschuld von besonderer Bedeutung, vgl. Denkschrift, Mugdan 3, 986.

[11] BGH DB 1976, 1619.

3. Gesetzlicher Übergang der Grundschuld

Die Grundschuld geht nicht ohne weiteres auf den Eigentümer über, wenn die Forderung erlischt, etwa weil der Schuldner zahlt. Sie geht in zwei Fällen auf ihn über: Einmal wenn der vom Schuldner verschiedene Eigentümer die Haftungssumme der Grundschuld an den Gläubiger zahlt. Das ergibt sich aus § 1143[12], dessen Vorgänger dahin lauteten, daß der zahlende Eigentümer die Forderung und die Hypothek erwirbt; bei der Grundschuld erwirbt er nur die Grundschuld, und zwar als Eigentümergrundschuld. Der zweite Fall des gesetzlichen Übergangs der Grundschuld auf den Eigentümer ist der, daß der Gläubiger auf die Grundschuld verzichtet, § 1168.

IV. Haftungsobjekte und Verwertung der Grundschuld

a) Die Haftungsobjekte der Grundschuld sind dieselben wie bei der Hypothek, vgl. oben § 28. Es haftet zunächst das Grundstück mit seinen wesentlichen Bestandteilen, eventuell die getrennten Bestandteile und das Zubehör, §§ 1120–1122, Miet- und Pachtforderungen, §§ 1123–1125, Forderungen auf wiederkehrende Leistungen, § 1126, und Versicherungsforderungen, §§ 1127–1130.

b) Auch die Verwertung der Grundschuld geschieht auf die gleiche Weise wie bei der Hypothek, vgl. oben § 29 III. Auch hier erfolgt die Verwertung regelmäßig durch die Zwangsvollstreckung, die einen vollstreckbaren Titel voraussetzt. Dazu gehört auch die vollstreckbare Urkunde nach §§ 794 I Nr. 5, 797, 800 ZPO, welche dem Gläubiger die Klage erspart; hat der Eigentümer Einwendungen gegen die Vollstreckung, so muß er sie mit einer Vollstreckungsgegenklage gegen den Gläubiger geltend machen[13], §§ 767, 795, 797 IV ZPO.

Die Zwangsvollstreckung kann geschehen durch die Zwangsversteigerung des belasteten Grundstücks oder des mithaftenden Zubehörs und der getrennten Erzeugnisse; der Gläubiger kann etwa versuchen, die Bestuhlung einer Gaststätte auf dem belasteten Grundstück zu verwerten[14]. Die Zwangsvollstreckung kann auch geschehen durch Zwangsverwaltung, welche die Nutzungen dem Gläubiger zur Verfügung stellt. Ein Gläubiger kann etwa eine Sportanlage zwangsweise verwalten lassen, um sich aus dem Erlös zu befriedigen[15].

---

[12] Ebenso RG 78, 60 ff., 68; Baur-Stürner § 44 Rn. 23; Kim, Hyoung Seok, Zessionsregreß bei nicht akzessorischen Sicherheiten (2003) 138 ff. A.A.: Wolff-Raiser § 156 Fn. 11 (entsprechende Anwendung der §§ 1168, 1170 f.); E. Wolf § 11 L II b (entsprechende Anwendung des § 1163 I 2).
[13] Vgl. etwa BGH NJW 1990, 258 ff.
[14] Vgl. AG Biedenkopf DGVZ 1967, 153 ff.
[15] Vgl. OLG Celle NJW-RR 1989, 1200 f.

V. Erlöschen der Grundschuld

a) Die Grundschuld ändert sich in ihrem Bestand nicht, wenn der vom Eigentümer verschiedene Schuldner die persönliche Schuld zahlt oder wenn die Forderung aus einem anderen Grund erlischt. Das Gesetz geht davon aus, daß wegen des Fehlens der Akzessorietät an der Grundschuld keine Änderung eintritt, wenn der Schuldner, der zur Zahlung verpflichtet ist, zahlt; § 1163 I ist nicht anwendbar. Der persönliche Schuldner zahlt immer „auf die Forderung". Der Eigentümer erwirbt dadurch eine Einrede aus dem Sicherungsvertrag gegen die Grundschuld, die er im Grundbuch eintragen lassen kann; er kann aufgrund einer einstweiligen Verfügung einen Widerspruch gegen die Richtigkeit des Grundbuchs eintragen lassen, vgl. §§ 1157, 894, 899. Der Eigentümer hat ferner gegen den Gläubiger einen Anspruch auf Übertragung der Grundschuld an ihn selbst[16], sei es aus dem Sicherungsvertrag oder aus § 812; diesen Anspruch kann er mit einer Vormerkung sichern lassen, auch aufgrund einer einstweiligen Verfügung.

Dieselbe Regelung gilt, wenn der mit dem Eigentümer identische Schuldner zahlt, auch hier zahlt der zur Zahlung Verpflichtete; er zahlt „auf die Forderung". Weder das Gesetz noch der Gesetzgeber wissen etwas davon, daß der Eigentümer/Schuldner die Wahl habe, entweder „auf die Forderung" oder „auf die Grundschuld" zu leisten. Der Leistende will natürlich möglichst von allen Bindungen frei werden.

Nur wenn der vom Schuldner verschiedene Eigentümer zahlt, erwirbt er die Grundschuld; er ist nicht zur Zahlung verpflichtet, hat aber ein Ablöserecht, § 1142; übt er es aus, so geht die Grundschuld auf ihn über, § 1143 I 1[17]. Der vom Schuldner verschiedene Eigentümer zahlt also immer „auf die Grundschuld", Zahlungsort ist der Sitz des Grundbuchamtes, § 1194. Der Eigentümer kann das Grundbuch berichtigen und aufgrund einer einstweiligen Verfügung einen Widerspruch gegen die Richtigkeit des Grundbuchs eintragen lassen, §§ 894, 899.

Die Rechtsfolgen in beiden Fällen, wenn der Schuldner oder der Eigentümer zahlt, sind ähnlich: Der Eigentümer hat einen Anspruch auf Erwerb der Grundschuld oder er hat sie bereits erworben. Die tatsächliche Situation ist in beiden Fällen vergleichbar: Es droht dem Eigentümer ein Rechtsverlust durch gutgläubigen Erwerb entweder der Grundschuld oder ihrer Einredefreiheit, was wirtschaftlich gleichbedeutend ist. In beiden Fällen ist die Abhilfe gleich: Berichtigung des Grundbuchs mit vorherigem Widerspruch aufgrund einstweiliger Verfügung. Die Unterschiede beider Regelungen sind offenbar gering.

Zahlt ein Dritter die Grundschuld, so findet § 1150 Anwendung. Die Situation ist ähnlich wie bei der Leistung durch den Eigentümer: Jemand, der nicht dazu verpflichtet ist, aber ein Ablöserecht hat, zahlt. Entsprechend § 1143 ist auch die

---

[16] Oder auf Verzicht auf die Grundschuld.
[17] Vgl. Protokolle der 2. Kommission 4495 ff. (Mugdan 3, 847 f.) i.V.m. der Aufstellung der für die Grundschuld anwendbaren Vorschriften, oben bei Fn. 5.

Rechtsfolge; besteht etwa ein Leistungsrecht nach § 268, so geht die Grundschuld auf den Leistenden über[18].

Die Grundschuld geht auf den Eigentümer über, wenn der Gläubiger auf sie verzichtet, § 1168.

b) Die Grundschuld erlischt ersatzlos durch Aufhebung, wobei der Gläubiger und der Eigentümer zusammenwirken müssen, §§ 875, 1183. Sie erlischt ferner, wenn der Gläubiger im Wege der Zwangsvollstreckung aus dem Grundstück befriedigt wird, § 1181. Wird der Gläubiger in der Zwangsvollstreckung nicht befriedigt, so kann die Grundschuld doch nach § 91 II ZVG untergehen. Schließlich kann die Grundschuld in eine Hypothek umgewandelt werden, § 1198[19].

---

[18] H.M., vgl. etwa Baur-Stürner § 44 Rn. 26.
[19] Vgl. BGH NJW 1968, 1674.

§ 33. Arten der Grundschuld

I. Inhabergrundschuld

Eine Grundschuld kann in der Weise bestellt werden, daß der Grundschuldbrief auf den jeweiligen Inhaber ausgestellt wird, § 1195, 1; die Inhabergrundschuld ist also nur als Briefgrundschuld möglich. Der Brief wird wie eine Inhaberschuldverschreibung behandelt, § 1195, 2, die Übertragung der Inhabergrundschuld richtet sich nach den §§ 929 ff.: Das Recht aus dem Papier folgt dem Recht am Papier.

II. Rentenschuld

Eine besondere Art der Grundschuld ist auch die Rentenschuld. Durch sie wird der Grundeigentümer verpflichtet, in regelmäßig wiederkehrenden Terminen eine bestimmte Summe aus dem Grundstück zu zahlen, § 1199 I. Zur Sicherung des Grundeigentümers vor übermäßiger Belastung ist eine Ablösesumme festzulegen und im Grundbuch einzutragen, § 1199 II. Für die einzelnen Geldleistungen haftet nur das Grundstück, nicht aber der Eigentümer mit seinem sonstigen Vermögen; er kann nicht auf Zahlung in Anspruch genommen werden, sondern nur auf Duldung der Zwangsvollstreckung in das Grundstück. Der Eigentümer kann sich jederzeit durch Leistung der Ablösesumme befreien, § 1201 I, er erwirbt dann die Grundschuld, § 1200 II. Der Gläubiger kann die Zahlung der Ablösesumme nicht verlangen, ausgenommen im Fall des § 1133, 2 (Verschlechterung des Grundstücks), § 1201 II. Auf die einzelnen Leistungen der Rentenschuld sind die Vorschriften über Hypothekenzinsen entsprechend anwendbar, § 1200 I. Die Rentenschuld kann in eine gewöhnliche Grundschuld umgewandelt werden und umgekehrt, § 1203. Die Rentenschuld hat nur geringe praktische Bedeutung[1].

III. Eigentümergrundschuld

1. Entstehung der Eigentümergrundschuld

a) Die Eigentümergrundschuld kann als solche bestellt werden, § 1196 I. Dazu muß der Grundeigentümer gegenüber dem Grundbuchamt erklären, daß eine

---

[1] Ein Beispiel findet sich in KGJ 40 (1910), 342 ff.

Grundschuld für ihn eingetragen werden soll. Ist die Eintragung erfolgt, so ist das Recht entstanden, es liegt eine „ursprünglich offene Eigentümergrundschuld" vor. Sie kann dem Eigentümer dazu dienen, sich ein Recht mit einem bestimmten Rang zu reservieren, das durch später eingetragene Rechte nicht beeinträchtigt wird; er kann dieses Recht später durch Abtretung, z.B. an einen Kreditgeber, verwerten.

b) Die Eigentümergrundschuld kann auch entstehen, ohne daß sie als solche gewollt war. Ursprünglich entsteht sie, wenn eine Briefgrundschuld für einen anderen bestellt werden soll, der Brief aber noch nicht übergeben wurde, § 1163 II; für eine Briefhypothek gelten entsprechend §§ 1163 II, 1177. Hier spricht man von einer „ursprünglich verdeckten Eigentümergrundschuld", da sie aus dem Grundbuch nicht ersichtlich ist. Eine solche Eigentümergrundschuld entsteht auch, wenn die dingliche Einigung über ein Fremdgrundpfandrecht unwirksam ist, die Grundschuld aber dennoch eingetragen wird[2]. In den Fällen des § 1163 I entsteht bei der Hypothek eine Eigentümergrundschuld, bei der Grundschuld aber entsteht oder bleibt eine Fremdgrundschuld.

c) Nachträglich entsteht eine verdeckte Eigentümergrundschuld, wenn der vom Schuldner verschiedene Grundeigentümer die Grundschuld oder Hypothek tilgt, § 1143 I. Der Eigentümer kann die Berichtigung des Grundbuches verlangen. Eine nachträglich verdeckte Eigentümergrundschuld entsteht auch bei der Vereinigung von Grundpfandrecht und Eigentum in einer Person sowie in den Fällen der §§ 1170 f.

2. Übertragung der Eigentümergrundschuld

a) Die offene, d.h. als solche eingetragene Eigentümergrundschuld wird nach den allgemeinen Vorschriften übertragen, also nach § 1154.

b) Bei einer verdeckten vorläufigen Eigentümergrundschuld nach § 1163 I 1, II ist der Grundeigentümer zwar noch Inhaber der Grundschuld, im Grundbuch ist jedoch schon ein anderer als Gläubiger eingetragen, dieser soll später Inhaber des Grundpfandrechts werden; er wird es, sobald die noch fehlende Voraussetzung erfüllt ist, z.B. die Auszahlung des Kredits, dessentwegen die Hypothek bestellt ist.

Eine solche vorläufige Eigentümergrundschuld kann als Sicherheit für einen Zwischenkredit genutzt werden. Beispiel[3]: Der Grundeigentümer erhält einen Bankkredit zum Hausbau, der mittels einer bereits eingetragenen Hypothek gesichert werden soll; der Kredit wird aber erst mit Fertigstellung des Rohbaus ausbezahlt. Um den Rohbau zu finanzieren, bedarf es eines Zwischenkredites, zu dessen Sicherheit die Eigentümergrundschuld verwandt wird. Der Grundeigentümer tritt die Eigentümergrundschuld gemäß § 1154 unter Übergabe des Hypothekenbriefes[4] an den Zwischenkreditgeber ab, ebenso wie seinen Anspruch auf Auszahlung des Darlehensbetrages gegen die Bank. Ist der Rohbau fertig, zahlt die Bank die ent-

---

[2] Vgl. oben § 27 I 3 a.
[3] BGH 53, 60 ff.
[4] Hat die Bank bereits den Brief, so kann der Eigentümer ihn nach § 931 durch Abtretung des Herausgabeanspruchs übereignen, denn der Brief gehört ihm, vgl. § 952 II.

sprechende Kreditsumme an den Zwischenkreditgeber, der ihr den Hypotheken-brief herausgibt. Die Bank wird dadurch Inhaberin der Hypothek, da der gesicherte Rückzahlungsanspruch gegen den Grundeigentümer nunmehr entstanden ist. Soll die Sicherung statt durch eine Hypothek durch eine Grundschuld erfolgen, so vereinfacht sich die Lage: Die Grundschuld kann für den Zwischenfinanzierer eingetragen werden, der sie nach Auszahlung des endgültigen Darlehens an die Bank zediert.

3. Verwertung der Eigentümergrundschuld

a) Die Grundschuld ist ein Verwertungsrecht am Grundstück. Der Eigentümer, der eine Grundschuld am eigenen Grundstück hat, hat gewissermaßen aus dem Eigentum ein Teilrecht abgespalten, das er gesondert verwerten kann. Er kann es z.B. zur Sicherung eines Kredits an einen Gläubiger übertragen. Verliert der Eigentümer sein Eigentum, so bleibt ihm doch ein Verwertungsrecht am Grundstück. Hat etwa der Eigentümer (E) sich eine erstrangige Eigentümergrundschuld an seinem Grundstück bestellt und betreibt ein zweitrangiger Grundpfandrechtsgläubiger (G) die Zwangsversteigerung, so geht das Eigentum zwar mit dem Zuschlag auf den Erwerber über, § 90 I ZVG; dem früheren Eigentümer steht aber infolge seines vorrangigen Verwertungsrechts eine vorrangige Befriedigung zu, § 11 ZVG. Lautet die Eigentümergrundschuld etwa auf 100.000 €, die zweitrangige Hypothek auf 50.000 €, und wurden bei der Versteigerung 80.000 € erlöst, so erhält der Eigentümer aufgrund seiner Eigentümergrundschuld den gesamten Erlös. Zu beachten ist freilich, ob der zweitrangige Hypothekar nicht einen Löschungsanspruch gemäß § 1196 III hat[5].

b) Der Eigentümer kann aus einer ihm zustehenden Eigentümergrundschuld nicht die Zwangsvollstreckung in das Grundstück betreiben, § 1197 I. Er kann an einer Versteigerung seines eigenen Grundstücks nur das Interesse haben, es billig zu ersteigen und die nachrangigen Rechte gemäß §§ 52 I 2, 91 ZVG zum Erlöschen zu bringen[6], was nicht zu unterstützen ist. Auch Zinsen aus der Grundschuld stehen dem Eigentümer nicht zu, ausgenommen während einer Zwangsverwaltung, § 1197 II. Für eine Ausdehnung der Grundschuld durch Zinsen zugunsten des Eigentümers besteht kein Anlaß, jedenfalls nicht in der Zeit, in welchem ihm die Nutzungen des Grundstücks zukommen[7].

c) Welche Möglichkeiten hat G im Beispiel oben a), wenn er sieht, daß er mit seiner zweitrangigen Hypothek ausfallen wird? Er kann aus der gesicherten Forderung gegen E vorgehen, wenn eine solche bestanden hat; er kann dazu in das sonstige Vermögen des E vollstrecken, insbesondere auch in die Eigentümergrundschuld. G kann sie pfänden und sich überweisen lassen, §§ 857 VI, 830, 837 ZPO[8].

---

[5] Vgl. oben § 30, 4 b bei Fn. 12.
[6] Vgl. Protokolle der 2. Kommission 4512 ff. (Mugdan 3, 851).
[7] Vgl. Motive 3, 734.
[8] H.M.; nach Baur-Stürner § 46 Rn. 12 soll die Pfändung nach §§ 857 I 2, 829 ZPO geschehen; das widerspricht dem Wortlaut des § 857 VI, vereinfacht aber die Pfändung.

Der Pfandgläubiger ist nicht gehindert, aus der gepfändeten Grundschuld in das Grundstück zu vollstrecken, § 1197 I gilt für ihn nicht, wohl aber § 1197 II.

4. Erlöschen der Eigentümergrundschuld

Die Eigentümergrundschuld endet durch Verwandlung in ein Fremdgrundpfandrecht, sie erlischt weiter infolge Aufgabe durch den Grundeigentümer. Die Aufgabe kann erzwungen werden, wenn ein Inhaber eines gleich- oder nachrangigen Grundpfandrechts einen Löschungsanspruch nach §§ 1179a, 1179b hat, vgl. oben § 30, 4.

IV. Sicherungsgrundschuld

Obwohl die Grundschuld nicht akzessorisch ist und daher keiner zu sichernden Forderung bedarf, kann sie doch zur Sicherung einer Forderung verwandt werden. Solche Sicherungsgrundschulden sind in der Praxis die Regel, isolierte Grundschulden, die nicht zur Sicherung einer Forderung dienen, die seltene Ausnahme. Die wirtschaftliche Verbindung der Grundschuld mit einer Forderung ändert aber nichts an ihrer rechtlichen Qualität, sie wird dadurch nicht etwa akzessorisch.

Die Tatsache, daß die Grundschuld eine Forderung sichert, also eine Sicherungsgrundschuld darstellt, ist im Grundbuch eintragbar[9]. Denn wenn es einen gutgläubigen Erwerb gemäß dem Grundbuch gibt, so muß es auch die Möglichkeit geben, ihn durch die Eintragung eines Widerspruchs oder eines entsprechenden Vermerks zu verhindern. Die Gutgläubigkeit eines Erwerbers, daß eine Grundschuld isoliert sei und nicht zur Sicherung einer Forderung diene, kann aber zu einem gutgläubig lastenfreien Erwerb führen[10].

Die Forderungsunabhängigkeit schafft Gefahren für den Eigentümer/Schuldner und Möglichkeiten für einen inkorrekten Gläubiger, den Eigentümer zum eigenen Vorteil zu schädigen. Da das Recht bestehen bleibt, auch wenn die gesicherte Schuld abbezahlt ist, kann der Gläubiger weiter darüber verfügen; das ist nicht anders als nach h.M. beim Sicherungseigentum. Weiter kann der Gläubiger die Forderung und die Grundschuld getrennt an verschiedene Zessionare übertragen und so die Belastung des Eigentümer/Schuldners verdoppeln. Diese Gefahren haben zu Bestrebungen geführt, auch unabhängig von einer Akzessorietät Forderung und Grundschuld möglichst miteinander zu verbinden, um so Verluste des Eigentümers zu vermeiden; diese Bestrebungen konnten weitgehend Erfolg haben, wenn auch nicht in allen Fällen.

---

[9]　So zutreffend etwa Friedrich, NJW 1968, 1655 und MünchenerK-Eickmann § 1191 Rn. 83 gegen die h.M.

[10]　Vgl. unten 3 a, b.

1. Sicherungsabrede

a) Die Verknüpfung von Forderung und Grundschuld durch die Annahme eines einheitlichen Rechtsgeschäftes im Sinne von § 139 ist nicht zulässig[11]. Eine Verknüpfung geschieht durch die Sicherungsabrede, d.h. durch den schuldrechtlichen, einseitig verpflichtenden Vertrag, durch welchen sich der Eigentümer gegenüber dem Gläubiger zur Bestellung einer Grundschuld zur Sicherung einer Forderung verpflichtet. Diese Sicherungsabrede ist vom dinglichen Grundschuldbestellungsvertrag nach § 873 zu trennen; sie – nicht etwa ein Darlehensvertrag oder eine Darlehensforderung – ist der Rechtsgrund für die Bestellung der Grundschuld; bei ihrem Fehlen oder bei Nichtigkeit kann die Grundschuld kondiziert werden. Die Sicherungsabrede kann formlos geschlossen werden, auch konkludent; sie gibt an, welche Forderungen gesichert sind. Inhalt des Sicherungsvertrags ist stets – auch wenn das nicht besonders ausgesprochen wird –, daß einmal die Grundschuld nur geltend gemacht werden kann, wenn und soweit die gesicherte Forderung besteht und fällig ist; daß weiter der Eigentümer Zug um Zug gegen Zahlung Rückübertragung der Grundschuld verlangen kann; daß schließlich der Gläubiger die Grundschuld nur zusammen mit der Forderung abtreten darf. Eine schuldhafte Verletzung des Sicherungsvertrages führt gemäß § 280 zu Schadensersatzansprüchen wegen positiver Vertragsverletzung.

Ist der Eigentümer nicht mit dem Schuldner identisch, so wird der Sicherungsvertrag mit dem Eigentümer geschlossen, er verpflichtet sich, die Grundschuld zu bestellen, in diesem Vertrag wird vereinbart, welche Forderung gesichert sein soll usw. Daneben wird regelmäßig auch zwischen Gläubiger und Schuldner ein Vertrag vorliegen, in welchem der Schuldner sich verpflichtet, dem Gläubiger zur Sicherung der Forderung eine Grundschuld zu verschaffen.

b) Ist die Forderung nicht zur Entstehung gelangt, so bleibt der Sicherungsvertrag trotzdem wirksam; wenn der Sicherungszweck nicht mehr eintreten kann, kann aus dem Sicherungsvertrag die Rückübertragung der Grundschuld verlangt werden. Dagegen steht dem Eigentümer kein Bereicherungsanspruch zu, da der Sicherungsvertrag als causa für die Bestellung der Grundschuld weiterhin besteht.

2. Tilgung und Verwertung der Grundschuld

a) Die Grundschuld wird getilgt und geht auf den Eigentümer über, wenn der vom Schuldner verschiedene Eigentümer den Gläubiger befriedigt; ebenso erwirbt ein Dritter, der ein Ablöserecht hat und an den Gläubiger zahlt, die Grundschuld[12]. Wenn der Schuldner zahlt, erlischt die Grundschuld nicht, selbst wenn er mit dem Eigentümer identisch ist. Die von der h.M. gemachte Unterscheidung danach, ob der Eigentümer/Schuldner auf die Forderung oder die Grundschuld zahlt, ist vom Gesetz nicht vorgesehen und auch überflüssig. Soweit man dabei auf den Willen ab-

---

[11] RG 145, 155. Der Bestand der Forderung kann aber als Bedingung für den Bestand der Grundschuld vereinbart werden.

[12] Vgl. oben § 32 V a.

stellt, handelt es sich um Unterstellungen; der Eigentümer/Schuldner will immer alle Verpflichtungen tilgen. Die h.M. läßt es jedoch zu, daß der Wille des Leistenden dadurch zunichte gemacht wird, daß man einer vertraglichen Tilgungsbestimmung Verbindlichkeit zuspricht, so daß die Tilgung dem Willen der Kreditinstitute unterliegt; ob eine von der Vereinbarung abweichende Zweckbestimmung des Schuldners bei der Leistung wirksam ist oder nicht, ist streitig[13].

Die h.M. schafft sich selbst Abgrenzungsschwierigkeiten[14], die zu Unklarheiten und Unsicherheiten führen müssen, während die hier vertretene, am Gesetz orientierte Lösung immer zu eindeutigen Ergebnissen kommt. Im übrigen kommt der Frage kein großes Gewicht zu, da die unterschiedlichen Ansichten zwar zu rechtlich verschiedenen Ergebnissen kommen, die praktischen Ergebnisse aber gleich sind. Denn ob der Schuldner im Sinne der h.M. auf die Grundschuld zahlt und die Grundschuld erwirbt oder ob er auf die Forderung zahlt und eine dauernde, peremptorische Einrede gegen die Forderung aus der Grundschuld des Gläubigers erwirbt, ist vom praktischen Standpunkt aus von geringer Bedeutung. Der Gläubiger kann in beiden Fällen die Grundschuld nicht mehr geltend machen, in beiden Fällen ist die Situation des Schuldners/Eigentümers prekär, weil sein Recht, sei es Grundschuld oder Einrede, nicht eingetragen ist; in beiden Fällen kann er sich sichern, um sein Recht zu schützen, und die Grundschuld schließlich für sich eintragen lassen[15].

b) Sind Schuldner und Eigentümer identisch und ist die Forderung fällig, so kann der Schuldner/Eigentümer Zug um Zug gegen Zahlung die Rückübertragung der Grundschuld verlangen. Dieses Recht steht ihm aus dem Sicherungsvertrag zu, da die Grundschuld nur zur Sicherung der Forderung bestellt wurde. Hat er gezahlt, ohne sich die Grundschuld abtreten zu lassen, so hat er aus dem Sicherungsvertrag eine dauernde Einrede gegen die Forderung aus der Grundschuld sowie einen Anspruch auf Abtretung derselben[16]; einen solchen Anspruch hat er auch aus § 1169.

c) Leistet der vom Eigentümer verschiedene Schuldner, so erlischt die Forderung; er kann Zug um Zug verlangen, daß die Grundschuld an den Eigentümer übertragen wird. Daran hat der Schuldner jedenfalls dann ein Interesse, wenn der Eigentümer bei ihm Regreß nehmen kann, etwa aus § 670. Der Eigentümer kann aus dem Sicherungsvertrag Rückübertragung der Grundschuld verlangen; geht der Gläubiger aus der Grundschuld gegen den Eigentümer vor, so hat dieser eine Einrede des Inhalts, daß die Grundschuld nur zu dem Zweck geltend gemacht werden kann, die Forderung zu tilgen. Veräußert der Gläubiger die Grundschuld an den Zessionar Z, so ist der Eigentümer gemäß und im Rahmen des § 1157 gegen Z geschützt.

War im Innenverhältnis der Eigentümer dem Schuldner verpflichtet, den Gläubiger zu befriedigen, und zahlt der Schuldner, so kann er Zug um Zug entsprechend

---

[13] Vgl. etwa BGH 91, 379 f.; Palandt-Grüneberg § 362 Rn. 7; Baur-Stürner § 45 Rn. 44 einerseits, BGH NJW 1976, 2340 ff.; NJW 1987, 383 ff.; NJW-RR 1987, 1350 f.; Palandt-Bassenge § 1191 Rn. 36; Westermann-Eickmann § 117 IV 1 andererseits.

[14] Vgl. etwa Baur-Stürner § 45 Rn. 42; Westermann-Eickmann § 117 IV.

[15] Vgl. oben § 32 V a.

[16] Statt Abtretung kann er nach seiner Wahl auch Verzicht des Gläubigers auf die Grundschuld verlangen.

§ 1164 vom Gläubiger die Übertragung der Grundschuld verlangen, damit sein Regreßanspruch gegen den Eigentümer gesichert ist[17].

d) Leistet der vom Schuldner verschiedene Eigentümer – wozu er nach § 1142 berechtigt, aber nicht verpflichtet ist –, so erwirbt er die Grundschuld, entgegen § 1143 aber nicht auch die Forderung. Die Forderung bleibt bestehen, der Gläubiger kann sie aber nicht mehr gegen den Schuldner geltend machen, § 821; der Eigentümer kann vom Gläubiger Abtretung des Anspruchs verlangen, entsprechend § 1143 I. War der Eigentümer im Verhältnis zum Schuldner zur Leistung verpflichtet, so steht dem Schuldner eine Einrede gegen die abgetretene Forderung zu.

e) Schwierigkeiten können sich ergeben, wenn der Eigentümer des belasteten Grundstücks sich nicht auf einen Sicherungsvertrag berufen kann. Beispiel: S schuldet dem G Geld aus einem Darlehensvertrag, auf Bitten des S bestellt E dem G dafür eine Grundschuld. E veräußert das Grundstück an K und spiegelt ihm vor, die Forderung sei getilgt und die Grundschuld könne jederzeit gelöscht werden. Geht G aus der Grundschuld gegen K vor, so kann K sich nicht dagegen wehren, etwa mit der Behauptung, die gesicherte Forderung sei gestundet; der Sicherungsvertrag zwischen G und E wirkt nicht zu seinen Gunsten. Etwas anderes könnte nur gelten, wenn E seine Rechte aus dem Sicherungsvertrag an K abgetreten hätte. Geht G aus der Forderung gegen S vor, so kann dieser Zug um Zug die Übertragung der Grundschuld auf E verlangen, damit er von seiner Haftung aus § 670 gegenüber E frei wird.

Übernimmt aber im obigen Beispiel K die Grundschuld in Anrechnung auf den Kaufpreis, so liegt in einer solchen Vereinbarung mit E eine konkludente Zession der Rechte aus dem Sicherungsvertrag[18].

f) Der Grundeigentümer haftet mit seinem Grundstück für die Grundschuld, der Forderungsschuldner mit seinem ganzen Vermögen für die Forderung. Ob der Gläubiger zunächst aus der Grundschuld vorgehen muß oder direkt in das ganze Vermögen wegen der Forderung vollstrecken darf, ist aus der Sicherungsabrede zu ermitteln. Soll die Grundschuld erfüllungshalber hingegeben sein, so ist zunächst in das Grundstück zu vollstrecken, ansonsten hat der Gläubiger ein Wahlrecht.

Ist die Forderung fällig, so darf der Gläubiger die Grundschuld verwerten, aber erst, wenn auch sie fällig ist. Kündigt der Gläubiger die Grundschuld (§ 1193) vor Fälligkeit der Forderung, so wird die Grundschuld dennoch nicht fällig, weil dem Eigentümer aus dem Sicherungsvertrag eine Einrede zusteht. Die Verwertung geschieht im Wege der Zwangsvollstreckung; auch eine Verwertung der Grundschuld durch isolierte Abtretung ist zulässig. Das im Sicherungsvertrag vereinbarte Verbot der Abtretung der Grundschuld ohne die Forderung ist als durch die Fälligkeit auf-

---

[17] Es wird auch die Ansicht vertreten, der Schuldner könne die Übertragung der Grundschuld nur vom Eigentümer verlangen, vgl. etwa Palandt-Bassenge § 1191 Rn. 36; Erman-Wenzel § 1191 Rn. 87; Baur-Stürner § 45 Rn. 88. Das ist ein unnötig komplizierter Umweg, da der Schuldner erst vom Gläubiger Übertragung auf den Eigentümer verlangen müßte und dann vom Eigentümer Übertragung auf sich; wie hier Gerhardt, Immobiliarsachenrecht § 13 Fall 80; Dieckmann, WM 1990, 1481 ff.
[18] BGH NJW 1983, 2502; BGH NJW 1991, 1821; MünchenerK-Eickmann § 1191 Rn. 61.

lösend bedingt anzusehen; in einer solchen Verwertung liegt kein Verstoß gegen § 1149, da es sich nicht um eine Verwertung des Grundstücks handelt.

3. Übertragung der Sicherungsgrundschuld

a) Tritt der Gläubiger die Grundschuld (nach §§ 1154 f.) und Forderung (nach § 398) an die gleiche Person ab, so wird die Rechtsstellung des Schuldners und Grundeigentümers hinsichtlich der Forderung nach § 404 und hinsichtlich der Grundschuld nach § 1157, 1 geschützt; die Einreden gegen die gesicherte Forderung und die Forderung aus der Grundschuld können auch gegen den neuen Gläubiger geltend gemacht werden. Die Grundschuld kann jedoch gutgläubig einredefrei erworben werden, wenn die Einrede nicht im Grundbuch eingetragen ist, § 1157, 2. Hat etwa der Eigentümer/Schuldner die Forderung beglichen, so steht ihm gegen die Grundschuld des Gläubigers eine Einrede aus dem Sicherungsvertrag zu; er kann sie durch eine Eintragung im Grundbuch sichern.[19] Ist das aber nicht geschehen und veräußert der Gläubiger die Grundschuld an einen Gutgläubigen, so erwirbt dieser einredefrei, der Eigentümer/Schuldner muß nochmals zahlen oder die Vollstreckung in sein Grundstück dulden. Streitig ist aber, wann guter Glaube des Erwerbers anzunehmen ist. Bösgläubigkeit wird z.T. bereits dann angenommen, wenn der Erwerber weiß, daß die Grundschuld eine Forderung sichern soll[20]. Das ist abzulehnen, denn dadurch würde die Sicherungsgrundschuld strenger akzessorisch als eine Hypothek, bei welcher dem Erwerber die Kenntnis nicht schadet, daß sie eine Forderung sichert. Richtig ist es, Bösgläubigkeit nur anzunehmen, wenn der Erwerber die Einrede kennt und, falls es sich um eine aus der Forderung begründete Einrede handelt, wenn er zusätzlich weiß, daß es sich um eine Sicherungsgrundschuld handelt[21].

b) Der Gläubiger kann die Grundschuld ohne die Forderung und die Forderung ohne die Grundschuld abtreten und so die Gläubigerstellung verdoppeln; er kann auch Forderung und Grundschuld an verschiedene Erwerber abtreten. Allerdings verstößt er damit gegen den Sicherungsvertrag und macht sich schadenersatzpflichtig. Beispiel: E/S schuldet dem G Geld, er bestellt ihm zur Sicherung eine Grundschuld an seinem Grundstück. G veräußert die Forderung an X, die Grundschuld an Y. G ist Inhaber der Forderung geblieben, § 399, X hat sie wegen des vereinbarten Verbots einer isolierten Zession nicht erworben. Für die Grundschuld hat das Verbot der isolierten Abtretung keine dingliche Wirkung[22]; § 399 ist zwar gemäß § 413 auch bei der Zession anderer Rechte anzuwenden, aber für die Grundschuld gelten spezielle Regeln, die §§ 1154 f. nämlich. Macht G die Forderung geltend, so kann

---

[19] Vgl. dazu Neef, Andreas, Zur Eintragungsfähigkeit sicherungsvertraglicher Einreden, 2004.

[20] Vgl. etwa RG 91, 225; Lopau, JuS 1976, 553; Wilhelm, JZ 1980, 625; für „unechte Einreden" wie z.B. die Nichtvalutierung auch MünchenerK-Eickmann § 1191 Rn. 49 f.

[21] H.M., vgl. etwa BGH 59, 1; BGH 103, 72, 82 f.; Westermann-Eickmann § 116 IV 2 b, c; Palandt-Bassenge § 1191 Rn. 24.

[22] Vgl. etwa Westermann-Eickmann § 118 II; Baur-Stürner § 45 Rn. 59; auch oben § 32 III 3 Fn. 9.

E/S ihm nach § 404 entgegenhalten, daß er nur Zug um Zug gegen Rückübertragung der Grundschuld zahlen muß. Macht Y die Grundschuld bei Fälligkeit gegen E/S geltend, so kann ihm E/S entgegenhalten, daß die Grundschuld nur zum Zweck der Tilgung der Forderung geltend gemacht werden darf, § 1157, 1. Wußte allerdings Y nicht, daß die Grundschuld eine Forderung sicherte,[23] so kann er sie gutgläubig lastenfrei erwerben, außer wenn die Sicherungseigenschaft im Grundbuch eingetragen war.

Sind E und S im gleichen Beispiel verschiedene Personen, so kann man davon ausgehen, daß G sowohl mit E wie mit S einen Sicherungsvertrag geschlossen hat, was zum gleichen Ergebnis führt wie oben; S kann Zug um Zug gegen Zahlung von G Übertragung der Grundschuld auf E verlangen. Hat G aber nur mit E einen Sicherungsvertrag geschlossen – was eher selten sein dürfte –, so hat S gegen die Forderung des G keine Einwendungen; E kann gegen Y wiederum einwenden, die Grundschuld dürfe nur geltend gemacht werden, wenn dadurch die Forderung getilgt wird.

4. Abtretung des Rückübertragungsanspruchs

Ist der gesicherte Kredit zurückgezahlt, so hat der Eigentümer gegen den Gläubiger einen Anspruch auf Rückübertragung der Grundschuld. Diesen Anspruch kann der Grundeigentümer abtreten oder verpfänden; titulierte Gläubiger des Grundeigentümers können den Rückübertragungsanspruch gemäß §§ 857 VI, 830, 837 ZPO pfänden und sich überweisen lassen. Beispiel[24]: Grundeigentümer E hat gegen den Grundschuldgläubiger G einen Anspruch auf Rückübertragung des nichtvalutierten Teiles der Grundschuld. Diesen pfändet das Finanzamt (F). F kann nun den Anspruch anstelle des E dahin geltend machen, daß E eingetragen werde. Mit der Eintragung wird E Inhaber einer Eigentümergrundschuld, F hat daran ein Pfandrecht, § 1287.

Vor Erledigung des Sicherungszweckes ist der Rückübertragungsanspruch aufschiebend bedingt, z.B. durch die Kreditrückzahlung. Dieser zukünftige Anspruch ist jedoch hinreichend bestimmt, so daß er abgetreten, ver- oder gepfändet werden kann[25]. Mit der Abtretung scheidet dieser Anspruch aus dem Vermögen des Grundeigentümers aus.

---

[23] Ein Fall, der recht unwahrscheinlich ist, da Grundschulden praktisch immer als Sicherungsgrundschulden für eine Forderung bestellt werden.
[24] BGH MDR 1961, 675.
[25] BGH NJW 1985, 800 ff., 802.

Amtsgericht

Köln

Grundbuch
von

Worringen

Grundbuchblatt-Nr.
0100

Amtsgericht Köln   **Grundbuch von** Worringen   **Blatt** 0100   **Bestandsverzeichnis**   [1]

Laufende Nummer der Grund-stücke	Bisherige laufende Nummer der Grund-stücke	Bezeichnung der Grundstücke und der mit dem Eigentum verbundenen Rechte					Größe		
		Gemarkung (Vermessungsbezirk) a	Karte Flur	Flurstück b	Liegen-schaftsbuch c/d	Wirtschaftsart und Lage e	ha	a	m²
1	2	3					4		
1		Worringen	1	100		Freifläche Alte Neußer Landstraße		10	10
2	1	Worringen	1	101		Weg Alte Neußer Landstraße			90
3	1	Worringen	1	102		Gebäude- und Freifläche Alte Neußer Landstraße 100		9	10
4		Worringen	1	200		Landwirtschaftsfläche Alte Neußer Landstraße		5	00
5		Worringen	1	310		Gartenland		2	00
6	3, 5	Worringen	1	102		Gebäude- und Freifläche Alte Neußer Landstraße 100		11	10
			1	310		Gartenland			
7 --- zu 6		1/10 Miteigentumsanteil an dem Grundstück Worringen	1	110		Weg Alte Neußer Landstraße		1	00

484

Bestand und Zuschreibungen		Abschreibungen	
Zur laufenden Nummer der Grundstücke		Zur laufenden Nummer der Grundstücke	
5	6	7	8
1	Aus Blatt 0200 am 5. Januar 1993. Neumann Götz	2	Nach Blatt 0001 am 15. April 1993. Neumann Götz
1,2,3	Lfd. Nr. 1 geteilt und fortgeschrieben gemäß VN Nr. 100/93 in Nrn. 2 und 3 am 15. April 1993. Neumann Götz		
4,5	Aus Blatt 0250 am 10. Mai 1993. Neumann Götz		
3,5,6	Lfd. Nr. 5 der Nr. 3 als Bestandteil zugeschrieben und unter Nr. 6 neu eingetragen am 9. Juni 1993. Neumann Götz		
7 --- zu 6	Aus Blatt 0300 am 12. Juli 1993. Neumann Götz		

Amtsgericht Köln   **Grundbuch von** Worringen   **Blatt** 0100   **Erste Abteilung**

Laufende Nummer der Eintragungen	Eigentümer	Laufende Nummer der Grundstücke im Bestandsverzeichnis	Grundlage der Eintragung
1	2	3	4
1	M ü l l e r , Friedrich, geb. am 5. Juli 1944, Alte Neußer Landstraße 100, 5000 Köln 71	1	Aufgelassen am 14. Oktober 1992, eingetragen am 5. Januar 1993. Neumann Götz
		4,5	Aufgelassen am 11. November 1992, eingetragen am 10. Mai 1993. Neumann Götz
		7/zu 6	Das bisher in Blatt 0300 eingetragene Eigentum aufgrund Auflassung vom 15. April 1993 und Buchung gemäß § 3 Abs. 3 GBO hier eingetragen am 12. Juli 1993. Neumann Götz
2a)	S c h u m a c h e r , Ute geb. Müller, geb. am 12. Mai 1966, Grundermühle 7, 51515 Kürten	4,6,7	Erbfolge (33 VI 250/94 AG Köln), eingetragen am 7. Dezember 1994. Neumann Götz
b)	M ü l l e r , Georg, geb. am 6. März 1968, Kemperbachstraße 48, 51069 Köln - in Erbengemeinschaft -		

Laufende Nummer der Eintragungen	Eigentümer	Laufende Nummer der Grundstücke im Bestandsverzeichnis	Grundlage der Eintragung
1	2	3	4

487

Amtsgericht Köln   **Grundbuch von** Worringen   **Blatt** 0100   **Zweite Abteilung**   1

Laufende Nummer der Eintragungen	Laufende Nummer der betroffenen Grundstücke im Bestandsverzeichnis	Lasten und Beschränkungen
1	2	3
1	4, 6, 7	Nießbrauch für Müller, Gerhard, geb. am 23. April 1918, Alte Neußer Landstraße 100, 50769 Köln, befristet, löschbar bei Todesnachweis. Unter Bezugnahme auf die Bewilligung vom 15. April 1993 – URNr. 400/93 Notar Dr. Schmitz in Köln – eingetragen am 12. Juli 1993. Neumann Götz
2	4, 6	Widerspruch gegen die Eintragung des Eigentümers des Friedrich Müller zugunsten des Josef Schmitz, geb. am 26. Juli 1940, Rochusstraße 300, 50827 Köln. Unter Bezugnahme auf die einstweilige Verfügung des Landgerichts Köln vom 30. Juli 1993 – 10 O 374/93 – eingetragen am 3. August 1993. Neumann Götz
3	4	Dienstbarkeit (Wegerecht) für den jeweiligen Eigentümer des Grundstucks Flur 1 Nr. 201 (derzeit Blatt 02501: Unter Bezugnahme auf die Bewilligung vom 11. November 1992 – URNr. 2231/92 Notar Dr. Schneider in Köln – eingetragen am 4. August 1993. Neumann Götz

Veränderungen		Löschungen	
Laufende Nummer der Spalte 1		Laufende Nummer der Spalte 1	
4	5	6	7
		2	Gelöscht am 31. August 1993.
			Neumann Götz

Laufende Nummer der Eintragungen	Laufende Nummer der belasteten Grundstücke im Bestandsverzeichnis	Betrag	Hypotheken, Grundschulden, Rentenschulden
1	2	3	4
1	3, 4, 5, 6	10.000,00 DM 5.000,00 DM	Grundschuld – ohne Brief – zu zehntausend Deutsche Mark für die Stadtsparkasse Köln in Köln; 18% Zinsen jährlich; vollstreckbar nach § 800 ZPO. Unter Bezugnahme auf die Bewilligung vom 19. April 1993 – URNr. 420/93 Notar Dr. Schmitz in Köln – eingetragen am 9. Juni 1993. Gesamthaft: Blätter 0100 und 0550. Neumann Götz
2	4, 6	20.000,00 DM − 5.000,00 DM 15.000,00 DM	Hypothek zu zwanzigtausend Deutsche Mark für Bundesrepublik Deutschland (Wohnungsfürsorge); 12% Zinsen jährlich; 2% bedingte Nebenleistung einmalig. Unter Bezugnahme auf die Bewilligung vom 6. Oktober 1993 – URNr. 1300/93 Notar Dr. Schmitz in Köln –. Vorrangsvorbehalt für Grundpfandrechte bis zu DM 100.000,00; bis 20% Zinsen jährlich; bis 10% Nebenleistungen einmalig; inhaltlich beschränkt. Eingetragen am 15. November 1993. Neumann Götz
3	4, 6, 7	100.000,00 DM	Grundschuld zu einhunderttausend Deutsche Mark für Inge Müller geb. Schmidt, geb. am 12. Mai 1952, Alte Neußer Landstraße 100, 50769 Köln, 18% Zinsen jährlich. Unter Bezugnahme auf die Bewilligung vom 3. Januar 1994 – URNr. 2/94 Notar Dr. Klug in Köln –; unter Ausnutzung des Rangvorbehalts mit Rang vor III/2. Eingetragen am 17. Januar 1994. Neumann Götz

490

Veränderungen			Löschungen		
Laufende Nummer der Spalte 1	Betrag		Laufende Nummer der Spalte 1	Betrag	
5	6	7	8	9	10
2	20.000,00 DM	Dem Recht Abt. III Nr. 3 ist der vorbehaltene Vorrang eingeräumt. Eingetragen am 17. Januar 1994. Neumann Götz	2	5.000,00 DM	Fünftausend Deutsche Mark gelöscht am 4. Oktober 1994. Neumann Götz
3	100.000,00 DM	Gepfändet mit den Zinsen seit dem 30. Juni 1994 für die Haftpflicht-Versicherungs-Aktiengesellschaft in Köln wegen einer Forderung von DM 65.800,00 mit 9% Zinsen aus DM 59.600,00 seit dem 18. Juni 1992. Gemäß Pfändungs- und Überweisungsbeschluß des Amtsgerichts Köln vom 15. Juni 1994 - 183 M 750/94 - eingetragen am 20. Juni 1994. Neumann Götz	3 3a 3b	20.000,00 DM 60.000,00 DM 20.000,00 DM	Pfändungsvermerk vom 26. Juli 1994 gelöscht am 4. Oktober 1994. Neumann Götz
1	5.000,00 DM	Das Recht ist gemäß § 1132 Abs. 2 BGB derart verteilt, daß die hier eingetragenen Grundstücke nur noch haften für fünftausend Deutsche Mark. Die Mithaft in Blatt 0550 ist erloschen. Eingetragen am 1. Juli 1994. Neumann Götz			

491

492

| Amtsgericht Köln | | Grundbuch von Worringen | Blatt 0100 | Dritte Abteilung | 1 R |

Laufende Nummer der Eintragungen	Laufende Nummer der belasteten Grundstücke im Bestandsverzeichnis	Betrag	Hypotheken, Grundschulden, Rentenschulden
1	2	3	4
4	4	8.200,00 DM	Zwangssicherungshypothek zu achttausendzweihundert Deutsche Mark für die Schmidt & Müller oHG, Köln, Wienerplatz 2, 51065 Köln, mit 8% Zinsen jährlich aus DM 7.180,00 seit dem 20. Oktober 1994. Gemäß Urteil des Amtsgerichts Köln vom 2. November 1994 – 115 C 1500/94 – eingetragen am 1. Dezember 1994. Neumann Götz
5	4, 6, 7	30.000,00 DM	Sicherungshypothek zum Höchstbetrag von dreißigtausend Deutsche Mark für die Stadt Köln – Amt für Wohnungswesen. Unter Bezugnahme auf die Bewilligung vom 3. November 1994 – URNr. 1400/94 Notar Dr. Schmitz in Köln – eingetragen am 5. Dezember 1994. Neumann Götz

Veränderungen			Löschungen		
Laufende Nummer der Spalte 1	Betrag		Laufende Nummer der Spalte 1	Betrag	
5	6	7	8	9	10
3 3 3a 3b	100.000,00 DM 20.000,00 DM 60.000,00 DM 20.000,00 DM	Das Recht ist geteilt in zwanzigtausend Deutsche Mark erstrangig –, sechzigtausend Deutsche Mark zweitrangig –, zwanzigtausend Deutsche Mark drittrangig –. Eingetragen am 1. August 1994. Neumann Götz			
3a	60.000,00 DM	Abgetreten mit den Zinsen seit dem 17. Januar 1994 an die Kölner Bausparkasse Aktiengesellschaft in Köln. Eingetragen am 1. August 1994. Neumann Götz			

Fortsetzung auf Einlegebogen

493

Hinweise zum amtlichen Grundbuchmuster

Nach § 10 I GeschO besteht das „Grundbuchblatt", das für ein Grundstück angelegt wird (§ 3 I 1 GBO), aus 6 oder 10 Blättern (12 oder 20 Seiten); das Muster hat
6 Blätter. Gemäß der *Aufschrift* wird das Grundbuch vom Amtsgericht Köln geführt, und zwar für die Gemeinde Worringen, vgl. oben § 19 I 1, 3; das Grundbuchblatt hat die Nr. 0100.

Das *Bestandsverzeichnis* weist sieben Eintragungen auf, vgl. Spalte 1, davon
sind die Nr. 4, 6, und 7 noch gültig, die anderen sind gemäß den Vermerken in
Spalte N. 6 und 8 ungültig und daher gerötet, vgl. § 13 II 2 GBVerf[26]. Grundstück
Nr. 1 ist von Blatt 0200 hierher übertragen worden, die Grundstücke Nr. 4 und 5 von
Blatt 0250, der Grundstücksanteil Nr. 7 von 0300. Grundstück Nr. 1 ist verschwunden, weil es in die Grundstücke Nr. 2 und 3 aufgeteilt wurde. Grundstück Nr. 2
wurde nach Blatt 0001 fortgeschrieben, der Nr. 3 wurde Nr. 5 zugeschrieben und
beide bilden nun das Grundstück Nr. 6. Nr. 7 ist ein Miteigentum an einem zu
Grundstück Nr. 6 gehörenden Weg, vgl. dazu oben § 19 I 2 a bb. Im Bestandsverzeichnis werden auch die dem jeweiligen Eigentümer zustehenden subjektiv-dinglichen Rechte vermerkt, vgl. oben § 19 I 3 b bb. Normalerweise wird für jedes
Grundstück ein eigenes Grundbuchblatt angelegt, § 3 I 1 GBO, doch kann auch wie
hier für mehrere Grundstücke desselben Eigentümers ein gemeinschaftliches
Grundbuchblatt errichtet werden, vgl. oben § 19 I 3 b aa.

Auf das Bestandsverzeichnis folgt die *Erste Abteilung* des Grundbuchblattes, in
welchem die Eigentümer der Grundstücke mit der Erwerbsart verzeichnet werden,
vgl. § 9 GBVerf. Im Muster sind die Grundstücke vom Erblasser Friedrich Müller
auf eine Erbengemeinschaft übergegangen, bestehend aus den Kindern des Erblassers Ute Schumacher und Georg Müller als Erben zu je 1/2.

In der Zweiten Abteilung werden alle Belastungen des Grundstücks eingetragen, ausgenommen die Grundpfandrechte und die sich auf diese beziehenden Vormerkungen und Widersprüche, vgl. § 10 GBVerf. Hier werden auch Verfügungsbeschränkungen, Vormerkungen und Widersprüche eingetragen, die das Eigentum
betreffen. Im Muster ist ein Nießbrauch auf allen Grundstücken eingetragen, ferner
war aufgrund einer einstweiligen Verfügung ein Widerspruch gegen das Eigentum
des Friedrich Müller eingetragen, der aber gelöscht wurde. Grundstück Nr. 4 ist mit
einem subjektiv-dinglichen Wegerecht belastet.

In die *Dritte Abteilung* werden die Grundpfandrechte eingetragen sowie die auf
sie bezogenen Vormerkungen und Widersprüche, § 11 GBVerf. Im Muster sind fünf
Rechte eingetragen, eine Buchgrundschuld, eine Briefhypothek, eine Briefgrund-
schuld, eine Zwangshypothek und eine Sicherungshypothek. Das erste Recht, die
Buchgrundschuld über 10.000 DM, ist eine Gesamtgrundschuld, vgl. dazu oben
§ 31 II; es belastete die Grundstücke Nr. 4 und 6, letzteres entstanden aus den
Grundstücken Nr. 3 und 5, sowie das auf Blatt 550 eingetragene Grundstück. Im
Jahr 1994 wurde die Haftung auf die Grundstücke aufgeteilt, die Grundschuld bela-

---

[26] Auch bei anderen Eintragungen dient die Rötelung zur Kennzeichnung der Ungültigkeit
der Eintragung, vgl. § 13 IV 2, 3; § 14 II; § 16 und § 17 II GBVerf.

stet nun nur noch die Grundstücke Nr. 4 und 6 als Gesamtgrundschuld, und zwar in Höhe von nur noch 5.000 DM.

Die zweitrangige Hypothek über 20.000 DM an den Grundstücke Nr. 4 und 6 war mit einem Rangvorbehalt gemäß § 881 belastet, vgl. dazu oben § 21 III. Dieser Rangvorbehalt wurde ausgenutzt durch die Briefgrundschuld Nr. 3, welche daher zweitrangig ist, während die unter Nr. 2 eingetragene Briefhypothek nunmehr auf den dritten Rang zurückgefallen ist. Die Hypothek ist in Höhe von 5.000 DM getilgt und sichert nur noch eine Summe von 15.000 DM.

Die Briefgrundschuld über 100.000 DM an den Grundstücken Nr. 4, 6 und 7 ist zugunsten der Haftpflicht-Versicherungs-AG Köln durch Pfändungs- und Überweisungsbeschluß des AG Köln vom 15. Juni 1994 gepfändet worden, danach wurde sie mit Eintragung vom 1. August 1994 in drei Rechte in Höhe von 20.000 DM, 60.000 DM und 20.000 DM aufgeteilt. Das Teilrecht über 60.000 DM ist an die Kölner Bausparkasse AG abgetreten worden. Am 26. Oktober 1994 wurde der Verpfändungsvermerk wieder gelöscht.

Den vierten Rang nimmt eine Zwangshypothek nach § 867 ZPO ein, den fünften eine Sicherungshypothek nach § 1184 BGB.

Gesetzesverzeichnis

Angegeben sind die Abschnittskennziffern, halbfette Hervorhebungen weisen auf Hauptfundstellen hin.

502

508

2. Historische Gesetze

ALR

ZGB–DDR

II. Ausländische Gesetze

ABGB

Sachregister

Druck: Krips bv, Meppel
Verarbeitung: Stürtz, Würzburg